2018 年鉴 Yearbook

浙江大学校长办公室编

浙江大学

Seeking Truth Pursuing Innovation

ZHEJIANG UNIVERSITY PRESS
浙江大学出版社

图书在版编目（CIP）数据

浙江大学年鉴. 2018 / 浙江大学校长办公室编. —
杭州：浙江大学出版社，2018.12
ISBN 978-7-308-18778-7

Ⅰ.①浙… Ⅱ.①浙… Ⅲ.①浙江大学－2018－年鉴
Ⅳ.①G649.285.51-54

中国版本图书馆 CIP 数据核字（2018）第 273901 号

浙江大学年鉴 2018
浙江大学校长办公室　编

责任编辑　葛　娟
文字编辑　袁菁鸿
责任校对　郑成业　李瑞雪
封面设计　刘依群
出版发行　浙江大学出版社
　　　　　（杭州市天目山路 148 号　邮政编码 310007）
　　　　　（网址：http://www.zjupress.com）
排　　版　浙江时代出版服务有限公司
印　　刷　浙江新华数码印务有限公司
开　　本　710mm×1000mm　1/16
印　　张　31.75
字　　数　733 千
版 印 次　2018 年 12 月第 1 版　2018 年 12 月第 1 次印刷
书　　号　ISBN 978-7-308-18778-7
定　　价　88.00 元

◀ 6月7日，浙江大学召开教师干部大会，会上宣布了中共中央关于邹晓东任中共浙江大学党委书记的决定。

▶ 5月21日，在浙江大学建校120周年纪念大会上，中共浙江省委、省政府向浙江大学赠送勉励铭牌。

◀ 12月28日至29日，中国共产党浙江大学第十四次代表大会在紫金港校区召开。

▲ 11月28日，中共中央第十九届中央委员会候补委员、浙江大学校长、计算机科学与技术学院教授吴朝晖（左）和材料科学与工程学院教授杨德仁（中）当选中国科学院院士；11月27日，环境与资源学院教授朱利中（右）当选中国工程院院士。

▲ 3月9日，中国科学院院士、地球物理学家杨文采加盟浙江大学。

▲ 8月17日，医学院附属邵逸夫医院眼科主任姚玉峰获白求恩奖章，又于11月9日被评选为第六届敬业奉献类全国道德模范。

▲ 2月27日，控制科学与工程学院教授熊蓉获全国五一巾帼奖章。

▲ 1月9日，能源工程学院倪明江、严建华、骆仲泱等领衔的"浙江大学能源清洁利用创新团队"获2016年国家科学技术进步奖（创新团队）。

▲ 12月14日，建筑工程学院教授边学成牵头的陈云敏院士团队发明的"高速铁路列车运行动力效应试验系统"入选教育部2017年度"中国高等学校十大科技进展"。

▲ 7月27日，《细胞》杂志刊登了医学院免疫学研究所、中国工程院院士曹雪涛研究团队的论文《甲基转移酶SETD2介导的STAT1甲基化促进了干扰素抗病毒效果》。

▲ 《科学》杂志分别于7月14日和10月27日刊登了求是高等研究院系统神经与认知科学研究所和医学院神经科学研究中心胡海岚团队（左图）、生命科学研究院朱永群团队（右图）的论文，揭示其科研新发现。

◀ 控制科学与工程学院水质预警实验室团队的"管道医生——智能泄漏检测定位球"项目分别于4月2日和11月22日获第45届瑞士日内瓦国际发明展特别嘉许金奖和第十五届"挑战杯"全国大学生课外学术科技作品竞赛特等奖。

▶ 9月15日至18日，浙江大学在第三届中国"互联网+"大学生创新创业大赛中取得全国总冠军、金奖总数第一、集体总分第一的好成绩。

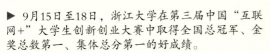

◄ 3月11日，垃圾焚烧技术与装备国家工程实验室在浙江大学揭牌。

▲ 12月27日，浙江大学马一浮书院成立。

▲ 12月17日，浙江大学数学高等研究院（筹）成立。

◄ 4月9日，浙江大学文化遗产学科发展联盟揭牌成立。

▲ 7月28日，浙江大学校友企业总部经济园项目签约仪式在余杭举行。项目跨未来科技城和良渚两大主要区块。

▲ 9月6日，之江实验室成立大会在杭州未来科技城的人工智能小镇召开。

▲ 10月13日，浙江大学与美国哈佛大学在哈佛地理分析中心举行了合作共建学术地图发布平台谅解备忘录的签约仪式。

◀ 5月20日，全球高等教育峰会在浙江大学新落成的求是大讲堂举行。来自美国芝加哥大学、北京大学、美国西北大学、新加坡国立大学、香港大学等海内外近40所世界一流大学的校长及代表百余人参加峰会，共话大学与社会、创新与未来。

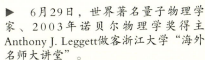

▶ 6月29日，世界著名量子物理学家、2003年诺贝尔物理学奖得主 Anthony J. Leggett做客浙江大学"海外名师大讲堂"。

◀ 9月14日，美国生命科学诺奖得主 J.Michael Bishop教授做客"海外名师大讲堂"。

▲ 6月23日，校友、大北农集团董事长邵根伙（右）再次向浙江大学教育基金会捐赠，并与浙江大学签署战略合作框架协议。浙江大学于11月20日聘其为校董。

▶ 12月7日，浙江大学授聘浙江通策控股集团有限公司董事局主席、杭州浙江大学校友会会长吕建明（右）为浙江大学校董。

▲ 12月28日，浙江恒逸集团有限公司向浙江大学教育基金会捐赠，支持浙大"双一流"建设。

◀ 5月20日，浙江敦和慈善基金会向浙大教育基金会捐赠，支持复性书院（即马一浮书院）的建设与发展。

▶ 6月9日，浙江马云公益基金会、阿里巴巴17位创始人及合伙人、阿里巴巴（中国）有限公司、云锋基金捐赠设立浙江大学教育基金会医学院附属第一医院发展基金。

▲ 10月15日，浙江大学举行"两弹一星"功勋奖章和国家最高科学技术奖"八一勋章"获得者、杰出校友程开甲院士先进事迹报告会。

◀ 8月7日，由浙江大学主办的第28届国际大学生机器人设计大赛在浙大紫金港校区开赛。

▲ 9月16日，中华人民共和国第十三届学生运动会闭幕式在浙江大学紫金港体育馆举行。

▲ 12月31日，浙江大学学生科技文化展在紫金港校区举行。

▲ 5月20日，浙江大学全球创新创业论坛在紫金港校区举行。

编 辑 说 明

    《浙江大学年鉴2018》全面系统地反映浙江大学2017年事业发展及重大活动的基本情况，包括人才培养、科学研究、社会服务、党的建设等方面的内容，为教职工提供学校的基本文献、基本数据、科研成果和最新工作经验，是兄弟院校和社会各界了解浙江大学的窗口。《浙江大学年鉴》每年一期。

    一、《浙江大学年鉴2018》客观地记述学校各领域、各方面的建设发展情况。

    二、年鉴分特载、专题、浙江大学概况、党建与思想政治工作、人才培养、科学研究与社会服务、规划与重点建设、学科与师资队伍建设、对外交流与合作、院系基本情况、财务与资产管理、校园文化建设、办学支撑体系建设、后勤服务与管理、校友与浙江大学教育基金会、附属医院、机构与干部、表彰与奖励、人物、大事记等栏目。

    年鉴的内容表述有专文、条目、图片、附录等几种形式，以条目为主。

    全书主体内容按分类排列，分栏目、分目和条目。

    三、选题基本范围为2017年1月1日至12月31日间的重大事件、重要活动及各个领域的新进展、新成果、新信息，依实际情况，部分内容时间上可有前后延伸。

    四、《浙江大学年鉴2018》所刊内容由各单位确定专人撰稿，并经本单位负责人审定。本年鉴以分目为单位撰稿，撰稿人及审稿人在文后署名。

《浙江大学年鉴》编委会

CONTENTS
目　录

浙江大学概况 /36

党建与思想政治工作 /40

研究生教育/75

人文社会科学研究/153

社会服务/172

规划与重点建设/176

学科与师资队伍建设/178

对外交流与合作/192

港澳台工作/197

合作办学/198

院系基本情况/201

人文学院/201

外国语言文化与国际交流学院/203

传媒与国际文化学院/205

经济学院/208

校园文化建设 /294

办学支撑体系建设/308

后勤服务与管理/321

校友与浙江大学教育基金会/330

附属医院/342

机构与干部 /358

表彰与奖励 /379

人物 /408

大事记 /472

浙江大学 2017 年工作总结

（2018 年 3 月 13 日）

2017 年是浙江大学全面实施"十三五"规划、全面启动"双一流"建设的关键之年。一年来，在党中央、国务院、教育部和浙江省省委省政府的正确领导下，学校深入学习贯彻习近平新时代中国特色社会主义思想和党的十九大精神，抢抓机遇、攻坚克难、开拓创新，加快建设中国特色世界一流大学，各项事业持续呈现蓬勃发展的良好态势。

一、贯彻落实党的十九大精神，坚定社会主义办学方向，世界一流大学建设的目标路径更加清晰

1. 高举习近平新时代中国特色社会主义思想伟大旗帜。深入学习贯彻党的十九大精神，研究制定学习宣传贯彻党的十九大精神工作方案，不折不扣落实好中央关于学习宣传贯彻党的十九大精神统一部署。推动习近平新时代中国特色社会主义思想进学术、进学科、进课程、进培训、进读本，支持全国重点马克思主义学院建设，成立中国特色社会主义研究中心，加强对习近平新时代中国特色社会主义思想的理论研究和宣传阐释。

2. 认真接受中央巡视并切实抓好整改落实。认真配合巡视组开展工作，成立巡视整改工作领导小组，研究制定巡视整改方案，不断强化组织领导，层层压实责任，推动校进院跟，集中整改取得了阶段性成效，全校上下的"四个意识""四个自信"显著增强，党内政治生活进一步规范，校园政治生态进一步改善。认真落实中管高校党的建设工作推进会精神，不断巩固扩大巡视整改成果，对巡视整改方案涉及的中长期巡视整改任务进行了认真梳理，并作了任务分解,推动深化整改与事业发展相互促进。

3. 胜利召开学校第十四次党代会。选举产生了学校新一届党委班子和纪委班子,立足党和国家事业布局描绘了学校新一轮发展蓝图,明确了新时代浙江大学的历史使命、发展目标、战略思路、重点任务,要求全校师生员工牢固树立一流意识、紧紧围绕一流目标、认真贯彻一流标准,作出了加快进入中国特色世界一流大学行列、迈向世界一流大学前列的战略部署。

4. 高质量编制"双一流"建设方案和实施方案。顺利入选国家一流大学建设高校(A类);18个学科入选一流建设学科,居全国高校第三。科学制定学校"双一流"建设方案和实施方案,统筹推进综合改革、"十三五"发展规划和"双一流"建设,明确了分工负责、通力合作的12个专项组,分解了60个可操作、可检验的重大举措,切实将学校"双一流"建设的"设计图"转化为可实现的"施工图"。

二、落实立德树人根本任务,进一步提升教育教学质量,人才培养的中心地位更加巩固

5. 思想政治教育进一步强化。制定并落实加强和改进新形势下学校思想政治工作的实施意见。着力推进思想政治理论课改革,探索优秀学生走上思政讲堂新机制,推动"思政课程"向"课程思政"转变。夯实思想政治教育示范基地建设,探索构建网络思政教育体系,完善海宁国际校区思想政治教育有效模式。配齐配强思想政治和党务工作队伍,试行新选聘机关管理人员至少从事一年专职辅导员工作的制度,推动思想政治工作队伍人员与思想政治理论课教师之间合理流动。成立哲学社会科学类课程改革推进工作小组,加强对教材引进、编写和选用时的意识形态审核,稳步推进"马工程"重点教材使用推广。修订教师专业技术职务评聘、学生评价等办法,深化教风、学风建设,强化对师生"德"的评价和考察。

6. 本科教育教学水平进一步提升。不断拓展教育教学大讨论成果,落实关于进一步深化教育教学改革的若干意见。完善"知识传授、能力培养、素质提升、人格塑造"四位一体的人才培养体系,积极实施连贯"通""专""跨"的通识教育,优化全过程、全方位、全员育人机制。以学生学习成效为导向,科学制定本科生培养方案。稳步推进各类课程建设,严把课程教学质量。促进教学模式创新,深化信息技术与教育教学融合。出台《浙江大学本科生第二、三、四课堂学分管理办法(试行)》等文件,进一步推进四个课堂实质性融通。继续开展海外教师主导全英文课程建设工作,共支持25个院系建设了57门全英文课程。

7. 研究生培养改革深入推进。强化科教协同与国际合作,制定并实施新一轮研究生培养方案,完成课程体系梳理工作,启动研究生素养与能力培养型课程建设。推进专业学位改革和多学科交叉工作,各级学位评定委员会调整到位,增设工程师学院专业学位评定委员会和"医药+X"多学科交叉人才培养卓越中心学位评定委员会。进一步建设工程师学院,完善工程领域专业学位研究生教育,创新校企协同培养模式,有效开展与欧美著名工程院校的国际联合培养项目。成功入选教育部博士研究生教育综合改革试点高校,实施科教融合等博士生教育"十大行动计划"。

8. 留学生教育质量稳步提高。整合国内外办学资源,加强留学生招生宣传工作,进一步提高留学生生源质量和数量。服务国家外交战略,扩大"一带一路"沿线国家、"金砖国家"留学生的招生规模。扎实推进留学生管理工作,加强留学生语言文化课程师资队伍建设,强化留学生学籍管理,形成优胜劣汰的良性培养机制。做好海外孔子学院合作共建工作,与各孔子学院在传播中华文化、促进中外学生交流等方面取得良好效果。2017年,全校留学生总规模比上年增加9.7%,居全国高校前列,其中学位留学生比上年增加17.6%。

9.创新创业教育品牌加快形成。进一步凝练创新创业教育特色,在本科专业培养方案中新增通识必修创新创业类,不断完善课程教学、培训、竞赛、实训、孵化和实践全链条推进的工作体系。加强创新创业实践平台建设,成立创新创业学院,成功入选国家"双创"示范基地,获首批"全国深化创新创业教育改革示范高校""全国深化创新创业教育改革特色典型经验高校"等荣誉,IdeaBank创客空间被纳入国家级孵化器管理服务体系。2017年,我校学生在国际国内重大赛事上荣获特等奖7项、一等奖96项,包括第三届互联网+大学生创新创业大赛总冠军、中国青年互联网创业大赛总冠军等。

10.招生和就业工作取得实效。深化招生队伍和优质生源基地建设,创新多元招生模式,稳步提高生源质量,"三位一体"综合评价招生涉及面更广。接轨新高考改革,实现新模式下本科生招生录取工作的平稳落地。进一步扩大博士生招生"申请—审核"制范围,顺利实施全日制非全日制研究生统筹招生管理改革。加强毕业生就业指导和服务,做好选聘选调生、推荐毕业生到重点单位及国际组织实习就业、精准帮扶就业困难学生等工作。2017年,学校在全国各省市提档线分数的考生名次得到进一步提升,学校本科招生排名前五的省份达到80%,排名向前移的省份不断增多。2017届毕业生就业率稳居全国高校前列,选调生录取、赴国防军工单位工作、赴西部地区就业的总人数同比增长27.46%。

三、完善学科人才布局,进一步优化发展生态,学科和人才队伍建设成效日益彰显

11.学科整体实力迈上新台阶。进一步构建高峰凸显、生态和谐的一流学科体系,大力建设高峰学科、一流骨干基础学科,谋划推动顶尖学科、优势特色学科和会聚型学科建设,支持各学部、学院、学科开展畅想"国家科技创新2030"工作。根据ESI数据统计,学校18个学科进入世界学术机构前1%,7个学科进入ESI前100位,均居全国高校第二;8个学科进入前1‰,5个学科进入ESI前50位,均居全国高校第一。在全国第四轮学科评估中,学校有11个一级学科被评为A+,居全国高校第三;39个一级学科被评为A类,居全国高校第一;一级学科优秀率达63.93%,居全国高校第二。

12.人才队伍建设成效明显。坚持党管人才,成立党委教师工作部、师德建设工作领导小组和师德建设工作委员会,健全教师思想政治工作和师德建设机制。加强高层次人才和高水平团队培育,深入实施"学术大师汇聚计划""百人计划",加大管理服务、思政教育、实验技术等各类人才队伍建设力度,科学评价、人尽其才的人才队伍体系不断健全。完善博士后队伍建设体系,出台《浙江大学关于进一步加强博士后队伍建设的若干意见》,启动实施"千名博士后计划"。继续优化人才年龄结构和学缘结构,出台《浙江大学外籍教师聘用暂行办法》,加快建设专兼结合的国际师资队伍。2017年,海外博士学位教师比例已提前达到"十三五"规划设定的指标。新增两院院士 5 人(含外籍院士 1 人),新增国家"千人计划"人选者、长江特聘教授、国家杰青、青年千人、"万人计划"科技创新领军人才、哲学社会科学领军人才等高层次人才 120 余人,高层次人才队伍规模居全国高校前列。汤森路透全球高被引学者上榜人数 14 人,居全国高校第二。姚玉峰教授荣获全国卫生行业最高荣誉奖——白求恩奖章和全国道德模范称号。

13. 人才服务机制不断创新。进一步畅通教职工发展渠道,实施新的专业技术职务评聘办法和管理人员职员职级聘任办法,推进医学院附属医院岗位设置工作,组织开展新一轮(2018—2021 年)师资队伍定编定岗工作,为重点学科发展提供有力保障。完善薪酬增长和激励保障机制,制定经济独立核算单位负责人薪酬管理制度,扎实推进养老保险入轨。优化异地办学、合作共建办学等人事管理机制。支持教师从事科技成果转化工作,出台《关于教师从事科技成果转化工作管理暂行办法》。

四、全面服务国家区域战略需求,加快高质量的内涵式发展,自主创新能力和社会服务水平显著提升

14. 开放式的大科研体系初步形成。面向"国家科技创新 2030"重大项目,加强战略研究和优化创新布局,落实"十三五"重点研究计划,实施科研联署管理办法。积极发挥之江实验室"一核"的驱动作用,推动之江实验室挂牌成立并有序运行。有力推进"超重力离心模拟与实验装置"国家重大科技基础设施项目申报工作,项目建设获省部联合支持和国家发改委充分肯定。"16+X"科研联盟、协同创新中心建设稳步开展。积极参与军民融合发展战略,"微波毫米波射频芯片"入选全国军民融合十大成果,国防科研各项工作稳步推进。完善科研管理机制,推进校内协同联动,促进农工信交叉、医工信结合和文理交融创新。精心打造西湖学术论坛,进一步提升国际学术声誉和社会影响力。推进科技创新团队建设,强化评估考核,学校科技创新团队已连续 7 年获得国家基金创新群体、教育部创新团队、亿级项目群、国家科技一等奖。

15. 科研品质再创新高。2017 年,科研规模继续在高位稳步增长,到款科研总经费 40.17 亿元,比上年增加 4.99 亿元。主要创新指标稳居全国高校前列,重大科研项目承载能力稳步提升。年度新增"三重"项目 87 项;新增国家重点研发计划项目 18 项、国家重大专项课题 11 项;获批国家基金重大项目 1 项、国家基金重点项目 19 项。被 SCI 收录第一单位论文 6327 篇,作为第一完成单位在 CNS 三大期刊及子刊发表论文 34 篇,被《美国科学院院报》(PNAS)收录论文 9 篇,十年国际论文引用篇次达 571022 次,中国卓越科技论文收录 4008 篇。获得发明专利授权 2016 件,居全国高校第一。获国家科学技术奖励 13 项,其中作为第一完成单位荣获科学技术进步奖特等奖 1 项,技术发明奖一等奖 1 项、二等奖 1 项,科学技术进步奖二等奖 1 项。国家科学技术进步奖特等奖是首次由高校作为牵头单位获得,国家技术发明奖一等奖是学校首次作为牵头单位获得,实现了历史性突破。

16. 哲学社会科学研究取得新进展。探索构筑开源的思想文化高地,完善文化传承创新的工作体系和平台,成立文化遗产学科发展联盟、艺术与考古图书馆、中华译学馆、马一浮书院等,《中国历代绘画大系》列入"国家重大出版工程"。启动《浙江大学史》编纂与研究项目,成立浙江大学校史研究中心,对学校的办学历史和发展历程进行系统梳理和科学总结。设立专项基金支持哲学社会科学发展,重点引导教师潜心治学,不断扩大学术话语权,提高学术声誉。继续加大学科交叉预研专项的培育力度,推进"大数据＋"人文社会科学交叉创新团队建设。制定智库成果认定办法,加强高端智库建设,区域协调发展研究中心入选第二批国家高端智库试点培育单位。深化与浙江省委宣传部共建传媒与国际文化学院、马克思主义学院工作,加强马克思主义理论研究和宣传教育。2017 年,SSCI 收录论文数 540 篇,同比增长 44％;A&HCI 收录论文数 39 篇,居全国高校第二;国家社科基金重点项目立项数居全国高校第一;《国家哲学社会科学成果文库》的成果入选数并列全国高校第一。

17. 科技成果转化成效明显。优化科技创新全链条布局,进一步完善成果转化激励政策与制度。完成工业技术转化研究院与国家大学科技园合署,着力提升国家大学科技园综合科技服务内涵,获得国家科技企业孵化器 A 类(优秀)评价和浙江省唯一的"全国大学生创业示范园"称号。浙江知识产权交易中心在全国率先建成完善的技术交易市场规则体系,累计成交 431 项科技成果项目,交易金额逾 2.34 亿元,交易量居全国高校前列。

18. 社会服务质量进一步提高。认真落实"四个服务"要求,坚持"立足浙江、面向全国、走向世界",积极推进"两边两路、一个核心"社会服务战略布局。大力开展与杭州、宁波、温州、台州、舟山、海宁等省内城市及江西、吉林、四川等省份的战略合作。围绕"六个浙江""四个强省"开展主动作为,深入参与杭州城西科创大走廊建设,加快推进紫金众创小镇、校友企业总部经济园、医学中心、青山湖能源基地等建设项目,组织实施服务浙江经济社会发展行动计划。投身社会主义新农村建设,持续开展科技对口支援任务,认真做好援疆援藏、云南景东定点扶贫、贵州台江全面精准扶贫、对口支持贵州大学和塔里木大学、浙江武义结对帮扶等工作。整合校内优质教育资源,开展高水平的培训项目,打造干部培训和继续教育高端品牌,全年继续教育办学总收入达 10.41 亿元,同比增长 28％。进一步支持医学院附属医院内涵发展,提升诊疗服务水平,各医学院附属医院全年完成门急诊数同比增长 15.23％;实施住院手术数同比增长 12.72％。扎实推进衢州高水平医联体建设,启动义乌高水平医联体建设,进一步辐射优质医疗服务资源。

五、加快全球开放发展,进一步推进深度合作,面向未来的办学格局更加完善

19. 全球开放发展的步伐不断加快。围绕国家对外开放战略和"一带一路"倡议,深入实施教育对外开放规划、声誉提升与国际化规划,研究制定全球开放发展战略,布局"一带一路"教育合作,明确了学校国际化发展的战略布局、实施路径和政策保障。制定国际化工作岗位管理办法,加强全校国际化管理队伍建设,第一批国际化工作岗位人员已到岗并完成专项培训。进一步优化、完善海外工作机构建设,制订《海外工作机构建设提升方案》。进一步增强网络宣传、声誉评估和外事工作能力,打造高水平外文门户网站,积极拓展与海外媒体、驻外联络机构、海外合作高校等联络合作。携手斯坦福大学、芝加哥大学、耶鲁大学等世界名校举办系列学术交流活动,Nature 主刊分 8 期刊载了学校 7 个学部科研成果。学校在国际主流大学排行榜中名次大幅前移。

20. 开放办学层次和水平不断提高。深入实施"海外一流学科伙伴提升计划""世界顶尖大学战略合作计划",推动与哈佛大学、耶鲁大学、芝加哥大学、斯坦福大学、牛津大学等世界顶尖大学的机制性合作,完善全球国际链接的合作网络。持续优化国际联合学院(海宁国际校区)人才培养模式,发挥其优质教育资源的溢出效应。学生海外学习交流的规模与层次不断提升,本科毕业生海内外深造率达 61.97%,其中毕业生进入世界百强名校继续深造近800人,占出国总人数的 56.82%;本科生海外学习交流达 3250 人次,同比增长 22.64%;研究生海外学习交流达 2440 人次,同比增长 10.5%,其中博士生交流率达到 72.77%。

21. 成功举办纪念建校 120 周年系列活动。圆满完成以"同心携手·共创一流"为主题、涵盖"卓越学术""品牌文化""助推梦想""美丽校园"四大工程及校院两级的 300 多项纪念活动。建校 120 周年纪念大会、文艺晚会、全球高等教育峰会等活动在海内外产生重要影响。全球同庆的号召得到了遍布全球的 60 万名校友和 140 多个校友会的积极响应。建校 120 周年系列纪念活动集中体现了学校的厚重底蕴和辉煌成就,充分展示了师生校友的凝聚力和创造力。

六、优化事业发展布局和资源保障,进一步创新治理架构,支撑学校持续快速发展的条件更加完善

22. 办学体系进一步完善。优化杭州市内各校区功能布局,以紫金港主校区建设为牵引,推进玉泉校区、西溪校区、华家池校区、之江校区综合发展。全面启动紫金港校区西区建设,紫金港校区西区新开工建筑面积达 10.12 万平方米。服务国家海洋战略,创新海洋学院管理体制,进一步健全舟山校区运行机制,加快提升海洋学院(舟山校区)办学水平。全面启用海宁国际校区,进一步完善与世界一流大学的合作办学模式,与伊利诺伊大学厄巴纳-香槟分校、爱丁堡大学共建的两个联合学院建设取得积极进展。服务"中国制造2025",启动实施工程教育创新高级专业技术职务首次评审工作,基本建成七个公共实训平台,积极推动创新型高端人才培养和专业学位研究生培养改革,加快建设工程师学院。加快推进宁波"五位一体"校区建设,进一步支持城市学院和宁波理工学院建设国内一流高水平应用型大学,为服务浙江省高水平高等教育发展作出实质性贡献。

23. 支撑保障条件明显改善。加强校园环境建设,深化"三室一堂一卫"文明创建,"美丽校园"建设取得积极成效。推进校园综合治理和平安校园建设,确保校园治安、交通、消防、食品、防疫、实验室等安全。顺利通过新一轮军工二级保密资格现场审查认证并取得新证,切实保障了学校国防科技工作的顺利进行。加快推进"网上浙大五年建设计划",提高数字图书馆、数字档案馆服务能力。完善财力资源规划,推进学校国有资产管理规范化,启动学校国有资产管理制度的修订工作,加强采购的全过程管理,学校筹资和财务保障能力不断增强。校医院公共卫生保障能力全面加强,医保管理服务持续优化。改善学校基础设施的设计和管理,促进更多办学空间和活动场所开放共享,推动科研平台和仪器设备互联互通。新增仪器设备共计 29728 台(套),总价值达 9.29 亿元。完成货物、服务采购总金额 10.59 亿元,直接节约采购资金 6449.38 万元。

24.产业与后勤发展更加向好。科学谋划产业系统的发展定位,加快推进后勤服务保障体系和保障能力现代化,更好地支持学校事业发展。2017 年,学校财务总收入达 111.97 亿元,社会捐赠到款 10.13 亿元,教育基金会规模达 27.99 亿元。成立创新创业研究院,面向学校师生和校友提供创新创业服务,积极打造校友经济新业态。圆正控股集团实现年收入 25 亿元,净利润 1.6 亿元。图书出版经济效益持续提升,经营收入超过 2.6 亿元,同比增长 9.7%。建筑设计研究院资质管理体系不断拓展,合同总金额同比增长约 30%。

25.内部治理体系更加优化。推进院系办学自主权改革,完善校院两级管理体制。优化学术委员会和学部体制机制,修订学术委员会章程,完成学术委员会改选换届工作,制定学术不端行为查处细则,不断完善学术治理架构。探索跨地域、多校区的校园管理服务机制,设立舟山校区、海宁国际校区行政服务代办点,推动更多服务事项入驻行政服务办事大厅和网上办事大厅。深化"三张清单一张网"建设,优化新一代协同办公服务系统,校务管理和服务的科学化水平不断提高。加快推进审计转型,合理配置审计资源,积极推进重点领域专项审计、经济责任审计、科研经费审计和工程审计等工作,高度重视审计成果有效利用,共完成各类审计项目 2441 项。

26.发展环境更加以师生为本。深化机关作风建设,深入开展"一流管理、服务师生"主题活动。围绕师生持续开展"十大学术成果""学生节"等文化品牌活动,组织开展"竺可桢奖"、"永平奖教金"、"三育人"标兵、"五好导学团队"、"十佳大学生"、"浙大好医生"、"浙大好护士"等评选,举办"浙大欢迎您、祝贺您、感谢您"等系列活动。完善学校领导接访制度,继续开展"书记有约""校长有约"活动,健全师生意见建议网上公开回复机制,畅通师生意见表达渠道。深入开展文化校园建设,构建具有浙大特色的文化表达和形象识别体系。完善"新生之友""事业之友"制度,做好"爱心基金"、大病医疗互助和教职工疗休养管理,加快推进"1250 安居工程"人才房建设,紫金西苑建成并交付使用,进一步巩固了"心齐、气顺、劲足、实干"的良好氛围。

七、坚持全面从严治党要求,进一步加强党的领导,为各项事业发展提供了更加有力的政治保证

27.坚持把党的政治建设摆在首位。进一步健全校院两级党委理论学习中心组学习制度,组织校党委理论学习中心组理论学习 8 次,进一步加强对院级党组织理论学习的督查。系统整理并面向全体中层干部发放《习近平总书记对浙江大学重要指示精神资料汇编》,深入开展理论学习教育活动。认真落实党委意识形态工作责任制,制定《浙江大学党委意识形态工作责任制实施细则》及《落实〈浙江大学党委意识形态工作责任制实施细则〉责任清单》,学校党委与 56 个院级党组织签订了意识形态工作责任书,层层压实意识形态工作主体责任。主动占领网络思想教育阵地,加强网络宣传员队伍建设,牢牢掌握意识形态工作领导权、主动权。

28.宣传思想工作水平持续提升。成立党的十九大精神宣讲团,督促并指导各院级党组织开展好学习活动,引导全校师生在学习中主动领会、深入贯彻。大力开展十九大精神理论研究,组织专家、教授撰写各类理论文章 30 余篇,多篇文章被《人民日报》《光明日报》《中国教育报》《浙江日报》等媒体登载。坚持正确舆论导向,着力做好理论武装、媒体融合、文化建设、精神塑造等各方面工作,切实加强网络舆情精细化监管,着力打造权威品牌传播渠道。举办程开甲、姚玉峰先进事迹报告会,进一步加强社会主义核心价值观教育。学校荣获第二届全国高校网络宣传思想教育优秀工作案例一等奖。《浙江大学报》共获中国高校校报好新闻一等奖 3 项、浙江省高校校报好新闻一等奖 7 项,名列全国高校前列。

29.领导班子和干部队伍建设成效显著。贯彻落实党委领导下的校长负责制,制定并实施《中共浙江大学委员会关于进一步加强学校领导班子自身建设的意见》,严格执行民主集中制和"三重一大"制度,完善校领导班子成员分工,优化党委常委会、校务会议决策机制。加强校院两级领导班子成员外出报告(请假)、中层党员领导干部兼职管理等制度建设,要求领导干部将主要精力投入管理工作。积极完善干部工作制度,修订中层领导干部选拔任用工作办法,强化党委在选人用人中的领导和把关作用。顺利完成中层领导班子和领导干部换届工作,进一步选配强院系领导班子。不断加强院系领导班子能力建设,及时举办新一届中层领导干部培训班和新提任中层领导干部培训班,认真落实新一届中层领导班子任期目标任务书制定工作。完善干部考核和评价机制,加强对干部的从严教育、从严管理、从严监督。

30.基层党组织建设不断夯实。优化党组织设置,推动党的工作全覆盖。进一步将党员教育融入日常、抓在经常,制定并推进"两学一做"学习教育常态化制度化实施方案。不断完善院系党政联席会议制度,加强党政协同,实行院级党政负责人交叉任职,开展院级党组织书记抓基层党建述职评议考核,充分发挥院级党组织政治核心和保证监督作用。发挥基层党支部战斗堡垒作用,以优秀"五好"党支部创建为抓手,健全党支部晋位升级机制,全年共评选出优秀"五好"党支部 88 个。加强党员干部教育培训,深入推进"先锋学子""育人强师"全员培训,提升与中央党校、中国井冈山干部学院等机构合作培训实效,建成浙江大学延安培训学院等一批红色教育基地。选优配强党支部书记,实施教师党支部书记"双带头人"培育工程。做好党费的收缴、使用和管理工作,完成全国党员管理信息系统信息采集工作,做好党员发展和教育管理工作,全年共发展党员 2196 名。

31.党对统一战线和群团工作的领导不断强化。认真贯彻落实中央统战工作会议精神和《中国共产党统一战线工作条例(试行)》,进一步发挥社会主义学院重要阵地作用。持续完善情况通报会、党派建言等制度,鼓励、支持、引导民主党派和党外人士更加广泛地参与到学校民主管理、民主监督中。认真做好党外代表人士的发现、培养、使用和管理工作,支持党派组织加强自身建设。坚持做好侨留联和民族宗教工作,关心少数民族师生的学习工作生活。认真贯彻落实党的群团工作会议精神,健全工会、团委等群团组织运行机制,完善以"双代会"为基本形式的民主管理制度,提升教代会提案办理成效。探索共青团工作的内涵发展道路,制定《浙江大学共青团改革实施方案》,指导学生会、研究生会、博士生会加强自身建设。加强离退休干部思想政治建设,发挥离退休老同志的作用,坚持做好老同志服务工作。

32.履行全面从严治党"两个责任"。深入贯彻落实中央八项规定实施细则精神,加强和改进作风建设,驰而不息纠正"四风"。压实党委主体责任,加强党委对党风廉政建设的领导,认真落实"党政同责""一岗双责",完善党委听取纪委工作汇报制度。强化校院联动,开展二级单位履行"两个责任"完成情况督查工作。健全党风廉政建设长效机制,进一步强化廉政风险重点领域和关口部门单位的主体责任意识,加强内部控制体系建设。支持纪委监督执纪问责,深化内部巡察工作,践行监督执纪"四种形态",配齐建强专职纪检监察干部队伍。扎实开展"一院一品"工作,加强廉洁教育和廉政文化建设,努力营造风清气正的办学环境。

浙江大学 2017 年工作要点

(2017 年 3 月 6 日)

2017 年浙江大学工作的总体要求:深入贯彻党的十八大及十八届三中、四中、五中、六中全会和习近平总书记系列重要讲话精神,认真落实全国高校思想政治工作会议精神,认真落实国家"双一流"战略,围绕学校"十三五"规划确定的任务,深入实施"六高强校"战略,进一步明确办学方向,聚焦立德树人,服务创新发展,深化综合改革,完善治理体系,提高质量声誉,优化战略格局,全面从严治党,努力开创中国特色世界一流大学建设新局面,以优异的成绩迎接党的十九大胜利召开。

一、认真贯彻落实中央重大部署,牢牢把握社会主义办学方向

1.学习贯彻中央重大决策部署。深入学习习近平总书记系列重要讲话精神和治国理政新理念新思想新战略,全面贯彻党的教育方针,切实增强广大师生政治意识、大局意识、核心意识、看齐意识,更加坚定地维护以习近平同志为核心的党中央权威。以迎接十九大、学习十九大、贯彻十九大、宣传十九大为主线,立足中国特色社会主义事业全局建设世界一流大学。积极配合中央巡视组专项巡视工作,切实抓好巡视反馈意见的整改落实。

2.贯彻落实全国高校思想政治工作会议精神。抓好全国高校思想政治工作会议和中央有关文件精神的学习宣传贯彻,研究制定《中共浙江大学委员会浙江大学关于加强和改进新形势下学校思想政治工作的实施意见》,并抓好贯彻落实。切实加强党对学校的全面领导,把握"四个服务"办学定位,坚定中国特色社会主义大学办学方向,增强扎根中国大地办世界一流大学的信心和决心。围绕立德树人中心任务,不断健全教师思想政治工作和大学生思想政治教育责任体系,推动思想政治教育贯穿人才培养全过程,切实增强学生的"四个正确认识"。按照"四个统一"要求,进一步加强师德师风建设。

3.落实国家"双一流"战略。根据国家"双一流"建设总体部署,对照《统筹推进世界一流大学和一流学科建设实施办法(暂行)》明确的工作要求,认真研究制定学校"双一流"建设方案,统筹落实好综合改革、"十三五"发展规划和"双一流"建设各项任务。积极推动省部共建浙江大学工作,争取国家有关部委和浙江省委省政府的大力支持。

二、落实立德树人根本任务,着力提高教育教学质量

4.强化思想政治教育。不断深化思想政治理论课改革,加强教师、教材、教法、教风等建设。打好提高思政教育质量的攻坚战,大力推进中国特色社会主义理论体系转化为思想政治理论课话语体系,解决好"最先一公里"的问题;主动了解学生需求,推动教学内容真正入脑入心,充分激发学生学习动力,解决好"最后一公里"的问题。注重以问题为导向开展专题式学习,抓好教师的集中研讨、集中培训、集中备课。创新师生思政教育工作体系和载体,探索形成具有鲜明特色和全国影响的浙大思想政治教育工作模式。

5.巩固教育教学大讨论成果。进一步落实好《浙江大学关于进一步深化教育教学改革的若干意见》(浙大发本〔2017〕1号)文件精神,优化整合培养、协同育人的工作体系,完善全过程、全方位、全员育人机制,强化院系育人的主体责任,全面提高人才培养的质量内涵,探索开环的教育教学新格局。深化招生队伍和优质生源基地建设,创新多元招生模式,着力提高生源质量。加强毕业生就业指导和服务,做好选聘选调生、推荐毕业生到重点单位及国际组织实习就业、精准帮扶就业困难学生等工作。

6.提高本科生教育质量。紧密围绕KAQ2.0,推进四课堂融通计划,加强第一课堂、第二课堂、第三课堂、第四课堂协同培养,促进教学方法创新,深化拔尖人才培养模式改革和竺可桢学院改革,优化"1+3"本科生管理体制。加强系列核心课程建设,全面落实通识教育推进计划,继续推进本科课程网络平台建设和实习实践教学改革,完善课堂教学质量监控与考评,改进教师教学评价和学生学习评价。

7.深化研究生培养机制改革。强化科教协同与国际合作,启动研究生素养与能力培养型课程建设,完善工程师学院建设与人才培养模式,继续推进专业学位研究生培养改革。全面实施博士研究生"申请—考核"制招生,深化多学科交叉培养研究生体制机制改革,推进跨学科人才培养专项计划和研究生教育质量提升计划。

8.培育创新创业教育品牌。凝练创新创业教育特色,将创新创业课程纳入本科培养方案,完善课程教学、培训、竞赛、实训、孵化和实践全链条推进的工作体系。加强创新创业实践平台建设,整合资源办好创新创业学院。完善支持学生创业的政策机制,增强各类创业孵化器对学生及校友创业的支撑功能。

9.发挥文化育人功能。进一步弘扬"求是创新"校训、"勤学、修德、明辨、笃实"共同价值观和"海纳江河、启真厚德、开物前民、树我邦国"浙大精神,建设优良师风学风。建立健全培育和践行社会主义核心价值观长效机制,弘扬中华优秀传统文化和革命文化、社会主义先进文化。深入推进文化校园建设,办好"学生节",完善具有浙大特色的文化表达和形象识别体系。持续开展"书记有约""校长有约"活动。完善"永平奖教金"、"优质教学奖"、"三育人"标兵、"浙大好医生"、"浙大好护士"等评选机制,发挥榜样的引领带动作用。建好新媒体平台,进一步加强校园网络文化建设。推进学生文化长廊、师生交流吧、党员之家等载体建设,深化"三室一堂一卫"文明创建工作。

三、加强学科和人才队伍建设,全面提升学校核心竞争力

10.完善学科发展布局。积极推进高峰学科汇聚发展,加强一流骨干基础学科建设,加快面向一流的优势二级学科的特色发展,推动交叉学科平台建设和机制创新,营造共生共享、包容发展、争创一流的学科生态布局。开展新增一级学科博士学位授权点试点工作,做好学科评估和学位授权点自我评估工作,并以评估结果为指导,推进学科优化调整和内涵建设。

11.提高师资队伍水平。瞄准世界一流大学和一流学科建设目标,打造一支"信念坚定、师德高尚、业务精良"的教师队伍。推进实施学术大师汇聚计划,进一步完善"百人计划",培养和引进一批具有国际学术影响力的高端人才,鼓励支持面向国家重大战略需求的高水平创新团队建设。做好院士增选工作。继续优化人才队伍的年龄结构和学缘结构,加大外籍教师引进力度,提升师资队伍国际化水平。

12.优化人力资源体系。落实与完善各类人才队伍规划及建设发展机制,提升各类人才的职业精神、创新能力和专业素质,重点提升教师队伍的学术涵养、学术管理和学术领导水平,加强管理支撑和服务保障队伍的能力建设,进一步完善各类人才的招录选拔、职业发展、薪酬体系和激励机制。实施"博士后千人队伍三年建设计划",启动博士后管理改革试点工作。

13.完善人才服务发展机制。实施长聘教职评聘制度改革试点,加快构建国际化评估体系。启动新一轮岗位聘任工作,建立完善薪酬增长机制。稳步有序推进养老保险入轨。不断完善人事管理制度,制定新一轮定编定岗方案,出台关于全职聘任非华裔外籍教师、支持鼓励科研人员创新创业等管理办法。

四、服务创新驱动发展战略,提升科研内涵和社会服务水平

14.增强自主创新能力。加强顶层设计,构建完善开放式的大科研体系,不断优化创新生态系统,推进构筑"泛浙大"创新创业网络。面向"国家科技创新2030"重大项目,加强战略研究和优化创新布局,落实"十三五"的重点研究计划,推进国家重大科技基础设施建设;继续推动"16+X"科技联盟建设,制定完善管理办法,促进协同创新、军民融合,努力承担更多高水平国家任务;完善重点研发计划项目管理,确保重点研发任务按时高质量完成。凝练战略研究主题,促进农工信交叉、医工信结合和文理交融创新,培育重大创新成果,进一步提升国际学术声誉和社会影响力。

15. 提升文化传承创新能力。繁荣发展哲学社会科学,探索构筑开源的思想文化高地,布局建立文化传承创新的工作体系和平台,促进经典文化研究与传承,推进校史文化传承与创新工程。继续加大学科交叉预研专项的培育力度,做好"大数据+"人文社会科学交叉创新团队建设。支持浙江大学区域协调发展研究中心争创国家高端智库建设试点单位,建设若干个具有中国特色、浙大特点的新型智库,提升学校决策咨询能力。深化与浙江省委宣传部共建传媒与国际文化学院、马克思主义学院工作。

16. 加快推进成果转化。服务创新驱动发展战略,优化科技创新全链条布局,进一步完善成果转化激励政策与制度,提升原始创新、协同创新和成果转化能力。加快以科技转化岗为核心的成果转化人才队伍建设,不断优化创新管理服务队伍和技术转移中介队伍。聚焦杭州城西科创大走廊建设,加快推进"紫金众创小镇"和成果转化基地建设,提升和发挥国家大学科技园综合科技服务平台作用,打造引领创新创业的生态系统和具有全球影响力的创新高地。

17. 完善社会服务体系。以全方位服务浙江为核心,继续加强与杭州市、宁波市、湖州市、舟山市等城市的战略合作,优化辐射全国的社会服务网络布局。继续谋划推进服务"两边两路"战略,加强与重点省份、重点城市的战略合作,提升各类校地合作平台的网络节点和创新扩散功能。完善体制机制,进一步强化工业技术转化、农业技术推广等领域的服务能力和网络体系建设。进一步服务浙江省委省政府"双下沉、两提升"战略,推进高水平医学中心、临床医学创新中心和医疗联合体建设,扩大辐射优质医疗服务资源。完善继续教育质量体系,打造继续教育高端品牌。落实对口支援和定点扶贫任务,继续做好对云南省景东县、贵州省台江县和浙江省武义县新宅镇的帮扶工作。

五、加强开放合作办学,提升学校声誉和国际化办学水平

18. 不断提高开放办学层次和水平。优化战略布局,构建多层次、立体化国际合作网络,进一步营造国际化教育环境。继续实施"顶尖大学合作计划"和"海外一流学科伙伴提升计划",打造国际合作交流品牌项目。探索完善国际联合学院人才培养模式,发挥其优质教育资源的溢出效应。加强全英文课程和海外师资队伍建设,提升海外访学交流师生比例。推进留学生教育"两高"计划,提高留学生培养质量。

19. 全面实施声誉提升与国际化战略。打造高水平外文门户网站,拓展与海外媒体、驻外联络机构、海外合作高校等联络合作,进一步增强网络宣传、声誉评估和外事工作能力。加大全校国际化管理队伍建设力度,统筹推进学校国际化建设和发展。

20. 高水平举办好纪念建校 120 周年系列活动。办好纪念建校 120 周年大会、全球高等教育峰会、"浙大—斯坦福大学"系列论坛、全球创新创业论坛等重点活动。深化筹资工作体制改革,落实 2015—2020 筹款行动计划,继续扩展重点潜在捐赠项目,力争 2017 年筹资额不低于 7 亿元。以纪念建校 120 周年为动力,加强广泛联络,与全球校友和社会各界同心携手、共创一流。

六、优化发展战略格局,不断夯实发展支撑和资源保障

21.完善办学体系和发展布局。优化校区功能布局和协同发展机制,构建完善促进资源流动和汇聚的生态网络。加快紫金港校区西区建设,力争 2017 年年底前西区整体建设初具规模。完善舟山校区运行机制。加快海宁国际校区建设,落实中美商学院等重点国际联合办学项目,探索完善校区管理体制。加快建设工程师学院,进一步扩大招生规模,做好实训平台二期建设。推进城市学院转型发展、推进宁波理工学院"五位一体"校区建设。加快推进"1250 安居工程"人才房建设,力争 2017 年年底前交付使用。

22.完善支撑保障体系。优化学校基础设施的设计和管理,建立健全开放共享和联动机制,促进更多办学空间和活动场所向师生开放,推动科研平台和仪器设备互联互通。加快推进"网上浙大五年建设计划",提高数字图书馆、数字档案馆服务能力。加强出版品牌内涵建设。不断优化财力资源配置,推进学校预算体制改革,进一步扩大院系统筹经费自主权。巩固 G20 杭州峰会校园维稳安保工作成果,深化平安校园建设,完善校园安全防范体系、预警机制和应急处置机制。

七、深入实施综合改革,加快实现治理体系和治理能力现代化

23.完善校院两级办学体系。研究制定关于深化校院两级管理体制改革的意见,深入推进扩大院系办学自主权改革,进一步理顺院系与学部、党政管理部门的关系,促进机关职能转变,构建权责利相统一的院系管理体制,有效发挥院系办学主体作用。

24.健全学术治理体系。优化学术委员会和学部体制机制,开展"学科诊断"工作,充分发挥各级学术委员会的学术评审、指导和协调作用。出台《浙江大学学术不端行为查处细则》,维护校园正常学术秩序。深化基层学术组织管理体制改革,建立有利于学科交叉和项目合作的新型学术组织,激发基层学术组织活力。

25.优化行政管理服务体系。优化新一代协同办公服务系统,完善审批清单、服务清单、责任清单,推进校务服务网建设,推动更多服务事项入驻行政服务办事大厅和网上办事大厅。推进校务信息公开和师生意见建议网上公开回复平台建设,探索跨地域、多校区的校园管理服务机制。继续推进审计转型。

26.构建多元参与治理体系。健全民主管理制度,完善教代会、学代会等功能发挥机制,推动建立学生自我管理的服务保障机制。积极引进社会力量参与学校治理,探索完善学校董事会制度,充分发挥校友育人功能,加强与地方政府和用人单位的互动合作,构建有效的公共关系和对外协调机制,营造良好的学校发展环境。

八、落实全面从严治党,为学校改革发展提供坚强政治保证

27.贯彻党委领导下的校长负责制。进一步完善党的领导体系,为承担管党治党、办学治校主体责任提供坚强保障。完善党委全委会、党委常委会、校务会议议事规则、议事范围和决策程序,严格执行"三重一大"决策制度,建立健全重大决策专家论证咨询制度、重大决

策风险评估机制等决策支持体系。健全党委统一领导、党政分工合作的协调运行机制,进一步落实校领导联系基层制度、AB角制度、调查研究制度。贯彻落实院系党政联席会议制度,完善院长(系主任)、院级党委书记交叉任职的体制机制。

28.加强宣传思想工作。落实党委中心组理论学习会制度,推动理论学习的规范化、制度化。做精做强"育人强师""先锋学子"全员培训,建成浙江大学延安培训学院。层层落实好党委意识形态工作责任制,严格课堂、论坛、讲座、网络等校园宣传文化阵地管理,牢牢把握党对意识形态工作的主导权。围绕纪念建校120周年,进一步完善重大题材新闻宣传策划机制和新闻宣传工作联动机制,推进校内传统媒体与新媒体的融合,加强媒体传播专家库建设,鼓励教师在国内外高层次论坛、权威媒体上发声发文,加强与社会主流媒体的合作,讲好浙大故事,增强传播效果。

29.加强中层领导班子和干部队伍建设。坚持"德才兼备、以德为先"的标准,做好中层领导班子和领导干部的届末考核和换届工作,优化干部队伍结构,完善干部能上能下机制。通过轮岗交流、挂职锻炼、组织调训等形式,加强干部培养锻炼,提高干部能力素质。重点办好中层干部分线集中轮训。探索建立优秀干部培养输送机制。

30.加强各级党组织建设。推动"两学一做"学习教育常态化制度化,认真贯彻落实《关于新形势下党内政治生活的若干准则》和《中国共产党党内监督条例》,健全民主生活会、"三会一课"等组织生活制度,严格执行党费收缴、使用和管理制度,严肃党内政治生活。做好院级党组织换届工作,健全党政联席会议议事规则,完善院级党组织书记抓基层党建述职评议考核工作,深化"五好"院级党委创建。巩固"五好"党支部创建成果,深入推进优秀"五好"党支部创建,不断完善党支部建设与时俱进、晋位升级长效机制。进一步健全基层组织设置,实施按专业等纵向设置学生党支部,探索在新型学术组织、重大项目平台建立党组织。加强教师党支部建设,实施教师党支部书记"双带头人"培育工程,设立杰出党务工作者"党建先锋"奖。进一步巩固"新生之友"寝室联系制度;进一步落实"事业之友"教职工党员与非党员教职工结对联系制度,实现对非党员教职工的全覆盖。

31.加强党对统一战线和群团工作的领导。加强社会主义学院建设,完善工作制度和培训体系,推进民主党派和党外代表人士队伍建设,完善建言渠道和作用发挥机制。贯彻落实中央党的群团工作会议精神,健全工会、团委、教授联谊会等群团组织运行机制,发挥师生员工的民主管理和民主监督作用。进一步发挥共青团组织凝聚青年、服务青年、指导青年的作用,做好学生组织的规范管理工作。做好离退休老干部工作,充分发挥老干部作用。

32.加强党风廉政建设。学习贯彻十八届中央纪委七次全会精神,进一步落实全面从严治党主体责任和监督责任,加强对党风廉政建设和反腐败形势的分析研判,健全党委听取纪委工作汇报制度。层层抓好责任落实,进一步强化"党政同责"和"一岗双责"。继续从严抓好中央八项规定精神贯彻落实,健全作风建设长效机制。深化内部巡查工作,抓好巡查问题的整改落实。有效运用监督执纪"四种形态",创新廉洁教育,加强对重点领域的监督执纪问责,营造风清气正的办学环境。

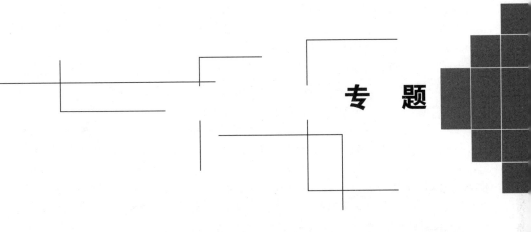

在浙江大学教师干部大会上的讲话

中组部干部三局局长　赵　凡

（2017年6月7日）

（根据录音整理，未经本人审定）

大家上午好，我受中央组织部领导委派，宣布中央对浙江大学党委书记调整的决定。中国共产党中央委员会（中委〔2017〕477号）关于邹晓东、金德水职务任免的通知，中共教育部党组：中央批准，邹晓东同志任浙江大学党委书记（副部长级），免去金德水同志浙江大学党委书记职务。中共中央2017年6月1日。

中央从中管高校领导班子建设全局和浙江大学实际出发，根据工作需要，经过通盘考虑，慎重研究，作出了上述决定。此前，组织上分别与金德水同志、邹晓东同志谈了话，他们都表示坚决服从组织决定，认真做好交接工作。

浙江大学是一所历史悠久、底蕴深厚、特色鲜明、享誉中外的著名高等学府，在一百二十年的办学历程中，一代又一代浙大人接续奋斗、砥砺前行，形成了优良的学术传统，培养了一批优秀人才，为国家经济社会发展作出了重要贡献。近年来浙江大学认真贯彻落实党的教育方针，坚持社会主义发展方向，深化教育教学改革，加强科研创新，在人才培养、教育科研、服务社会和文化传承创新等各方面取得了优异成绩，学校综合实力和社会影响力显著提升。这些成就的取得是党中央国务院正确领导的结果，是教育部、中共浙江省委直接领导和大力支持的结果，是学校领导班子和广大师生员工共同奋斗的结果，其中也凝聚着金德水同志的辛勤和汗水。

金德水同志是2011年1月担任浙江大学党委书记的，六年多来，金德水同志以强烈的事业心和责任感投入学校工作,以实际行动赢得了组织的认可和广大师生的好评,他政治立场坚定、工作有激情、敢抓敢管,决策比较果断,有较强的执行管理能力和开拓创新意识,重点抓落实,敢于处理复杂问题。任现职以来,主动服务国家战略和浙江经济发展,积极争取办学资源,努力破解发展难题,学校办学条件极大改善。重视教师干部队伍建设,加大人才培养力度,人才质量和科研创新能力明显提升。他为人正派,性格直爽,作风民主,团结同志,尊重知识分子,有较高的群众威信。借此机会,让我们对金德水同志为浙江大学作出的贡献表示衷心的感谢!

金德水同志虽然不再担任党委书记职务了,但我们相信他作为浙大的老领导仍然会继续关心和支持浙大的工作。对于邹晓东同志大家都很熟悉了,我再简单介绍下他的情况。邹晓东同志 1967 年 9 月生,曾任浙江大学城市学院党委书记、常务副院长、校党委组织部长、校党委副书记,2012 年 11 月任浙江大学党委常务副书记,2016 年 7 月任浙江省委组织部副部长。他政治素质好,组织观念强,熟悉高校党的工作和浙大情况,思路清晰,工作有板有眼,处处沉稳,考虑问题周到细致,有较丰富的高校思想政治工作经验,待人谦和、温文尔雅、为人正派、作风民主,中央认为邹晓东同志担任浙江大学党委书记是合适的。

浙江大学党委书记调整,是学校发展进程中的一件大事,社会各界都非常关注,希望大家及时把思想统一到中央决定的精神上来,讲政治、顾大局、守纪律,像支持金德水同志一样,支持配合邹晓东同志工作,也相信邹晓东同志一定不负重托,与吴朝晖校长及其他校领导班子一起勠力同心、锐意进取,团结带领全校教职员工,不断开创学校发展新局面。

各位老师、同学、同志们,党的十八大以来,习近平总书记对办好中国特色世界一流大学发表了一系列重要讲话,明确提出了我国高等教育四个服务的职责使命,为新时期高等教育发展指明了方向。今年,是浙江大学百廿华诞,学校发展踏上了新的征程,希望学校领导班子和广大师生员工切实增强责任感和使命感,深入学习贯彻习近平总书记系列重要讲话精神,特别是给浙大的重要指示精神,牢固树立政治意识、大局意识、核心意识、看齐意识,自觉与以习近平同志为核心的党中央保持高度一致,要从严从实抓班子、带队伍,压实压紧主体责任,以抓铁有痕、踏石留印的韧劲抓好巡视整改,推动"两学一做"学习教育常态化、制度化,为学校持续健康发展提供坚强保证。要紧紧围绕"五位一体"全面布局和"四个全面"战略布局,深度参与创新驱动发展战略实施,广育祖国和人民需要的各类人才,努力在创建世界一流大学方面走在前列。要秉承"求是创新"的精神,弘扬海纳江河、启真厚德、开物前民、树我邦国的优良传统,以心有大我、至诚报国的爱国情怀,教书育人、敢为人先的敬业精神,淡泊名利、敢于奉献的高尚情操,为实现两个一百年奋斗目标和中华民族伟大复兴的中国梦作出新的更大贡献,以优异成绩迎接党的十九大胜利召开。

在浙江大学教师干部大会上的讲话

教育部副部长　杜占元

（2017 年 6 月 7 日）

（根据录音整理，未经本人审定）

教育部党组完全拥护中央的决定，赞同赵凡同志的讲话。

浙江大学历史悠久，声誉卓著，在我国高等教育的布局中具有举足轻重的地位。在 120 年的办学历程中，浙江大学始终坚持与民族复兴同频共振，与时代进步同向同行，为国家和社会培养了大批栋梁之材。这些年来，特别是党的十八大以来，学校认真学习贯彻习近平总书记系列重要讲话精神，深入贯彻党中央关于加快推进双一流建设的重大部署，紧紧围绕加快建设中国特色世界一流的综合型、研究型、创新型大学的目标，坚定不移地实施六高强校战略，全面加强党的建设和思想政治工作，坚持内涵式发展道路，在落实师生为本办学理念、深化校内综合改革、探索四个转变社会服务模式、推进办学国际化进程等方面不断开拓创新，为中国高等教育的改革发展积累了很多成功经验。

党中央、国务院历来对浙江大学的建设和发展高度重视，习近平总书记在浙江工作期间，曾亲自联系浙大，多次到校调研，对学校提出了明确要求。2015 年 9 月 10 日，他向浙江大学教师祝贺节日，对学校工作充分肯定。李克强、刘延东等中央领导同志，也曾到校视察，高度评价学校工作。这些成绩的取得，离不开学校党政领导班子和全体师生员工的共同努力，也凝聚着金德水同志的智慧担当和辛勤的付出。

金德水同志 2011 年 1 月调任浙江大学党委书记，至今已有 6 年多时间，他在政治上成熟坚定、思路清晰、视野开阔、敢于担当，宏观把握大局和处理复杂问题的能力强，他认真贯彻执行党委领导下的校长负责制，善于抓班子、带队伍，善于鼓干劲、聚人心，先后和杨卫、林建华、吴朝晖三任校长合作共事，团结带领全体班子成员勤奋工作，充分发挥自己熟悉省情、市情的优势，抢抓机遇，锐意改革，多方争取支持，全力推进一流大学建设进程，在加强学校党的建设、谋划事业科学发展、推动科技创新和社会服务、积极争取办学资源、推进国际合作办学和大学文化建设和着力改善民生等方面做了大量富有成效的工作，为形成七大学部齐头并进、七大校区交相辉映的生动局面作出了重要的贡献。

德水同志为人正派、坚持原则、团结同志，对自己要求严格，深得广大师生员工的信任和拥戴。由于年龄的原因，德水同志也曾多次向组织上提出及时退出学校的领导岗位，表现出了对党的教育事业、对浙江大学长远发展高度负责的可贵品质。借此机会，我代表教育部党组，向德水同志表示崇高的敬意和衷心的感谢！

当然，我们也希望德水同志，继续关心和支持学校的发展，相信他一定会做到，做得很好。邹晓东同志，是浙江大学自己培养的优秀干部，他先后担任过学院书记、组织部部长、校党委副书记、常务副书记,去年7月,调任浙江省委组织部副部长。他政治敏锐性强,熟悉高等教育规律和学校情况,勤学善思,具有比较高的理论素养,党务工作经验丰富,处事沉稳持重,敢于坚持原则,善于沟通协调,组织领导能力比较强。他为人正直,待人真诚,要求自己严格。在浙江省委组织部工作期间,快速转变角色,认真抓好分管工作任务的落实,得到有关方面的肯定。我们相信,晓东同志一定能不负众望,与吴朝晖同志密切配合,团结带领领导班子全体同志,紧紧依靠全校师生员工,开启学校事业发展的新篇章。教育部党组也希望浙江大学的同志们以高度的责任感和使命感,把思想和认识统一到中央的决定上来,全力支持晓东同志和新班子的工作,齐心协力把浙江大学办得更好,让中央放心,让师生满意。借此机会,我受教育部党组委托,谈几点意见:

第一,始终坚持党的领导,牢牢把握社会主义办学方向。党的十八大以来,习近平总书记对教育工作作出了一系列重要论述,深刻阐明了我国教育改革发展的重大理论和实际问题。在去年12月中央召开的全国高校思想政治工作会议上,和今年五四青年节前夕视察中国政法大学时,总书记先后发表重要讲话,对加强和改进高校思想政治工作,提出了明确要求,对当代青年的成长成才提出了殷切期望,为加强社会主义法治人才的培养、加强高校党的建设,进一步指明了方向。我们要深入学习贯彻习近平总书记系列重要讲话精神,牢牢把握党对高校工作的领导,坚持社会主义办学方向,着力培养德智体美全面发展的中国特色社会主义事业合格建设者和可靠接班人。要全面落实立德树人根本任务,把社会主义核心价值观融入人才培养全过程,深入开展中华传统优秀文化和革命传统教育,注重培养青年学生的家国情怀,引导他们坚定理想信念,勇担时代责任。要不断深化人才培养模式改革,创新思想政治工作方式方法,把加强师生思想政治工作与加强学校党的建设结合起来,与着力解决师生思想问题和工作、学习、生活实际困难结合起来,不断激励广大师生为实现中华民族伟大复兴的中国梦砥砺前行、不懈奋斗。

第二,进一步彰显办学特色,全面推进双一流建设。党和国家统筹推进双一流建设,为高等教育未来发展指明了方向。浙江大学肩负着重大的使命与责任,希望学校深入研究,如何将国家层面关于双一流建设的决策部署转化为学校改革发展的思路和举措,要充分发挥学科门类齐全的综合优势,以一流学科为牵引,推动学科及人才布局优化,构建高峰凸显、生态和谐的一流学科体系,完善科学评价、人尽其才的人才队伍体系,不断提升学校办学的核心竞争力。要依托学校交叉会聚的特色,深度融入国家重大战略和创新体系建设,充分发挥学校在浙江经济社会发展及杭州科创大走廊中的创新驱动作用,构建完善的社会服务体系和多元的服务平台,为中国智造2025、长江经济带等重大战略与"一带一路"倡议,提供理论和技术支持。要加强国际交流与合作,推进海宁国际校区和国际联合学院建设,不断拓展国际合作交流的渠道和平台,积极参与和组织国际性和区域性重大科学计划和科学工程,为提高我国高等教育的国际竞争力和话语权、树立中国大学的良好品牌和形象,作出更大贡献。

第三,切实加强班子建设,提高凝聚力、战斗力。办好浙江大学领导班子是关键,要把思想政治建设放在首位,切实增强"四个意识",坚决维护以习近平同志为核心的党中央权威,保持高度的政治敏锐性,坚定正确的政治方向。要贯彻落实好党委领导下的校长负责职务,

浙江大学年鉴

完善党委行政意识、决策制度，书记与校长要相互支持、相互尊重、同心同向，班子建设要加强沟通、团结协作，不断提高班子办学治校能力和水平。要严肃党内政治生活，坚持党内政治生活的基本规范，增强党内政治生活的政治性、时代性、原则性、战略性，保证领导班子和干部严格按照党的政治生活准则和各项规定办事。要自觉担当起全面从严治党的主体责任和监督责任，落实党政同责、一岗双责，坚持以身作则、率先垂范，按照部党组"四个合格"要求推动"两学一做"学习教育常态化、制度化。

同志们，长期以来，浙江省委省政府始终关心、支持浙江大学的改革与发展，借此机会，我代表教育部党组对省委省政府、省各有关部门长期以来的支持表示衷心的感谢。

同志们，近期中央巡视组将向学校反馈巡视意见，我们希望浙江大学在新的领导班子带领下将巡视整改工作作为学校当前和今后一段时期的重要政治任务，切实抓紧抓好，撸起袖子加油干，扑下身子抓落实，要以建设世界一流大学的优异成绩迎接党的十九大顺利召开。

在浙江大学教师干部大会上的讲话

中共浙江省委常委、组织部部长　任振鹤

（2017 年 6 月 7 日）

人事有代谢，往来成古今。受省委书记车俊同志的委托，我谨代表省委参加浙江大学党委书记调整的宣布大会。

刚才，中央组织部赵凡局长宣读了中央关于调整浙江大学党委书记的决定并作了讲话，教育部杜占元副部长对浙江大学领导班子建设和学校的改革发展提出了殷切期望和明确要求。浙江省委坚决拥护中央关于浙江大学党委书记调整的决定，与浙江大学党委一道把中央的决定精神贯彻好、落实好。

浙江大学以"求是"立名、以"创新"强校，是根植于浙江这块古老而神奇、生机与活力土地上的一所百年名校，在全省改革发展和全面建设小康社会的历史进程中具有十分重要的地位。自 1897 年求是学院创立，到 1998 年四校合并成立新浙江大学以来，浙江大学始终与国家民族共命运、与时代发展齐奋进，在革旧图新中应运而生、在烽火弦歌中砥砺奋进、在改革发展中建功立业、在并校融合中涅槃腾飞，逐渐成为中国高等学府中的一道亮丽风景。特别是近年来，学校党政领导班子团结带领全校教职员工，立足浙江、放眼全国、胸怀世界，围绕建设世界一流大学的目标，不忘初心、不辱使命、不懈奋斗，发展成为一所享誉中外的综合型、研究型和创新型大学，为浙江经济社会发展作出了不可磨灭的贡献。这些成就的取得，是党中央、国务院正确领导的结果,是教育部和我省"省部共建"的成果,凝聚着浙江大学历届党政领导班子和全体教职员工的辛勤和汗水,也与金德水同志任党委书记以来的辛勤工作分不开。金德水同志从省领导岗位到浙江大学担任党委书记以来,团结带领班子成员抓大事、谋新事、解难事、干实事,充分调动了各方面工作积极性,大力推动了省校之间多方面的合作与交流,为学校各项事业的长足发展和服务地方经济社会作出了重要贡献,赢得了广大师生的普遍认可和社会各方面的广泛赞誉。省委对金德水同志担任浙江大学党委书记以来的工作是给予高度评价的。在这里,我谨代表省委省政府,向支持浙江大学发展的中组部、教育部各位领导,向以金德水同志为班长的浙江大学党政领导班子,向浙江大学全体教职员工,也向金德水同志为浙江经济社会发展作出的贡献,表示最衷心的感谢!

新任浙江大学党委书记邹晓东同志,大家非常熟悉了。我和晓东同志一个班子共事,尽管时间不长,但对他待人的坦诚、处事的严谨、为政的担当,印象极为深刻,合作非常愉快。浙江大学既是他求学的母校,也是他情感的故乡。他早年求学于浙大。晓东同志本科在浙江大学就读,研究生也在这里就读,可以说这里是他遨游知识海洋、潜心学习思考的园地。他工作起步于浙大。晓东同志大学本科毕业后留校任教,已在这里学习工作了 32 个年头,对学校的历史沿革、教职员工情况都比较熟悉,可以说这里是他经受基层历练、展示个人才华的平台。他事业成就于浙大。晓东同志是浙江大学"土生土长"的领导干部,曾先后担任浙江大学组织部长、党委副书记、常务副书记,在这里积累了丰富的领导工作经验。2016 年 7 月,晓东同志转任浙江省委组织部副部长。近一年时间里,他表现出了很强的政治素质、全局意识和组织协调能力,他为人正直谦逊,处事公道正派,工作思路清晰,视野开阔,善于用改革创新的理念和方法推动解决难题,工作成效明显,各方面口碑好。我们相信,晓东同志担任党委书记后,和朝晖校长一道,团结带领党政领导班子大力推进学校改革发展,不断开创浙江大学求是创新的新局面。

借此机会,我代表省委讲三点意见,与大家共勉。

第一,浙江大学最深沉的根脉在浙江,立足浙江、放眼世界,就一定能够飞得更高、走得更远

国有成均,在浙之滨。浙江是浙江大学诞生的摇篮。"求真务实"的浙江精神孕育了"求是创新"的浙大校训,"尊师重教"的浙江传统造就了"启真厚德"的浙大情怀,"敢为人先"的浙江奋斗砥砺了"拼搏进取"的浙大成就。因为有浙江的沃土,浙大才能枝繁叶茂。习近平总书记在浙江工作时,对浙江大学提出了"立足浙江、面向全国、走向世界"的总要求,寄予了浙大师生"要了解浙江、热爱浙江,进而了解伟大祖国和伟大民族"的殷殷重托。这些重要指示,赋予了浙江大学立足浙江、扎根浙江的根本定位。这些年来,随着改革开放不断纵深推进,浙江日益焕发出先行先发的盎然生机。G20 杭州峰会让浙江站上了世界舞台的中央,浙江素材、浙江实践、浙江经验得以充分展示,习近平总书记赋予浙江"干在实处、走在前列、勇立潮头"的新要求,使浙江不断聚集了世界的目光。"一带一路"让浙江架起了联通世界的桥梁,作为海上丝绸之路的重要起点、"一带一路"总体格局的重要节点,浙江省 2016 年货物贸易进出口额达 3365 亿美元,占全国 9.1%;超过 200 万浙商在沿线国家投资创业,联结了非

常紧密的人文纽带。互联网经济让浙江插上了"买全球、卖全球"的翅膀,2016年全省网络零售超过1万亿元,无现金交易领跑全国、风靡世界。今天的浙江大学,已深深扎根于浙江的大地吮吸营养,牢牢站立在浙江的舞台放眼全球,紧紧跟随着浙江的脚步拥抱世界,立足浙江,就一定能在奔向世界一流名校的道路上跑得更快、走得更远、飞得更高。

第二,浙江大学最广阔的舞台在浙江,立足浙江、放眼世界,我们期待服务浙江更好地争创一流

省第十四次党代会还有5天就要开幕了,浙江将站在新的历史起点上推进"高水平全面建设小康社会、高水平推进社会主义现代化建设"。当前的浙江,正深入贯彻习近平总书记系列重要讲话精神和治国理政新理念新思想新战略,正积极践行习近平总书记赋予浙江的新使命新要求新方位,正坚定沿着习近平总书记为浙江擘画的"八八战略"走下去,践行新发展理念,着力打好以"三改一拆""五水共治""浙商回归"为主要内容的转型升级组合拳,全面深化"最多跑一次"改革。这些重大而丰富的发展实践,为浙江大学"双一流"建设提供了广阔舞台。浙江大学应立足学科优势,紧扣发展需求,主动服务作为。要注重在实施创新驱动中注入一流动力,紧紧围绕信息、环保、健康、金融、高端装备等前沿领域加强研究探索、加强技术集成、加强成果转化,力求掌握和运用一大批具有自主产权、世界领先、效益明显的前沿技术,不断提高学科成果与区域产业发展的契合度、提升对经济转型的贡献率。要注重在构建平安浙江中投入一流资源,利用下辖7所附属医院医疗实力强、医疗资源多、医疗水平高的优势,在继续做优做大做高做强的基础上,坚持新时期卫生工作方针,坚持以人民为中心的理念,坚持以问题为导向,持续推进医疗资源"双下沉、两提升",增进人民福祉,促进社会和谐,在更好服务社会民生上作出更大贡献。要注重在打造人才强省中锻造一流队伍,发挥人才储备库的作用,按照德才兼备、全面发展的要求,加强学生教育培养,加强学科领军人才的引进培育,加强工程师学院等重要人才平台的建设运用,更好地为我省改革发展提供源源不绝的人才队伍和智力支撑。

第三,浙江大学最坚实的依靠在浙江,立足浙江、放眼世界,省委将一如既往支持浙大更好地开拓未来

一直以来,省委省政府高度重视浙江大学建设发展,全力支持浙江大学建设世界一流大学。习近平总书记在浙江工作期间,亲自联系浙江大学,先后18次来学校指导工作、3次为浙大学生作形势报告;到中央工作以后,还特地来函提出殷切希望,要求浙大在培养和造就一代又一代社会主义事业的合格建设者和可靠接班人上走在前列。在浙江大学120周年校庆纪念大会上,省委书记车俊和代省长袁家军同志亲自到会祝贺,并为学校颁发了铭牌。省委省政府及省直有关部门将认真履行省部共建的责任和义务,继续给予浙江大学全方位的支持。持续完善省部共建机制,落实好与教育部签订的共建浙江大学协议,继续给予相应配套支持。鼓励推进杭州、宁波等多个地市,阿里巴巴等知名企业与浙江大学进行战略合作。持续加强干部人才交流,继续把浙江大学作为国家"千人计划"等高层次人才的重要来源,进一步畅通浙江大学与地方干部交流的渠道,不断激发浙大干部人才的活力。持续加大资金资源投入,在经费支持、项目安排等方面继续给予浙江大学政策倾斜和特别考虑,加快推进

城西科创大走廊、紫金众创小镇等建设,协调落实人才安居工程,积极帮助浙江大学教职员工解决后顾之忧,不断厚植浙江大学新优势,为浙江大学屹立世界名校之林添砖加瓦,携手共进。

祝美丽的浙江大学明天更加美好!

求是创新　厚德卓越

——在浙江大学建校 120 周年纪念大会上的讲话

浙江大学校长　吴朝晖

（2017 年 5 月 21 日）

尊敬的各位领导、各位来宾、各位校友,

老师们、同学们、同志们:

大家好!

双甲华诞,俊采星驰。今天,我们如约相聚,共同祝福浙江大学建校 120 周年。会场内,各界贤达、华发学长、师生校友欢聚一堂;会场外,遍布全球的浙大人正通过"互联网＋"的方式共襄盛举。在这激动人心的时刻,作为校长、作为曾经的求是学子、作为浙大教师的一员,我倍受鼓舞、倍感自豪! 首先,我谨代表浙江大学全体师生员工向各位领导、各位来宾、各位校友表示热烈的欢迎! 向全球浙大人致以节日的问候! 向长期以来关心支持浙大发展的社会各界表示衷心的感谢!

观百廿光影流转,唯求是初心可鉴!

120 年前的今天,浙江大学的前身——求是书院在清末维新的背景下宣告成立。从这一天开始,回响在蒲场巷旧址上的琅琅书声向世人发出了复兴中华的时代宣言;从这一天开始,奋战在艰辛初创中的求是先贤为后人提供了弥足珍贵的精神力量;从这一天开始,诞生在危难之秋的新式学府与国家民族的前途命运紧密相连!

在救亡图存的民族呐喊中,"浙里"涵育着独立自强的进步火种。书院经始,变革图强。杭州知府林启出任总办,书院倡导"居今日而图治,以培养人才为第一义;居今日而育才,以讲求实学为第一义"。在那段峥嵘岁月里,中国新文化运动的发起者——陈独秀先生,曾在这里接受现代西方思想文化;一代新闻泰斗——邵飘萍校友,"铁肩担道义,妙手著文章",成为传播马列主义、介绍俄国十月革命的先驱者之一;著名剧作家——夏衍校友,参与创办了进步刊物《浙江新潮》；著名语言学家——陈望道校友，历经艰辛首译了《共产党宣言》。

在山河易色的抗战烽火中，"浙里"保存着追求真理的文脉希望。辗转西迁，薪火传燃。在竺可桢校长的带领下，广大师生筚路蓝缕，完成了文军长征的壮举。在湄潭破庙，苏步青先生的衣服补丁满布，被同学们笑称身上的几何图形样样俱全，他在极其艰苦的条件下与陈建功先生开创了蜚声中外的"陈苏学派"；在泰和乡村，带领学子追逐果蝇于田间地头的谈家桢先生，被誉为"中国的摩尔根"；在战乱之中衣冠南渡的"国学大师"马一浮先生，激励青年学子"树起脊梁，猛著精采，依此立志"。1937年，诺贝尔物理学奖得主玻尔先生访问浙大，称道浙大有王淦昌、束星北这样杰出的学者，浙大学生不必舍近求远。1944年，英国皇家科学院院士李约瑟先生两次访问浙大，盛赞浙大是"东方的剑桥"。

在百废待兴的国家建设中，"浙里"涌现着求是创新的璀璨群像。重获新生，凯歌频响。学校主动服务国家院系调整需要，支持我国高等教育和科技事业发展，源出一脉的浙江大学、杭州大学、浙江农业大学和浙江医科大学秉承求是传统，分别发展成为学科特色鲜明的高水平大学。这一时期，签下军令状、经历无数次实验的浙大团队，研制出高速摄影机，成功记录了我国核爆炸的全过程；国学大师姜亮夫先生，耗尽心力，完成了扛鼎之作《楚辞通故》；学农报国、改名励志的吴耕民先生，开创了我国园艺科学发展的新局面；桃李芳菲、杏林留香的王季午先生，编纂完成新中国第一部《传染病学》；1960年，林俊德校友从浙大毕业后投身国防事业，用毕生心血书写了对党忠诚的《马兰谣》，铸就了爱国奉献的求是魂。

在改革开放的时代浪潮中，"浙里"描绘着追求卓越的宏伟蓝图。同源并流，勇立潮头。四所学校始终走在时代前列，率先开始综合改革试点，率先建设面向社会需要的人文社会学科，率先探索"上天入地"的科教兴农举措，率先开展七年制高等医学教育。1998年，四校实施具有重大示范意义的合并，开启了我国高等教育战略布局调整的序幕。近年来，全校上下同心同德，加快融合发展，各项事业得到了广大师生校友的理解、认同和支持。学校在深化教育教学改革、探索"四个转变"社会服务模式、广泛参与国际大学组织、聚焦学科和人才队伍"一号工程"、落实"师生为本"办学理念、构建独具特色的大学体系等方面不断开拓创新，成为中国高等教育改革的一面旗帜。今天的浙大，七大学部齐头并进，七大校区交相辉映，国际声誉进入世界百强。2015年教师节前夕，习近平总书记专门嘱托中共中央办公厅来函转达对浙大教师的节日祝贺，对学校加快建设世界一流的综合型、研究型、创新型大学提出殷切期望。

百廿创业肇求是，世纪弦歌共潮鸣！

作为中国高等教育百年的重要参与者和见证者，浙江大学波澜壮阔的发展历程，折射着世界文明的奔涌和激荡，交织着中华民族的曲折和奋进，承载着知识精英的理想和责任。学校在与民族复兴同频共振中明确了发展方向，在与社会大众同舟共济中坚定了战略立场，贯穿其中的鲜明主线就是不断传承和发扬求是创新校训。从以"求是"立名，到以"创新"强校；从以"求是"为训，到以"求是创新"为精神内核，求是学人勇担使命，开拓奋进，走出了一条建设中国特色世界一流大学的独特道路。

海阔心无界，山高人为峰。120年来，学校最重要的办学成果是人，最宝贵的财富是人。

60万浙大人立足求是创新之校训,共同诠释了"海纳江河、启真厚德、开物前民、树我邦国"之浙大精神,气贯长虹、历久弥坚!

120年来,一代代浙大人坚持海纳江河的博大胸怀,在包容互鉴中确立了全球格局。从求是书院倡导中西兼修,到开创选送高材生赴日深造的先河;从有文有质,到有农有工;从实施一流学科海外伙伴计划,到创办"一对多"深度合作的国际联合学院。浙大人始终保持开放包容的恢宏气度,汇聚名师高人,积累文化高度,构建了古今会通、东西互动、中外认知、学科交融的发展格局,正以奔涌向前的磅礴之势扬帆远航!

120年来,一代代浙大人践行启真厚德的远大追求,在习坎示教中坚守了育人匠心。从重视西学传习,到西迁途中师生朝夕相伴的导师制;从创办混合班,到成立竺可桢学院;从整合培养的教育理念,到"知识、能力、素质、人格"并重的教育特色。浙大人始终坚持"聚天下英才而育之",努力践行"信念坚定、师德高尚、业务精良"的要求,造就了一大批爱国奉献的时代高才,正以至善至诚的远大抱负立德树人!

120年来,一代代浙大人树立开物前民的创新意识,在勇攀高峰中诠释了学术理想。从我国第一个光学仪器专业,到第一个环境保护系、第一部《昆虫分类学》专著、第一部《化工自动化》教材、第一颗皮卫星、第一套《历代绘画大系》、第一条大飞机数字化装配生产线、第一次实现10个超导量子比特纠缠。浙大人始终坚持"敢为天下先"的信念,构建学科高峰,打造科研高地,形成了精研学术的深厚底蕴,正以只争朝夕的执着精神革故鼎新!

120年来,一代代浙大人秉承树我邦国的赤子之心,在顶天立地中履行了社会责任。从甲午战败后的御侮图强,到文军长征中的投笔从戎;从辐射优质办学资源,到建设国家高端智库;从参与社会主义新农村建设,到创建紫金众创小镇。浙大人始终保持深厚的家国情怀,扎根大地,竭尽知能,以服务求发展、用贡献求辉煌,履行了教育兴国、科学报国、人才强国的时代使命,正以无私奉献的精神风貌建功立业!

不朽的精神,不变的情结。一代代求是学子始终关心支持母校发展,前辈学长们朴实无华的真情流露,成就了跨越时空的爱心接力。近年来,越来越多的社会有识之士通过各种方式支持浙大,师生、校友、社会各界团结奋进成为求是园特有的风景。今天的浙大人遍布全球,共筑着休戚与共的创新生态系、创业朋友圈、发展共同体!这就是我们最深沉的禀赋,共同的理想、精神、风骨已将你我他紧密相连!

我们热爱母校,也热爱这片孕育浙大、滋养浙大的热土。华夏神州,沃野千里,西迁办学之地,温厚纯朴,热情接纳了流离颠沛的浙大师生;东海之滨,活力迸发,浙江大地赋予了学校改革发展的独特优势;大美杭城,人文渊薮,日益展现出联动世界的蓬勃生机,日益成为世界上很多人理想的创新创业之所、精神栖居之地,必将日益为浙江大学深耕发展注入强劲动力!

当今世界,正呈现更加创新、更加开放、更加联动、更加包容的发展图景;当今中国,正处在全面建成小康社会的关键时期;未来中国,实现民族复兴的宏伟目标,对教育现代化提出了全新命题。百廿浙大必须以更加宏大的视野总结过去、洞悉未来,在党中央、国务院、教育部、省委省政府的正确领导下,在社会各界的大力支持下,按照建设中国特色世界一流大学

"三步走"目标愿景,坚定不移地实施"六高强校"战略,坚定不移地推进"五大体系"和"五大布局"建设,坚定不移地将立德树人作为立校之本,坚定不移地依靠广大师生,努力为服务社会发展、实现民族复兴、推动人类进步作出更大贡献!

我们要为"勤学"立基,进一步重视人格塑造,在尊重育人本质中重构一流大学竞争力。回归尊重生命的教育本源,将人格塑造作为教育的终极旨趣,促进培养环节全链条开环,构建四课堂融通和线上线下混合的新型学习空间,提供更多基于智慧创造、协同合作、意义建构的教育体验,努力成为天下英才向往的学术殿堂。

我们要为"修德"固本,进一步彰显价值引领,在守望精神家园中永葆一流大学生命力。从人类文化瑰宝中传承文明遗产、萃取思想精华,弘扬发展一流的大学精神和大学文化,坚守价值追求和道德风尚,丰富文化育人载体,建设高端智库,多渠道传播中华文明、讲好中国故事,努力成为引领社会发展的思想高地。

我们要为"明辨"开源,进一步聚焦知识链接,在塑造创新生态中增强一流大学辐射力。链接世界顶尖学者和机构,形成创新学科联盟和学术共同体,优化学科—人才—科研互动融合的内结构,打造创新创业生态网络和全球科技成果转化高端平台,密集涌现引领型、颠覆性的原创成果,努力成为驱动知识社会变革的创新中心。

我们要为"笃实"护航,进一步强化治理赋能,在激励谋事创业中焕发一流大学创造力。完善党的领导权、行政执行权、学术自治权、教职工民主权、学生自主权、社会参与权的运行机制,增强院系学科自主发展动能,提供智慧精准的师生服务,形成学者自治自律、学生自立自强的制度环境,努力成为创造才能竞相迸发的动力源泉。

巍巍浙大,古韵新风。紫金港的湿地白鹭成群,玉泉的老和山郁郁葱葱,西溪的香樟树枝繁叶茂,华家池的湖水碧波荡漾,之江的礼堂古朴庄重,舟山的灯塔气度不凡,海宁的钟楼现代典雅,"浙里"的湖光山色曾定格了无数人的青春岁月和求是记忆,也必将赋予更多浙大人从"浙里"启航的自信与豪迈!

魂牵梦绕故园情,万里江河总是春!

各位领导、各位来宾、各位校友,老师们、同学们、同志们,回眸双甲子,我们感奋不已;展望新征程,我们壮怀激烈! 在跨入第三个甲子的历史新起点,欣逢盛世、国运昌隆,让我们同心携手,树造福人类之愿景,承复兴中华之梦想,担争创一流之大任,展六高强校之宏图,在奔涌向前的时代巨澜中,让我们传承求是创新的信念与梦想,续写厚德卓越的荣耀与辉煌!

在浙江大学建校 120 周年纪念大会上的讲话

教育部副部长　朱之文

（2017 年 5 月 21 日）

尊敬的各位领导、各位来宾、各位校友，

老师们、同学们：

今天，我们欢聚一堂，在这里隆重举行浙江大学建校 120 周年纪念大会。受部党组和宝生同志委托，我谨代表教育部，向浙江大学全体师生员工和海内外校友，致以热烈的祝贺！向为浙江大学发展进步作出贡献的社会各界人士致以崇高的敬意！向长期以来关心支持浙江大学的浙江省委省政府、杭州市委市政府表示衷心的感谢！

浙江大学是一所历史悠久、积淀深厚的知名大学。自创办以来，始终胸怀复兴中华之梦想，奋力书写爱国奉献的华章，在近现代各个历史时期为救亡图存、民族独立、社会主义建设和改革开放作出了重要贡献。120 年来，学校历经风雨沧桑，百折不挠，开拓创新，始终是全国高等教育的重要领跑者。在长期的历史积淀中，形成了"求是创新"的校训，铸就了"勤学、修德、明辨、笃实"的共同价值观，锤炼了"海纳江河、启真厚德、开物前民、树我邦国"的大学精神。这些，都已成为浙大最具特色的文化底蕴，成为浙大人共同的精神财富，成为推动学校改革发展、引领社会风尚的不竭动力。

浙江大学是一所特色鲜明、成果丰硕的高水平学府。西迁时期，在条件极为艰苦的情况下诞生的浙大陈苏学派，是世界三大数学流派之一。新中国成立后，浙大立足国家需要，发扬艰苦奋斗精神，研制了我国第一台双水内冷汽轮发电机、第一台高速摄影机。改革开放以来，浙大在新光源、脑机接口、清洁能源等领域的研究达到了国际领先水平，在载人航天、微小卫星、飞机数字化装配、重大传染病防治等方面取得了一大批原创性成果，《中国历代绘画大系》《中华礼藏》敦煌学等文化传承创新成果也在全国乃至全世界产生了广泛影响。

浙江大学是一所人才辈出、蒸蒸日上的大学。建校以来，学校累计为国家培养了数十万名高层次人才，产生了一批著名科学家、知名学者以及一大批各行各业的精英翘楚。特别是进入新世纪以来，焕发出新的生机与活力，综合竞争力稳步提升。有关评估数据显示，截至2017 年 1 月，学校有 6 个学科进入世界前 1‰，4 个学科进入世界前 50 位，居全国高校首位。今日之浙大，名师荟萃、实力雄厚，各项主要办学指标稳居国内前列，发展格局日臻完善，正加快向中国特色世界一流大学的宏伟目标迈进。

当前，我国正处于全面建成小康社会的决胜阶段。高等教育是科技第一生产力、人才第一资源、创新第一驱动力的重要结合点，浙江大学作为国家重点建设的高水平大学，承担着建设中国特色世界一流大学的重要任务,肩负着服务国家和区域经济社会发展的神圣使命。对站在新起点上的浙江大学,我提三点希望,与广大师生共勉:

一是坚持立德树人,牢牢把握社会主义办学方向。要深入贯彻习近平总书记系列重要讲话精神,特别是在全国高校思想政治工作会议上的重要讲话精神,坚定社会主义办学方向,全面贯彻党的教育方针,着力培养德智体美全面发展的中国特色社会主义事业合格建设者和可靠接班人。要结合学校实际,积极培育和践行社会主义核心价值观,深入开展中华优秀传统文化和革命传统教育,注重培养广大学生的社会责任感和家国情怀,帮助广大学生从小就打上中国底色、植入红色基因,切实肩负起中华民族伟大复兴的历史使命。

二是深化综合改革,加快建设世界一流大学。要完善学校治理结构,进一步健全党委领导下的校长负责制,调动各类学术组织、群团组织的积极性,提高民主决策、科学决策水平。要创新人才培养模式,优化人才培养结构,深化教学改革,大力提升人才培养质量。要瞄准国家重大需求,深化科研组织模式改革,加强科研基础设施建设,努力在重大科学研究上取得更多标志性成果。要加强人才队伍建设,加大人才培养和引进的力度,加快形成一支德才兼备的人才队伍;要创新人才工作机制,营造良好人才工作环境,充分发挥人才的作用。总之,就是要通过改革,不断提升学校综合实力和国际竞争力,加快向世界一流大学迈进。

三是围绕国家和区域发展,着力提升服务能力。要主动对接创新驱动发展、中国制造2025、脱贫攻坚、海洋强国等国家战略与"一带一路"倡议,发挥人才、学科、资源等方面的优势,在科技创新、社会服务、文化传承、政策咨询、中外人文交流等方面,提供强有力的人才支撑和智力保障。要面向地方经济社会发展需求,立足浙江,积极开展与周边省份的合作,不断提升服务能力和水平。要通过高水平、高质量的服务,抢抓办学机遇,拓展办学空间,激发办学活力,再创新的辉煌。

借此机会,我也代表教育部郑重表态,部里将一如既往地支持浙江大学的改革发展,推动学校在建设世界一流大学征程上迈出新的步伐。我们坚信,在党中央、国务院的坚强领导下,在社会各界的大力支持下,在广大师生的共同努力下,浙江大学一定能够把握机遇,奋发有为,勇担使命,为实现中华民族伟大复兴"中国梦"作出新的更大的贡献!

在浙江大学建校 120 周年纪念大会上的讲话

中共浙江省委书记　车　俊

（2017 年 5 月 21 日）

尊敬的各位来宾，

各位老师、各位同学：

两甲子砥砺奋进，三世纪弦歌不绝。在浙江大学迎来 120 周年华诞之际，我代表中共浙江省委、浙江省人民政府，向浙大全体师生员工以及海内外校友表示热烈的祝贺！向长期以来关心支持浙大建设与发展的各位领导、各位来宾和社会各界表示衷心的感谢！

国有成均，在浙之滨。浙大从求是书院起步，经过 120 年的历史积淀、薪火相传，已经发展成为一所享誉中外的综合型、研究型和创新型大学，走在国家"双一流"建设的前列。

120 年来，浙江大学始终与民族共命运、与时代齐奋进。无论是在风雨如晦的年代，还是在激情燃烧的岁月；无论是在民族独立、人民解放的战场，还是国家建设、改革开放的一线，一代代浙大人始终高举爱国主义的旗帜，以鲜血和汗水书写对祖国、对人民的忠诚。

120 年来，浙江大学始终开拓创新、勇攀高峰。不管是跟踪国际学术前沿，还是对接国家区域战略需求；不管是承担国家重大攻关任务，还是服务人民群众的生产生活，一代代浙大人坚定创新自信，严谨求实、追求卓越，不断有所发现、有所发明、有所创造、有所前进。

120 年来，浙江大学始终立足浙江、服务浙江。在浙江这片干事创业的沃土上，一代代浙大人以强烈的责任担当和使命意识，积极投身浙江改革发展火热实践，爱岗敬业、默默耕耘、无私奉献，为浙江经济社会发展各项事业走在前列作出了不可磨灭的贡献。

一直以来，习近平总书记十分关心浙江大学的发展，在担任浙江省委书记期间，18 次来到浙大，并把浙大作为自己的联系点。2015 年 9 月教师节前夕，习近平总书记给浙大教师回信，充分肯定浙大在人才培养等方面取得的成就，并对浙大的新发展寄予殷切期望。当前，浙江正按照习近平总书记赋予的新使命新要求新方位，坚定不移沿着"八八战略"指引的路子走下去，加快高水平全面建成小康社会。我们比以往任何时候都更加需要强有力的科技和人才支撑，比以往任何时候都更加需要实施教育强省和人才强省战略。希望浙江大学深入贯彻习近平总书记系列重要讲话精神特别是对浙大的重要指示精神，以纪念建校 120 周年为新的起点，秉承求是创新的传统，厚植优势、补齐短板、抢抓机遇、奋勇争先，实现新飞跃、再创新辉煌。

希望浙江大学早日跻身世界一流大学行列。浙江大学是浙江走向世界的一张金名片，承载着浙江千千万万人的光荣和梦想。希望你们坚持以"中国特色、世界一流"为核心，以立德树人为根本，以改革创新为动力，兼收并蓄、海纳百川，高标准、宽视野、大气魄地推进学校建设和改革,打造出一批世界一流学科、汇聚一批世界一流大师、创造一批世界一流成果、培养一批世界一流人才,综合实力和核心竞争力赶上世界名校。

希望浙江大学在浙江改革发展实践中发挥更大作用。浙江大学首先是浙江的大学。唯有求是,方能创新;唯有脚踏实地,方能仰望星空;唯有干在实处,方能走在前列。勇立潮头的浙江,就是浙江大学迈向世界一流的坚实立足点。希望你们紧密结合浙江省委、省政府的重点工作,紧密结合浙江人民的迫切需求,紧密结合浙江经济社会发展的需求,全面提升人才培养、科学研究、成果转化和社会服务水平,为改造提升传统动能、培育发展新动能,为办好民生实事、"关键小事",为再创体制机制新优势、打造全面开放新格局,贡献更多的浙大人才、浙大智慧、浙大力量。

希望浙大师生更好地担负起这个伟大时代赋予的历史重任。浙大师生虽然来自五湖四海,但是一进入浙大,你就传承了浙江精神的基因,希望你们志存高远、勤学笃行、修身立德,用真善美来雕琢自己,用知识来丰富自己,用国家栋梁之材来激励自己,做有理想、有筋骨、有操守的人,做爱浙江、爱中华的人,奋力书写出无愧于自己、无愧于国家、无愧于时代的人生篇章。希望你们"秉持浙江精神,干在实处、走在前列、勇立潮头",为实现中华民族伟大复兴的中国梦而努力奋斗!

浙江的发展离不开浙大的支撑,浙大的发展也离不开浙江的支持。浙江省委、省政府将坚决落实国家建设"双一流"的战略部署,大力加强省部合作,一如既往地关心支持浙大建设与发展,为浙大冲刺世界一流大学创造更好的条件、提供更优的服务。

最后,祝浙江大学建校 120 周年纪念活动圆满成功! 祝浙江大学的明天更美好!

不负时代不负卿

——在浙江大学建校 120 周年纪念大会上的致辞

北京大学校长　林建华

（2017 年 5 月 21 日）

尊敬的德水书记、朝晖校长,
各位领导、各位嘉宾,
亲爱的老师们、同学们:
　　大家好!

离开两年多，再次回到"浙里"，看到熟悉的老师、同学、湖光、树木，倍感亲切。首先，允许我代表北京大学、代表兄弟高校，祝贺浙江大学120岁生日快乐。

120个春秋，跌宕起伏、波澜壮阔。回首往事，令人赞叹。求是书院源于甲午战争之后中国知识界的觉醒，以"求是"为校名，以"求是"为校训，"只问是非，不计利害"，这都彰显了先贤们追求真理的治学精神。在民族危亡的紧要关头，浙大师生穿越江南六省、纵横几千公里，始终激情昂扬。遵义湄潭办学七年，在异常艰苦的条件下，潜心问学、造福社会，创造了"东方剑桥"的奇迹。改革开放以来，浙大坚持"求是创新"，开拓进取，为国家的教育和科技事业作出了巨大贡献，成为中国近年来发展最快的大学。

去年的G20峰会，让全世界都欣赏了风景如画的美丽杭州，感受了中国风采。几天前，在北京召开的国际高峰论坛上，习总书记又一次以恢弘的气度勾画了"一带一路"的壮阔蓝图。这是一次中国引领世界发展的壮举。在充满了不确定性的国际大环境下，"一带一路"倡议体现了中华民族的伟大智慧，更体现了党和政府非凡的气度与担当。在杭州和北京召开的这两次会议，从不同角度诠释着中国正在经历一次新的对外开放。三十多年前的改革开放，我们学习和借鉴其他国家的发展经验，引进先进技术、资金和管理经验，为的是推动社会主义市场经济的发展，建立中国特色的社会主义制度体系，实现中国经济的振兴与腾飞。"一带一路"开启的新的开放模式，是以"共享、包容"的东方文化为脉络，以"合作、共赢"的东方思维为纲领，继承丝路精神，引领和推动沿线各国的互联互通，为的是向世界经济发展和共同繁荣注入新的活力。

"一带一路"倡议促使我们思考一个问题：在这样一个激动人心的新时代，应当如何创建世界一流大学？

过去二十年，中国大学的发展和进步举世瞩目。很多学校的科技论文和科研经费都增长了十倍左右。这是一个了不起的成就，体现了中国大学的学术活力，也代表了中国大学的发展和进步。但是，迄今为止，我们的学术模式基本是"内向式"的，是"借用他人理论，解决自己问题"。在跟随阶段，这种模式是可行的，也是有效的。但是，"一带一路"将中国置于引领世界的位置上，这就要求我们发挥中国智慧，建立基于中国视角的学术体系，去观察和研究世界，去解决世界问题。

事实上，"一带一路"的初步实践，已凸显了我们在学术和人才准备上的不足。当我们援建的铁路、道路，因民族或宗教问题受阻的时候，当我们投资的项目，因区域的冲突和战争受到损失的时候，我们都应当为这些领域的研究和教育的缺失而汗颜。其实，在很多相关的领域，我们都有一批很好的学者，学术积淀也很深厚。但是，大家主要关注的是自己的小领域，缺乏跳出来建立中国视角的学术体系的实践需求和理论自信。面对"一带一路"的国家倡议需求，我们应当以区域和国别研究作为跨学科合作的重要线索，推动人文社会科学从"内向式"向建设中国学术体系转变。

学科布局定义了一所大学，承载了大学使命。"一带一路"只是一个例子。随着国家的发展和进步，很多学术领域都将面临重新定位。只有这样，我们的大学才能更多地产生推动国家发展和人类进步的"新思想、前沿科学和未来技术"。

老师们、同学们，

浙大与北大一南一北、相隔千里，但从来都是同气连枝、守望相助，历史上，曾经在浙大和北大都担任过校长的就有好几位。两校之间的这种"你中有我，我中有你"的关系，使我们心灵相通、心心相印。我虽然在浙大工作时间不长，但却使我受益匪浅、终生难忘。浙大和北大一样，都承担着创建世界一流大学的重任。创建中国的世界一流大学当然要立足中国、结合中国实际、解决中国问题。但这还不够，我们还应承担起发展中国文化、建立中国视角学术体系的责任，在此基础上，我们才能真正解决中国乃至世界面临的问题。

习总书记讲："这是一个需要理论而且一定能够产生理论的时代，这是一个需要思想而且一定能够产生思想的时代。"我们的大学、我们的学者和青年学子，都应当树立自信，努力建设中国视角的学术体系，在贡献中实现自身的价值，不负时代不负卿！

再次祝贺浙大生日快乐，祝各位身体健康！

在浙江大学建校 120 周年
纪念大会上的致辞

伊利诺伊大学厄巴纳-香槟分校　校长 Robert J. Jones

（2017 年 5 月 21 日）

非常感谢浙江大学的领导和老师们邀请我参加贵校建校 120 周年校庆。我感到无比的荣幸。我谨代表伊利诺伊大学和贵校在全球的所有合作院校对贵校第 120 个华诞表示热烈祝贺。

很高兴能来到浙大。当然，我充分地了解之所以能够获得这份荣幸不是因为我本人，而是因为我作为伊利诺伊大学厄巴纳-香槟分校的校长；我有幸担任这一职务只有短短不到 10 个月。浙江大学—伊利诺伊大学厄巴纳-香槟分校联合学院于去年启动，这是一个创举，也是一项远大的计划。目前，首批 30 名学生和来自两校的教师已经成功结束第一年的教学工作。联合项目正在顺利推进，今年秋季即将迎来第二批 160 名新生。思及此，我们感到由衷的激动。

这是我校与贵校之间的第一个综合性联合项目，涵盖了包括教育、科研、服务和经济在内的各个层面，是史无前例的。不过，涉及科学发现、创新和发明领域，我校历史上不乏"首次"和"最佳"的先例，与贵校之间的联合办学项目也在此列。

我想或许所有人都认为,这个联合项目是我们两个学校之间的第一条纽带。其实,我们之间的渊源可以追溯到一个多世纪以前。早在 1913 年,贵校伟大的竺可桢校长就是在伊利诺伊大学就读,并取得农学学位的。我本人也是从事农业作物研究的,因此今天能够受邀来到这里,沐浴着竺校长给这所大学、给这个国家的遗泽,不能不说荣幸之至,也惶恐之至。

浙江大学是中国名副其实的顶尖名校——我校在美国也享有同等的高度声誉。在中国 9 所一流高校中,贵校的地位不言而喻。我们两者之间的另一个相似点是,贵校在过去的一百多年同样为贵国、为全世界作出了杰出的贡献。更加无巧不成书的是,本月贵校为 120 年的辉煌热烈庆祝,而就在二月份,我校也以同样激动的心情度过了我们的第 150 个生日。所以,我深深地知道能够受邀参加如此特殊的庆典是何等的荣幸。

我们在这里看见了贵校卓越的教学科研水平、放眼全球的广阔胸怀,以及尝试改变世界的雄心壮志;就这些特质而言,我们两校又是不谋而合。

我真切地相信,进入 21 世纪以后,一所伟大的高等学府,其眼界绝不应仅限于单打独斗所能取得的成就,其成就更应该在于构建国际合作网络、通过与全球其他机构展开合作,寻求应对所有人共同面对的全球化挑战的新型解决之道。

我们伊利诺伊大学就不乏与全球其他高校通力合作,解决重大时代性挑战的经验。我坚信,但凡伟大的学府,绝不会满足于躺在过去的功劳簿上酣睡,它们只会不断自问:如何才能更上一层楼?

浙江大学的精益求精之旅已经走过了 120 个春秋,正是由于这种不懈的追求,才有了我们如今这个精彩纷呈的世界。

最后,再次祝贺贵校 120 岁生日快乐! 我也衷心祝愿未来的 120 年贵校更加辉煌!

附原文:

Thank you to the distinguished leaders and faculty of Zhejiang University for inviting me to be a part of this 120th anniversary celebration. It is an honor to participate in it. On behalf of the University of Illinois and all of your institution's global partners, congratulations on this historic milestone.

It is a great pleasure for me to be here. But, I also fully understand that this honor wasn't extended to Robert Jones personally, but to the Chancellor of University of Illinois at Urbana-Champaign—a role that I have been privileged to hold for just nine or ten months now. The ambitious and ground-breaking ZJU-UIUC partnership that officially launched last year has seen the first 30 students and our joint faculty complete a very successful inaugural year. And we are excited to see that program grow significantly with an expected 160 new students to join them in the fall term.

This is our first comprehensive joint venture between our universities—encompassing education, research, service and economic develop at all levels. It is a partnership unique to the University of Illinois—truly the first of its kind for us. Our university has a long history

浙江大学年鉴

of "firsts" and "bests" when it comes to discovery, innovation and invention—and this collaboration now takes its place on that list.

As I hope you all know, this may be the newest thread that links our institutions, but our connection goes back more than a century. We trace our relationship to 1913 when your great president, Coching Chu, earned his agricultural degree from the University of Illinois. And as a crop scientist myself, I am truly honored and humbled to be standing here today surrounded by the legacy of his impact on this university and this nation.

You are among the truly elite universities of China—just as we are in the United States. Your place among the C9 here is well-known and like Illinois, your record of service and accomplishment to your nation and the world traces back more than a century. In fact, in this year when you celebrate 120 years of excellence, we at Illinois are celebrating the 150th anniversary of our own founding. And in February, we had a celebration much like this one to honor that occasion. So, I know what a special privilege it is for a visitor to be included in such a significant event.

It is clear we have found, here in Zhejiang University, a level of excellence, a global vision and a bold ambition to change the world that matches our own.

I truly believe the great universities of the 21st century and beyond will not be defined by what they accomplish alone. But, instead, they will be known by the international networks and collaborations they establish that lead to new solutions to the global challenges that confront every person on this planet.

It is my experience and my belief that the great universities of the world seek each other out and find ways to work together to solve the grand challenges of our times. They aren't content to rest on their past reputations and they aren't afraid to ask themselves—"how can we be better?"

Zhejiang University has been doing this for 120 years now—and the world is a better place because of that commitment.

Congratulations on this milestone. And I wish you an even more successful second 120 years!

在浙江大学建校 120 周年纪念大会上的致辞

1967 届校友　中国科学院院士　叶培建

（2017 年 5 月 21 日）

尊敬的各位领导、各位校友、老师们、同学们：

大家上午好！

能在浙大 120 周年大会上代表校友发言，我感到无比荣幸和十分激动，而我对于能否代表校友做好这个发言，则又深感忐忑！

我们有一个共同的名字："浙大人"。我 1962 年进入浙大无线电系学习。1968 年夏离校，毕业后，一直在航天战线工作至今。今天由我代表校友发言，也是对中国航天的关心与厚爱。55 年来，始终得到浙大、信电学院领导和老师的关心，得到校友们的厚爱。我对浙大充满着感谢之情和深深的眷恋。

我们的母校是一所历史悠久、人文璀璨、英才辈出的著名大学。一所大学的声誉，源自于它拥有的深厚文化底蕴和优良的办学传统，更要靠它培养的学生，也就是校友们来充分体现它的社会价值，产生社会影响。120 年来，从求是书院到今日的浙江大学，在这块深厚的土地上，已哺育了数十万的有用之才，其中不乏众多的文化名人和科学大师。它在一百多年的办学中形成了堪称典范的求是精神。"求是"是母校的校训，也是我们一代又一代浙大人百年来不懈的追求和实践。

所谓"求是"，就是"求真、求善、求美"。求是精神就是革命精神、科学精神、奋斗精神、牺牲精神和开拓创新精神。

正是这种求是精神激励着校友们始终为国家的富强和民族的振兴不懈追求、努力实践，奉献着每个人的或大或小的能量，发扬光大着求是精神。我正是得益于"求是"校训的熏陶，在长期的航天生涯中逐步培养了"坚持真理、勇于攀登"的精神和"严、细、慎、实"的工作作风。从而能够在：我国第一代传输型对地观测卫星从无到有，从单星到多星组网运行；继东方红一号卫星、神舟五号载人飞船之后，实现我国航天第三个里程碑，即嫦娥一号绕月探测；在嫦娥二号、三号、五号试验器之后，今年嫦娥五号将实现月球采样返回，圆满完成我国探月"绕、落、回"三步走战略；为实现重大科学发现而研制的空间科学卫星保驾护航；将多项空间技术成功转化为国民经济服务；航天信息化技术开发与应用等方面作出一些贡献。今后将继续发扬这种精神，为实现我国第一次火星探测，世界上第一次月球背面软着陆，走向更遥远的太空而努力！

今天，全国人民正为实现伟大的民族复兴、实现中国梦而努力奋斗，浙大走进了第三个

专题

甲子。在这个征程中,浙江大学一定能站立在前沿,深化综合改革,朝着更创新、更国际、更人文的目标前进,建设成拥有多个世界一流学科的世界一流大学。她一定会培养教育出更多的优秀学子。这些后来者会成为将来我们国家发展壮大的铺路石、螺丝钉,在平凡的岗位上做出不平凡的事业;其中也一定会涌现出众多杰出英才、名师大家。这些未来的校友一定让浙大更加声名远播,更加辉煌!

　　120 年的历史是漫长而厚重的,今天的相聚是欢乐而短暂的,我想在这短短的发言的最后一部分中表达几个祝愿。在校的小同学们,祖国的未来是你们的,浙大的未来要靠你们去书写,你们中的许多人都会迎接浙大的第三个甲子,希望你们珍惜这美好的在校时光,学会做人、学好本领,祖国的需要就是你们的选择!祝愿你们每个人都有着一个美好的前程和幸福的生活;现在仍在工作岗位的校友们,你们或是仍很年轻,或是已过中年,祝愿你们在工作中不断创新、事业更上一层楼!已经退了下来的校友们,你们已经为国、为民、为家庭贡献了大半生,辛苦了。祝愿你们现在能发挥余热的就尽力发挥余热!但更祝愿你们身体健康,安度晚年,你们的健康就是我们全体校友的幸福!

　　校友们,我们承载着不同时期的求是血脉,凝聚着我们对国家、对民族、对母校的赤子之情。在新的一个甲子里,全体校友一定会和母校在一起,不忘初心、永不懈怠、永不自满、与时俱进、开拓奋进!在这个甲子时期,曾有着“东方剑桥”美誉的母校,一定会成为真正的世界一流大学。

浙江大学概况

浙江大学简介

浙江大学是一所历史悠久的国家重点高校,是首批进入国家"211工程"和"985工程"建设的若干所重点大学之一,并于2017年入选国家"双一流"大学建设高校(工类)。建校一个多世纪以来,浙江大学以民族振兴、国家强盛为己任,不断创新发展,已成为一所基础坚实、实力雄厚、特色鲜明,居于国内一流水平,在国际上有较大影响的综合型、研究型、创新型大学。浙江大学以"求是创新"为校训,现任校长是中国科学院院士吴朝晖教授。

浙江大学位于中国历史文化名城、世界著名的风景游览胜地——浙江省杭州市,现有玉泉、西溪、华家池、之江、紫金港等5个校区,占地面积8610亩①,分布于杭州市区不同方位。另有分布在杭州以外的2个校区,分别是舟山校区(一期)占地面积约480亩;海宁国际校区,占地面积约1200亩。校园环境幽雅,花木繁茂,碧草如茵,景色宜人,是读书治学的理想园地。

浙江大学的前身是建于1897年的求是书院,为中国人自己创办最早的新式高等学府之一。1928年,学校正式定名为国立浙江大学,是中国最早的国立大学之一。1936年,著名科学家竺可桢出任国立浙江大学校长,广延名师,实行民主办学、教授治校,使国立浙江大学声誉鹊起,逐渐崛起成为一所文、理、工、农、医和师范学科齐全,享誉海内外的著名大学。期间由于抗日战争爆发,浙江大学举校西迁,流亡办学历时九年,足迹遍及浙、赣、湘、桂、闽、粤、黔七省,谱写了"文军长征"的辉煌篇章。在遵义、湄潭等地艰苦办学的七年间,浙江大学弦歌不绝,以杰出的成就赢得了"东方剑桥"的美誉。20世纪50年代初期,在全国高等院校调整时,浙江大学曾被分为多所单科性学校,其中在杭的4所学校,即原浙江大学、杭州大学、浙

① 1亩≈666.67平方米。

江农业大学、浙江医科大学于1998年9月合并组建新的浙江大学，重新成为学科门类齐全的综合性全国重点大学。

在浙江大学的百年历史上，群星璀璨，俊彦云集。马一浮、丰子恺、许寿裳、梅光迪、郭斌和、夏鼐、钱穆、吴定良、张其昀、张荫麟、马叙伦、马寅初、夏承焘、姜亮夫、李浩培、沙孟海等学术大师和著名学者曾经在这里任教。新文化运动的先驱、中国共产党的创办人之一陈独秀，北京大学校长何燮侯和蒋梦麟，著名教育家邵裴子和郑晓沧，我国新闻界的先驱邵飘萍，新文化运动和电影事业的先驱夏衍，"敦煌保护神"、著名画家常书鸿等著名历史文化名人，也在浙江大学留下了他们求学的身影。此外，陈建功、苏步青、谷超豪、胡刚复、束星北、何增禄、王淦昌、卢鹤绂、吴健雄、李政道、程开甲、钱三强、卢嘉锡、贝时璋、谈家桢、罗宗洛、谭其骧、陈立、竺可桢、叶笃正、赵九章、蔡邦华、王季午、钱令希、梁守槃等一大批著名科学家都曾在浙江大学求学或任教过。据统计，曾在浙江大学求学或任教过的中国科学院院士和中国工程院院士共有200余名，其中曾经在浙江大学求学的有90余名；以及5位国家最高科技奖得主、4位"两弹一星"功勋奖得主和1位诺贝尔奖得主。

今天的浙江大学，学科门类齐全，涵盖了哲学、经济学、法学、教育学、文学、历史学、艺术学、理学、工学、农学、医学、管理学12个门类，综合实力居全国高校前列。学校建有7个学部，下设36个院系；以及1个工程师学院和2个中外合作办学学院。现有134个本科专业（不含中外合作办学机构设置的专业），309个二级学科硕士学位授权点，54个一级学科博士学位授权点，274个二级学科博士学位授权点，57个博士后流动站，另有博士专业学位类别4种，硕士专业学位类别27种；有一级学科国家重点学科14个，二级学科国家重点学科21个和国家重点（培育）学科10个；有国家重点实验室10个，国家工程实验室3个，国家地方联合工程实验室（研究中心）6个，国家工程（技术）研究中心6个，普通高等学校人文社会科学重点研究基地3个，国家基础科学研究和教学人才培养基地8个，国家工科基础课程教学基地4个，国家战略产业人才培养基地4个，国家动画教学研究基地1个，国家级实验教学示范中心14个，国家大学生文化素质教育基地1个，全国大学生校外实践教育基地23个。

学校师资力量雄厚，浙江大学现有教职工8657人，其中专任教师3611人，专任教师中有正高职人员1686人，副高职人员1341人。教师中有中国科学院院士21人、中国工程院院士21人（含外籍院士1人）、文科资深教授9人、国家"千人计划"入选者（含青年项目）237人、教育部"长江学者奖励计划"入选者（含青年学者）101人、国家杰出青年科学基金获得者129人、教育部高等学校教学名师奖获得者10人。

浙江大学坚持"以人为本、整合培养、求是创新、追求卓越"的教育理念，不断培养具有国际视野的未来领导者和大批杰出创新人才。学校现有全日制在校学生53673人，其中博士研究生10747人、硕士研究生18048人（含非全日制硕士研究生1530人）、本科生24878人。另有外国留学生6843人、远程教育48687人。

学校综合办学条件优良，基本设施齐全。校舍总建筑面积为257万余平方米，拥有计算中心、分析测试中心等先进的教学科研机构和科学馆、体育场、活动中心等各类公共服务设施。全校藏书量达 722.05 万余册，数字化图书资源的数量与支撑技术处于国际领先水平。学校还拥有 7 家设备先进、水平一流的省级附属医院以及 1 家出版社。高速计算机骨干网络以及特设的公交线路将各校区和附属医院联为一体。

"国有成均，在浙之滨"。今天的浙江大学，将坚持以习近平新时代中国特色社会主义思想为指导，秉承求是创新精神，按照学校第十四次党代会确立的目标任务，牢固树立一流意识、紧紧围绕一流目标、认真贯彻一流标准，致力于传播与创造知识，弘扬与引领文化，服务与奉献社会，坚定不移地为加快进入中国特色世界一流大学行列、迈向世界一流大学前列而奋斗，为实现中华民族伟大复兴、促进人类文明进步作出卓越贡献。

机构简介

【学术机构】 学术委员会秘书处/人文学部/社会科学学部/理学部/工学部/信息学部/农业生命环境学部/医药学部

【学院（系）】 人文学院/外国语言文化与国际交流学院/传媒与国际文化学院/经济学院/光华法学院/教育学院/管理学院/公共管理学院/马克思主义学院

数学科学学院/物理学系/化学系/地球科学学院/心理与行为科学系/机械工程学院/材料科学与工程学院/能源工程学院/电气工程学院/建筑工程学院/化学工程与生物工程学院/海洋学院/航空航天学院/高分子科学与工程学系/光电科学与工程学院/信息与电子工程学院/控制科学与工程学院/计算机科学与技术学院/生物医学工程与仪器科学学院/软件学院/生命科学学院/生物系统工程与食品科学学院/环境与资源学院/农业与生物技术学院/动物科学学院/医学院/药学院

【学校职能部门】 党委办公室、校长办公室（含保密办公室、信访办公室、法律事务办公室）/纪律检查委员会办公室/党委组织部/党委宣传部（含网络信息办公室/党委统战部/党委学生工作部/党委研究生工作部/党委安全保卫部（与安全保卫处合署）/人民武装部（与党委学生工作部合署）/机关党委/离休党工委（与离退休工作处合署）发展规划处/政策研究室/人事处/人才工作办公室（与人事处、党委教师工作部合署）/外事处（含港澳台事务办公室）/本科生院/研究生院/科学技术研究院/社会科学研究院/继续教育管理处/地方合作处（含科教兴农办公室）/医院管理办公室/计划财务处（含经营性资产管理办公室、国有资产管理办公室、采购管理办公室）/审计处/监察处（与纪律检查委员会办公室合署）/实验室与设备管理处（含采购中心）/房地产管理处（含"1250安居工程"办公室）/基本建设处/安全保卫处/后勤管理处/离退休工作处、离退休党工委合署/新闻办公室（与党委宣传部合署）/工会/团委

【学校直属单位】 发展联络办公室（含发展委员会办公室、校友总会秘书处、教育基金会秘书处）/就业指导与服务中心/图书馆/信息技术中心/档案馆/艺术与考古博物馆/竺可桢学院/继续教育学院、成人教育学院、远程教育学院（合署）/全国干部教育培训浙江大学基地（办事机构与继续教育学院合署）/国际教育学院/公共体育与艺术部/中国科教战略研究院（办事机构与政策研究室

合署)/工业技术转化研究院/先进技术研究院/新农村发展研究院(含农业技术推广中心)/校医院/出版社/建筑设计研究院/国家大学科技园管理委员会(与科技园发展有限公司、工业技术转化研究院合署)/农业科技园管理委员会、农业试验站(合署)/医学中心(筹)(归口医学院管理)/国际联合学院(海宁国际校区)/工程师学院/创新创业研究院

【附录】

附录 1　浙江大学 2017 年教职工基本情况　　（单位：人）

职称级别	总计	专任教师	行政人员	教学科研支撑人员	科研机构人员	其他人员
总计	8657	3611	1425	845	1482	1294
正高级	1868	1686	36	32	71	43
副高级	2430	1341	312	211	316	250
中级及以下	4359	584	1077	602	1095	1001

附录 2　浙江大学 2017 年各类学生数　　（单位：人）

学生类别	毕业生数	招生数	在校学生数	毕业班学生数
一、本科生	5384	6386	24878	6090
二、研究生 　其中:硕士研究生 　　　博士研究生	 4671 1631	 7532 2481	 18048 10747	 2662 4129
三、留学生 　其中:攻读学位留学生	 431	3700 1140	6843 4116	
四、远程教育	12386	16461	48687	

党建与思想政治工作

思想建设

【概况】 2017年,浙江大学坚持以"四个意识"为政治标杆,深入学习贯彻习近平新时代中国特色社会主义思想,贯彻落实党的十九大精神,贯彻落实全国高校思想政治工作会议精神,紧紧围绕立德树人根本任务,着力做好理论武装、舆论引导、媒体融合、文化建设、精神塑造等各方面工作,努力为学校加快推进"双一流"建设、高水平建成中国特色世界一流大学提供强有力的思想基础、舆论环境和文化条件。

深化理论学习和思想武装,发布《浙江大学2017年党委中心组理论学习计划》《中共浙江大学委员会关于认真学习贯彻浙江省第十四次党代会精神的通知》《中共浙江大学委员会关于深入学习贯彻习近平总书记对浙江大学重要指示精神的通知》《中共浙江大学委员会关于深入学习贯彻习近平总书记在省部级主要领导干部专题研讨班

上重要讲话精神的通知》《中共浙江大学委员会关于认真学习宣传贯彻党的十九大精神的通知》《中共浙江大学委员会办公室关于做好浙江大学第十四次党代会宣传工作的通知》等文件,组织校院两级党委理论学习中心组学习会、专题学习会、报告会、座谈会等形式多样的学习活动,全面提高理论水平。坚持宣传宣讲培训全覆盖,成立党的十九大精神宣讲团,扎实抓好党的十九大精神的学习、研讨和贯彻落实。严格落实党委意识形态工作责任制,制定《浙江大学党委意识形态工作责任制实施细则》《落实〈浙江大学党委意识形态工作责任制实施细则〉责任清单》,牢牢掌握意识形态工作领导权、管理权、话语权,坚决反对和抵制各种错误观点。

紧扣中心任务,深化媒体合作,强化深度报道,全方位立体式展现学校改革发展新进展。中央地方主流媒体报道浙大新闻530余篇,《新闻联播》播出相关新闻6条。大力挖掘宣传学校改革发展中涌现出来的先进典型,推出浙江大学医学院附属邵逸夫医院眼科中心主任姚玉峰、青年科学家陆盈盈、全国五一巾帼奖章获得者熊蓉教授等人

物报道,被《人民日报》《光明日报》《中国教育报》等媒体采用。推出"砥砺奋进的五年——学习贯彻十九大精神 喜迎第十四次党代会"重大专题报道,从人才培养、科研发展、社会服务、文化自信、人才队伍、和谐校园、国际交流、党的建设八个方面全面回顾学校五年多来的发展成就。《浙江大学报》以周报形式连续出版38期,获中国高校校报好新闻评选一等奖3项,浙江省高校校报好新闻评选一等奖7项。校广播电视台选送的师生作品获中国高校电视奖一等奖5部、二等奖9部。

全面深化"网上浙大"建设,创新开展新媒体传播。完成校门户网站群管理平台招标、建设及迁移工作。夯实网络宣传员队伍建设,发布《浙江大学优秀网络文化成果认定实施办法(试行)》,将优秀网络文化成果纳入学校科研成果统计、各类晋升评聘和评奖评优范围。截至2017年12月31日,浙江大学官方微信公众号粉丝35万,官方微博粉丝50万,今日头条粉丝5.8万,创作了诸多阅读量破万的热点文章。根据微言教育新媒体月度榜单显示,浙江大学新媒体综合影响力稳居国内高校第一,连续三年获得"教育政务新媒体综合力十强"称号。

进一步加强校园文化建设,做好120周年校庆宣传工作。发布使用浙江大学视觉形象识别系统(VI),出版《百廿求是》丛书、《求是创新——浙江大学建校120周年画册》《浙江大学报》120周年校庆特刊,建成西迁文化园,举办"红军长征与文军西征"主题展览、"翰墨求是"——浙江大学双甲子书画展。《人民日报》、新华社、中央电视台、中国国际电视台、《光明日报》《中国教育报》、中国教育电视台、《浙江日报》、浙江卫视等主流媒体发布校庆相关文章或视频报道近

30篇(条)。深入推进"互联网校庆",校庆纪念大会各直播平台观看人次共计270万,校庆文艺晚会观看人次共计330万,营造了良好的舆论氛围。

【深入学习贯彻党的十九大精神】 中国共产党第十九次全国代表大会于2017年10月18日至10月24日在北京召开。这是在全面建成小康社会决胜阶段、中国特色社会主义进入新时代的关键时期召开的一次十分重要的大会。浙江大学将学习宣传贯彻党的十九大精神作为当前和今后一个时期的首要政治任务,通过深入开展学习传达,切实推进理论研究,认真抓好学习培训,积极开展主题教育,大力营造舆论环境等方式,迅速兴起学习宣传党的十九大精神的热潮,推动习近平新时代中国特色社会主义思想进学术、进学科、进课程、进培训、进读本。

【深入学习贯彻习近平总书记对浙江大学重要指示精神】 长期以来,习近平总书记对浙江大学的发展倾注了关心与厚爱,对学校建设中国特色世界一流大学寄予殷切期望,充分体现了以习近平总书记为核心的党中央对高等教育事业和立德树人根本任务的关心和重视。浙江大学紧密联系实际,通过召开党委理论学习中心组学习会,组织宣讲团、报告会、座谈会、支部会等形式,广泛开展学习宣传贯彻活动,切实把握重要指示精神的深刻内涵和精神实质,进一步增强"四个意识",保持战略定力,牢牢把握社会主义办学方向,坚持建设中国特色世界一流大学一张蓝图绘到底,不断提高人才培养的质量水平,为学校改革发展提供坚强政治保证。

【进一步深入学习贯彻全国高校思想政治工作会议精神】 全国高校思想政治工作会议于2016年12月7日至8日召开,习近平总书记出席会议并发表重要讲话,对加强和改

进新形势下高校思想政治工作作出重大部署。浙大将学习贯彻全国高校思想政治工作会议精神作为当前和今后一段时期的首要政治任务，通过召开党委全委会、党委常委会、党委理论学习中心组学习（扩大）会等方式进一步深入学习，专题研究贯彻落实情况。下发《关于加强和改进新形势下学校思想政治工作的实施意见》《落实〈中共浙江大学委员会 浙江大学关于加强和改进新形势下学校思想政治工作的实施意见〉重点任务责任分解》，切实推动全国高校思想政治工作会议精神落到实处，探索形成具有鲜明特色和全国影响的浙大思想政治教育工作模式。

（江宁宁撰稿 应 飚审稿）

组织建设

【概况】 至 2017 年年底，全校共有院级党组织 58 个，其中党委 52 个、党工委 4 个、直属党总支 2 个；校党委派出机构 6 个；党总支（不含直属党总支）89 个；党支部 1484 个，其中在职教职工党支部 618 个、离退休党支部 155 个、学生党支部 699 个。

全校共有中共党员 34277 人。其中，学生党员 14884 人，占学生总数的 27.86%（其中研究生党员 12776 人，占研究生总数的 44.37%；本科生党员 2108 人，占本科生总数的 8.56%）；在职教职工党员 14731 人（其中专任教师党员 2061 人，占专任教师总数的 57.71%）；离退休党员 4064 人；长期出国、挂靠等其他党员 599 人。

全校共有中层干部 511 人。其中，正职 179 人（含主持工作副职 2 人）、副职 332 人；

女干部 133 人，占中层干部总数的 26.0%；非中共党员干部 64 人，占中层行政干部总数的 18.6%。中层干部平均年龄为 46.9岁，其中正职平均年龄为 49.9 岁、副职平均年龄为 45.3 岁；45 岁以下的中层干部共有207 人，占中层干部总数的 40.5%。中层干部中有硕士、博士学位的 443 人（其中博士学位 244 人），占中层干部总数的 86.7%；有高级职称的 411 人（其中正高职称 240 人），占中层干部总数的 80.4%。

全力配合中央巡视组和选人用人工作检查组做好相关工作，结合巡视反馈意见整改要求和工作实际，制定或修订《浙江大学中层领导干部选拔任用工作办法》《浙江大学中层领导干部外出（请假）制度（试行）》《关于加强中层党员领导干部兼职管理的规定》《关于进一步规范经济独立核算单位负责人薪酬管理的意见（试行）》《浙江大学院长（系主任）助理管理办法》《关于进一步加强在中青年教师中发展党员的意见》《浙江大学基层党建督查工作制度》《关于进一步规范党费工作的补充通知》等系列规范性文件，从严从实完成巡视整改任务落实工作。

努力建设高素质中层领导班子和干部队伍。完成中层领导班子和领导干部换届，举行新一届中层干部培训。进一步完善干部工作制度，认真做好 2016 年度选人用人"一报告两评议"。严格干部监督和管理，坚持"凡提四必"，严把干部选拔任用讨论决定关，全年对拟提任中层领导干部进行干部人事档案审核 151 人次、核查个人有关事项报告 101 人次、书面征求纪委意见 239 人次。组织中层领导干部学习个人有关事项"两项法规"，做好中层领导干部个人有关事项2016 年度集中报告和综合汇总工作，并按照规定比例完成随机抽查核实。做好中层

浙江大学年鉴

领导干部离岗外出报告请假和出国(境)审批,加强中层领导干部在经济实体、社会团体等的兼职管理。运用好提醒、函询和诫勉制度,建立健全事前防范、事中约束、事后惩戒相补充的监督机制,全年累计提醒34人、函询4人、诫勉14人。加强年轻干部培养锻炼,继续做好外派、接收和校内挂职工作。协同抓好辅导员队伍建设。全校各院系、机关部门、直属单位共调整科职干部234人次,其中新提任正职68人、副职69人。派出援疆、援藏、援青等挂职干部69人、在岗总数81人,选派院系优秀青年教师到校部机关挂职锻炼23人,接收10位校外干部挂职锻炼,做好新提任中层领导干部到校信访办柔性挂职工作,派出2批共9人。

以院级党组织换届为契机,加强基层党组织建设。完成45个院级党组织换届选举工作。做好校第十四次党代会相关筹备工作。开展2016年度院级党组织书记抓基层党建工作述职评议考核,加强考核结果运用和整改落实督查,强化院级党组织书记抓基层党建第一责任人意识。指导开展第三批优秀"五好"党支部创建活动,全年共评选出88个优秀"五好"党支部。强化对各院级党组织基层党建工作的督查指导,完成全校所有失联党员的规范管理与组织处置工作。全面梳理和推进校设研究机构党组织建设,实现党的工作全覆盖。做好党内统计,完成全国党员管理信息系统信息采集工作。全年下拨院级党组织工作经费、活动经费等共计753万余元,为基层党建工作提供经费支持。帮扶慰问老党员和生活困难党员1427人次,发放补助款115万余元。

突出党校理论教育和党性教育的主业主课地位,着力加强党员干部教育培训。围绕"两学一做"学习教育常态化制度化要求,深入推进"育人强师"培训工作,建成浙江大学延安培训学院等红色教育基地;统筹实施党建培训,抓好中层干部学习贯彻党的十九大精神集中培训和党支部书记集中轮训工作,全面实施"先锋学子"全员培训。全年共培训干部教师1470人次(含境外进修65人次),培训党建骨干、党员和发展对象5318人次,协调干部教师参加上级组织调训41人次,此外,还组织辅导员、研究生骨干、新任基层党组织书记参加教育部思政司、省委教育工委举办的在线学习示范班3期,培训530人。下拨"先锋学子"培训经费126万余元,依托院级党组织,举办"先锋学子"培训289场,覆盖学生正式党员12000余人。全校20所分党校共举办培训144场次,累计培训16000余人次。

【召开中国共产党浙江大学第十四次代表大会】 12月28日至29日,该代表大会在紫金港校区剧场召开。大会的主题是:高举习近平新时代中国特色社会主义思想伟大旗帜,以党的十九大精神为统领,坚决贯彻习近平总书记对浙江大学的重要指示精神,团结动员全校党员和师生员工,不忘初心、牢记使命、忠诚担当、求是创新、勇攀高峰,扎根中国大地加快推进"双一流"建设,为迈向世界一流大学前列而奋斗。中共浙江省委常委、宣传部部长葛慧君,教育部学位管理与研究生教育司副司长徐忠波到会祝贺并讲话,浙江省委教育工委书记何杏仁应邀出席大会。

本次大会共有正式代表300名,因病因事请假13名,实际到会287名,列席人员42名。党外现职校领导、在校的副省级以上领导、原副省级老领导、原校领导、中国科学院、中国工程院院士和校文科资深教授,党外中层正职和主持工作副职、校各民主党派、侨留联会、知联会主要负责人,全国人大代表、全国政协委员等特邀嘉宾出席了大会。

大会采用无记名投票差额选举的办法，选举产生了由 31 名委员组成的中共浙江大学第十四届委员会和 11 名委员组成的新一届中共浙江大学纪律检查委员会。中共浙江大学第十四届委员会第一次全体会议选举产生由 13 名委员组成的中共浙江大学第十四届常务委员会，选举邹晓东任党委书记，吴朝晖、郑强、朱世强、胡旭阳、叶民任党委副书记。新一届中共浙江大学纪律检查委员会第一次全体会议选举叶民任纪委书记，马春波、叶晓萍（女）任纪委副书记。

【中层领导班子换届】 6 月 19 日，召开动员大会部署中层领导班子换届工作。组成 32 个考察组，对全校 99 个中层领导班子、487 名中层领导干部进行任期届末考核，以及新一届中层领导班子民主推荐。严格落实好干部标准，突出事业为上，强化任期目标责任、管理工作投入等要求，坚持以事择人、依岗选人、人岗相适、用当其时，严格规范工作程序。进一步落实任期制，加大干部交流轮岗力度，注重基层工作经历导向，实现院系党政主要负责人交叉任职。换届后，及时举办了新一届中层领导干部培训班和新提任中层领导干部培训班，实施了新一届中层领导班子任期目标任务书制定工作。全年共调整中层领导干部 368 人次，其中新提拔任用中层领导干部 186 人（含正职 60 人，副职 126 人），全校中层干部队伍呈现崭新面貌。

【院级党组织换届选举】 根据党内有关规定和学校党委统一部署，9 月初启动院级党组织换届选举工作。党委组织部加强对各院级党组织的全过程沟通、指导和督促，及时做好请示批复、动员培训、人选推荐、审查批复等工作，45 个院级党组织紧密结合"两学一做"学习教育常态化制度化，加强领导，精心筹划，认真组织，积极落实，顺利完成换届选举工作。

（盛　芳撰稿　赵文波审稿）

作风建设

【概况】 2017 年，中共浙江大学委员会坚决贯彻中共中央和教育部、中共浙江省委决策部署，认真学习贯彻习近平新时代中国特色社会主义思想和党的十九大精神，进一步增强"四个意识"（即政治意识、大局意识、核心意识、看齐意识）、坚定"四个自信"（即中国特色社会主义道路自信、理论自信、制度自信、文化自信），落实好全面从严治党主体责任，切实加强对全校党风廉政建设工作的领导。学校纪委忠诚履行党章赋予的职责，聚焦主责主业，强化监督执纪问责，有效运用"四种形态"（即经常开展批评和自我批评、约谈函询，让"红红脸、出出汗"成为常态；党纪轻处分、组织调整成为违纪处理的大多数；党纪重处分、重大职务调整成为少数；严重违纪涉嫌违法立案审查的成为极少数），扎实推进党风廉政建设和反腐败工作。抓好习近平新时代中国特色社会主义思想进学术、进学科、进课程、进培训、进读本"五进"工作。扎实推进"两学一做"学习教育常态化制度化，派出 8 个督导联络组加强督查指导，确保民主生活会和学习教育保质保量完成。强化意识形态工作责任制督查，牢牢掌握党对高校工作的领导权。加强对全校各级党组织贯彻落实重大方针政策情况、党内政治生活状况和纪律执行情况的监督检查及整改工作,抓好长效机制建设。抓好有关巡视整改工作,对巡视组移送的问题线索,建立专门台账,严格依纪依规处置。校党委常委会21次研究部署党风廉政建设工作,2次召开党风廉政建设分析会。坚持以上率下,层层传导压力,党委书记和校长与新提任中层领导干部任前廉政谈话180余人次,校领导班子成员与分管、联系单位廉政谈话200余次,扎实推进党风廉政建设。

强化校院联动,层层落实责任,以二级单位落实党风廉政建设"两个责任"清单即"四张清单"形式明确二级单位党委、党政主要负责人、班子其他成员以及纪委的责任,并开展二级单位履行"两个责任"的督查工作;加强内部控制体系建设,完善相关管理制度,健全廉政风险防控机制;严格换届纪律要求,把好干部选任廉政意见回复关;开展"一院一品"廉洁文化品牌提升展示活动,进一步健全廉洁教育"五个纳入"制度,分层分类抓好师生员工的廉洁教育,建立健全新任中层干部集体廉政谈话制度,举行基建(修缮)领域专项廉洁教育会,完善党风廉政建设长效机制。深化落实中央八项规定精神,校党委常委会和校务会议12次研究贯彻落实中央八项规定精神有关情况,持续开展公务接待自查整改和巡视整改中有关违反中央八项规定精神专项整改工作,对9家单位进行通报批评,共追责问责51人次,其中给予党纪处分16人次,组织调整1人次,诫勉谈话25人次,批评教育9人次。健全领导干部带头改进作风、深入基层调查研究机制,弘扬清风正气,形成"头雁效应";精简会议活动和文件简报,改进会风文风,通过QQ、微信等手段,进一步强化节假日等重要节点廉政提醒教育;坚持问题导向,密切关注不正之风新动向、新表现,盯住重要节点

和关键少数,开展集中督查,及时发现并督促整改,持之以恒纠正"四风",持续释放执纪必严、违纪必究的强烈信号。坚持抓早抓小,注重从信访、审计以及各部门日常工作和各类专项检查中发现问题线索,共受理来信来访来电和网络信访举报146件(次),共立案查处21件,给予党纪政纪处分34人次,进行组织调整和组织处理4人次,诫勉谈话55人次,批评教育13人次,提醒教育11人次。

深入推进纪委"三转"(即转职能、转方式、转作风),纪检监察部门参加的议事协调机构由38个减至15个,切实转变监督职能,强化职能部门主体责任意识。转变监督方式,由现场监督转变为重点抽查监督和网络视频监控监督相结合。改进工作作风,强化服务基层和师生意识,以优良和踏实的作风执好纪、把好关、问好责。进一步健全纪检监察体制机制,结合学校中层换届,推进纪检监察干部轮岗交流,着力配齐配强专兼职纪检干部队伍,其中44个二级单位选举产生新一届纪委班子,全校专兼职纪检监察干部272人。完善二级单位纪委书记例会和附属医院纪委书记联席会议制度,加强对二级纪委线索处置、执纪审查的指导监督,强化业务培训和实践锻炼。发挥民主党派、教代会代表等民主监督作用,组织特邀监察员等群众监督力量,大力推进行政监察、效能监察、行风监督等工作。强化纪检监察干部日常监督管理,进一步提升综合素质和履职能力。

(许慧珍撰稿 张士良审稿)

为全面贯彻落实全国高校思想政治工作会议精神和立德树人的根本任务,浙江大学于2017年4月成立党委教师工作部,健全师德建设组织机构,完善工作体制机制。各部门认真梳理、制订(修订)了《浙江大学

专业技术职务评聘工作实施办法》《浙江大学本科教学事故认定与处理办法》《浙江大学科研活动严重失信行为记录规定(试行)》《浙江大学科技项目过程管理办法》等文件，努力打造全员全方位全过程的教师思想政治工作体系，实施职务评聘中的师德"一票否决"制；完善师德年度考核，考核结果单列并记入个人档案；强化"课堂讲授有纪律""学术研究有底线"，将师德要求体现在教学科研各项工作中。同时，强化人才引进中的师德师风考察和新教工入职时的师德承诺，并将师德师风建设情况作为院级党组织书记抓基层党建述职评议的重要内容。

推出"加强师德师风建设，培养高素质人才队伍"十九大精神宣讲专题并深入院系宣讲；将理想信念、社会主义核心价值观等贯穿教师培养培训全过程，先后举办涉及1000余人次的新教职工始业教育培训、优秀青年教师系列讲座、新晋升高级职称专任教师和海外归国教师"育人强师培训"等。注重示范引领，组织好教师、好医生代表姚玉峰先进事迹专题报告会，弘扬忠诚与担当精神；评选浙江大学"竺可桢奖""永平奖""师德先进个人"等，在评奖评优过程中宣传师德楷模，营造尊师重教重德养德的良好风气。出台《浙江大学学术不端行为查处细则(试行)》，规范举报事件的受理、调查、认定、处理、复核等，督促有关单位扩大范围自查排查、修订相关规定，不断增强师生主动防范学术不端、恪守学术诚信的意识，防患于未然。2017年，教职工因违反学校规章制度和学术道德行为规范受行政处分的共有10人，其中开除处分1人，降低岗位等级或专业技术岗位等级处分4人，记过处分4人，警告处分1人。

（蔡　城撰稿　陈海荣审稿）

推进"一流管理，服务师生"主题活动，持续开展六个方面工作，以加强机关作风效能建设。一是加强学习型机关建设，开展面向机关全体干部和职工的教育培训；二是深化"放管服"改革，持续优化服务，营造良好生态；三是以评促建，开展机关作风民主测评；四是继续严控"三公经费"支出，强化公务接待、公务用车、办公用房、因公出国(境)等规范管理；五是加强机关作风建设督导；六是持续推进"金点子"建言献策活动。机关部门及部分直属单位2017年度工作网上测评共收到意见和建议151条，各测评部门(单位)的回复意见通过校师生意见建议公开回复平台统一公布。机关深化作风建设领导小组不断查找和改进机关作风建设中存在的问题，落实具体问题到涉及的责任部门。坚持基层群众评判和监督为第一导向，以评促建，以督促改，改进作风，促进机关作风转变。

（苏传令撰稿　胡义镰审稿）

【认真接受中央巡视并抓好整改落实】　根据中央统一部署，2017年3月3日至4月28日，中央第十四巡视组对我校党委进行了专项巡视，并于2017年6月12日反馈了巡视意见。学校党委高度重视巡视整改，校院两级党委班子亲力亲为，广大干部师生全力以赴，做了大量扎实工作。经过两个月的集中攻坚，集中整改纠正了一批突出问题，清理清退了一批违规资金，问责处理了一批典型案例，制定修订了55个规章制度。全校上下的"四个意识""四个自信"显著增强。8月24日，中央巡视办就学校党委抓巡视整改情况报告反馈了意见，指出学校党委高度重视巡视整改工作，注重完善制度、解决问题，整改措施有力，取得阶段性成效。并对学校党委进一步用好巡视整改成果，把纪律挺起来、严起来提出了明确要求。学校党委根据中管高校党的建设工作推进会精神，对巡视整改方案涉及的中长期巡视整改任务进行了认真梳理，印发了深化巡视整改工作的通知，要求进一步将深化整改与"双一流"建设各项重点工作紧密结合起来，确保深化整改与事业发展相互促进。

【举行基建(修缮)领域专项廉洁教育会暨建设项目廉洁承诺仪式】 11月17日，为深入学习贯彻党的十九大精神，进一步加强基建(修缮)领域廉政风险防控工作，打造忠诚、干净、有担当的基建后勤支撑队伍，基建(修缮)领域专项廉洁教育会在紫金港校区西区举行，校党委副书记、纪委书记叶民出席会议并讲话。房地产管理处、基本建设处、后勤管理处等部门人员参会。杭州市人民检察院相关负责人运用诸多案例对预防职务违纪违法作讲解与剖析，从公诉人的角度提醒大家时刻牢记廉政风险、远离高压红线。理工农组团建设项目的设计单位、施工单位、监理单位及管理单位签订廉洁承诺书。

（许慧珍撰稿　张士良审稿）

【成立党委教师工作部】 该部于2017年4月成立，统筹全校教师思想政治教育和管理服务工作，设立了党委书记、校长任组长的师德建设工作领导小组和分管校领导任主任的师德建设工作委员会，以及由学院(系)党政主要领导担任组长的院(系)师德建设工作组，建立健全了校院两级师德建设组织体系和工作体制。该部内设师德师风建设办公室和教师培养办公室。人才工作办公室与该部合署。

（蔡　娥撰稿　陈海荣审稿）

统战工作

【概况】 2017年，浙江大学共有民主党派成员2376人(见表1)，民主党派在职人员中具有高级职称的成员占比80％，具有博士学位的成员占比45％；确认无党派人士152人。党外人士中，院士7人，"长江学者"30人；担任全国人大常委会委员1人，全国政协委员4人(其中常委1人)；任浙江省人大代表7人(其中副主任1人、常委4人)；任浙江省政协委员35人(其中副主席2人、常委6人)。民主党派中，担任党派中央委员12人(其中常委3人)；担任民主党派省委会委员69人(其中主委3人、副主委10人、常委15人)(见表2)。

表1　2017年浙江大学民主党派组织机构

党派名称	委员会/个	总支/个	支部/个	成员数/人
民　革	1		10	208
民　盟	1	5	20	582
民　建	1		3	64
民　进	1		15	475
农工党	1		9	336
致公党	1		4	126

续表

党派名称	委员会/个	总支/个	支部/个	成员数/人
九三学社	1		17	578
台　盟			1	7
合　计	7	5	79	2376

表2　2017年浙江大学各民主党派和统战团体负责人

名称	姓名	职称	职务	所在单位
民　革	段会龙	教授	主委	生物医学工程与仪器科学学院
民　盟	唐睿康	教授	主委	化学系
民　建	张英	教授	主委	生物系统工程与食品科学学院
民　进	喻景权	教授	主委	农业与生物技术学院
农工党	徐志康	教授	主委	高分子科学与工程学系
致公党	裘云庆	主任医师	主委	医学院附属第一医院
九三学社	谭建荣	中国工程院院士	主委	机械工程学院
台　盟	陈艳虹	副主任医师	主委	医学院附属第一医院
知联会	杨华勇	中国工程院院士	会长	机械工程学院
侨联、留联会	唐睿康	教授	主席、会长	化学系

以习近平新时代中国特色社会主义思想为指导,深入贯彻党的十九大、中央统战工作会议、全国高校思政工作会议精神,围绕"四个全面"战略布局,紧扣浙江省"八八战略"和浙江大学建设世界一流大学的目标,建设适应新形势新要求的具有浙江大学特色的统一战线队伍。发挥校党委统一战线工作领导小组作用,落实情况通报及征求意见制度、校院两级党员领导干部同党外代表人士谈心交友制度等各项统战工作制度,完善大统战工作格局。

社会主义学院面向党派骨干、归国留学人员、无党派人士等举办培训班4期,邀请校领导、校内外专家学者近20人参与授课,受众350余人次。通过学校"育人强师"全员培训计划等选送党外人士参加中央、省级以上培训学习80余人次。指导各党派和统战团体开展集体学习会、座谈交流会、南湖红船瞻仰等十九大精神学习和传达活动100余场。

持续推进"111"党外代表人士培养计划,安排优秀党外代表人士进入校院两级领导班子,党外人士中2人担任副校长,60余人进入学校中层领导班子,其中1/3担任中层正职。推荐党外青年教师到省级机关、地方基层和校部机关挂职锻炼。完成各民主党派省委会换届人选和第十二届省政协委员人选的推荐、考察工作,2017年党外代表人士中有81人担任党派中央和省委会委员,其中党派省委会主委3人。

组织高层次党外专家团队分赴浙大西迁办学点开展"送优质医疗，送科普文化，送科技服务"的"三送"活动；深化校地合作，知联会、侨留联专家团赴海盐、玉环等地签署校地合作框架协议，进行专题宣讲十九大精神2场，开展实践服务7场。各级党外人大代表、政协委员积极参政议政，在浙江省政协十一届五次会议上共提交提案39件。

组织人员参与第四届世界浙商大会开幕式、浙江省侨联"喜迎十九大·共筑中国梦"文艺汇演、浙江省高校侨（留）联羽毛球联谊赛等活动；2017年共接待台湾大学生参访团、中华青年民族学习交流营等港澳台地区大学生访问团近300人次。协办"四海一家·浙港同行"——浙港青年庆祝香港回归祖国20周年主题交流活动，约2000名香港青年参加，是香港回归祖国以来单次规模最大的香港青年赴内地交流活动。

发挥浙江大学民族宗教事务管理工作小组协调作用，形成联席会议制度，召开小组联席会议3次。大力推进马克思主义宗教观和国家宗教政策法规宣传教育，发挥第一课堂主渠道、主阵地的作用。开展中国特色社会主义民族宗教理论研究，组织少数民族教师赴少数民族地区调研考察。

【举办统一战线服务西迁办学地"三送"活动】 2017年5月至6月，组织高层次党外专家团队分赴广西宜州、江西泰和、贵州湄潭和浙江龙泉等四地，开展"送优质医疗，送科普文化，送科技服务"系列活动，历时2个月，行程9000多千米，辐射四地群众千余人，惠及青年学生3000余人，有力体现当代高校党外知识分子的政治担当和社会担当。

【成立浙江大学统一战线智库】 2017年4月，成立浙江大学统一战线智库工作小组，探索形成统一战线智库课题立项、评审和成果报送及奖励制度。首期立项11项课题，各民主党派、统战团体围绕经济社会发展和关系国计民生的重大问题，就大城市地下空间的规划和治理、深入推进"一带一路"建设、振兴和提升实体经济等重大问题深入研究，为党和国家科学决策和有效施策提供参考。

【浙江大学党外知识分子联谊会服务浙江区域发展】 2017年11月6日，浙江大学知联会与海盐县知联会签署深化合作框架协议。从2012年签署《浙江大学党外知识分子联谊会服务海盐经济社会发展共建合作框架协议》以来，浙江大学知联会在海盐县先后挂牌成立了浙江大学知联会医疗卫生基地和农业技术基地，服务当地企业50多家。11月14日，浙江大学知联会与玉环市知联会签订共建合作框架协议，推动校地合作发展，彰显社会服务功能，持续探索高校服务地方的"浙大模式"。

（陈轶婷编撰　包迪鸿审稿）

安全稳定

【概况】 2017年，浙江大学全面落实安全责任、深化专项整治、落实防范措施、加强隐患排查、夯实安全教育，有效维护校园正常秩序，获得"2017年度浙江省治安安全示范单位"等荣誉称号 。

构建多层次安全责任体系，与105家校内二级单位签订安全责任书，层层落实安全责任。

维护校园政治稳定，加强专项调研，处置网上有害信息；加强与公安部门联动，完善重点人员数据；协助公安、安全部门开展专项工作80余次。

夯实安全教育，前移教育关口，新生入

学前进行网上安全教育考试;建设安全培训屋,用"VR技术+互动体验"创新安全教育模式;多形式开展培训演练等宣传教育活动104次,发放安全手册6700余份,推送"平安浙大"微信96条。

齐抓共管推动消防安全,落实消防安全责任。建立长效工作机制,查改结合,将隐患排查整改落到"实"处,开展消防安全检查440余次,发现并整改隐患624处,发放整改通知书38份;定期维护和检测消防设施,确保设施完好有效;建章立制,规范校内电动自行车充电,17家二级单位已申请并建设智慧充电桩。

强化校园综合治理,多措并举打击校园犯罪,抓获违法嫌疑人31名;加强校门管理,查验进校人员身份信息94万余人次;修订了《浙江大学校园交通智能化管理实施细则》;智能化管理校园交通,审核网上进校预约车辆18587车次;完成紫金港校区育英路入校口道闸建设;玉泉校区新建校园停车位317个;集中清理校内废旧自行车6900余辆。

提升安全服务效能,联合公安部门在办事大厅设立户籍专窗,实现紫金港校区集体户口"最多跑一次";优化窗口办事流程10项,办理服务事项33000余项;接受报警、求助4200余次,出警450余次,收到师生感谢信、锦旗28次;参与学校活动的安保工作150余场次,其中活动人数超千人的60余场。

完善校园安防体系,升级改造玉泉校区、华家池校区监控系统,更新458个监控探头,新增12个报警立柱;建设GPS对讲巡更系统;完成玉泉校区北区室外消防管网和之江校区楼内与室外消防管网贯通工程的建设。

【落实重大活动安保任务】 护航建校120周年纪念活动,制订《校园安全隐患排查与整治活动方案》,督促各单位自查;开展消防专项检查,整改安全隐患;给4000余名学生志愿者开展9场安全教育;给校友发放免费通行证4022张;紫金港校区新增500个临时停车位,并在校园周边街道划定路段作临时停车,确保交通畅通。增派260名安保人员,圆满完成25场重要活动的安保任务,疏导人员3.5万余人次。在体育馆、田径场周边新增监控保安,主会场入口配置5台X光机、7扇安检门,参会人员凭券入场。

护航全国学生运动会,9月4日—16日,第十三届全国学生运动会大学网球和男子篮球比赛及运动会闭幕式在浙大紫金港校区举行,安保处派出安保人员870余人次,疏导场馆周边车辆57840余辆,疏导人员49650余人次,校门查验人员17650余人次。

（吴红飞撰稿 陈 伟审稿）

教代会与工会

【概况】 2017年,浙江大学教代会、工会积极配合接受中央巡视组的巡视,认真做好教代会、工会工作的专题汇报和整改工作;召开第七届教代会、第二十一届工代会第四次会议,进一步坚定了广大教职工对于建成中国特色世界一流大学的目标自信、路径自信和能力自信;继续开展"金点子"合理化建议征集办理工作;筹备和指导校院"双代会"换届工作;组织和开展先进模范评选表彰,引领广大教职工争创一流、建功立业。控制科学与工程学院熊蓉获"全国五一巾帼奖章""浙江省三八红旗手称号",光华法学院郑春燕获浙江省劳动模范称号,农业与生物技术学院汪自强获浙江省第十二届职工职业道德建设标兵,经济学院朱柏铭获浙江省第五届师德建设标兵称号,张向荣等 10 人获浙江省第五届师德先进个人,项美香等 17 人获浙江省教育系统"事业家庭兼顾型先进个人"称号。女教授联谊会的"求是博爱文化"项目获得浙江省第三届高校"教职工文化品牌"称号。

扎实做好群众工作,努力打造让群众满意的"教工之家"。全面启动"五心"服务工程,营造"心齐、气顺、劲足、实干"的良好氛围。充分发挥劳动人事争议调解委员会职能,切实维护合法权益让教职工放心。不断拓宽公共服务系统让教职工省心,精心组织教师节系列服务和优惠活动,关心教职工子女发展,为引进人才子女入学、入园提供帮助。做大做强互助帮扶体系让教职工宽心,共有 8200 多人参加 2017 年爱心基金捐款,16489 人参加第四期大病医疗互助保障,为身患重病的教职工提供双保障。实施全员关爱工程让教职工暖心,制定《浙江大学教职工生活困难补助实施办法》《关于福利费使用管理规定》,使患病教职工及时得到帮扶;继续推动"妈咪暖心小屋"建设,关爱女教职工中的特殊群体;继续做好工会会员生日蛋糕、中秋和年终慰问品采购发放工作;关心教职工的工作和生活,积极开展劳模疗休养和先进疗休养活动。强化安居乐业条件建设让教职工安心,做好人才房业主子女入园、入学情况摸底调查工作,组织有 17 家装饰企业以及近 70 家建材企业参展的浙江大学金秋家装文化节,给全校教职工提供质优价廉的家装建材服务,把家安得轻轻松松。

【召开第七届教职工代表大会暨第二十一届工会会员代表大会第四次会议】 该会议于 2017 年 1 月 13 日至 14 日在紫金港校区剧场召开,共有 530 余名"双代会"代表参会。会议听取和审议了学校工作报告,教代会、工会工作报告,校长吴朝晖受学校委托向大会作工作报告。报告回顾了浙江大学 2016 年的工作,提出要以开放办学理念引领一流创新型大学建设,提出了系统推进落实一流创新型大学建设任务。

七届四次教代会共收到代表以提案形式递交的意见、建议 103 件,经教代会提案工作委员会审理,最终正式立案 65 件。校领导亲自召开提案送达会,继续设立"校领导领办提案"。提案委不断完善交流和督促机制,继续开展"重点提案回头看"工作,推动了重点、热点问题的解决。对提案系统进行全新升级,实现了移动端操作的功能。65 件提案办理中,代表对办理态度"满意"的有 64 件,占 98.46%,"基本满意"的 1 件;对办理结果"满意"的有 54 件,占 83.08%,"基本满意"的 10 件,占 15.38%,1 件"不满意"提案。提案办理的满意度总体与往年持平。

【获浙江省第三届高校"教职工文化品牌"称号】 11 月 28 日,浙江大学《巾帼情怀"浙"里大爱——浙大女教授联谊会引领"求是博爱文化"》项目获得该称号。16 年来,浙大女教授联谊会以爱国爱校、服务社会为宗旨,以教书育人、求是创新为己任,以人文、关爱、协作、前瞻为特色,以师生之爱、科学之爱、家国之爱为基础,打造了传道授业之"面对面交流"、分享引领之"女教授导师团"、爱我浙大之"求是缘"系列活动、精彩纷呈之"女教授乐礼沙龙"、理性思考之"发展论坛"、服务地方之"基层实践"等特色品牌活动,引领"求是博爱文化",给校园带来了人文、美好和纯粹。联谊会团结广大女教师争做"品行之师""学识之师""仁爱之师",成为推动学校和社会前行的重要力量。

【开展"尊法守法 携手筑梦"服务农民工法治宣传行动】 为深入贯彻中央、省委群团工作会议和全国高校思想政治工作会议精神,落实国务院《关于进一步做好为农民工服务工作的意见》,加强对农民工的人文关怀和法治宣传教育,根据中华全国总工会和教育部《关于联合开展"尊法守法·携手筑梦"服务农民工法治宣传行动的通知》精神和《浙江省"尊法守法·携手筑梦"服务农民工法治宣传行动实施方案》,2017 年 9 月至 12 月,工会牵头宣传部、团委、光华法学院联合杭州市总工会,开展了"尊法守法·携手筑梦"服务杭州市农民工法治宣传行动,共组织 30 余位由专业教师、工会干部和学生组成的志愿者为杭州市所辖市县及产业工会的农民工进行 20 余场普法宣传,1200 余名农民工接受普法教育。该活动进一步提高了农民工的法治素养,引导农民工更好地运用法律知识、依法有序表达利益诉求,拓展了浙大师生运用法律专业知识服务社会的渠道,为浙大师生搭建了学以致用、了解社情民情的良好平台。同时,也充分体现了浙大师生学以致用、服务社会的胸怀,展现了浙大师生承担社会责任的良好风貌。

(雷振伟撰稿 林 俐审稿)

学生思政

【概况】 2017 年,浙江大学成立十九大精神宣讲团,在学生中开展"学习宣传贯彻党的十九大精神"主题教育活动及党章宣讲活动,并举办了学习十九大精神知识竞赛。全年培训本科生预备党员 834 人、研究生预备党员 1015 人、本科生党建骨干 153 人、研究生党支部书记 519 人。组织优秀预备党员代表赴嘉兴南湖开展主题党日活动;完善浙大微学工"两学一做"网络学习平台。举办新任基层本科生党组织书记网络培训班、研究生党支部书记著作研读示范班、本科毕业生党员教育大会和第五届研究生党支部书记素能大赛。承担全国高校研究生党员骨干"严格党内政治生活"专题网络培训示范班和浙江省高校新任基层党组织书记网络培训班教学组织工作。在原有 6 个思政示范基地的基础上,新增机械工程学院"马兰工作室"、海洋学院"学生党建'灯塔引航'工程"、信息与电子工程学院"党建'云'平台"、云峰学园"新四军教育基地"等 4 个思政教育示范基地,并以"思想引领""校园服务"为两大核心点,进一步加强"浙大微学工""求是潮""浙大研究生""浙江大学博士生"等微信平台建设。

进一步推进"形势与政策"课程小班化教学(一个班共 80 人左右),由 57 位主讲教师组建 8 个课程小组,坚持集体备课制度;编印《形势教育参考资料》10 期、《新闻时事概览》18 期。

2017—2018 学年大学生综合素质训练(SQTP)项目共立项 621 项,资助经费 95.1 万元;"一流大学"本科建设规划项目之"学生综合素质能力推进工程"共支持 20 个平台项目和 20 个立项项目,资助经费 118 万元;第五期"健心"计划研究生综合素质提升工程以立项形式与院系共同建设特色研究生教育项目 17 个,其中 7 个项目被评为"优秀项目"。

全年开设心理健康通识课共计 160 学时,举办"心晴四季"宣传教育活动 140 项;心理咨询共计 1140 人(2963 人次);成功干预重点危机个案 42 起(39 人);新建测试访谈系统,对新生进行了心理测量,筛选其中的 648 名学生进行面谈。

实施《"1+3"本科生管理模式下辅导员队伍建设工作实施方案》和《关于做好园区学生工作指导委员会的建设意见》,在院系回派到求是学院各学园的辅导员的职业发展、薪酬待遇、表彰力度等方面给予支持,并开展专项培训。全年公开招聘辅导员 48 人(其中"2+2"模式辅导员 19 人),组织新上岗辅导员进行岗前培训,选聘 21 名资深思政人员担任新辅导员的学术导师;面向全校辅导员进行"校园危机事件压力管理"培训;举办辅导员论坛 7 场;组织优秀德育导师、优秀班主任赴井冈山分别参加浙江大学第 42 期、第 43 期"育人强师"学习培训班,赴延安参加浙江大学第 53 期"育人强师"学习培训班。同时,选派 22 人参加教育部全国高校辅导员示范培训班,4 人参加教育部形势与政策教育骨干教师培训,34 人参加辅导员"心理助人能力"培训班,14 人参加心理咨询师国家职业资格培训。继续开展评选浙江大学优秀班主任、优秀辅导员及研究生"五好"导学团队工作;组织参加辅导员职业能力大赛,1 人获省赛二等奖、华东赛一等奖并获全国赛二等奖、1 人获省赛一等奖、华东赛一等奖并获全国赛三等奖。1 人获评全国高校"辅导员年度人物"提名奖。

继续开展评奖评优工作,2016—2017学年获竺可桢奖学金 24 人(研究生 12 人,本科生 12 人),国家奖学金 941 人(博士生 287 人,硕士生 326 人,本科生 328 人),浙江省政府奖学金本科生 603 人,多人获浙江大学优秀学生奖学金和各类单项奖学金、外设奖学金。共评选出浙江省优秀毕业生 536人(其中本科生 265 人)、浙江大学优秀毕业生 1782 人(其中本科生 686 人),以及浙江大学优秀学生、优秀学生干部、先进班级及

文明寝室等。

全年认定家庭经济困难本科学生共3764 人,总计发放国家助学贷款 767.95 万元、国家励志奖学金 390 万元、国家助学金941.1 万元、外设助学金 402.5 万元、临时困难补助 26.85 万元和校内无息借款 23.4万元,477 名本科新生通过"绿色通道"办理入学。自 2017 年 5 月起,本科生勤工助学每小时酬金从 12 元提高到 18 元,全年本科生参与校内勤工助学 30032 人次,发放勤工助学经费 722.14 万元。发放研究生岗位助学金学校部分 27332.08 万元、学业奖学金15036.10 万元;评选优秀博士生岗位助学金 950 人,发放金额 950 万元;2017 级研究生教育扶植基金共发放 580.08 万元。研究生导师共设立助研岗位 14987 个,发放岗位助学金导师部分和助研津贴共 22602.11 万元。继续实施研究生"绿色通道"政策,国家助学贷款总额 494.80 万元(整个学制);研究生学业奖学金代偿总额 267.80 万元(整个学制)。申请"心平自立贷学金"的研究生6 人。浚生、庄氏、金昌盛、唐立新等助学金资助总金额 92 万元。进一步完善学校和院系研究生困难补助的具体实施工作,发放个别特别困难、重病及死亡研究生补助 1915人次,累计金额 207.32 万元。

修订《浙江大学学生违纪处理办法》(2017年 9 月 1 日起实施)。全年共处理学生违纪事件 45 起,其中开除学籍 1 人,留校察看 5人,记过 32 人,严重警告 2 人,警告 5 人。

教育部简报 2 月 13 日刊登了《浙江大学构建常态化革命传统教育体系》,《中国教育报》5 月 11 日刊文《浙江大学:将思政工作贯穿教育教学全过程》,教育部简报刊文《浙江大学打造矩阵化辅导员队伍建设体系》,《人民日报》2 月 24 日刊文《浙江大

学:"五精准"保资助政策落实到位》,《中国教育报》8月24日头版报道《浙江大学:灾区新生入学无忧》)。

【"一院一品"】 于2017年9月开始实施,按照"结合专业特色、融合思政教育、提升人格素养、传承优秀文化"的总体思路,以提升学校大学生思想政治工作内涵和质量为主旨,在全校范围内开展"一个学院,一个特色,一个品牌,一支队伍"(简称"一院一品")——学生思想政治工作品牌项目培育建设工作,首批共确定34个项目为立项培育项目。

【矩阵化辅导员队伍建设长效机制】 打造"四维管理、三阶培养、三向发展"的矩阵化辅导员队伍建设长效机制。制定《浙江大学学生思想政治教育高级职务任职基本条件》,并将从事学生思想政治教育相关工作的兼职辅导员、担任兼职辅导员并在马克思主义学院等单位从事思想政治理论课程教学的教师以及心理健康教育与咨询中心等单位相关专业技术人员纳入其中,实现职称晋升单列计划、单设标准、单独评审;制定《思想政治工作队伍人员向思想政治理论课教师合理流动的实施意见》,从政策上鼓励思政人员和思政教师通过兼聘、转岗的方式进行双向流动,2017年已有1名辅导员正式成为马克思主义学院的教师,实现了思政辅导员转岗思政教师的零突破;积极探索建立新入职党政管理人员一年辅导员岗位试用期的工作机制。

【"自助助人"发展性资助】 在继续开展"家庭经济困难生教育实践项目(NSEP)"的基础上,实施"家庭经济困难学生励志成长计划(SEGP)",2017年的主题为"爱心传递,助力中国梦想",共26个项目3000余人次参与,包括关爱老人和儿童、绿色环保宣传等活动;开拓创新能力,建设"发展性资助实践基地(DFPB)",继续夯实与杭州微著网络有限公司(答疑君)建立的"浙江大学发展性实践基地",组织207名学生赴基地开展职业见习活动,学工部配套发放补助1.08万元;提升国际视野,开展"家庭经济困难生海外研修计划(NSOSP)",2017年共选拔104位优秀的经济困难生赴海外研修。

【成立研究生理论宣讲团】 该宣讲团于7月成立,其旨在研究生中推进马克思主义自主学习行动计划,打造和锤炼一支理想信念坚定、理论素质扎实、综合能力突出的学生宣讲队伍。36名优秀学生党员经选拔成为首期成员,校关工委求是宣讲团老同志、机关部处和院系相关党政负责人受聘为顾问团,马克思主义学院专任教师等担任指导老师,围绕学习宣传贯彻党的十九大精神,首批研究生讲师的22堂主题党课于12月正式上线,走进学生党支部、学生组织,开展宣讲80余场次,受益人数超3000人,在求是园中传播属于研究生党员骨干的党建好声音。

【推进研究生科学道德和学风建设宣讲教育】 2017年浙江大学作为中国科协和教育部科学道德和学风建设宣讲教育案例教学试点工作高校,在原有学术规范教育体系基础上,进一步结合案例教学的内容和形式,探索研究生科学道德和学术规范教育的新途径、新方法,提升教育的实效。至年底,以立项形式支持和培育了一批优质案例教学活动和研究项目,包括"科学道德和学术规范案例库建设""科学道德和学术规范案例整理与研究——以基金委学术不端处罚案例为中心""科学道德和学术规范宣讲教育案例教学MOOC课程建设""科学研究中关于'知情权'问题案例建设与教学""科学道德和学术规范妇产科学案例库编研宣讲"5项,形成了案例库、课件等一系列相关成果。

【首次获评网络安全奖学金】 2017年,国家网络安全奖学金首次面向浙江大学研究生设立。该奖学金在中央网信办指导下,为加快网络安全人才培养,吸引优秀学生投身网络安全学习和研究而设立,每年奖励网络安全本科生和研究生各100名。2017年,浙江大学共有计算机学院、控制学院的3名研究生获此殊荣,每人获得5万元奖励。

(袁　瑢　王璐莎撰稿

潘　健　陈凯旋审稿)

团学工作

【概况】 2017年,共青团浙江大学委员会坚持立德树人,坚持改革创新,着力完善"组织建设、思想引领、科创实践、校园文化、青春领航"五位一体工作格局,推动团学工作取得新突破、实现新发展、迈上新台阶。至2017年年底,浙江大学共有基层团委54个,其中院系(学园)团委41个,青工系统团委13个;团总支79个,学生团支部1614个,青工团支部202个,团员50049名;共有团干部155名,其中专职121名,兼职34名。

深化党建带团建,将共青团锻造为党的有力助手和可靠后备军。制定出台《浙江大学共青团改革实施方案》(党委发2017〔151〕号)。严格落实"三会两制一课"制度,加强和改进作风建设。认真组织"推优入党"工作,举办入党积极分子培训班、发展对象培训班,累计培训入党积极分子3557人、发展对象2140人。深入实施团组织"活力提升"工程,遴选十佳活力团支部和百佳活力团支部。开展基层团组织建设月活动,验收通过校级"五四红旗团支部"79个,新培育校级"五四红旗团支部"争创单位91个。1个团支部被评为"全国五四红旗团支部",1个团支部被评为"浙江省五四红旗团支部",4个团支部被评为"浙江省高校共青团活力团支部"。深入实施"薪火"团干研修计划,建立"全体覆盖、分类分层、校院联动"的团学干部教育培养体系。选派4名专职团干部到上级团组织、基层挂职锻炼;深化"团干部如何健康成长"主题教育实践,推进团干部"1+100"直接联系青年制度。扎实推进"青马工程"建设,选拔校级第九期青马学员34名。开展"一院一品"青年文化月活动,培育校级"青年文明号"争创单位13家,省级"青年文明号"8家,国家级"青年文明号"2家。

增强思想引领政治性,带领青年不忘初心跟党走。将学习贯彻落实党的十九大精神作为团学工作的首要政治任务,积极开展"收看十九大　话使命担当　共筑中国梦""不忘初心跟党走　为十九大点赞"等主题团日活动近1000场,组织近30000名团员参与红色寻访、知识竞赛等形式的学习实践活动。以建团95周年、建军90周年、建校120周年等重要时间节点为契机,开展"四进四信""中国梦""社会主义核心价值观"等主题活动800余场。充分发挥团学组织和团学干部在学校"大思政"工作格局中的重要作用,探索构建分层分类一体化思想引领工作体系。选树"自强之星""向上向善好青年"等优秀典型30余个。成立学生"红船精神"研究会,发挥理论学习型社团引领示范作用。探索建立纵横交错、点面结合的全媒体平台。推进"青年之声"互动社交平台、"智慧团建"系统建设。浙大团学工作网络新媒体战略转型项目获浙江青年创业创新奖。搭建平台强化团干部理论研究能力,1项调研成果获全国学校共青团优秀研究成果特等奖,2项调研成果分获浙江省共青团优秀调研成果一等奖和二等奖,浙大团委获浙江省共青团调研工作优秀组织奖。

增强团学组织群众性,提升青年的获得感、亲切感和存在感。巩固完善"一心双环"①团学组织格局,加强对学生组织的指导。6月18日,产生第三十二届学生委员会第一任主席团成员,由卢昊任主席,赵琬彤(女)、李笑存(女)、康祺祯、严锦文、盛浙(女)、褚鑫、杨华昕任副主席。10月30日,产生第三十届研究生会主席团成员,由韩迦南任主席,方若水(女)、荀恒通、施政、董小洋任副主席。10月31日,产生第十六届博士生会主席团成员,由李得第任主席,叶昕海、刘庆年、吴青(女)、韩宇瑄、黎晓飞(女)任副主席。

【《浙江大学共青团改革实施方案》正式印发】 根据共青团中央、教育部联合印发的《高校共青团改革实施方案》要求,结合学校实际情况,12月1日,《浙江大学共青团改革实施方案》(党委发 2017〔151〕号)正式出台。围绕"优化共青团领导体制和运行机制""强化共青团思想政治教育和价值引领""健全共青团基层组织建设和制度建设""提升共青团工作内涵和服务水平""加强共青团干部队伍的选用与培养"5个方面提出21条具体改革举措,努力开创新时代学校共青团工作新局面。

【召开浙江大学第三十二次学生代表大会】 该大会于6月18日在紫金港校区召开。学生会主席章成之代表浙江大学第三十二届学生委员会作了题为《凝心聚力 砥砺奋进 激扬青春 勇立潮头 团结带领全校同学为加快建设中国特色世界一流大学贡献青春力量》的演讲,总结回顾了三年间浙江大学学生会在思想引领、人才培养、组织建设、权益服务、校园文化等方面取得的成绩,并对下一阶段学生会工作进行展望。大会通过民主选举产生了60名新一届学生委员会委员,并审议通过了浙江大学第三十二届学生委员会工作报告、《浙江大学学生会章程》等,充分肯定了学生会工作取得的成绩,为学生会的未来发展提出了新的要求和规划。

【浙大多个集体与个人"五四"期间受团中央、团省委表彰】 5月4日,团中央集中表彰了一批先进集体与个人,浙江大学研究生支教团四川昭觉分团获"2016年度全国五四红旗团支部"荣誉称号。校团委书记沈黎勇获"2016年度全国优秀共青团干部"荣誉称号,并作为全国优秀共青团干部代表赴北京参加团中央举行的纪念建团95周年系列活动,受到了中共中央政治局委员、国家副主席李源潮的亲切接见。五四期间,浙江团省委也表彰了一批先进集体和个人。浙江大学团委被评为"2016年度浙江省共青团调研工作优秀组织",浙江大学学生会获"2016年度浙江省优秀学生组织"荣誉称号,1个团支部获"2016年度浙江省五四红旗团支部"荣誉称号,1项调研成果获全国学校共青团优秀研究成果特等奖,2项调研成果分获浙江省共青团优秀调研成果一等奖和二等奖,5名学生获"2016年度浙江省优秀学生干部"荣誉称号。

(叶盛珺撰稿　沈黎勇审稿)

---

① 一心双环:以团委为核心和枢纽,以学生会组织为学生自我服务、自我管理、自我教育、自我监督的主体组织,以学生社团及相关学生组织为外围延伸手臂。

人才培养

本科生教育

【概况】 浙江大学共有本科生专业 134 个（不含中外合作办学机构设置的专业），涵盖哲学、经济学、法学、教育学、文学、历史学、理学、工学、农学、医学、管理学、艺术学 12 大学科门类。其中，哲学类专业 1 个、经济学类专业 4 个、法学类专业 4 个、教育学类专业 5 个、文学类专业 15 个、历史学类专业 2 个、理学类专业 17 个、工学类专业 44 个、农学类专业 9 个、医学类专业 10 个、管理学类专业 19 个、艺术学类专业 4 个。

浙江大学共有 16 个国家教学基地，包括 8 个国家基础科学研究和教学人才培养基地、4 个国家工科基础课程教学基地、4 个国家战略产业人才培养基地，现有 14 个国家级实验教学示范中心、23 个全国大学生校外实践教育基地，现共有 16 门国家级精品视频公开课、50 门国家级精品资源共享课、9 门国家精品在线开放课程、18 门中国大学 MOOC 平台上线的在线开放课程。

2017 年，浙江大学本科生实际招收 6386 人，在校生 24878 人。截至 2017 年 12 月 31 日，2017 届毕业生 5384 人，授予学位 5382 人，获辅修证书 228 人，获第二专业证书 7 人，获双学士学位 53 人，结业生换发毕业证书 125 人。

截至 2017 年 12 月 31 日，2017 届参加就业本科毕业生为 5493 人，其中就业人数为 5276 人（含国内升学 2077 人；海外升学 1327 人；签订协议书就业 1253 人；灵活就业 127 人；其他应聘就业等 492 人），另有 217 人待就业，初次就业率达到 96.05％。

组织实施国创、省创、校 SRTP、院 SRTP4 级大学生科研训练项目，2017 年共立国家级大学生创新创业训练计划项目（含中控教育基金项目）117 项、浙江省大学生科技创新活动（新苗人才计划）项目 192 项、校院（系）大学生科研训练计划（SRTP）项目 1111 项。

浙江大学组织参加各级各类学科竞赛 23 项近 60 届次，共获奖 687 项。其中，学生国际竞赛获特等奖 3 项、一等奖 41 项、二等奖 45 项，全国特等奖 6 项、一等奖 19 项。

继续开展 2017 年海外教师主导全英文

课程建设工作,2017年度共支持25个院系57门全英文课程。

2017年,共有23本教材入选农业部"十三五"规划教材,9本教材入选科学出版社"十三五"规划教材,60本教材入选浙江省普通高校"十二五"优秀教材。

组织学生出国(境)交流学习活动,完成校、院两级本科生境外交流项目500余项,选派4418人次本科生赴境外交流。其中,在海外修读学分的人数408人次,短期出国(境)学习(不修学分)、游学、参加会议或竞赛的人数4010人次。接收98名港澳台学生访学交流,10名学生参加暑期交流。

【全面推进本科生海外交流】 2017年6月,出台了《浙江大学关于加快推进本科生海外交流的实施意见》(浙大发本〔2017〕74号),设立本科生海外交流专项经费,按照生均5000元的标准资助本科生参加海外交流。2017年共下拨海外交流专项经费1047.48万元。全年共有60名学生获得国家留学基金委的资助,获批"优秀本科生国际交流项目"17项,44名学生获得资助,8名学生获得CSC-加拿大MITACS项目的资助,2名学生获得CSC-阿尔伯塔大学寒暑假实习生项目的资助,2名学生获得CSC-国际组织的资助,2名学生获中俄政府奖学金,1名学生获中荷互换奖学金,1名学生获剑桥奖学金。

【获全国大学生数学建模竞赛本科组唯一MATLAB创新奖】 9月17日,浙江大学学生方天庆、黄璐哲、帅青获该奖,并应邀于12月8日—10日在华中科技大学2017年"高教社杯"全国大学生数学建模竞赛颁奖会上报告了他们的成果。三名同学均为2015级本科学生,分别来自控制科学与工程学院、光电科学与工程学院和机械工程学院。本次获奖是继2010年获得"高教社杯"后,浙大学生在此项竞赛中获得的又一个赛题最高奖。本次竞赛共有来自全国近1500所院校的36000余队、近11万名大学生参加。

该竞赛创办于1992年,是历史最为悠久、参赛规模最大的全国大学生学科竞赛之一。

MATLAB是美国MathWorks公司出品的商业数学软件,用于算法开发、数据可视化、数据分析以及数值计算的高级技术计算语言和交互式环境,主要包括MATLAB和Simulink两大部分。

【出台《浙江大学本科生第二、三、四课堂学分管理办法》】 该文件于2017年4月出台,对本科生第二、三、四课堂学分的认定与考核、申报与审核、检查与监督等方面进行了梳理,以期有效推进4个课堂衔接融汇,促进学生个性化、研究化、社会化、国际化学习与发展,促进学生家国情怀、社会责任、科学精神、专业素养、国际视野的培养。

【举办本科教育教学工作研讨会】 9月16日,本科院在浙江大学临水报告厅举办2017年本科教育教学工作研讨会,学校和学院(系)分管本科学生工作、本科教学的领导,学院(系)教学科长和团委书记等参加了此次研讨会。会议围绕本科生招生、培养与评价,本科生思政教育,教育教学管理以及教师发展等相关问题开展分组讨论,提出了若干意见和建议。

浙江大学年鉴

【附录】

附录1　浙江大学2017年本科专业

学部	学院(系)	序号	专业代码	专业名称	授予学位
人文学部	人文学院	1	010101	哲学	哲　学
		2	060104	文物与博物馆学	历史学
		3	050101	汉语言文学	文　学
		4	050105	古典文献学	文　学
		5	050305	编辑出版学	文　学
		6	060101	历史学	历史学
		7	130401	美术学	艺术学
		8	130502	视觉传达设计	艺术学
		9	130503	环境设计	艺术学
	外国语言文化与国际交流学院	10	050261	翻译	文　学
		11	050202	俄语	文　学
		12	050207	日语	文　学
		13	050203	德语	文　学
		14	050204	法语	文　学
		15	050205	西班牙语	文　学
		16	050201	英语	文　学
	传媒与国际文化学院	17	050301	新闻学	文　学
		18	050103	汉语国际教育	文　学
		19	050302	广播电视学	文　学
		20	050303	广告学	文　学
社会科学学部	经济学院	21	020101	经济学	经济学
		22	020401	国际经济与贸易	经济学
		23	120801	电子商务	管理学
		24	020301K	金融学	经济学
		25	020201K	财政学	经济学
	光华法学院	26	030101K	法学	法　学

学部	学院(系)	序号	专业代码	专业名称	授予学位
社会科学学部	教育学院	27	040101	教育学	教育学
		28	040104	教育技术学	教育学
		29	040202K	运动训练	教育学
		30	040204K	武术与民族传统体育	教育学
		31	120212T	体育经济与管理	管理学
		32	040201	体育教育	教育学
		33	120401	公共事业管理	管理学
	管理学院	34	120302	农村区域发展	管理学
		35	120901K	旅游管理	管理学
		36	120102	信息管理与信息系统	管理学
			120801	电子商务	管理学
		37	120203K	会计学	管理学
		38	120204	财务管理	管理学
		39	120202	市场营销	管理学
		40	120201K	工商管理	管理学
		41	120206	人力资源管理	管理学
		42	120601	物流管理	管理学
	公共管理学院	43	120402	行政管理	管理学
		44	120403	劳动与社会保障	管理学
		45	120404	土地资源管理	管理学
		46	030202	国际政治	法 学
		47	030201	政治学与行政学	法 学
		48	120503	信息资源管理	管理学
		49	030301	社会学	法 学
		50	120301	农林经济管理	管理学

学部	学院(系)	序号	专业代码	专业名称	授予学位
理学部	数学科学学院	51	070102	信息与计算科学	理　学
		52	071201	统计学	理　学
		53	070101	数学与应用数学	理　学
	物理学系	54	070201	物理学	理　学
	化学系	55	070302	应用化学	理　学
		56	070301	化学	理　学
	地球科学学院	57	070504	地理信息科学	理　学
		58	070503	人文地理与城乡规划	理　学
		59	070601	大气科学	理　学
		60	070903T	地球信息科学与技术	理　学
		61	070901	地质学	理　学
	心理与行为科学系	62	071102	应用心理学	理　学
		63	071101	心理学	理　学
工学部	机械工程学院	64	080204	机械电子工程	工　学
		65	120701	工业工程	工　学
		66	080201	机械工程	工　学
	材料科学与工程学院	67	080401	材料科学与工程	工　学
	能源工程学院	68	080503T	新能源科学与工程	工　学
		69	080502T	能源与环境系统工程	工　学
		70	080202	机械设计制造及其自动化	工　学
		71	080206	过程装备与控制工程	工　学
	电气工程学院	72	080701	电子信息工程	工　学
		73	080714T	电子信息科学与技术	工　学
		74	080801	自动化	工　学
		75	120101	管理科学	理　学
		76	080601	电气工程及其自动化	工　学

续表

学部	学院(系)	序号	专业代码	专业名称	授予学位
工学部	建筑工程学院	77	082801	建筑学	建筑学
		78	082802	城乡规划	工 学
		79	081001	土木工程	工 学
		80	081802	交通工程	工 学
		81	081101	水利水电工程	工 学
	化学工程与生物工程学院	82	081301	化学工程与工艺	工 学
		83	081302	制药工程	工 学
		84	083001	生物工程	工 学
	海洋学院	85	070701	海洋科学	理 学
		86	081902T	海洋工程与技术	工 学
		87	081103	港口航道与海岸工程	工 学
		88	081901	船舶与海洋工程	工 学
	航空航天学院	89	082002	飞行器设计与工程	工 学
		90	080102	工程力学	工 学
	高分子科学与工程学系	91	080407	高分子材料与工程	工 学
		92	080403	材料化学	工 学
信息学部	光电科学与工程学院	93	080705	光电信息科学与工程	工 学
	信息与电子工程学院	94	080702	电子科学与技术	工 学
		95	080706	信息工程	工 学
		96	080703	通信工程	工 学
		97	080704	微电子科学与工程	工 学
	控制科学与工程学院	98	080801	自动化	工 学
	计算机科学与技术学院	99	080902	软件工程	工 学
		100	080906	数字媒体技术	工 学
		101	080205	工业设计	工 学
		102	130504	产品设计	艺术学
		103	080901	计算机科学与技术	工 学
		104	080904K	信息安全	工 学

人才培养

学部	学院(系)	序号	专业代码	专业名称	授予学位
信息学部	生物医学工程与仪器科学学院	104	082601	生物医学工程	工　学
		105	080301	测控技术与仪器	工　学
农业生命环境学部	生命科学学院	106	071002	生物技术	理　学
		107	071001	生物科学	理　学
		108	071003	生物信息学	理　学
		109	071004	生态学	理　学
	生物系统工程与食品科学学院	110	082301	农业工程	工　学
		111	082701	食品科学与工程	工　学
	环境与资源学院	112	082502	环境工程	工　学
		113	082506T	资源环境科学	理　学
		114	090201	农业资源与环境	农　学
		115	082503	环境科学	理　学
	农业与生物技术学院	116	090101	农学	农　学
		117	090102	园艺	农　学
		118	090502	园林	农　学
		119	090103	植物保护	农　学
		120	090107T	茶学	农　学
		121	090109T	应用生物科学	农　学
	动物科学学院	122	090401	动物医学	农　学
		123	090301	动物科学	农　学
医药学部	医学院	124	100201K	临床医学	医　学
		125	100401K	预防医学	医　学
		126	100301K	口腔医学	医　学
		127	100101K	基础医学	医　学
		128	100102TK	生物医学	理　学
		129	101101	护理学	理　学

浙江大学年鉴

续表

学部	学院(系)	序号	专业代码	专业名称	授予学位
医药学部	药学院	130	100702	药物制剂	理　学
		131	100701	药学	理　学
		132	100801	中药学	理　学
	国际教育学院	133	050102	汉语言	文　学
	国际联合学院（海宁国际校区）	134	080201H	机械工程	工　学
		135	080102H	工程力学	工　学
		136	080601H	电气工程及其自动化	工　学
		137	080909TH	电子与计算机工程	工　学
		138	081001H	土木工程	工　学
		139	100102TKH	生物医学	理　学
		140	100101KH	基础医学	医　学
		141	080909T	电子与计算机工程	工　学

注：

T：特设专业；

K：国家控制布点专业；

H：中外（含内地与港澳台地区）合作办学机构设置的专业；

TH：中外（含内地与港澳台地区）合作办学机构设置的特设专业；

KH：中外（含内地与港澳台地区）合作办学机构设置的国家控制布点专业；

TKH：中外（含内地与港澳台地区）合作办学机构设置的国家控制布点的特设专业。

附录2　浙江大学国家教学基地

基地类别	基地名称	所在学院/系
国家基础科学研究和教学人才培养基地	中国语言文学	人文学院
	历史学	人文学院
	数学	数学科学学院
	化学	化学系
	心理学	心理与行为科学系
	生物学	生命科学学院
	物理学	物理学系
	基础医学	医学院

基地类别	基地名称	所在学院/系
国家工科基础课程教学基地	化学	化学系
	力学	航空航天学院 建筑工程学院
	工程图学	机械工程学院
	物理	物理学系
国家战略产业人才培养基地	生命科学与技术	生命科学学院
	软件学院	软件学院
	大规模集成电路	电气工程学院 信息与电子工程学院
	动画	计算机科学与技术学院 人文学院 传媒与国际文化学院

附录3　浙江大学国家实验教学(含虚拟仿真)示范中心

序号	中心名称	所在学院/系
1	化学实验教学中心	化学系
2	力学实验教学中心	航空航天学院、建筑工程学院
3	生物实验教学中心	生命科学学院
4	电工电子实验教学示范中心	电气工程学院
5	机械工程实验教学中心	机械工程学院
6	工程训练示范中心	机械工程学院、信息与电子工程学院
7	农业生物学实验教学示范中心	农业与生物技术学院
8	能源与动力实验教学示范中心	能源工程学院
9	浙江大学机电类专业实验教学中心	电气工程学院、机械工程学院
10	浙江大学计算机技术与工程实验教学中心	计算机科学与技术学院
11	环境与资源实验教学中心	环境与资源学院
12	化工类虚拟仿真实验中心	化学工程与生物工程学院、化学系
13	医学虚拟仿真实验教学中心	医学院
14	土建类虚拟仿真实验教学中心	建筑工程学院

附录4　浙江大学全国大学生校外实践教育基地

序号	基地名称	所在学院/系
1	浙江大学临床技能综合培训中心	医学院
2	浙江大学附属口腔医院口腔医学技能培训中心	医学院
3	浙江大学农科教合作人才培养基地	农业与生物技术学院
4	浙江大学—金华市农业科学院金华水稻农科教合作人才培养基地	农业与生物技术学院
5	浙江大学—浙广集团新闻传播学类文科实践教育基地	传媒与国际文化学院
6	浙江大学—华东地区天目山—千岛湖—朱家尖生物学野外实践教育基地	生命科学学院
7	浙江大学—浙江省第二医院临床技能综合实践基地	医学院
8	浙江大学—中国科学院上海药物研究所药学实践基地	药学院
9	浙江大学—杭州大观山种猪育种有限公司动科实践基地	动物科学学院
10	东方锅炉(集团)股份有限公司	能源工程学院
11	广厦建设集团有限责任公司	建筑工程学院
12	杭州矽力杰半导体技术有限公司	电气工程学院
13	杭州中粮包装有限公司	电气工程学院
14	上海锅炉厂有限公司	能源工程学院
15	台达能源技术(上海)有限公司	电气工程学院
16	潍柴动力股份有限公司	能源工程学院
17	亚德诺半导体技术(上海)有限公司	电气工程学院
18	浙江大学建筑设计研究院	建筑工程学院
19	浙江盾安机电科技有限公司	能源工程学院
20	浙江省电力公司	电气工程学院
21	浙江网新恒天软件有限公司	计算机科学与技术学院
22	浙江银轮机械股份有限公司	能源工程学院
23	中控科技集团有限公司	控制科学与工程学院

附录 5　浙江大学国家级精品视频公开课

序号	所在学系/系	课程名称	主讲教师
1	人文学院	王阳明心学	董 平
2	农业与生物技术学院	茶文化与茶健康	王岳飞 龚淑英等
3	医学院	肝移植的过去、现在和未来	郑树森
4	生物系统工程与食品科学学院	食品安全与营养	李 铎 冯凤琴
5	公共管理学院	当代中国社会建设	郁建兴
6	材料科学与工程学院	新材料与社会进步	叶志镇 赵新兵
7	艺术与考古研究中心	西方视角的中国传统艺术	孟絜予
8	高分子科学与工程学系	绚丽多彩的高分子	郑 强
9	农业与生物技术学院	转基因技术:安全、应用与管理	叶恭银
10	人文学院	江南文人士大夫文化与西泠印社	陈振濂
11	人文学院	析词解句话古诗	王云路
12	数学科学学院	数学传奇	蔡天新
13	人文学院	孔子与儒学传统	何善蒙
14	传媒与国际文化学院	数字化生存	韦 路
15	人文学院	哲学与治疗:希腊哲学的实践智慧	章雪富
16	化学工程与生物工程学院	生物工程导论(专业导论类)	吴坚平等

附录 6　浙江大学国家级精品资源共享课

序号	所在学系/系	课程名称	负责人
1	马克思主义学院	思想道德修养与法律基础	马建青
2	教育学院	教学理论与设计	盛群力
3	生命科学学院	植物生理学	蒋德安

序号	所在学系/系	课程名称	负责人
4	机械工程学院	工程训练（金工）	傅建中
5	化学工程与生物工程学院	高分子化学	李伯耿
6	化学工程与生物工程学院	化工设计	吴嘉
7	能源工程学院	热工实验	俞自涛
8	能源工程学院	工程热力学	孙志坚
9	生物系统工程与食品科学学院	3S技术与精细农业	何勇
10	动物科学学院	动物营养学	刘建新
11	农业与生物技术学院	植物保护学	叶恭银
12	农业与生物技术学院	遗传学	石春海
13	医学院	外科学	郑树森
14	计算机科学与技术学院	C程序设计基础及实验	何钦铭
15	计算机科学与技术学院	计算机游戏程序设计	耿卫东
16	电气工程学院	电力电子技术	潘再平
17	光电科学与工程学院	微机原理与接口技术	王晓萍
18	外国语言文化与国际交流学院	大学英语	何莲珍
19	人文学院	当代科技哲学	盛晓明
20	电气工程学院	电子技术基础	陈隆道
21	医学院	妇产科学	谢幸
22	高分子科学与工程学系	高分子物理	徐君庭
23	机械工程学院	工程图学	陆国栋
24	机械工程学院	机械制图及CAD基础	费少梅
25	光华法学院	行政法学	章剑生
26	光华法学院	宪法学	余军
27	农业与生物技术学院	环境生物学	陈学新
28	农业与生物技术学院	生物入侵与生物安全	叶恭银

序号	所在学系/系	课程名称	负责人
29	环境与资源学院	环境微生物学	郑 平
30	环境与资源学院	环境化学	朱利中
31	计算机科学与技术学院	嵌入式系统	陈文智
32	计算机科学与技术学院	软件工程	陈 越
33	计算机科学与技术学院	操作系统	李善平
34	计算机科学与技术学院	用户体验与产品创新设计	罗仕鉴
35	生命科学学院	生命科学导论	吴 敏
36	生命科学学院	植物学	傅承新
37	生物系统工程与食品科学学院	生物生产机器人	应义斌
38	数学科学学院	数学建模	谈之奕
39	经济学院	微观经济学	史晋川
40	物理学系	物理学与人类文明	盛正卯 叶高翔
41	电气工程学院	信号分析与处理	齐冬莲
42	药学院	药物分析	曾 苏
43	光电科学与工程学院	应用光学	岑兆丰
44	医学院	传染病学	李兰娟
45	医学院	生理科学实验	陆 源
46	公共管理学院	公共经济学	戴文标
47	电气工程学院	电力电子技术	潘再平
48	药学院	药物分析	姚彤炜
49	管理学院	网络营销	卓 骏
50	医学院	生理学	夏 强

附录 7 浙江大学国家精品在线开放课程

序号	所在学系/系	课程名称	负责人
1	公共管理学院	博弈论基础	蒋文华
2	马克思主义学院	中国近现代史纲要	段治文
3	教育学院	课堂问答的智慧与艺术	刘 徽

续表

序号	所在学系/系	课程名称	负责人
4	人文学院	唐诗经典	胡可先
5	传媒与国际文化学院	新媒体概论	韦 路
6	数学科学学院	概率论与数理统计	张帼奋
7	计算机科学与技术学院	程序设计入门——C语言	翁 恺
8	计算机科学与技术学院	数据结构	陈 越 何钦铭
9	管理学院	管理概论	邢以群

附录8 浙江大学2017年本科学生信息统计表

统计项目	内容	人数/人	比例/%	内容	人数/人	比例/%
性别	男	3724	58.32	女	2662	41.68
民族	汉族	5843	91.50	少数民族	543	8.50
政治面貌	党员	0	0.00	预备党员	6	0.09
	团员	6063	94.94	其他	317	4.96

附录9 浙江大学2017年本科学生数按学科门类统计　　　　（单位：人）

学科门类	毕业生数	在校生数	2017级	2016级	2015级	2014级	2013级
哲 学	15	520	461	17	17	25	0
经济学	277	860	67	252	257	284	0
法 学	169	1160	577	179	196	204	4
教育学	59	322	88	93	72	66	3
文 学	408	1555	108	451	440	542	14
历史学	50	163	5	42	50	66	0
理 学	624	2773	799	641	626	672	35
工 学	2664	11955	3016	2944	2867	2954	174
农 学	329	1416	409	374	314	319	0
医 学	358	2633	639	624	546	462	362
管理学	347	1249	81	286	409	421	52
艺术学	85	272	68	67	65	72	0
总 计	5384	24878	6318	5970	5859	6087	644

附录 10　浙江大学 2017 年本科学生数按院系统计　　（单位：人）

学院(系)名称	毕业生数	在校生数计	2017 级	2016 级	2015 级	2014 级	2013 级
材料科学与工程学院	91	342	0	118	92	125	7
传媒与国际文化学院	143	458	0	145	133	178	2
地球科学学院	68	175	0	51	47	62	15
电气工程学院	339	1052	0	294	402	354	2
动物科学学院	76	264	0	104	80	80	0
光华法学院	86	420	0	128	144	148	0
高分子科学与工程学系	167	282	0	94	91	96	1
公共管理学院	187	621	33	180	182	210	16
管理学院	128	497	0	125	186	185	1
光电科学与工程学院	134	349	0	110	115	115	9
海洋学院	106	566	0	207	210	141	8
航空航天学院	20	169	0	62	43	64	0
化学工程与生物工程学院	82	425	0	120	132	160	13
化学系	98	241	0	78	73	89	1
环境与资源学院	108	339	0	119	103	117	0
机械工程学院	217	624	0	191	229	203	1
计算机科学与技术学院	388	1181	0	361	398	422	0
建筑工程学院	285	925	0	251	246	312	116
教育学院	87	473	66	106	138	121	42
经济学院	277	741	0	200	257	284	0
控制科学与工程学院	143	363	0	115	132	115	1
能源工程学院	261	783	0	239	260	283	1
农业与生物技术学院	206	603	0	219	189	195	0
人文学院	243	738	0	223	222	292	1
生命科学学院	76	271	0	83	95	81	12

人才培养

学院(系)名称	毕业生数	在校生数计	2017 级	2016 级	2015 级	2014 级	2013 级
生物系统工程与食品科学学院	125	367	0	112	120	126	9
生物医学工程与仪器科学学院	120	411	0	105	141	162	3
数学科学学院	195	582	0	178	190	213	1
外国语言文化与国际交流学院	151	689	85	190	194	209	11
物理学系	86	312	0	78	112	117	5
心理与行为科学系	58	186	0	56	57	72	1
信息与电子工程学院	276	907	0	310	300	294	3
药学院	86	314	0	127	93	93	1
医学院	272	1600	0	417	453	369	361
求是学院	0	5400	5399	1	0	0	0
竺可桢学院	0	949	528	421	0	0	0
海宁国际校区	0	259	207	52	0	0	0
总计	5384	24878	6318	5970	5859	6087	644

附录 11 2017 年浙江大学本科生参加国际大学生学科竞赛获奖情况（单位：项）

竞赛项目	特等奖	一等奖	二等奖	三等奖	合计
美国大学生数学建模竞赛（MCM）	1	23	40		64
日内瓦国际发明展	1	1	1		3
国际遗传工程大赛		1			1
世界大学生工业设计竞赛	1	3			4
亚洲大学生程序设计竞赛（ACM）		10	3	3	16
世界大学生机器人竞赛		1	1	2	4
全球重大挑战峰会学生日科技墙报竞赛		1			1
美国土木工程师学会（ASCE）土木工程竞赛中太平洋分区赛		1			1
合 计	3	41	45	5	94

附录12 2017年浙江大学本科生参加全国大学生学科竞赛获奖情况（单位:项）

竞赛项目	特等奖	一等奖	二等奖	三等奖	合计
全国大学生数学建模竞赛	1	2	3		6
全国大学生电子设计竞赛		2	2		4
全国大学生机械创新设计大赛		1		1	2
全国大学生交通科技大赛				1	1
全国大学生节能减排社会实践与科技竞赛	1	2	1		4
全国大学生结构设计竞赛		1	1	2	4
全国大学生智能汽车竞赛		2	1	2	5
全国大学生光电设计竞赛		3	1		4
全国大学生广告艺术大赛			1		1
全国大学生化工设计竞赛	1				1
全国大学生英语演讲大赛		1	2	4	7
中国"互联网＋"大学生创新创业大赛	1	2	1	2	6
"挑战杯"全国大学生课外学术科技作品竞赛	1	3	2		6
"创青春"中国青年互联网创业大赛	1				1
全国大学生临床技能			1		1
合计	6	19	16	12	53

附录13 2016—2017学年本科生对外交流情况 （单位:人）

学院/系	人数	学院/系	人数
外国语言文化与国际交流学院	189	材料科学与工程学院	95
化学系	74	人文学院	255
传媒与国际文化学院	128	光电科学与工程学院	77
能源工程学院	196	航空航天学院	27
生物系统工程与食品科学学院	83	电气工程学院	218
药学院	131	海洋学院	101
管理学院	126	环境与资源学院	132

续表

学院/系	数量	学院/系	数量
动物科学学院	77	信息与电子工程学院	189
经济学院	146	数学科学学院	95
农业与生物技术学院	121	高分子科学与工程学系	36
计算机科学与技术学院	288	机械工程学院	218
教育学院	165	生物医学工程与仪器科学学院	52
心理与行为科学系	50	控制科学与工程学院	111
医学院	279	化学工程与生物工程学院	84
生命科学学院	82	物理学系	69
建筑工程学院	130	竺可桢学院	125
公共管理学院	156		
光华法学院	72		
地球科学学院	41	合计	4418

附录14　浙江大学2017届参加就业本科毕业生按单位性质流向统计

单位性质	类别	比例/%
各类企业 （总计:87.24%）	国有企业	13.26
	三资企业	14.10
	其他企业	59.88
事业单位 （总计:8.24%）	科研设计单位	0.79
	医疗卫生单位	1.58
	中等、初等教育单位	1.30
	高等教育单位	1.69
	其他事业单位	2.88
政府、部队 （总计:4.52%）	部队	0.68
	党政机关	3.84

附录15 浙江大学2017届参加就业本科毕业生就业流向按地区统计

单位地区	本科人数/人	比例/%	单位地区	本科人数/人	比例/%
总人数	1872	100.00	重庆	6	0.32
浙江	1219	65.12	贵州	4	0.21
上海	204	10.90	新疆	16	0.85
广东	147	7.85	广西	2	0.11
江苏	70	3.74	辽宁	3	0.16
北京	63	3.37	天津	4	0.21
山东	16	0.85	云南	3	0.16
四川	17	0.91	吉林	6	0.32
安徽	16	0.85	西藏	10	0.53
湖北	4	0.21	海南	5	0.27
湖南	13	0.69	内蒙古	2	0.11
福建	11	0.59	宁夏	4	0.21
陕西	7	0.37	甘肃	0	0.00
江西	4	0.21	青海	1	0.05
河南	6	0.32	黑龙江	1	0.05
山西	3	0.16	香港	1	0.05
河北	3	0.16	台湾	1	0.05

(赵爱军撰稿　张光新审稿)

研究生教育

【概况】 浙江大学是目前国内学科门类最齐全的综合性大学之一,可在哲学、经济学、法学、教育学、文学、历史学、理学、工学、农学、医学、管理学和艺术学12个学科门类授予学术性学位。截至2017年12月31日,浙江大学拥有博士学位授权二级学科274个(含自主增设54个),涉及一级学科56个,其中博士学位授权一级学科54个;硕士学位授权二级学科309个(含自主增设56个),涉及一级学科61个,其中硕士学位授权一级学科60个;博士专业学位类别4种,硕士专业学位类别27种。全校拥有14个一级学科国家重点学科、21个二级学科国家重点学科和10个国家重点(培育)学科,7个农业部重点学科,50个浙江省一流学科。截至 2017 年 12 月 31 日，各学科申请并获得研究生招生资格的教师共 4046 人，其中获博士生招生资格的教师有 2535 人；申请并获得专业学位硕士生招生资格的教师共 2170 人，其中获专业学位博士生招生资格的教师有 255 人；副教授获得博士生招生资格的有 562 人。

2017 年，浙江大学共计招收研究生 10056 人，其中全日制博士生 2497 人（含八年制医学本博连读生 68 人，港澳台博士生 2 人，留学生 242 人），全日制硕士生 5987 人（七年制医学本硕连读生 26 人，港澳台硕士生 5 人，留学生 425 人），非全日制硕士生 1572 人。截至 2017 年 12 月 31 日，在校研究生总数 28795 人，其中博士研究生 10747 人、硕士研究生 18048 人（其中非全日制硕士研究生 1530 人）。

2017 年，研究生退学 144 人，取消入学或放弃入学 253 人，提前攻博 451 人，死亡 4 人、博转硕 71 人、保留学籍后重新入学 8 人、保留学籍 21 人、因公出境（3 个月及以上）633 人、入境复学 584 人、休学 125 人、休学后复学 107 人、特殊延期 495 人、转专业 24 人、预就业后恢复 3 人。继续做好博士生中期考核工作，参加考核人数为 2108 人，不合格（含分流或退学）为 32 人，未参加考核 131 人。

2017 年，毕业研究生 6302 人，其中博士毕业生 1631 人、硕士毕业生 4671 人；结业研究生 672 人，其中博士研究生结业 418 人、硕士研究生结业 254 人。其中授予博士学位 1665 人（包括以同等学力申请博士学位 70 人）、授予硕士学位 6117 人（包括以同等学力申请硕士学位 362 人，在职攻读硕士专业学位 1113 人）。

截至 2017 年 12 月 31 日，2017 届参加就业硕士毕业生为 4360 人，其中就业人数为 4304 人（含国内升学 383 人、海外升学 120 人、签订协议书就业 3292 人、灵活就业 52 人、其他应聘就业等 457 人），另有 56 人待就业，初次就业率达到 98.72%。2017 届参加就业博士毕业生为 1575 人，其中就业人数为 1530 人（含国内升学 189 人、海外升学 74 人、签订协议书就业 1096 人、灵活就业 8 人、其他应聘就业等 163 人），另有 45 人待就业，初次就业率达到 97.14%。

继续实施各类研究生国际合作研究与交流项目，共选送 2440 名研究生公派出国（境）。其中，国家建设高水平大学公派研究生项目派出 266 人，同比增长 54.7%；赴海外参加高水平国际学术会议资助 630 人，同比增长 8.4%，资助总额 490 余万元；博士研究生开展国际合作研究与交流项目遴选了 139 名博士研究生，资助总额 800 余万元；人文社科专业博士生境外交流基金选派 10 人，资助总额 40 万元；浙江大学陆氏研究生教育国际交流基金项目遴选了 6 名研究生；第二届研究生国际工作坊项目资助了 3 个项目；第三届研究生国际暑期学校资助了 9 个项目，资助总额 105 万元；交换生项目共接收台湾交通大学、台湾成功大学、台湾中央大学、台湾中兴大学交换生 9 名，派出 26 名研究生赴台湾 12 所著名大学交换学习，选拔 2 名博士研究生赴德国柏林自由大学、2 名博士研究生赴意大利博洛尼亚大学交换学习。此外，接待了澳大利亚麦考瑞大学交流访问，继续实施与香港城市大学的博士生联合培养双学位项目，推动签署了浙江大学—法国阿尔比矿业大学联合培养双学位项目，与香港科技大学、日本京都大学、加拿大皇后大学等达成了研究生联合培养意向。

共资助浙江大学 2017 年可视化与可视

分析博士生论坛、组学时代的昆虫学学术前沿博士生论坛、土壤污染与修复博士生学术论坛 3 个全国博士生学术论坛 75 万元，每论坛资助 25 万元，从学科建设经费中列支。

继续实施争创优秀博士学位论文资助工作，根据《浙江大学争创优秀博士学位论文资助办法》(浙大发研〔2010〕6 号)，经学院推荐或自荐，研究生院组织专家对申请者进行答辩评审，共评出 45 名延期博士生，并对其进行资助。做好中国高等教育学会优秀博士学位论文、全国思想政治教育学科优秀博士、硕士学位论文以及其他学术协会优秀论文的推荐工作。

【入选教育部博士研究生教育综合改革试点高校】 2017 年 11 月，浙江大学正式获批为试点高校。为了着力破除制约博士研究生教育质量提高的体制机制障碍，加快培养模式改革和管理制度创新，《浙江大学博士研究生教育综合改革试点计划书》提出了"十大行动计划"，即深化导师管理体制改革、调整招生计划结构和分配机制、全面实施"申请—考核"制度、实施"博士生学术新星计划"、构建 KAQ 有机结合的课程体系(KAQ2.0)、实施多学科交叉的博士人才培养计划、实施博士生本土国际化培养计划、深化工程博士专业学位改革、打造基于信息化的质量评价体系、构建高质量的博士生思政教育和社会实践体系。浙大已就"十大行动计划"开展了进一步的深入细化工作，计划到 2020 年全面实现博士研究生教育向内涵式发展转型。

【多维共建提升研究生培养质量】 其一，根据新一轮研究生培养方案制定工作文件要求，全面开展制定工作。培养方案初稿经研究生院格式审查、学科学位评定委员会初审、学部学位评定委员会(含交叉学科学位评定委员会和海洋学院学位评定委员会)审核，由学校学位评定委员会核准后正式公布。2017 级研究生已全面使用新的培养方案。其二，持续推进"知识(K)""能力(A)""素质(Q)"相结合，与"人格塑造"理念共同打造四位一体的 KAQ2.0 课程体系，2017 年 6 月启动研究生素养与能力培养型课程建设，第一批立项建设共有 104 门课程：学科前沿或交叉类课程 30 门、研究方法和工具类课程 34 门、专业学位实践类课程 28 门、公共素质类课程 12 门。在提升全体研究生的人文素养、科学素质的同时，有重点地强化培养学术学位硕士生的学术根基和创新意识、专业学位研究生的实践能力和创业能力、博士生的把握国际学术前沿能力和全球竞争力。其三，进一步规范研究生学籍管理，完善和优化研究生多渠道出口，形成一个保障可选择性分流和引领理性退出的政策体系。根据教育部 41 号令，出台了《浙江大学研究生学籍管理实施办法》(浙大发研〔2017〕115 号)《浙江大学关于加强研究生结业管理工作的通知》(浙大发研〔2017〕63 号)。其四，强调将育人意识贯穿于教学全过程，培育和践行社会主义核心价值观，加强意识形态把控，出台了《浙江大学研究生教学管理实施细则(2017 年修订)》(浙大研院〔2017〕18 号)。

【全面推进多学科交叉培养】 浙江大学为贯彻落实国家"双一流"建设部署、深入实施"六高强校"战略、推进学校内涵提升，充分利用学科门类齐全、学科结构层次丰富、交叉学科平台集聚等学科生态多样化的优势，促进文理渗透、理工交叉、农工结合、医工融合等多形式交叉，满足国家社会发展对复合型高层次创新人才的需求，根据《浙江大学关于推进学科交叉融合共享的指导意见》的要求,于 2017 年 5 月启动"多学科交叉人才培养卓越中心"建设,试点建设"医药+X""工学+X""信息+X""文科+X""农学+X"及"海洋领域"6 个"多学科交叉人才培养卓越中心",每个交叉中心 3 年投入 100 万元建设经费,2017 年招收多学科交叉培养博士研究生 129 人。

【举办第九期求是导师学校】 为加强师德师风建设,提升新上岗导师的指导能力,于 2017 年 11 月 29 日举办第九期求是导师学校,邀请张彦教授做了题为《新时代 新思想 新使命 新征程——深入学习贯彻党的十九大精神》的报告,邀请赵沁平院士做了题为《点燃研究生创新思维的火种》的报告,共有 330 名导师参加培训。同时还邀请了宁波理工大学导师代表 18 名,宁波大学导师代表 30 名和杭州师范大学导师代表 30 名参加。

【承办第九届国际研究生奖学金信息说明会】 为更好地组织实施 2018 年度国家建设高水平大学公派研究生项目,帮助优秀在校学生选择好留学院校和专业、充分了解国外知名大学研究生奖学金信息,2017 年 10 月 18 日协助国家留学基金管理委员会于浙江大学举办第九届国际研究生奖学金信息说明会。校党委常委、副校长严建华教授,留学基金管理委员会有关负责人,研究生院院长王立忠教授等出席了交流会。来自浙江大学及国内其他高校的近千名青年学子结合自身的留学规划,与在场的各高校项目负责人进行了面对面、一对一的沟通与交流,符合录取资格的学生当场拿到了录取意向书。

(李 婷撰稿 吴 健审稿)

【附录】

附录 1 浙江大学获浙江省教育学会第一届教育成果奖情况

序号	成果名称	完成人姓名			完成单位	等级
1	以生为本多元融合 构建新颖的研究生培养体系	柯越海 王青青	欧阳宏伟 林海燕	邵吉民	浙江大学	特等
2	电气工程全日制专业学位硕士研究生培养模式探索与实践	王玉芬 徐习东 孙 晖	何湘宁 沈建新	金若君 张军明	浙江大学	一等
3	教育学博士生培养实施核心素养教育的理念与实践探索	刘正伟 刘 力 方展画 李 艳	周谷平 屠莉娅 张剑平	徐小洲 顾建民 肖 朗	浙江大学	一等
4	高分子分离膜方向研究生培养与产学研相结合的探索与实践	朱宝库 朱利平 徐又一	徐志康 万灵书	安全福 黄小军	浙江大学	二等

附录 2　浙江大学 2017 年博士、硕士学位授权学科

学科门类	一级学科	二级学科代码	二级学科名称	硕士	一级硕士	博士	一级博士
哲学	哲学（一级学科博士学位授权点）	010101	马克思主义哲学	√	√	√	√
		010102	中国哲学	√	√	√	√
		010103	外国哲学	√	√	√	√
		010104	逻辑学	√	√	√	√
		010105	伦理学	√	√	√	√
		010106	美学	√	√	√	√
		010107	宗教学	√	√	√	√
		010108	科学技术哲学	√	√	√	√
		0101Z1	休闲学	√	√	√	√
经济学	理论经济学（一级学科博士学位授权点）	020101	政治经济学	√	√	√	√
		020102	经济思想史	√	√	√	√
		020103	经济史	√	√	√	√
		020104	西方经济学	√	√	√	√
		020105	世界经济	√	√	√	√
		020106	人口、资源与环境经济学	√	√	√	√
	应用经济学（一级学科博士学位授权点）	020201	国民经济学	√	√		
		020202	区域经济学	√	√	√	√
		020203	财政学	√	√	√	√
		020204	金融学	√	√	√	√
		020205	产业经济学	√	√	√	√
		020206	国际贸易学	√	√	√	√
		020207	劳动经济学	√	√	√	√
		020208	统计学	√	√	√	√
		020209	数量经济学	√	√		√
		020210	国防经济	√	√		√
		0202Z1	互联网金融学	√	√	√	√

学科门类	一级学科	二级学科代码	二级学科	硕士	一级硕士	博士	一级博士
法 学	法学 （一级学科博士 学位授权点）	030101	法学理论	✓	✓	✓	✓
		030102	法律史	✓	✓		✓
		030103	宪法学与行政法学	✓	✓	✓	✓
		030104	刑法学	✓	✓	✓	✓
		030105	民商法学	✓	✓		✓
		030106	诉讼法学	✓	✓	✓	✓
		030107	经济法学	✓	✓	✓	✓
		030108	环境与资源保护法学	✓	✓	✓	✓
		030109	国际法学	✓	✓	✓	✓
		0301Z1	中国法	✓	✓	✓	✓
		0301Z2	海洋法学	✓	✓	✓	✓
		0301Z3	司法文明	✓	✓	✓	✓
	社会学	030301	社会学	✓			
		030302	人口学	✓		✓	
	马克思主义理论 （一级学科博士 学位授权点）	030501	马克思主义基本原理	✓	✓	✓	✓
		030502	马克思主义发展史	✓	✓	✓	✓
		030503	马克思主义中国化研究	✓	✓	✓	✓
		030504	国外马克思主义研究	✓	✓	✓	✓
		030505	思想政治教育	✓	✓	✓	✓
		030506	中国近现代史基本问题研究	✓	✓	✓	✓
		0305Z1	党的建设	✓	✓	✓	✓
教 育 学	教育学 （一级学科博士 学位授权点）	040101	教育学原理	✓	✓	✓	✓
		040102	课程与教学论	✓	✓	✓	✓
		040103	教育史	✓	✓	✓	✓
		040104	比较教育学	✓	✓	✓	✓
		040105	学前教育学	✓	✓	✓	✓

学科门类	一级学科	二级学科代码	二级学科	硕士	一级硕士	博士	一级博士
教育学	教育学（一级学科博士学位授权点）	040106	高等教育学	√	√	√	√
		040107	成人教育学	√	√	√	√
		040108	职业技术教育学	√	√	√	√
		040109	特殊教育学	√	√	√	√
		040110	教育技术学	√	√	√	√
	心理学（一级学科博士学位授权点）	040201	基础心理学	√	√	√	√
		040202	发展与教育心理学	√	√	√	√
		040203	应用心理学	√	√	√	√
	体育学（一级学科博士学位授权点）	040301	体育人文社会学	√	√		√
		040302	运动人体科学	√	√		√
		040303	体育教育训练学	√	√	√	√
		040304	民族传统体育学	√	√		√
文学	中国语言文学（一级学科博士学位授权点）	050101	文艺学	√	√	√	√
		050102	语言学及应用语言学	√	√	√	√
		050103	汉语言文字学	√	√	√	√
		050104	中国古典文献学	√	√	√	√
		050105	中国古代文学	√	√	√	√
		050106	中国现当代文学	√	√	√	√
		050107	中国少数民族语言文学	√	√		√
		050108	比较文学与世界文学	√	√	√	√
		0501Z1	中国学	√	√		
	外国语言文学（一级学科博士学位授权点）	050201	英语语言文学	√	√	√	√
		050202	俄语语言文学	√	√		√
		050203	法语语言文学	√	√		√
		050204	德语语言文学	√	√	√	√
		050205	日语语言文学	√	√		√

学科门类	一级学科	二级学科代码	二级学科	硕士	一级硕士	博士	一级博士
文学	外国语言文学（一级学科博士学位授权点）	050206	印度语言文学	√	√		√
		050207	西班牙语语言文学	√	√		√
		050208	阿拉伯语语言文学	√	√		√
		050209	欧洲语言文学	√	√		√
		050210	亚非语言文学	√	√		√
		050211	外国语言学及应用语言学	√	√	√	√
	新闻传播学（一级学科博士学位授权点）	050301	新闻学	√	√	√	√
		050302	传播学	√	√		√
		0503Z1	文化产业学	√	√		√
		0503Z2	电视电影与视听传播学	√	√		√
历史学	考古学（一级学科博士学位授权点）	060102	考古学及博物馆学	√	√	√	√
	中国史	060101	史学理论及史学史	√	√		
		060103	历史地理学	√	√		
		060104	历史文献学	√	√		
		060105	专门史	√	√		
		0602L4	中国古代史	√	√	√	
		0602L5	中国近现代史	√	√	√	
		0602Z1	中国艺术史	√	√		
	世界史（一级学科博士学位授权点）	060300	世界史	√	√	√	√
理学	数学（一级学科博士学位授权点）	070101	基础数学	√	√	√	√
		070102	计算数学	√	√	√	√
		070103	概率论与数理统计	√	√	√	√
		070104	应用数学	√	√	√	√
		070105	运筹学与控制论	√	√	√	√

学科门类	一级学科	二级学科代码	二级学科	硕士	一级硕士	博士	一级博士
理学	物理学（一级学科博士学位授权点）	070201	理论物理	√	√	√	√
		070202	粒子物理与原子核物理	√	√	√	√
		070203	原子与分子物理	√	√	√	√
		070204	等离子体物理	√	√	√	√
		070205	凝聚态物理	√	√	√	√
		070206	声学	√	√	√	√
		070207	光学	√	√	√	√
		070208	无线电物理	√	√	√	√
	化学（一级学科博士学位授权点）	070301	无机化学	√	√	√	√
		070302	分析化学	√	√	√	√
		070303	有机化学	√	√	√	√
		070304	物理化学	√	√	√	√
		070305	高分子化学与物理	√	√	√	√
	大气科学	070601	气象学	√	√		
	海洋科学	070701	物理海洋学	√	√		
		070702	海洋化学	√	√		
		070703	海洋生物学	√	√		
		070704	海洋地质	√	√		
	地质学（一级学科博士学位授权点）	070901	矿物学、岩石学、矿床学	√	√	√	√
		070902	地球化学	√	√		
		070903	古生物学与地层学（含古人类学）	√	√	√	√
		070904	构造地质学	√	√		√
		070905	第四纪地质学	√	√		√
		0709Z1	海洋资源与环境	√	√		√
		0709Z4	资源环境与区域规划	√	√		√
		0709Z5	资源勘查与地球物理	√	√		√
		0709Z6	遥感与地理信息系统	√	√		√

学科门类	一级学科	二级学科代码	二级学科	硕士	一级硕士	博士	一级博士
理学	生物学 （一级学科博士学位授权点）	071001	植物学	√	√	√	√
		071002	动物学	√	√	√	√
		071003	生理学	√	√	√	√
		071004	水生生物学	√	√	√	√
		071005	微生物学	√	√	√	√
		071006	神经生物学	√	√	√	√
		071007	遗传学	√	√	√	√
		071008	发育生物学	√	√	√	√
		071009	细胞生物学	√	√	√	√
		071010	生物化学与分子生物学	√	√	√	√
		071011	生物物理学	√	√	√	√
		0710Z1	生物信息学	√	√	√	√
	生态学 （一级学科博士学位授权点）	071300	生态学	√	√	√	√
工学	力学 （一级学科博士学位授权点）	080101	一般力学与力学基础	√	√	√	√
		080102	固体力学	√	√	√	√
		080103	流体力学	√	√	√	√
		080104	工程力学	√	√	√	√
	机械工程 （一级学科博士学位授权点）	080201	机械制造及其自动化	√	√	√	√
		080202	机械电子工程	√	√	√	√
		080203	机械设计及理论	√	√	√	√
		080204	车辆工程	√	√	√	√
		0802Z1	工业工程	√	√	√	√
		0802Z3	海洋工程	√	√	√	√
	光学工程 （一级学科博士学位授权点）	0803Z1	光通信技术	√	√	√	√
		0803Z2	信息传感及仪器	√	√	√	√
	材料科学与工程 （一级学科博士学位授权点）	080501	材料物理与化学	√	√	√	√
		080502	材料学	√	√	√	√
		080503	材料加工工程	√	√	√	√
		0805Z1	高分子材料	√	√	√	√

学科门类	一级学科	二级学科代码	二级学科	硕士	一级硕士	博士	一级博士
工学	动力工程及工程热物理（一级学科博士学位授权点）	080701	工程热物理	✓	✓	✓	✓
		080702	热能工程	✓	✓	✓	✓
		080703	动力机械及工程	✓	✓	✓	✓
		080704	流体机械及工程	✓	✓	✓	✓
		080705	制冷及低温工程	✓	✓	✓	✓
		080706	化工过程机械	✓	✓	✓	✓
		0807Z1	能源环境工程	✓	✓	✓	✓
		0807Z2	新能源科学与工程	✓	✓	✓	✓
	电气工程（一级学科博士学位授权点）	080801	电机与电器	✓	✓	✓	✓
		080802	电力系统及其自动化	✓	✓	✓	✓
		080803	高电压与绝缘技术	✓	✓	✓	✓
		080804	电力电子与电力传动	✓	✓	✓	✓
		080805	电工理论与新技术	✓	✓	✓	✓
		0808Z1	电气信息技术	✓	✓	✓	✓
	电子科学与技术（一级学科博士学位授权点）	080901	物理电子学	✓	✓	✓	✓
		080902	电路与系统	✓	✓	✓	✓
		080903	微电子学与固体电子学	✓	✓	✓	✓
		080904	电磁场与微波技术	✓	✓	✓	✓
	信息与通信工程（一级学科博士学位授权点）	081001	通信与信息系统	✓	✓	✓	✓
		081002	信号与信息处理	✓	✓	✓	✓
		0810Z1	海洋信息科学与工程	✓	✓	✓	✓
		0810Z2	飞行器测量信息工程	✓	✓	✓	✓
	控制科学与工程（一级学科博士学位授权点）	081101	控制理论与控制工程	✓	✓	✓	✓
		081102	检测技术与自动化装置	✓	✓	✓	✓
		081103	系统工程	✓	✓	✓	✓
		081104	模式识别与智能系统	✓	✓	✓	✓
		081105	导航、制导与控制	✓	✓	✓	✓
	计算机科学与技术（一级学科博士学位授权点）	081201	计算机系统结构	✓	✓	✓	✓
		081203	计算机应用技术	✓	✓	✓	✓
		0812Z1	数字化艺术与设计	✓	✓	✓	✓
		0812Z3	空天信息技术	✓	✓	✓	✓

学科门类	一级学科	二级学科代码	二级学科	硕士	一级硕士	博士	一级博士
工学	建筑学 （一级学科博士 学位授权点）	081301	建筑历史与理论	√	√		√
		081302	建筑设计及其理论	√	√	√	√
		081304	建筑技术科学	√	√		√
	土木工程 （一级学科博士 学位授权点）	081401	岩土工程	√	√	√	√
		081402	结构工程	√	√	√	√
		081403	市政工程	√	√	√	√
		081404	供热、供燃气、通风及空调工程	√	√	√	√
		081405	防灾减灾工程及防护工程	√	√	√	√
		081406	桥梁与隧道工程	√	√	√	√
		0814Z1	道路与交通工程	√	√	√	√
		0814Z3	水资源与水环境工程	√	√	√	√
		0814Z4	水工结构与港口工程	√	√	√	√
		0814Z5	河流与滨海工程	√	√	√	√
	化学工程与技术 （一级学科博士 学位授权点）	081703	生物化工	√	√	√	√
		0817Z1	化工过程工程	√	√	√	√
		0817Z2	化学产品工程	√	√	√	√
		0817Z3	生态化工	√	√	√	√
		0817Z4	制药工程	√	√	√	√
	船舶与海洋工程	082401	船舶与海洋结构物设计制造	√	√		
	航空宇航科学与技术	082501	飞行器设计	√	√		
		082502	航空宇航推进理论与工程	√	√		
		082503	航空宇航制造工程	√	√		
	农业工程 （一级学科博士 学位授权点）	082801	农业机械化工程	√	√	√	√
		082802	农业水土工程	√	√	√	√
		082803	农业生物环境与能源工程	√	√	√	√
		082804	农业电气化与自动化	√	√	√	√
		0828Z1	生物系统工程	√	√	√	√
	环境科学与工程 （一级学科博士 学位授权点）	083001	环境科学	√	√	√	√
		083002	环境工程	√	√	√	√

学科门类	一级学科	二级学科代码	二级学科	硕士	一级硕士	博士	一级博士
工学	生物医学工程（一级学科博士学位授权点）	0831Z1	电子信息技术及仪器	√	√	√	√
	食品科学与工程（一级学科博士学位授权点）	083201	食品科学	√	√	√	√
		083202	粮食、油脂及植物蛋白工程	√	√	√	√
		083203	农产品加工及贮藏工程	√	√	√	√
		083204	水产品加工及贮藏工程	√	√	√	√
		0832Z1	食品安全与营养	√	√	√	√
	软件工程（一级学科博士学位授权点）	081202	计算机软件与理论	√	√	√	√
	网络空间安全（一级学科博士学位授权点）	083900	网络空间安全	√	√	√	√
农学	作物学（一级学科博士学位授权点）	090101	作物栽培学与耕作学	√	√	√	√
		090102	作物遗传育种	√	√	√	√
		0901Z1	种子科学与技术	√	√	√	√
	园艺学（一级学科博士学位授权点）	090201	果树学	√	√	√	√
		090202	蔬菜学	√	√	√	√
		090203	茶学	√	√	√	√
		0902Z1	观赏园艺学	√	√	√	√
	农业资源与环境（一级学科博士学位授权点）	090301	土壤学	√	√	√	√
		090302	植物营养学	√	√	√	√
		0903Z1	农业遥感与信息技术	√	√	√	√
		0903Z2	水资源利用与保护	√	√	√	√
	植物保护（一级学科博士学位授权点）	090401	植物病理学	√	√	√	√
		090402	农业昆虫与害虫防治	√	√	√	√
		090403	农药学	√	√	√	√
	畜牧学（一级学科博士学位授权点）	090501	动物遗传育种与繁殖	√	√	√	√
		090502	动物营养与饲料科学	√	√	√	√
		090504	特种经济动物饲养	√	√	√	√
	兽医学（一级学科博士学位授权点）	090601	基础兽医学	√	√		√
		090602	预防兽医学	√	√	√	√
		090603	临床兽医学	√	√		√

续表

学科门类	一级学科	二级学科代码	二级学科	硕士	一级硕士	博士	一级博士
医学	基础医学（一级学科博士学位授权点）	100101	人体解剖与组织胚胎学	√	√	√	√
		100102	免疫学	√	√	√	√
		100103	病原生物学	√	√	√	√
		100104	病理学与病理生理学	√	√	√	√
		100105	法医学	√	√	√	√
		100106	放射医学	√	√	√	√
		100107	航空、航天与航海医学	√	√	√	√
		1001Z1	干细胞和再生医学	√	√	√	√
	临床医学（一级学科博士学位授权点）	100201	内科学	√	√	√	√
		100202	儿科学	√	√	√	√
		100203	老年医学	√	√	√	√
		100204	神经病学	√	√	√	√
		100205	精神病与精神卫生学	√	√	√	√
		100206	皮肤病与性病学	√	√	√	√
		100207	影像医学与核医学	√	√	√	√
		100208	临床检验诊断学	√	√	√	√
		100210	外科学	√	√	√	√
		100211	妇产科学	√	√	√	√
		100212	眼科学	√	√	√	√
		100213	耳鼻咽喉科学	√	√	√	√
		100214	肿瘤学	√	√	√	√
		100215	康复医学与理疗学	√	√	√	√
		100216	运动医学	√	√	√	√
		100217	麻醉学	√	√	√	√
		100218	急诊医学	√	√	√	√
		1002Z1	移植医学	√	√	√	√
		1002Z2	全科医学	√	√	√	√
		1002Z3	微创医学	√	√	√	√
		1002Z4	重症医学	√	√	√	√
	口腔医学（一级学科博士学位授权点）	100301	口腔基础医学	√	√	√	√
		100302	口腔临床医学	√	√	√	√

学科门类	一级学科	二级学科代码	二级学科	硕士	一级硕士	博士	一级博士
医学	公共卫生与预防医学（一级学科博士学位授权点）	100401	流行病与卫生统计学	√	√	√	√
		100402	劳动卫生与环境卫生学	√	√	√	√
		100403	营养与食品卫生学	√	√	√	√
		100405	卫生毒理学	√	√	√	√
	药学（一级学科博士学位授权点）	100701	药物化学	√	√	√	√
		100702	药剂学	√	√	√	√
		100703	生药学	√	√	√	√
		100704	药物分析学	√	√	√	√
		100705	微生物与生化药学	√	√	√	√
		100706	药理学	√	√	√	√
		1007Z1	海洋药物学	√	√	√	√
	护理学（一级学科博士学位授权点）	101100	护理学	√	√	√	√
管理学	管理科学与工程（一级学科博士学位授权点）	1201Z1	技术与创新管理	√	√	√	√
		1201Z2	工程管理	√	√	√	√
	工商管理（一级学科博士学位授权点）	120201	会计学	√	√	√	√
		120202	企业管理	√	√	√	√
		120203	旅游管理	√	√	√	√
		120204	技术经济及管理	√	√	√	√
		1202Z1	创业管理	√	√	√	√
	农林经济管理（一级学科博士学位授权点）	120301	农业经济管理	√	√	√	√
		120302	林业经济管理	√	√	√	√
	公共管理（一级学科博士学位授权点）	120401	行政管理	√	√	√	√
		120402	社会医学与卫生事业管理	√	√	√	√
		120403	教育经济与管理	√	√	√	√
		120404	社会保障	√	√	√	√
		120405	土地资源管理	√	√	√	√
		1204Z1	社会管理	√	√	√	√

续表

学科门类	一级学科	二级学科代码	二级学科	硕士	一级硕士	博士	一级博士
管理学	公共管理（一级学科博士学位授权点）	1204Z2	公共信息资源管理	√	√	√	√
		1204Z3	非传统安全管理	√	√	√	√
		1204Z4	城市发展与管理	√	√	√	√
		1204Z5	国际事务与全球治理	√	√	√	√
艺术学	设计学	130500	设计学	√	√		

附录3　2017年浙江大学博士、硕士专业学位授权点

序号	专业学位类别	专业学位领域	培养单位
博士专业学位授权点（4个）			
1	教　育	教育领导与管理	教育学院
		学科课程与教学	
2	临床医学		医学院
3	口腔医学		医学院
4	工　程	电子与信息	工学门类相关学院（系）
		能源与环保	
硕士专业学位授权点（27个）			
1	法　律	法律（非法学）	光华法学院
		法律（法学）	
2	教　育	教育管理	教育学院
		学科教学（语文）	教育学院
		学科教学（物理）	物理学系
		学科教学（英语）	外国语言文化与国际交流学院
		现代教育技术	教育学院
		科学技术与教育	
3	体　育	体育教学	教育学院
		运动训练	
		竞赛组织	
		社会体育指导	

序号	专业学位类别	专业学位领域	培养单位
4	汉语国际教育		人文学院
5	艺　术	广播电视	传媒与国际文化学院
		美术	人文学院
6	工　程	机械工程	机械工程学院 航空航天学院
		光学工程	光电信息工程学院
		仪器仪表工程	生物医学工程与仪器科学学院
		材料工程	材料科学与工程学院 高分子科学与工程学系
		动力工程	能源工程学院
		电气工程	电气工程学院
		电子与通信工程	信息与电子工程学院 航空航天学院
		集成电路工程	信息与电子工程学院 电气工程学院
		控制工程	控制科学与工程学院 电气工程学院
		计算机技术	计算机科学与技术学院
		软件工程	软件学院
		建筑与土木工程	建筑工程学院
		水利工程	建筑工程学院 海洋学院
		化学工程	化学工程与生物工程学院
		地质工程	地球科学学院
		轻工技术与工程	生物系统工程与食品科学学院
		交通运输工程	建筑工程学院
		船舶与海洋工程	海洋学院
		农业工程	生物系统工程与食品科学学院

序号	专业学位类别	专业学位领域	培养单位
6	工　程	环境工程	环境与资源学院
		生物医学工程	生物医学工程与仪器科学学院
		食品工程	生物系统工程与食品科学学院
		航天工程	航空航天学院
		车辆工程	能源工程学院 机械工程学院
		制药工程	化学工程与生物工程学院 药学院
		工业工程	机械工程学院
		工业设计工程	计算机科学与技术学院
		生物工程	化学工程与生物工程学院
		项目管理	经济学院 建筑工程学院 管理学院
		物流工程	管理学院
7	农　业	作物与种类	农业与生物技术学院 动物科学学院
		资源利用与植物保护	农业与生物技术学院 环境与资源学院
		畜牧	动物科学学院
		食品加工与安全	生物系统工程与食品科学学院
		农业工程与信息技术	生物系统工程与食品科学学院 环境与资源学院
		农业管理	公共管理学院 农业与生物技术学院
		农村发展	农业与生物技术学院 公共管理学院
8	兽　医		动物科学学院
9	风景园林		农业与生物技术学院

浙江大学年鉴

序号	专业学位类别	专业学位领域	培养单位
10	临床医学	内科学	医学院
		儿科学	
		老年医学	
		神经病学	
		精神病与精神卫生学	
		皮肤病与性病学	
		影像医学与核医学	
		临床检验诊断学	
		外科学	
		妇产科学	
		眼科学	
		耳鼻咽喉科学	
		肿瘤学	
		麻醉学	
		急诊医学	
		全科医学	
11	口腔医学		医学院
12	公共卫生		医学院
13	工商管理	高级管理人员工商管理硕士	管理学院
		工商管理硕士	
14	公共管理		公共管理学院
15	建筑学		建筑工程学院
16	金融		经济学院
17	税务		经济学院
18	国际商务		经济学院
19	应用心理		心理与行为科学系

续表

序号	专业学位类别	专业学位领域	培养单位
20	新闻与传播		传媒与国际文化学院
21	文物与博物馆		人文学院
22	会　计		管理学院
23	翻　译	笔译	外国语言文化与国际交流学院
24	药　学		药学院
25	城市规划		建筑工程学院
26	社会工作		公共管理学院
27	工程管理		经济学院 建筑工程学院 管理学院 计算机科学与技术学院 机械工程学院 材料科学与工程学院 能源工程学院 信息与电子工程学院

附录4　2016年浙江大学在岗博士生导师

一级学科	二级学科名称	导师姓名
哲　学	马克思主义哲学 中国哲学 外国哲学 逻辑学 伦理学 美学 宗教学 科学技术哲学 休闲学	包利民　曾劲恺　陈　强　陈越骅　丛杭青 董　平　范　昀　何欢欢　何　俊*　何善蒙 胡志毅　黄华新　金　立　孔令宏　李恒威 廖备水　林志猛　刘慧梅　潘立勇　潘一禾 庞学铨　彭国翔　任会明　沈语冰　盛晓明 唐孝威　王国平*　王建刚　王　杰　王　俊 王礼平　王晓朝　王　轶　王志成　徐慈华 徐　岱　徐向东　杨大春　张节末　章雪富
理论经济学	政治经济学 经济思想史 经济史 西方经济学 世界经济 人口、资源与环境经济学	曹玉书*　曹正汉　陈　凌　陈叶烽　陈勇民 董雪兵　杜立民　方红生　顾国达　黄先海 金祥荣　金雪军　陆　菁　罗德明　罗卫东 马述忠　潘士远　沈满洪　史晋川　宋顺锋* 汪丁丁　汪　炜　王汝渠　王维安　王义中 王志坚　熊秉元　杨晓兰　叶　航　余林徽 张小蒂　张旭昆*　张自斌　赵　伟　郑备军 朱希伟　朱燕建

一级学科	二级学科名称	导师姓名
应用经济学	区域经济学 财政学 金融学 产业经济学 国际贸易学 劳动经济学 统计学 互联网金融学	巴曙松* 陈菲琼 陈建军 陈勇民 戴志敏 董雪兵 杜立民 方红生 高淑琴 葛嬴 顾国达 郭继强 黄先海 黄英 黄祖辉 蒋岳祥 金祥荣 金雪军 罗德明 骆兴国 马述忠 钱滔 钱雪亚 史晋川 宋华盛 汪炜 王维安 王义中 王志凯 许奇 杨华* 杨柳勇 杨晓兰 姚先国 余林徽 张俊森* 张小蒂 张自斌 赵伟 朱柏铭 朱希伟 朱燕建 邹小芃
法学	法学理论 宪法学与行政法学 刑法学 民商法学 诉讼法学 经济法学 国际法学 中国法 海洋法学 司法文明	毕莹 陈林林 陈信勇 陈长文* 葛洪义 巩固 何怀文 胡建淼* 胡敏洁 胡铭 焦宝乾 金彭年 李永明 李有星 梁上上 梁治平 刘铁铮* 钱弘道 王冠玺 王贵国 王敏远 王泽鉴* 翁晓斌 夏立安 叶良芳 余军 张谷 张文显 章剑生 赵骏 郑春燕 周翠 周江洪 朱庆育 朱新力 邹克渊
社会学	人口学	曹洋 曹正汉 范晓光 冯钢 耿曙 郎友兴 马戎* 毛丹 米红 钱力成 阮云星 孙艳菲 王小章 尤怡文 余逊达 张国清 赵鼎新* 周沐君 朱天飚 Cole Carnesecca
马克思主义理论	马克思主义基本原理 马克思主义发展史 马克思主义中国化研究 国外马克思主义研究 思想政治教育 中国近现代史基本问题研究 党的建设	成龙 程早霞 段治文 黄铭 刘同舫 马建青 潘恩荣 任少波 王永昌* 张彦

一级学科	二级学科名称	导师姓名				
教育学	教育学原理 课程与教学论 教育史 比较教育学 学前教育学 高等教育学 成人教育学 职业技术教育学 特殊教育学 教育技术学	顾建民　黄亚婷　阚　阅　李　艳　刘正伟 商丽浩　宋永华　孙元涛　田正平　王莉华 魏贤超　吴雪萍　肖　朗　肖龙海　徐小洲 叶映华　赵　康　周谷平				
心理学	基础心理学 发展与教育心理学 应用心理学	陈　辉　陈树林　戴俊毅　高在峰　何贵兵 何　洁　李　峙　卢舍那　马剑虹　聂爱情 钱秀莹　沈模卫　唐孝威　王　健　王　伟 王重鸣　吴昌旭*　张　萌　张　琼　张智君 钟建安　周吉帆　周欣悦				
体育学	体育人文社会学 体育教育训练学	胡　亮　黄　聪　林小美　彭玉鑫　邱亚君 司　琦　王　健　王　进　温　煦　于可红 张　辉　郑　芳　周丽君				
中国语言文学	文艺学 语言学及应用语言学 汉语言文字学 中国古典文献学 中国古代文学 中国现当代文学 中国少数民族语言文学 比较文学与世界文学	曹锦炎　陈　洁　陈玉洁　陈振濂　池昌海 方一新　冯国栋　关长龙　胡可先　黄华新 黄　健　黄　擎　贾海生　金　进　李旭平 李咏吟　梁　慧　林家骊　林晓光　刘海涛 楼含松　欧　荣*　盘　剑　彭利贞　沈松勤* 史文磊　束景南　苏宏斌　孙敏强　陶　然 汪超红　汪维辉　王德华　王小潞　王　勇 王云路　吴　笛　吴秀明　吴义诚　咸晓婷 肖瑞峰*　徐　岱　徐　亮　徐永明　许建平 许志强　颜洽茂　姚晓雷　叶　晔　张德明 张节末　张涌泉　周明初　周启超　朱首献 朱则杰　邹广胜　祖　慧				
外国语言文学	英语语言文学 俄语语言文学 德语语言文学 外国语言学及应用语言学	陈伟英　程　工　程　乐　方　凡　高　奋 郭国良　郝田虎　何辉斌　何莲珍　胡　洁 蒋景阳　乐　明　李　媛　梁君英　刘海涛 刘慧梅　马博森　聂珍钊　瞿云华　沈国琴 隋红升　孙艳萍　汪运起　王小潞　王　永 吴义诚　许　钧　赵　佳　Esther Pascual Matthew Reeve　Reinhard Kohler*				

一级学科	二级学科名称	导师姓名				
新闻传播学	新闻学	范志忠	何扬鸣	洪 宇	胡小军	胡晓云
	传播学	黄少华*	李东晓	李红涛	李 杰	李 岩
	文化产业学	邵培仁	王小松	韦 路	卫军英	吴 飞
	电视电影与视听传播学	吴 赟	徐群晖	章 宏	赵 瑜	
考古学	考古学及博物馆学	白谦慎	曹锦炎	陈 虹	单霁翔*	方 闻*
		郭 怡	黄厚明	陈 缪哲	束景南	吴小平
		项隆元	谢继胜	严建强	张秉坚	张 晖
		张颖岚	郑 霞	庄孔韶		
中国史	中国古代史	陈红民	杜正贞	冯培红	高力克	龚缨晏
		梁敬明	刘进宝	陆敏珍	戚印平	孙竞昊
	中国近现代史	孙英刚	汪林茂	吴艳红	吴铮强	肖如平
		杨雨蕾	尤淑君			
世界史	世界史	陈 新	董小燕	龚缨晏	黄河清	计翔翔
		乐启良	刘国柱	吕一民	戚印平	沈 坚
		汤晓燕	王海燕	吴 彦	张 弛	张 杨
数 学	基础数学	包 刚	蔡天新	陈 豪	陈叔平	程晓良
		董 浙	方道元	冯 涛	郜传厚	胡 峻
	计算数学	胡贤良	黄正达	蒋岳祥	孔德兴	赖 俊
		李 冲	李 方	李胜宏	李 松	林 智
		蔺宏伟	刘东文	刘 刚	刘康生	刘克峰*
	概率论与数理统计	卢涤明	鲁汪涛	罗 锋	庞天晓	丘成栋*
		丘成桐*	阮火军	邵启满	盛为民	苏中根
		谈之奕	王成波	王 梦	王 伟	王伟(理)
	应用数学	王晓光	吴庆标	吴志祥	武俊德	徐 翔
		许洪伟	杨海涛	叶和溪	尹永成	翟 健
		张国川	张立新	张庆海	张荣茂	张 挺
	运筹学与控制论	张 奕	张振跃	郑方阳	仲杏慧	朱建新
		朱 军				
物理学	理论物理	曹光旱	陈飞燕	陈 骉	陈启瑾	陈庆虎
		陈一新	仇志勇	渡边元太郎		方明虎
	粒子物理与原子核物理	冯 波	傅国勇	何丕模	金洪英	景 俊
		李海洋	李宏年	李敬源	李有泉	刘 洋
	原子与分子物理	鲁定辉	陆璇辉	路 欣	罗孟波	罗民兴
		吕丽花	马志为	宁凡龙	潘佰良	阮智超
	等离子物理	沙 健	盛正卯	谭明秋	唐孝威	万 歆
		王浩华	王 凯	王立刚	王 森	王晓光
	凝聚态物理	王业伍	王兆英	王宗利	吴惠桢	吴建澜
		武慧春	肖维文	肖 湧	谢燕武	许晶波
	声学	许祝安	颜 波	叶高翔*	尹 艺	应和平
		袁辉球	张 宏	张剑波	张俊香	章林溪
	光学	赵道木	赵学安	郑 波	郑大昉	郑 毅
		周如鸿	周 毅	朱国怀	朱华星	朱诗尧
	无线电物理	Lee Hanoh		Stefan Kirchner		

续表

一级学科	二级学科名称	导师姓名				
化 学	无机化学	曹楚南	曹发和	陈红征	陈万芝	陈卫祥
		丁寒锋	杜滨阳	范 杰	范志强	方 群
		方文军	方征平*	傅春玲	傅智盛	高 超
		高长有	郭永胜	洪 鑫	侯昭胤	胡吉明
	分析化学	黄飞鹤	黄飞鹤	黄建国	黄小军	黄志真
		计 剑	江黎明	金一政	孔学谦	李昌治
		李寒莹	李 昊	李浩然	李 扬	林贤福
		林旭锋	凌 君	刘建钊	陆 展	吕 萍
	有机化学	麻生明*	马 成	孟祥举	潘远江	彭笑刚
		邱化玉*	邱利焱	任广禹*	商志才	邵海波
		沈家骢*	沈之荃	施敏敏	史炳锋	苏 彬
		孙景志	孙维林	汤谷平	唐睿康	万灵书
		王 本	王从敏	王建明	王 立	王利群
	物理化学	王林军	王 敏	王 鹏	王 齐	王 琦
		王彦广	王 勇	邬建敏	吴传德	吴 健
		吴 军	吴 起	吴庆银	伍广朋	
		西蒙·杜特怀勒	肖丰收	徐君庭	徐利文*	
		徐旭荣	徐志康	许宜铭	张其胜	张 涛
	高分子化学与物理	张兴宏	张玉红	张 昭	郑 强	周仁贤
		朱宝库	朱海明	朱利平	朱龙观	朱蔚璞
		朱 岩	邹建卫*			
地质学	矿物学、岩石学、矿床学	鲍学伟	毕 磊	曹 龙	曾江宁*	陈大可*
	地球化学	陈汉林	陈建芳	陈宁华	陈生昌	陈望平
		程晓敢	初凤友	戴金星	邓起东*	丁巍伟*
	古生物学与地层学（含古人类学）	杜震洪	高金耀	龚俊峰	管卫兵	韩喜球*
		何 丁	黄大吉	贾晓静	金平斌	金翔龙*
		李春峰	李家彪*	李 爽	李卫军	李小凡
	构造地质学	李正祥	厉子龙	梁楚进	林秀斌	林 舟
		刘仁义	龙江平	楼章华	潘德炉	饶 刚
	第四纪地质学	阮爱国*	沈晓华	沈忠悦	宋金宝	苏纪兰*
		孙永革	唐佑民	陶春辉*	田 钢	汪 新
	海洋资源与环境	王 琛	王桂华	王 岩	王英民	吴 磊
		吴巧燕	夏江海	夏群科	夏小明	肖安成
	资源环境与区域规划	肖 溪	徐义贤	杨劲松	杨树锋	杨文采
		杨小平	叶 瑛	张朝晖	张 丰	张海生*
	资源勘查与地球物理	张继才	章凤奇	章孝灿	朱 晨*	朱小华
		邹乐君				
	遥感与地理信息系统					

一级学科	二级学科名称	导师姓名				
生物学	植物学	白　戈	包爱民	包劲松	仓　勇	常　杰
		陈宝惠	陈才勇	陈　岗	陈家东	陈静海
		陈　军	陈　铭	陈　平*	陈伟民	陈　伟
	动物学	陈晓冬	陈　欣	陈学群	陈　烨	陈　忠
		程　磊	丁　平	段树民	樊龙江	范衡宇
		方马荣	方盛国	方卫国	冯明光	冯新华
	生理学	冯友军	冯　钰	傅承新	甘　霖*	高海春
		高志华	戈万忠	龚　薇	龚哲峰	谷　岩
		管坤良	管敏鑫	管文军	郭　行	韩家淮*
	水生生物学	何向伟	胡海岚	胡薇薇	华跃进	黄荷凤
		黄　俊	黄力全	姬峻芳	贾俊岭	江　辉
		金勇丰	靳　津	康利军	康毅滨*	柯越海
		赖蒽茵	赖欣怡	李　晨	李　飞	李明定
	微生物学	李明定	李相尧	李晓明	李学坤	李　晔
		李正和	林爱福	林旭瑷	刘鹏渊	刘　婷
		刘　伟	娄永根	卢建平	鲁林荣	陆林宇
	神经生物学	陆　燕	罗　琛	罗建红	骆　严	吕镇梅
		马　欢	毛传澡	莫肖蓉	牟　颖	牛田野
		潘冬立	裴真明*	彭金荣	齐艳华	钱大宏
		邱猛生*	邱　爽	邱英雄	任艾明	邵吉民
	遗传学	邵建忠	沈炳辉*	沈承勇	沈承勇	沈　立
		沈　啸	沈　逸	沈　颖	寿惠霞	舒小丽
		宋　海	宋海卫	孙秉贵	孙　洁	孙启明
		孙　毅	唐修文	田　兵	佟　超	万秋红
		汪方炜	汪海燕	汪　浩	汪　洌	王　本
	发育生物学	王福俤	王建莉	王立铭	王青青	王书崎
		王　伟	王晓东	王晓健	王志萍	魏文毅
		吴殿星	吴建祥	吴　敏	吴雪昌	夏宏光
	细胞生物学	夏总平	项春生	肖　睦	谢安勇	邢　磊*
		徐海明	徐　晗	徐鹏飞	徐平龙	徐以兵
		徐贞仲	许均瑜	许师明	许正平	严庆丰
		杨建立	杨万喜	杨　巍	杨卫军	杨小杭
	生物化学与分子生物学	叶庆富	叶　升	易　聪	易　文	于明坚
		余路阳	余雄杰	虞燕琴	詹金彪	张传溪
		张　龙	张舒群	张咸宁	张　兴	章晓波
	生物物理学	赵　斌	赵　烨	赵永超	赵宇华	赵云鹏
		郑绍建	周继勇	周耐明	周　琦	周　青
		周天华	周雪平	周以侹	周煜东	朱　诚
		朱永群	祝赛勇	邹　键	邹　炜	
	生物信息学	Anna wang Roe		Dante Neculai		
		James Whelan*		Stijn van der Veen		
		Toru Takahata				

续表

一级学科	二级学科名称	导师姓名				
生态学	生态学	常　杰	陈才勇	陈　铭	陈　欣	程　磊
		丁　平	方盛国	冯明光	高海春	葛　滢
		江　昆	金勇丰	吕镇梅	毛传澡	齐艳华
		邱英雄	万秋红	王根轩	杨卫军	于明坚
		张舒群	周　琦			
力学	一般力学与力学基础	曹长勇	陈　彬	陈伟芳	陈伟球	崔　涛
		邓　见	邓茂林	干　湧	郭　宇	宦荣华
	固体力学	黄永刚*	黄志龙	金晗辉	金肖玲	库晓珂
		李铁风	林建忠*	孟　华	钱　劲	曲绍兴
	流体力学	邵雪明	宋吉舟	陶伟明	王高峰	王宏涛
		王惠明	王　杰	王　永	吴　禹	夏振华
		熊红兵	修　鹏	徐　彦	杨　卫	应祖光
	工程力学	余钊圣	张春利	张凌新	张　帅	赵　沛
		郑　耀	朱林利	朱位秋	庄国志	邹鸿生*
机械工程	机械制造及其自动化	曹衍龙	曹彦鹏	陈家旺	陈文华*	陈　鹰
		陈章位	陈子辰	丁　凡	董辉跃	方　强
		冯培恩	冯毅雄	傅建中	傅　新	甘春标
	机械电子工程	高洋洋	龚国芳	顾临怡	顾新建	何　闻
		贺　永	贺治国	胡　亮	胡　鹏	纪杨建
		蒋君侠	焦　磊	金　波	居冰峰	柯映林
	机械设计及理论	雷　勇	冷建兴	黎　鑫	李基拓	李江雄
		李　伟	梁　旭	林勇刚	刘　涛	刘振宇
		陆国栋	梅德庆	欧阳小平		潘晓弘
		阮晓东	宋小文	谭建荣	唐任仲	陶国良
	车辆工程	童水光	童哲铭	汪久根	王　峰	王林翔
		王　青	王庆丰	王宣银	王义强*	魏建华
		魏燕定	邬义杰	吴世军	谢海波	谢　金
	工业工程	徐　兵	徐敬华	杨灿军	杨　赓	杨华勇
		杨将新	杨克己	杨世锡	姚　斌	尹　俊
		余忠华	俞小莉	张大海	张树有	赵　朋
		赵西增	周　华	周晓军	朱世强	邹鸿生*
	海洋工程	邹　俊	Kok-Meng Lee*		Perry Y. Li*	
		Thomas Pahtz				
光学工程	光通信技术	白　剑	车双良	陈杏藩	戴道锌	丁志华
		方　伟	冯华君	高士明	郭　欣	何建军
		何赛灵	胡慧珠	胡　骏	黄腾超	金　毅
		匡翠方	李海峰	李林军	李明宇	李鹏崇
		李　强	李晓彤	林　斌	刘　承	刘　崇
		刘　东	刘华锋	刘　旭	刘雪明	罗　明
		马云贵	钱　骏	邱建荣	仇　旻	沈建其
	信息传感及仪器	沈伟东	沈亦兵	沈永行	时尧成	舒晓武
		斯　科	童利民	汪凯巍	王晓萍	吴　波
		吴　兰	吴仍茂	吴兴坤	徐海松	徐之海
		严惠民	杨　青	杨　旸	叶　辉	余飞鸿
		张彩妮	张冬仙	张　磊	章海军	郑臻荣

一级学科	二级学科名称	导师姓名				
材料科学与工程	材料物理与化学 材料学 材料加工工程 高分子材料	陈邦林*	陈红征	陈立新	陈湘明	程继鹏
		程逵	崔元靖	邓人仁	丁新更	杜宁
		杜丕一	樊先平	方征平*	高超	高明霞
		高长有	谷月峰	谷长栋	韩高荣	韩伟强
		何海平	洪明辉	洪樟连	胡巧玲	黄富强*
		黄靖云	黄少铭	计剑	姜宏	姜银珠
		蒋建中	蒋利军	金传洪	金桥	金一政
		李斌	李昌治	李东升	李寒莹	李吉学
		李雷	李翔	凌国平	刘宾虹	刘嘉斌
		刘建钊	刘小峰	刘小强	刘毅	刘永锋
		刘涌	楼雄文*	陆赟豪	罗仲宽	吕建国
		马列	马天宇	马向阳	毛传斌	毛星原
		毛峥伟	孟亮	潘洪革	潘新花	彭华新
		彭懋	彭新生	皮孝东	钱国栋	乔旭升
		秦发祥	邱建荣	任科峰	任召辉	上官勇刚
		申乾宏	沈家骢*	施敏敏	宋义虎	孙景志
		唐本忠*	田鹤	仝维鋆	涂江平	万灵书
		王慧明	王江伟	王小祥	王晓东	王新华
		王秀丽	王勇	王幽香	王征科	王智宇
		韦华	魏晓	翁文剑	吴琛	吴刚
		吴浩斌	吴进明	吴勇军	吴子良	夏新辉
		肖学章	谢健	徐刚	徐志康	严密
		杨德仁	杨桂生	杨杭生	杨辉	杨士宽
		杨雨	叶志镇	余倩	余学功	遇鑫遥
		张辉	张启龙	张溪文	张泽	赵高凌
		赵新兵	赵毅	郑强	支明佳	朱宝库
		朱丽萍	朱铁军	朱晓莉	左敏	
		Ahuja Rajeev*				
动力工程及工程热物理	工程热物理 热能工程 动力机械及工程 流体机械及工程 制冷及低温工程 化工过程机械 能源环境工程 新能源科学与工程	薄拯	岑可法	陈东	陈光明	陈志平
		成少安	程军	程乐鸣	池涌	樊建人
		范利武	方梦祥	甘智华	高翔	顾大钊
		韩晓红	洪伟荣	黄群星	蒋旭光	金涛
		金滔	金志江	库晓珂	李冬青	李蔚
		李文英*	李晓东	刘洪来*	刘建忠	刘科
		刘震涛	陆胜勇	罗坤	骆仲泱	马增益
		倪明江	欧阳晓平*		邱利民	施建峰
		史绍平*	苏义脑*	孙大明	童水光	王飞
		王勤	王勤辉	王树荣	王涛	王玉明*
		王智化	吴大转	吴锋	吴学成	肖刚
		肖天存*	徐象国	许世森*	许忠斌	严建华
		杨卫娟	姚强	叶笃毅	余春江	俞小莉
		俞自涛	岳光溪	张凌新	张小斌	张学军
		张彦威	张玉卓	赵阳	赵永志	郑成航
		郑传祥	郑津洋	周昊	周劲松	周俊虎
		周志军	朱祖超*	Yi Qiu*		

续表

一级学科	二级学科名称	导师姓名				
电气工程	电机与电器	陈国柱	陈恒林	陈隆道	陈　敏	陈　敏
	电力系统及其自动化	陈向荣	丁　一	方攸同	福义涛	甘德强
		郭创新	郭吉丰*	韩祯祥	何奔腾	何湘宁
		胡斯登	黄　进	黄晓艳	江道灼	江全元
	高电压与绝缘技术	金孟加	李超勇	李武华	林振智	卢琴芬
		吕征宇	马　皓	马伟明*	年　珩	齐冬莲
	电力电子与电力传动	沈建新	盛　况	石健将	宋永华	万　灿
		汪　涛	汪槱生	汪　震	韦　巍	文福拴
	电工理论与新技术	吴立建	吴新科	夏长亮	项　基	辛焕海
		徐德鸿	徐　政	许　力	颜钢锋	杨　欢
		杨　强	杨仕友	杨　树	姚缨英	张军明
	电气信息技术	张森林	赵荣祥	钟文兴	周　浩	诸自强*
		祝长生	Rajashekara Kaushik*			
电子科学与技术	物理电子学	车录锋	陈红胜	程志渊	池　灏	储　涛
		丁　勇	董树荣	杜　阳	韩　雁	郝　然
		何乐年	何赛灵	皇甫江涛		黄科杰
	电路与系统	江晓清	金潮渊	金　浩	金　韬	金小军
		金晓峰	金心宇	金仲和	李尔平	李　凯
		李兰娟	李宇波	林时胜	刘　旸	骆季奎
		马慧莲	潘　赟	冉立新	沈海斌	沈会良
	微电子学与固体电子学	沈继忠	史治国	谭年熊	汪小知	王浩刚
		王　曦	魏兴昌	吴昌聚	吴锡东	夏永祥
		徐明生	徐　杨	杨冬晓	杨建义	尹文言
		应迪清	余　辉	余显斌	虞小鹏	郁发新
	电磁场与微波技术	张　帆	张　明	张培勇	张　睿	章献民
		赵梦恋	赵　毅	郑光廷*	郑史烈	周柯江
		卓　成				
信息与通信工程	通信与信息系统	蔡云龙	陈建裕*	陈晓明	单杭冠	宫先仪*
	信号与信息处理	龚小谨	韩　军	何贤强*	胡　冰	乐成峰
		李春光	李建龙	刘　鹏	刘　英	毛志华*
	海洋信息科学与工程	潘　翔	齐家国	瞿逢重	王　匡	王　玮
		吴嘉平	项志宇	徐　敬	徐　文	徐志伟
		于慧敏	余官定	虞　露	张朝阳	张宏纲
	飞行器测量信息工程	张　明	张仲非	赵航芳	赵民建	钟财军
		George Christakos*				

一级学科	二级学科名称	导师姓名				
控制科学与工程	控制理论与控制工程	陈积明	陈 剑	陈 曦	程 鹏	戴连奎
		冯冬芹	葛志强	贺诗波	侯迪波	胡 超*
		胡瑞芬	黄志尧	李超勇	李 光	李 平
	检测技术与自动化装置	厉小润	梁 军	刘妹琴	刘兴高	刘 勇
		卢建刚	鲁仁全	马龙华*	毛维杰	牟 颖
		倪 东	潘 宇	彭勇刚	齐冬莲	荣 冈
	系统工程	邵之江	沈学民*	宋春跃	宋执环	苏宏业
		孙优贤	王保良	王 宁	王 酉	王 智
		韦 巍	吴均峰	吴 俊	吴争光	项 基
	模式识别与智能系统	谢 磊	熊 蓉	徐文渊	徐正国	徐祖华
		许 超	许 力	颜钢锋	颜文俊	杨春节
		杨 强	杨秦敏	杨再跃	张光新	张宏建
	导航、制导与控制	张森林	张 涛	张 宇	章君山	赵春晖
		周建光	朱豫才	King Yeung YAU*		
计算机科学与技术	计算机系统结构	鲍虎军	卜佳俊	蔡 登	蔡 铭	陈 纯
		陈 刚	陈华钧	陈建军	陈 岭	陈 为
		陈文智	陈延伟*	陈 焰*	陈左宁*	邓水光
		董 玮	冯结青	高曙明	高云君	耿卫东
		何钦铭	何晓飞	侯启明	黄 劲	纪守领
	计算机应用技术	江大伟	金小刚(CAD)	李 明	李善平	
		李 玺	林 海	林兰芬	刘海风	刘新国
		刘玉生	鲁东明	陆哲明	罗仕鉴	潘 纲
		潘云鹤	潘之杰	钱沄涛	任 重	沈荣骏*
		寿黎但	宋广华	宋明黎	孙建伶	孙凌云
	数字化艺术与设计	孙守迁	汤斯亮	汤永川	唐 敏	童若锋
		王 锐	王新宇	王跃明	王跃宣	王志宇
		魏宝刚	巫英才	吴朝晖	吴春明	吴 飞
		吴鸿智	吴 健	项 阳*	肖 俊	许端清
		许威威	杨建刚	杨建华	杨双华	姚 敏
		尹建伟	应放天	应 晶	于金辉	俞益洲
	空天信息技术	郁发新	张东亮	张国川	张三元	张 寅
		章国锋	赵 洲	郑扣根	郑能干	郑小林
		郑 耀	郑友怡	周 昆	朱建科	庄越挺
建筑学	建筑设计及其理论	陈淑琴	葛 坚	韩昊英	贺 勇	华 晨
		李王鸣	裘 知	沈 杰	王 洁	王 竹
		吴硕贤*	吴 越	徐 雷	杨建军	

续表

一级学科	二级学科名称	导师姓名			
土木工程	岩土工程 结构工程 市政工程 供热、供燃气、通风及空调工程 防灾减灾工程及防护工程 桥梁与隧道工程 道路与交通工程 水资源与水环境工程 水工结构与港口工程 河流与滨海工程	巴　特　　白　勇　　包　胜　　边学成　　蔡袁强[*] 曹志刚　曾　强　陈根达[*]　陈光明　陈　驹 陈仁朋　陈水福　陈喜群　陈云敏　陈祖煜[*] 程伟平　邓　华　董石麟　段元锋　高博青 龚顺风　龚晓南　洪　义　胡春宏　黄铭枫 黄志义　江衍铭　姜　涛　蒋建群　金南国 金伟良　金贤玉　柯　瀚　李庆华　李育超 凌道盛　刘国华　刘海江　楼文娟　罗　雪 罗尧治　吕朝锋　马克俭[*]　钱晓倩　冉启华 尚岳全　邵益生[*]　邵　煜　孙红月　孙志林 唐晓武　童根树　万五一　王殿海　王海龙 王　浩[*]　王奎华　王立忠　王　勤　王亦兵 王振宇　韦娟芳　魏新江　夏唐代　项贻强 谢海建　谢霁明　谢康和　谢新宇　谢　旭 徐日庆　徐荣桥　徐世烺　徐长节　许　贤 许月萍　闫东明　杨贞军　杨仲轩　姚　谏 姚忠达　叶苗苗　叶肖伟　袁行飞　詹良通 詹树林　张大伟　张　鹤　张　鹤　张科锋[*] 张可佳　张　磊　张土乔　张学军　张　燕 张仪萍　张永强　赵　阳　赵羽习　郑飞飞 周　建　周燕国　朱　斌　朱志伟			
化学工程与技术	生物化工 化工过程工程 化学产品工程 生态化工 制药工程	柏　浩　　包永忠　鲍宗必　曹　堃　柴之芳[*] 陈丰秋　陈纪忠　陈建峰[*]　陈圣福　陈新志 陈英奇　陈志荣　成有为　程党国　戴黎明[*] 戴立言　单国荣　范　宏　冯连芳　傅　杰 高　翔　关怡新　何　奕　何潮洪　和庆钢 侯　阳　侯立安[*]　胡国华　黄　和　黄　磊 蒋斌波　介素云　金志华　雷乐成　李　伟 李　希　李伯耿　李浩然　李中坚　李洲鹏 连佳长　梁成都　廖祖维　林东强　林建平 林贤福　林跃生[*]　刘祥瑞　陆盈盈　罗英武 吕秀阳　毛加祥[*]　梅乐和　孟　琴　任其龙 欧阳平凯[*]　　潘鹏举　钱　超　施　耀 商志才　申屠宝卿　申有青　　王文俊 唐建斌　汪燮卿[*]　王　立　王靖岱　吴素芳 王正宝　温月芳　吴坚平　吴林波　吴素芳 吴忠标　夏黎明　谢　涛　邢华斌　徐志南 闫克平　严玉山[*]　阳永荣　杨立荣　杨双华 杨亦文　姚　臻　姚善泾　叶丽丹　于洪巍 俞豪杰　詹晓力　张　林　张　懿[*]　张安运 张才亮　张庆华　张兴旺　张治国　章鹏飞 赵　骞　赵迎宪[*]　郑津洋　周少东　朱世平[*] Nigel K H Slater[*]　Steven J. Severtson[*]			

一级学科	二级学科名称	导师姓名				
农业工程	农业机械化工程	岑海燕	成 芳	崔 笛	傅迎春	韩志英
	农业水土工程	何 勇	蒋焕煜	李建平	李晓丽	李延斌
	农业生物环境与能源工程	林 涛	刘德钊	刘 飞	泮进明	平建峰
	农业电气化与自动化	裘正军	饶秀勤	盛奎川	王剑平	王 俊
	生物系统工程	王一娴	韦真博	吴 坚	谢丽娟	徐惠荣
		叶章颖	应义斌	于 勇	朱松明	
环境科学与工程	环境科学	陈宝梁	陈 红	陈雪明	甘剑英*	官宝红
		何 若	胡宝兰	雷乐成	李 伟	梁新强
		林道辉	刘 璟	刘维屏	刘 越	逯慧杰
		骆仲泱	沈超峰	施积炎	施 耀	史惠祥
	环境工程	田光明	童裳伦	王海强	王 娟	王 玮
		吴伟祥	吴忠标	徐向阳	徐新华	闫克平
		严建华	杨方星	杨京平	杨 坤	杨 武
		俞绍才	翟国庆	张志剑	赵和平	郑 平
		朱利中	朱 亮	庄树林		
生物医学工程	电子信息技术及仪器	车录锋	陈 岗	陈 杭	陈卫东	陈祥献
		陈晓冬	陈 星	陈耀武	邓 宁	丁 鼐
		段会龙	封洲燕	高利霞	何宏建	黄 海
		黄正行	赖欣怡	李劲松	李 晔	刘华锋
		刘清君	吕旭东	宁钢民	牛田野	潘 杰
		宋开臣	田景奎	王 平	王书崎	夏 灵
		许科帝	许迎科	叶学松	余 锋	余雄杰
		张 琳	张明晖	张孝通	钟健晖*	周 泓
		Anna wang Roe		Toru Takahata		
食品科学与工程	食品科学	陈健初	陈启和	陈士国	陈 卫	丁 甜
	粮食、油脂及植物蛋白工程	冯凤琴	冯 杰	胡福良	胡亚芹	刘东红
		刘松柏	陆柏益	罗自生	茅林春	任大喜
	农产品加工及贮藏工程	沈立荣	沈生荣	汪以真	王敏奇	吴建平
	水产品加工及贮藏工程	叶兴乾	余 挺	张 辉	张兴林	张 英
	食品安全与营养	章 宇	郑晓冬			
软件工程	计算机软件与理论	卜佳俊	陈 纯	陈 刚	陈 岭	陈文智
		董 玮	高曙明	高云君	何钦铭	江大伟
		李善平	林兰芬	潘 纲	潘云鹤	寿黎但
		宋明黎	孙建伶	童若锋	王新宇	魏宝刚
		吴春明	姚 敏	尹建伟	应 晶	俞益洲
		郑扣根	周 昆	庄越挺		

一级学科	二级学科名称	导师姓名				
网络空间安全	网络空间安全	陈刚	陈积明	陈文智	陈焰*	程鹏
		冯冬芹	何钦铭	贺诗波	纪守领	江大伟
		林海	刘兴高	刘之涛	倪东	潘纲
		任奎	宋执环	孙优贤	王文海	邬江兴*
		吴春明	项阳*	徐文渊	赵春晖	赵民建
作物学	作物栽培学与耕作学	包劲松	陈仲华	程方民	戴飞	樊龙江
	作物遗传育种	甘银波	关雪莹	关亚静	蒋立希	金晓丽
		钱前*	舒庆尧	涂巨民	邬飞波	吴殿星
	种子科学与技术	武亮	徐海明	徐建红	张国平	张天真
		周伟军	祝水金			
园艺学	果树学	白松龄	柴明良	陈昆松	陈利萍	陈萍
		陈志祥	高中山	郭得平	何普明	黄鹂
	蔬菜学	李传友*	李鲜	卢钢	陆建良	师恺
		孙崇德	滕元文	屠幼英	汪俏梅	王校常
	茶学	王岳飞	吴迪	夏晓剑	夏宜平	徐昌杰
		杨景华	殷学仁	余小林	喻景权	张波
	观赏园艺学	张明方	周杰	周艳虹	Donald Grierson	
		Ian Ferguson*				
农业资源与环境	土壤学	曾令藻	陈丁江	邓劲松	邱洪杰	何艳
	植物营养学	黄敬峰	金崇伟	李廷强	梁永超	林咸永
		刘杏梅	卢玲丽	卢升高	罗安程	倪吾钟
	农业遥感与信息技术	史舟	田生科	汪海珍	王珂	吴劳生
		吴良欢	徐建明	杨肖娥	张奇春	章明奎
	水资源利用与保护	郑绍建	Philip C. Brookes			
植物保护	植物病理学	鲍艳原	蔡新忠	陈剑平*	陈学新	陈云
		方华	何祖华*	黄佳	黄健华	蒋明星
		李斌	李飞	李红叶	李正和	梁岩
	农业昆虫与害虫防治	林福呈	刘树生	刘小红	娄永根	马忠华
		莫建初	沈志成	时敏	宋凤鸣	王晓伟
		王政逸	吴建祥	谢艳	徐海君	叶恭银
	农药学	尹燕妮	虞云龙	张传溪	章初龙	赵金浩
		郑经武	周雪平	祝增荣		

浙江大学年鉴

一级学科	二级学科名称	导师姓名				
畜牧学	动物遗传育种与繁殖 动物营养与饲料科学 特种经济动物饲养	陈玉银 胡彩虹 刘红云 邵庆均 王佳堃 占秀安 邹晓庭	单体中 胡福良 刘建新 邵勇奇 王敏奇 张才乔	杜华华 胡松华 鲁兴萌 时连根 王争光 张 坤	冯 杰 李卫芬 缪云根 汪以真 吴小锋 郑火青	傅 衍 刘广绪 彭金荣 王华兵 吴跃明 钟伯雄
兽医学	预防兽医学	杜爱芳 鲁兴萌 周继勇	方维焕 米玉玲 朱 书	何 放 孙红祥	黄耀伟 张才乔	乐 敏 郑肖娟
基础医学	人体解剖与组织胚胎学 免疫学 病原生物学 病理学与病理生理学 法医学 放射医学 航空、航天与航海医学 干细胞和再生医学	蔡志坚 陈玮琳 冯友军 黄 河 梁 平 孟卓贤 潘建平* 王 迪 王英杰 张 进 周天华 Stijn van der Veen	曹雪涛* 陈 晓 谷 岩 纪俊峰 林旭瑗 闵军霞 邵吉民 王建莉 夏大静 张晓明 邹晓晖	曾 浔 程洪强 郭国骥 金洪传 刘 冲 欧阳宏伟 沈 静 王 良 徐素宏 张 雪 Dante Neculai	陈静海 刁宏燕 韩 曙 柯越海 柳 华 史 鹏 王青青 余 红 章淑芳 Toru Takahata	陈 伟 董辰方 胡 虎 来茂德 鲁林荣 潘冬立 汪 洌 王晓健 张丹丹 赵经纬
临床医学	内科学 儿科学 老年医学 神经病学 精神病与精神卫生学 皮肤病与性病学	白雪莉 曹 倩 陈功祥 陈晓冬 程 浩 刁宏燕 范顺武 傅国胜 龚方戚 韩 伟 胡 坚 黄 河 江克文 金百冶 晋秀明	蔡秀军 曾 浔 陈鸿霖* 陈新忠 程 京* 丁克峰 范伟民 傅国胜 龚渭华 韩卫东 胡少华 黄荷凤 江米足 金 帆 赖欣怡	蔡 真 陈 钢 陈江华 陈 瑜 程晓东 丁美萍 方 红 傅君芬 郭晓纲 何 超 胡新央 黄 建 姜 虹 金洪传 李恭会	曹红翠 陈 岗 陈其昕 陈志华 戴 宁 董旻岳 方向明 高 峰 韩春茂 何荣新 胡兴越 黄 曼 蒋晨阳 金 洁 李恭会	曹利平 陈 高 陈维善 陈 智 戴一凡* 杜立中 方向前 高 福* 韩 飞 胡红杰 胡 汛 黄品同 蒋天安 金晓东

续表

一级学科	二级学科名称	导师姓名				
临床医学	影像医学与核医学	李江涛	李 君	李兰娟	李龙承*	李 雯
	临床检验诊断学	李晓明	厉有名	梁 平	梁廷波	林 辉
		林 辉	林 俊	林胜璋	凌 琪	楼 敏
	外科学	卢宠茂*	陆林宇	陆远强	罗本燕	罗 巍
		罗 依	罗永章*	吕卫国	吕中法	满孝勇
	妇产科学	毛建华	毛建山	闵军霞	倪一鸣	欧阳宏伟
		潘宏铭	潘文胜	潘志军	钱大宏	钱文斌
		邱福铭	裘云庆	曲 凡	阮 冰	邵一鸣*
	眼科学	申屠形超	沈华浩	沈 晔	史 鹏	
		舒 强	姒健敏	宋朋红	孙 仁*	孙晓南
		孙 毅	谈伟强	汤永民	陶志华	滕理送
	耳鼻咽喉科学	田 梅	佟红艳	万 钧*	王保红	王观宇
		王杭祥	王建安	王 凯	王良静	王 林
		王林波	王苹莉	王书崎	王 爽	王伟(医)
	肿瘤学	王伟林	王 娴	王兴祥	王英杰	王 跃
		魏启春	魏文毅	吴华香	吴 健	吴立东
	康复医学与理疗学	吴南屏	吴瑞瑾	吴育连	吴志英	项春生
		项美香	肖永红	谢安勇	谢俊然	谢立平
		谢万灼	谢小洁	谢鑫友	谢 幸	徐承富
	运动医学	徐 峰	徐福洁	徐建国*	徐 键	徐靖宏
		徐荣臻	徐 骁	徐 旸	徐以兵	许国强
	麻醉学	许 毅	薛 定*	严 敏	严 盛	严世贵
		严伟琪	杨蓓蓓	杨仕贵	杨廷忠	杨小锋
	急诊医学	杨晓明	姚 克	姚玉峰	叶 娟	叶招明
		应可净	应可净	应颂敏	于晓方	余 红
		俞云松	虞朝辉	袁国勇*	袁 瑛	詹仁雅
	移植医学	张宝荣	张 丹	张根生	张 宏	张建民
		张 钧	张 力	张林琦*	张 茂	张敏鸣
	全科医学	张松英	张苏展	张信美	赵凤东	赵永超
		赵正言	郑良荣	郑 敏	郑 敏	郑铭豪*
		郑 树	郑树森	周建维	周建英	周 民
	微创医学	周水洪	朱海红	朱建华	朱永坚	朱永良
		邹朝春	邹晓晖	Anna wang Roe		
	重症医学	Babak javid*				
口腔医学	口腔基础医学	陈 晖	傅柏平	何福明	李晓东	王慧明
	口腔临床医学	谢志坚	杨国利			

一级学科	二级学科名称	导师姓名				
公共卫生与预防医学	流行病与卫生统计学	陈光弟	陈坤	丁克峰	董恒进	高向伟
	劳动卫生与环境卫生学	管敏鑫	焦晶晶	金永堂	李兰娟	李鲁*
	营养与食品卫生学	凌雪峰*	马晓光	那仁满都拉		孙文均
	卫生毒理学	王福俤	王建炳	夏大静	许正平	余运贤
		周春	朱善宽	朱益民		
药学	药物化学	曾玲晖	曾苏	陈建忠	陈枢青	陈新
		陈学群	陈志华	陈忠	程翼宇	崔孙良
	药剂学	戴海斌	丁健*	丁玲	董晓武	杜艺岭
		杜永忠	段树民	范骁辉	甘礼社	高建青
		龚行楚	龚哲峰	管文军	韩峰	韩旻
	生药学	何俏军	侯廷军	胡富强	胡薇薇	蒋惠娣
		李雯	李新	李晔	李永泉	连晓媛
		林璐	凌代舜	刘建华	刘龙孝	陆晓燕
	药物分析学	罗建红	罗沛华	马忠俊	毛旭明	
		那仁满都拉	彭丽华	戚建华		邱利焱
		瞿海斌	申屠建中		沈华浩	沈逸
	微生物与生化药学	沈颖	孙秉贵	孙翠荣	孙莲莉	汤慧芳
		佟蒙蒙	王品美	王秀君	王毅	翁勤洁
		吴斌	吴敏	吴希美	吴永江	徐晗
	药理学	徐金钟	许均瑜	许学伟*	杨波	杨帆
		杨巍	杨晓春	应美丹	应颂敏	游剑
		余露山	俞永平	袁弘	张海涛	张翔南
	海洋药物学	张治针	章春芳	郑道琼	周民	周煜东
		朱丹雁	朱峰	朱虹	邹宏斌	
护理学	护理学	冯素文	韩春茂	金静芬	王薇	徐鑫芬
		叶志弘				
管理科学与工程	技术与创新管理	陈德人	陈发动	陈明亮	陈熹	杜健
		郭斌	华中生	黄灿	霍宝锋	金珺
		金庆伟	刘南(管)		刘渊	马弘
		马庆国	瞿文光	寿涌毅	童昱	汪蕾
		王明征	王求真	卫军*	温海珍	吴东
	工程管理	吴晓波	徐青	许庆瑞	杨翼	张宏
		郑刚	周伟华	Mark J. Greeven		

续表

一级学科	二级学科名称	导师姓名				
工商管理	会计学 企业管理 旅游管理 技术经济及管理 创业管理	宝贡敏 窦军生 霍宝锋 吕佳颖 王婉飞 吴茂英 徐维东 应天煜 周玲强	贲圣林 郭　斌 贾生华 寿涌毅 王小毅 吴晓波 徐晓燕 张　钢 周欣悦	蔡　宁 韩洪灵 刘起贵 斯晓夫 王重鸣 肖炜麟 许庆瑞 张惜丽 Douglas Brain Fuller	陈　俊 华中生 刘　涛 孙怡夏 魏　江 谢小云 颜士梅 周　帆	陈　凌 黄　英 陆文聪 王端旭 邬爱其 熊　伟 姚　铮 周宏庚
农林经济管理	农业经济管理 林业经济管理	陈　帅 黄祖辉 卫龙宝 周洁红	龚斌磊 金少胜 杨万江 H. Holly Wang（王红）	郭红东 陆文聪 叶春辉	韩洪云 钱文荣 张晓波*	洪名勇* 阮建青 张忠根
公共管理	行政管理 社会医学与卫生事业管理 教育经济与管理 社会保障 土地资源管理 社会管理 公共信息资源管理 非传统安全管理 城市发展与管理 国际事务与全球治理	巴德年* 陈建军 范柏乃 韩昊英 靳相木 李　艳 毛　丹 史　舟 王红妹 吴金群 姚先国 岳文泽 赵正言 邹永华	蔡　宁 陈　劲 方　恺 何文炯 郎友兴 林　卡 米　红 苏振华 王诗宗 吴宇哲 叶艳妹 张国清 周　萍 Therese Hesketh	曹　洋 陈丽君 谷保静 胡税根 李　江 刘国柱 苗　青 孙艳菲 魏　江 徐小洲 余潇枫 张　炜 周旭东	曹　宇 仇保兴* 郭苏建 胡小君 李金珊 刘卫东 阮云星 谭　荣 吴次芳 杨廷忠 余逊达 张蔚文 庄孔韶	陈国权 董恒进 郭夏娟 黄敬峰 李　鲁* 刘　渊 沈永东 汪　晖 吴结兵 姚　威 郁建兴 赵鼎新* 邹晓东

注:按一级学科代码升序排列,导师姓名按拼音顺序排列,姓名后加"﹡"者为兼职导师。

附录5　2017年浙江大学分办学形式研究生数　　　　　（单位:人）

办学形式	毕业生数	授予学位数	在校学生数				预计毕业生数
			总计	一年级	二年级	三年级及以上	
总计	6302	6235	28795	9828	7903	11064	6791
学术型学位博士生	1519	1482	10203	2266	2132	5805	2496
国家任务	1441	1408	9945	2266	2132	5547	2475

办学形式	毕业生数	授予学位数	在校学生数				预计毕业生数
			总计	一年级	二年级	三年级及以上	
委托培养	78	74	258	0	0	258	21
自筹经费	0	0	0	0	0	0	0
学术型学位硕士生	2305	2284	8634	3185	2939	2510	2252
国家任务	2303	2282	8582	3185	2939	2458	2200
委托培养	2	2	52	0	0	52	52
自筹经费	0	0	0	0	0	0	0
专业学位博士生	112	111	544	143	139	262	166
国家任务	100	100	464	143	139	182	107
委托培养	12	11	80	0	0	80	59
自筹经费	0	0	0	0	0	0	0
专业学位硕士生	2366	2358	9414	4234	2693	2487	1877
国家任务	2342	2294	9366	4234	2693	2439	1875
委托培养	24	24	48	0	0	48	2
自筹经费	0	0	0	0	0	0	0

附录6　2017年浙江大学分学科研究生数　　　　　　　　　　（单位：人）

学科名称	研究生	毕业生数	授予学位数	在校学生数				预计毕业生数
				总计	一年级	二年级	三年级及以上	
总计	博士生	1519	1482	10203	2266	2132	5805	2766
	硕士生	2305	2284	8634	3185	2939	2510	2240
哲学	博士生	21	21	137	27	29	81	57
	硕士生	27	27	67	29	28	910	43
经济学	博士生	42	39	239	44	38	157	68
	硕士生	52	52	108	55	47	6	2
法学	博士生	25	24	283	61	57	165	107
	硕士生	115	115	251	104	121	26	13
教育学	博士生	18	19	237	39	40	158	84
	硕士生	69	69	196	82	73	41	35

学科名称	研究生	毕业生数	授予学位数	在校学生数				预计毕业生数
				总计	一年级	二年级	三年级及以上	
文学	博士生	62	59	434	74	75	285	197
	硕士生	175	175	499	229	168	102	55
历史学	博士生	9	9	120	22	20	78	46
	硕士生	20	20	58	31	23	4	2
理学	博士生	302	293	1660	414	385	861	437
	硕士生	280	268	1584	563	536	485	453
工学	博士生	665	654	4536	961	880	2695	1176
	硕士生	1171	1168	4035	1365	1292	1378	1250
农学	博士生	130	130	741	177	180	384	206
	硕士生	150	150	548	193	181	174	165
医学	博士生	188	180	1096	307	282	507	212
	硕士生	115	111	820	314	329	177	174
管理学	博士生	57	54	720	140	146	434	176
	硕士生	113	111	403	203	118	82	27
艺术学	博士生	0	0	0	0	0	0	0
	硕士生	18	18	65	17	23	25	21

附录7　2017年浙江大学分专业学位类别研究生数　　　　（单位：人）

专业学位名称	研究生	毕业生数	授予学位数	在校学生数				预计毕业生数
				总计	一年级	二年级	三年级及以上	
总计	博士生	120	168	544	143	139	262	211
	硕士生	2358	3489	9414	4234	2693	2487	1999
教育	博士生	3	6	61	11	7	43	35
	硕士生	9	74	66	55	10	1	1
临床医学	博士生	98	154	416	118	116	182	146
	硕士生	341	355	764	324	237	203	163
口腔医学	博士生	4	7	0	0	0	0	0
	硕士生	20	21	90	41	38	11	9

专业学位名称	研究生	毕业生数	授予学位数	在校学生数				预计毕业生数
				总计	一年级	二年级	三年级及以上	
工程	博士生	15	1	67	14	16	37	30
	硕士生	993	1696	4153	1958	1247	948	759
法律	硕士生	88	133	345	175	88	82	66
体育	硕士生	8	58	23	10	10	3	3
汉语国际教育	硕士生	24	24	91	47	32	12	10
艺术	硕士生	12	12	59	30	15	14	12
农业	硕士生	110	143	463	185	137	141	113
兽医	硕士生	11	12	45	20	12	13	11
风景园林	硕士生	11	22	58	32	13	13	11
公共卫生	硕士生	0	20	0	0	0	0	0
工商管理	硕士生	342	486	1614	510	350	754	604
公共管理	硕士生	100	145	537	252	103	182	146
建筑学	硕士生	32	31	101	37	33	31	25
金融学	硕士生	72	72	197	106	90	1	1
税务	硕士生	10	10	28	14	14	0	0
国际商务	硕士生	28	28	89	43	35	11	9
应用心理	硕士生	15	15	29	15	11	3	3
新闻与传播	硕士生	41	41	66	33	29	4	4
文物与博物馆	硕士生	15	15	41	24	17	0	0
会计	硕士生	20	20	87	34	28	25	20
翻译	硕士生	10	10	36	20	11	5	4
药学	硕士生	28	28	107	54	28	25	20
城市规划	硕士生	0	0	17	17	0	0	0
社会工作	硕士生	18	18	50	26	23	1	1
工程管理	硕士生	0	0	258	172	82	4	4

附录8　2017年浙江大学分学院研究生数　　　　　（单位：人）

学院(系)名称	在校生数	博士生数	硕士生数
人文学院	702	411	291
外国语言文化与国际交流学院	309	107	202
传媒与国际文化学院	295	102	193
经济学院	607	218	389
光华法学院	556	131	425
教育学院	349	184	165
管理学院	2112	325	1787
公共管理学院	1175	339	836
马克思主义学院	127	75	52
数学科学学院	403	158	245
物理学系	348	194	154
化学系	557	303	254
地球科学学院	288	124	164
心理与行为科学系	216	88	128
机械工程学院	1191	465	726
材料科学与工程学院	644	292	352
能源工程学院	1010	473	537
电气工程学院	981	367	614
建筑工程学院	1126	411	715
化学工程与生物工程学院	742	283	459
海洋学院	600	169	431
航空航天学院	309	145	164
高分子科学与工程学系	334	175	159
光电科学与工程学院	588	240	348
信息与电子工程学院	822	254	568
控制科学与工程学院	658	227	431

学院(系)名称	在校生数	博士生数	硕士生数
计算机科学与技术学院	1464	475	989
软件学院	592	0	592
生物医学工程与仪器科学学院	498	207	291
生命科学学院	635	347	288
生物系统工程与食品科学学院	463	210	253
环境与资源学院	735	266	469
农业与生物技术学院	1027	396	631
动物科学学院	464	165	299
医学院	3253	1528	1725
药学院	447	213	234
国际教育学院	1342	680	662
工程师学院	826	0	826
所有院系	28795	10747	18048

附录 9　浙江大学 2017 届参加就业研究生毕业生按单位性质流向统计

单位性质	单位性质流向	硕士比例/%	博士比例/%
各类企业	国有企业	20.44	11.70
	三资企业	18.52	7.25
	其他企业	37.65	19.22
事业单位	科研设计单位	1.39	6.55
	医疗卫生单位	9.01	19.13
	中初等教育单位	0.93	0.09
	高等教育单位	1.81	28.38
	其他事业单位	5.41	4.97
政府、部队	部队	0.08	0.00
	党政机关	4.77	2.71

附录 10　浙江大学 2017 届参加就业研究生毕业生就业流向按地区统计

单位 地区	硕　士		博　士	
	人数/人	比例/%	人数/人	比例/%
浙江	2250	59.19	738	58.25
上海	509	13.39	115	9.08
广东	261	6.87	77	6.08
江苏	150	3.95	55	4.34
北京	171	4.50	38	3.00
山东	50	1.32	41	3.24
四川	54	1.42	19	1.50
安徽	40	1.05	23	1.82
湖北	43	1.13	21	1.66
湖南	34	0.89	10	0.79
福建	32	0.84	11	0.87
陕西	21	0.55	19	1.50
江西	22	0.58	19	1.50
河南	23	0.61	15	1.18
山西	21	0.55	13	1.03
河北	17	0.45	11	0.87
重庆	17	0.45	8	0.63
贵州	15	0.39	5	0.39
新疆	4	0.11	3	0.24
广西	15	0.39	5	0.39
辽宁	7	0.18	7	0.55
天津	11	0.29	2	0.16
云南	13	0.34	0	0.00
吉林	5	0.13	2	0.16
西藏	2	0.05	0	0.00

单位	硕 士		博 士	
地区	人数/人	比例/%	人数/人	比例/%
海南	4	0.11	1	0.08
内蒙古	3	0.08	2	0.16
宁夏	2	0.05	0	0.00
甘肃	2	0.05	3	0.24
青海	3	0.08	1	0.08
黑龙江	0	0.00	2	0.16
香港	0	0.00	1	0.08
台湾	0	0.00	0	0.00
合计	3801	100%	1267	100%

(许斯佳撰稿 叶恭银审稿)

继续教育

【概况】 2017年浙江大学继续教育完善廉政风险防范制度体系，修订《浙江大学继续教育培训管理办法》，严控继续教育准入门槛，规范继续教育办学行为，修订《浙江大学继续教育收入分配管理办法》，加强收入分配管理，严格继续教育财经纪律。强化全过程监督管理，启用"实名实岗酬金发放平台""继续教育网上缴费平台"和"从业人员管理平台"，提升继续教育管理和服务水平。

2017年，浙江大学继续教育办学总收入为10.41亿元，比上年增加2.29亿元，增长28%；教育培训收入9.06亿元，其中专业学院5.63亿元，继续教育学院3.43亿元，教育培训收入比上年增加2.15亿元，增长31%。远程教育收入1.29亿元，比上年略有增长。上交学校管理费1.96亿元，其中教育培训1.57亿元，比上年增加0.5亿元，增长47%，远程学历教育0.39亿元 。

培训人数33.55万余人次，比上年增长43%，其中党政管理人员占80%，企业经管人员占9%，专业技术人员占9%，其他人员占2%；培训项目5802项，比上年增长44%；发放培训证书32.76万余份，其中高级研修班证书1549份，继续教育结业证书约32.61万余份。

2017年远程学历教育招生录取新生总人数16461人，比上年增加2697人，增长19.59%；在籍学生数48687人，比上年减少181人，降低0.37%，其中专科起点本科37133人（含本科及以上层次修读本科6107人），高中起点本科25人，高中起点专科11529人；毕、结业生12386人，其中本科9413人；授予学士学位2715人，学位授予率约为 28.82%；授权招生学习中心数 60 个，重点建设学习中心 20 个，重点支持学习中心 7 个。

自学考试主考专业 12 个，其中专科起点本科 10 个，专科 2 个。完成课程命题、阅卷 2 次共 108 门课程，24810 课次；组织编写考试大纲 2 门；开设网上答疑课程 151 门。组织实践性环节考核 129 人次，毕业论文答辩 341 人。主考专业毕业生 442 人，其中本科 419 人，专科 23 人；授予学士学位 51 名。

【主办第十八届海峡两岸继续教育论坛】该论坛由浙江大学主办、香港理工大学承办，于 2017 年 12 月 14—15 日在香港召开，来自大陆、香港、澳门和台湾地区的 23 所会员高校和 9 所特邀高校共 130 名代表参加。论坛主题是"大数据和数字媒体时代下的继续教育：挑战、机遇和发展趋势"。

【制定一流特色继续教育发展计划】 该计划为浙江大学"双一流"建设方案高强辐射社会服务专项的组成部分，于 2017 年 10 月制定。明确到 2020 年，浙江大学继续教育将形成权责利相统一、资源配置合理、机制运行畅通、民主监督有力的校院管理体制；认定 100 个左右继续教育品牌项目，推进其持续开发和推广，培育 20 个左右符合国家战略、体现学科特色、对接行业需求的高水平、高效益的示范性高端培训项目，开发一批国际合作项目，继续教育全球化取得突破；根据教育部和学校总体要求，2018 年远程学历教育专科完全停招，2019 年远程学历教育全面停招，发挥远程平台优势，积极探索"互联网＋"非学历培训；通过进一步完善干训基地工作体系建设，全面对接中央、国家部委和省级组织部门，形成更为紧密的干部教育培训合作关系，推动干训基地办学质量稳步提升，承办的高层次培训项目数量进一步增加。

【附录】

附录 1　2017 年浙江大学教育培训情况

招生对象	班次/次	人次/人
党政管理人员	4651	268151
企业管理人员	571	29224
专业技术人员	492	31903
其他人员	88	6238
总计	5802	335516

附录 2　2017 年浙江大学远程教育学生情况　　　　　（单位：人）

毕业生数				招生数		在校生数		
合计	本科	专科	授予学士学位数	招生数	注册数	合计	本科	专科
12386	9413	2973	2715	16461	16200	48687	37158	11529

招生层次	专业名称		
专科	会计	市场营销	药学
	工商企业管理	学前教育	护理
	建筑工程管理		
专升本	工商管理	市场营销	土木工程(工程管理)
	公共事业管理	汉语言文学	电气工程及其自动化
	人力资源管理	汉语言文学(师范方向)	护理学
	会计学	英语(经贸英语)	药学
	金融学	电子商务	农业技术推广
	法学	信息管理与信息系统	计算机科学与技术
	学前教育		

附录4　2017 年浙江大学远程教育授权招生学习中心分布情况

省份(分布 11 省市)	学习中心名称(60 个学习中心)
浙江省 (47)	杭州地区(7)：直属学习中心　华家池医学学习中心　杭州学习中心　萧山学习中心　余杭学习中心　建德学习中心　杭州农业学习中心 宁波地区(8)：宁波电大学习中心　宁波学习中心　宁海学习中心　象山学习中心　余姚学习中心　奉化学习中心　宁波医学学习中心　慈溪学习中心 温州地区(9)：温州学习中心　乐清学习中心　平阳学习中心　瑞安学习中心　泰顺学习中心　苍南学习中心　永嘉学习中心　文成学习中心　洞头学习中心 嘉兴地区(4)：嘉兴学习中心　海盐学习中心　海宁学习中心　嘉善学习中心 湖州地区(1)：湖州学习中心 绍兴地区(2)：绍兴学习中心　诸暨医学学习中心 金华地区(8)：金华学习中心　义乌学习中心　磐安学习中心　武义学习中心　永康学习中心　浦江学习中心　兰溪学习中心　东阳医学学习中心 衢州地区(1)：衢州学习中心 舟山地区(1)：普陀学习中心 台州地区(2)：台州电大学习中心　玉环学习中心 丽水地区(4)：丽水学习中心　缙云学习中心　丽水医学学习中心　龙泉学习中心

续表

省份(分布11省市)	学习中心名称(60个学习中心)
江苏省(2)	南京学习中心　苏州学习中心
福建省(1)	厦门学习中心
安徽省(2)	合肥学习中心　芜湖学习中心
上海市(1)	上海学习中心
河南省(1)	洛阳学习中心
湖南省(1)	湘潭学习中心
广西区(1)	南宁学习中心
广东省(2)	深圳学习中心　广州学习中心
河北省(1)	涿州学习中心
海南省(1)	海口学习中心

附录5　2017年浙江大学自学考试主考专业

层　次	专业名称	
专升本	汉语言文学	新闻学
	建筑工程	心理健康教育
	电力系统及其自动化	法律
	经济学	国际贸易
	英语语言文学	金融
专科	护理学	房屋建筑工程

(卜杭斌撰稿　陈　军审稿)

留学生教育

【概况】　2017年,浙江大学留学生教育取得新发展,留学生规模和层次进一步提升。留学生总人数达到6843人,比上年增加9.7%。学位留学生达到4116人,比上年增加17.6%。博士生777人,增加20.4%,硕士生906人,增加21.2%,本科生2433人,增加15.5%。非学历生中,长期语言生1382人,短期生757人,普通进修生513人,高级进修生75人。留学生来自148个国家,学生数量排在前10位的国家依次是韩国、泰国、美国、巴基斯坦、意大利、德国、澳大利亚、日本、俄罗斯、英国。

利用多种招生渠道,加强招生力度。主

动走访国内外中学、留学中介近 40 所,与 7 家中介机构更新了招生合作协议,与斯里兰卡中介机构 China Lanka Education 签订招生合作协议,与东莞新世纪英才学校、诸暨海亮外国语学校等国际中学洽谈增设了 2 个本科留学生生源基地。参加教育部国际司组织的俄罗斯、奥地利、印度尼西亚、马来西亚"留学中国"教育展,参加浙江省教育厅组织的波兰、捷克教育展,宣传浙大的人才培养优势和招生政策。

2017 年浙江大学共承担了"高校研究生"中国政府奖学金项目、"丝绸之路"中国政府奖学金项目、中国政府来华留学卓越奖学金项目和商务部"援外高级学历学位教育专项计划"等 10 多个中国政府奖学金来华留学生项目,招收培养留学生近 1400 人。

浙江大学高度重视孔子学院工作,积极参与 3 所海外孔子学院的共同建设。2017 年组织学生艺术团赴美国和澳大利亚巡演,共计演出 20 场,全面展示了中华文化的魅力。西澳大学孔子学院 2 次获得"先进孔子学院"称号,在西澳州 37 所中小学设有教学点,涉及学习中文的学生人数近 7000 人,比 2016 年增长 4 成。美国罗德岛大学孔子学院开设的语言和文化项目迅速发展,如中文教师执照项目、从幼儿园到高中的中文项目、向高中生提供的学分课程、华裔学生中文课等,其汉语教师培训工作坊已成为培训当地汉语教师的品牌项目。日本立命馆亚洲太平洋大学(APU)孔子学院在 APU 校内、大分市、福冈市三地开设汉语讲座,并提供书法、绘画、太极等趣味性课程;在学校的 SALC(Self Access Learning Center/自主学习中心)设置了汉语学习展台,受到广泛欢迎;和大分华侨华人会合作举办了"大分中文学园",和日本青少年育成协会合作,成立

了目前该地区唯一的汉语水平考试考点,并开始实施汉语水平考试(HSK)和汉语水平口语考试(HSKK)。

【通过全国来华留学质量认证】 12 月 15 日,在"中国高等教育国际化发展状况调查报告发布暨来华留学质量认证工作会"上,举行了由中国教育国际交流协会进行的第 2 批来华留学质量认证工作结果发布及颁证仪式。国际教育学院副院长(主持工作)沈杰代表浙江大学接受了中国教育国际交流协会赵灵山秘书长颁发的来华留学质量认证证书。近年来,浙大的来华留学工作得到了上级教育部门的充分肯定。2013 年浙大被教育部评选为首批全国来华留学示范基地建设单位,2014 年被授予来华留学教育先进集体荣誉称号。2016 年下半年,浙大与中国教育国际交流协会签约成为第 2 批来华留学质量认证试点单位。

【国务院副总理刘延东对浙江大学留学生工作提出殷切期望】 11 月 26 日,作为中国—印尼人文交流机制文化活动的组成部分,第十四届"留学中国"教育展在印度尼西亚首都雅加达开幕。国务院副总理刘延东来到了处于会展中心的浙江大学宣展台前,详细询问浙大与印尼高校的合作交流情况。刘延东在听取浙大的汇报后指出,习近平总书记曾在浙江工作过,对浙江大学的情况非常熟悉,也对浙江大学的发展寄予厚望。她充分肯定了浙江大学在中国教育国际化中发挥的重要作用,特别肯定了浙江大学服务于国家"一带一路"倡议和重点对沿线岛国开展涉海学科留学生招生和培养的做法,对促进中国和印尼两国交流做出了贡献。

【举办第 1 次汉语水平考试(HSK)网络考试】 12 月 3 日,浙江大学国际教育学院考点在紫金港校区亚洲青年交流中心第 1 次

举办汉语水平考试(HSK)网络考试并圆满完成考试任务。

汉语水平考试(HSK)是一项国际标准化考试,重点考查汉语非第一语言的考生在生活、学习和工作中运用汉语进行交际的能力。汉语网络考试是无纸化考试,考生通过鼠标键盘作答,考试过程自动计时。

【附录】

附录1　浙江大学2017年外国留学生数　（单位:人）

博士研究生	硕士研究生	本科生	高级进修生	普通进修生	汉语生	短期生	合计
777	906	2433	75	513	1382	757	6843

附录2　浙江大学2017年分学科门类外国留学生数　（单位:人）

序号	学科	长期生								长期生小计	短期生	短期生小计	合计
		语言生	研究学者	普进	预科	专科	本科	高进	硕研	博研		短期	
1	法学	0	0	9	0	0	54	0	109	31	203	46	46	249
2	工学	0	0	204	0	0	233	32	59	250	778	94	94	872
3	管理学	0	0	80	0	0	228	24	141	105	578	30	30	608
4	教育学	0	0	3	0	0	7	1	23	34	68	0	0	68
5	经济学	0	0	8	0	0	366	1	76	11	462	0	0	462
6	理学	0	0	5	0	0	50	4	33	82	174	0	0	174
7	历史学	0	0	1	0	0	11	2	6	7	27	0	0	27
8	农学	0	0	0	0	0	19	6	22	96	143	8	8	151
9	文学	1382	0	192	0	0	832	1	365	68	2840	536	536	3376
10	医学	0	0	9	0	0	625	4	66	83	787	43	43	830
11	哲学	0	0	2	0	0	8	0	6	10	26	0	0	26
	共计	1382	0	513	0	0	2433	75	906	777	6086	757	757	6843

附录3　浙江大学2017年分院系外国留学生数　（单位:人）

院系	博士研究生	硕士研究生	本科生	研究学者	高级进修生	普通进修生	语言生	短期生	合计
人文学院	68	88	103		2	32			293
外国语言文化与国际交流学院*	9	5	263		1	25			303

院系	博士研究生	硕士研究生	本科生	研究学者	高级进修生	普通进修生	语言生	短期生	合计
传媒与国际文化学院	8	90	300			3			401
经济学院	11	76	366		1	8			462
光华法学院	29	36	17			1			83
教育学院	22	6	12		1	1			42
管理学院	54	52	213		22	76			417
公共管理学院	53	158	41		2	12			266
马克思主义学院		2							2
数学科学学院	9	2	8						19
物理学系	11	1	4						16
化学系	5	1	3			4			13
地球科学学院	10		3						14
心理与行为科学系	12	4	20			2			38
机械工程学院	4	8	39		9	4			64
材料科学与工程学院	24	3	2		1				30
能源工程学院	18	3	9		4	3			37
电气工程学院	13	1	25		4	3			46
建筑工程学院	22	12	57			5			96
化工工程与生物工程学院	38	6	19		2	48			113
海洋学院	38	36	1						75
航空航天学院	1		2			4			7
高分子科学与工程学系	15		2		3				20
光电科学与工程学院	7				3				10
信息与电子工程学院	25	1	5		2	1			34
控制科学与工程学院	7	4	2		1	17			31
计算机科学与技术学院	15	6	68		1	20			110
软件学院									
生物医学工程与仪器科学学院	8	2	9						19

续表

院系	博士研究生	硕士研究生	本科生	研究学者	高级进修生	普通进修生	语言生	短期生	合计
生命科学学院	13	4	7		1	1			26
生物系统工程与食品科学学院	26	2	4		3	1			36
环境与资源学院	29	2	6						37
农业与生物技术学院	81	22	9		6				118
动物科学学院	12		9		1				22
医学院	58	61	621		5	7			752
药学院	22	4	4			2			32
中国学中心		207				8			215
国际教育学院			180			128	1382	757	2447
国际设计研究院						97			97
共计	777	906	2433		75	513	1382	757	6843

附录4　浙江大学 2017 年分经费来源外国留学生数　　　（单位：人）

浙江省政府资助	中国政府资助	中国学校奖学金	本国政府资助	校际交流	自费	合计
125	1393	621	93	521	4090	6843

附录5　浙江大学 2017 年主要国家留学生数　　　（单位：人）

韩国	泰国	美国	巴基斯坦	意大利	德国	澳大利亚	日本	俄罗斯	英国
1853	491	394	359	221	213	194	182	181	180

附录6　浙江大学 2017 年分大洲外国留学生数　　　（单位：人）

亚洲	非洲	欧洲	美洲	大洋洲	合计
4315	376	1351	594	207	6843

附录7　浙江大学 2017 年毕业、结业外国留学生数　　　（单位：人）

博士研究生	硕士研究生	本科生	高级进修生	普通进修生	汉语生	短期生	合计
70	185	373	56	364	691	757	2496

（朱　旸撰稿　唐晓武审稿）

科学研究与社会服务

科学技术研究

【概况】　2017 年,浙江大学坚持高质量的科研内涵式发展道路,推进科研发展方式转变和科研管理体制完善,实现科研事业持续稳步发展。

科研规模在高位稳步扩展,科研经费突破 40 亿元,达 40.17 亿元(比 2016 年增加 4.99 亿元)。其中,纵向科研经费 29.16 亿元(占 72.59%),横向科研经费 11.01 亿元(占 27.41%)。

重大科研项目承载能力稳定提升,全年新增三重项目(重点、重要、重大项目)87 项;新增牵头主持国家重点研发计划项目 19 项(其中千万级项目 14 项),课题 72 项,总经费 6.22 亿元;新增牵头主持国家重大专项课题 11 项(其中千万级课题 10 项),总经费 2.90 亿元;获批国家基金重大项目 1 项,国家基金重点项目 19 项。

持续创新科研组织模式,以适应国家科技体制机制改革,有效对接国家"科技创新 2030 计划"①,成立"科技创新 2030"推进工作小组,加强校内组织动员,统筹前期布局;加快推进"16＋X"科研联盟建设,加强联盟运行管理,制定出台《浙江大学科研联盟管理暂行办法》,并完成联盟建设中期评估工作;持续加强科技创新团队建设,完成阶段性评估考核,通过"稳定支持、动态调整"的运行模式,科技创新团队已成为学校科研工作的重要力量。

科研人才类项目得以稳健发展,2 个国家自然科学基金创新研究群体项目获批,居全国高校第二;1 个国家自然科学基金创新研究群体项目获得滚动支持;9 人获得国家杰出青年科学基金资助,居全国高校第四;19 人获得优秀青年科学基金项目资助,居全国高校第三;2017 年汤森路透全球高被引学者上榜人数 14 人,居全国高校第二。截至 2017 年年底,浙江大学共获批国家杰

---

①　国务院印发的《"十三五"国家科技创新规划》指出,要在实施好已有的国家科技重大专项基础上,面向 2030 年,再选择一批体现国家战略意图的重大科技项目和工程,力争有所突破。

出青年科学基金项目 124 项,国家优秀青年科学基金项目 107 项,国家自然科学基金创新研究群体 13 个,教育部创新团队 18 个,农业部科研杰出人才及其创新团队 11 个,科技部创新人才推进计划重点领域创新团队 9 个,国防科技创新团队 1 个。

作为第一完成单位获 2017 年度国家科学技术奖共 4 项。其中,国家科技进步特等奖 1 项(中国高校首个)、二等奖 1 项、国家技术发明一等奖 1 项(浙江大学首个)、二等奖 1 项,另外,获得国家科技进步二等奖(科普类)1 项;作为参与单位获得国家科学技术奖一等奖 3 项,二等奖 6 项。还入选 2017 年度"中国高等学校十大科技进展"1 项;作为第一完成单位获 2017 年教育部高等学校科学研究优秀成果奖(科学技术)16 项(一等奖 8 项、二等奖 8 项);作为第一完成单位获 2016 年浙江省科学技术奖一等奖 11 项;获中国专利奖优秀奖 2 项,中国机械工业科学技术奖一等奖 2 项,中国石油和化学工业联合会科学技术奖一等奖 1 项,中华农业奖一等奖 1 项。

截至 2017 年 12 月 13 日,全校被 SCI 收录第一单位论文 5815 篇(比 2016 年增长 2.4%),其中两类论文 5577 篇(比 2016 年增长 2.9%),其中影响因子 10 以上论文 138 篇(比 2016 年增长 21%);作为第一和通讯作者单位在三大期刊及子刊发表 Article、Review 两类论文 34 篇(比 2016 年增长 36%),其中 Science 1 篇、Cell 1 篇、Nature 子刊 25 篇、Cell 子刊 6 篇、Science 子刊 1 篇、PNAS 9 篇。根据中信所 2017 年 10 月公布的数据,2016 年度,浙江大学被科学引文索引扩展版(SCI)收录论文篇数、2007—2016 年十年论文被引次数、中国卓越科技论文收录篇数、作为第一作者国际合著论文篇数均位居全国高校第一。

获中国三大专利授权 2404 件(其中发明专利 2016 件),其中发明专利授权数持续位居国内高校第一,通过 PCT(专利合作协定)途径申请专利 14 件;新签横向技术合同 2945 项,合同经费达 140565 万元,其中技术转让合同 41 项,合同经费 3148 万元。

贯彻落实《国家科技创新基地优化整合方案》《"十三五"国家科技创新基地与条件保障能力建设专项规划》,组织"计算机辅助设计与图形学"等 3 家国家重点实验室参加信息领域国家重点实验室评估;持续推进浙江省重点实验室(工程技术研究中心)建设,"浙江省呼吸疾病诊治及研究重点实验室"等 3 家重点实验室(工程技术研究中心)通过省科技厅认定。至 2017 年 12 月 31 日,浙江大学已拥有国家级科研基地 25 个,其中国家重点实验室 10 个、国家工程技术研究中心 4 个、国家工程研究中心 2 个、国家(地方联合)工程实验室 9 个,拥有各类省部级基地 136 个;自主设立校设研究院 16 个、研究中心 39 个、研究所 183 个,为学校科研发展提供了强大平台支撑。

逐步推进高水平科研平台建设,"超重力离心模拟与实验装置"国家重大科技基础设施项目申报建设工作进展顺利;推荐"重大工程工业控制系统信息安全大型实验装置"项目作为"十四五"国家重大科技基础设施教育部培育项目;在中共浙江省委省政府领导下,发挥核心作用,积极与阿里巴巴合作推动之江实验室建设,之江实验室于 2017 年 9 月 6 日揭牌成立。

面向国防领域重大需求,积极承担各类国防科技重大科研任务;深化渠道建设,面向国防和武器装备创新发展重大需求,凝练重大项目,大力推动国防科技 12+X 大团队建设;陆续启动"浙江大学国防科技十三五发展规划"相关重点任务,创新组织模式,培育国防科研潜在增长点;联合优势单位,深化合作共建基地平台,大力支持培育军民融合国家重大科技基础设施建设工程;有序推进国防特色学科建设,将国防特色学科纳入浙江大学"双一流"特色学科建设体系;注重加强国防科研团队建设,完善团队培育和建设的各类政策和渠道,组织申报首批国防科技卓越青年人才基金项目,浙江大学3人入围公示名单,位居教育部高校第一。2017年,国防科研新上项目317项,实际到款经费4.12亿元,其中单个合同经费超过5千万元的项目3项。

从国家战略需求出发,以全球视野布局国际科研合作,深化与欧美等发达国家的合作交流,稳定与俄罗斯和东欧的科技合作,布局"一带一路"沿线国家和地区的互利合作,推进与南美国家的学术交流,持续向非洲国家科技输出。依托学校优势,在重点领域建设一流的国际科研合作平台,承担战略性国际科技合作项目,提升学校在国际前沿研究领域的影响力。2017年,浙江大学牵头承担科技部政府间国际科技创新合作重点专项7项;启动建设科技部国际科技合作基地1个和教育部高等学校学科创新引智基地1个;获批浙江省"一带一路"专项1项。

推动学校机关部门的横向协同,加快组织、人事、人才培养等科研相关政策的调整、落地,为学校科研可持续发展提供强有力的保障;推进全校科研发展的纵向互动,建立科研联席会议机制,逐渐形成"学校—院系—研究所"有机联动的科研管理新格局。及时调整科研政策,面向科研难点精准发力。规范和加强学校中央高校基本科研业务费的管理,制定出台《浙江大学中央高校基本科研业务费管理细则》《浙江大学科研项目经费内部监督检查规定》《浙江大学财政科研项目经费预算调整管理办法(试行)》等一系列规范性文件。

【李兰娟院士团队获得2017年国家科技进步奖特等奖】 医学院附属第一医院李兰娟院士团队"以防控人感染H7N9禽流感为代表的新发传染病防治体系重大创新和技术突破"获得中国高校首个国家科技进步奖特等奖。李兰娟院士团队承担国家任务,创建国家平台,汇聚国家力量,在发现新病原、确认传染源、明确发病机制、有效临床救治、研发新型疫苗和诊断技术方面取得六项重大创新和技术突破,创立了新突发传染病防治的"中国模式"和"中国技术"。成功阻击了H7N9禽流感疫情暴发,避免SARS悲剧重演;援助非洲抗击埃博拉疫情,展现中国力量。世界卫生组织评价该成果具有里程碑意义,堪称"国际典范",成为国际"领跑者"。

【高翔教授团队获2017年国家技术发明奖一等奖】 能源工程学院高翔教授团队"燃煤机组超低排放关键技术研发与应用"获得浙江大学历史上首个国家技术发明奖一等奖。该项目针对燃煤污染严重的形势,在多活性中心催化剂、颗粒物/SO_3强化脱除技术及多污染物高效协同脱除超低排放系统等方面取得了系列技术发明,攻克了高效率、高适应、高可靠、低成本等关键技术难题,率先实现了燃煤烟气多污染物超低排放(优于世界最严标准)。项目成果已规模化应用,技术和产品已输出欧美和"一带一路"国家,近三年新增销售额109.6亿元。

【曹雪涛院士研究团队在 *Cell* 杂志发表文章】 2017年7月,医学院曹雪涛院士团队的研究成果发表在 *Cell*(《细胞》)杂志,"Methyltransferase SETD2-Mediated Methylation of STAT 1 is critical for Interferon Antiviral Activity"(甲基转移酶SETD2介导的STAT 1

甲基化促进了干扰素抗病毒效果)(*Cell*, 2017,170[3]:492-506)。该研究利用高通量筛选的手段,发现了甲基转移酶 SETD2 通过直接催化信号蛋白 STAT1 甲基化修饰的新机制,揭示了 SETD2 在促进干扰素抗病毒效应中的重要功能,为临床上研发新的抗 HBV 感染药物提供了潜在的靶标,为免疫调控机制的研究提供了新的思路。

【朱永群教授课题组在 *Science* 杂志发表文章】 2017 年 10 月,生命科学研究院朱永群教授课题组的研究成果发表在 *Science*(《科学》)杂志,"Nε-Fatty Acylation of Rho GTPases by a MARTX Toxin Effector"(细菌 MARTX 毒素效应因子对宿主 Rho 小 G 蛋白的赖氨酸 Nε-长链脂肪酰化修饰)(*Science*,2017,358[6362]:528-531)。该研究发现 RID 能以棕榈酰辅酶 A 等长链脂肪酰辅酶 A 为配体,特异地对宿主关键信号分子 Rac1 进行赖氨酸长链脂肪酰化修饰,修饰后的 Rac1 彻底丧失所有功能,从而抑制了宿主肌动蛋白细胞骨架信号通路以及由 Rac1 调节的宿主吞噬、细胞迁移和抗菌氧自由基产生等免疫防御。该研究对深入认识相关疾病的发生和新型抗菌药物的研发具有重要意义,同时也首次发现 C 端多碱性氨基酸区域在小 G 蛋白功能中发挥了重要作用。

【积极推进之江实验室组织策划与筹建】 之江实验室按"一体、双核、多点"的构架组建,即建立以浙江省政府、浙江大学、阿里巴巴集团共同出资成立的之江实验室为一体,以浙江大学、阿里巴巴集团为双核,以国内外高校院所、央企民企优质创新资源为多点的组织架构,该实验室于 2017 年 9 月 6 日正式揭牌成立。在中共浙江省委省政府领导下,浙江大学发挥核心作用,积极与阿里巴巴合作推动之江实验室建设,组织整合校内信息和人工智能领域基地、人才、大型仪器设备等优势创新资源,研究各项配套政策,支撑相关团队进入之江实验室开展研究,争创网络信息、人工智能领域国家实验室,打造世界一流的科研高地,同时也为学校"双一流"建设提供有力支撑。

【附录】

附录 1　2017 年浙江大学科研机构(研究所)

所属院系	序号	研究所名称	负责人
数学科学学院	1	高等数学研究所	方道元
	2	信息数学研究所	张振跃
	3	科学与工程计算研究所	程晓良
	4	统计研究所	苏中根
	5	应用数学研究所	孔德兴
	6	运筹与控制科学研究所	刘康生
物理学系	7	光学研究所	朱诗尧
	8	凝聚态物理研究所	许祝安
	9	电子与无线电物理研究所	吴惠桢
	10	浙江近代物理中心	李政道

所属院系	序号	研究所名称	负责人
化学系	11	物理化学研究所	王从敏
	12	有机与药物化学研究所	史炳锋
	13	高新材料化学研究所	吴传德
	14	催化研究所	王 勇
	15	分析化学研究所	苏 彬
地球科学学院	16	地质与地球物理研究所	邹乐君
	17	地理信息科学研究所	刘仁义
	18	气象信息与预测研究所	曹 龙
	19	环境与生物地球化学研究所	孙永革
	20	空间信息技术研究所	章孝灿
	21	海底科学研究所	陈汉林
	22	城市与区域发展研究所	金平斌
心理与行为科学系	23	应用心理学研究所	马剑虹
	24	认知与发展心理学研究所	张智君
机械工程学院	25	机械电子控制工程研究所	王庆丰
	26	制造技术及装备自动化研究所	傅建中
	27	设计工程研究所	张树有
	28	航空制造工程研究所	董辉跃
	29	微纳技术与精密工程研究所	刘 涛
	30	机械设计研究所	童水光
	31	工业工程研究所	唐任仲
材料科学与工程学院	32	半导体材料研究所	杨德仁
	33	金属材料研究所	涂江平
	34	无机非金属材料研究所	钱国栋
	35	材料物理研究所	陈湘明
	36	功能复合材料与结构研究所	彭华新
能源工程学院	37	热能工程研究所	岑可法
	38	动力机械与车辆工程研究所	刘震涛
	39	制冷与低温研究所	张学军
	40	热工与动力系统研究所	盛德仁
	41	化工机械研究所	洪伟荣

所属院系	序号	研究所名称	负责人
电气工程学院	42	电机及其控制研究所	黄　进
	43	电力系统及其自动化研究所	徐　政
	44	航天电气及微特电机研究所	沈建新
	45	电力经济与信息化研究所	文福拴
	46	电气自动化研究所	颜文俊
	47	系统科学与控制研究所	许　力
	48	电力电子技术研究所	徐德鸿
	49	电工电子新技术研究所	杨仕友
建筑工程学院	50	结构工程研究所	金伟良
	51	岩土工程研究所	陈云敏
	52	水工结构与水环境研究所	刘国华
	53	交通工程研究所	徐荣桥
	54	土木工程管理研究所	张　宏
	55	市政工程研究所	张土乔
	56	防灾工程研究所	尚岳全
	57	建筑材料研究所	钱晓倩
	58	高性能建筑结构与材料研究所	徐世烺
	59	建筑设计及其理论研究所	徐　雷
	60	建筑技术研究所	葛　坚
	61	城市规划与设计研究所	华　晨
	62	城乡规划理论与技术研究所	韩昊英
	63	水文与水资源工程研究所	冉启华
	64	空间结构研究中心	董石麟
	65	滨海和城市岩土工程研究中心	龚晓南
	66	智能交通研究所	王殿海
化学工程与生物工程学院	67	聚合与聚合物工程研究所	罗英武
	68	化学工程研究所	
	69	联合化学反应工程研究所	陈志荣
	70	生物工程研究所	吴坚平
	71	制药工程研究所	吕秀阳
	72	工业生态与环境研究所	李　伟

浙江大学年鉴

所属院系	序号	研究所名称	负责人
海洋学院	73	港口海岸与近海工程研究所	孙志林
	74	海洋化学与环境研究所	张朝晖
	75	海岛海岸带研究所	吴嘉平
	76	海洋传感与网络研究所	瞿逢重
	77	船舶与海洋结构研究所（筹）	冷建兴
	78	海洋电子研究所（筹）	徐志伟
	79	海洋机器人研究所（筹）	朱世强
	80	海洋地质与资源研究所	李春峰
	81	海洋工程与技术研究所	陈　鹰
	82	物理海洋研究所	宋金宝
	83	海洋生物研究所	王　岩
航空航天学院	84	流体工程研究所	余钊圣
	85	空天信息技术研究所	宋广华
	86	应用力学研究所	朱位秋
	87	飞行器设计与推进技术研究所	郑　耀
	88	无人机系统与控制研究所	陶伟明
	89	航天电子工程研究所	郁发新
	90	微小卫星研究中心	金仲和
高分子科学与工程学系	91	高分子科学研究所	高　超
	92	高分子复合材料研究所	陈红征
	93	生物医用大分子研究所	计　剑
光电科学与工程学院	94	光学成像工程研究所	冯华君
	95	光学工程研究所	白　剑
	96	微纳光子学研究所	仇　旻
	97	激光生物医学研究所	丁志华
	98	光电信息检测技术研究所	严惠民
	99	光电工程研究所	刘　旭
	100	光电子技术研究所	沈永行
	101	光及电磁波研究中心	何赛灵
	102	光学惯性技术工程中心	刘　承

续表

所属院系	序号	研究所名称	负责人
信息与电子工程学院	103	信息与通信网络工程研究所	虞 露
	104	智能通信网络与安全研究所	赵民建
	105	信号空间和信息系统研究所	徐 文
	106	微纳电子研究所	程志渊
	107	超大规模集成电路设计研究所	张 明
控制科学与工程学院	108	工业控制研究所	孙优贤
	109	自动化仪表研究所	黄志尧
	110	智能系统与控制研究所	苏宏业
计算机科学与技术学院	111	人工智能研究所	吴 飞
	112	系统结构与网络安全研究所	何钦铭
	113	计算机软件研究所	陈 刚
	114	现代工业设计研究所	孙守迁
生物医学工程与仪器科学学院	115	生物医学工程研究所	夏 灵
	116	数字技术及仪器研究所	陈耀武
	117	医疗健康信息工程技术研究所	叶学松
生命科学学院	118	植物生物学研究所	郑绍建
	119	微生物研究所	冯明光
	120	生态研究所	方盛国
	121	细胞与发育生物学研究所	杨卫军
	122	生物化学研究所	周耐明
	123	遗传与再生生物学研究所	严庆丰
生物系统工程与食品科学学院	124	农业生物环境工程研究所	朱松明
	125	智能农业装备研究所	王剑平
	126	农业信息技术研究所	何 勇
	127	食品生物科学技术研究所	冯凤琴
	128	食品加工工程研究所	刘东红
环境与资源学院	129	环境健康研究所	刘维屏
	130	环境过程研究所	林道辉
	131	农业化学研究所	林咸永

所属院系	序号	研究所名称	负责人
环境与 资源学院	132	农业遥感与信息技术应用研究所	史 舟
	133	土水资源与环境研究所	何 艳
	134	环境污染防治研究所	吴伟祥
	135	环境技术研究所	吴忠标
	136	环境生态研究所	郑 平
	137	环境影响评价研究室	史惠祥
农业与生物 技术学院	138	生物技术研究所	马忠华
	139	原子核农业科学研究所	华跃进
	140	作物科学研究所	张国平
	141	蔬菜研究所	卢 钢
	142	果树科学研究所	孙崇德
	143	园林研究所	夏宜平
	144	昆虫科学研究所	陈学新
	145	农药与环境毒理研究所	虞云龙
	146	茶叶研究所	王岳飞
动物科学学院	147	饲料科学研究所	汪以真
	148	动物预防医学研究所	方维焕
	149	奶业科学研究所	刘建新
	150	蚕蜂研究所	胡福良
	151	动物养殖与环境工程研究所	陈安国
	152	应用生物资源研究所	朱良均
	153	动物遗传繁育研究所	彭金荣
医学院	154	传染病研究所	李兰娟
	155	血液病研究所	黄 河
	156	肿瘤研究所	于晓方
	157	儿科研究所	杜立中
	158	外科研究所	王伟林
	159	心血管病研究所	王建安
	160	脑医学研究所	张建民

浙江大学年鉴

所属院系	序号	研究所名称	负责人
医学院	161	急救医学研究所	张 茂
	162	骨科研究所	叶招明
	163	妇产科计划生育研究所	吕卫国
	164	邵逸夫临床医学研究所	俞云松
	165	眼科研究所	姚 克
	166	呼吸疾病研究所	沈华浩
	167	免疫学研究所	曹雪涛
	168	病理学与法医学研究所	周 韧
	169	社会医学与全科医学	李 鲁
	170	环境医学研究所	孙文均
	171	营养与食品安全研究所	王福俤
	172	神经科学研究所	段树民
	173	微创外科研究所	蔡秀军
	174	核医学与分子影像研究所	张 宏
	175	胃肠病研究所	姒健敏
	176	细胞生物学研究所	张咸宁
	177	器官移植研究所	郑树森
	178	口腔医学研究所	王慧明
	179	肾脏病研究所	陈江华
	180	遗传学研究所	管敏鑫
药学院	181	药物发现与设计研究所	崔孙良
	182	药物制剂研究所	高建青
	183	药物信息学研究所	瞿海斌
	184	现代中药研究所	吴永江
	185	药理毒理研究所	何俏军
	186	药物代谢和药物分析研究所	曾 苏
	187	药物生物技术研究所	李永泉

附录 2　2017 年浙江大学科研机构（独立研究院）

序号	独立研究院名称	批准时间	负责人
1	浙江加州国际纳米技术研究院	2005 年 12 月	杨　辉
2	浙江大学台州研究院	2006 年 03 月	冯培恩　颜文俊
3	浙江大学求是高等研究院	2006 年 10 月	徐立之
4	浙江大学国际创新研究院	2007 年 05 月	朱　敏
5	浙江大学生命科学研究院	2009 年 10 月	冯新华　管坤良
6	浙江大学水环境研究院	2009 年 12 月	徐向阳
7	浙江大学可持续能源研究院	2010 年 01 月	倪明江　骆仲泱
8	浙江大学集成电路与基础软件研究院	2010 年 04 月	严晓浪
9	浙江大学国际设计研究院	2010 年 09 月	刘　波
10	浙江大学转化医学研究院	2012 年 03 月	孙　毅
11	浙江大学海洋研究院	2014 年 05 月	张海生
12	浙江大学(杭州)创新医药研究院	2016 年 10 月	杨　波
13	浙江大学中国新型城镇化研究院	2017 年 04 月	吴　越
14	浙江大学机器人研究院	2017 年 06 月	朱世强
15	浙江大学数学高等研究院(筹)	2017 年 12 月	励建书

附录 3　2017 年浙江大学国家、省部级科研基地

序号	基地名称	批准日期	负责人	学院(系)
	国家重点实验室			
1	硅材料国家重点实验室	1985 年 08 月	杨德仁	材料学院
2	计算机辅助设计与图形学国家重点实验室	1989 年 02 月	周　昆	计算机学院
3	流体动力与机电系统国家重点实验室	1989 年 06 月	杨华勇	机械学院
4	工业控制技术国家重点实验室	1989 年 06 月	苏宏业	控制学院
5	现代光学仪器国家重点实验室	1989 年 06 月	仇　旻	光电学院
6	能源清洁利用国家重点实验室	2005 年 03 月	骆仲泱	能源学院
7	传染病诊治国家重点实验室	2007 年 10 月	李兰娟	附属第一医院
8	化学工程联合国家重点实验室(联合)	1987 年 06 月	李伯耿	化工学院
9	植物生理学与生物化学国家重点实验室(参加)	2002 年 01 月	郑绍建	生科学院

续表

序号	基地名称	批准日期	负责人	学院(系)
10	水稻生物学国家重点实验室(参加)	2003年12月	叶恭银	农学院
国家(地方联合)工程基地				
1	生物饲料安全与污染防控国家工程实验室	2008年07月	刘建新	动科学院
2	工业控制系统安全技术国家工程实验室	2013年11月	冯冬芹	控制学院
3	垃圾焚烧技术与装备国家工程实验室	2016年10月	严建华	能源学院
4	海洋工程装备国家地方联合工程实验室(浙江)	2012年10月	朱世强	海洋学院
5	工业生物催化国家地方联合工程实验室(浙江)	2013年10月	杨立荣	化工学院
6	园艺产品冷链物流工艺与装备国家地方联合工程实验室(浙江)	2015年03月	孙崇德	农学院
7	药物制剂技术国家地方联合工程实验室(浙江)	2015年12月	胡富强	药学院
8	智能食品加工技术与装备国家地方联合工程实验室(浙江)	2016年10月	刘东红	生工食品学院
9	先进结构设计与建造技术国家地方联合工程研究中心(浙江)	2017年12月	罗尧治	建工学院
教育部重点实验室				
1	生物医学工程教育部重点实验室	2000年08月	王 平	生仪学院
2	濒危动植物保护生物学教育部重点实验室	2000年08月	冯新华	生科学院
3	动物分子营养学教育部重点实验室	2000年8月	汪以真	动科学院
4	污染环境修复与生态健康教育部重点实验室	2003年11月	梁永超	环资学院
5	高分子合成与功能构造教育部重点实验室	2005年12月	郑 强	高分子系
6	软弱土与环境土工教育部重点实验室	2007年02月	陈云敏	建工学院
7	恶性肿瘤预警与干预教育部重点实验室	2007年12月	胡 汛	附属第二医院
8	生殖遗传教育部重点实验室	2010年11月	黄荷凤	附属妇产科医院
9	生物质化工教育部重点实验室	2011年12月	任其龙	化工学院
10	视觉感知教育部—微软重点实验室	2005年02月	庄越挺	计算机学院
11	＊＊＊教育部重点实验室(B类)	2008年10月	郑 耀	航空航天学院
12	＊＊＊教育部重点实验室(B类)	2008年10月	吴朝晖	计算机学院
13	＊＊＊教育部重点实验室(B类)	2013年09月	冯冬芹	控制学院

続表

序号	基地名称	批准日期	负责人	学院(系)
农业部重点实验室				
1	农业部核农学重点实验室	2016 年 12 月	华跃进	农学院
2	农业部华东动物营养与饲料重点实验室	2016 年 12 月	汪以真	动科学院
3	农业部设施农业装备与信息化重点实验室	2016 年 12 月	朱松明	生工食品学院
4	农业部园艺作物生长发育重点实验室	2016 年 12 月	喻景权	农学院
5	农业部动物病毒学重点实验室	2016 年 12 月	周继勇	动科学院
6	农业部作物病虫分子生物学重点实验室	2016 年 12 月	陈学新	农学院
7	农业部农产品产后处理重点实验室(试运行)	2016 年 12 月	罗自生	生工食品学院
8	农业部农产品产地处理装备重点实验室(试运行)	2016 年 12 月	应义斌	生工食品学院
9	农业部光谱检测重点实验室(试运行)	2016 年 12 月	何 勇	生工食品学院
卫计委重点实验室				
1	卫计委传染病学重点实验室	1996 年 02 月	李兰娟	附属第一医院
2	卫计委多器官联合移植研究重点实验室	2000 年 12 月	郑树森	附属第一医院
3	卫计委医学神经生物学重点实验室	2007 年 04 月	罗建红	基础医学系
国家国防科技工业局实验室				
1	＊＊＊国防重点学科实验室	2007 年 10 月	刘 承	光电学院
浙江省重点实验室				
1	浙江省医学分子生物学重点实验室	1991 年 12 月	丁克峰	附属第二医院
2	浙江省应用化学重点实验室	1992 年 03 月	肖丰收	化学系
3	浙江省饲料与动物营养重点实验室	1992 年 05 月	汪以真	动科学院
4	浙江省资源与环境信息系统重点研究实验室	1993 年 11 月	刘仁义	地科学院
5	浙江省农业遥感与信息技术重点实验室	1993 年 11 月	黄敬峰	环资学院
6	浙江省细胞与基因工程重点实验室	1995 年 09 月	邵健忠	生科学院
7	浙江省核农学重点实验室	1995 年 10 月	华跃进	农学院
8	浙江省信息处理与通信网络重点实验室	1997 年 10 月	张朝阳	信电学院
9	浙江省农业资源与环境重点实验室	1997 年 10 月	徐建明	环资学院
10	浙江省心脑血管检测技术与药效评价重点实验室	1997 年 10 月	陈 杭	生仪学院
11	浙江省电磁及复合暴露健康危害重点实验室	1997 年 10 月	许正平	公共卫生系

序号	基地名称	批准日期	负责人	学院(系)
12	浙江省先进制造技术重点实验室	1999 年 07 月	柯映林	机械学院
13	浙江省器官移植重点实验室	2000 年 04 月	郑树森	附属第一医院
14	浙江省动物预防医学重点实验室	2004 年 08 月	杜爱芳	动科学院
15	浙江省女性生殖健康研究重点实验室	2005 年 12 月	谢 幸	附属妇产科医院
16	浙江省传染病重点实验室	2006 年 09 月	李兰娟	附属第一医院
17	浙江省医学分子影像重点实验室	2006 年 10 月	田 梅	附属第二医院
18	浙江省生物治疗重点实验室	2007 年 01 月	金洪传	附属邵逸夫医院
19	浙江省水体污染控制与环境安全技术重点实验室	2007 年 12 月	徐向阳	环资学院
20	浙江省新生儿疾病(诊治)重点实验室	2008 年 12 月	杜立中	附属儿童医院
21	浙江省血液肿瘤(诊治)重点实验室	2008 年 12 月	金 洁	附属第一医院
22	浙江省服务机器人重点实验室	2008 年 12 月	卜佳俊	计算机学院
23	浙江省微生物生化与代谢工程重点实验室	2009 年 12 月	李永泉	基础医学系
24	浙江省心血管诊治重点实验室	2009 年 12 月	王建安	附属第二医院
25	浙江省疾病蛋白质组学重点实验室	2009 年 12 月	邵吉民	基础医学系
26	浙江省有机污染过程与控制重点实验室	2009 年 12 月	朱利中	环资学院
27	浙江省医学神经生物学重点实验室	2010 年 09 月	吴志英	基础医学系
28	浙江省空间结构重点实验室	2010 年 09 月	罗尧治	建工学院
29	浙江省腔镜技术研究重点实验室	2010 年 09 月	蔡秀军	附属邵逸夫医院
30	浙江省光电磁传感技术研究重点实验室	2010 年 09 月	何赛灵	光电学院
31	浙江省重要致盲眼病防治技术研究重点实验室	2011 年 11 月	姚 克	附属第二医院
32	浙江省肾脏疾病防治技术研究重点实验室	2011 年 11 月	陈江华	附属第一医院
33	浙江省网络多媒体技术研究重点实验室	2011 年 11 月	陈耀武	生仪学院
34	浙江省组织工程与再生医学技术重点实验室	2011 年 11 月	欧阳宏伟	基础医学系
35	浙江省作物种质资源重点实验室	2011 年 11 月	舒庆尧	农学院
36	浙江省电池新材料与应用技术研究重点实验室	2012 年 09 月	涂江平	材料学院
37	浙江省海洋可再生能源电气装备与系统技术研究重点实验室	2012 年 09 月	韦 巍	电气学院

序号	基地名称	批准日期	负责人	学院（系）
38	浙江省农产品加工技术研究重点实验室	2012 年 09 月	叶兴乾	生工食品学院
39	浙江省抗肿瘤药物临床前研究重点实验室	2013 年 07 月	杨　波	药学院
40	浙江省饮用水安全与输配技术重点实验室	2013 年 07 月	张土乔	建工学院
41	浙江省三维打印工艺与装备重点实验室	2014 年 08 月	傅建中	机械学院
42	浙江省精神障碍诊疗和防治技术重点实验室	2014 年 08 月	许　毅	附属第一医院
43	浙江省园艺植物整合生物学研究与应用重点实验室	2015 年 03 月	陈昆松	农学院
44	浙江省大数据智能计算重点实验室	2015 年 03 月	陈　刚	计算机学院
45	浙江省制冷与低温技术重点实验室	2015 年 03 月	陈光明	能源学院
46	浙江省新型吸附分离材料与应用技术重点实验室	2015 年 11 月	徐志康	高分子系
47	浙江省软体机器人与智能器件研究重点实验室	2015 年 11 月	曲绍兴	航空航天学院
48	浙江省临床体外诊断技术研究重点实验室	2015 年 11 月	陈　瑜	附属第一医院
49	浙江省海洋岩土工程与材料重点实验室	2015 年 11 月	王立忠	海洋学院
50	浙江省化工高效制造技术重点实验室	2016 年 09 月	阳永荣	化工学院
51	浙江省先进微纳电子器件智能系统及应用重点实验室	2016 年 09 月	李尔平	信电学院
52	浙江省肝胆胰肿瘤精准诊治研究重点实验室	2016 年 09 月	王伟林	附属第一医院
53	浙江省胰腺病研究重点实验室	2016 年 09 月	梁廷波	附属第二医院
54	浙江省口腔生物医学研究重点实验室	2016 年 09 月	王慧明	附属口腔医院
55	浙江省海洋观测—成像试验区重点实验室	2016 年 09 月	徐　文	海洋学院
56	浙江省呼吸疾病诊治及研究重点实验室	2017 年 09 月	沈华浩	基础医学系
57	浙江省生殖障碍诊治研究重点实验室	2017 年 09 月	张松英	附属邵逸夫医院
58	浙江省新型信息材料技术研究重点实验室（参加）	2011 年 11 月	严　密	材料学院
59	浙江省微量有毒化学物健康风险评估技术研究重点实验室（参加）	2013 年 07 月	朱　岩	化学系
60	浙江省微生物技术与生物信息研究重点实验室（参加）	2016 年 09 月	俞云松	附属邵逸夫医院

序号	基地名称	批准日期	负责人	学院(系)
国家工程(技术)研究中心				
1	工业自动化国家工程研究中心	1992 年 09 月	孙优贤	控制学院
2	电力电子应用技术国家工程研究中心	1996 年 10 月	赵荣祥	电气学院
3	国家光学仪器工程技术研究中心	1994 年 03 月	严惠民	光电学院
4	国家电液控制工程技术研究中心	2000 年 06 月	杨华勇	机械学院
5	国家列车智能化工程技术研究中心	2011 年 06 月	陈　纯	计算机学院
6	国家水煤浆工程技术研究中心(参加)	1992 年 04 月	周俊虎	能源学院
国家级协同创新中心				
1	煤炭分级转化清洁发电协同创新中心	2014 年 10 月	倪明江	能源学院
2	感染性疾病诊治协同创新中心	2014 年 10 月	李兰娟	附属第一医院
科技部国际科技合作基地				
1	浙江国际纳米技术研发中心	2007 年 12 月	杨　辉	纳米研究院
2	先进能源国际联合研究中心	2013 年 01 月	骆仲泱	能源学院
3	中葡先进材料联合创新中心	2013 年 02 月	计　剑	高分子系
4	园艺作物品质调控与应用国际联合研究中心	2015 年 12 月	陈昆松	农学院
5	海洋土木工程国际联合研究中心	2016 年 11 月	王立忠	建工学院
6	流程生产质量优化与控制国际联合研究中心	2016 年 11 月	邵之江	控制学院
7	光电技术国际联合研究中心	2016 年 11 月	刘　旭	光电学院
8	肝病和肝移植研究国际科技合作基地	2016 年 11 月	郑树森	附属第一医院
教育部国际合作联合实验室				
1	光子学与技术国际合作联合实验室	2015 年 12 月	刘　旭	光电学院
教育部工程研究中心				
1	膜与水处理技术教育部工程研究中心	2001 年 01 月	侯立安	高分子系
2	嵌入式系统教育部工程研究中心	2006 年 06 月	陈耀武	电气学院
3	计算机辅助产品创新设计教育部工程研究中心	2006 年 06 月	应放天	计算机学院
4	表面与结构改性无机功能材料教育部工程研究中心	2007 年 07 月	韩高荣	材料学院
5	数字图书馆教育部工程研究中心	2009 年 01 月	庄越挺	计算机学院

浙江大学年鉴

序号	基地名称	批准日期	负责人	学院(系)
6	高压过程装备与安全教育部工程研究中心	2009 年 12 月	郑津洋	化工学院
7	电子病历与智能专家系统教育部工程研究中心	2013 年 11 月	李兰娟	附属第一医院
高等学校学科创新引智基地				
1	农业生物与环境学科创新引智基地	2005 年 10 月	朱 军	农学院
2	信息与控制学科创新引智基地	2006 年 10 月	苏宏业	控制学院
3	能源清洁利用科学与技术学科创新引智基地	2007 年 10 月	倪明江	能源学院
4	细胞—微环境互作创新引智基地	2012 年 10 月	来茂德	医学院
5	作物适应土壤逆境分子生理机制及分子设计育种创新引智基地	2013 年 10 月	彭金荣	生科学院
6	材料微结构与性能调控创新引智基地	2015 年 11 月	张 泽	材料学院
7	作物品质与安全学科创新引智基地	2016 年 11 月	陈昆松	农学院
各部委研究中心				
1	智能科学与技术网上合作研究中心(教育部)	1999 年 12 月	潘云鹤	计算机学院
2	国家濒危野生动植物种质基因保护中心(教育部、国家林业局)	2001 年 10 月	方盛国	生科学院
3	教育部含油气盆地构造研究中心	2006 年 08 月	杨树锋	地科学院
4	磁约束核聚变教育部研究中心(联合)	2008 年 02 月	盛正卯	物理系
5	国家环境保护燃煤大气污染控制工程技术中心(环保部)	2010 年 11 月	高 翔	能源学院
6	浙江国际纳米技术研发中心(教育部、国家外专局)	2007 年 12 月	杨 辉	纳米研究院
7	住房和城乡建设部村镇饮用水安全保障技术研究中心	2011 年 10 月	朱志伟	建工学院
8	新型飞行器联合研究中心(教育部)	2009 年 11 月	郑 耀	航空航天学院
浙江省协同创新中心				
1	工业信息物理融合系统协同创新中心	2013 年 11 月	孙优贤	控制学院
2	煤炭分级转化清洁发电协同创新中心	2014 年 10 月	倪明江	能源学院
3	感染性疾病诊治协同创新中心	2014 年 10 月	李兰娟	附属第一医院
4	作物品质与产品安全协同创新中心	2015 年 12 月	张国平	农学院

续表

序号	基地名称	批准日期	负责人	学院(系)
5	智慧东海协同创新中心	2015 年 12 月	陈鹰	海洋学院
6	新型飞行器关键基础和重大应用协同创新中心	2015 年 12 月	郑 耀	航空航天学院
7	"一带一路"合作与发展协同创新中心	2015 年 12 月	罗卫东 周谷平	西部发展研究院
浙江省国际科技合作基地				
1	肝病和肝移植研究浙江国际科技合作基地	2013 年	郑树森	附属第一医院
2	园艺产品品质调控技术研创与应用浙江国际科技合作基地	2015 年	陈昆松	农学院
3	海洋土木工程浙江国际科技合作基地	2015 年	王立忠	建工学院
4	食品药品安全浙江省国际科技合作基地	2016 年	何俏军	药学院
5	出生缺陷诊治浙江省国际科技合作基地	2016 年	舒强	附属儿童医院
6	消化道肿瘤研究浙江国际科技合作基地	2016 年	王伟林	附属第一医院
浙江省工程技术研究中心				
1	浙江省现代服务业电子服务工程技术研究中心	2012 年 12 月	吴朝晖	计算机学院
2	浙江省认知医疗工程技术研究中心	2016 年 09 月	曹利平	附属邵逸夫医院
3	浙江省城市地下空间开发工程技术研究中心	2017 年 09 月	徐日庆	建工学院
浙江省工程实验室(研究中心)				
1	海洋装备试验浙江省工程实验室	2010 年 12 月	冷建兴	海洋学院
2	工业生物催化浙江省工程实验室	2011 年 09 月	杨立荣	化工学院
3	园艺产品冷链物流工艺与装备浙江省工程实验室	2011 年 12 月	李 鲜	农学院
4	海洋工程材料浙江省工程实验室	2012 年 06 月	杨 辉	纳米研究院
5	药物制剂浙江省工程实验室	2012 年 06 月	胡富强	药学院
6	食品加工技术与装备浙江省工程实验室	2013 年 11 月	叶兴乾	生工食品学院
7	微生物制药浙江省工程实验室	2013 年 11 月	李永泉	药学院
8	低碳烃制备技术工程实验室	2014 年 12 月	阳永荣	化工学院
9	移动终端安全技术工程实验室	2014 年 12 月	何钦铭	计算机学院
10	先进结构设计与建造工程研究中心	2014 年 12 月	罗尧治	建工学院
11	医学人工智能浙江省工程实验室	2017 年 10 月	王伟林	附属第一医院

浙江大学年鉴

序号	基地名称	批准日期	负责人	学院(系)
12	干细胞与细胞免疫治疗浙江省工程实验室	2017年10月	黄 河	附属第一医院
13	水污染控制浙江省工程实验室	2017年10月	徐向阳	环资学院
14	磁性材料浙江省工程实验室	2017年10月	严 密	材料学院
浙江省科技创新服务平台				
1	浙江省汽车及零部件产业科技创新服务平台	2008年01月	俞小莉	能源学院
2	浙江省工业自动化公共科技创新服务平台	2008年04月	孙优贤	控制学院
3	浙江省饲料产业科技创新服务平台	2008年08月	刘建新	动科学院

附录4 2017年浙江大学新增国家级科技计划项目情况 （单位:万元）

项目类型	类别	项目数/项	经费合计
国家科技重大专项	课题	11	28994.0
国家重点研发计划	项目	19	32460.0
	课题	72	29756.0
国家自然科学基金	面上项目	419	24425.2
	青年科学基金	259	5653.4
	重点重大项目*	40	11437.2
	重大科研仪器（自由申请）	0	0
	创新研究群体（含延续资助）	3	2625.0
	国家杰出青年基金	9	3150.0
	优秀青年基金	19	2470.0

注:*含重点项目、重大项目课题、重大研究计划重点支持和集成项目、联合基金重点、重点国际(地区)合作研究项目。

附录5 2017年浙江大学各学院(系)、研究机构新增国家自然科学基金项目情况

单位	批准项数	经费/万元	批准率/%
人文学院	1	61.00	11.11
经济学院	4	169.20	57.14
教育学院	1	23.00	25.00
管理学院	8	522.00	24.24

单位	批准项数	经费/万元	批准率/%
公共管理学院	17	903.80	34.69
数学科学学院	14	736.00	42.42
物理学系	10	1295.00	31.25
化学系	15	1204.00	30.00
地球科学学院	16	1214.00	41.03
心理与行为科学系	1	61.00	10.00
机械工程学院	17	1083.00	32.08
材料科学与工程学院	25	2664.00	34.72
能源工程学院	18	1456.00	30.00
电气工程学院	22	1481.00	30.56
建筑工程学院	37	2345.30	36.27
化学工程与生物工程学院	20	1408.50	26.67
海洋学院	22	1358.00	28.21
航空航天学院	18	1315.50	42.86
高分子科学与工程学系	10	596.00	31.25
光电科学与工程学院	17	1653.50	31.48
信息与电子工程学院	21	1793.00	32.81
控制科学与工程学院	16	1129.40	29.63
计算机科学与技术学院	19	1666.00	35.19
生物医学工程与仪器科学学院	8	323.50	22.22
生命科学学院	21	2037.00	50.00
生物系统工程与食品科学学院	14	790.00	26.42
环境与资源学院	20	2061.00	31.75
农业与生物技术学院	35	1841.53	32.41
动物科学学院	16	875.25	36.36
医学院	317	18009.66	18.67
药学院	27	1621.40	36.00
校设机构—生命科学研究院	18	1881.70	38.30

浙江大学年鉴

单位	批准项数	经费/万元	批准率/%
校设机构—求是高等研究院	5	193.00	38.46
校设机构—关联物质中心	2	132.00	100.00
先进技术研究院	2	48.00	33.33
工业技术转化研究院	1	23.00	50.00
发展战略研究院	1	20.00	50.00
数学科学研究中心	1	18.00	50.00
科学技术研究院	1	20.00	100.00
总计数	838	56033.24	25.48

附录6 2017年浙江大学各学院(系)新增国际合作项目情况

学院(系)	项目数/项	学院(系)	项目数/项
化学系	8	控制学院	3
机械学院	2	生仪学院	1
材料学院	4	生科学院	1
能源学院	14	生工食品学院	1
电气学院	7	环资学院	2
建工学院	5	农学院	5
化工学院	3	动科学院	8
计算机学院	12	医学院	17
高分子系	5	药学院	5
光电学院	4	公共管理学院	1
信电学院	1	生命科学研究院	1
海洋学院	5		

注:数据来源为浙大科研管理系统登记的新增国际合作项目,不包括国家基金国际合作类项目(以批准时间为准)。

附录7　2017年各学院(系)科研经费到款情况　　（单位：万元）

学院(系)	到款经费	学院(系)	到款经费
数学学院	1569	高分子系	5482
物理系	6773	光电学院	11619
化学系	6200	信电学院	9503
地科学院	4871	控制学院	9759
心理系	601	计算机学院	19645
机械学院	31888	生仪学院	7102
材料学院	10500	生科学院	6484
能源学院	22971	生工食品学院	7454
电气学院	15698	环资学院	15044
建工学院	18809	农学院	14884
化工学院	10299	动科学院	5597
海洋学院	8034	医学院	48296
航空航天学院	10245	药学院	11725

注：数据来源为浙大科研管理系统各学院2017年到款数据（统计时间为2018年3月19日）。

附录8　2017年各学院(系)发表SCI学术论文、授权发明专利情况

学院(系)	SCI两类论文*/篇	授权发明专利/件	学院(系)	SCI两类论文*/篇	授权发明专利/件
数学学院	98	0	高分子系	232	50
物理系	139	15	光电学院	166	95
化学系	302	31	信电学院	153	102
地科学院	65	9	控制学院	134	91
心理系	7	0	计算机学院	192	144
机械学院	179	191	生仪学院	92	30
材料学院	353	116	生科学院	144	15
能源学院	310	120	生工食品学院	214	88
电气学院	179	112	环资学院	256	51

续表

学院（系）	SCI 两类论文*/篇	授权发明专利/件	学院（系）	SCI 两类论文*/篇	授权发明专利/件
建工学院	193	83	农学院	287	45
化工学院	273	107	动科学院	130	18
海洋学院	158	42	医学院	1782	44
航空航天学院	124	24	药学院	165	27

注：各学院（系）SCI论文数据的统计时间截止到2018年1月15日。

附录9　2017年浙江大学各学院（系）获国家、省部级科技奖励情况　（单位：项）

学院（系）	国家自然科学一等	国家技术发明一等	国家技术发明二等	国家科技进步奖 特等	国家科技进步奖 一等	国家科技进步奖 二等	高等学校科技奖 一等	高等学校科技奖 二等	浙江省科技奖 一等	浙江省科技奖 二等	浙江省科技奖 三等	总计
数学学院					1		1	1				3
化学系							1			(1)		1(1)
地科学院								1		(1)		1(1)
机械学院					(1)		1		1			2(1)
材料学院							1		4	1(1)		6(1)
能源学院	1				(1)	1(1)	1		(1)	(1)	(2)	3(6)
电气学院					1(1)							1(1)
建工学院					(1)		1	1	1	(2)		3(3)
化工学院												
海洋学院								2		(1)		2(1)
航空航天学院									1			1
高分子系	(1)											(1)
光电学院												
信电学院										(1)		(1)
控制学院							1					1
计算机学院									(1)			(1)
生仪学院		1(1)						1				2(1)
生科学院					(1)							(1)
生工食品学院							1	1	1	1		4

续表

学院(系)	国家自然科学一等	国家技术发明一等	国家技术发明二等	国家科技进步奖			高等学校科技奖		浙江省科技奖			总计
				特等	一等	二等	一等	二等	一等	二等	三等	
环资学院								(1)			1	1(1)
农学院							1(1)			1	1(1)	3(2)
动科学院			(1)			(1)			1	(1)		1(3)
医学院				1			1(1)	1(1)	5(1)	4(3)	10(1)	22(7)
药学院							1	1(1)		1	2	5(1)
管理学院												
其他									(1*)			(1*)
总计	(1)	1	1(2)	1	(2)	2(4)	8(3)	8(3)	11(3)	15(7)	15(10)	

注:括号内奖励数为浙江大学作为非第一单位所获的奖励数。

* :工业技术转化研究院

附录10　2017年科技成果获奖项目(每个奖项单独计数)

2017年度国家技术发明奖(2项)

一等奖(1项)

1.燃煤机组超低排放关键技术研发及应用

　能源工程学院

　高　翔　吴国潮　朱松强　郑成航　胡达清　岑可法

二等奖(1项)

1.超高速数码喷印设备关键技术研发及应用

　生物医学工程与仪器科学学院

　陈耀武　汪鹏君　周　华　葛晨文　田　翔　周　凡

2017年度国家科学技术进步奖(3项)

特等奖(1项)

1.以 H7N9 禽流感为代表的新发传染病防治体系重大创新和技术突破

　医学院—附属第一医院

李兰娟	舒跃龙	管　轶	冯子健	袁国勇	高　福	袁正宏	王　宇	余宏杰
王大燕	高海女	王　辰	郑树森	杨仕贵	杨维中	曹　彬	陈鸿霖	李　群
朱华晨	周剑芳	刘　翟	高荣保	吴南屏	胡芸文	姚航平	张　曦	俞　亮
郑书发	吴　凡	卢洪洲	王　嘉	夏时畅	崔大伟	白　天	梁伟峰	林赞育
武桂珍	揭志军	郭　静	杜启泓	盛吉芳	刁宏燕	向妮娟	杨益大	赵　翔

汤灵玲　邹淑梅　余　斐　朱丹华
二等奖(2项)
1. 危险废物回转式多段热解焚烧及污染物协同控制关键技术
能源工程学院
严建华　蒋旭光　李晓东　张文辉　池　涌　陆胜勇　王　琦　黄群星　马增益
李　丽
2.《数学传奇——那些难以企及的的人物》(科普类)
数学科学学院
蔡天新

2017 年度高等学校自然科学奖(10项)
一等奖(4项)
1. 大麦遗传多样性与特异种质研究
农业与生物技术学院—作物科学研究所
张国平　戴　飞　邬飞波　吴德志　叶玲珍　邱　龙　蔡圣冠　黄雨晴
2. 基于声化效应提取及改性食源性功效因子的机制研究
生物系统工程与食品科学学院—食品加工工程研究所
刘东红　陈士国　叶兴乾　丁　甜　陈健初　胡亚芹　吴　丹
3. 脑卒中防治的药物新靶点及新策略
药学院—药理毒理研究所
陈　忠　韩　峰　盛　瑞　胡薇薇　张翔南　卢应梅　韩　蓉
4. 网络系统资源优化与控制基础理论及方法
控制科学与工程学院—工业控制研究所
陈积明　程　鹏　曹向辉　施　凌　贺诗波　何建平　邓瑞龙
二等奖(6项)
1. 复合结构关键基础理论的分析和试验研究
建筑工程学院
徐荣桥　吴宇飞　陈伟球　沈旭栋
2. 先进涂装防护体系的构筑及相关基础问题研究
化学系
胡吉明　张鉴清　曹楚南
3. 靶向肿瘤缺氧微环境的抗肿瘤药物作用靶点发现
药学院
杨　波　何俏军　曹　戟　朱　虹　应美丹　翁勤洁　杨晓春
4. 黎曼子流形的几何结构与拓扑结构研究
数学科学研究中心

许洪伟　顾娟如　赵恩涛　许智源　付海平

5. 细胞传感技术及其应用基础研究

生物医学工程与仪器科学学院

王　平　刘清君　吴春生　陈　星　胡　宁

6. 过渡金属氧化物微纳电极构筑及其储能性能改善

材料科学与工程学院—金属材料研究所

涂江平　谷长栋　王秀丽　夏新辉

2017 年度高等学校科学技术发明奖(2 项)

一等奖(1 项)

1. 大功率多能源不间断电源系统关键技术及应用

电气工程学院

徐德鸿　陈四雄　吕征宇　马　皓　陈　敏　于　玮

二等奖(1 项)

1. 重大新发传染病快速诊断技术研发及应用

医学院—附属第一医院

陈　瑜　郑书发　谢国良　陈　晓　李兰娟　郭仁勇

2017 年度高等学校科学技术进步奖(4 项)

一等奖(3 项)

1. 大型油气锅炉燃烧振动控制技术

电气工程学院

周　昊　莫春鸿　王鲁军　岑可法　胡修奎　樊建人　霍锁善　张洪松　徐　鹏

罗　坤　张焕祥　陈　灿　刘泰生　朱　骅　李　毅

2. 宫颈癌筛查新技术研发与防控体系的建立及应用

医学院—附属妇产科医院

吕卫国　程晓东　谢　幸　王新宇　叶　枫　李　阳　王芬芬　沈源明　胡杰锋

丁　田　田其芳　叶轶青

3. 千吨级高性能注塑成型装备关键技术及应用

机械工程学院

张树有　冯毅雄　王　珏　傅南红　伊国栋　袁卫明　焦晓龙　徐敬华　周巨栋

孙产刚　裘乐淼　刘晓健　高一聪　沈雪明　叶群方　厉永福　李瑞森　何　挺

吴　俊

二等奖(1 项)

1. 茶叶生产全过程品质安全管控及加工关键技术和设备

生物系统工程与食品科学学院

何　勇　李　革　刘　飞　李晓丽　聂鹏程　潘家荣　周仁桂　苏　鸿　孔汶汶
何　乐　徐贤春　顾永跟　王丽丽　舒伟军　宋革联　官少辉　赵力勤　李鉴方
黄　静　姜小文　洪　勇

2016 年度浙江省自然科学奖(9 项)
一等奖(2 项)
1. 反问题的数学理论、算法与应用
　数学科学学院
　包　刚
2. 慢性气道疾病分子机制研究
　医学院—附属第二医院
　沈华浩　陈志华　李　雯
二等奖(2 项)
1. 塔里木早二叠世大火成岩省与地幔柱
　地球科学学院
　杨树锋　陈汉林　厉子龙　励音骐　余　星
2. 小分子天然产物的生物合成及其应用
　生物系统工程与食品科学学院
　陈启和　刘　婧　何国庆　傅明亮　董亚晨
三等奖(5 项,略)

2016 年度浙江省技术发明奖(2 项)
一等奖(1 项)
1. 猪圆环病毒 2 型高繁殖力毒株创建及其疫苗研制与应用
　动物科学学院
　周继勇　金玉兰　颜　焰
三等奖(1 项,略)

2016 年度浙江省科学技术进步奖(30 项)
一等奖(8 项)
1. 海岛饮用水水质水量安全保障关键技术及其应用
　建筑工程学院
　张土乔　邵卫云　周永潮　邵　煜　周志军　毛欣炜　邹　爽　闻信德　叶苗苗
2. 面向飞行器设计的高性能数字化分析系统及工程应用
　航空航天学院
　郑　耀　解利军　陈建军　邹建锋　张继发　石　兴　宋广华　徐　彦　季廷炜

3. 农田信息多尺度获取与精准管理关键技术及装备
   生工食品学院
   何　勇　史　舟　刘　飞　聂鹏程　李青绵　杨　苡　何立文　林夏满　邱　超
4. 急性髓细胞白血病分子靶标及新疗法的基础和临床应用研究
   医学院—附属第一医院
   金　洁　王敬瀚　俞文娟　佟红艳　钱文斌　娄引军　王　蕾　孟海涛　马秋玲
5. 七氟烷后处理对正常和病理性心肌的作用及其分子机制的研究
   医学院
   严　敏　张冯江　郁丽娜　何　伟　于　静　马雷雷　徐　勇　姚媛媛　王文娜
6. 腰椎退变性疾患微创化治疗的技术和应用
   医学院—附属邵逸夫医院
   范顺武　方向前　赵凤东　胡志军　赵　兴　张建锋　虞和君　周志杰　胡子昂
7. 出生缺陷干预资源创新整合研究及推广应用
   医学院—附属儿童医院
   舒　强　陈婉珍　赵正言　施珊珊　胡莎莎　俞　刚　陈青江　徐玮泽　叶菁菁
8. 大举力密度高效率叉车机电液集成设计技术及应用
   机械工程学院
   童水光　徐征宇　从飞云　李元松　李明辉　唐　宁　管　成　张永根　武建伟

二等奖（13 项）

1. LED 照明若干关键技术及产业化
   材料科学与工程学院
   叶志镇　金尚忠　江忠永　杜国红　潘建根　林　胜　陈凌翔　潘新花　王　乐
2. 精密型高性能铝板翅式热交换器关键制造技术及钎料的开发和应用
   材料科学与工程学院
   罗　伟　王琪明　胡峰俊　黄安庭　吴　琛　赵大为　车明明　毛央平　娄　蓉
3. 浙江省基础土壤空间数据库研发与应用
   海洋学院
   吴嘉平　沈阿林　陈红金　荆长伟　王　新　俞　洁　支俊俊　王友富　龚日祥
4. 高效小孢子技术创新及油菜新品种浙大 619 选育应用
   农业与生物技术学院
   周伟军　许　玲　寿建尧　阮晓亮　黄惠芳　葛常青　王月星　宋文坚　徐建祥
5. 基于神经网络设计和膜控微丸制备新技术的集成研究及产业化
   医学院
   徐春玲　高建青　王如伟　徐秀卉　梁文权　余　斌　韩　旻　陆振宇　黄海波
6. 全科住院医师规范化培训创新体系的建立与示范应用
   医学院—附属邵逸夫医院

方力争　戴红蕾　朱文华　陈丽英　臧国尧　张　佳　卢崇蓉　晁冠群　乔巧华

7.辅助生殖技术风险防控研究及关键技术体系的建立和推广应用

　医学院—附属妇产科医院

朱依敏　曲　凡　叶英辉　胡小玲　邢兰凤　冯国芳　张　丹　张峰彬　徐　键

8.口腔黏膜常见重要疾病综合诊疗新策略及相关病原菌

　医学院—附属口腔医院

何　虹　施洁珺　吴梦婕　黄剑奇　平飞云　陈关福　孙　钢　徐文鸿　范　艳

9.滑坡灾害监测预警与控灾结构安全评价

　建筑工程学院

尚岳全　孙红月　吕　庆　赵　宇　于　洋　张　洁　许建聪　沈佳轶　申永江

10.缺血性脑卒中超早期溶栓流程的优化研究

　医学院—附属第二医院

楼　敏　严慎强　胡海涛　丁美萍　闻树群　张　圣　孙建忠　国　杨　陈智才

11.台风暴潮—洪水灾害预警及应急处置技术

　海洋学院

孙志林　贺治国　许月萍　唐晓武　郑雄伟　聂　会　卢　美　许雪峰　张火明

12.环境友好型微晶玻璃制造关键技术开发及产业化应用

　材料科学与工程学院

郭兴忠　陈明彤　张启龙　杨明星　程　笛　章锦明　曹旭丹　陈德柱　黄海晓

13.环保型银基电接触材料及元件低成本制造技术与产业应用

　材料科学与工程学院

樊先平　陈　晓　杨芳儿　祁更新　张玲洁　穆成法　郑晓华　申乾宏　吴新合

三等奖(9项,略)

(单立楠撰稿　夏文莉审稿)

人文社会科学研究

【概况】　浙江大学人文社会科学研究总体继续保持良好的发展态势。截至2017年年底,全校人文社科教学和科研机构主要包括9个学院、71个研究所、125个研究中心(含研究院、平台、实验室等),其中包含了3个教育部重点研究基地(农业现代化与农村发展研究中心、汉语史研究中心、民营经济研究中心),1个国家高端智库建设培育单位(区域协调发展研究中心),1个国家文物局重点科研基地(石窟寺文物数字化保护),6个浙江省重点研究基地(地方政府与社会治理研究中心、区域经济开放与发展研究中心、民生保障与公共治理研究中心、《浙江文献集成》编纂中心、宋学研究中心、传媒与文化产业研究中心),1个浙江省2011协同创新中心（"一带一路"合作与发展协同创新中心），3个浙江省新型高校智库单位（创新管理与持续竞争力研究中心、中国科教战略研究院、土地与国家发展研究院）。2017年，成立了浙江大学国际战略与法律研究院、浙江大学全球农商研究院、浙江大学中国特色社会主义研究中心、浙江大学校史研究中心、浙江大学当代马克思主义美学研究中心、浙江大学中华译学馆、浙江大学世界文学跨学科研究中心和浙江大学马一浮书院。

2017年，全校人文社科实到科研经费2.65亿元，比2016年增加了5.2%。其中，纵向经费为6493.27万元，横向经费达20033.56万元。

全校人文社科科研项目新立项571项，纵向项目154项、横向项目417项。在新立项的纵向项目中，国家社科基金各类项目共46项，其中重大项目8项（含专项3项）、重点项目8项（含专项1项）、一般项目17项、青年项目6项、后期资助项目3项、中华学术外译项目1项，3项成果入选《国家哲学社会科学成果文库》，重点项目立项数位居全国高校第一；全国教育科学"十三五"规划项目4项；教育部人文社会科学研究各类项目19项；浙江省哲学社会科学规划各类项目26项；浙江省文化研究工程项目21项；浙江省科技厅软科学研究计划项目5项；浙江省钱江人才计划C类项目3项。

出版各类专著91部、编著和教材66本、古籍整理著作7本、译著46本。发表论文1409篇，其中SSCI收录论文540篇，较2016年增长41.4%，位居全国高校第4名；A&HCI收录论文39篇，位居全国高校第2名。

2017年，全校共有3项成果入选《国家哲学社会科学成果文库》，与北京大学、南开大学、首都师范大学并列全国第一；39项成果获浙江省第十九届哲学社会科学优秀成果奖，其中一等奖8项。

浙江大学为规范和完善人文社会科学研究机构管理，激发学术组织科研活力，启动了第三次研究机构评估工作，以期更好地发挥研究机构的实质性作用，促进研究机构的规范运行和管理。

借百廿校庆东风，举办《思想与时代——浙江大学百廿文科发展历程回顾》展，全面展示浙大人文社会科学走过的120年艰辛历程和灿烂辉煌。

全年浙大东方论坛共举办学术讲座12讲、西溪分论坛4讲、舟山分论坛2讲、典学堂4堂，主题涉及文学、历史学、新闻传播学、人类学、心理学、语言学等诸多学科。

为充分发挥高校人文社会科学的重要育人功能，增强学生人文社会科学研究创新意识，提高学生人文社会科学研究水平，修订了《浙江大学学生人文社会科学研究优秀成果奖励办法》，并启动了第四届学生人文社会科学研究优秀成果奖的申报工作。

本年度，浙江大学人文社科在全球高校中的排名稳步上升。据2017年6月8日发布的第14届QS世界大学排名榜，浙大人文类学科总排名第162位，在中国高校中排第7位；社科类学科总体排名在全球第116位，比人文类学科排位靠前。在2017年9月6日发布的《泰晤士报》高等教育2018世界大学排名榜最新的学科排名（艺术人文类）中，浙江大学首次入榜，位于全球第101—125名。浙江大学Social Science（社会科学）学科在2017年11月10日最新ESI（基本科学指标数据库）排名中位列第565位。

【出台《浙江大学人文社科纵向科研项目间

接费用管理规定》】该文件于 2017 年 4 月印发，明确了项目范围与间接费用分配政策，以期能进一步激发科研人员创新活力，规范学校人文社科类纵向科研项目间接费用管理，提高资金使用效益，更好地推动哲学社会科学繁荣发展。

【出台《浙江大学人文社科纵向科研项目绩效支出实施细则(试行)》】该文件于 2017 年 7 月出台，明确了绩效经费的分配原则、核算方式、发放规则、发放流程等，其中增加了浮动绩效部分，对结项等级良好及以上的项目予以奖励，对结项情况不佳的项目予以减扣，以期有效提高项目完成质量。

【设立中国特色社会主义研究中心】为加强和改进高校思想政治工作，进一步完善浙江大学哲学社会科学学科体系建设，9 月设立了中国特色社会主义研究中心。该中心凝聚了校内马克思主义、党史党建、经济学、政治学、行政管理、社会治理、法学等多学科领域研究方向的学科带头人、学者以及知名高校相关领域学者，主要研究领域包括 21 世纪马克思主义继承与创新研究、中国特色社会主义经济理论研究、中国特色的治理体系与治理能力研究以及中国特色社会主义法治理论研究等。

【设立重大项目培育专项计划】为推动人文社会科学学术研究由数量导向向质量导向转型，培育高层次研究项目，产出高水平学术成果，着力扩大浙江大学人文社会科学学术话语权，提升学术影响力，自 2017 年起，设立重大项目培育计划(包括重点领域研究培育专项、后期资助培育专项及《国家哲学社会科学成果文库》培育专项 3 个类别)，本年度共有包括"敦煌学学术史""无偿行为法的体系构造"等在内的 25 个项目获得资助。

【推进"文科＋X"多学科交叉人才培养】为推动学科间的深化合作与交叉融合，启动交叉学科研究生培养专项计划，成立"文科＋X"多学科交叉人才培养卓越中心。中心以人文社会科学学科为主，汇同其他学部学科，聚焦国家社会发展战略，每年设置一个交叉培养方向，招收、培养交叉学科博士研究生。本年度，中心确定"赛博社会科学"(即基于互联网、大数据、人工智能等信息技术与哲学社会科学学科的交叉融合而转型发展形成的新兴交叉学科领域)作为 2018 年的招生方向，在此基础上遴选出 6 个导师组，完成 4 名推荐免试博士生的招录工作；同时，举办包括"文科＋X"学科交叉系列学术沙龙在内的各类学术交流活动，营造中心交叉学术氛围，促进学生相互启发、彼此借鉴、携手合作。

【启动"大数据＋人文社会科学创新团队"创新团队的建设和培育工作】为全面推动哲学社会科学研究范式转型，改进研究方法，提升学科实力，带动战略新兴学科发展，浙江大学于 2017 年 1 月 22 日启动了该创新团队的建设和培育工作，至 2017 年年底共有大数据＋互联网金融、大数据＋网络舆情、大数据＋语言规律与认知、大数据＋互联网法律、大数据＋智慧医疗健康服务和大数据＋政府治理 6 个创新团队正式签约授牌，大数据＋推理与决策、大数据＋跨境电子商务、土地大数据、数据分析和管理研究、大数据＋浙大数字人文地图、大数据与立法学和体育大数据 7 个创新团队列入培育计划。

【浙江大学智库建设进展顺利】2017 年度，浙江大学进一步深化"1＋X＋Y"智库体系建设，着力推进国家高端智库建设，特色智库群和研究团队取得专业化发展，智库影响力不断提升。区域协调发展研究中心纳入国家高端智库建设培育单位;创新管理与持续竞争力研究中心等 3 家智库入选浙江省新型高校智库,中国农村发展研究院等 3 家智库入选中国社科院中国智库综合评价 AMI"中国核心智库",中国科教战略研究院、创新管理与持续竞争力研究中心入选"中国智库索引"来源智库。

浙江大学于 10 月 17 日出台了《浙江大学智库成果认定办法(试行)》,初步建立了"旋转门"制度,设立智库兼职研究员岗位,引进多位有较高理论素养、理解中国国情的党政部门领导干部、学者参与浙江大学的智库研究工作。本年度,共有 7 项研究成果获党和国家领导人批示,60 余份研究成果获中央部委或中共浙江省委、省政府批示和采纳,另有 1 篇决策咨询研究报告刊登于《教育成果要报》。

【推进"中华优秀传统文化传承与创新"专项】 该专项将系统梳理传统文化资源,通过对中华优秀传统文化的研究阐发、教育普及、保护传承、创新发展、传播交流,力争推出重大标志性科研成果,提升国际声誉,是浙江大学的"十三五"规划重点项目。该专项包含了《中国历代绘画大系》的编撰与研究、"中华译学馆"研究与出版工程、礼学文献整理与中华礼仪重建计划、人文高等研究院建设项目、文物保护科技创新专项等内容。其中,《中国历代绘画大系》于 2017 年 5 月 7 日,被列入中共中央办公厅、国务院办公厅印发《国家"十三五"时期文化发展改革规划纲要》中的"国家重大出版工程"。《中国历代绘画大系》包括《宋画全集》《元画全集》《战国—唐全集》《明画全集》《清画全集》,已出版《宋画全集》23 册、《元画全集》16 册,将于 2021 年前全部出版。

【"中国家庭大数据库"建设取得阶段性成果】 "中国家庭大数据库"是浙江大学文科重要的基础性建设项目,是我国首个按照线下抽样调查数据、互联网大数据和政府政务数据"三位一体"构思布局的数据库。经过浙江大学社会科学研究基础平台和社会调查研究中心多年努力,数据库建设取得了阶段性成果。目前"中国家庭大数据库"包含了 2011 年至 2017 年间的 4 轮中国农村家庭的追踪调查数据,涉及中国农村家庭比较完整的信息,包括家庭的基本结构、就业、收支、财富、农业生产经营、土地利用与流转、人口迁移与市民化、金融行为、社会保障、教育等各个方面。此外,数据还涉及中国基层单位(村委会)的基本情况,以及可供对比研究的城镇家庭数据。今后将继续增加新轮次的追踪调查数据,并积极引入政府政务数据和互联网大数据。基于数据挖掘,2017 年 6 月 10 日,浙江大学发布了《中国农村家庭发展报告》,12 月 25 日,浙江大学向校内外公开发布了"中国家庭大数据库",数据库通过网上数据安全平台,免费向校内外相关研究人员开放数据,根据国际通行做法,提供数据共享服务。

浙江大学年鉴

附录1　浙江大学2017年人文社科承担国家社科基金立项项目

序号	项目名称	负责人	所属单位	项目类别
1	敦煌学学术史资料整理与研究	刘进宝	人文学院	重大项目
2	现代斯拉夫文论经典汉译与大家名说研究	周启超	人文学院	重大项目
3	国际法与国内法视野下的跨境电子商务建设研究	赵　骏	光华法学院	重大项目
4	社会主义核心价值观的司法贯彻机制研究	陈林林	光华法学院	重大项目
5	"互联网＋"促进制造业创新驱动发展及其政策研究	魏　江	管理学院	重大项目
6	我国城市群连绵带的层级体系及协同发展研究	陈建军	公共管理学院	重大项目
7	"一带一路"建设与促进民心相通研究	周谷平	中国西部发展研究院	重大项目
8	价值链视角下的"一带一路"建设与国际产能合作研究	董雪兵	中国西部发展研究院	重大项目
9	阳明大传:"心"的救赎之路	束景南	人文学院	重点项目
10	通代视域下的明词研究及其思维范式	叶　晔	人文学院	重点项目
11	戏剧表演和观赏的认知研究	何辉斌	外国语言文化与国际交流学院	重点项目
12	汉语自闭症儿童和正常儿童的多模态指称策略对比研究	马博森	外国语言文化与国际交流学院	重点项目
13	基于依存句法标注语料库的中国英语学习者句法发展研究	蒋景阳	外国语言文化与国际交流学院	重点项目
14	近代化视域下南宋新闻事业研究	何扬鸣	传媒与国际文化学院	重点项目
15	中国青少年体质变化阶段特征及体质健康促进研究	于可红	教育学院	重点项目
16	社会主义核心价值观视角下的互联网法治建设研究	马建青	马克思主义学院	重点项目
17	当代政治哲学中的公共理性与至善论之争研究	应　奇	人文学院	一般项目

续表

序号	项目名称	负责人	所属单位	项目类别
18	20世纪以来欧美知识论的客观主义与相对主义之争	王彦君	人文学院	一般项目
19	基于现象学的当代德国生活艺术哲学研究	王 俊	人文学院	一般项目
20	民国青田华侨档案整理与研究	徐立望	人文学院	一般项目
21	宋代文官官衔研究	周 佳	人文学院	一般项目
22	面向社群网络的数字出版版权管理平台构建研究	陈 洁	人文学院	一般项目
23	何进善基督教文献收集整理和诠释研究（1817—1871）	梁 慧	人文学院	一般项目
24	审美经验的直观本性研究	苏宏斌	人文学院	一般项目
25	《神曲》中的奥古斯丁传统研究	朱振宇	外国语言文化与国际交流学院	一般项目
26	基于汉语语料的词结构生成机制研究	程 工	外国语言文化与国际交流学院	一般项目
27	扩展模式语法框架下的现代汉语句子结构研究	瞿云华	外国语言文化与国际交流学院	一般项目
28	英汉同声传译能力的发展模型研究	梁君英	外国语言文化与国际交流学院	一般项目
29	我国城市层面工业分行业环境全要素生产率评估与增长机制研究	张自斌	经济学院	一般项目
30	审判中心主义视角下侦查案卷的证据效力及其运用规则研究	林劲松	光华法学院	一般项目
31	公立高等教育问责运行机制研究	刘淑华	教育学院	一般项目
32	《正义论》诠释与批评	张国清	公共管理学院	一般项目
33	宅基地使用权市场发育与增值收益分配研究	田传浩	公共管理学院	一般项目
34	16—17世纪的东亚海域与早期全球化研究	李 庆	人文学院	青年项目
35	霍夫曼斯塔尔作品中的视觉感知与身体表达研究	刘永强	外国语言文化与国际交流学院	青年项目
36	中国城市电影的生活美学批判	林 玮	传媒与国际文化学院	青年项目

序号	项目名称	负责人	所属单位	项目类别
37	国家治理体系中的边疆司法治理研究	徐 清	光华法学院	青年项目
38	周代都邑布局与规划的考古学研究	陈 筱	文化遗产研究院	青年项目
39	11—13世纪多民族佛教文化视域下的河西地区西夏石窟研究	贾维维	文化遗产研究院	青年项目
40	德国智库研究	国 懿	外国语言文化与国际交流学院	后期资助
41	无偿行为法的体系构造	章 程	光华法学院	后期资助
42	王铎年谱长编	薛龙春	文化遗产研究院	后期资助
43	汉语核心词的历史与现状研究	汪维辉	人文学院	文库项目
44	实用主义政治哲学	张国清	公共管理学院	文库项目
45	青年马克思政治哲学思想研究	刘同舫	马克思主义学院	文库项目
46	中国文学中的世界性因素	陈新宇	外国语言文化与国际交流学院	中华学术外译项目

附录2　浙江大学2017年人文社科承担省部级项目

序号	项目名称	负责人	所属单位	项目类别
全国教育科学"十三五"规划项目				
1	"新生代海归"创业意向与行动的影响机制和政策研究	叶映华	教育学院	国家一般
2	中小学非正式学习空间的设计研究	邵兴江	教育学院	国家一般
3	共同治理视阈下高校治理结构变革的机理与路径研究	吕旭峰	中国科教战略研究院	国家一般
4	高校青年引进人才科研生产力的影响因素及其作用机制研究	黄亚婷	教育学院	国家青年
教育部人文社科研究项目				
1	高频视角下人民币汇率模型的设定检验及其在已实现偏度估计中的应用	肖炜麟	管理学院	规划基金项目
2	工作记忆加工来源信息的机制及神经基础	陈 辉	心理与行为科学系	规划基金项目
3	项目记忆与来源记忆的关系:电生理和社会合作视角	聂爱情	心理与行为科学系	规划基金项目

续表

序号	项目名称	负责人	所属单位	项目类别
4	积极反刍思维训练对心理健康的促进作用及其认知机制	杨宏飞	心理与行为科学系	规划基金项目
5	社会工作记忆容量的发展轨迹及与心理理论关系	高在峰	心理与行为科学系	规划基金项目
6	汉语论元结构的历时演变研究	李艳芝	人文学院	青年基金项目
7	中国政府科层体系下的项目运作模式：选择、张力与复合机制研究	史普原	传媒与国际文化学院	青年基金项目
8	上市公司反收购法律规制研究	周　淳	光华法学院	青年基金项目
9	大数据驱动下的法治系统工程创新路径研究	康兰平	光华法学院	青年基金项目
10	互联网技术驱动下的小农现代转型理论与实践——基于合作经济视角	钱振澜	公共管理学院	青年基金项目
11	中国 PM2.5 对人体健康影响估算及其时空分布特征研究	郑　盛	公共管理学院	青年基金项目
12	基于大数据分析的城市公共交通供给侧改革策略研究	马东方	海洋学院	青年基金项目
13	我国校企合作教育模式的最佳实践与政策研究	陆国栋	教育学院	工程科技人才培养研究专项重点项目
14	工程人才创造力的系统性开发路径研究	姚　威	中国科教战略研究院	工程科技人才培养研究专项一般项目
15	赫费的《亚里士多德》汉译	王　俊	人文学院	后期资助一般项目
16	赋予农户稳定而有保障的土地财产权	田传浩	公共管理学院	后期资助一般项目
17	习近平同志治国理政新理念的区域协调发展思想研究	史晋川	经济学院	社科司专项任务委托项目
18	教育促进社会消费研究	刘正伟	教育学院	社科司专项任务委托项目
19	习近平的"两山"重要思想践行研究	黄祖辉	公共管理学院	社科司专项任务委托项目

附录3 浙江大学2017年人文社科经费到款情况

单位名称	项目级别				总计		
	纵向课题		横向课题		新立项数/项	总经费/万元	总经费比上年增长/%
	新立项数/项	总经费/万元	新立项数/项	总经费/万元			
人文学院	23	1036.38	21	477.04	44	1513.41	79.25
外国语言文化与国际交流学院	16	370.94	4	65.11	20	436.06	240.87
传媒与国际文化学院	8	309.74	30	1358.97	38	1668.72	64.35
经济学院	7	292.40	23	871.92	30	1164.32	23.17
光华法学院	12	711.04	13	228.37	25	939.41	32.04
教育学院	14	470.90	18	704.75	32	1175.65	35.10
管理学院	4	104.45	46	1583.48	50	1687.93	41.01
公共管理学院	18	461.27	104	2813.51	122	3274.77	22.48
马克思主义学院	9	198.70	5	23.40	14	222.10	125.71
中国西部发展研究院	1	99.50	10	283.85	11	383.35	28.50
文化遗产研究院	4	64.20	18	472.97	22	537.17	14.10
社会科学研究基础平台	0	0.00	3	258.53	3	258.53	—
其他	38	2373.75	122	10891.66	160	13265.41	−16.39
总计	154	6493.27	417	20033.56	571	26526.83	5.62

附录4 浙江大学2017年人文社科获省部级以上奖项

序号	获奖成果名称	第一作者	成果形式	奖项等级
浙江省第十九届哲学社会科学优秀成果奖				
1	启蒙理性及现代性:马克思的批判性重构	刘同舫	论文	一等奖
2	Towards an ethical literary criticism	聂珍钊	论文	一等奖
3	土地非农化的治理效率	谭荣	著作	一等奖
4	傅雷翻译研究	许钧	著作	一等奖
5	美国哈佛大学哈佛燕京图书馆藏蒋廷黻资料(24册)	陈红民	著作	一等奖
6	国际传播的理论、现状与发展趋势研究	吴飞	著作	一等奖

续表

序号	获奖成果名称	第一作者	成果形式	奖项等级
7	民间金融合约的信息机制——来自改革后温台地区民间金融市场的证据	张　翔	著作	一等奖
8	实验经济学简史	范良聪	著作	一等奖
9	数字时代中国学术出版国际化的国家文化安全管理	陆建平	论文	二等奖
10	自然资源国家所有权公权说再论	巩　固	论文	二等奖
11	欧洲国家资格框架：演变、特点与启示	吴雪萍	论文	二等奖
12	分配正义与社会应得	张国清	论文	二等奖
13	Structural properties of the optimal policy for the dual-sourcing systems with general lead times	华中生	论文	二等奖
14	创新驱动发展与资本逻辑	潘恩荣	著作	二等奖
15	中国海外投资的风险防范与管控体系研究	陈菲琼	著作	二等奖
16	加快政府职能转变的实现路径：四张清单一张网	范柏乃	著作	二等奖
17	计算机自适应语言测试模型设计与效度验证	何莲珍	著作	二等奖
18	中国当代文学史料问题研究	吴秀明	著作	二等奖
19	古代汉语文化百科词典	黄金贵	著作	二等奖
20	杨简全集	董　平	著作	二等奖
21	创新全球化：中国企业的跨越	魏　江	著作	二等奖
22	城乡居民医保制度整合应尽快走出僵局	何文炯	研究报告	二等奖
23	深入贯彻落实科学发展观加快经济发展方式转变——基于科技进步的视角研究	肖　文	研究报告	二等奖
24	以房抵债协议的法理分析——《最高人民法院公报》载"朱俊芳案"评释	陆　青	论文	三等奖
25	行政规范性文件司法审查权的实效性考察	余　军	论文	三等奖
26	Trade liberalization and markup dispersion：evidence from China's WTO accession（贸易自由化和加成率发散：来自中国加入WTO的经验证据）	余林徽	论文	三等奖
27	中国产业政策的最优实施空间界定——补贴效应、竞争兼容与过剩破解	黄先海	论文	三等奖

浙江大学年鉴

序号	获奖成果名称	第一作者	成果形式	奖项等级
28	Understanding the complementary linkages between environmental footprints and planetary boundaries in a footprint-boundary environmental sustainability assessment framework（论环境足迹与行星边界的互补关系：一个足迹—边界环境可持续性评估框架）	方　恺	论文	三等奖
29	纾解中小企业融资困境策略研究	金雪军	著作	三等奖
30	全球可持续能源竞争力报告 2015	郭苏建	著作	三等奖
31	从泰西、海东文献看明清官话之嬗变——以语音为中心	陈　辉	著作	三等奖
32	中国二氧化碳减排的潜力与成本：基于分省数据的研究	杜立民	著作	三等奖
33	革命与霓裳——大革命时代法国女性服饰中的文化与政治	汤晓燕	著作	三等奖
34	人力资源管理研究与实践：前沿量表手册	苗　青	著作	三等奖
35	现代行政中的裁量及其规制	郑春燕	著作	三等奖
36	走向生命诗学——弗吉尼亚·伍尔夫小说理论研究	高　奋	著作	三等奖
37	从概念化到审议：课程政策过程研究	屠莉娅	著作	三等奖
38	重构抽象表现主义——20 世纪 40 年代的主体性与绘画	毛秋月	译著	三等奖
39	加速推进"田园社区"建设　主动适应"逆城市化"趋势	毛　丹	研究报告	三等奖

附录 5　2017 年浙江大学人文社科研究院

序号	机构名称	负责人
1	浙江大学中国农村发展研究院	黄祖辉
2	浙江大学中国西部发展研究院（区域协调发展研究中心）	周谷平
3	浙江大学社会科学研究基础平台（包含民调中心、政策仿真中心、实验社会科学实验室、信息分析中心）	甘　犁 袁　清（执行）
4	浙江大学文化遗产研究院	曹锦炎 张颖岚（常务）
5	浙江大学金融研究院（互联网金融研究院）	史晋川（贲圣林）
6	浙江大学全球浙商研究院	魏　江

续表

序号	机构名称	负责人
7	浙江大学公共政策研究院	姚先国 金雪军（执行）
8	浙江大学国际影视发展研究院	罗卫东 范志忠（执行）
9	浙江大学土地与国家发展研究院	吴次芳 叶艳妹（常务）
10	浙江大学中国（杭州）跨境电子商务综合试验区研究院	黄先海
11	浙江大学人文高等研究院	罗卫东　赵鼎新 朱天飚（常务）
12	浙江大学旅游与休闲研究院	庞学铨
13	浙江大学国际战略与法律研究院＊	王贵国
14	浙江大学全球农商研究院＊	

注：标＊为2017年成立的研究院。

附录6　2017年浙江大学人文社科研究中心

序号	机构名称	负责人	备注
1	农业现代化与农村发展研究中心	黄祖辉	教育部人文社科重点研究基地
2	汉语史研究中心	方一新	教育部人文社科重点研究基地
3	民营经济研究中心	史晋川	教育部人文社科重点研究基地 "985工程"哲学社会科学创新基地
4	基督教与跨文化研究中心	王晓朝	"985工程"哲学社会科学创新基地
5	语言与认知研究中心	黄华新	"985工程"哲学社会科学创新基地
6	创新管理与持续竞争力研究中心	吴晓波	"985工程"哲学社会科学创新基地
7	科教发展战略研究中心	邹晓东 魏　江（执行）	教育部科技委战略研究基地
8	基础教育课程研究中心	徐小洲	教育部基础教育司研究中心

序号	机构名称	负责人	备　注
9	体育现代化发展研究中心	罗卫东	国家体育总局重点研究基地
10	地方政府与社会治理研究中心	陈剩勇 毛　丹	浙江省人文社科重点研究基地
11	区域经济开放与发展研究中心	黄先海	浙江省人文社科重点研究基地
12	民生保障与公共治理研究中心	何文炯	浙江省人文社科重点研究基地
13	《浙江文献集成》编纂中心	张　曦 张涌泉（执行）	浙江省人文社科重点研究基地
14	宋学研究中心	陶　然	浙江省人文社科重点研究基地
15	传媒与文化产业研究中心	邵培仁	浙江省人文社科扶持研究中心
16	石窟寺文物数字化保护国家文物局重点科研基地	鲁东明	国家文物局重点研究基地 2017 年成立
17	台港澳研究中心	王在希	
18	房地产研究中心	贾生华	
19	可持续发展研究中心	罗卫东 常　杰（执行）	
20	信息资源分析与应用研究中心	马景娣	
21	应用经济研究中心	金雪军	
22	资本市场研究中心	黄　英	
23	企业成长研究中心	徐金发	
24	经济与文化研究中心	楼含松 何春晖（执行）	
25	欧洲研究中心	李金珊	
26	跨学科社会科学研究中心	叶　航	
27	新经济产业发展研究中心	黄先海	
28	亚洲法律研究中心	林来梵	
29	亚太休闲教育研究中心	楼含松 潘立勇（执行）	
30	妇女研究中心	吴　健	

浙江大学年鉴

续表

序号	机构名称	负责人	备注
31	江万龄国际经济与金融投资研究中心	金雪军	
32	中国书画文物鉴定研究中心	陈振濂	
33	文物保护和鉴定研究中心	严建强 项隆元（常务）	
34	区域与城市发展研究中心	刘 亭 陈建军（执行）	
35	中国古代书画研究中心	许洪流（常务）	
36	全球创业研究中心	王重鸣 William Miller	
37	法治研究中心	胡建淼	
38	信息技术与新兴产业研究中心	马庆国	
39	人力资源与战略发展研究中心	王重鸣	
40	创新与发展研究中心	许庆瑞	
41	敦煌学研究中心	张涌泉	
42	社会组织与社会治理研究中心	郁建兴	
43	人文旅游研究中心	潘立勇 傅建祥（兼）	
44	儒商与东亚文明研究中心	杜维明（名誉） 周春生（执行）	
45	非传统安全与和平发展研究中心	余潇枫	
46	影视与动漫游戏研究中心	盘 剑	
47	公共外交与战略传播研究中心	何亚非 吴 飞（执行）	
48	非物质文化遗产研究中心	赖金良	
49	干部培训研究中心	阮连法（常务）	
50	产业发展研究中心	林 由	

浙江大学年鉴

序号	机构名称	负责人	备 注
51	民政研究中心	罗卫东 俞志壮	
52	中国社区建设研究中心	朱耀垠 万亚伟 毛 丹（执行）	
53	浙江大学—杭州市服务业发展研究中心	魏 江 朱师钧	
54	神经管理学实验室	马庆国（名誉） 汪 蕾	
55	律师实务研究中心	吴勇敏 王小军（常务）	
56	佛教文化研究中心	董 平 张家成（执行）	
57	中国地方政府创新研究中心	俞可平（名誉） 陈国权	
58	工程教育创新中心	邹晓东	
59	当代中国话语研究中心	程 乐	
60	蒋介石与近代中国研究中心	陈红民	
61	地方历史文书编纂与研究中心（含龙泉司法档案研究中心）	包伟民	
62	不动产投资研究中心	史晋川	
63	故宫学研究中心	郑欣淼 张 曦（名誉） 余 辉、曹锦炎	
64	全球化文明研究中心	卓新平 （中国社会科学院）	
65	亚洲研究中心	罗卫东	
66	科斯经济研究中心	王 宁 （亚利桑那大学） 罗卫东	
67	气候变化法律研究中心	谢英士（外聘） 朱新力	

序号	机构名称	负责人	备 注
68	廉政研究中心	周谷平	
69	科学技术与产业文化研究中心	盛晓明	
70	中华礼学研究中心	王云路	
71	中国组织发展与绩效评估研究中心	范柏乃	
72	国际马一浮人文研究中心	杜维明 吴 光（名誉） 彭国翔	
73	海洋法律与治理研究中心	朱新力	
74	浙江大学—诺丁汉大学中国与全球经济政策研究中心	赵 伟 Chris Milner	
75	信息技术与经济社会系统研究中心	刘 渊	
76	中国海洋文化传播研究中心	李 杰	
77	德育与学生发展研究中心	任少波 马建青（常务）	
78	环境与能源政策研究中心	托马斯·海贝勒 郭苏建	
79	质量管理研究中心	熊伟	
80	汉藏佛教艺术研究中心	谢继胜	
81	"一带一路"合作与发展协同创新中心	罗卫东 周谷平	
82	陈香梅资料与研究中心	陈红民	
83	区域协调发展研究中心	周谷平	
84	司法文明协同创新中心	张文显	
85	社会保障研究中心	何文炯	
86	周有光语言文字学研究中心	王云路	
87	道教文化研究中心	孔令宏	
88	中国地方治理与法治研究中心	葛洪义	

序号	机构名称	负责人	备 注
89	公共服务与绩效评估研究中心	胡税根	
90	服务科学研究中心	华中生	
91	教科书研究中心	刘正伟	
92	党建研究中心	邹晓东	
93	法律与经济研究中心	熊秉元	
94	公众史学研究中心	陈新	
95	新型城镇化研究中心	张蔚文	
96	世界海岛旅游研究中心	吴嘉平	
97	科技与法律研究中心	罗卫东 胡 铭（常务）	
98	佛教资源与研究中心	何欢欢	
99	中国减贫与发展研究中心	黄祖辉	
100	国际教育研究中心	宋永华	
101	外语传媒出版质量研究中心	陆建平（主持工作）	
102	数据分析和管理国际研究中心	周伟华 叶荫宇（外方主任）	
103	世界艺术研究中心	沈建平	
104	数字出版研究中心	金更达 陈 洁（执行）	
105	中国特色社会主义研究中心	刘同舫（执行）	2017 年成立
106	校史研究中心	田正平 马景娣（执行）	2017 年成立
107	当代马克思主义美学研究中心	王 杰	2017 年成立
108	中华译学馆	许 钧	2017 年成立
109	世界文学跨学科研究中心	聂珍钊	2017 年成立
110	马一浮书院	刘梦溪	2017 年成立

附录 7 2017 年浙江大学人文社科研究所

序号	名　称	负责人	所属单位
1	韩国研究所	金健人	人文学院
2	古籍研究所	王云路	人文学院
3	文艺学研究所	徐　岱	人文学院
4	文化遗产与博物馆学研究所	严建强	人文学院
5	中国古代文学与文化研究所	周明初	人文学院
6	中国现当代文学与文化研究所	吴秀明 姚晓雷（常务）	人文学院
7	世界文学与比较文学研究所	吴　笛	人文学院
8	汉语言研究所	方一新	人文学院
9	中国古代史研究所	刘进宝	人文学院
10	世界历史研究所	张　杨	人文学院
11	中国近现代史研究所	陈红民	人文学院
12	科技与社会发展研究所	盛晓明	人文学院
13	科技与文化研究所	黄华新	人文学院
14	中国思想文化研究所	董　平	人文学院
15	外国哲学研究所	包利民	人文学院
16	中国艺术研究所	陈振濂	人文学院
17	日本文化研究所	王　勇	人文学院
18	宗教学研究所	王志成	人文学院
19	德国文化研究所	范捷平	外国语言文化与国际交流学院
20	外国文学研究所	高　奋	外国语言文化与国际交流学院
21	外国语言学及应用语言学研究所	何莲珍	外国语言文化与国际交流学院
22	跨文化与区域研究所	程　乐	外国语言文化与国际交流学院
23	翻译学研究所	郭国良	外国语言文化与国际交流学院
24	国际文化和社会思想研究所	潘一禾	传媒与国际文化学院
25	传播研究所	邵培仁	传媒与国际文化学院
26	新闻传媒与社会发展研究所	韦　路	传媒与国际文化学院

序号	名　称	负责人	所属单位
27	广播电影电视研究所	范志忠	传媒与国际文化学院
28	美学与批评理论研究所	沈建平	传媒与国际文化学院
29	经济研究所	汪淼军	经济学院
30	产业经济研究所	金祥荣	经济学院
31	国际商务研究所	马述忠	经济学院
32	国际经济研究所	藤田昌久（名誉） 赵　伟	经济学院
33	公共经济与财政研究所	方红生	经济学院
34	证券期货研究所	戴志敏	经济学院
35	金融研究所	王维安	经济学院
36	法与经济学研究所	翁国民	经济学院
37	公法与比较法研究所	章剑生	光华法学院
38	经济法研究所	范良聪（执行）	光华法学院
39	法理与判例研究所	王凌皞（主持工作）	光华法学院
40	民商法研究所	陆　青（执行）	光华法学院
41	国际法研究所	赵　骏（执行）	光华法学院
42	刑法研究所	高艳东（执行）	光华法学院
43	高等教育研究所	顾建民	教育学院
44	教育科学与技术研究所	盛群力	教育学院
45	中外教育现代化研究所	田正平	教育学院
46	体育科学与技术研究所	王　健	教育学院
47	管理科学与信息系统研究所	吴晓波	管理学院
48	管理工程研究所	马庆国	管理学院
49	物流与决策优化研究所	刘　南	管理学院
50	财务与会计研究所	姚　铮	管理学院
51	企业组织与战略研究所	魏　江	管理学院
52	营销管理研究所	范晓屏	管理学院

序号	名　称	负责人	所属单位
53	人力资源管理研究所	王重鸣	管理学院
54	企业投资研究所	贾生华	管理学院
55	旅游研究所	周玲强	管理学院
56	饭店管理研究所	邹益民	管理学院
57	农业与农村经济发展研究所	钱文荣	公共管理学院
58	中小企业成长与城镇发展研究所	卫龙宝	公共管理学院
59	行政管理研究所	陈丽君	公共管理学院
60	风险管理与劳动保障研究所	何文炯	公共管理学院
61	土地科学与不动产研究所	岳文泽	公共管理学院
62	政府与企业研究所	蔡　宁	公共管理学院
63	台湾研究所	王在希	公共管理学院
64	信息资源管理研究所	周　萍	公共管理学院
65	社会学研究所	曹正汉	公共管理学院
66	社会理论与社会建设研究所	张国清	公共管理学院
67	政治学研究所	郎友兴	公共管理学院
68	人类学研究所	庄孔韶 阮云星（常务）	公共管理学院
69	马克思主义理论研究所	万　斌	马克思主义学院
70	国际政治研究所	吕有志	马克思主义学院
71	人口与发展研究所	米　红（常务）	中国西部发展研究院

（邵舒昱撰稿　袁　清审稿）

社会服务

【概况】　2017 年，浙江大学获得中国三大专利授权 2404 件（其中发明专利 2016 件），发明专利授权数持续位居国内高校第一，通过 PCT 途径申请专利 14 件。新签横向技术合同 2945 项，合同经费达 140565 万元，其中技术转让合同 41 项，合同经费 3148 万元。

持续构筑"泛浙大"科技创新创业体系，进一步建立开放、联动、国际化、产业化的协同机制,积极推进成果转化基地建设。与云南省红河州、山东省枣庄市、浙江省余姚市等建立地方科技合作平台;技术转移中心新增吉林、阿克苏南疆、石河子北疆、宜春、佛山、江阴、江山以及乐清8家分支机构,在全国各地区域分支机构达98家(其中浙江省外50家)。与阿里巴巴集团、海康威视数字技术股份有限公司、科大讯飞股份有限公司等多家企业签订科技战略合作协议,建成30余家校企研发机构。

依托浙江大学科研实力,围绕当地产业布局重点,积极整合政、产、学、研、金等资源,建成了以专业研发中心—创新创业团队—孵化企业—专业测试服务平台—转移中心、人才培养中心、创业服务中心在内的公共服务平台为主线的生态链,并衍生出院企联合实验室、院士工作室等产学研示范高地。新组建了物联网技术推广中心、康复工程研究和转化中心2个专业化团队,建立院士和博士后工作站,参与组建各类产业协会,"浙江大学工业节能与绿色发展评价中心"建设获工信部批准。

浙江大学在浙江知识产权交易中心累计完成329项科技成果交易,共达成交易合同额2.1亿元,成为浙江省国家科技成果转移转化示范区首批示范单位。

(单立楠　於　晓撰稿
徐丽萍　张丽娜审稿)

浙江大学着力建设中国特色新型智库,积极与中央有关部门沟通,构建稳定、顺畅的智库成果报送网络,建立决策研究的快速响应机制,服务国家重大战略需求。2017年,浙江大学人文社会科学共向各级政府、企事业单位提交研究咨询报告374份,其中被中央采纳的报告7份,被省部采纳的报告62份。如王贵国《成立"一带一路"争端解决机构的建议》,朱新力、郑磊《关于加强法律实施保护英雄人物人格权益的建议》,郁建兴、何子英《尽快在全国推行全民免费健康体检》等获中央主要领导同志的重要批示。

(邵舒昱撰稿　袁　清审稿)

积极争取和拓展省外资源,深化与边疆资源大省、濒海经济强省的战略合作,服务国家"一带一路"倡议,主动推进与新疆合作,组团式医疗援疆取得良好成效,受到中组部和新疆生产建设兵团的表彰;深化与山东、江苏、福建、广东等濒海经济强省合作,积极构建服务平台;与江西省、吉林省、四川省、宜春市、南昌市分别签署战略合作协议;重走西迁路,系统推进与西迁各地政府合作。

立足服务浙江这一核心,继续推进与杭州、宁波、舟山、海宁等重点区域的全面战略合作。制订《浙江大学贯彻落实省委十四次党代会精神服务浙江经济社会发展行动计划》,与余杭区签署《浙江大学—杭州市余杭区人民政府战略合作框架协议》,成立杭州城西科创大走廊建设领导小组;与湖州市签订《市校合作第三轮"1381行动计划"》,打造乡村振兴计划先行示范区;与丽水市签订《市校合作"13950"五年行动计划》,全面提升丽水市经济社会发展水平;与海宁市签署市校战略合作协议;与余姚市签署框架协议,共建浙江大学机器人研究院。

积极争取有利资源,助推创新创业和学科建设。新昌五洲新春股份有限公司捐赠1000万元设立专项创新创业基金,江西省晶合光电股份有限公司捐赠2500万元设立基金支持机器人、光电等学科建设。

启动新一轮浙江省科技特派员选派工作,共派出42名老师担任第十三批省派科技特派员,分布在浙江省欠发达地区的 20 个县(市、区)、42 个乡镇开展科技扶贫工作;24 个团队科技特派员继续结对服务于全省 22 个县(市、区)的特色产业,并扎实推动项目的落实。此外,浙江大学作为法人科技特派员单位,共派出 20 位老师结对帮扶龙泉市,积极推进校地合作。

开启新一轮对口支援工作,设立浙江大学—塔里木大学南疆技术转移中心。扎实推进定点扶贫工作,组织多批次专家服务团赴景东开展科技扶贫工作,并接收景东县党政干部、教师等来杭培训;浙医附属第二医院组团式帮扶贵州省台江县人民医院获第二届教育部直属高校精准扶贫精准脱贫十大典型项目;继续做好武义县新宅镇的结对帮扶工作。

(胡　淳撰稿　夏标泉审稿)

浙江大学国家大学科技园(以下简称浙大科技园)新注册入园企业 100 家,其中科技孵化企业 90 家,大学生创业企业 59 家,高校教职工转化科技成果企业 25 家,毕业企业 11 家。2017 年园区企业被认定为浙江省高成长性科技型中小企业 24 家,新认定浙江省科技型中小企业 14 家、雏鹰计划企业 4 家、青蓝计划企业 1 家、国家重点扶持的高新技术企业第一批 10 家、杭州市级高新技术企业 8 家、杭州市企业高新技术研发中心 2 家;引入西湖区 325 计划人才项目和海归创办企业 14 家。浙大科技园继续深化创新创业服务体系建设,为科技成果转化与产业化、高新技术企业孵化、创新创业人才的培养提供各类服务。共组织企业申报各类科技计划并获得立项项目 94 项,累计获得资助总额 3047 万元;为园区企业申报 12 位大学生见习训练的补贴,共计 77177.17 元;继续开展与杭州市人力资源与社会保障局合作建立的"杭州大学生创业学院"的创新创业人才培养工作,举办了"创业雏鹰班"2 期、"创业强鹰班"1 期、"创业精英班"1 期、"创业即行动训练营"2 期,培训大学生创业者 280 多人;组织举办"2017 年浙大科技园入园企业专场招聘会",解决就业岗位约 700 多个;举办浙大科技园创业沙龙 25 期,服务创业者近 6000 人;开展银企合作,为园内中小科技企业开展多种形式的投资融资服务;进一步实施企业联络员制度,逐步完善和深化园区服务。

(於　晓撰稿　张丽娜审稿)

【浙江大学国家大学科技园入选"全国大学生创业示范园"和"国家专业化众创空间"】4 月,该科技园获团中央授予的"全国大学生创业示范园"称号,浙大科技园积极整合学校、政府和社会等各类资源,在推进科技成果转化与产业化、孵化高新技术企业、培育创新创业人才等方面形成了独具特色的发展模式。

12 月,该科技园的"智能制造国家专业化众创空间"被科技部评为"国家专业化众创空间"。该众创空间以大学科技园为基础,链接人工智能与大数据科技联盟、紫金众创小镇等资源,打通创新创业的全链条。

该科技园促进科技成果转化、培养高新技术企业、促进区域创新发展效果显著,已经连续多次获得"A 类国家大学科技园"和"A 类国家级科技企业孵化器"荣誉,于 11 月再次被科技部评为"A 类国家级科技企业孵化器"。

(於　晓撰稿　张丽娜审稿)

【紫金众创小镇获"中国产学研合作创新示范镇"等 2 项荣誉】 11 月,该小镇入选"中国产学研合作创新示范镇",是唯一一家入选的由高校主导,致力于政产学研协同的创

浙江大学年鉴

新创业生态小镇；该小镇还被授予"杭州国际人才创业创新园"荣誉称号。紫金众创小镇以浙江大学产学研理念，集聚海内外创新创业资源，专注于师生创新创业、校友企业发展、合作企业转型升级、集众创空间、产业孵化、企业加速、研发总部、风险投资等多种创新形式，打造集产业技术研发、人才汇聚、公共服务、金融资本、知识产权交易、创意休闲等功能为一体的创新创业生态社区。

9月27日，该小镇核心启动区块作为西湖区重大产业提升项目正式开工建设，预计项目投资规模达23亿元。

（於　晓撰稿　张丽娜审稿）

【分别与江西、吉林、四川3省人民政府签署战略合作协议】 8月3日，《江西省人民政府—浙江大学战略合作框架协议》在南昌市签署。根据协议，浙江大学将在重要政策制定、重点产业发展、重大项目建设等方面为江西省提供咨询、论证和评估；支持江西省有特色高水平大学和一流学科专业建设等。江西省将鼓励支持省内相关企业与浙江大学开展产学研合作，将重点合作项目优先纳入规划；支持省内企事业单位与浙江大学合作共建就业实习和创业实践基地；为浙江大学提供学生红色教育实践基地等。双方还将围绕江西省重点产业和领域，共建重点实验室和工程技术研究中心；进一步加大对浙

大科技园（江西）的支持力度，积极搭建"互联网＋"创新创业平台等。

9月7日，《吉林省人民政府—浙江大学省校战略合作框架协议》在浙江大学签署。根据协议，双方将本着"优势互补、共谋发展、互惠互利、实现共赢"原则，吉林省发挥老工业基地、全国商品粮基地、沿边近海、生态资源和科技人文"五大优势"，浙江大学发挥人才培养、学科建设、科学研究、国际交流合作等优势，通过科技创新、产业合作、战略咨询、人才培养等方式，扎实推进双方战略合作。此次省校战略合作协议的签订，是强化吉林浙江两省对口合作、推动跨区域协同创新的重要举措，将促进双方强强联合，推动吉林省新一轮全面振兴和浙江大学双一流建设。

12月13日，《四川省人民政府—浙江大学战略合作协议书》在成都市签署。根据协议，双方将围绕战略决策咨询、科技创新与成果转化、重大项目建设、干部人才交流、干部教育培训等八个领域加强全方位、高水平开放合作，实现优势互补、互利双赢、共同发展。双方还将支持浙江大学自贡创新中心建设并升格成为浙江大学自贡工业技术研究院。

（胡　淳撰稿　夏标泉审稿）

规划与重点建设

"双一流"建设

【**制定浙江大学一流大学建设高校建设方案**】 为贯彻落实习近平新时代中国特色社会主义思想和党的十九大精神，贯彻落实全国高校思想政治工作会议精神，贯彻落实中共浙江大学第十四次代表大会精神，根据国务院印发的《统筹推进世界一流大学和一流学科建设总体方案》及教育部、财政部、国家发展改革委联合印发的《统筹推进世界一流大学和一流学科建设实施办法（暂行）》，浙江大学成立了起草工作组，按照教育办公厅有关通知要求，认真编制《浙江大学一流大学建设高校建设方案》（以下简称《建设方案》）及拟建设学科建设方案，于12月31日报送教育部并通过学校网站及校内信息公开专栏公布了方案。

《建设方案》包括建设基础、目标愿景、重点建设任务、一流学科建设、改革与治理、预期成效与组织保障6章内容，以及摘要和附件（学科建设方案）。《建设方案》在形势分析和国际对标基础上，紧紧围绕学校办学特色和优势，明确了"三步走"的发展目标，提出了十大战略主题和发展路径，研究确定了人才培养体系、一流学科体系、人才队伍体系、创新生态系统、国际合作网络、思想文化高地、社会服务网络七个方面的重点建设任务，以及加强党的全面领导、实现关键环节突破、完善学校治理体系、优化一流办学体系、改革支撑保障体系五个方面的改革治理任务，并凝练形成了具体行动计划。

《建设方案》坚持以学科为基础，围绕一流学科建设的总目标进行布局，继续按照"分类统筹、一流牵引、主干强身、交叉驱动、生态优化"的发展战略，通过高峰学科建设支持计划、一流骨干基础学科建设支持计划和优势特色学科发展计划推进学科分类分层发展，并提出了七大学科板块和会聚型学科领域发展的目标与思路，在进一步完善学科体系基础上凝练新的重点突破方向。

《建设方案》明确了到2020年的预期建设成效，并围绕整体实力、人才培养、科学研究、社会贡献、文化传创、国际影响六个方面，构建了"双一流"建设绩效指标体系，提出了43个指标项目和绩效目标。

【浙江大学入选"双一流"建设高校名单】 9月20日,教育部、财政部、国家发展改革委联合印发了《关于公布世界一流大学和一流学科建设高校及建设学科名单的通知》,浙江大学列入一流大学建设高校A类名单,化学、生物学、生态学、机械工程、光学工程、材料科学与工程、电气工程、控制科学与工程、计算机科学与技术、农业工程、环境科学与工程、软件工程、园艺学、植物保护、基础医学、药学、管理科学与工程、农林经济管理18个学科列入"双一流"建设学科名单。

【"双一流"建设组织实施工作】 9月29日,浙江大学召开"双一流"建设工作推进动员会,研究部署"双一流"建设的组织实施工作。为加强对"双一流"建设工作的领导,推动"双一流"建设各项工作顺利进行,10月24日,学校印发了《关于成立浙江大学"双一流"建设领导小组的通知》,正式成立由校党委书记、校长担任双组长的"双一流"建设领导小组,负责学校"双一流"建设中重大方针政策的决策部署,并对建设任务进行统筹协调、整体推进和督促落实。领导小组下设办公室,负责落实领导小组的各项决策部署,研究和组织实施具体建设任务负责,成员单位包括党办校办、组织部、宣传部、发展规划处等"双一流"建设主要职能部门。各学院(系)也相继成立"双一流"建设工作组,负责落实学校"双一流"建设相关工作任务和本单位"双一流"建设工作。

按照学校工作部署,在"双一流"建设领导小组的领导下,各部门、单位和学院(系)紧紧围绕学校"双一流"建设方案确立的发展目标、关键举措和预期成效,按照"双一流"建设统领"十三五"发展与综合改革的思路,认真研究谋划改革发展任务、实施举措、责任落实和进度安排,扎实推进学校和各学院(系)"双一流"建设实施方案的编制工作。邹晓东、吴朝晖、宋永华、任少波等校领导高度重视实施方案编制工作,专题听取工作汇报并作出重要指示。经过"五上五下"的讨论和修改完善,学校"双一流"建设实施方案吸收了21位评议专家提出的193条意见建议,以及学校领导提出的许多意见建议,最终形成60项具体的计划举措以及相应的关键绩效指标;各学院(系)"双一流"建设实施方案结合新一届中层领导班子任期目标任务书,吸收了评议专家和职能部门负责人近1000条意见建议,最终形成各院系"双一流"建设的实施举措及学科建设绩效核心指标。截至2017年年底,学校和学院(系)"双一流"建设实施方案已基本完善,拟提交党委常委会议审议通过后进入全面启动实施阶段。

(严晓莹撰稿　徐贤春审稿)

浙江大学年鉴

学科与师资队伍建设

学科建设

【概况】 浙江大学是目前国内学科门类最齐全的综合性大学之一,可在哲学、经济学、法学、教育学、文学、历史学、理学、工学、农学、医学、管理学和艺术学 12 个学科门类授予学术性学位。截至 2017 年 12 月 31 日,浙江大学拥有博士学位授权二级学科 274 个(含自主增设 54 个),涉及一级学科 56 个,其中博士学位授权一级学科 54 个;硕士学位授权二级学科 309 个(含自主增设 56 个),涉及一级学科 61 个,其中硕士学位授权一级学科 60 个;博士专业学位类别 4 种,硕士专业学位类别 27 种。全校拥有 14 个一级学科国家重点学科、21 个二级学科国家重点学科和 10 个国家重点(培育)学科,7 个农业部重点学科,50 个浙江省一流学科(见附录)。

截至 2017 年 12 月 31 日,各学科具有研究生招生资格的教师共计 4046 人,其中 2535 人具有博士生招生资格;具有专业学位硕士生招生资格的教师共计 2170 人,其中 255 人具有专业学位博士生招生资格;具有博士生招生资格的副教授共计 562 人。

进一步加强马克思主义理论学科建设,在马克思主义理论一级学科下自主增设党的建设二级学科博士硕士学位授权点,并列入 2018 年研究生招生目录。

【做好教育部学位中心第四轮学科评估及专业学位水平评估工作】 根据教育部学位中心《关于反馈第四轮学科评估材料有关问题的函》(学位中心〔2017〕3 号)等有关文件要求,学校积极配合做好第四轮学科评估各项工作。

根据教育部学位中心于 2017 年 12 月 28 日发布的评估结果,浙江大学获评 A+学科数 11 个,A 学科数 11 个,A—学科数 17 个,B+学科数 9 个,B 学科数 6 个,B—学科数 2 个,C+学科数 1 个,C—学科数 2 个,另有 1 个学科未进入排名榜。其中 A+学科数位列全国前三,A 类学科总数(含 A+、A、A—)位列全国第一,学科优秀率达 64%,位列全国第二,为"双一流"学科建设奠定了扎实的基础。

【做好学位授权自主审核单位申报和新增一

级学科博士学位授权点工作】 根据《国务院学位委员会关于印发〈博士硕士学位授权自主审核办法〉的通知》(学位〔2017〕9号)《国务院学位委员会关于开展2017年博士硕士学位授权审核工作的通知》(学位〔2017〕12号)《国务院学位委员会关于做好博士硕士学位授权学科和专业学位授权类别动态调整工作的通知》(学位〔2017〕15号)《国务院学位委员会关于开展博士、硕士学位授权学科和专业学位授权类别动态调整工作的通知》(学位〔2015〕40号)等文件精神,浙江大学及时开展深入调研及广泛征求意见工作,出台了《浙江大学博士硕士学位授权自主审核实施办法》《浙江大学新增博士硕士学位点自主审核标准》等指导性文件,撰写了《浙江大学开展学位授权自主审核单位申请报告》《浙江大学申请开展学位授权自主审核单位简况表》《浙江大学学科建设与发展规划》等申报材料。组织国内外同行专家组评议、校学术委员会审议,经校学位评定委员会审议,校党委常委会研究讨论决定,同意新增社会学、中国史、海洋科学、艺术学理论、设计学5个一级学科博士学位授权点。

【附录】

2017年浙江大学各类重点学科分布情况

学院	一级学科国家重点学科	二级学科国家重点学科	国家重点(培育)学科	浙江省一流学科	农业部重点学科
人文学院		中国古典文献学	外国哲学	哲学	
				中国语言文学	
				考古学	
				中国史	
				世界史	
外国语言文化与国际交流学院				外国语言文学	
传媒与国际文化学院				新闻传播学	
经济学院			政治经济学	理论经济学	
光华法学院		宪法学与行政法学		法学	
教育学院		教育史		教育学	
管理学院	管理科学与工程			管理科学与工程	
公共管理学院			农业经济管理	农林经济管理	
				公共管理	

学院	一级学科国家重点学科	二级学科国家重点学科	国家重点(培育)学科	浙江省一流学科	农业部重点学科
马克思主义学院				马克思主义理论	
数学科学学院	数学			数学	
物理学系		理论物理		物理学	
		凝聚态物理			
化学系	化学			化学	
地球科学学院				地质学	
心理与行为科学系		应用心理学		心理学	
电气工程学院	电气工程			电气工程	
建筑工程学院	土木工程			土木工程	
				建筑学	
航空航天学院		固体力学		力学	
				航空宇航科学与技术	
机械工程学院	机械工程			机械工程	
材料科学与工程学院	材料科学与工程			材料科学与工程	
能源工程学院	动力工程及工程热物理			动力工程及工程热物理	
化学工程与生物工程学院		化学工程	生物化工	化学工程与技术	
海洋学院				船舶与海洋工程	
生物医学工程与仪器科学学院	生物医学工程			生物医学工程	
计算机科学与技术学院		计算机应用技术	计算机软件与理论	计算机科学与技术	
				软件工程	
				设计学	

学院	一级学科 国家重点学科	二级学科 国家重点学科	国家重点 (培育)学科	浙江省 一流学科	农业部 重点学科
光电科学与 工程学院	光学工程			光学工程	
信息与电子 工程学院		通信与信息系统		信息与通信工程	
控制科学与 工程学院	控制科学 与工程			控制科学与工程	
生命科学院		植物学		生态学	生态学
		生态学		生物学	
生物系统工 程与食品 科学学院		农业机械化工程		农业工程	农业机械 化工程
				食品科学与工程	食品科学
环境与 资源学院	农业资源 与环境	环境工程		环境科学与工程	土壤学
				农业资源与环境	
农业与生 物技术 学院	园艺学	作物遗传育种		作物学	农业昆虫 与害虫防治
	植物保护			园艺学	植物 病理学
		生物物理学		植物保护	
动物科学学院		特种经济 动物饲养	动物营养 与饲料科学	畜牧学	动物营养 与饲料 科学
医学院		儿科学	病理学与 病理生理学	临床医学	
		内科学(传染病)	妇产科学	基础医学	
		外科学(普外)	眼科学	口腔医学	
		肿瘤学			
药学院			药物分析学	药学	

(许斯佳撰稿 叶恭银审稿)

师资队伍建设

【概况】 截至 2017 年年底,全校教职工总数 8657 人(不包括附属医院职工),其中女教职工 3028 人,约占 35%。具体为:(1)校本部教职工数 5989 人(其中专任教师 3611 人、行政人员 1425 人、教学科研支撑人员 845 人、工勤人员 108 人);(2)科研机构人员 1482 人、校办工厂职工 252 人、附设机构人员 934 人。

现有院士 41 人(1 人为两院院士),其中中国科学院院士 21 人、中国工程院院士 21 人(含外籍院士 1 人)、文科资深教授 9 人、国家"千人计划"入选者(含青年项目)237 人,教育部"长江学者奖励计划"入选者(含青年学者)101 人、国家杰出青年科学基金获得者 129 人。

全校共有正高级专业技术职务人员 1868 人,其中教授 1624 人,长聘制教授 4 人,教学类教授 7 人,编审 8 人,农业推广教授 3 人,教授级高工 2 人,图书研究馆员 8 人,高教研究员 26 人,工程研究员 25 人,国防技术研究员 10 人,技术研发及知识转化研究员 18 人,农业推广研究员 12 人,社会服务与技术推广、团队科研研究员 9 人,实验研究员 22 人,应用推广研究员 4 人,自然科学研究员 32 人,社会科学研究员 4 人,优异高工 1 人,主任医师 49 人;副高级专业技术职务人员 2430 人,其中副教授 1558 人,副编审 23 人,农业推广副教授 3 人,档案副研究馆员 2 人,图书副研究馆员 40 人,文博副研究馆员 1 人,高教副研究员 175 人,国防技术副研究员 23 人,技术研发及知识转化副研究员 49 人,农业推广副研究员 5 人,社会服务与技术推广、团队科研副研究员 7 人,社会科学副研究员 6 人,应用推广副研究员 2 人,专职科研副研究员 5 人,自然科学副研究员 62 人,副主任医师 36 人,副主任护师 3 人,副主任药师 4 人,高级工程师 207 人,国防技术高级工程师 2 人,技术研发及知识转化高级工程师 6 人,社会服务与技术推广、团队科研高级工程师 1 人,实验技术高级工程师 7 人,应用推广高级工程师 1 人,高级会计师 61 人,高校高级讲师 22 人,高级教练 1 人,中学高级教师 10 人,高级审计师 1 人,高级实验师 55 人,思政副教授 50 人,幼教小中高教师 2 人;中级专业技术职务人员 1930 人;初职人员 195 人。

全校专任教师总数为 3611 人,其中:女教师 853 人,占 23.6%;具有正高级职称人员 1686 人,占 46.7%;具有副高级职称人员 1341 人,占 37.1%。专任教师的学科分布、年龄分布及学历情况如下。

表 1 专任教师学科分布情况 (单位:人)

专业项目	专任教师总数	正高级职称人数	副高级职称人数	中级及以下职称人数
总计	3611	1686	1341	584
总计中:女	853	263	426	164
哲 学	44	22	16	6
经济学	103	41	45	17

专业项目	专任教师总数	正高级职称人数	副高级职称人数	中级及以下职称人数
法　学	128	50	50	28
教育学	160	43	70	47
文　学	200	69	86	45
历史学	61	23	23	15
理　学	612	321	198	93
工　学	1484	675	590	219
农　学	217	120	71	26
医　学	364	226	92	46
管理学	204	89	83	32
艺术学	34	7	17	10

表2　专任教师年龄分布情况　　　　　　　　　　　（单位：人）

年龄段	总数	正高级职称人数	副高级职称人数
35岁及以下	619	24	242
36～45岁	1333	474	675
46～60岁	1526	1060	424
61岁及以上	133	128	

表3　专任教师学历情况　　　　　　　　　　　（单位：人）

专任教师学历	人数
博士研究生学历	3240
硕士研究生学历	247
本科学历	111
专科及以下	13

2017年，浙江大学将立德树人贯穿人才工作全过程，以学科建设为龙头，加强科学谋划布局，强优势、补短板，深入探索人才引进、培育与发展的新机制，加快引进和培养了一批德才兼备、活跃在国际学术前沿、解决国家重大战略需求的一流人才和创新团队。继续启动实施高层次人才培育支持计划，强化院系主体责任，调动各院系单位

引才育才积极性，持续加强高层次人才引进和培育力度，加大高端人才资源保障，加快推进构建人尽其才的人才队伍体系，稳步改善师资队伍结构。以高峰学科和一流骨干基础学科为试点，通过组建科学家联合工作室，加快汇聚了海内外学术大师。完善了求是特聘学者招聘引进制度，拟定了《"百人计划"入选者期中评估指导意见》，启动百人计划期中评估工作。同时以百人计划为切入点，借鉴国际高水平大学成熟经验和国内高校长聘教职改革经验，采用国际通用的终身制评审标准和程序，探索实施长聘教职评审和聘任制度。2017年，浙江大学共当选中国科学院院士2人、中国工程院院士1人、中国工程院外籍院士1人，引进中国科学院院士1人、发达国家院士1人，新增国家"千人计划"专家4人、国家杰出青年科学基金获得者12人、教育部"长江学者"奖励计划特聘教授3人、国家百千万人才工程入选者2人、国家青年千人计划45人、国家优秀青年科学基金获得者22人、教育部"长江学者奖励计划"青年学者14人，高层次人才队伍规模位居全国高校前列。

2017年经各级评委会评审，共评审通过专业技术高级职务473人，其中正高级职称167人（教师系列63人、教学岗教授1人、校设研究机构专业技术1人、工程教育创新高级专业技术职务2人、国防技术高级专业技术职务2人、农业推广高级专业技术职务1人、技术研发及知识转化系列1人、高教管理系列2人、实验技术系列2人、工程技术系列2人、图资出版系列1人、卫生技术系列89人），副高级职称306人（教师系列76人、校设研究机构专业技术2人、工程教育创新高级专业技术5人、国防技术高级专业技术职务3人、农业推广高级专业技

术职务3人、技术研发及知识转化系列6人、高教管理系列2人、思政副教授2人、实验技术系列4人、工程技术系列4人、图资出版系列4人、卫生技术系列195人）。

评审和审定通过四级职员1人、五级职员5人、六级职员36人、七级职员18人、八级职员28人，并考虑到新聘任管理人员的工作资历，允许管理人员根据工作年限确定八级及以下职级，将39人重新确定为八级职员。

2017年新增事业性质教职工742人，其中教师195人；教职工退休共258人。

【4位教师当选为院士】 2017年11月，材料科学与工程学院教授杨德仁、计算机科学与技术学院教授吴朝晖当选中国科学院院士。环境与资源学院教授朱利中当选中国工程院院士。"果实品质生物学"海外学术大师工作室负责人Donald Grierson当选中国工程院外籍院士。

杨德仁，1964年4月出生，江苏扬州人。半导体材料专家。1985年毕业于浙江大学金属材料专业，1991年获半导体材料工学博士学位。1997年起担任浙江大学教授，2000年获聘教育部长江学者计划特聘教授，曾在日本、德国和瑞典访问工作。长期从事半导体硅材料研究，包括超大规模集成电路用硅单晶材料、太阳能光伏硅材料、硅基光电子材料及器件、纳米硅及纳米半导体材料。提出了掺氮控制极大规模集成电路用直拉硅单晶微缺陷的思路，系统解决了氮关缺陷的基础科学问题；提出了微量掺锗控制晶格畸变的思路，发明了微量掺锗硅晶体生长系列技术，系统解决了相关硅晶体的基础科学问题；研究了纳米硅等的制备、结构和性能，成功制备出纳米硅管等新型纳米半导体材料。

吴朝晖，1966年12月出生于浙江温州，籍贯浙江温州。计算机应用专家，浙江大学教授、博导。1988年毕业于浙江大学计算机系，1993年在浙江大学获博士学位。现任中国共产党第十九届中央委员会候补委员、浙江大学校长。主要从事计算机领域研究。在服务计算方面，提出了复杂服务计算理论模型与方法，主持研制了复杂服务计算支撑平台，产生了重大经济与社会效益。在脑机融合的混合智能（Cyborg Intelligence）方面，提出了混合智能体系结构及脑在回路的信息处理模型；发明了多种脑机间智能交互、融合增强的技术方法，主持构建了听视觉增强的大鼠机器人等原型系统，产生了重要国际影响。作为第一完成人，曾获国家技术发明二等奖1项、国家科技进步二等奖1项、何梁何利科技创新奖，研究成果入选2016年中国高校十大科技进展。

朱利中，1959年10月出生，浙江上虞人。环境工程专家，浙江大学环境与资源学院教授、博士生导师。1982年6月毕业于杭州大学化学专业，获学士学位，1985年6月毕业于杭州大学分析化学专业，获硕士学位，后留校任教。1990年9月至1991年9月加拿大不列颠哥伦比亚大学化学系高级访问学者，2001年获国家杰出青年科学基金，2008年获评浙江省特级专家，2014年担任973计划项目首席科学家，2015年当选为英国皇家化学会会士。现任浙江大学农业生命环境学部主任。朱利中教授长期致力于污染物界面行为调控及其土壤—水有机污染控制技术和工程应用。在揭示有机污染物非线性界面行为分子机制的基础上，突破了准确预测、调控有机污染物非线性界面行为的科学难题；攻克了有机污染农田/场地土壤协同修复、有机膨润土规模化废水处理工程应用的若干关键技术难题，在土壤—水有机污染防治工程应用方面取得了系统成果，为我国环境保护作出了重要贡献。

Donald Grierson，英国人，1945年10月出生，曾为英国诺丁汉大学教授、生物科学院院长、副校长，是英国皇家科学院院士。2011年开始受聘浙江大学求是讲座教授，2017年4月起长聘浙江大学任"果实品质生物学"海外学术大师工作室负责人。Donald Grierson院士从事果实成熟生理学、生物化学和分子生物学研究，在世界上首次克隆和鉴定了一系列果实成熟基因；对果实成熟衰老机理等进行了系统研究，并率先利用基因沉寂技术对番茄色泽、质地、芳香等果实品质进行调控，做出了突出贡献。在 *Nature*, *Nature Biotechnology*, *PNAS*, *Plant Physiology* 等国际著名期刊发表学术论文180篇，出版专著及综述50多篇/部，发表的学术论文总被引14677次，单篇最高被引954次，61篇论文被引次数超过200次。先后获爱丁堡大学Ellis奖、英国皇家农业科学学会研究奖、英国女王颁发的官佐勋章OBE、大北农国际生物技术奖、浙江省人民政府西湖友谊奖等。2017年开始担任浙江大学新创学术期刊 *Food Quality and Safety* 的学术顾问。

【推进落实"博千计划"】 2017年3月，出台了《浙江大学关于加强博士后队伍建设的若干意见》，进一步推进发挥院系和合作导师主体作用、畅通博士后职业发展通道等工作，完善博士后队伍建设体系，吸引更多优秀人才，力争三年内在站学科博士后队伍达到千人规模，并做好新老政策过渡，积极推进落实学校"博千计划"。在校博士后从

2016 年的 1249 人增长到 2017 年的 1457 人,在站学科博士后人数从 2016 年的 582 人增加到 2017 年的 731 人。

【实施新的专业技术职务评聘办法】 2017 年 8 月修订了《浙江大学专业技术职务评聘实施办法》,对思想政治、师德师风方面提出了新要求;更加体现质量优先、内涵发展,特别强调同行影响力和国际影响力,注重工作实绩和影响力提升等方面的提法。在岗位设置时兼顾岗位性质和工作内容,完善岗位分类评价体系,对教育教学、思想政治教育、创新创业以及卫生技术等岗位进行了新的调整。2017 年共评审通过专业技术高级职务 473 人,其中正高级职称 167 人,副高级职称 306 人。

【实施新的管理人员职员职级聘任办法】 2017 年 3 月修订了《浙江大学管理人员职员职级聘任实施办法》。对于年资较长或者临近退休的管理人员在职员职级晋升名额上给予倾斜,对各职级进行宽带细分,设置起点档级和上限档级。同时考虑到新聘任管理人员的工作资历,允许管理人员根据工作年限确定八级及以下职级。2017 年共评审和审定通过四级职员 1 人、五级职员 5 人、六级职员 36 人、七级职员 18 人、八级职员 28 人,将 39 人重新确定为八级职员。

【提升教职工的国际化程度】 2017 年 8 月出台了《浙江大学外籍教师聘用暂行办法》,鼓励院系加大力度引进外国优秀青年教师。通过建立校内人才计划项目,在薪酬待遇、工作条件、生活待遇等配套上尽可能给予外籍教师保障。并设立了专项经费用于聘任承担教学任务的兼任外籍教师,鼓励院系从教育教学、科学研究和学科建设的需要出发,根据"以我为主,按需聘请,择优选聘,保证质量,用其所长,讲求实效"的原则,聘用外籍教师来校工作。2017 年共计引进了 7 名全职外籍教师,聘任了 240 名校外兼职兼任教师。同时,进行了第一批国际化工作岗位的专场招聘,并面向 40 周岁以下的青年党政管理人员开展了提升英语语言能力及国际化工作能力的专项培训,加强对学校国际化工作的支持。

【入轨浙江省机关事业养老保险】 2017 年 1 月,全校 8400 多名在职人员和 7400 多名退休人员纳入浙江省机关事业养老保险中心参加养老保险,在职人员缴纳养老保险及职业年金费用,退休人员按月领取养老待遇。在杭 6 家附属医院同时完成事业编制及参照事业编制管理人员的养老保险入轨工作,6 家附属医院共有在职参保人员 13800 余人,退休领取养老金人员近 2400 人。

【附录】

附录1 2017 年浙江大学博士后流动站

序号	博士后流动站	序号	博士后流动站
1	哲学	5	马克思主义理论
2	理论经济学	6	教育学
3	应用经济学	7	中国语言文学
4	法学	8	外国语言文学

序号	博士后流动站	序号	博士后流动站
9	中国史	34	仪器科学与技术
10	世界史	35	计算机科学与技术
11	考古学	36	水利工程
12	数学	37	生物工程
13	物理学	38	软件工程
14	化学	39	农业资源与环境
15	心理学	40	植物保护
16	地质学	41	作物学
17	生物学	42	园艺学
18	生态学	43	畜牧学
19	机械工程	44	兽医学
20	动力工程及工程热物理	45	临床医学
21	力学	46	基础医学
22	化学工程与技术	47	口腔医学
23	材料科学与工程	48	药学
24	电气工程	49	预防医学与公共卫生
25	控制科学与工程	50	管理科学与工程
26	光学工程	51	农林经济管理
27	电子科学与技术	52	工商管理
28	信息与通信工程	53	公共管理学
29	土木工程	54	新闻传播学
30	农业工程	55	体育学(2017年新增)
31	食品科学与工程	56	网络空间安全(2017年新增)
32	环境科学与工程	57	建筑学(2017年新增)
33	生物医学工程		

附录2 浙江大学2017年评聘正高级专业技术人员

具有高校教师教授职务任职资格人员名单(58人)

人文学院	乐启良 叶 晔
经济学院	宋华盛
光华法学院	巩 固

教育学院	叶映华
管理学院	陈 俊
公共管理学院	徐 林　金少胜　张跃华
数学科学学院	林 智
机械工程学院	李德骏　王 青　雷 勇
材料科学与工程学院	姜银珠　崔元靖
能源工程学院	王 涛　陈玲红
电气工程学院	孙 丹　邓 焰
建筑工程学院	吕 庆　李庆华　柳景青　谢海建　王 晖
	陈 驹
化学工程与生物工程学院	张庆华　程党国　张治国
海洋学院	ZHIZHEN ZHANG　赵西增
航空航天学院	马慧莲
高分子科学与工程学系	凌 君　上官勇刚
光电科学与工程学院	黄腾超　李 强　刘 东
信息与电子工程学院	余官定　郑史烈　陈惠芳
控制科学与工程学院	杨秦敏
计算机科学与技术学院	钱 徽　章国锋　肖 俊
生物医学工程与仪器科学学院	刘济全
生命科学学院	应盛华　杨建立
生物系统工程与食品科学学院	刘 飞　陆柏益　章 宇
环境与资源学院	赵和平　陈丁江
农业与生物技术学院	殷学仁　黄 佳　张 波　赵 烨
医学院	周以侹　蒋萍萍
药学院	应美丹

具有高校教师研究员职务任职资格人员名单(3 人)

中国科教战略研究院	朱 凌
医学院附属第一医院	杨仕贵
医学院附属妇产科医院	叶英辉

科学研究系列研究员转聘高校教师教授职务人员名单(1 人)

| 物理学系 | 李敬源 |

卫生技术正高级职务兼评具有高校教师教授职务人员名单(2 人)

| 医学院附属第二医院 | 戴海斌　白雪莉 |

具有教学岗教授职务任职资格人员名单(1 人)

| 机械工程学院 | 费少梅 |

具有工程教育创新教授职务任职资格人员名单(2人)

能源工程学院	钟　崴
电气工程学院	杨家强

具有国防技术研究员职务任职资格人员名单(2人)

先进技术研究院	蒙　涛　宣海军

具有农业推广研究员职务任职资格人员名单(1人)

农业技术推广中心	汪志平

具有高教管理研究员职务任职资格人员名单(2人)

玉泉校区党工委、管委会	张幼铭
圆正控股集团有限公司	郑爱平

具有实验技术研究员职务任职资格人员名单(2人)

化学系	曾秀琼
材料科学与工程学院	曾跃武

具有技术研发及知识转化研究员职务任职资格人员名单(1人)

环境与资源学院	张清宇

具有教授级高级工程师职务任职资格人员名单(2人)

建筑设计研究院	殷　农
医学院附属儿童医院	郑　焜

具有研究馆员职务任职资格人员名单(1人)

图书馆	毛一国

具有主任医师职务任职资格人员名单(77人)

医学院附属第一医院	高丹忱	严　卉	周建娅	陈毅鹏	俞文娟
	魏国庆	张　勤	瞿婷婷	黄满丽	黄洪锋
	张　微	施邵华	张文瑾	汪超军	沈向前
	朱海斌	周新惠	林　军	黄素琴	胡振华
	孙　洁	张　磊	李　霞	王　平	陈　俭
	李　君				
医学院附属第二医院	常惠玉	陈佩卿	徐　刚	程海峰	邱培瑾
	王建伟	范军强	唐　喆	龚永光	沈伟锋
	郁丽娜	阙日升	王苹莉	王　林	王　勇
	吴祖群	单建贞	单鹏飞	李　军	张　匀
	徐　栋	徐　昕			
附属邵逸夫医院	盛列平	张　舸	孙继红	胡吉波	杨　明
	朱一平	钱浩然	吴海洋	马　亮	王　娴
	李　达	郑芬萍	周　强		
医学院附属妇产科医院	赵小环	何赛男	上官雪军	白晓霞	江秀秀

梁朝霞

医学院附属儿童医院   童　凡　王财富　楼金玕　赵水爱　王　翔

杨子浩　黄　轲　毛姗姗

医学院附属口腔医院   胡　军　李志勇

具有主任药师职务任职资格人员名单(2人)

医学院附属第二医院   楼洪刚

医学院附属儿童医院   倪韶青

具有主任技师职务任职资格人员名单(2人)

医学院附属第一医院   谢　珏

医学院附属邵逸夫医院   蒋　红

具有主任护师职务任职资格人员名单(8人)

医学院附属第一医院   章梅云　邵荣雅

医学院附属第二医院   叶小云　施钰岚　封秀琴　孙　婷

医学院附属邵逸夫医院   赵林芳

医学院附属儿童医院   叶　芳

附录3　2017年"包兆龙包玉刚中国留学生奖学金"浙江大学派出人员情况

序号	姓名	出国时间	派遣类别	国别	访问学校	学院(系)
1	叶良芳	2017年1月	高访	英国	Durham University	光华法学院
2	颜士梅	2017年1月	高访	英国	Coventry University	管理学院
3	金　方	2017年2月	高访	西班牙	San Pablo CEU University	建筑工程学院
4	卢琴芬	2017年3月	高访	英国	University of Sheffield	电气工程学院
5	陈树林	2017年5月	高访	美国	Cornell University, University of Rochester	心理与行为科学系
6	张春利	2017年6月	高访	美国	Georgia Institute of Technology	航空航天学院
7	程丽华	2017年6月	高访	美国	University of Delaware	环境与资源学院
8	焦晶晶	2017年7月	高访	美国	Harvard University School of Public Health	医学院
9	周洁红	2017年7月	国际会议	美国	Agricultural and Applied Economic Association	公共管理学院
10	陈　卫	2017年8月	高访	德国	University of Geottingen	生物系统工程与食品科学学院

序号	姓名	出国时间	派遣类别	国别	访问学校	学院(系)
11	李智巧	2017年10月	高访	日本	Tokyo Gakugei University	公共体育与艺术部
12	李 勇	2017年11月	高访	美国	Harvard University	环境与资源学院

附录4　2017年"包兆龙包玉刚中国留学生奖学金"浙江大学回国人员情况

序号	姓名	出国时间	回国时间	访问国别	学院(系)
1	厉子龙	2016年11月	2017年2月	英国	理学院
2	叶良芳	2017年1月	2017年3月	英国	光华法学院
3	颜士梅	2017年1月	2017年4月	英国	管理学院
4	金 方	2017年2月	2017年5月	西班牙	建筑工程学院
5	卢琴芬	2017年3月	2017年6月	英国	电气工程学院
6	张春利	2017年6月	2017年8月	美国	航空航天学院
7	陈树林	2017年5月	2017年8月	美国	心理与行为科学系
8	周洁红	2017年7月	2017年8月	美国	公共管理学院
9	陆敏珍	2016年8月	2017年8月	美国	人文学院
10	程丽华	2017年6月	2017年9月	美国	环境与资源学院
11	陈 卫	2017年8月	2017年11月	德国	生物系统工程与食品科学学院
12	焦晶晶	2017年7月	2017年11月	美国	医学院

（王　舒撰稿　钟鸣文审稿）

对外交流与合作

外事与国际学术交流

【概况】 2017年全校教职工因公出国、赴港澳、赴台共计 4392 人次，比上年增长 7.5％，其中访问考察 217 人次，合作研究及学术交流 1251 人次，参加国际会议 2442 人次，参加培训及进修学习 318 人次，讲学 18 人次，参展参赛 64 人次，校际交流 42 人次，其他 40 人次。2016—2017 学年本科生海外交流项目 400 余个，人次达 3250 人，比上学年增长 22.6％，达到当年招生人数的 53.5％；2017 年研究生海外交流 2440 人次，比上年增长 10.5％，其中博士生 1590 人次，达到当年博士生招生人数的 72.8％。

全年共派出校级代表团 10 余批次；接待校级国外访问团组共计 111 批次，537 人次。2017 年新签和续签 47 项校际合作协议及学生交换协议，其中新签协议 22 项，院校包括美国耶鲁大学、美国西北大学、澳大利亚西澳大学、澳大利亚悉尼大学、印度尼西亚大学、印度尼西亚万隆理工学院、新加坡南洋理工大学、英国利兹大学、意大利米兰理工大学、葡萄牙里斯本大学、法国巴黎综合理工大学、西班牙加泰罗尼亚大学；续签协议的院校包括加拿大多伦多大学、澳大利亚墨尔本大学、加拿大渥太华大学、新加坡国立大学、日本大阪大学等知名高校。

全年聘请名誉、客座教授 29 人，其中名誉教授 9 人。聘请长期外国专家 202 人，短期外国专家 460 人。专家主要来自美国、德国、英国、加拿大、澳大利亚、日本、俄罗斯、法国等国家。外籍院士来校合作交流达 112 人次。开展"海外名师大讲堂""诺奖大师中国校园行""学术大师专项""竺可桢杰出学者讲座"等项目，邀请海外知名专家 57 名，举办公众讲座 57 场，其中包括 2008 年诺贝尔文学奖得主法国 Jean Marie Gustave LE CLEZIO 博士等 15 位诺贝尔奖获得者。实施外专项目 282 项，包括 111 创新引智基地、外国青年人才引进计划、海外名师项目、学校特色项目、"诺奖大师中国校园行"等国家级重点项目 28 项，浙江省引智项目 2 项，新增外专千人计划 1 项。

2017 年举办国际会议 89 项，会议总规模 11615 人次,其中外方代表 2207 人次,收到会议论文 2913 篇,其中外方论文 788 篇,出版会议论文(含摘要)集 44 册。举办会议中重大会议 2 项,重要学术年会 23 项,浙江大学学术年会 8 项,双边会议 5 项。自然科学类会议 36 项,其中理科 7 项,工科 11 项,信息 3 项,医药 7 项,农生环 8 项,海洋 1 项;人文社科类会议 53 项,其中人文 23 项,社科 30 项。

【举办全球高等教育峰会】 该峰会于 5 月 20 日举行,来自美国芝加哥大学、美国西北大学、新加坡国立大学、香港大学、北京大学等海内外近 40 所世界一流大学的校长及代表百余人参加峰会,共话大学与社会、创新与未来。峰会期间,浙大与美国西北大学、新加坡国立大学、澳大利亚西澳大学、英国利兹大学、法国巴黎高科技工程师学校集团、巴黎综合理工大学等高校签署校际协议,持续推进与世界一流大学的合作。峰会受到央视《新闻联播》、中国国际电视台、人民网、新华社等主流媒体报道。

【加入中—印尼副总理级人文交流机制】 11 月 28 日浙大代表团出席中—印尼副总理级人文交流机制第三次会议,与印度尼西亚技术评估与应用署共建"中—印尼生物技术联合实验室",与万隆理工学院共建"中—印尼海洋科学与技术中心",并均被纳入中—印尼副总理级人文交流机制。

【与美国哈佛大学、耶鲁大学和加拿大多伦多大学签署协议】 10 月 10—13 日,校长吴朝晖率团访问美国哈佛大学、耶鲁大学以及加拿大多伦多大学,推动与世界顶尖大学战略合作。与哈佛大学地理分析中心签署合作谅解备忘录,与耶鲁大学公共卫生学院签署合作意向书,与多伦多大学续签校际合作备忘录,并签署两份院际合作备忘录。

【附录】

附录 1 　2017 年浙江大学各学院(系)对外合作交流情况

学院(系)名称	出国(境)交流/人次		聘请国外专家数/人		举办国际学术会议数/个
	教职工	学生	长期	短期	
人文学院	68	179	6	23	10
外国语言文化与国际交流学院	35	258	20	6	2
传媒与国际文化学院	36	185	1		3
经济学院	54	179	4	14	5
光华法学院	19	116	1	9	6
教育学院	44	105		6	6
管理学院	143	264	5	5	6
公共管理学院	116	190	4	4	6
马克思主义学院	4	1		3	1
数学科学学院	58	82	1	10	3

学院(系)名称	出国(境)交流/人次		聘请国外专家数/人		举办国际学术会议数/个
	教职工	学生	长期	短期	
物理学系	101	53		7	2
化学系	60	93	4	22	
地球科学学院	55	50	3	7	
心理与行为科学系	23	58			
机械工程学院	71	121	1	3	1
材料科学与工程学院	122	106	8	22	1
能源工程学院	108	367	2	44	1
电气工程学院	97	287	2	9	
建筑工程学院	145	278	7	8	1
化学工程与生物工程学院	98	70	6	17	1
航空航天学院	86	61		7	
高分子科学与工程学系	70	80	7	18	
海洋学院	92	128	4	8	2
光电科学与工程学院	89	107	8	15	1
信息与电子工程学院	116	196		5	2
控制科学与工程学院	104	135	1	13	1
计算机科学与技术学院(含软件学院)	150	342	2	3	
生物医学工程与仪器科学学院	48	81			
医学院	1131	389	15	37	5
药学院	69	86		1	1
生命科学学院	50	68	1	9	1
生物系统工程与食品科学学院	56	181	9	7	1
环境与资源学院	98	63	8	14	
农业与生物技术学院	148	196	20	42	5
动物科学学院	42	96	4	5	
其他	586	374	48	57	17
合计	4392	5655	202	460	89

日期	来访团组名称	主要活动内容
1月17日	澳大利亚驻华大使馆教育处代表团	推进浙大与澳洲高校的交流与合作
3月1日	英国利兹大学副校长代表团	商谈并签署两校科学合作备忘录
3月1日	葡萄牙波尔图大学校长	探讨如何推进两校合作的可能性
3月16日	荷兰王国康斯坦丁亲王殿下代表团	了解浙大在创业创新方面的科研、教学,以及创业生态体系建设情况
3月23日	以色列海法大学校长代表团	双方签署文化遗产领域的校际合作备忘录
3月30日	英国约克大学校长	探讨如何进一步深化两校科研和学生项目合作
4月26日	俄罗斯乌拉尔联邦大学科研副校长代表团	探讨如何推进两校科研合作与学生交流
5月17日	新西兰科技和创新及高等教育、技能与就业部长代表团	推进浙大与新西兰高校的交流与合作
5月19日	英国利兹大学校长	签署两校的教育、科研和创新联合中心合作协议书
5月19日	法国巴黎综合理工副校长代表团	商谈推进两校合作事宜,并签署学生交流协议
5月19日	法国巴黎高科集团副主席代表团	签署两校双学位合作项目协议书
5月20日	美国芝加哥大学校长代表团	出席全球高等教育峰会,并与吴朝晖校长进行会谈,商谈拓展两校合作事宜
5月20日	美国西北大学校长代表团	出席全球高等教育峰会,与吴朝晖校长进行会谈并共同签署两校第一份校际合作备忘录
5月20日	美国伊利诺伊大学厄巴纳香槟校区校长代表团	出席全球高等教育峰会,并与吴朝晖校长进行会谈,商谈加强两校合作事宜
5月20日	澳大利亚墨尔本大学教务长代表团	出席全球高等教育峰会,并就宁波理工学院与墨尔本大学工程学院建立智能制造与大数据联合研究中心签署合作意向书
5月20日	澳大利亚西澳大学校长代表团	出席全球高等教育峰会并探讨两校合作事宜,两校校长见证签署了《临床医学五年制合作办学协议》

日期	来访团组名称	主要活动内容
5月20日	新加坡国立大学校长代表团	商谈开展生工食品、农学等领域的合作并续签校际合作备忘录和学生交流协议
5月25日	德国柏林自由大学副校长代表团	商谈两校在国际校区的合作
5月31日—6月1日	美国耶鲁大学公共卫生学院代表团	出席浙江大学—耶鲁大学联合学位项目启动仪式暨学术报告会。吴朝晖校长会见,商谈推动深度合作事宜
7月19日	澳大利亚悉尼大学副校长代表团	商谈推进两校合作事宜
9月16日	美国伊利诺伊州州长代表团	美国伊利诺伊州州长布鲁斯·罗纳一行访问浙大,党委书记邹晓东会见,并就双方关心的教育问题交换意见。州长为来自ZJU-UIUC联合学院的师生们作了演讲
9月22日	美国新泽西州议会代表团	了解浙大概况及与新泽西州高校的合作情况
9月27日	英国布里斯托大学校长代表团	商谈双方开展学术交流和科研合作事宜
10月11日	美国国会助手团	了解浙大办学及学生创新创业情况
10月13日	法国政治大学副校长代表团	续签两校校际合作协议,商谈推进两校合作事宜
10月23日	比利时西弗兰德省副省长代表团	参与浙江省—西弗兰德省的全面合作
10月31日	英国邓迪大学校长代表团	商谈双方开展学术交流和科研合作事宜
11月5日—6日	美国加州大学洛杉矶分校校长代表团	邹晓东书记与加州大学洛杉矶分校校长一行共同出席了浙医二院-UCLA联合心脏中心和人才培养合作项目的签约仪式。吴朝晖校长会见,商谈加强合作事宜
11月10日	英国伦敦国王学院副校长代表团	商谈双方开展医学和生命科学等领域合作事宜
11月17日	德国德累斯顿市长代表团	推动德累斯顿工业大学与浙江大学的合作与交流

(潘孟秋撰稿　房　刚审稿)

港澳台工作

【概况】 2017 年,浙江大学与香港科技大学新签人文社会科学领域学生联合培养项目合作意向书,与台湾东吴大学、台湾中原大学新签学生交换协议,与香港中文大学续签肝病及消化病联合研究中心、天然药物与毒理学研究联合实验室、先进光子学联合研究实验室协议,与台湾中央大学、香港岭南大学和香港中文大学续签学生交换协议;接待来自港澳台地区的参访团组共计 35 批 546 人次(其中香港计 24 批 332 人次,澳门计 6 批 108 人次,台湾计 5 批 106 人次)。校党委书记邹晓东等先后率团访问香港,推进与港澳台地区高校及其他各界的联系与互动。邀请港澳台地区高校 10 位学者来浙大做专题讲座或短期授课,邀请港澳台地区代表参加海峡两岸暨港澳地区会议 5 项、国际会议 5 项。

执行"中国创业"国际夏令营、"促进青少年及儿童发展"服务学习等 14 个"2017 年港澳与内地高等学校师生交流计划"项目。先后邀请 212 名香港师生来校,通过专题讲座、调研研讨、实验分析、实地参访、分享总结等形式,促进两地青年师生在专业领域、当地文化、校园生活等方面的交流。

完成"杭行浙里"海峡两岸青年学生志愿服务活动 1 项教育部直属高校对台教育重点交流项目,通过志愿服务行动、参访互动、支教、实地调研等活动,让两岸学子走出象牙塔认识社会、奉献社会,从"被服务"到"想服务",从"能服务"到"擅服务",通过共同的实地服务和学习经历加深两岸青年学生间的理解和认同。

做好在校港澳台地区师生的归口管理和服务工作,并指导浙江大学港澳台学生交流协会开展各类活动,帮助和丰富海峡两岸暨港澳地区学生的学习生活。

【举办"一流大学建设系列研讨会—2017"暨中国大学校长联谊会】 5 月 21 日,该联谊会在浙江大学举行,内地、香港 12 所顶尖大学的校长参会,祝贺浙江大学建校 120 周年,共同探讨一流大学发展之路,并发表了《面向 2030 的"一流大学创新网络"合作倡议》。

【承办海峡两岸暨港澳地区大学校长论坛】 7 月 26 日,该论坛在浙江大学举行。21 所大学校长齐聚求是书院,围绕"人才培养与创新创业"的主题,分享高等教育发展经验,探讨创业人才培养体系,探索大学创新教育模式。

【附录】

浙江大学 2017 年接待港澳台地区主要来访团组(人员)

日期	来访团组(人员)名称	主要活动内容
3 月 22 日	香港工程师学会分部主席交流团	了解国家"一带一路"建设情况,认识浙江省经济社会发展
5 月 21 日	"一流大学建设系列研讨会—2017"暨中国大学校长联谊会	共同探讨一流大学发展之路,发表《面向 2030 的"一流大学创新网络"合作倡议》

日期	来访团组(人员)名称	主要活动内容
6月5日	内地C9—香港HK3高校首届科研管理论坛	增进内地与香港高校之间的相互了解,促进双方的科技交流与合作,落实《面向2030的"一流大学创新网络"合作倡议》
6月11日	"寻根追梦·同心同行"活动	走进浙江大学,触摸校园创新创业生态
6月25日	2017年香港高校法律专业学生内地暑期实习班	参加在杭的岗位实习活动
7月25日	海峡两岸暨港澳地区大学校长论坛	分享高等教育发展经验,探讨创业人才培养体系,探索大学创新教育模式
11月24日	曾宪梓教育基金会"优秀大学生奖励计划"2017年度颁奖大会暨曾宪梓先生向浙江大学教育基金会捐赠仪式	颁奖及捐赠
12月4日	台湾旺旺中时传媒集团拍摄"梦想大学堂"电视节目	进行采访拍摄,展示学校历史、校园风光、热门课程、特色社团、学生生活等内容

(刘郑一撰稿 房 刚审稿)

合作办学

【概况】 2017年,浙江大学中外合作办学持续健康发展,通过国际合作办学机构{浙江大学爱丁堡大学联合学院(ZJE)、浙江大学伊利诺伊大学厄巴纳香槟校区联合学院(ZJUI)}与合作办学项目(与香港理工大学的合作办学项目)两种途径,进一步深入多方位多伙伴的教育合作,不断扩大和延伸合作广度和深度。

(潘孟秋撰稿 房 刚审稿)

【国际联合学院(海宁国际校区)】 该校区是浙江大学对外联合办学的校区,是浙江大学爱丁堡大学联合学院(ZJE)和浙江大学伊利诺伊大学厄巴纳香槟校区联合学院(ZJUI)的办学地。2017年是国际联合学院(海宁国际校区)完整办学的重要一年,初步形成"以我为主、高水平、一对多"的办学格局。10月21日,校园全面建成,1000亩校园39.93万平方米建筑整体交付使用。

2017年,国际联合学院(海宁国际校区)共有在校生463人,其中留学生179人,博士生26人、硕士生158人、本科生279人,初步形成了本硕博层次齐全,国内、国际生源结构国际化的办学格局。到2017年年底,共有专兼聘教师62人,其中外籍教师32人;专聘教师16人,其中外籍10人;浙大兼聘教师25人,其中外籍1人;外方兼聘教师21人。共有职工84人,其中外籍5人。2017年3月14日,英国爱丁堡大学副校长、国际知名传染病专家Susan Welburn教授受聘担任ZJE

浙江大学年鉴

（浙江大学爱丁堡大学联合学院）执行院长。截至 2017 年 12 月，校区专兼职教师中有 3 名院士，3 名国家"千人计划"专家，1 名国家"万人计划"领军人才和 3 名国家杰出青年基金获得者等高层次人才。根据异地办学实际，初步建立与国际接轨的人才配套支撑体系。

校区着力构建东西方融合的以联合学院、文理学院、书院为核心，专业教育、通识教育、养成教育并重的全人教育培养体系。结合学校本科人才培养方案一、二、三、四课堂总体改革方案，修订各联合学院 2017 级人才培养方案。为完善教学质量监控与保障制度建设，3 月制定《浙江大学海宁国际校区领导干部听课制度》，通过听课评课，促进本科教育教学质量提升。4 月，ZJUI（浙江大学伊利诺伊大学厄巴纳香槟校区联合学院）教学团队通过了 UIUC（伊利诺伊大学厄巴纳香槟校区）教学质量评估组的审核，评估认为，"ZJUI 教学质量突出，课程所涉知识范围和深度完全符合，甚至高于 UIUC 的标准"。为落实全国高校思想政治工作会议精神，探索国际化背景下思政工作开展的有效途径，5 月制定了《关于进一步完善国际联合学院（海宁国际校区）思想政治教育体系的意见》，形成学生事务部、联合学院、书院协同的学生管理和思想政治工作模式。为进一步探索留学生管理服务事务，12 月成立留学生事务办公室。为推进文理学院筹建，设立了哲学数学经济学中心和语言中心。其中哲学数学经济学中心开设"哲学数学经济学（PME）"本科留学生项目，首届招收 16 名学生。年底，与柏林自由大学达成关于筹建文理学院的初步合作意向。为推进商学院筹建，9 月启动"创新、创业与全球领导力（PIEGL）"硕士留学生项目。首届 32 名学生来自 23 个国家，超过半数来自"一带一路"沿线国家。

国际合作交流进一步拓展。10 月 21 日，举办国际高等教育研讨会暨浙江大学国际联合学院（海宁国际校区）启用仪式，巴斯大学校长 Glynis Breakwel，香港大学副校长 Ian Holliday，哈佛大学教授 Venkatesh Narayanamurti，柏林自由大学副校长 Klaus Mühlhahn 等全球知名大学的专家学者到会参加研讨。为探索前沿学科交叉研究，12 月 8 日，举办了由浙江大学、爱丁堡大学、伊利诺伊大学厄巴纳香槟校区等 3 校知名教授参与的交叉科研讨论会。5 月 21 日，参加浙江大学建校 120 周年校庆活动"全球高等教育峰会"的嘉宾参观考察国际校区。4 月成立科研与技术转化部，承担校区科研项目管理服务、技术转化等工作。

校地合作取得初步成果。2017 年 10 月，协调推动学校与海宁市签署《浙江大学国际联合学院（海宁国际校区）有关资金使用管理备忘录》，进一步明确了人才引进经费、实验室建设经费等的使用原则。促成了浙大附属妇保医院托管海宁妇幼医院、浙江知识产权交易中心国际中心落户海宁等，2017 年年底签订了新一轮市校全面战略合作协议。与海宁鹃湖科技城管委会建立每月例会制度，协调落实市校合作有关事项，推进鹃湖国际科技城相关建设。

在原有机关党支部的基础上，2017 年先后组建书院党支部、ZJE（浙江大学爱丁堡大学联合学院）党支部、ZJUI（浙江大学伊利诺伊大学厄巴纳香槟校区联合学院）党支部等 4 个党支部，实现党组织全覆盖。按校党委要求，全面落实意识形态工作责任制，切实保障中外合作办学的主导权。2017 年 4 月成立校区纪工委。

（张燕青撰稿　诸葛洋审稿）

【浙江大学爱丁堡大学联合学院(ZJE)办学进展】 2017年ZJE开设生物医学本科专业,招收本科生67人(其中留学生4人),博士研究生8人,共有在校生99人。10月21日,浙江大学与爱丁堡大学签订《双学位博士研究生联合培养备忘录》,根据备忘录,双方将开展生物医学专业双学位博士研究生的联合培养。学习借鉴合作伙伴的师资引进、晋升评聘、动态考核等人才管理模式,利用合作伙伴师资招聘渠道,建设并完善ZJE人才招聘规范化流程和标准。本年度,全球引进3位高层次人才,合作伙伴爱丁堡大学生物医学院派出教师8位,浙大医学院派出12位兼聘教授,共同负责专业课程的开设,保障了教学工作。同时面向全球招收了5位优质师资博士后,加强了学科梯队建设,提升学科科研实力。

(张燕青撰稿 诸葛洋审稿)

【浙江大学伊利诺伊大学厄巴纳香槟校区联合学院(ZJUI)办学进展】 2017年开设电气工程及其自动化、电子与计算机工程、土木工程和机械工程4个本科专业,招收本科生144人(其中留学生1人),博士研究生12人,共有在校生190人。2017年4月完成UIUC(伊利诺伊大学厄巴纳香槟校区)教学质量评估工作。根据教学和科研需要,开展实验室建设,已建成2个物理教学实验室、5个ECE(电子与计算机工程)教学实验室和2个计算机实验室,并投入使用。依照引进人才的学术背景和科研需要,研究制定了有关科研平台的建设方案,启动了高性能计算实验室建设方案设计。按照UIUC和浙江大学的师资标准以及国际通行的选拔聘用程序持续推进全球教师招聘工作。全年引进10位高层次人才,包括Mark Butala等进入终身轨的长聘制外籍教师,以及Thomas Honold、Richard Jones等聘任制外籍教师。

(张燕青撰稿 诸葛洋审稿)

【与香港理工大学的合作办学项目】 至2017年年底,两校在办的合作学位教育项目共有酒店及旅游管理博士、品质管理硕士、酒店及旅游业管理硕士和国际房地产硕士4项。每个项目均严格按照香港理工大学有关规定进行学位证书的颁发和管理。其中品质管理、酒店及旅游业管理2个硕士项目于2016年入选浙江省示范性中外合作办学项目。截至2017年年底,两校所有合作办学项目累计招生3345人,毕业生2611人。

两校联合中心的决策机构为监委会,管理机构为管委会,其成员分别由两校校领导、院系和相关职能部门领导组成。同时,接受教育部和浙江省教育厅等上级主管部门的领导和监督。

(潘孟秋撰稿 房 刚审稿)

浙江大学年鉴

人文学院

【概况】 人文学院现设中国语言文学系、历史学系、哲学系、艺术学系、文物与博物馆学系共5个系,古籍研究所、韩国研究所等18个研究所及28个校级研究中心。其中,汉语史研究中心为教育部人文社科重点研究基地,语言与认知研究中心、基督教与跨文化研究中心为"985工程"国家哲学社会科学创新基地,宋学研究中心为浙江省哲学社会科学重点研究基地(A类基地)。

学院拥有哲学、中国语言文学、中国史、考古学、世界史5个浙江省一流学科和浙江大学一流骨干基础学科计划,其中中国语言文学、哲学、考古学、世界史为一级学科博士授权点;有中文、历史2个教育部基础学科科学研究和人才培养基地,中国古典文献学1个二级学科国家重点学科,外国哲学1个国家重点培育学科,中国古代文学、汉语言文字学、中国古典文献学、中国史、外国哲学等10个浙江省重点学科。中国语言文学、历史学(含中国史、世界史和考古学)、哲学3大学科门类进入浙江大学拟建一流学科行列。

建有中国语言文学、哲学、中国史、世界史、考古学5个博士后流动站,拥有中国古典文献学、中国古代文学、中国古代史、外国哲学等18个博士学位授予权和中国古代文学、中国史、世界史、外国哲学等24个硕士学位授予权,设汉语言文学(含影视与动漫编导方向)、古典文献学、编辑出版学、历史学、哲学、视觉传达设计、环境设计、美术学、文物与博物馆学9个本科专业。

现有在职教职工201人,其中正高级职称80人(2017年新增2人)、副高级职称84人(2017年新增7人),有博士生指导教师107人(2017年新增2人)、硕士生指导教师160人(2017年新增10人)。2017年,新增国家万人计划青年拔尖人才1人,教育部"长江青年学者"1人;引进和选留教职工9人,其中"百人计划"引进4人。2017年新进博士后研究人员24人,在站博士后研究人员60人,出站20人,7人次获得中国博士后科学基金。

2017年,招收博士研究生81人(含外

项目	数据	项目	数据
教职工总数/人	201	获国家级科技奖项目数/项	0
教授数/人	80	获国家级教学成果奖数/项	0
副教授数/人	84	SCI入选论文数/篇	13
具有博士学位的教师比例/%	83.87	EI入选论文数/篇	19
浙江大学文科资深教授(待遇等同院士)/人	1	SSCI入选论文数/篇	9
国家"千人计划"入选数/人	0	A&HCI入选论文数/篇	15
"国家特支计划"入选数/人	0	权威刊物论文数/篇	11
"长江学者"数/人	2	出版专著/部	20
省部级高等学校教学名师奖获得者/人	1	在校本科生数/人	824
国家"百千万人才工程"入选数/人	1	在学硕士研究生数/人	287
国家杰出青年基金获得者/人	0	其中:专业学位研究生数/人	55
教育部新(跨)世纪优秀人才培养计划入选数/人	10	在读博士研究生数/人	388
浙江省特级专家/人	3	其中:专业学位研究生数/人	0
浙江省"千人计划"入选者/人	0	在校攻读学位的外国留学生数/人	173
浙江大学求是特聘教授数/人	8	应届本科毕业生一次就业率/%	87.76
浙江大学文科领军人才/人	6	应届本科毕业生考研录取(出国)率/%	51.47
一、二级学科国家重点学科数/个	1	应届毕业研究生一次就业率/%	96.2
教育部人文社会科学研究基地数/个	1	教师出国交流/人次	61
国家人才培养基地(含教学、教育基地)/个	2	学生出国交流/人次	183
国家精品资源共享课、视频公开课/门	8	举办国际学术会议数/次	9
科研总经费/万元	1513.4	社会捐赠经费总额/万元	14000
其中:国家社科基金比重/%	24.8		
纵向经费比重/%	68.5		

国留学生6人)、硕士研究生164人(含外国留学生21人)。在校本科生824人(含外国留学生62人),2016级本科生244人、2017级本科生268人(含外国留学生20人)确认人文学院主修专业。毕业博士研究生43人、硕士研究生115人、本科生267人。2017届毕业研究生一次就业率为96.2%,本科生一次就业率达到87.76%,毕业生考研录取(出国)率达51.47%。

2017年度到款人文社科类科研经费1513.4万元,比上年增长79.25%。其中基金类项目到款375万元,占总经费的24.8%。2017年,获批人文社科类科研项目51项,其中国家社科基金12项(其中重大项目2项、重点项目2项),教育部各类研究项目2项,浙江省规划基金项目6项。获浙江省哲学社会科学优秀成果奖6项,其中一等奖1项。出版专著20部,编著、译著、古籍整理著作19部;权威刊物论文发表数11篇,SSCI入选论文数9篇,SCI入选论文数13篇,A&HCI入选论文数15篇。共召开有影响力的国际学术会议9次。

全年接待海外专家学者约 134 人次,出国出境交流访学教师约 61 人次。有 120 名本科生参加了海外交流,学院从创收经费中支出 12.1 万元资助本科生开展院级海外交流项目。

【发展联络工作取得历史性突破】 借建校 120 周年纪念活动之际,学院积极联络校友,多方联系社会,大力宣传人文学院的学科优势和发展前景,努力争取校友和企业界的捐助,共募得各类捐赠款总额达到一亿四千万元,取得历史性突破。其中,在聚沙成塔平台上推出了人文汇基金项目,共有 683 名校友参与,募得捐款共计 879132.55 元。在张涌泉教授的表率下,77 届中文系校友共捐赠 144.6 万元,共同发起了杭大中文"七七"校友基金,在校内外产生良好的影响。

【浙江大学马一浮书院成立】 该书院成立于 12 月 27 日,是浙江大学教育创新的实验性特区,也是浙江大学振兴与发展人文学科的重大举措。浙江敦和慈善基金会向浙江大学教育基金会捐赠 1 亿元人民币,设立专项基金支持书院建设。该书院实行理事会领导下的院长负责制,校长吴朝晖担任书院理事长,著名文史学家刘梦溪出任首任院长,楼含松担任执行院长。书院今后将重点围绕传统经学研究、优秀传统文化传播、国际文化交流与文明对话三个领域开展工作,着力打造国际领先的传统文化研究与传播的高端平台。

【名师、名课堂、名教材建设取得长足进步】 学院深化教学改革和质量工程,持续推进"名师、名课、名教材"计划。2017 年,学院陶然老师获浙江大学永平教学贡献奖;苏宏斌老师获宝钢优秀教师奖;包利民老师获唐立新教学名师奖;刘国柱老师获浙江省第十届高等学校青年教师教学竞赛一等奖;7 位老师获浙江大学优质教学二等奖;胡可先教授主持的中国大学 MOOC 课程《唐诗经典》被教育部认定为国家精品在线开放课程(全校 9 门);7 部教材获浙江省普通高校"十二五"优秀教材(全校 60 部)。

(徐海波撰稿　楼含松审稿)

外国语言文化与国际交流学院

【概况】 外国语言文化与国际交流学院(简称外语学院)由英文系、语言与翻译系、亚欧语系 3 个学系组成,设有浙江大学外国文学研究所、浙江大学外国语言学及应用语言学研究所、浙江大学德国文化研究所、浙江大学翻译学研究所、浙江大学跨文化与区域研究所、浙江大学当代中国话语研究中心、浙江大学中华译学馆(2017 年新建)、浙江大学世界文学跨学科研究中心(2017 年新建)8 个校级研究所和研究中心以及俄语语言文化研究所、法语语言文化研究所、日语语言文化研究所、德国学研究所、西班牙语语言文化研究所、沈弘工作室、语言行为模式研究中心、法律话语与翻译中心、中世纪与文艺复兴研究中心等 11 个院级研究所和科研平台。

外国语言文学为浙江省一流学科。

建有外国语言文学一级学科博士后流动站。拥有外国语言文学一级学科博士学位授予权,涵盖 4 个二级学科博士学位授予权;外国语言文学一级学科硕士学位授予权,涵盖 6 个二级学科硕士学位授予权;英语笔译、教育(学科教学·英语)2 个硕士专业学位授权点,以及英语、德语、日语、俄语、法语、西班牙语、翻译7个本科专业。

现有教职工176人，其中正高级职称25人，副高级职称51人（2017年新增3人），博士研究生导师32人（2017年新增6人），硕士研究生导师68人（2017年新增6人），全职外籍教师4人（2017年新增1人），学科博士后3人。此外，有在职博士后工作人员12人，外聘教师16人（其中外籍14人）。

2017年，招收本科生188人（其中专业培养83人、大类培养105人）、硕士研究生71人、博士研究生20人（其中留学生1人）、2016级本科生247人（含留学生46人）、2017级本科生245人（含留学生59人）确认外语学院主修专业，毕业本科生152人、硕士研究生56人、博士研究生14人。留学生规模保持稳定，2017年共有在校攻读学位的本科、硕士、博士留学生177人。2017届本科毕业生一次就业率为93.38%，毕业研究生一次就业率为97.47%。

科研总经费423万元，其中2017年新增项目的到款经费370万元；在研科研项目108项，其中24项为2017年新增。新增项目中有国家哲学社会科学基金项目8项、浙江省规划项目3项。全年入选SSCI论文22篇、A&HCI论文23篇、SCI论文4篇、发表权威期刊论文5篇、一级刊物论文24篇；出版学术专著、译著44部，编著教材22部；获省部级奖项5项。邀请国内外著名学者作学术报告65场，主办全国学术会议13次。

学院与英国、美国、德国、法国、日本、俄罗斯、加拿大、丹麦、意大利、西班牙等国家以及中国香港地区的高校有着广泛的交流与合作，有寒暑假文化课程类交流项目15项、交换生项目2项、学位项目3项（其中

2017年新增西班牙阿尔卡拉大学暑期游学项目、美国林顿州立学院全球治理专业交换生项目）。2017年，全院教师出国（境）交流共37人次，本科生出国（境）交流学习187人次、研究生出国（境）交流学习46人次，主办国际学术会议2次。

【毕飞宇受聘浙大求是讲座教授】 9月18日，著名作家毕飞宇受聘浙江大学求是讲座教授。受聘仪式后，毕飞宇作了题为"小说的教科书——包法利夫人"的报告，后续还将在外语学院讲授俄罗斯文学、西班牙文学、英美文学。毕飞宇为两届茅盾文学奖获得者，南京大学教授，江苏省作家协会副主席，中国作协第九届全委会委员。20世纪80年代中期开始小说创作，作品曾被译成多国文字在国外出版，代表作有长篇小说《推拿》《玉米》等。毕飞宇是当今最具国际影响力的作家之一，是能够同时写好短篇、中篇、长篇小说，兼具深刻思想、文学创作独特性的作家。2017年8月21日，毕飞宇获法兰西文学艺术骑士勋章。

【获浙江大学第三届引才育才组织突出贡献奖】 12月21日，在"浙大祝贺您"仪式暨人才工作座谈会上，外语学院被授予该奖。近三年，外语学院引进海内外优秀人才21人，其中"文科资深教授"1人、"文科领军人才"1人、教授2人、"百人计划"人才5人；聘任求是讲座教授2人、全职兼任外籍教师15人。人才队伍结构得到了优化，为学院设置的语言学、外国文学研究、翻译学与跨文化研究三个研究平台的发展提供了师资保障。

【召开2017年校友代表大会暨校友分会第三届理事大会】 2017年11月18日，外语学院2017年校友代表大会暨校友分会第三届理事大会在求是大讲堂召开。来自日本、

浙江大学年鉴

附表　2017 年度外国语言与国际交流学院基本情况

项目	数据	项目	数据
教职工总数/人	176	获国家级科技奖项目数/项	0
教授数/人	25	获国家级教学成果奖数/项	0
副教授数/人	51	SCI 入选论文数/篇	4
具有博士学位的教师比例/%	55.6	EI 入选论文数/篇	2
浙江大学文科资深教授/人	1	SSCI 入选论文数/篇	22
国家"千人计划"入选数/人	0	A&HCI 入选论文数/篇	23
"国家特支计划"入选数/人	0	权威刊物论文数/篇	5
"长江学者"数/人	2	出版专著/部	15
省部级高等学校教学名师奖获得者/人	1	在校本科生数/人	806
国家"百千万人才工程"入选数/人	1	在学硕士研究生数/人	200
国家杰出青年基金获得者/人	0	其中：专业学位研究生数/人	50
教育部新(跨)世纪优秀人才培养计划入选数/人	1	在读博士研究生数/人	103
浙江省特级专家/人	0	在校攻读学位的外国留学生数/人	177
浙江省"千人计划"入选者/人	0	应届本科毕业生一次就业率/%	93.38
浙江大学求是特聘教授数/人	2	应届本科毕业生考研录取(出国)率/%	58.94
浙江大学文科领军人才/人	1	应届毕业研究生一次就业率/%	97.47
一、二级学科国家重点学科数/个	0	教师出国交流/人次	37
教育部人文社会科学研究基地数/个	0	学生出国交流/人次	233
国家人才培养基地(含教学、教育基地)/个	0	举办国际学术会议数/次	2
国家精品资源共享课、视频公开课/门	1	社会捐赠经费总额/万元	594.56
科研总经费/万元	423		
其中：国家社科基金比重/%	67.38		
纵向经费比重/%	20.09		

北京、天津、上海、宁波等地的校友嘉宾及教师代表共 120 余人出席本次大会。会议选举杨旭明为第三届校友分会会长，王卫忠为校友分会执行会长。选举产生 172 名理事和 34 名常务理事。常务理事会将在闭会期间代表大会决议、开展工作。

（杨青青撰稿　姚娅萍审稿）

传媒与国际文化学院

【概况】　传媒与国际文化学院(以下简称传媒学院)由新闻传播学系、国际文化学系、影视艺术与新媒体学系、策略传播学系(筹)(2017 年新增)组成，设有传播、新闻传媒与社会发展、广播电影电视、美学与批评理论、国际文化和社会思想 5 个研究所，建有浙江省传媒与文化产业研究中心、浙江省娱乐与创意产业研究中心2个研究中心及浙江大学公共外交与战略传播研究中心（2017年改名）、浙江大学国际影视研究院、浙江大学中国海洋文化传播研究中心、浙江大学世界艺术研究中心、浙江大学外语传媒出版质量研究中心、马克思主义美学研究中心（2017新建）。

新闻传播学是浙江省一流建设学科，传媒实验教学中心是浙江省重点实验室、浙江省示范实验教学中心，"浙江大学—浙广集团新闻传播学类文科实践教育基地"是教育部部属高校国家大学生校外实践教育基地。

学院拥有新闻传播学一级学科博士学位授予权，美学二级学科博士学位授予权；戏剧与影视学一级学科硕士学位授予权，美学、新闻学、传播学、电视电影与视听传播学（2017年新增）二级学科硕士学位授予权；广播电视、新闻与传播、汉语国际教育3个专业学位硕士授权点，以及汉语国际教育、新闻学、广告学、广播电视学4个本科专业和各类继续教育专业，已形成了博士、硕士、本科和继续教育的完整教学体系。

现有教职工66人（2017年新增3人），其中教授15人、副教授26人，"百人计划"引进3人，博士研究生导师22人（2017年新增2人）、硕士研究生导师47人（2017年新增1人）。另有专业硕士校外兼职导师102人（2017年新增100人），学科博士后3人，在职博士后4人。

2017年，招收博士研究生21人、硕士研究生95人，2016级本科生145人、2017级本科生141人确认主修专业进入传媒学院学习，毕业本科生143人、硕士研究生74人、博士研究生16人。2017届本科毕业生一次就业率为98.51%，毕业研究生一次就业率为97.70%。

科研总经费为1725.4万元，比上年增长7.48%。在研项目191项，比上年增长1.79%；2017年新立项科研项目9项。出版专著6部、译著3部、编著及教材2部，发表权威刊物论文6篇、其他论文144篇，被SSCI收录论文1篇、EI收录论文1篇。

2017年，传媒与国际文化学院与美国密歇根州立大学传播艺术与科学学院、比利时安特卫普大学分别签署了合作协议；2017年，学院先后举办了第三届传播与公共性国际会议、当代美学与人类学：时尚研究、数字形态与中国经验等国际学术会议。同年，学院还与宾夕法尼亚大学安纳伯格传播学院、威斯康星大学新闻与大众传播学院联合主办了第九届浙大"国际前沿传播理论与研究方法"高级研修班。

【部校共建培养模式获教育部网站刊文报道】 2014年7月，中共浙江省委宣传部与浙江大学正式签订共建浙江大学传媒与国际文化学院协议，共建内容重点包括马克思主义新闻观教育、马克思主义新闻观研究、高校媒体双向交流、打造品牌赛事等几方面，并于2017年7月完成了共建协议规定的各项任务，取得阶段性成果。中央新闻战线"三项学习教育"活动领导小组办公室编印的期刊《三项学习教育通讯》在2017年第8期刊发了院长韦路教授撰写的文章"五位一体，培养马克思主义新闻人才"，介绍了部校共建学院的经验和成效。教育部官方网站发布"浙江大学创新构建马克思主义新闻人才培养模式"的文章，向全国推广浙江大学的部校共建模式。

【承担"推进媒体深度融合工作"评估工作】根据中共浙江省委全面深化改革领导小组的《2017年浙江省重大改革项目专项督查

浙江大学年鉴

项目	数据	项目	数据
教职工总数/人	66	获国家级科技奖项目数/项	0
教授数/人	15	获国家级教学成果奖数/项	0
副教授数/人	26	SCI 入选论文数/篇	0
具有博士学位的教师比例/%	70	EI 入选论文数/篇	1
浙江大学文科资深教授(待遇等同院士)/人	1	SSCI 入选论文数/篇	1
国家"千人计划"入选数/人	0	A&HCI 入选论文数/篇	0
"国家特支计划"入选数/人	0	权威刊物论文数/篇	6
"长江学者"数/人	1	出版专著/部	6
省部级高等学校教学名师奖获得者/人	0	在校本科生数/人	456
国家"百千万人才工程"入选数/人	0	在学硕士研究生数/人	191
国家杰出青年基金获得者/人	0	其中:专业学位研究生数/人	133
教育部新(跨)世纪优秀人才培养计划入选数/人	0	在读博士研究生数/人	101
浙江省特级专家/人	0	在校攻读学位的外国留学生数/人	133
浙江省"千人计划"入选者/人	0	应届本科毕业生一次就业率/%	98.51
浙江大学求是特聘教授数/人	2	应届本科毕业生考研录取(出国)率/%	53.73
浙江大学文科领军人才/人	0	应届毕业研究生一次就业率/%	97.70
一、二级学科国家重点学科数/个	0		
教育部人文社会科学研究基地数/个	0	教师出国交流/人次	28
国家人才培养基地(含教学、教育基地)/个	0	学生出国交流/人次	98
国家精品资源共享课、视频公开课/门	0	举办国际学术会议数/次	3
科研总经费/万元	1725.4		
其中:国家社科基金比重/%	11.8	社会捐赠经费总额/万元	21
纵向经费比重/%	13.7		

工作计划、第三方评估工作计划》(浙委改〔2017〕5 号),浙江大学传媒与国际文化学院作为第三方评估机构,在中共浙江省委宣传部的指导和支持下,承担"推进媒体深度融合工作"评估工作。浙江大学传媒与国际文化学院依据《浙江省重大改革项目督察实施办法(试行)》(浙委改〔2017〕4 号)明确的第三方评估工作要求,浙江大学传媒与国际文化学院组成了第三方评估团队,分成 13 个评估小组,分别对口负责浙报集团、浙江广电集团和 11 个设区市的评估工作,期间由中共浙江省委宣传部分管副部长带队,赴温州、丽水、湖州、杭州等市进行调研,共实地调研了 2 家省级、24 家市级、36 家县级新闻单位,召开各个层面座谈会 35 次,发放并回收有效调查问卷 1619 份;评估团队研究制定《"省级媒体集团深度融合发展"评估标准》和《"市县媒体融合整合发展"评估标准》,对评估的具体项目、标准要求、评估指标等作出明确规定,实地进行评估工作,并完成了本次评估工作报告。

【传媒专业首次进入 QS 前 150 名】　在 2017

年 QS 世界大学专业排名中,学院传媒专业首次入选世界前 150 名,在中国大陆高校传媒专业中排第 4 位。传媒与国际文化学院的新闻学科于 1958 年创办,是国内最早开设新闻教育的单位之一,新闻传播学是浙江省一流建设学科,拥有新闻传播学科一级学科博士点、新闻传播学科博士后流动站以及新闻学、传播学、电视电影与视听传播学 3 个二级学科硕士学位授予权;广播电视、新闻与传播 2 个专业学位硕士授权点,在 2017 年 QS 世界大学学科排名中,传媒专业在学术成果和学者影响力等硬指标方面位居国内榜首。QS 机构成立于 1990 年,是全球领先的高等教育、职业信息、独立调研及解决方案的提供者。该排名主要依据学术声誉、雇主声誉和科研影响力三方面。

(刘　烨撰稿　金芳芳审稿)

经济学院

【概况】 经济学院由经济学系、金融学系、国际经济学系、财政学系 4 个系组成,设有经济研究所、产业经济研究所、金融研究所、证券期货研究所、国际经济研究所、国际商务研究所、公共经济与财政研究所、法与经济研究所 8 个研究所,建有教育部人文社科重点研究基地和国家哲学社会科学创新研究基地(A 类)"浙江大学民营经济研究中心"、国家哲学社会科学创新研究基地(B 类)"浙江大学跨学科研究中心"、浙江省社会科学重点研究基地"浙江大学区域经济开放与发展研究中心"、浙江大学金融研究院等多个研究机构。学院教学辅助设施齐全,建有实验经济学、电子商务、金融等实验室以及万得数据库、中国企业工业数据库等多个专业性数据库。

政治经济学为国家重点(培育)学科,政治经济学、西方经济学、金融学、国际贸易学、劳动经济学 5 个学科为浙江省一流学科。在教育部开展的全国高校第四轮学科评估中,理论经济学一级学科取得 A－可喜成绩,在 90 多所参评高校中列全国并列第五,比上一轮评估提升了两位,稳居全国高校第一方阵。

学院建有理论经济学、应用经济学 2 个博士后流动站,拥有理论经济学、应用经济学 2 个一级学科博士学位授权点和政治经济学、金融学、国际贸易学、财政学等 13 个二级学科博士学位授权点;具有理论经济学和应用经济学 2 个一级学科硕士学位授权点,金融、国际商务、税务 3 个专业学位硕士学位授权点;设有经济学、金融学、国际经济与贸易、财政学 4 个本科专业和 1 个金融学试验班,并与竺可桢学院联合招收金融学＋数学双学位班。

现有教职工 115 人,包括专任教师 89 人。其中,教授 31 人(2017 年新增 1 人),副教授 41 人(2017 年新增 3 人);博士研究生导师 46 人(含外院 10 人、外校兼职 5 人),硕士研究生导师 96 人(含外院 29 人、外校兼职 5 人)。2017 年,学院新增文化名家暨"四个一批"1 人,国家"万人计划"哲学社会科学领军人才 1 人,仲英青年学者 1 人。

2017 年,2016 级本科生 324 人(含留学生 99 人)、2017 级本科生 347 人(含留学生 98 人)主修专业确认进入经济学院学习,招收硕士研究生 243 人(含留学生 24 人)、博士研究生 42 人(含留学生 4 人)。毕业本科生 303 人(含留学生 24 人)、硕士研究生 162 人(含留学生 8 人)、博士研究生 39 人。

附表　2017年度经济学院基本情况

项目	数据	项目	数据
教职工总数(含学科博士后7人)/人	115	获国家级科技奖项目数/项	0
教授数/人	31	获国家级教学成果奖数/项	0
副教授数/人	41	SCI入选论文数/篇	4
具有博士学位的教师比例/%	71.91	EI入选论文数/篇	0
浙江大学文科资深教授(待遇等同院士)/人	1	SSCI入选论文数/篇	30
国家"千人计划"入选数/人	2	A&HCI入选论文数/篇	0
"国家特支计划"入选数/人	0	权威刊物论文数/篇	7
"长江学者"数/人	1	出版专著/部	6
省部级高等学校教学名师奖获得者/人	2	在校本科生数/人	750
国家"百千万人才工程"入选数/人	2	在学硕士研究生数/人	388
国家杰出青年基金获得者/人	0	其中:专业学位研究生数/人	295
教育部新(跨)世纪优秀人才培养计划入选数/人	5	在读博士研究生数/人	192
浙江省特级专家/人	0	其中:专业学位研究生数/人	0
浙江省"千人计划"入选者/人	2	在校攻读学位的外国留学生数/人	336
浙江大学求是特聘教授数/人	2	应届本科毕业生一次就业率/%	97.9
浙江大学文科领军人才/人	1	应届本科毕业生考研录取(出国)率/%	66.3
一、二级学科国家重点学科数/个	0	应届毕业研究生一次就业率/%	97.8
教育部人文社会科学研究基地数/个	1	教师出国交流/人次	30
国家人才培养基地(含教学、教育基地)/个	0	学生出国交流/人次	164
国家精品资源共享课、视频公开课/门	1	举办国际学术会议数/次	7
科研总经费/万元	1560	社会捐赠经费总额/万元	1361
其中:国家社科基金比重/%	3.6		
纵向经费比重/%	42.9		

科研经费达1560万元,获批国家自科基金面上项目3项、国家自科基金海外及港澳合作项目1项;出版专著6部;发表权威刊物7篇,被SSCI收录论文30篇、SCI收录4篇;主办7次国际学术会议。

学院积极推动师生对外进行学术交流。全年教师出访23批共30人次;学生出国交流164人次;接待来访专家53批共104人次;与美国哥伦比亚大学、布兰迪斯大学、德国慕尼黑大学等国际顶尖院校签订了新的合作协议。

【成立浙江大学首家院级董事会】 5月20日,经济学院董事会成立,首批共签订了3860万元的捐款协议。董事会成员包括国内外知名学者、德高望重的非现职省市领导和热心企业家,是浙江大学的首家院级董事会,是学院重大战略与决策的咨询机构,旨在为学院战略性和方向性的事务出谋划策。

【首次设立学院优质教学奖】 该教学奖于2017年11月设立,旨在激发教师的教学热情和教学活力,表彰和奖励教学业绩突出的教师,营造尊师重教的教学氛围。11月29

日,经评审,有10位教师获得该奖项。同时推荐3位教师申报校级优质教学奖。

【人才培养取得丰硕成果】 11月18号,在第十五届"挑战杯"大学生课外学术科技作品竞赛中,邵婧儿等学生喜获全国赛一等奖。本科生卢昊任浙江省青联副主席、浙江省学联主席、浙江大学学生会主席;博士生王煌任校博士生会主席、浙江大学第八届"十佳"大学生;硕士生施政任校研究生会副主席。同时,社科大类内和竺院人文社科班中,本一批各省市高考文理科最高分的学生有70%以上进入学院,生源质量在全校所有专业学院中继续处于领先地位。

(宗　晔撰稿　黄先海审稿)

光华法学院

【概况】 光华法学院地处全国重点文物保护单位浙江大学之江校区,占地653.85亩,是国内第一家拥有独立校区办学的法学院,现有法理与判例研究所、公法与比较法研究所、民商法研究所、国际法研究所、经济法研究所、刑法研究所、诉讼法研究所中心"6+1"校级研究所,另建有浙江省法制研究所、浙江大学司法鉴定中心、浙江大学亚洲法律研究中心、浙江大学法治研究中心、浙江大学律师实务研究中心、浙江大学气候变化法律研究中心、浙江大学海洋法律与治理研究中心、浙江大学光华法学院环境资源法律研究中心、浙江大学司法文明协同创新中心、浙江大学中国地方治理与法治发展研究中心、浙江大学科技与法律研究中心、浙江大

学国际战略与法律研究院、浙江大学光华法学院国际融资与并购研究中心、浙江大学光华法学院跨行政区划审判研究中心、浙江大学光华法学院政府与社会资本合作研究中心(2017年新增)、最高院行政庭行政审判案例研究基地(2017年新增)等研究机构。应用型复合型法律职业人才教育培养基地和涉外法律人才教育培养基地为国家级首批"卓越法律人才教育培养"基地。

学院拥有法学一级学科博士、硕士学位授予权,另有法律硕士(JM)专业学位授权点、自主设置目录外二级学科海洋法学硕博学位授权点、司法文明硕博学位授予点、专门招收国际学生的中国法硕博学位授予点(LL. M. 和 SJD)。宪法学与行政法学是国家重点学科。

2017年,学院共招收全日制硕士研究生163人(含中国法 LL. M.)、非全日制硕士生64人、博士研究生38人(含中国法 SJD),2016级本科生127人、2017级本科生138人确认主修学院专业,毕业本科生134人、硕士研究生128人、博士研究生18人。

全院现有教职工80人,其中专任教师63人,正高级职称人员29人(2017新增2人)、副高级职称人员22人(2017年新增1人)。2017年新增浙江大学文科领军人才1人、浙江大学包玉刚讲座教授1人。

本科生教育坚持课堂教育和训练教育相结合的原则,实行基础宽厚与口径专精相结合的"宽、专、交"人才培养模式。研究生教育以培养复合型、职业型、创新型、国际型的人才为目标。全面实施卓越法律人才培养计划、加强建设学生法官助理培养机制。全面贯彻落实"双千计划"[①],与杭州市滨江

---

① 是从2013年开始的,为提高法律工作人员水平而实施的一项高等学校与法律实务部门人员互聘1000人的兼职或挂职制度。

项目	数据	项目	数据
教职工总数/人	80	获国家级科技奖项目数/项	0
教授数/人	29	获国家级教学成果奖数/项	0
副教授数/人	22	SCI 入选论文数/篇	0
具有博士学位的教师比例/%	79.36	EI 入选论文数/篇	0
浙江大学文科资深教授(待遇等同院士)/人	2	SSCI 入选论文数/篇	7
国家"千人计划"入选数/人	2	A&HCI 入选论文数/篇	0
"国家特支计划"入选数/人	0	权威刊物论文数/篇	4
"长江学者"数/人	2	出版专著/部	10
省部级高等学校教学名师奖获得者/人	0		
国家"百千万人才工程"入选数/人	0	在校本科生数/人	423
国家杰出青年基金获得者/人	0	在学硕士研究生数/人	835
教育部新(跨)世纪优秀人才培养计划入选数/人	4	其中:专业学位研究生数/人	737
浙江省特级专家/人	0	在读博士研究生数/人	148
浙江省"千人计划"入选者/人	0	在校攻读学位的外国留学生数/人	45
浙江大学求是特聘教授数/人	0	应届本科毕业生一次就业率/%	97.69
浙江大学文科领军人才/人	1	应届本科毕业生考研录取(出国)率/%	44.61
一、二级学科国家重点学科数/个	1	应届毕业研究生一次就业率/%	99.33
教育部人文社会科学研究基地数/个	2		
国家人才培养基地(含教学、教育基地)/个	2	教师出国交流/人次	19
国家精品资源共享课、视频公开课/门	2	学生出国交流/人次	71
科研总经费/万元	939.41	举办国际学术会议数/次	8
其中:国家社科基金比重/%	42.04	社会捐赠经费总额/万元	106
纵向经费比重/%	75.69		(到款)

区人民法院共同建立法官助理培养机制;建立了最高人民法院实习生制度,本年度选派最高人民法院实习的学生获"优秀实习生"称号。

科研经费到款 939.41 万元(含司法文明专项经费),较上年增长 32.036%。其中,纵向科研经费到款 711.03 万元,占比 75.69%。各类立项共 25 项,其中国家级立项 5 项(获国家重大项目含教育部重大项目 2 项),省部级 5 项。出版、发表各类科研成果总计 186 部(篇)。其中,专著 10 部,译著 2 部,编著、教材类 7 部,权威期刊论文 4 篇(含中国社会科学文摘转载 3 篇),SSCI 论文 7 篇,一级期刊论文 18 篇,核心期刊论文 44 篇。继续为国家、省、市的法治建设提供决策咨询,获国家正职级领导人肯定性批示决策建议 1 篇、省部级采纳批示件 4 篇。

进一步推动与世界一流法学院校建立长期稳定的战略合作伙伴关系,接待 30 余批次境外来访学者与教授;与韩国釜山大学、法国马赛大学、澳大利亚悉尼大学等新签订合作协议 8 份;共举办法治与改革国际高端论坛(2017)等 8 场高水平的国际学术会议。派出学生 71 人次赴境外交流。另外，全院有 16 位教师曾经或现在在国际学术组织或学术刊物任职。

【法学学科排名提升】 2017 年 10 月 12 日根据软科(上海软科教育咨询有限公司)公布的"中国最好学科排名"(2017)，浙大法学学科进入前 5%。在教育部学位与研究生教育发展中心 2017 年 12 月 28 日公布的全国第四轮学科评估中，浙大法学学科被评为A—，学科评估结果优秀。2017 年 3 月 8 日，浙大法学学科进入 QS 世界大学学科排名 101~105 名。

【承办第五届中美法律信息与图书馆论坛】 该论坛于 2017 年 6 月 1 日在杭州召开，会议主题为"REIMAGINING LAW LIBRARIES——共创、共赢、共享"。此次论坛由浙江大学及中美法律信息与图书馆论坛执委会主办，浙江大学光华法学院承办，北京市法学会法律图书馆与法律信息研究会协办。此次论坛云集浙江大学、清华大学、北京大学等国内知名院校代表，及耶鲁大学、波士顿大学、康奈尔大学等外方代表，共有代表 100 余人共话法律信息与法学图书馆的未来。

【最高人民法院行政审判庭在浙江大学设立行政审判案例研究基地】 9 月 15 日，行政审判案例研究基地成立仪式暨行政协议司法解释研讨会在浙江大学之江校区举行。行政审判案例研究基地系最高人民法院行政审判庭在高校设立的第一个基地。该基地的设立将促进司法实践与理论研究相结合，对完善具有中国特色的行政审判案例制度和发展本土行政法理论研究做出贡献。

(陈　思撰稿　周江洪审稿)

教育学院

【概况】 教育学院由教育学系、体育学系、课程与学习科学系、教育领导与政策研究所和军事理论教研室组成；设有教育部浙江大学基础教育课程研究中心、国家体育总局体育现代化发展研究中心，建有浙江大学中外教育现代化研究所、高等教育研究所、教育科学与技术研究所、体育科学与技术研究所、体能测评与训导基地、教科书研究中心，设有浙江大学教育学院教育研究与评估中心、数字化学习研究所、体育大数据研究所、学习与认知科学研究中心、体育产业与健康管理研究中心等研究机构；建有联合国教科文组织"亚太地区教育革新为发展服务"(APEID)浙江大学联系中心、全球大学创新联盟亚太中心(GUNI-AP)秘书处、联合国教科文组织浙江大学创业教育教席、联合国教科文组织中国创业教育联盟等国际教科研合作平台。

学院拥有教育史二级学科国家重点学科，教育学一级学科浙江省一流学科(B 类计划)；设有教育学一级学科博士后流动站；拥有教育学、体育学 2 个一级学科博士学位授予权，教育学、体育学 2 个一级学科硕士学位授予权，教育学原理、课程与教学论、教育史、比较教育学、高等教育学、教育技术学、体育人文社会学、体育教育训练学 8 个二级学科博士学位授予权和 10 个二级学科硕士学位授予权，教育博士、教育硕士和体育硕士 3 个专业学位授予权；设有教育学、公共事业管理、运动训练、武术与民族传统体育、体育教育、体育经济与管理(2016 年暂停招生)6个本科专业,教育学为教育部高等学校本科特色专业。

2017年,招收全日制硕士研究生数69人(其中留学生2人)、博士研究生36人(其中留学生2人),非全日制专业学位硕士研究生29人;招收本科生"三位一体"新生32人,2017级本科生确认进入教育学院继续学习26人;毕业本科生89人、全日制硕士研究生57人、全日制博士研究生14人、非全日制专业学位教育硕士和体育硕士102人。

现有教职工102人(2017年新增5人)。其中,正高级职称人员29人(2017年新增1人)、副高级职称人员38人(2017年新增2人)、博士研究生指导教师41人(2017年新增3人)、硕士研究生指导教师62人(2017年新增2人),聘有国内外兼任(职)、客座教授等40人。2017年,学院新增浙江大学"百人计划"研究员2人。

2017年,参加教育部第四轮学科评估,教育学被评为A-;制定《教育学院关于做好立德树人工作的实施办法(试行)》和《教育学院关于加强本科课堂纪律管理的若干规定》,进一步强化师德师风、教风学风建设;鼓励教师推进教学改革,"课堂问答的智慧与艺术"列入2017年国家精品在线开放课程,2部教材获"十二五"浙江省高校优秀教材;创新能力培养进一步提升,1人获中国教育学会教育史分会第三届优秀博士学位优秀论文奖提名、1人获第五届全国教育博士论坛优秀论文奖;在国内外重大赛事中获115金、74银、73铜,谢震业在国际田联钻石联赛上刷新200米全国纪录、与队友在4×100接力赛中夺冠;获浙江省"十佳大学生"荣誉称号1人、校"十佳大学生"荣誉称号1人、"求是之星"荣誉称号1人、浙江大

学竺可桢奖学金2人。

科研总经费1226.99万元,比上年增长25.13%;2017年新增国家社科基金项目6项,其中重大1项、重点1项、一般3项、青年项目1项,批准总经费175万元;获批省部级项目6项,其中重点1项;获浙江省第十九届哲学社会科学优秀成果二等奖1项、三等奖1项;出版专著12部、译著4部、编著或教材3部;国内外公开发表学术论文163篇,其中权威刊物论文8篇,一级刊物论文36篇,被SSCI收录论文9篇,SCI收录论文4篇,EI收录论文1篇;省部级领导批示4篇,省部级成果采纳1篇。

全年,师生出国出境交流共计157人次,接待境外近20个国家与地区来访120余人次;举办国际学术会议/港澳台地区会议共5场;聘请短期外国专家4人,外籍客座研究员1人;与英国、加拿大、俄罗斯等国高校及科研机构签订海外合作交流备忘录4项。

【谢震业田径赛场屡创佳绩并获浙江省"十佳大学生"称号】 2016级运动训练专业硕士研究生谢震业在4月16日美国国家训练中心春季田径邀请赛中创下中国男子百米历史最好成绩9秒91后,于4月23日获第三届国际田联接力世锦赛4×100接力铜牌,并于5月13日和7月22日先后在"2017年国际田联钻石联赛"上海站刷新200米全国纪录、在摩纳哥站获4×100接力冠军,又在2017年第十三届全运会上获得男子100米、200米2枚金牌。作为90后中国短跑新秀,谢震业在驰骋田径场的同时,也尽最大的努力平衡学业与训练,顺利完成本科学业并获保研资格,继续攻读硕士研究生学位。同时,他拥有热心公益的质朴

附表　2017 年度教育学院基本情况

项目	数据	项目	数据
教职工总数/人	102	获国家级科技奖项目数/项	0
教授数/人	29	获国家级教学成果奖数/项	0
副教授数/人	34	SCI 入选论文数/篇	4
具有博士学位的教师比例/%	59	EI 入选论文数/篇	1
浙江大学文科资深教授(待遇等同院士)/人	1	SSCI 入选论文数/篇	9
国家"千人计划"入选数/人	0	A&HCI 入选论文数/篇	0
"国家特支计划"入选数/人	0	权威刊物论文数/篇	8
"长江学者"数/人	1	出版专著/部	12
省部级高等学校教学名师奖获得者/人	2	在校本科生数/人	549
国家"百千万人才工程"入选数/人	2	在学硕士研究生数/人	891
国家杰出青年基金获得者/人	0	其中:专业学位研究生数/人	756
教育部新(跨)世纪优秀人才培养计划入选数/人	5	在读博士研究生数/人	186
浙江省特级专家/人	1	其中:专业学位研究生数/人	71
浙江省"千人计划"入选者/人	0	在校攻读学位的外国留学生数/人	24
浙江大学求是特聘教授数/人	2	应届本科毕业生一次就业率/%	96.63
浙江大学文科领军人才/人	0	应届本科毕业生考研录取(出国)率/%	29.21
一、二级学科国家重点学科数/个	1	应届毕业研究生一次就业率/%	96.34
教育部人文社会科学研究基地数/个	0	教师出国交流/人次	44
国家人才培养基地(含教学、教育基地)/个	0	学生出国交流/人次	113
国家精品资源共享课、视频公开课/门	1	举办国际学术会议数/次	5
科研总经费/万元	1226.99	社会捐赠经费总额/万元	100
其中:国家社科基金比重/%	14.3		
纵向经费比重/%	42.56		

情怀,积极参与公益活动,用自己的执着坚持激励和鼓舞着身边的人。谢震业以其优异的赛场成绩、勇于拼搏的顽强意志、奋发向上的昂扬风貌获第五届浙江省"十佳大学生"称号。

【倪好、何苗获竺可桢奖学金】 2013 级比较教育学直博生倪好和 2013 级本科生公共事业管理(体育)专业何苗,双双获浙江大学 2016—2017 学年最高奖学金荣誉——竺可桢奖学金。倪好曾任学院学生会主席、兼职辅导员、团委副书记(学生挂职)等职,获研

究生国家奖学金、浙江省"万名好党员"称号,主持、参与国家级、省级课题多项,在 SSCI 刊物 *Asia Pacific Education Review*、*Higher Education* 及《教育研究》《新华文摘》等权威期刊发表文章 20 余篇。何苗曾获国家奖学金 2 次、浙江大学本科学生学业一等奖学金 3 次和唐立新奖学金,获第八届浙江大学"十佳大学生"称号、"挑战杯"大学生创业大赛省赛银奖和国赛金奖,并多次代表浙江大学参加田径比赛,打破浙江省大学生田径锦标赛女子甲组 100 米栏和 400 米

浙江大学年鉴

栏赛会纪录并保持至今。

【田正平入选当代教育名家】 11月29日，由中国教育学会、中国高等教育学会、中国职业技术教育学会、中国教育电视台、中国教育报刊社、人民教育出版社6家单位联合发起的当代教育名家评选活动在《中国教育报》公布最终名单，教育史学科文科资深教授田正平入选。田正平曾任教育学院首任院长、博士生导师，兼任中国教育学会教育史分会名誉理事长、中国地方教育史志研究会副理事长、教育部全国教育科学规划领导小组教育史学科组组长等职，1993年起享受国务院特殊津贴，先后获全国优秀教师、浙江省首批特级专家以及浙江省功勋教师等称号。主要研究领域为中国教育现代化史、中外教育交流史、中国高等教育史、中国留学教育史、中国职业教育史等，成果先后获教育部人文社会科学优秀成果一等奖、二等奖，教育部全国教育科学优秀成果一等奖、二等奖和浙江省哲学社会科学优秀成果一等奖，以及国家图书奖提名奖、中华优秀出版物奖等。

（苏　洁撰稿　顾建民审稿）

管理学院

【概况】 管理学院下设创新创业与战略学系、数据科学与管理工程学系、服务科学与运营管理学系、领导力与组织管理学系、市场营销学系、财务与会计学系、旅游与酒店管理学系7个系，拥有创新管理与持续竞争力研究1个"985工程"国家哲学社会科学创新基地、浙江大学全球浙商研究院和浙江大学全球农商研究院2个校级研究院、浙江大学神经管理学实验室、浙江大学—杭州市服务业发展研究中心，以及信息技术与新兴产业研究中心等13个校级交叉学科研究中心和管理科学与信息系统研究所等10个校级研究所。此外，学院建有国际经营研究所、行为会计研究所等11个院级研究所。学院现有1个浙江省创新团队。

拥有管理科学与工程1个一级学科国家重点学科、管理科学与工程1个浙江省一流学科（A类）。

学院设有管理科学与工程、工商管理2个博士后流动站，拥有管理科学与工程、工商管理2个一级学科博士学位授予权，创业管理、技术与创新管理2个二级学科博士学位授予权，管理科学与工程、企业管理等7个硕士学位授予权以及工商管理硕士（MBA）、高级管理人员工商管理硕士（EMBA）等6个专业学位授权点，并设置信息管理与信息系统、会计学等8个本科专业。

2017年，招收博士研究生54人、硕士研究生617人（其中国际科学硕士54人、MBA 506人、EMBA 23人、会计专业硕士34人），2016级本科生206人、2017级本科生220人确认进入学院继续学习，毕业本科生187人（其中留学生6人）、硕士研究生436人、博士研究生30人。

现有教职员工148人，包括中国工程院院士1人，正高级职称人员43人，副高级职称人员62人，博士研究生指导教师62人（含兼职2人，比上年新增6人），硕士研究生指导教师91人。另有在站博士后工作人员7人。2017年，全院新增浙江省"千人计划"1人，4人入选ELSEVIER（爱思唯尔）2016年"中国高被引学者（Most Cited Chinese Researchers）"榜单。

附表　2017 年度管理学院基本情况

项目	数据	项目	数据
教职工总数/人	148	获国家级科技奖项目数/项	0
教授数/人	42	获国家级教学成果奖数/项	0
副教授数/人	53	SCI 入选论文数/篇	10
具有博士学位的教师比例/%	81.74	EI 入选论文数/篇	10
浙江大学文科资深教授(待遇等同院士)/人	1	SSCI 入选论文数/篇	50
国家"千人计划"入选数/人	0	A&HCI 入选论文数/篇	0
"国家特支计划"入选数/人	0	权威刊物论文数/篇	4
"长江学者"数/人	2	出版专著/部	10
省部级高等学校教学名师奖获得者/人	0	在校本科生数/人	639
国家"百千万人才工程"入选数/人	1	在学硕士研究生数/人	1524
国家杰出青年基金获得者/人	2	其中:专业学位研究生数/人	1413
教育部新(跨)世纪优秀人才培养计划入选数/人	9	在读博士研究生数/人	374
浙江省特级专家/人	1	其中:专业学位研究生数/人	0
浙江省"千人计划"入选者/人	4	在校攻读学位的外国留学生数/人	212
浙江大学求是特聘教授数/人	3	应届本科毕业生一次就业率/%	98.81
浙江大学文科领军人才/人	1	应届本科毕业生考研录取(出国)率/%	43.46
一、二级学科国家重点学科数/个	1	应届毕业研究生一次就业率/%	99.2
教育部人文社会科学研究基地数/个	0	教师出国交流/人次	186
国家人才培养基地(含教学、教育基地)/个	0	学生出国交流/人次	379
国家精品资源共享课、视频公开课/门	1	举办国际学术会议数/次	6
科研总经费/万元	2721	社会捐赠经费总额/万元	12060.72
其中:国家社科基金比重/%	1.8		
纵向经费比重/%	44.6		

在教学方面,积极推进课程建设,注重教学案例开发。在 2017—2019 年浙江大学本科教育教学建设项目中,获批一般项目 1 项、重点项目 1 项。"管理概论"入选首批浙江省精品在线开放立项建设课程,3 部教材入选浙江省普通高校"十二五"优秀教材,4 篇案例入选第八届"全国百篇优秀管理案例",3 篇案例入选首届"拉姆·查兰管理实践奖"优秀案例。

到位科研经费 2721 万元,比 2016 年增加 12%,在研国家级项目共 54 项;新增国家级科研项目 9 项(其中国家自然科学基金项目 8 项、国家社科基金重大项目 1 项);新增省部级项目 7 项,全院共新增项目 74 项。

全院教师出国出境 186 人次,接待外宾来访 131 人次。本硕博学生出国交流 207 人次,MBA/EMBA 学生出国交流 172 人次。接待境外本硕博学生共计 145 人次,境外高校 MBA 访学团 70 人次,MBA 院级学期交换生 7 人次,EMBA 学员 117 人人次。学院新签合作备忘录、合作协议共计 15 份。

【承办浙江大学全球创新创业论坛】　该论

坛作为浙江大学纪念建校 120 周年的重点活动，由浙江大学主办，浙江大学管理学院、浙江大学发展联络办公室等联合承办，于 5 月 20 日在浙江大学紫金港校区举行。该论坛主题为"创新、创业、创未来"，由 1 个主论坛和 4 个分论坛组成，共有海内外精英创客和投资人等嘉宾 1200 余人参加，共话全球创新创业新趋势，共谋全球创新创业发展新思路，共议创新创业增进人类福祉的新方略。同时，该论坛通过直播引起全球 45000 余名管理学院校友的关注或参与。此次论坛也是浙江大学管理学院致力于搭建全球创新创业资源整合与教育交流平台，引领中国创新创业教育发展，推动国家创新创业繁荣昌盛的表现之一。该论坛的举办也将进一步加强学校与校友联系，促进校友创新创业发展和浙江大学管理学院创新创业教育体系的进一步完善。

【管理科学与工程学科入选国家"双一流建设学科"】 9 月，根据教育部、财政部、国家发改委发布的《关于公布世界一流大学和一流学科建设高校及建设学科名单的通知》，管理学院的管理科学与工程学科入选"双一流"建设学科。该学科源自浙江大学 1979 年设立的科学管理系，1986 年获批首批管理类博士点，2007 年被遴选为国家重点学科。它以建设世界一流学科为目标，综合运用管理科学、认知神经科学、运筹优化、经济和行为科学等方法，研究解决社会、经济、工程等方面的复杂管理问题，培养管理科学与工程领域高层次学术研究与复合型人才，现已逐步形成优势特色鲜明、综合实力国内领先的管理科学与工程学科。

【首届创新、创业与全球领导力国际硕士项目(PIEGL)开班】 该项目由管理学院与国际联合学院共同打造，于 9 月 13 日在浙大海宁国际校区举行入学典礼，共有来自 23 个国家的 33 位学生入学，其中约 75% 的学生来自欧美工业化国家，超过半数学生来自"一带一路"沿线国家。

"创新、创业与全球领导力国际硕士项目"（Master Program in Innovation, Entrepreneurship and Global Leadership，简称"PIEGL"）是管理学院为响应国家"一带一路"倡议，携手国际联合学院，在开拓"一带一路"管理教育上的又一创新举措，面向国际知名大学的商学院毕业生招生，旨在帮助学生深入了解新兴市场的发展特征和成长经验，培育真正适应全球化与多元化工作环境的未来商业领袖人才。该项目主要由管理学院教授采用英文授课，除了常规的课堂授课外，学生们还将走进阿里巴巴、海康威视、网易等中国企业，与企业家们进行对话，亲身体验中国故事和中国经验。

（陈　超撰稿　刘玉玲审稿）

公共管理学院

【概况】 公共管理学院下设政府管理系、土地管理系、城市发展与管理系、社会保障与风险管理系、信息资源管理系、农业经济与管理系、政治学系、社会学系 8 个系，设有行政管理研究所、土地科学与不动产研究所等 12 个校级研究所。

学院拥有浙江大学中国农村发展研究院（教育部人文社科重点研究基地暨"985 工程"哲学社会科学创新基地）、浙江大学科教发展战略研究中心（教育部战略研究基地）、浙江大学民政研究中心（全国民政政策理论研究基地）、浙江大学民生保障与公共治理研究中心(浙江省哲学社会科学重点研究基地)、浙江大学暨浙江省公共政策研究院、浙江省人才发展研究院、浙江省商会发展研究院以及浙江大学土地与国家发展研究院,建有浙江大学欧洲研究中心、浙江大学公共服务与绩效评估研究中心等18个校级研究中心。

农林经济管理学科为国家重点(培育)学科,农林经济管理、公共管理2个学科为浙江省一流学科。

学院拥有公共管理、农林经济管理、社会学3个一级学科博士学位授予权,行政管理、教育经济与管理等12个二级学科博士学位授予权;公共管理硕士(MPA)、社会工作硕士(MSW)、农村发展硕士(MAE)3个专业硕士学位授权点;设有行政管理、土地资源管理等12个本科专业方向。

2017年,招收博士研究生74人、科学学位硕士研究生121人、公共管理硕士(MPA)257人、社会工作硕士(MSW)26人、农村发展硕士(MAE)11人,2016级本科生215人、2017级本科生148人确认主修学院专业。授予博士学位27人、硕士学位135人、MPA专业学位145人、MAE专业学位18人,毕业本科生167人。2017届毕业研究生一次就业率为100%,本科毕业生一次就业率为94.58%,本科升学及出国率为54.22%。

现有教职工164人,其中具有正高级职称人员56人(2017年新增3人)、副高级职称人员49人(2017年新增2人)。另有在站各类博士后29人。博士研究生导师73人、硕士研究生导师112人。

到款科研经费3782.52万元。获批国家自然科学基金15项,其中重点项目1项;国家社科基金项目4项,其中重大项目1项。发表权威刊物论文18篇、一级刊物论文74篇,被SSCI收录论文67篇、SCI收录论文26篇、A&HCI收录论文1篇、CPCI-SSH收录论文9篇;出版专著8部,编著6部,译著1部。

2017年,学院共举办了7期国际性学术会议;获批短期外专项目5项。全院师生赴境外交流204人次,其中教师有103人次赴美国、澳大利亚等国以及中国港澳台地区进行合作研究、参加学术会议等。

【农业经济与管理系举行建系90周年纪念大会】 4月29日,该纪念大会在紫金港校区举行,校长吴朝晖出席大会并致辞,来自海内外的浙大农经校友、兄弟院校代表和社会各界朋友共300余人与会。农林经济管理学科源于20世纪30年代的浙江大学农业社会学系,1942年成为全国仅有的2个农业经济研究生培养单位之一。其在1981年重新获得硕士学位授予权,1990年获得博士学位授予权并建成博士后流动站,2000年获准设立农林经济管理一级学科博士点。1994年起被列为浙江省首批重点学科,2007年被列为国家重点(培育)学科,在2003年、2006年、2012年、2016年的国家一级学科评估中,该学科均名(并)列国内同类学科第一。

【承办"案例中心杯"首届中国研究生公共管理案例大赛总决赛并获一等奖】 4月29日,该大赛总决赛在浙大紫金港校区举行,是由教育部学位与研究生教育发展中心、全国公共管理专业学位研究生教育指导委员会共同主办,由公共管理学院承办。大赛吸引了来自全国设立公共管理硕士(MPA)专业学位教育的143所院校、671支队伍共同参与。经过初赛、决赛的激烈角逐,来自中山大学、中国人民大学、复旦大学、浙江大学

附表　2017 年度公共管理学院基本情况

项目	数据	项目	数据
教职工总数/人	164	获国家级科技奖项目数/项	0
教授数/人	56	获国家级教学成果奖数/项	0
副教授数/人	49	SCI 入选论文数/篇	26
具有博士学位的教师比例/%	70.73	EI 入选论文数/篇	0
浙江大学文科资深教授(待遇等同院士)/人	1	SSCI 入选论文数/篇	67
国家"千人计划"入选数/人	2	A&HCI 入选论文数/篇	1
"国家特支计划"入选数/人	0	权威刊物论文数/篇	18
"长江学者"数/人	1	出版专著/部	8
省部级高等学校教学名师奖获得者/人	1	在校本科生数/人	712
国家"百千万人才工程"入选数/人	1	在学硕士研究生数/人	1678
国家杰出青年基金获得者/人	0	其中:专业学位研究生数/人	934
教育部新(跨)世纪优秀人才培养计划入选数/人	7	在读博士研究生数/人	340
浙江省特级专家/人	0	其中:专业学位研究生数/人	0
浙江省"千人计划"入选者/人	3	在校攻读学位的外国留学生数/人	192
浙江大学求是特聘教授数/人	6	应届本科毕业生一次就业率/%	94.58
浙江大学文科领军人才/人	0	应届本科毕业生考研录取(出国)率/%	54.22
一、二级学科国家重点学科数/个	1	应届毕业研究生一次就业率/%	100
教育部人文社会科学研究基地数/个	1		
国家人才培养基地(含教学、教育基地)/个	0	教师出国交流/人次	103
国家精品资源共享课、视频公开课/门	2	学生出国交流/人次	101
科研总经费/万元	3782.52	举办国际学术会议数/次	7
其中:国家社科基金比重/%	2.98	社会捐赠经费总额/万元	3511
纵向经费比重/%	32.15		

的 4 支队伍获一等奖,并决出二等奖 12 队,三等奖 16 队,优秀奖 68 队。

【获浙江省第十九届哲学社会科学优秀成果奖一等奖 2 项】 11 月 24 日,浙江省人民政府办公厅发布了《关于浙江省第十九届哲学社会科学优秀成果奖评审情况的通报》(浙政办发〔2017〕129 号),公布了评奖结果。谭荣教授等的专著《土地非农化的治理效率》(科学出版社)获应用理论与对策咨询类优秀成果一等奖,张翔副教授专著《民间金融合约的信息机制——来自改革后温台地区民间金融市场的证据》(社会科学文献出版社)获基础理论研究类优秀成果一等奖。此外,还获得各类二等奖 3 项,三等奖 4 项。

(苏　超撰稿　杨国富审稿)

马克思主义学院

【概况】 马克思主义学院是中共浙江省委宣传部与浙江大学共建学院，为全国重点马克思主义学院和浙江省重点建设马克思主义学院。学院建有马克思主义理论、国际政治2个校级研究所，中国特色社会主义等5个院级研究所和领导科学研究中心，拥有教育部高校辅导员培训和研修基地（浙江大学）、浙江省教育厅高校心理健康教育培训基地、浙江省中国特色社会主义理论体系研究中心浙江大学研究基地、浙江大学中国特色社会主义研究中心（2017年新增）、浙江大学德育与学生发展研究中心。

学院拥有马克思主义基本原理概论、毛泽东思想和中国特色社会主义理论体系概论、中国近现代史纲要、思想道德修养与法律基础、研究生公共政治理论课5个教研中心，承担全校从本科生到硕士、博士研究生的公共思想政治理论课程的教学和研究工作。

马克思主义理论学科为"十三五"浙江省高校一流学科（B类）。

学院建有马克思主义理论博士后流动站，拥有马克思主义理论一级学科博士学位授予权，马克思主义理论一级学科硕士学位授予权和国际政治二级学科硕士学位授予权。

2017年，招收硕士研究生28人、博士研究生16人，毕业硕士研究生17人、博士研究生3人。

现有教职工60人（2017年新增3人）。其中，教授11人、副教授23人（2017年新增2人），高级讲师1人，博士研究生导师8人，硕士研究生导师25人（2017年新增1人）。2017年，学院新增浙江大学求是讲座教授1人。

2017年，学院继续深化教学改革，加强课程建设。1门课程入选国家精品在线开放课程；1名教师获"高校思想政治理论课教师2016年度影响力人物"称号；1名教师获"全国高校思想政治理论课教学能手"称号；2名本科生在教育部"全国高校学生讲思政课公开课展示"活动中获一等奖和最具理论深度奖，3名指导老师获优秀指导教师奖；1名教师荣获浙江省高校第十届青年教师教学技能竞赛一等奖；1名教师获浙江省第五届师德先进个人；2名教师获浙江大学优质教学奖二等奖。

学院共立项省部级以上课题10项，其中国家社科基金专项重点项目1项，中宣部马克思主义理论研究和建设工程重大课题子项目3项，浙江省哲学社会科学规划课题4项，其他省部级课题2项。2017年度科研课题新立项经费172.5万元。学院教师共发表各级各类学术论文57篇，其中权威期刊1篇，一级期刊或人大报刊复印资料转载6篇。出版专著、译著、参与编著10部。承办全国性学术会议4次。

国际学术交流互访频繁。2017年，教师出国进修4人次、研究生出国交流1人次；共接待境外专家10人次，举办学术讲座7场；举办国际研讨会1次。

【入选第二批全国重点马克思主义学院】
2017年3月，学院入选第二批全国重点马克思主义学院。学院以此为契机，全面贯彻落实全国高校思想政治工作会议精神，围绕学校建设世界一流大学的目标和中共浙江省委宣传部与浙大共建马院的规划，以马克

项目	数据	项目	数据
教职工总数/人	60	获国家级科技奖项目数/项	0
教授数/人	11	获国家级教学成果奖数/项	0
副教授数/人	23	SCI 入选论文数/篇	0
具有博士学位的教师比例/%	65.4	EI 入选论文数/篇	0
浙江大学文科资深教授(待遇等同院士)/人	0	SSCI 入选论文数/篇	0
国家"千人计划"入选数/人	0	A&HCI 入选论文数/篇	0
"国家特支计划"入选数/人	0	权威刊物论文数/篇	1
"长江学者"数/人	0	出版专著/部	7
省部级高等学校教学名师奖获得者/人	1		
国家"百千万人才工程"入选数/人	1	在校本科生数/人	0
国家杰出青年基金获得者/人	0	在学硕士研究生数/人	51
教育部新(跨)世纪优秀人才培养计划入选数/人	0	在读博士研究生数/人	63
浙江省特级专家/人	0	在校攻读学位的外国留学生数/人	2
浙江省"千人计划"入选者/人	0		
浙江大学求是特聘教授数/人	1	应届本科毕业生一次就业率/%	0
浙江大学文科领军人才/人	1	应届本科毕业生考研录取(出国)率/%	0
一、二级学科国家重点学科数/个		应届毕业研究生一次就业率/%	100
教育部人文社会科学研究基地数/个	0		
国家人才培养基地(含教学、教育基地)/个	0	教师出国交流/人次	4
国家精品资源共享课、视频公开课/门	1	学生出国交流/人次	1
科研总经费/万元	172.5	举办国际学术会议数/次	1
其中:国家社科基金比重/%	43.48	社会捐赠经费总额/万元	0
纵向经费比重/%	84.64		

思主义理论学科建设为龙头,以思想政治理论课程建设教学改革为抓手,深入实施马克思主义理论研究和建设工程,努力打造马克思主义理论教学、研究、宣传和人才培养的坚强阵地,把学院建设成为在全国具有影响力的"重点马克思主义学院"。

【科研成果获得重要奖励】 2017 年 8 月,刘同舫教授的研究成果《青年马克思政治哲学思想研究》入选国家哲学社会科学成果文库。该研究成果在马克思主义的框架下,贯通西方马克思主义、中国化马克思主义,兼收并蓄哲学、政治学、人学、文化学等多学科的研究方法和基本理论,通过细致的文本研究,系统化、结构化地阐述青年马克思政治哲学思想的内在逻辑及其发展演变的基本脉络和历程;并融合问题意识、理论意识和学术史意识,重新定位和理解马克思早期政治哲学思想,阐明了马克思"哲学共产主义"大厦的本质。

【学科评估取得 A一 的好成绩】 2017 年 12 月 28 日,教育部公布全国第四轮学科评估结果。全国共有 231 所高校的马克思主义理论学科参评，浙江大学马克思主义理论学科评估结果为 A—，位次进入全国前 5.19%。学院将认真分析该学科评估报告，研究该学科的发展规律，发现其内涵建设优劣，推动人才培养质量的提高。

（李　艳撰稿　李小东审稿）

数学科学学院

【概况】　数学科学学院设有数学研究所、应用数学研究所、信息数学研究所、科学与工程计算研究所、统计学研究所、运筹与控制科学研究所 6 个研究所以及数学基础课程教学研究中心，建有数学国家理科基础研究和教学人才培养基地。

数学学科为一级学科国家重点学科，是九五、十五、十一五、十二五国家"211 工程"重点建设学科，学院拥有"数学科学及其应用"国家"985 工程"科技创新平台。

2017 年，学院招收硕士研究生 84 人、博士研究生 34 人，2016 级本科生 187 人、2017 级本科生 196 人确认专业进入学院学习，毕业本科生 194 人、硕士研究生 7 人、博士研究生 28 人。

现有教职工 125 人。其中，具有正高级职称人员 54 人（2017 年新增 1 人）、副高级职称人员 43 人（2017 年新增 1 人），博士研究生导师 51 人（含兼职 5 人）、硕士研究生导师 35 人。另有在站博士后 8 人。2017 年，教师中新增青年千人计划 1 人，特聘研究员转教学科研并重岗 1 人。

数学科学学院与计算机学院、经济学院一起优化了本科生培养方案，设立金融＋数学、计算机＋统计双学士学位创新培养班。

该创新培养班根据培养方案进行个性化、交叉复合培养，已有高考成绩特别优秀的学生 53 人确认专业意向。优化和重新制定了数学与应用数学、信息与计算数学、统计学 3 个本科专业新的培养方案，有机融合通识、专业、思政教育和交叉培养，形成了第一、第二、第三、第四课堂高度融通的培养体系。2017 年本科生获全国数学建模一等奖 3 项、二等奖 2 项，美国大学生数学建模特等奖 1 项、一等奖 17 项、二等奖 19 项。1 人获唐立新奖学金。研究生获得奖学金 50 人次，其中 1 人获唐立新奖学金，1 人获浙江大学十佳大学生。2017 届毕业生本科生一次性就业率达到 93.75%，其中出国率达到 40.91%、国内读研率达到 26.14%。

2017 年，到位科研经费为 1385.34 万元；其中在研国家级科研项目 66 项，到款经费 963.04 万元。学院在科研方面取得重大突破，获得国家自然科学基金项目 14 项（包括国家自然科学基金委重点项目 1 项），批准总经费为 736 万元，批准率达到 43.75%。学院获得 2017 年度浙江省自然科学基金杰出青年项目 1 项。学科目前 ESI 排名位于国际数学学科前 1%。

全年，师生出国出境交流共计 144 人次，举办国际学术会议 3 次；新增浙江大学短期外国专家 6 人；与美国普林斯顿大学、新加坡国立大学、美国约翰霍普金斯大学、澳大利亚西澳大学、美国俄亥俄州立大学、美国威斯康星—麦迪逊大学、香港城市大学、香港中文大学、荷兰埃因霍温工业大学、瑞典乌普萨拉大学等高校建立了合作关系，开展联合培养学生及学术交流活动。

【史玉柱校友捐赠 5000 万元支持数学科学学院新大楼项目】　5 月 20 日，1984 届校友、巨人集团董事长史玉柱向浙江大学教育

附表　2017 年度数学科学学院基本情况

项目	数据	项目	数据
教职工总数/人	125	获国家级科技奖项目数/项	1
教授数/人	54	获国家级教学成果奖数/项	0
副教授数/人	43	授权发明专业数/项	2
具有博士学位的教师比例/%	83.49	SCI 入选论文数/篇	108
两院院士/人	0	EI 入选论文数/篇	0
国家"千人计划"入选数/人	5	MEDLINE 入选论文数/篇	0
"国家特支计划"入选数/人	0	出版专著/部	0
"长江学者"数/人	1		
省部级高等学校教学名师奖获得者/人	1	在校本科生数/人	372
"973 计划"首席科学家数[*]/人	0	在学硕士研究生数/人	180
国家"百千万人才工程"入选数/人	2	在读博士研究生数/人	159
国家杰出青年基金获得者/人	3	在校攻读学位的外国留学生数/人	5
教育部新(跨)世纪优秀人才培养计划入选数/人	6	应届本科毕业生一次就业率/%	93.75
浙江省特级专家/人	2	应届本科毕业生考研录取(出国)率/%	67.05
浙江省"千人计划"入选者/人	2	应届毕业研究生一次就业率/%	95.65
浙江大学求是特聘教授数/人	4	科研总经费/万元	1385.34
一、二级学科国家重点学科数/个	6	其中：国家自然基金比重/%	63.51
国家重点(专业)实验室/个	0	纵向经费比重/%	71.57
国家工程(技术)研究中心/个	0	教师出国交流/人次	61
国家人才培养基地(含教学、教育基地)/个	0	学生出国交流/人次	83
国家精品资源共享课、视频公开课/门	2		
社会捐赠经费总数/万元	5163.65	举办国际学术会议数/次	3

注：* 含重大科学研究计划、ITER 计划、青年科学家专题等。

基金会捐资人民币 5000 万元,用于支持浙江大学数学科学学院的新大楼建设。捐赠仪式在紫金港校区举行,浙江大学党委书记金德水与巨人集团董事长、校友史玉柱双方签署捐赠协议。此项目是学院目前获得捐赠金额最大的项目。学院新大楼建成以后将包括公共空间、行政用房、教师用房、教学科研用房、专业实验室、辅助用房等,共 12 层,总建筑面积 13480 平方米,工程总造价 5000 万元,于 2017 年初开始动工,2019 年竣工。史玉柱于 1984 年在浙江大学获数学学士学位。近年来,其创建的公司战略重心全面转向手游业务,并借壳世纪游轮在 A 股成功上市。

【组织第九届国际应用反问题会议】 该会议于 5 月 29 日—6 月 2 日在浙江大学紫金港校区举行,是目前国际反问题领域规模最大的世界级系列会议。该会议共有 52 个分主题,400 余个分组报告。加州理工学院 Andrew Stuart 教授,斯坦福大学 Andras

Vasy 教授,莱斯大学 William Symes 教授,东京大学 Masahiro Yamamoto 教授,新加坡科学院院士 Zuowei Shen 教授等 12 位专家作主题报告。会议内容涵盖反问题的多个研究方向,如:散射与反散射理论、正则化理论、数据同化、医学成像、偏微分方程参数反演、光学成像等理论分析、计算和应用等。会议主席由中国工业与应用学会副理事长、浙江大学数学学院院长包刚教授担任。

【蔡天新获国家科技进步奖二等奖】 12 月 6 日,数学科学学院教授蔡天新的科普著作《数学传奇——那些难以企及的人物》获得该奖项,这是今年国家科学技术三大奖里仅有的几项由个人独立完成的项目之一。由蔡天新撰写的科普作品《数学传奇——那些难以企及的人物》近 30 万字,讲述了 20 多位伟大的数学家的生平故事,探讨他们的内心世界、成长经历和成才环境,描绘他们的科学思想、成就和个性。该著作也分析了法兰西人和阿拉伯人的数学,探讨了数学与物理学、人文之间的关系等。

(陈　黎撰稿　闻继威审稿)

物理学系

【概况】 物理学系(以下简称物理系),设有浙江近代物理中心、凝聚态物理研究所、光学研究所、聚变理论与模拟中心、电子与无线电研究所 5 个研究所以及大学物理教研室和物理实验教学中心。

物理系学科方向涵盖理论物理、粒子物理与核物理、凝聚态物理、光学、电子与无线电物理、原子分子物理、等离子体物理。其中理论物理、凝聚态物理是二级学科国家重点学科,物理学是浙江省一流学科。

物理系拥有物理学 1 个博士后流动站,物理学 1 个一级学科博士学位和硕士学位授予权,涵盖 7 个二级学科。

2017 年,招收硕士研究生 57 人、博士研究生 46 人,2017 级本科生 100 人(其中竺可桢学院 4 人)确认进入物理学系继续学习,毕业本科生 87 人、硕士研究生 2 人、博士研究生 34 人。

现有教职工 123 人。其中,中国科学院院士 3 人,国家千人计划学者 4 人,具有正高级职称人员 64 人,副高级职称人员 30 人,博士研究生指导教师 71 人(比上年新增 3 人)、硕士研究生指导教师 82 人(比上年新增 2 人)。2017 年,浙江大学百人计划 3 人。在站博士后 20 人。

全年,物理系获国家级大学生创新训练项目 2 项、浙江省大学生科技创新活动项目 4 项。本科生发表论文 4 篇,先后获得第八届中国大学生物理学术竞赛特等奖、浙江省第十五届"挑战杯"大学生课外学术科技作品竞赛特等奖、第十五届"挑战杯"全国大学生课外学术科技作品竞赛一等奖。

到款总经费 5533.95 万元,其中,纵向项目经费 5340.45 万元,军工项目经费 160.00 万元,横向项目经费 33.50 万元。2017 年,共获得批准各类科研项目 35 项(比上年增加 25%),其中国家自然科学基金获得批准 18 项、科技部重点研发项目获得批准 1 项、浙江省院士基金获得批准 2 项,批准总经费 7699.14 万元(比上年增加 82.13%)。新增国家杰出青年科学基金 1 项,国家优秀青年科学基金 1 项。

全年,师生出国出境交流共 177 人次,接待港澳台及国外来访开展学术报告 57 人次,短期外国专家 20 人,举办国际会议 2 场。

附表　2017 年度物理学系基本情况

项目	数据	项目	数据
教职工总数/人	123	获国家级科技奖项目数/项	0
教授数/人	55	获国家级教学成果奖数/项	0
副教授数/人	24	授权发明专业数/项	1
具有博士学位的教师比例/%	63.4	SCI 入选论文数/篇	132
两院院士/人	3	EI 入选论文数/篇	77
国家"千人计划"入选数/人	4	MEDLINE 入选论文数/篇	0
"国家特支计划"入选数/人	2	出版专著/部	0
"长江学者"数/人	6	在校本科生数/人	424
省部级高等学校教学名师奖获得者/人	0	在学硕士研究生数/人	166
"973 计划"首席科学家数*/人	0	其中:专业学位研究生数/人	12
国家"百千万人才工程"入选数/人	1	在读博士研究生数/人	207
国家杰出青年基金获得者/人	7	在校攻读学位的外国留学生数/人	6
教育部新(跨)世纪优秀人才培养计划入选数/人	10	应届本科毕业生一次就业率/%	89.29
浙江省特级专家/人	1	应届本科毕业生考研录取(出国)率/%	63.10
浙江省"千人计划"入选者/人	5	应届毕业研究生一次就业率/%	94.44
浙江大学求是特聘教授数/人	10	科研总经费/万元	5533.95
一、二级学科国家重点学科数/个	2	其中:国家自然基金比重/%	14.3
国家重点(专业)实验室/个	0	纵向经费比重/%	96.5
国家工程(技术)研究中心/个	0	教师出国交流/人次	98
国家人才培养基地(含教学、教育基地)/个	1	学生出国交流/人次	79
国家精品资源共享课、视频公开课/门	1	举办国际学术会议数/次	2
社会捐赠经费总数/万元	8.5		

注:* 含重大科学研究计划、ITER 计划、青年科学家专题等。

【与中科大等多个研究团队合作在超导量子计算和量子模拟领域取得重要进展】 王浩华课题组与中国科学技术大学潘建伟、朱晓波、陆朝阳课题组,福州大学郑仕标课题组以及中科院物理所郑东宁课题组等合作,联合研发了十比特超导量子芯片;通过高精度脉冲控制和全局纠缠方案,成功实现了目前世界上最大数目的超导量子比特的多体纠缠;通过层析测量方法完整地刻画了十比特量子态,引起了国内外的广泛关注。4 月 13 日,英国物理学会主办的杂志 *Physics World*(《物理世界》)对该工作进行了专题报道。

【举办"双一流"物理学科发展论坛】 5 月 21 日,该论坛暨物理学科院长系主任论坛和物理学科建设论坛在杭州世贸君澜大饭店召开。此次会议由浙江大学物理学系主办,共有 12 位中国科学院院士、20 余位物理学科权威专家和全国 35 所兄弟高校 42 位物理学系负责人参会。会议紧扣浙江大学"双一流"发展愿景,深入讨论了浙江大学物理学科冲击"一流骨干基础学科"的路径和方式,为浙江大学物理学科的发展指明了方向。

(马玉婷编撰　颜　鹂审稿)

化学系

【概况】　化学系下设催化化学研究所、分析化学研究所、物理化学研究所、高新材料化学研究所、有机与药物化学研究所5个研究所,以及1个实验教学中心和1个分析测试平台。

化学系拥有化学一级学科国家重点学科和一级学科博士点、博士后流动站,是国家理科基础科学研究和教学人才培养基地和国家工科基础课程教学基地,建有国家级实验教学示范中心、浙江省应用化学重点实验室等教学和科研平台。

2017年,招收硕士研究生84人、博士研究生74人,2016级本科生87人、2017级本科生91人确认进入化学系主修专业,毕业本科生88人、硕士研究生44人、博士研究生81人。

现有教职员工206人(含学科博士后34人)。其中,中科院院士2人,正高级职称人员63人(2017年新增1人),副高级职称人员60人。

在教学和学生培养方面,本科生获第十五届"挑战杯"全国大学生课外学术科技作品竞赛一等奖一项,以及第五届全国化学专业大学生科技活动交流会墙报优秀奖、口头报告优秀奖各一项;2016级博士生陈凯宏获浙江大学最高奖学金"竺可桢奖学金";另

编著由科学出版社出版的教材《中级化学实验》一本。

科研到款总经费5283万元,其中横向经费到款1772万元,纵向经费到款3352万元,军工经费到款158万元。获得国家自然科学基金资助项目15项,其中国际(地区)合作与交流1项,面上项目12项,青年科学基金2项;另获浙江省基金资助项目共8项,其中浙江省杰青项目2项。被SCI收录论文290篇,其中化学领域国际顶尖刊物论文达50篇。

2017年,化学系国际学术交流活动活跃,本科生出国交流达67人次,研究生32人次,教师56人次,另邀请国外专家来系讲学59余场次,在系里营造出浓厚的学术氛围,拓宽了全系师生的国际化视野。

【化学学科入选国家"双一流"建设名单】　9月,教育部公布了世界一流大学和一流学科(简称"双一流")建设高校及建设学科名单,浙江大学化学学科入选,学科ESI全球排名进入前15位。化学学科将努力建设成为培养学术领袖与行业精英的摇篮,解决国际科学前沿问题和国家重大战略需求的创新源与服务社会经济发展的基地和国内外学术合作与交流的平台。力争到2020年,化学学科教师队伍中高层次人才和优秀青年人才总数达到50人,具有国际影响的重大成果持续产生,主要办学指标和整体水平进入国内高校前5位,ESI化学学科国际机构排名进入前13位(国际大学排名前4位),*US News*大学化学专业排名稳居全球前18位,在高新材料化学、有机合成化学、能源环境催化、微流控与质谱分析4个优势领域的若干方向达到世界先进水平,基本进入世界一流化学学科行列;到2030年,学科国际影响力和声誉显著提高,进入世界一流化学学科

项目	数据	项目	数据
教职工总数/人	206	获国家级科技奖项目数/项	0
教授数/人	51	获国家级教学成果奖数/项	0
副教授数/人	47	授权发明专业数/项	41
具有博士学位的教师比例/%	91	SCI 入选论文数/篇	290
两院院士/人	2	MEDLINE 入选论文数/篇	0
国家"千人计划"入选数/人	1	出版专著/部	0
"国家特支计划"入选数/人	0	在校本科生数/人	380
"长江学者"数/人	2	在学硕士研究生数/人	254
省部级高等学校教学名师奖获得者/人	1	在读博士研究生数/人	301
"973 计划"首席科学家数*/人	0	在校攻读学位的外国留学生数/人	7
国家"百千万人才工程"入选数/人	1	应届本科毕业生一次就业率/%	84.5
国家杰出青年基金获得者/人	9	应届本科毕业生考研录取(出国)率/%	61.2
教育部新(跨)世纪优秀人才培养计划入选数/人	9	应届毕业研究生一次就业率/%	99.3
浙江省特级专家/人	1	科研总经费/万元	5283
浙江省"千人计划"入选者/人	9	其中:国家自然基金比重/%	20.06
浙江大学求是特聘教授数/人	9	纵向经费比重/%	63.44
一、二级学科国家重点学科数/个	1	教师出国交流/人次	56
国家重点(专业)实验室/个	0	学生出国交流/人次	99
国家工程(技术)研究中心/个	0		
国家人才培养基地(含教学、教育基地)/个	2		
国家精品资源共享课、视频公开课/门	0		
社会捐赠经费总数/万元	2062.02	举办国际学术会议数/次	1

注:* 含重大科学研究计划、ITER 计划、青年科学家专题等。

前列水平;到 2050 年,本学科将取得原创性、系统性成果,发展成为世界顶尖化学学科之一。

【新和成控股集团捐赠 7000 万元】　5 月 18 日,百廿校庆前夕,举行了新和成控股集团有限公司向浙江大学教育基金会捐赠暨浙江大学化学系化学前瞻技术研究中心仪式。新和成控股集团有限公司董事长胡柏藩校友代表新和成控股集团有限公司向浙江大学教育基金会捐赠 7000 万元用于化学前瞻技术研究中心的建设和发展,作为感谢,浙江大学将紫金港校区西区的新化学楼永久冠名为"新和成化学楼"。

【两位教师入选国家"万人计划"】　9 月,丁寒锋教授入选国家"万人计划"青年拔尖人才;12 月,唐睿康教授入选国家"万人计划"科技创新领军人才。丁寒锋主要从事活性天然产物的全合成以及导向天然产物的新合成方法学研究,在《美国化学会志》《德国应用化学》等化学顶级期刊发表论文 20 余篇,他引200余次,研究工作多次被英国皇家化学会"化学世界"、"有机化学门户"等网站重点评述;唐睿康从事生物矿化和仿生材料领域的研究,在《美国化学会志》《德国应用化学》《先进材料》《自然通讯》和《美国科学院院报》等顶级学术期刊发表论文180多篇,提出了生物与材料装配功能化新概念。

(梁　楠撰稿　潘贤林审稿)

地球科学学院

【概况】　地球科学学院下设地质学系、地理科学系、大气科学系、地球信息科学与技术系4个系,设有地质与地球物理研究所、地理信息科学研究所、海底科学研究所、环境与生物地球化学研究所、空间信息技术研究所、区域与城市发展研究所、气象灾害与预测研究所7个研究所和教育部含油气盆地构造研究中心、浙江省资源与环境信息系统重点实验室。

地质学为浙江省一流学科。

学院建有地质学博士后流动站,拥有地质学一级学科博士学位授予权,构造地质学、矿物岩石矿床学、地球化学、第四纪地质学、资源勘查与地球物理、遥感与地理信息系统、资源环境与区域规划7个二级学科博士学位授予权,大气科学等9个硕士学位授予权以及地质工程1个专业学位授权点,设有地球信息科学与技术、地理信息科学、人文地理与城乡规划、大气科学、地质学5个本科专业。

现有教职工89人,其中科学院院士4人,正高级职称人员31人(2017年新增6人),副高级职称人员34人(2017年新增3人),博士研究生导师33人(2017年新增9人),硕士研究生导师30人。另有在站博士后11人。2017年,新增国家"千人计划"创新项目获得者1人,双聘院士1人。

2017年,招收硕士研究生59人、博士研究生29人,2016级本科生82人、2017级本科生81人确认地球科学学院主修专业,毕业本科生70人、硕士研究生47人、博士研究生18人。2017届本科毕业生一次就业率为92.96%,毕业研究生一次就业率为95.52%。

到位科研总经费为5289.08万元;在研国家级科研项目66项,到款经费2171.81万元。2017年,获批国家自然科学基金项目19项,其中国际合作与交流项目1项、优秀青年科学基金项目1项、面上项目12项、青年基金项目6项,总经费1323万元;被SCI收录论文61篇,其中浙江大学TOP期刊论文16篇,SSCI收录论文3篇。

全年接待法国科学院研究员Sylvie Demouchy、美国圣路易斯大学教授朱露培、英国剑桥大学气科中心教授Hans-F Graf、美国普渡大学教授单杰、美国伊利诺伊大学厄巴纳-香槟分校教授宋晓东等43人次来访,参加出国交流的有教师53人、研究生23人、本科生26人。举办了2次国际会议和1次国际双边研讨会,与美国伊利诺伊大学地球社会环境学院签署了3+2本硕联合培养协议。

【两位院士加盟地球科学学院】　2017年3月9日,浙江大学举办"浙大欢迎您"仪式欢迎新加盟的中国科学院院士杨文采。杨文采生于1942年,是中国著名的地球物理学家,是中国大陆科学钻探主要参与者。他长期从事固体地球物理学研究,在地球物理反

附表　2017年度地球科学学院基本情况

项目	数据	项目	数据
教职工总数/人	89	获国家级科技奖项目数/项	0
教授数/人	29	获国家级教学成果奖数/项	0
副教授数/人	34	授权发明专业数/项	9
具有博士学位的教师比例/%	92.5	SCI入选论文数/篇	61
两院院士	4	EI入选论文数/篇	48
国家"千人计划"入选数/人	1	MEDLINE入选论文数/篇	0
"国家特支计划"入选数/人	0	出版专著/部	0
"长江学者"数/人	1	在校本科生数/人	252
省部级高等学校教学名师奖获得者/人	1	在学硕士研究生数/人	154
"973计划"首席科学家数*/人	0	其中:专业学位研究生数/人	35
国家"百千万人才工程"入选数/人	0	在读博士研究生数/人	113
国家杰出青年基金获得者/人	2	其中:专业学位研究生数/人	1
教育部新(跨)世纪优秀人才培养计划入选数/人	1	在校攻读学位的外国留学生数/人	13
浙江省特级专家/人	1	应届本科毕业生一次就业率/%	92.96
浙江省"千人计划"入选者/人	5	应届本科毕业生考研录取(出国)率/%	50.70
浙江大学求是特聘教授数/人	4	应届毕业研究生一次就业率/%	95.52
一、二级学科国家重点学科数/个	0	科研总经费/万元	5289.08
国家重点(专业)实验室/个	0	其中:国家自然基金比重/%	27.08
国家工程(技术)研究中心/个	0	纵向经费比重/%	41.34
国家人才培养基地(含教学、教育基地)/个	0	教师出国交流/人次	53
国家精品资源共享课、视频公开课/门	0	学生出国交流/人次	49
社会捐赠经费总数/万元	13.96	举办国际学术会议数/次	3

注:* 含重大科学研究计划、ITER计划、青年科学家专题等。

演的理论和应用、地球物理信息提取理论和应用、大陆动力学研究等多个方面取得了系统和独创性成果。

2017年1月,中国科学院院士贾承造被聘为浙江大学讲座教授。贾承造任职于中国石油天然气股份有限公司,曾任塔里木石油勘探开发指挥部总地质师、副指挥,中国石油天然气股份有限公司总地质师、副总裁,中国石油学会理事长。他长期从事石油天然气地质与盆地构造理论研究和油气勘

探工作,为中国油气勘探和地质科学发展作出了重大贡献。

【校友丁仲礼院士当选民盟中央主席】　中国民主同盟第十二届中央委员会第一次全体会议10日在京闭幕,丁仲礼当选民盟中央主席。丁仲礼,1957年生,浙江嵊州人。1996年加入民盟。研究生学历,理学博士学位。现任全国人大常委会委员,民盟中央主席,中国科学院副院长,中国科学院大学校长,中国科学院院士。1982年毕业于浙

江大学地质系。

【校友徐义刚当选中国科学院院士】 1987届本科毕业生徐义刚校友当选中国科学院院士。徐义刚是岩石学家,现任中国科学院广州地球化学研究所所长,主要从事地幔岩石学研究。他发现峨眉山玄武岩喷发之前的快速地壳穹状隆起,揭示峨眉山 LIP 的深部结构、地壳穹窿以及火山岩类型空间分布存在协同变化规律,确证其与中-晚二叠世生物灭绝事件同时,为地幔柱影响下固体地球不同圈层的系统行为研究提供了范例。通过重建岩石圈热状态,为华北岩石圈巨量减薄提供了关键证据;厘定幔源岩浆从同位素富集型向亏损型转变是克拉通破坏的重要标志,提出岩石圈减薄的热-化学侵蚀机制。发现中国东部新生代火山岩源区普遍存在西太平洋俯冲板片组分,阐明大陆板内玄武岩的形成与大洋俯冲的成因联系。曾获国家自然科学奖二等奖、广东省科技进步奖一等奖、李四光地质科学奖等。

(方幼君撰稿　王　苑审稿)

心理与行为科学系

【概况】　心理与行为科学系(以下简称心理学系)是我国最早设立的心理学系之一。心理学系以建设国际一流心理学科、培养一流心理学人才为目标。围绕重大科学问题和现实问题,开展国际前沿的理论和应用研究;按照"德才兼备、全面发展"要求,培养具有全球竞争力的高素质创新人才。心理学系充分利用浙江大学多学科综合优势,逐步形成了认知心理学、认知工效学、管理心理与人力资源开发、心理发展与教育、心理健康与心理咨询等各具特色的研究方向,下设应用心理学、认知与发展心理学 2 个研究所。

工业心理学国家专业实验室为国内心理学领域第一个国家级实验室,心理实验教学中心是浙江省实验教学示范中心。心理学系拥有应用心理学国家重点学科和心理学国家理科人才培养基地。

心理学系建有心理学博士后流动站;拥有心理学一级学科博士学位授予权,涵盖基础心理学、发展与教育心理学、应用心理学 3 个二级博士学位授予权;拥有心理学一级学科硕士学位授予权,涵盖基础心理学、发展与教育心理学、应用心理学 3 个二级硕士学位授予权,另设有应用心理学专业硕士学位授权点;以及心理学、应用心理学本科专业。

现有教职工 41 人。其中,具有正高级职称人员 8 人、副高级职称人员 12 人,博士研究生指导教师 19 人、硕士研究生指导教师 29 人。

2017 年,招收硕士研究生 49 人(含专业学位硕士 15 人)、博士研究生 13 人,2016级本科生 64 人、2017 级本科生 68 人确认主修心理学专业,毕业本科生 58 人、硕士生研究生 35 人(含专业学位硕士 6 人)、博士研究生 9 人。继续教育举办心理咨询师培训班及同等学力申请硕士学位课程学习班。

科研经费到款 638.37 万元;获批政府间重点专项 1 项、国家自然科学基金项目 2项、浙江省自然科学基金项目 2 项、教育部人文社会科学研究项目 4 项。在权威及以上刊物发表学术论文 31 篇,其中被 SSCI、SCI 收录论文 26 篇,SSCI 影响因子大于 3.0的论文 12 篇,其中在国际顶级心理学期刊发表论文 4 篇,ZJU100 期刊发表论文 2 篇。

项目	数据	项目	数据
教职工总数/人	41	获国家级科技奖项目数/项	0
教授数/人	8	获国家级教学成果奖数/项	0
副教授数/人	10	授权发明专业数/项	0
具有博士学位的教师比例/%	100	SCI 入选论文数/篇	10
两院院士/人	0	EI 入选论文数/篇	0
国家"千人计划"入选数/人	0	SSCI 入选论文数/篇	25
"国家特支计划"入选数/人	0	MEDLINE 入选论文数/篇	0
"长江学者"数/人	2	出版专著/部	1
省部级高等学校教学名师奖获得者/人	1	在校本科生数/人	268
"973 计划"首席科学家数*/人	0	在学硕士研究生数/人	128
国家"百千万人才工程"入选数/人	0	其中:专业学位研究生数/人	29
国家杰出青年基金获得者/人	0	在读博士研究生数/人	88
教育部新(跨)世纪优秀人才培养计划入选数/人	1	其中:专业学位研究生数/人	0
浙江省特级专家/人	0	在校攻读学位的外国留学生数/人	12
浙江省"千人计划"入选者/人	0	应届本科毕业生一次就业率/%	91.49
浙江大学求是特聘教授数/人	0	应届本科毕业生考研录取(出国)率/%	46.81
一、二级学科国家重点学科数/个	1	应届毕业研究生一次就业率/%	96.00
国家重点(专业)实验室/个	1	科研总经费/万元	638.37
国家工程(技术)研究中心/个	0	其中:国家自然基金比重/%	20.3
国家人才培养基地(含教学、教育基地)/个	1	纵向经费比重/%	60.1
国家精品资源共享课、视频公开课/门	0	教师出国交流/人次	23
社会捐赠经费总数/万元	97.28	学生出国交流/人次	52
		举办国际学术会议数/次	0

注:* 含重大科学研究计划、ITER 计划、青年科学家专题等。

2017 年,教师短期交流出访 23 人次;研究生出国出境交流 23 人次,本科生出国出境交流 29 人次。

【设立海外杰出系友学术讲坛】 2017 年 11 月,心理学系设立"海外杰出系友学术讲坛",邀请海外杰出系友分享其学术成果,增进系友与心理学系的情感,为系友助力母系发展搭建平台。杰出系友加拿大多伦多大学教授李康和美国加州大学欧文分校教授陈传升先后回访心理学系,在带来精彩学术报告的同时,也积极推荐海外优秀人才,为心理学系人才引进和学科建设工作建言献策。

【沈模卫团队科研工作屡获突破】 2017 年,沈模卫教授研究团队在工作记忆领域取得了多项重大突破。3 月,团队项目"工作记忆中绑定的核心机制研究:认知规律与神经基础"获批"2016 年度中国与以色列双边政府间联合研究项目",总经费 200 万元,实现了学系在重大项目申请上的新突破。团队 4 篇文章发表于国际顶级心理学期刊,其中 Seeing 'what' through 'why': Evidence from probing the causal structure of hierarchical motion(透过为什么看现象:来自探测层级运动的因果结构证据)于 3 月发表在 *Journal of Experimental Psychology*: *General*(《实验心理学杂志:总论》);Two equals one: Social interaction groups two human actions as one unit in working memory(二等于一:社会交互将工作记忆中的两个独立运动组织为一个单元)于 4 月发表在 *Psychological Science*(《心理科学》);Object-based attention on social units: Visual selection of hands performing a social interaction(社会单元中基于客体的注意:视觉注意对正在交互双手的加工)、Is source information automatically available in working memory(工作记忆是否自动存储来源信息)2 篇论文于 11 月发表在 *Psychological Science*(《心理科学》)上。这些研究首次揭示视觉对社会对象的加工上以社会交互组成的"社会客体"为基本加工单位,并首次证明了源记忆缺失现象也能在工作记忆范畴下发生。研究结果对理解注意选择的基本单位以及视觉对社会交互信息的加工、改变对源记忆缺失现象本质的传统认识等具有重要的理论意义,在国内外产生了强烈反响。

【实施"党委立体共建"工程】 11 月初,心理学系与浙大建筑工程学院、浙江省省直同人集团联合实施的"党委立体共建"工程正式启动。该工程的核心在于充分发挥高校学科专业及国资企业的资源优势和建设特色,共同打造新型基层党组织建设和党员教育服务平台,探索构建校企合作的党建工作新模式。通过推进党委联合共建、特色支部建设和搭建青年成长平台,创新党建工作载体,促进党员成长,激发党建工作新活力,进而推动心理学系党建工作再上新台阶。

(秦艳燕撰稿　何贵兵审稿)

机械工程学院

【概况】 机械工程学院(以下简称学院)设有机械电子控制工程研究所、制造技术及装备自动化研究所、设计工程研究所、航空制造工程研究所、微纳技术与精密工程研究所、机械设计研究所、工业工程研究所 7 个研究所和 1 个工程训练(金工)中心,国家"双一流"建设学科,教育部第四轮学科评估 A 类学科。

学院拥有流体动力与机电系统国家重点实验室、计算机辅助设计与图形学国家重点实验室 2 个国家重点实验室,国家电液控制工程技术研究中心、国家级机械工程实验教学示范中心、国家级工程训练实验教学示范中心、国家级机电类实验教学示范中心、国家工科基础课程工程制图教学基地、高端制造装备协同创新中心 6 个国家级教学科研实验平台,浙江省先进制造技术重点实验室、浙江省三维打印工艺与装备重点实验室 2 个浙江省重点实验室,机械电子工程、机械工程及自动化 2 个国家级特色专业和国家级机械工程人才培养模式创新实验区。

学院拥有机械工程国家"双一流"建设一级学科,涵盖 5 个二级学科博士学位授权点和 7 个硕士学位授权点,以及机械工程、机械电子工程、工业工程 3 个本科专业。

2017 年招收全日制硕士 250 人、博士 88 人、非全日制专业学位硕士 51 人、学位

项目	数据	项目	数据
教职工总数/人	182	获国家级科技奖项目数/项	0
教授数/人	53	获国家级教学成果奖数/项	0
副教授数/人	44	授权发明专业数/项	175
具有博士学位的教师比例/%	97	SCI 入选论文数/篇	178
两院院士/人	3	EI 入选论文数/篇	214
国家"千人计划"入选数/人	6	MEDLINE 入选论文数/篇	0
"国家特支计划"入选数/人	0	出版专著/部	0
"长江学者"数/人	6	在校本科生数/人	815
省部级高等学校教学名师奖获得者/人	3	在学硕士研究生数/人	723
"973 计划"首席科学家数*/人	2	其中:专业学位研究生数/人	302
国家"百千万人才工程"入选数/人	3	在读博士研究生数/人	468
国家杰出青年基金获得者/人	3	其中:专业学位研究生数/人	7
教育部新(跨)世纪优秀人才培养计划入选数/人	11	在校攻读学位的外国留学生数/人	45
浙江省特级专家/人	2	应届本科毕业生一次就业率/%	98
浙江省"千人计划"入选者/人	8	应届本科毕业生考研录取(出国)率/%	64.7
浙江大学求是特聘教授数/人	7	应届毕业研究生一次就业率/%	99.55
一、二级学科国家重点学科数/个	5	科研总经费/万元	33350.8
国家重点(专业)实验室/个	2	其中:国家自然基金比重/%	4.02
国家工程(技术)研究中心/个	3	纵向经费比重/%	27.08
国家人才培养基地(含教学、教育基地)/个	3	教师出国交流/人次	64
国家精品资源共享课、视频公开课/门	4	学生出国交流/人次	116
社会捐赠经费总数/万元	269.7	举办国际学术会议数/次	1

注:* 含重大科学研究计划、ITER 计划、青年科学家专题等。

留学生 5 人,2016 级本科生 208 人、2017 级本科生 157 人确认进入学院继续学习、学位留学生 11 人。毕业本科生 221 人、硕士研究生 222 人、博士研究生 44 人。2017 届本科毕业生初次就业率 98%、硕士毕业生初次就业率 99.55%、博士毕业生初次就业率 100%。

现有教职工 182 人(含学科博士后 15 人),其中专任教师 103 人。教师中有两院院士 1 人、中国工程院院士 2 人,正高级职称人员 60 人(2017 年新增 5 人)、特聘研究员 1 人、副高级职称人员 50 人,博士研究生指导教师 68 人(2017 年新增 4 人)、硕士研究生指导教师 114 人(2017 年新增 3 人)。2017 年新增国家"千人计划"(创新长期)1 人、国家"万人计划"教学名师 1 人、"长江学者"青年学者 1 人、国家"万人计划"科技创新/创业领军人才 2 人、聘任和续聘兼任教授(专家)2 人。

开设浙江省精品课程 4 门、海外知名高

校教授主导的全英文课程 5 门,获得首批浙江大学研究生素养与能力培养型课程建设项目 11 项。本科生有 10 人次获得国际级学科竞赛奖,22 人次获得国家级学科竞赛奖,190 人次获得省校级学科竞赛奖。

科研到款 3.33508 亿元,在研千万级以上项目 7 项(其中军工项目 3 项)。新增国家自然科学基金项目 20 项、浙江省自然科学基金等其他省部级项目 9 项。获得中国机械工业科学技术奖一等奖 2 项,教育部高校科学研究优秀成果奖(科学技术)一等奖 1 项。获授权发明专利 175 项,被 SCI 收录论文 178 篇,EI 收录论文 214 篇。

2017 年,全院 64 人次教师前往美国、德国、日本、欧洲、港澳台等地区,参加学术访问、考察、国际会议等交流项目;61 名研究生出国参加高水平国际学术会议、海外实习、知名企业访问考察交流等;55 名本科生出国参加学位培养、短期交流和课程项目等;接待来自 15 所国(境)外高校的 22 名知名专家学者来访。

【获得中国机械工业科学技术奖等奖项】

11 月 6 日,柯映林教授团队"飞机自动化装配成套工艺装备及集成应用"项目、童水光教授领衔"大举力密度高效率叉车设计制造关键技术研究及应用"项目获得中国机械工业科学技术奖一等奖。前者攻克了飞机装配三大公认技术难题,突破了一系列关键技术,成功研制了全自主、全产权、全配套的飞机自动化装配高端装备,成功应用于运-20、歼-20、运-9 等 9 个重点型号飞机研制和批量生产,创建了我国首个完整的飞机自动化装配技术体系,推动了我国飞机装配技术颠覆性变革,尤其是卧式双机联合钻铆机、环形轨制孔系统、螺旋铣复合加工系统等原创高端装备,处于国际领先水平;后者提出了

多项新的技术和方法,突破了自主设计制造叉车能耗高、振动噪声大、举重力反馈液压自适应控制与设计制造周期长的技术难题;典型产品能耗降低 10%,起升速度提升 20%,轻量化 10% 以上,门架起升高度提升 30%,工效提高 3 倍,噪声降低 3~5db,研发周期缩短 1/3,项目产品近三年直接销售 81.67 亿,出口 2.56 亿美元。

12 月 1 日,张树有、冯毅雄教授领衔的"千吨级高性能注塑成型装备关键技术及应用"项目获得教育部高校科技进步一等奖。该项目实现超大型高精度注塑成型装备的自主设计技术,解决了大型注塑装备大锁模、高精度、深扁腔、低能耗等一系列重大技术难题,项目技术成果应用后,打破了国外超大型精密注塑成型装备垄断,典型精密注塑成型装备锁模力重复精度达 0.1%,相比传统的定量泵动力匹配系统能耗低 50%~80%,为我国高性能注塑成型装备设计制造做出了重要贡献。

【三项目通过鉴定或测试验收】

杨华勇院士为首席科学家的国家 973 项目"硬岩掘进装备的关键基础问题"通过验收,该项目攻克了 TBM 刀盘破岩机理、电液驱动等三大基础科学问题,突破了硬岩刀盘刀具设计、刀盘多源驱动与瞬时大功率脱困驱动等系列关键技术,国内首次研制成功两台直径 7.93 米的敞开式 TBM,该机总长 180 米,总重达 1500 吨,装机功率超过 5000 千瓦,集隧道开挖、支护、出渣、通风、排水等功能于一体,掘进精度达到毫米级,能安全、环保、高效地一次完成隧道施工,该装备用于国家重点工程"吉林中部城市引松供水工程",完成掘进长度 23 公里,在掘进速度和性能指标上都达到国际先进水平。

付新教授团队"浸液处理与浸没控制技

术研究"通过国家重大专项(02 专项)现场测试验收,并获得新一轮重大专项资助,该研究获得多项技术突破,提出了超纯水处理工艺、超精密温/压控制、浸没单元复杂流场控制及液渍/液膜和微纳气泡控制等创新设计方法,研制出满足 45nm 节点需求的浸液系统,为 28nm 节点整机研发奠定了基础。

杨灿军教授团队 863 项目"深海水体序列保真采样技术"通过机械工业联合会专家组鉴定,该项目实现了全海深保压气密取样,在万米海底成功获取近 2800 毫升保压气密水样,在国际上首次突破万米水深的气密保压采样,为深渊环境、深渊生命等科学研究起到了重要作用。机械工业联合会专家组认为:"整体技术指标达到国际先进水平,在采样深度、样品纯度方面处于国际领先水平"。

【举行校庆 120 周年学院系列庆祝活动】 3月 25 日,机械工程学院第二次校友大会召开,选举产生了新一届理事会,杨华勇院长担任会长;校庆期间,学院组织校友返校活动 30 余场,其中就包括路甬祥院士参加的水机 1964 届校友返校活动;5月 21 日,举行"双甲重逢,情系机械"浙江大学 120 周年校庆机械工程学院庆祝活动,来自清华大学、西安交通大学、华中科技大学、国防科技大学等单位的嘉宾与我院近 3000 名各界校友和师生代表共襄盛举。

(闫小龙撰稿　项淑芳审稿)

材料科学与工程学院

【概况】 材料科学与工程学院(以下简称材料学院)设有材料物理、金属材料、无机非金属材料、半导体材料、功能复合材料与结构 5 个研究所和浙江大学电子显微镜中心,建有硅材料国家重点实验室、表面与结构改性无机功能材料教育部工程研究中心、浙江省电池新材料与应用技术研究重点实验室和浙江省新型信息材料技术研究重点实验室,并拥有 1 个国家自然科学基金委创新群体和 2 个教育部创新研究团队。

学院拥有材料科学与工程国家重点一级学科,以材料科学与工程专业招收本科生,设有材料学、材料物理与化学、材料加工工程 3 个博士学位授权点以及材料科学与工程、材料工程 2 个硕士学位授权点,并建有材料科学与工程博士后流动站。

现有教职工 136 人。其中,中国科学院院士 2 人,具有正高级职称人员 64 人(2017年新增 6 人)、副高级职称人员 49 人,博士研究生指导教师 104 人(2017年新增 7 人)、硕士研究生指导教师 117 人(2017年新增 4人)。另有在站博士后工作人员 57 人。2017 年,学院新增中国科学院院士 1 人、国家杰出青年基金获得者 1 人、国家优秀青年基金获得者 1 人、青年"千人计划"学者 2人、浙江大学讲座教授 2 人。

2017 年,学院招收博士研究生 70 人、硕士研究生 126 人、本科生 111 人,毕业博士研究生 56 人、硕士研究生 95 人、本科生 91 人。学院继续加强教育教学工作,《材料科学与工程基础实验指导书》被评为浙江省普通高校"十二五"优秀教材;"材料科学与工程专业综合改革建设"(重点项目)和"材料科学与工程专业系列主干课程建设"(一般项目)分别获浙江大学本科教育教学建设项目立项。严密教授团队获浙江大学第七届研究生"五好"导学团队;吴进明教授和马向阳教授获 2017 年度浙江大学优质教学奖二等奖。硕士研究生刘亚芝获 2017 浙江大学竺可桢奖学金。学院举办了 4 期"求是材料科学论坛"和第八届"浙江省高校暨浙江大学材料微结构探索大赛"。

2017 年，到款科研总经费 10105.6 万元，其中纵向项目经费总额 6038.5 万元，占总经费的 70.8%；横向项目经费总额 1674.1 万元，占总经费的 19.6%；军工项目经费 810.6 万元，占总经费的 9.6%。2017 年，获批国家自然科学基金项目 31 项，直接经费为 3370.5 万元。其中创新研究群体项目 1 项、国家杰出青年基金项目 1 项、优秀青年基金项目 1 项、国家自然科学基金重点项目 1 项、国家自然科学基金重大项目 1 项、国家自然科学基金面上基金 12 项、国家自然科学基金青年基金 7 项、国家自然科学基金国际（地区）合作与交流项目 4 项、国家自然科学基金海外及港澳学者合作研究基金 1 项。全年被 SCI 收录论文 306 篇，其中影响因子大于 10 的论文 47 篇，授权发明专利 141 项。

2017 年，材料学院加强国内外交流与合作。共有教师出访 110 人次，学生出国 102 人次；举办"自然·材料电子显微技术的未来十年"、浙江大学—斯坦福材料科学研讨会 2 次国际学术会议；邀请了比利时皇家艺术科学院 Gustaaf Van Tendeloo 院士、诺贝尔物理奖评审委员会委员 Eva Olsson 院士等专家来校做学术报告共计 50 余场次；与斯坦福大学材料系签订了合作备忘录，进一步加深与加州大学伯克利分校、剑桥大学、牛津大学等高校的合作交流。全年新增英国 4 校本科生暑期实习项目、牛津大学—浙江大学本科生交流实习项目、美国斯坦福大学本科生短期实习项目，本科生海外

交流率提高到 46%。5 月 13 日，材料学院组织召开全国材料学科院长论坛，来自清华大学、复旦大学、上海交通大学等 118 所国内高校共 160 余位嘉宾参会。

【杨德仁入选中国科学院院士】 11 月，材料学院教授杨德仁当选中国科学院院士。杨德仁教授长期从事超大规模集成电路用硅单晶材料、太阳能光伏硅材料、硅基光电子材料及器件、纳米硅及纳米半导体材料等研究工作。曾获国家自然科学奖二等奖 2 项、省部级科技一等奖 4 项；发表 SCI 论文 680 余篇，参编英文著作 5 部，授权国家发明专利 130 余项。现为浙江大学硅材料国家重点实验室主任、"长江学者奖励计划"特聘教授、国家杰出青年基金获得者、"973 计划"首席科学家，兼任国家重大科技专项（02）专家组成员、中国光伏专业委员会副主任。曾获全国五一劳动奖章、中国青年科技奖、全国优秀科技工作者、浙江省"十大时代先锋"等荣誉。

【朱铁军教授获国家杰出青年科学基金资助】 11 月，材料学院教授朱铁军获得国家杰出青年科学基金资助。朱铁军主要从事热电能源转换材料与器件等方面的研究，曾主持国家高技术研究与发展计划（863）、国家自然科学基金等 10 余项科研项目，在国际刊物上发表学术论文 250 余篇，H 因子 44，获授权发明专利 19 项。现为浙江大学求是特聘教授，曾入选教育部新世纪优秀人才支持计划（2010）、浙江省新世纪 151 人才工程和钱江人才计划。兼任 *Functional Materials Letters*（《功能材料快报》），*Materials Technology*（《材料技术》），*Rare Metals*（《稀有金属》）等期刊编委。

【召开国际学术会议"自然·材料电子显微技术的未来十年"】 5 月 27 日至 29 日，材

附表　2017 年度材料与工程学院基本情况

项目	数据	项目	数据
教职工总数/人	136	获国家级科技奖项目数/项	0
教授数/人	48	获国家级教学成果奖数/项	0
副教授数/人	37	授权发明专业数/项	141
具有博士学位的教师比例/%	98	SCI 入选论文数/篇	306
中科院院士/人	2	EI 入选论文数/篇	242
国家"千人计划"入选数/人	17	MEDLINE 入选论文数/篇	0
"国家特支计划"入选数/人	0	出版专著/部	0
"长江学者"数/人	5	在校本科生数/人	460
省部级高等学校教学名师奖获得者/人	0	在学硕士研究生数/人	350
"973 计划"首席科学家数*/人	3	其中:专业学位研究生数/人	141
国家"百千万人才工程"入选数/人	3	在读博士研究生数/人	287
国家杰出青年基金获得者/人	6	其中:专业学位研究生数/人	1
教育部新(跨)世纪优秀人才培养计划入选数/人	9	在校攻读学位的外国留学生数/人	22
浙江省特级专家/人	3	应届本科毕业生一次就业率/%	95.65
浙江省"千人计划"入选者/人	4	应届本科毕业生考研录取(出国)率/%	65.22
浙江大学求是特聘教授数/人	13	应届毕业研究生一次就业率/%	100
一、二级学科国家重点学科数/个	3	科研总经费/万元	10105.6
国家重点(专业)实验室/个	1	其中:国家自然基金比重/%	38
国家工程(技术)研究中心/个	0	纵向经费比重/%	70.8
国家人才培养基地(含教学、教育基地)/个	0	教师出国交流/人次	110
国家精品资源共享课、视频公开课/门	1	学生出国交流/人次	102
社会捐赠经费总数/万元	500.2	举办国际学术会议数/次	2

注:* 含重大科学研究计划、ITER 计划、青年科学家专题等。

料学院与 *Nature*,*Nature Materials* 杂志共同举办了该国际学术会议,来自 15 个国家地区的 230 余人注册参会。会议促进了浙江大学与国际学者在材料电子显微技术领域的交流,提升了国际声誉和影响力。

（王育萍撰稿　刘艳辉审稿）

能源工程学院

【概况】　能源工程学院前身是热物理工程学系,成立于 1978 年 5 月,是我国高校最早成立的热物理工程学系,也是我国首批工程热物理博士点单位之一。1987 年工程热物理学科被批准为国家级重点学科,2007 年动力工程及工程热物理被评为一级国家重点学科。1989年9月,热物理工程学系更名为能源工程学系。1999年9月能源工程学系与机械工程学系、工程力学系组成了机械与能源工程学院。2009年1月,能源工程学系在一级学科基础上再次实体独立运转。2014年更名为能源工程学院。2016年9月化工机械研究所整体并入能源工程学院。现任院长为长江奖励计划特聘教授、浙江省特级专家、国家杰出青年基金获得者高翔教授。

能源工程学院下设热能工程、化工机械、制冷与低温、动力机械及车辆工程和热工与动力系统5个研究所,拥有一级学科国家重点学科1个,一级学科博士点1个,一级学科博士后流动站1个,2011协同创新中心1个、国家重点实验室1个、国家工程实验室1个、国家工程研究(技术)中心2个,国家级研发(实验)中心1个,国家级实验教学示范中心1个。

能源工程学院拥有工程热物理、热能工程、化工机械、制冷与低温工程、动力机械及工程、流体机械及工程、能源环境工程、新能源科学与工程8个博士、硕士授予点。另有车辆工程和供热、供燃气、通风及空调工程等2个跨学科的博士、硕士授予点。设有能源与环境系统工程(含能源与环境工程及自动化和制冷与人工环境及自动化方向)、新能源科学与工程、机械设计制造及其自动化(汽车工程方向)和过程装备与控制工程4个本科专业,形成了博士、硕士、本科和继续教育等完整的教学体系。

2017年,招收硕士研究生214人、博士研究生96人,工程师学院录取动力工程领域非全日制在职硕士研究生54人。2017级本科生有229人确认主修专业进入能源

学院学习。2017年毕业本科生268人、硕士研究生195人、博士研究生77人。2017届本科毕业生和研究生一次就业率分别为96%和99.5%。

现有教职工142人。其中,正高级职称人员74人、副高级职称人员45人,博士研究生导师75人、硕士研究生导师98人。2017年,学院新增浙江省特级专家1人,国家杰出青年基金获得者1人,国家青年千人1人,长江奖励计划青年学者1人,国家优秀青年基金获得者1人,引进各类人才7人。

2017年科研经费到款总额23423万元,其中纵向经费占61%。2017年,获批国家自然科学基金14项,获国家自然科学基金重点项目1项,国家重点研发计划项目2项,课题8项,总经费8000万元。燃煤机组超低排放关键技术研发及应用获2017年国家技术发明一等奖,危险废物回转式多段热解焚烧及污染物协同控制关键技术、重型压力容器轻量化设计制造关键技术及工程应用2个项目获2017年国家科技进步二等奖。2016年授权发明专利134项,被SCI收录论文322篇、EI收录论文69篇。

学院十分重视国际交流与合作,继续与美国、瑞典、法国、澳大利亚、日本、韩国和中国港澳台地区的著名大学、研究机构和工业界的专家、学者开展了广泛而深入的学术交流与科研合作。2017年度出国或赴中国港澳台地区访问考察、合作研究、出席国际学术会议,从事国际合作科研项目等350余人次。同时,邀请和接待70余位国外、内地、港澳台知名学者专家及交流生来能源学院讲学、访问和联合培养,2017年获批外国专家项目8项。先后举办了第六届国际CO_2排放控制技术研讨会、先进车用动力国际会议、

附表 2017 年度能源工程学院基本情况

项目	数据	项目	数据
教职工总数/人	141	获国家级科技奖项目数/项	3
教授数/人	59	获国家级教学成果奖数/项	0
副教授数/人	33	授权发明专业数/项	134
具有博士学位的教师比例/%	96	SCI 入选论文数/篇	322
两院院士/人	1	EI 入选论文数/篇	69
国家"千人计划"入选数/人	1	MEDLINE 入选论文数/篇	0
"国家特支计划"入选数/人	3	出版专著/部	0
"长江学者"数/人	7	在校本科生数/人	772
省部级高等学校教学名师奖获得者/人	0	在学硕士研究生数/人	532
"973 计划"首席科学家数*/人	4	其中:专业学位研究生数/人	234
国家"百千万人才工程"入选数/人	8	在读博士研究生数/人	451
国家杰出青年基金获得者/人	6	其中:专业学位研究生数/人	18
教育部新(跨)世纪优秀人才培养计划入选数/人	12	在校攻读学位的外国留学生数/人	17
浙江省特级专家/人	4	应届本科毕业生一次就业率/%	96
浙江省"千人计划"入选者/人	1	应届本科毕业生考研录取(出国)率/%	62.5
浙江大学求是特聘教授数/人	1	应届毕业研究生一次就业率/%	99.5
一、二级学科国家重点学科数/个	1	科研总经费/万元	23423
2011 协同创新中心/个	1	其中:国家自然基金比重/%	6
国家重点(专业)实验室/个	2	纵向经费比重/%	61
国家工程(技术)研究中心/个	1	教师出国交流/人次	107
国家人才培养基地(含教学、教育基地)/个	1	学生出国交流/人次	357
国家精品资源共享课、视频公开课/门	2	举办国际学术会议数/次	6
社会捐赠经费总数/万元	60		

注:* 含重大科学研究计划、ITER 计划、青年科学家专题等。

中日韩氢材料国际会议、美国机械工程协会锅炉容器规范学术研讨会、垃圾焚烧发电国际培训班 2 期等国际会议及双边交流 6 项。与瑞典皇家工学院(KTH)深入开展联合培养能源与环境系统工程专业硕士。

【获 2017 年度国家技术发明奖一等奖 1 项】高翔教授负责的燃煤机组超低排放关键技术研发及应用项目获得该奖。该项目针对燃煤污染治理从达标到超低的高效率、复杂煤质的高适应、系统运行的高可靠和低成本等国际性难题,发明了多活性中心高稳定性催化剂及再生改性一体化技术,大幅提升了催化剂的抗中毒、低温活性、协同汞氧化等性能;发明了温-湿系统调控多场强化颗粒物/SO_3 脱除技术,通过"凝结—团聚—荷电—迁移"多过程强化,解决了 $0.1 \sim 1 \mu m$ 细颗粒脱除效率低的难题;发明了多污染物高效协同脱除超低排放系统,实现了复杂煤质和复杂工况下多污染物低成本超低排放,推动和支撑了国家燃煤电厂超低排放战略实施,为解决全球燃煤污染挑战起到了示范和推动作用。技术和产品已输出欧美和"一带一路"沿线国家,赢得了国际声誉。

【获 2017 年度国家科技进步奖二等奖 2 项】
严建华教授负责的危险废物回转式多段热解焚烧及污染物协同控制关键技术项目获得该奖项。该项目面对国家危险废物无害化处置的重大环保需求,原创性开发出适应复杂组分危险废物并具有防腐和炉渣自清除功能的多段式新型回转窑热解焚烧技术,提出了复杂条件下危废焚烧优化控制方法及污染物联合净化技术以及基于所建立的典型危险废物焚烧特性完整数据库,创立了多形态危废配伍新方法,解决了国内外前期难以克服的高盐分废物窑体内壁严重结渣和腐蚀问题,形成了系列化危险废物回转式多段热解焚烧集成技术体系和装备,实现了多种污染物排放远优于国家排放标准,并重点解决了危废热解焚烧处置系统二噁英排放超标严重的普遍性难题,实现了危险废物长期稳定热解焚烧处置,为我国危险废物的无害化处理处。

郑津洋教授负责的重型压力容器轻量化设计制造关键技术及工程应用项目获得该奖项。该项目在国家 863 计划课题、国家国际科技合作项目等支持下,面向国家重大工程建设需求,突破"调强度、创设计、控制造"技术瓶颈,解决了材料许用强度调整、高强钢性能调控、传热流动与强度刚度协同设计、应变强化工艺控制等技术难题,建立了重型压力容器轻量化设计制造共性技术方法,研制出轻量化大型加钒钢加氢反应器、超大型丁辛醇换热器、奥氏体不锈钢深冷容器等重大装备。成果在国内设计制造单位及用户企业中广泛应用,为突破我国设计制造能力瓶颈、提高产品国际竞争力发挥了关键作用,有力推动了我国压力容器绿色制造技术进步,取得了突出的经济和社会效益。

(封亚先撰稿　高　翔审稿)

电气工程学院

【概况】　电气工程学院(简称电气学院)由电机工程学系、系统科学与工程学系、应用电子学系和电工电子基础教学中心组成,下设电机及其控制、航天电气与微特电机等 8 个研究所,建有国内唯一的电力电子技术国家专业实验室和电力电子应用技术国家工程研究中心,拥有浙江省海洋可再生能源电气装备与系统技术研究重点实验室、联合成立的国家列车智能化工程技术研究中心和参与共建的国家精密微特电机工程技术研究中心,以及国家级电工电子实验教学示范中心、国家级机电类专业实验教学示范中心、电气工程拔尖人才——"爱迪生班"国家级人才培养模式创新实验区、国家大学生校外实践教育基地、首批 5 个国家级工程实践教育中心。

电气工程为首批一级学科国家重点学科、浙江省一流学科,并于 2017 年入选国家一流学科建设名单。

学院形成了本科、硕士、博士和继续教育的完整教学体系,建有电气工程、控制科学与工程(与控制科学与工程学院共享)2 个学科博士后科研流动站,拥有电气工程一级学科博士学位授予权(覆盖 6 个二级学科)和控制理论与控制工程二级学科博士学位授予权以及 7 个二级学科硕士学位授予权,设有电气工程及其自动化、自动化、电子信息工程 3 个本科专业。本科专业均为国家特色专业和教育部首批实施"卓越工程师教育培养计划"专业。

现有教职工187人。其中,两院院士3人,具有正高级职称人员57人、副高级职称人员65人,博士研究生导师62人、硕士研究生导师38人。另有在站博士后40人。2017年,学院新增国家"千人计划"青年项目1人、浙江大学求是讲座教授3人、浙江大学唐立新优秀学者1人、浙江省突出贡献中青年专家1人,入选浙江大学"百人计划"研究员3人。

2017年,学院招收硕士研究生210人、博士研究生68人,本科生365人;毕业博士研究生60人、硕士研究生342人、本科生339人。

2017年,学院深化教学改革,凝练教学成果。"电气工程全日制专业学位硕士研究生培养模式探索与实践"项目获浙江省研究生教育学会教学成果一等奖,"知行合一,积微成著——大学生党员教育微计划"获中国高等教育学会大学素质教育研究分会全国"大学素质教育优秀品牌活动"金牌,还获得第三届全国高等院校工程应用技术教师大赛暨创新创业与高等工程教育发展研讨会电力电子与调速技术项目组二等奖。

科研到款总额15190万元(其中纵向和军工经费4575万、横向经费10615万元)。2017年获得国家自然科学基金18项(其中国际交流合作重点项目1项、联合重点项目1项)、浙江省自然科学基金5项、浙江省科技厅公益技术项目3项。徐德鸿教授团队的"大功率多能源不间断电源系统关键技术及应用"成果获2017年教育部高校科学研究优秀成果奖技术发明一等奖;宋永华教授团队的"新能源电力系统需求侧灵活资源的优化与控制理论"成果获2017年高等学校科学研究优秀成果奖(科学技术),沈建新教授团队参与的"高转矩密度永磁电机系统设计与控制技术及其应用"成果获2017年天津市科技进步一等奖。

以国际化发展趋势为契机,积极参与校重点项目"海外一流学科伙伴提升计划"的建设,推进与国外高校的学生海外交流项目,申请短期外国专家项目5项,邀请40多位海外专家来学院访问交流,师生对外交流日益频繁。学院院友和社会各界大力支持学院发展,学院院设奖(助)学金达24项,金额共计197万余元。

【获2017年高校科学研究优秀成果奖技术发明一等奖】 2017年12月1日,徐德鸿领衔的"大功率多能源不间断电源系统关键技术及应用"获2017年教育部高校科研成果技术发明奖一等奖。该项目发明了多能源冗余接入的不间断电源系统架构及控制、多谐波环控制和三相变换器零电压开关空间矢量调制方法,攻克了电源系统的可靠性、节能和适应性等多个难题,大幅提升了电源系统的性能。确保了大型数据中心、核电站、航天基地等重大工程的可靠供电,并促进了电源技术的发展。

【杰出校友、中国工程院院士夏长亮教授加盟】 12月20日,夏长亮院士签约加盟。他于1990年至1995年在浙江大学电机工程系学习,获工学硕士学位、工学博士学位,2017年当选中国工程院院士,是本届新当选的67位中国工程院院士中唯一一位50岁以下的人选。他长期在第一线从事高效能电机系统的研究与开发工作,他作为首席科学家主持了全国电机学科唯一一项973计划项目,作为项目负责人主持了全国电机学科唯一一项国家自然基金重大项目。他作为第一完成人获国家技术发明二等奖1项、

附表　2017年度电气工程学院基本情况

项目	数据	项目	数据
教职工总数/人	187	获国家级科技奖项目数/项	0
教授数/人	52	获国家级教学成果奖数/项	0
副教授数/人	52	授权发明专业数/项	115
具有博士学位的教师比例/%	85	SCI入选论文数/篇	128
两院院士/人	3	EI入选论文数/篇	78
国家"千人计划"入选数/人	6	MEDLINE入选论文数/篇	0
"国家特支计划"入选数/人	1	出版专著/部	4
"长江学者"数/人	1	在校本科生数/人	1457
省部级高等学校教学名师奖获得者/人	2	在学硕士研究生数/人	1259
"973计划"首席科学家数*/人	1	其中:专业学位研究生数/人	263
国家"百千万人才工程"入选数/人	1	在读博士研究生数/人	367
国家杰出青年基金获得者/人	1	其中:专业学位研究生数/人	16
教育部新(跨)世纪优秀人才培养计划入选数/人	7	在校攻读学位的外国留学生数/人	35
浙江省特级专家/人	0	应届本科毕业生一次就业率/%	96.5
浙江省"千人计划"入选者/人	6	应届本科毕业生考研录取(出国)率/%	73.25
浙江大学求是特聘教授数/人	6	应届毕业研究生一次就业率/%	100
一、二级学科国家重点学科数/个	1	科研总经费/万元	15190
国家重点(专业)实验室/个	1	其中:国家自然基金比重/%	10.2
国家工程(技术)研究中心/个	1	纵向经费比重/%	21.4
国家人才培养基地(含教学、教育基地)/个	5	教师出国交流/人次	88
国家精品资源共享课、视频公开课/门	4	学生出国交流/人次	266
社会捐赠经费总数/万元	197	举办国际学术会议数/次	0

注:* 含重大科学研究计划、ITER计划、青年科学家专题等。

国家科技进步二等奖1项、省部级科技一等奖6项,作为第一发明人获授权中国发明专利58项、美国发明专利3项,出版专著4部,发表SCI/EI期刊论文200余篇,其中在国际SCI一区TOP期刊发表论文48篇,平均影响因子达到6.3。

【获2016年度浙江省研究生教育学会教学成果一等奖】　9月18日,"电气工程全日制专业学位硕士研究生培养模式探索与实践"获得该奖。该项目有效提高了专业学位生源质量,建立国内外知名专家授课机制,注重工程应用与实践的课程体系与教学模式,明确专业实践要求,突出实践基地依托多种形式的实践平台和产学研合作项目强化工程实践能力培养,形成了国内一流、具有显著电气工程特色的全日制专业学位研究生培养方案和体系。

(王　潇撰稿　张晓洁审稿)

建筑工程学院

【概况】 建筑工程学院(简称建工学院)由土木工程学系、建筑学系、区域与城市规划系和水利工程学系组成,下设结构工程、空间结构等18个研究所(中心);建有先进结构设计与建造技术国家地方联合工程研究中心,海洋土木工程科技部国际联合研究中心,软弱土与环境土工教育部重点实验室,以及空间结构、饮用水安全与输配技术研究、海洋岩土工程与材料(共建)3个浙江省重点实验室及住建部村镇饮用水安全保障技术研究中心、城市地下空间开发浙江省工程技术研究中心等研究基地。

土木工程为一级学科国家重点学科,岩土工程、结构工程为二级学科国家重点学科。

学院设有土木工程、水利工程博士后流动站,拥有建筑学、土木工程一级学科博士学位授予权,涵盖14个二级学科,以及建筑与土木工程、建筑学等6个专业学位硕士授予权和土木工程、建筑学、城乡规划、水利水电工程、交通工程5个本科专业。

2017年,招收全日制硕士研究生269人、博士研究生87人,2016级本科生283人,2017级本科生253人确认进入学院继续学习,毕业本科生285人、硕士研究生204人、博士研究生62人。

学院新增水工结构与港口工程、水文学及水资源、河流与滨海工程3个自主设置二级学科,土木工程、建筑学在教育部第四次学科评估中分获A和B+,建筑与土木工程研究生教育创新示范基地获批第三届"全国工程专业学位研究生联合培养示范基地";学生获2017年美国土木工程竞赛挡土墙组比赛第一名、第十一届全国大学生结构设计竞赛一等奖和最佳制作奖、全国土木工程专业学生创新实践成果一等奖1项,入选浙江省优秀博士学位论文提名奖1篇及优秀硕士学位论文2篇。

现有教职工303人。其中,中国科学院院士1人,中国工程院院士3人;正高级职称人员81人(2017年新增6人),副高级职称人员132人(2017年新增4人),博士研究生指导教师110人(2017年新增7人),硕士研究生指导教师200人(2017年新增3人)。另有博士后工作人员78人。2017年,新增教育部"长江学者"奖励计划青年学者1人、国家"千人计划"青年项目入选者1人、浙大求是特聘教授3人及讲座教授4人。

科研总经费20601万元,在研项目1464项。获批国家级项目44项、省部级项目21项。其中国家科技重大专项千万级课题2项,国家重点研发计划课题3项,国家自然科学基金项目37项。先进结构设计与建造技术国家地方联合工程研究中心获批建设;以学院为依托单位的中国新型城镇化研究院获国家发改委批复成立;城市地下空间开发工程技术研究中心获批浙江省工程技术研究中心。全院获国家科技进步二等奖1项(合作)、第八届中国岩石力学与工程学会科学技术特等奖1项、浙江省科技进步一等奖2项。"高速铁路列车运行动力效应试验系统"入选2017年度中国高等学校十大科技进展。授权发明专利81项。

全年师生出国(境)交流共378人次;28位博士生获国家和校留学基金支持赴世界一流名校联合培养;聘请客座教授3名、名誉教授2名;国(境)外专家来访95人次,举

附表 2017 年度建筑工程学院基本情况

项目	数据	项目	数据
教职工总数/人	303	获国家级科技奖项目数/项	0
教授数/人	76	获国家级教学成果奖数/项	0
副教授数/人	106	授权发明专业数/项	81
具有博士学位的教师比例/%	76.5	SCI 入选论文数/篇	159
两院院士/人	4	EI 入选论文数/篇	103
国家"千人计划"入选数/人	8	MEDLINE 入选论文数/篇	0
"国家特支计划"入选数/人	1	出版专著/部	10
"长江学者"数/人	6	在校本科生数/人	970
省部级高等学校教学名师奖获得者/人	0	在学硕士研究生数/人	713
"973 计划"首席科学家数*/人	1	其中:专业学位研究生数/人	359
国家"百千万人才工程"入选数/人	2	在读博士研究生数/人	403
国家杰出青年基金获得者/人	6	在校攻读学位的外国留学生数/人	29
教育部新(跨)世纪优秀人才培养计划入选数/人	4	应届本科毕业生一次就业率/%	98.5
浙江省特级专家/人	3	应届本科毕业生考研录取(出国)率/%	61.5
浙江省"千人计划"入选者/人	3	应届毕业研究生一次就业率/%	98.9
浙江大学求是特聘教授数/人	12	科研总经费/万元	20601
一、二级学科国家重点学科数/个	1	其中:国家自然基金比重/%	3.41
国家重点(专业)实验室/个	0	纵向经费比重/%	36.22
国家工程(技术)研究中心/个	1	教师出国交流/人次	105
国家人才培养基地(含教学、教育基地)/个	1	学生出国交流/人次	273
国家精品资源共享课、视频公开课/门	0	举办国际学术会议数/次	5
社会捐赠经费总数/万元	1632.91		

注:* 含重大科学研究计划、ITER 计划、青年科学家专题等。

办学术讲座 70 余场,接收外国留学生 36 人。与韩国蔚山科技学院签署合作协议;启动学生"Go global 国际视野拓展计划";建筑学专业首次与康奈尔大学合作,举办跨学科联合设计课程联合实践;举办第一届中美日韩土木工程世界一流大学发展论坛、第二届国际海岸与近海岩土工程会议暨第二届国际能源岩土和环境土工会议等学术会议。

【获批国家级平台】 2017 年 12 月,罗尧治教授负责的"先进结构设计与建造技术国家地方联合工程研究中心(浙江)"由国家发改委批准建设。该中心以浙江大学为依托单位,联合浙江东南网架股份有限公司等 8 家共建(合作)单位,围绕新型城镇化、建筑工业化等国家发展战略,面向国家大型基础设施建设、大型科学设施建设等国家重大工程需求,以绿色建材、先进结构体系、智能建造、信息化管控以及相应的测试平台与标准为技术突破点,开展针对性的支撑理论研究、技术研发、产品开发、硬件平台建设、技术标准制定和应用推广工作。该中心旨在通过建立与企业的密切合作,发挥高校的研发创新优势、企业的转化与产业化优势,构建高新技术成果转化与优秀人才培养的创新型平台,推动自主知识产权的先进结构设计与建造前沿技术全面发展,满足提升建筑业创新能力、促进产业转型升级方面的需求。

【入选教育部十大科技进展】 2017 年 12月,边学成教授负责的"高速铁路列车运行动力效应试验系统"入选 2017 年度中国高等学校十大科技进展。其团队发明了国际上首台高速铁路列车运行动力效应试验装置。该装置将列车运行荷载转化为作用于一系列轨枕上的垂向动荷载,通过精确控制相邻激振器的加载相位差实现列车轮轴高速移动对路基的加载,整个试验系统由列车运行加载激振器阵列、加载控制系统、全比尺线路模型和测试系统组成,最高车速达360km/h。核心技术获美国发明专利 2 项,中国发明专利 8 项。利用该系统发现了伴随动孔压剧增的饱和路基马赫效应和桩承式路基动力土拱效应,揭示了高铁路基内部动应力放大效应及沿深度衰减规律、循环累积沉降规律和产生过大沉降的机理。据此提出了路基循环累积沉降评价、控制和修复方法,并成功应用于软土地基上的 10 余项高铁和地铁工程,取得了显著的社会和经济效益。

（黄　乐撰稿　张　威审稿）

化学工程与生物工程学院

【概况】 化学工程与生物工程学院(以下简称化工学院)设有化学工程、联合化学反应工程、聚合与聚合物工程、生物工程、制药工程、工业生态与环境 6 个研究所,建有化学工程联合国家重点实验室、二次资源化工国家专业实验室、工业生物催化国家地方联合工程实验室、生物质化工教育部重点实验室、工业生物催化浙江省工程实验室、浙江省化工高效制造技术重点实验室、低碳烃制备技术浙江省工程实验室,与高分子系合作建有教育部膜与水处理技术工程研究中心,与控制学院合作建有流程生产质量控制与优化国家级国际联合研究中心。

全国第四轮学科评估中,化学工程与技术一级学科被评为 A。

化工学院拥有化学工程与技术、生物工程 2 个一级学科博士后流动站;拥有化学工程与技术一级学科博士学位授予权,以及化学工程与技术、生物工程、制药工程等 3 个本科专业。

现有在职教职工 148 人。其中,教授 56人(2017 年新增 4 人)、副教授 32 人(2017年新增 1 人),博士研究生导师 82 人、硕士研究生导师 115 人。在站博士后研究人员57 人。

2017 年,招收硕士研究生 156 人、博士研究生 61 人,2016 级本科生 125 人、2017级本科生 156 人确认化工学院主修专业,毕业博士研究生 38 人、硕士研究生 137 人、本科生 79 人。

附表　2017 年度化工工程与生物工程学院基本情况

项目	数据	项目	数据
教职工总数/人	148	获国家级科技奖项目数/项	0
教授数/人	56	获国家级教学成果奖/项	0
副教授数/人	32	授权发明专利数/项	109
具有博士学位的教师比例/%	98.0	SCI 入选论文数/篇	157
两院院士/人	0	EI 入选论文数/篇	116
国家"千人计划"入选数/人	6	MEDLINE 入选论文数/篇	0
"国家特支计划"入选数/人	0	出版专著/部	0
"长江学者"数/人	3	在校本科生数/人	581
省部级高等学校教学名师奖获得者/人	1	在学硕士研究生数/人	651
"973 计划"首席科学家数*/人	2	其中:专业学位研究生数/人	217
国家"百千万人才工程"入选数/人	1	在读博士研究生数/人	275
国家杰出青年基金获得者/人	6	其中:专业学位研究生数/人	0
教育部新(跨)世纪优秀人才培养计划入选数/人	8	在校攻读学位的外国留学生数/人	53
浙江省特级专家/人	1	应届本科毕业生一次就业率/%	95.0
浙江省"千人计划"入选者/人	9	应届本科毕业生考研录取(出国)率/%	47.5
浙江大学求是特聘教授数/人	11	应届毕业研究生一次就业率/%	98.45
一、二级学科国家重点学科数/个	1	科研总经费/万元	10901.74
国家重点(专业)实验室/个	2	其中:国家自然基金比重/%	14.3
国家工程(技术)研究中心/个	0	纵向经费比重/%	52.50
国家人才培养基地(含教学、教育基地)/个	0	教师出国交流/人次	74
国家精品资源共享课、视频公开课/门	2	学生出国交流/人次	65
社会捐赠经费总数/万元	378	举办国际学术会议数/次	6

注:* 含重大科学研究计划、ITER 计划、青年科学家专题等。

科研经费到款 10901.74 万元;被 SCI 收录论文 157 篇、EI 收录论文 116 篇;授权专利 109 项。

2017 年,教师出国交流 74 人次,学生出国交流 65 人次。5 月至 6 月,举办了化工学院第八届国际交流月,期间来自美国、加拿大、英国、日本等国家的 17 位知名学者,开展了 19 场讲座或学术报告。11 月,化工学院代表团赴美国参加了全球化工界最具影响的 AIChE(美国化学工程师协会)

年会,并再次举办了"浙江大学专场交流会";代表团还分别访问了斯坦福大学(Stanford University)与科罗拉多州立大学(Colorado State University),与两校就科研和人才培养合作等专题进行了深入交流,取得了积极有效的成果。

【庆祝建院九十周年】 5 月 20 日,在玉泉校区永谦活动中心剧场召开浙江大学化学工程与生物工程学院成立 90 周年庆祝大会,并开展了"寻化工记忆"主题故事征集、编辑《大野芳菲》纪念集、召开畅想2030——浙江大学化工学科发展战略论坛、举办"求是学子"展览等90周年院庆系列活动,共有2300余名校友返校。

【高端人才成果丰硕】 国家"千人计划"专家杨双华于2017年9月正式就职,王靖岱获聘教育部长江学者特聘教授,邢华斌获国家杰出青年科学基金资助,鲍宗必、柏浩获国家优秀青年科学基金资助,王靖岱入选第三批国家"万人计划"科技创新领军人才。李伯耿获得浙江大学永平教学贡献提名奖。杨立荣教授领衔的"酶催化生产烟酰胺及吡啶产业优化技术",获得中国石油和化学工业联合会科技进步一等奖。

【第十一届全国大学生化工设计竞赛总决赛】 于8月21—23日在浙江大学玉泉校区举行,60所高校的300余名学生参赛,化工学院承办了全程赛事活动。由杨吉祥、马玉龙、高扬、杜乔昆、吴益昆5位同学组成的浙江大学化工学院代表队成绩优异,获得金奖。

（朱耕宇撰稿 沈文华审稿）

海洋学院

【概况】 海洋学院现设有海洋科学系、海洋工程学系、海洋信息学系(筹)、海洋经济与管理学系(筹);建有海洋地质与资源、物理海洋、海洋生物、海洋化学与环境、海洋工程与技术、港口海岸与近海工程、海洋传感与网络7个研究所,筹建有船舶与海洋结构、海洋电子工程、水下机器人、港口物流管理4个研究所。

海洋学院建有海洋工程装备国家地方联合工程实验室,海洋岩土工程与材料、海洋观测—成像试验区浙江省重点实验室,海洋装备试验、海洋工程材料浙江省工程实验室,海上试验浙江省科技创新服务平台,浙江省"智慧东海"协同创新中心和浙江大学摘箬山海洋科技示范岛、浙江大学舟山海洋研究中心和浙江大学海洋研究院等共建共管科研平台。

海洋学院拥有船舶与海洋工程一级学科硕士学位授权点(浙江省一流学科B类),以及海洋资源与环境、海洋药物学、海洋工程、海洋信息科学与工程4个自主设置二级学科博士学位授权点。学院拥有海洋工程与技术、海洋科学、船舶与海洋工程、港口航道与海岸工程4个本科专业。

现有专任教师108人,其中正高级职称人员28人、副高级职称人员42人、中级职称人员38人。现有在站博士后17人。

2017年,学院招收本科生225人、硕士研究生170人、博士研究生52人;毕业本科生110人、硕士研究生102人、博士研究生13人。

2017年,学院科研到款8090.198万元,比2016年增长58%;在研各类科研项目373项,合同总金额23820.479万元。国家自然科学基金申请获批24项,获准率35.8%。教师发表SCI收录论文176篇,其中ZJU100论文9篇、TOP论文41篇。授权发明专利数40项,实用新型专利12项。

2017年,海洋学院牵头总承包"渔山列岛国家级海洋牧场"项目,是浙江大学首个海洋领域综合性示范类项目,总经费2150万元。学院牵头承担的首个国家重点研发计划项目"水下直升机"也于11月启动,该项目属2017年国家重点研发计划"深海关键技术与装备"重点专项。

项目	数据	项目	数据
教职工总数/人	242	获国家级科技奖项目数/项	0
教授数/人	24	获国家级教学成果奖/项	0
副教授数/人	42	授权发明专业数/项	41
具有博士学位的教师比例/%	100	SCI 入选论文数/篇	176
两院院士/人	0	EI 入选论文数/篇	147
国家"千人计划"入选数/人	2	SSCI 入选论文数/篇	7
"国家特支计划"入选数/人	0	MEDLINE 入选论文数/篇	0
"长江学者"数/人	1	出版专著/部	0
省部级高等学校教学名师奖获得者/人	0	在校本科生数/人	790
"973 计划"首席科学家数*/人	1	在学硕士研究生数/人	431
国家"百千万人才工程"入选数/人	1	其中:专业学位研究生数/人	176
国家杰出青年基金获得者/人	2	在读博士研究生数/人	169
教育部新(跨)世纪优秀人才培养计划入选数/人	1	其中:专业学位研究生数/人	7
浙江省特级专家/人	1	在校攻读学位的外国留学生数/人	62
浙江省"千人计划"入选者/人	5	应届本科毕业生一次就业率/%	94.8
浙江大学求是特聘教授数/人	6	应届本科毕业生考研录取(出国)率/%	59.6
一、二级学科国家重点学科数/个	0	应届毕业研究生一次就业率/%	100
国家重点(专业)实验室/个	0	科研总经费/万元	8090.198
国家工程(技术)研究中心/个	1	其中:国家自然基金比重/%	16.2
国家人才培养基地(含教学、教育基地)/个	0	纵向经费比重/%	55
国家精品资源共享课、视频公开课/门	0	教师出国交流/人次	101
社会捐赠经费总数/万元	200	学生出国交流/人次	124
		举办国际学术会议数/次	3

注:*含重大科学研究计划、ITER 计划、青年科学家专题等。

　　2017 年,学院首办浙江大学水下机器人设计竞赛、国际海洋青年营,并先后举办了第 25 届太平洋海洋科学技术大会、第三届全国海洋技术学术会议、第十八届中国海洋(岸)工程学术讨论会等一系列大型学术会议,千余名海内外海洋领域的专家学者齐聚舟山校区,进行学术交流和分享。

【海洋技术装备专业委员会落户海洋学院】
5 月 18 日,中国海洋学会海洋技术装备专业委员会正式成立,选举产生了第一届领导班子,陈鹰任主任委员。该专委会挂靠浙江大学海洋学院,将围绕海洋自然现象及变化规律、开发利用海洋资源、保护海洋环境、维护国家海洋安全所使用的相关技术装备等进行研究,组织开展海洋技术与装备的学术交流与国际合作,开展海洋技术与装备相关论证、评审、奖励、成果推广,开展海洋技术与装备的教育培训、国家制定海洋技术装备的咨询服务等。

【中国—印尼海洋科学与技术中心揭牌】
11月28日,在印尼梭罗举行中国—印尼副总理级人文交流机制第三次会议期间,中国—印尼海洋科学与技术中心揭牌。中心由浙江大学与印尼万隆理工学院合作共建,浙江大学方落户海洋学院。中心将致力于推进两校在人才培养、合作研究等方面的实质性合作。

【舟山校区新增竺可桢铜像等文化景观】
纪念建校120年之际,海洋学院所在地——舟山校区新增一批文化景观,竺可桢铜像、林启石雕像、大学精神石、古树名木林等先后在舟山校区落成。新增文化景观分别由李摩西校友、泉州浙大校友会、李宇红校友、吕建明校友捐赠。

(梁 立撰稿 陈 鹰审稿)

航空航天学院

【概况】 航空航天学院(以下简称航院)由航空航天系和工程力学系组成,下设应用力学研究所、流体工程研究所等7个研究所(中心),拥有国家工科基础课程力学教学基地和国家级力学实验教学示范中心、航空航天数值模拟与验证教育部重点实验室、教育部新型飞行器联合研究中心、浙江省软体机器人与智能器件研究重点实验室、浙江省新型飞行器关键基础与重大应用协同创新中心、浙江大学工程与科学计算研究中心和浙江大学软物质科学研究中心。

航院拥有固体力学1个二级学科国家重点学科,流体力学、工程力学和飞行器设计3个浙江省一流学科,力学一级学科博士点和博士后流动站,建有或与兄弟学院共有11个二级学科博(硕)士学位授予权,另具有航天工程领域和电子与通信工程领域专业硕士学位授予权;设有工程力学和飞行器设计与工程2个本科专业。

2017年,招收硕士研究生66人,博士研究生39人,2016级本科生70人、2017级本科生87人确认主修航院相关专业,毕业本科生20人、硕士研究生61人、博士研究生20人。

现有教职工104人。其中,中国科学院院士2人、中国工程院院士2人,具有正高级职称人员34人(2017年新增4人)、副高级职称人员54人(2017年新增4人)、博士研究生指导教师54人(2017年新增6人)、硕士研究生指导教师78人(2017年新增3人),在站博士后工作人员24人。本年度引进青年骨干教师4人,其中国家"青年千人计划"入选者3人,"双一流"高校引进副教授1人;新增国家杰出青年基金获得者1人,新增国防科技卓越青年人才基金获得者1人,入选浙江省151人才工程第三层次培养人员2人。

2017年,学院继续深入开展教育教学大讨论,全面梳理学院人才培养体系。举办了2次航空航天学院"教与学"系列教学论坛和第七届大学生西湖夏令营;大学生微小卫星创新实践基地获批"杭州市青少年科普教育基地",并正式授牌。教育教学改革取得一定成绩,本年度获浙江省第十届高等学校青年教师教学竞赛工科组一等奖1人,浙江大学本科教育教学建设项目2项,浙江大学教学成果奖一等奖和二等奖各1项、2016年度浙江大学优质教学奖二等奖2项。

科研经费到款10645.07万元,年度科研经费首次突破亿元。2017年,获批国家自然科学基金(NSFC)项目18项,获准率

附表　2017 年度航空航天学院基本情况

项目	数据	项目	数据
教职工总数/人	104	获国家级科技奖项目数/项	0
教授数/人	30	获国家级教学成果奖数/项	0
副教授数/人	47	授权发明专业数/项	26
具有博士学位的教师比例/%	98	SCI 入选论文数/篇	152
两院院士/人	4	EI 入选论文数/篇	158
国家"千人计划"入选数/人	8	MEDLINE 入选论文数/篇	0
"国家特支计划"入选数/人	1	出版专著/部	0
"长江学者"数/人	2	在校本科生数/人	255
省部级高等学校教学名师奖获得者/人	0	在学硕士研究生数/人	165
"973 计划"首席科学家数*/人	0	其中:专业学位研究生数/人	18
国家"百千万人才工程"入选数/人	2	在读博士研究生数/人	147
国家杰出青年基金获得者/人	8	在校攻读学位的外国留学生数/人	1
教育部新(跨)世纪优秀人才培养计划入选数/人	9	应届本科毕业生一次就业率/%	93.40
浙江省特级专家/人	1	应届本科毕业生考研录取(出国)率/%	68.75
浙江省"千人计划"入选者/人	2	应届毕业研究生一次就业率/%	100
浙江大学求是特聘教授数/人	7	科研总经费/万元	10645.07
一、二级学科国家重点学科数/个	1	其中:国家自然基金比重/%	12.36
国家重点(专业)实验室/个	0	纵向经费比重/%	68.81
国家工程(技术)研究中心/个	0	教师出国交流/人次	39
国家人才培养基地(含教学、教育基地)/个	1	学生出国交流/人次	54
国家精品资源共享课、视频公开课/门	0	举办国际学术会议数/次	2
社会捐赠经费总数/万元	51.13		

注:* 含重大科学研究计划、ITER 计划、青年科学家专题等。

42.9%,资助经费共计 1316 万元;获批浙江省自然科学基金 4 项,其中杰出青年项目 1 项;获批浙江省公益基金项目 1 项;新争取到百万级项目 16 项;签订科技成果转化 3 项,合同金额 253 万元。另据不完全统计,全年被 SCI 收录论文 152 篇,EI 收录论文 158 篇,授权国内外发明专利 26 项。

2017 年,学院共有研究生 32 人次、本科生 22 人次和教师 39 人次出访 22 个国家和地区,接待了来自国内外的专家、学者来校交流、讲学和考察访问共 30 人次;举办国际会议 2 次。

【举办院庆十周年庆典活动】　该庆典活动于 5 月 20 日举行。院长沈荣骏院士,航空系统工程专家、中国工程院院士张彦仲先生,中国首次火星探测工程总设计师、探月与航天工程中心张荣桥研究员等知名专家学者和社会各界校友参加了该庆典活动。

该庆典活动还包括航空航天及力学战略发展高端论坛、"启航之友"见面交流会、

"畅想2030"航空航天学院学科发展研讨会和学院校友分会理事会会议暨捐赠协议签约仪式。在航空航天及力学战略发展高端论坛上,沈荣骏院士、张彦仲院士、张荣桥研究院和袁荒教授做了特邀报告;在"启航之友"见面交流会上,应怀樵奖学金捐赠者应怀樵先生与该奖学金获得者进行经验分享与交流;在"畅想2030"航空航天学院学科发展研讨会上,到场的专家学者就学院学科的发展与挑战展开讨论,共商学院学科发展对策;在学院校友分会理事会会议暨捐赠协议签约仪式现场,珠海世纪鼎利科技股份有限公司、杭州哲达科技股份有限公司和深圳市同威投资管理有限公司签约捐赠支持学院发展。

【人才培育引进工作成效显著】 王宏涛教授负责的"新型材料的力学问题"项目获2017年度国家杰出青年基金数理学部资助直接经费350万元;郁发新教授获首批"国防科技卓越青年人才基金计划"资助500万元;陈伟球教授荣获浙江大学第三届引人育人奖(伯乐奖);引进国家"青年千人计划"入选者3人。

【获2016年浙江省科技进步奖一等奖】 2月27日,郑耀教授获2016年浙江省科技进步奖一等奖。该项目团队研制了一套具有自主知识产权的高性能飞行器数字化设计分析软件——高端数字样机系统(HEDP),并应用于多个飞行器与发动机的设计分析中。该系统从2002年开始研制,历时13年,突破了飞行器设计数字化分析中的全过程并行大规模网格生成技术、气动、结构、燃烧先进计算方法等难题,在大规模数值模拟系统集成及前后处理、带动边界流场的大规模复杂空气动力学模拟、高效高精度飞行器结构多场耦合计算方法、发动机燃烧室内复杂湍流燃烧耦合作用模拟技术等方面提出了多项新技术。专家鉴定认为"该成果整体上处于国际先进水平,其中全过程并行数值模拟平台集成及应用等成果属国内首创、国际领先。"该软件系统在国家重大专项和国家重点型号任务中得到应用。

（李晓星撰稿　毕建权审稿）

高分子科学与工程学系

【概况】 高分子科学与工程学系(以下简称高分子系)由高分子科学、高分子复合材料、生物医用大分子3个研究所组成,建有高分子合成与功能构造教育部重点实验室、膜与水处理技术教育部工程研究中心、中国—葡萄牙先进材料联合创新中心以及新型吸附分离材料与应用技术浙江省重点实验室。

高分子系拥有高分子化学与物理二级学科国家重点学科。二级学科均设有博士后流动站,博士学位和硕士学位授予权,同时单独设立高分子材料与工程本科专业。

2017年招收硕士研究生53人、博士研究生35人,2016级本科生99人、2017级本科生88人确认高分子系相关专业学习。毕业本科生81人、结业3人,毕业硕士研究生44人,博士研究生29人。

现有教职工66人。其中,中科院院士2人;具有正高级职称人员32人,副高级职称人员20人,博士研究生导师48人,硕士研究生导师52人。2017年,新增国家优秀青年科学基金资助1人。

在高年级本科生中持续开展教育教学满意度调查,评选学生最满意和最不满意的课程。获得浙江大学优质教学奖二等奖1

项,发表教学论文 4 篇,新增全英文课程 2 门,新增系设本科生海外交流项目 2 项。举办 2017 年高分子系开放日活动及"研究生学术墙报展"。

2017 年,科研经费到款 5760 万元,其中纵向经费 4473 万元,占 77.7%。国家基金共批准立项 12 项,批准率 40%。其中,1 项重大项目课题、1 项重点项目、1 项优秀青年科学基金项目,获批准直接经费总额 1296 万元。在 2017 年度国家科技部重点研发计划项目申报中,共有 6 项负责(参加)的项目(课题)获得资助,合同总经费达 3157 万元;其中,由计剑教授负责的"血管支架材料的构效关系及高通量制备与评价技术"国家重点研发计划项目总经费 1801 万元,刘建钊研究员负责的"信使 RNA 腺嘌呤 m6A 甲基转移酶复合机器的工作机理"国家重点研发计划项目(青年)总经费 500 万元。被 SCI 收录论文约 260 篇,平均影响因子超过 5.0。获国家授权发明专利 46 项。

2017 年,国外来访并做学术报告 40 人次,教师出国交流 66 人次,学生出国交流 79 人次。举办国际会议 3 次,夏令营 1 项。聘请兼任教授 1 人,名誉教授 2 人,讲座教授 1 人,客座教授 1 人,短期外国专家 9 人。与美国芝加哥大学、德国拜罗伊特大学深化合作,圆满完成第一届学生暑期科研交流项目。

【获国家自然科学一等奖】 孙景志教授所在的唐本忠院士团队,凭借在"聚集诱导发光"领域的开创性贡献,获 2017 年度国家自然科学奖一等奖,浙江大学在 3 个获奖单位中排名第二。本项目在发现 AIE 现象的基础上,在提出 AIE 概念的前提下,在 AIE 材料设计、机制探究和应用开发等方面取得了系统、原创和引领性成果:(1)根据分子内旋转受限(RIR)机制,开发了基于四苯乙烯(TPE)的新 AIE 体系,促进了 AIE 研究的蓬勃发展,TPE 也因此成为一个我国科学家打造的"品牌分子";(2)完善了 AIE 的 RIR 工作机制,提出了将发光分子从 ACQ 转变为 AIE 的设计策略;(3)开拓了结晶诱导的纯有机高效室温磷光体系,发展了不含芳香环的非共轭 AIE 体系;(4)开发了 AIE 材料在光电、传感和生物等领域的技术应用,实现了传统 ACQ 材料难以实现的新功能。

【论文入选"中国百篇最具影响国际学术论文"】 2017 年 10 月,中国科学技术信息研究所公布 2016 年度"中国百篇最具影响国际学术论文"名单,有机半导体课题组发表在能源领域权威期刊 Energy & Environmental Science(《能源与环境科学》)上的论文 A spirobifluorene and diketopyrrolopyrrole moieties based nonfullerene acceptor for efficient and thermally stable polymer solar cells with high open-circuit voltage(基于螺芴与吡咯并吡咯二酮的非富勒烯受体用于高效热稳定的聚合物太阳电池并实现高开路电压)入选,浙江大学共有 4 篇入选。该论文设计合成了一种具有十字交叉构型的非富勒烯受体,与廉价易得的聚 3-己基噻吩(P3HT)给体具有优良的兼容性,制备的聚合物太阳电池实现了 5.16%(文献报道是基于 P3HT 与非富勒烯受体的最高值)的光电转化效率。相应的器件表现出优良的热稳定性,有助于未来有机太阳电池的产业化应用。

【科研成果获校 120 周年校庆 Nature 专刊报道】 2017 年 5 月受到生物群落效应的启发,高超教授团队基于液晶自组装策略,

附表　2017 年度高分子科学与工程学系基本情况

项目	数据	项目	数据
教职工总数/人	66	获国家级科技奖项目数/项	0
教授数/人	26	获国家级教学成果奖数/项	0
副教授数/人	20	授权发明专业数/项	46
具有博士学位的教师比例/%	88	SCI 入选论文数/篇	260
两院院士/人	2	EI 入选论文数/篇	205
国家"千人计划"入选数/人	5	MEDLINE 入选论文数/篇	0
"国家特支计划"入选数/人	2	出版专著/部	1
"长江学者"数/人	3	在校本科生数/人	286
省部级高等学校教学名师奖获得者/人	0	在学硕士研究生数/人	160
"973 计划"首席科学家数*/人	0	其中:专业学位研究生数/人	0
国家"百千万人才工程"入选数/人	1	在读博士研究生数/人	171
国家杰出青年基金获得者/人	7	其中:专业学位研究生数/人	0
教育部新(跨)世纪优秀人才培养计划入选数/人	7	在校攻读学位的外国留学生数/人	14
浙江省特级专家/人	0	应届本科毕业生一次就业率/%	100
浙江省"千人计划"入选者/人	1	应届本科毕业生考研录取(出国)率/%	61.5
浙江大学求是特聘教授数/人	7	应届毕业研究生一次就业率/%	100
一、二级学科国家重点学科数/个	1	科研总经费/万元	5760
国家重点(专业)实验室/个	0	其中:国家自然基金比重/%	25.9
国家工程(技术)研究中心/个	0	纵向经费比重/%	77.7
国家人才培养基地(含教学、教育基地)/个	0	教师出国交流/人次	66
国家精品资源共享课、视频公开课/门	2	学生出国交流/人次	79
社会捐赠经费总数/万元	95	举办国际学术会议数/次	3

注:* 含重大科学研究计划、ITER 计划、青年科学家专题等。

实现了系列高性能石墨烯宏观材料的制备及性能升级。作为石墨烯及其他二维纳米材料结构功能一体化宏观材料应用的代表性成果,有石墨烯纤维、石墨烯薄膜、石墨烯无纺布以及超轻石墨烯气凝胶。上述成果写入了浙江大学 120 周年校庆 Nature 专刊报道。

（廉　洁撰稿　楼仁功审稿）

光电科学与工程学院

【概况】　光电科学与工程学院(以下简称光电学院)设有光学工程研究所、光电信息检测技术研究所、光电子技术研究所、光电工程研究所、微纳光子学研究所、光学成像工程研究所、激光生物医学研究所 7 个研究所和光及电磁波研究中心、光学惯性技术工程中心等2个所级中心。另设有光电信息工程实验中心1个省级教学中心重点建设单位。

学院建有现代光学仪器国家重点实验室、国家光学仪器工程技术研究中心2个国家级研究基地，建有国防重点学科实验室、光电磁传感技术浙江省重点实验室2个省部级研究基地，建有教育部光子学与技术国际合作联合实验和科技部光电技术国际联合研究中心2个国际科技合作机构。

光学工程学科为一级学科国家重点学科，下设光通信技术、信息传感及仪器2个二级学科。

学院设有光学工程博士后流动站，光学工程、光通信技术和信息传感及仪器3个博士、硕士学位授权点以及光电信息科学与工程1个本科专业，具有本、硕、博完整的人才培养体系。

2017年，招收硕士研究生134人（含专业学位硕士55人）、博士研究生50人，2016级本科生116人（含竺院学生9人）、2017级本科生111人（含竺院学生6人）确认进入学院继续学习。毕业本科生128人（含竺院学生16人）、硕士研究生88人（含专业学位硕士35人）、博士研究生47人。

现有教职工150人。其中，具有正高级职称人员46人（2017年新增5人），副高级职称人员36人（2017年新增1人）；博士生指导教师55人，硕士生指导教师21人。2017年，新增国家杰出青年科学基金获得者1人，引进国家青年千人计划入选者1人、浙江大学"百人计划A类"入选者1人、浙江大学"百人计划C类"入选者1人、浙江大学求是特聘教授1人。

2017年，光电学院教师公开发表教学论文15篇。徐海松、刘崇获得浙江大学"2017年度优质教学奖"二等奖。章海军获得2017年唐立新教学名师奖。2017年本科生在教师指导下作为第一、第二作者正式发表科研论文共13篇，本科生取得发明专利5项。开设60门课程，其中1门为浙江大学海外教师主导全英文课程。继续推进海外教师主导的研究生全英文课程《液晶光子学》建设，共开设2门全英文授课课程。设立2017年专业课程建设项目，7门专业课程获批立项。获批2017—2019浙江大学本科教育教学建设项目2项。杨甫英主编教材《先进干涉检测技术与应用》列入高等院校光电类专业系列规划教材。全年新增大三校外实习基地2个、专业学位研究生联合培养基地1个。

科研到款总经费为1.1亿元。2017年，获批国家自然科学基金项目17项，共计获批直接经费达1613.5万元；获国家杰出青年科学基金1项、国家自然科学基金重点项目2项和科技部重点研发计划项目1项、重点研发计划青年项目2项。全院共发表浙江大学为第一单位的SCI收录论文160篇，其中 *Nature Communications*（《自然通讯》）2篇、*Physical Review Letters*（《物理评论快报》）2篇。

主办"第十四届光学与光子学教育及实践国际会议（ETOP2017）"，国外（境外）学者来光电学院做学术报告、交流和合作共280人次。

全年，获社会捐赠450余笔，共2170万元。其中，"光聚求是，携爱回归"校友基金获得捐赠120余万元。

【光学工程学科入选"双一流"建设学科】 9月21日，教育部、财政部、国家发展和改革委员会联合发布《关于公布世界一流大学和一流学科建设高校及建设学科名单的通知》，浙江大学光学工程学科入选"双一流"

项目	数据	项目	数据
教职工总数/人	150	获国家级科技奖项目数/项	0
教授数/人	42	获国家级教学成果奖数/项	0
副教授数/人	26	授权发明专业数/项	95
具有博士学位的教师比例/%	98.59	SCI 入选论文数/篇	160
两院院士/人	1	EI 入选论文数/篇	61
国家"千人计划"入选数/人	4	SSCI 入选论文数/篇	0
"国家特支计划"入选数/人	0	MEDLINE 入选论文数/篇	0
"长江学者"数/人	5	出版专著/部	2
省部级高等学校教学名师奖获得者/人	1	在校本科生数/人	478
"973 计划"首席科学家数*/人	2	在学硕士研究生数/人	348
国家"百千万人才工程"入选数/人	0	其中:专业学位研究生数/人	134
国家杰出青年基金获得者/人	7	在读博士研究生数/人	240
教育部新(跨)世纪优秀人才培养计划入选数/人	3	在校攻读学位的外国留学生数/人	0
浙江省特级专家/人	1	应届本科毕业生一次就业率/%	98.26
浙江省"千人计划"入选者/人	2	应届本科毕业生考研录取(出国)率/%	70.43
浙江大学求是特聘教授数/人	9	应届毕业研究生一次就业率/%	100
一、二级学科国家重点学科数/个	1	科研总经费/万元	11044
国家重点(专业)实验室/个	1	其中:国家自然基金比重/%	13.15
国家工程(技术)研究中心/个	1	纵向经费比重/%	54.86
国家人才培养基地(含教学、教育基地)/个	0	教师出国交流/人次	52
国家精品资源共享课、视频公开课/门	2	学生出国交流/人次	115
社会捐赠经费总数/万元	2170	举办国际学术会议数/次	3

注:* 含重大科学研究计划、ITER 计划、青年科学家专题等。

建设学科。该学科是我国在高校中建立的首个光学工程学科,是首批国家重点学科,为我国光学事业发展作出了杰出贡献,具有突出的国际影响力,被誉为"中国光学工程人才培养的摇篮"。

【光学工程学科在学科评估中获得 A+评级】 12 月 28 日,教育部学位与研究生教育发展中心公布全国第四轮学科评估结果。浙江大学光学工程学科在 2007 年、2012 年学科评估中连续 2 次获得全国第一的基础上,于 2017 年第四轮学科评估中再次获评为 A+学科。第四轮学科评估参评高校共80 所,仅 2 所高校获评 A+。

【举办光电学院 65 周年院庆系列活动】 该系列活动于 5 月 21 日浙江大学 120 周年校庆之际举办,千余名校友返校参庆,活动反响十分强烈。院庆系列活动包括 65 周年庆典主会场活动、"创新、创业、成长"创新创业高峰论坛和"扎实推进世界一流光学工程学科建设"学科发展高峰论坛等。其中学院 65 周年庆典主会场活动有校友、老领导、离退休教师、学院师生共 600 余人参加。在校庆、院庆期间,光电学院获得院友和社会捐赠 450 余笔,共计 2170 万元,其中"光聚求是,携爱回归"校友基金获得捐赠 120 万余元。

(章哲恺撰稿 姚 达审稿)

信息与电子工程学院

【概况】 信息与电子工程学院(以下简称信电学院)由信息与通信工程系、电子工程系以及依托信电学院运行的浙江大学微电子学院组成,下设信息与通信网络工程研究所、微纳电子研究所、超大规模集成电路设计研究所、智能通信网络与安全研究所、信号空间和信息系统研究所、射频与光子信息处理技术中心、统计信息与图像处理研究中心、智能电子信息系统研究所、电磁信息与电子集成研究所、毫米波与智能系统研究中心、感知技术与智能系统研究中心、先进射频工程研究中心、集成电路先导技术研究所,建有嵌入式系统教育部工程研究中心、浙江省信息处理与通信网络重点实验室、浙江省先进微纳电子器件智能系统及应用重点实验室等研究机构和首批国家集成电路人才培养基地。信息与电子工程实验教学中心和浙江大学工程电子设计基地为国家实验教学示范中心"浙江大学工程训练中心"的组成部分。

信电学院建有电子科学与技术、信息与通信工程 2 个博士后流动站,拥有电子科学与技术、信息与通信工程 2 个一级学科博士学位授予权,覆盖物理电子学、电路与系统、微电子学与固体电子学、电磁场与微波技术、通信与信息系统、信号与信息处理 6 个二级学科,其中通信与信息系统为二级学科国家重点学科,信息与通信工程入选浙江省一流学科建设名单。

全院现有教职工 186 人。其中,正高级职称人员 55 人(2017 年新增 3 人)、副高级职称人员 67 人(2017 年新增 2 人),博士研究生导师 77 人(2017 年新增 3 人)、硕士研究生导师 112 人(2017 年新增 3 人),博士后 19 人。2017 年新增国家千人计划入选者 1 人,国家杰出青年基金获得者 1 人,国防科技卓越青年人才基金获得者 1 人,国家青年千人入选者 2 人。

2017 年,信电学院招收硕士研究生 246 人、博士研究生 56 人,2016 级本科生 311 人、2017 级本科生 279 人确认主修专业进入信电学院学习,毕业本科生 272 人、硕士研究生 127 人、博士研究生 33 人。

到校科研总经费 10562 万元;在研的各类基金项目 93 项(包括国家自然科学基金、浙江省自然科学基金等),往年申请的国家重点研发计划项目或课题于 2017 年仍旧在研的共 7 项,其中牵头项目 1 项,承担课题 2 项,参与课题 4 项,新增一项国家重点研发计划千万级课题;在研的其他纵向科研项目 30 项;被 SCI 系统收录的论文 216 篇;出版教材著作 1 部。

信电学院重视国际交流与合作,全年共有师生 294 人次出访参加学术会议、合作研究和交流学习等,共主办了"2017 年国际电气电子工程师学会先进封装系统电子设计会议"和"首届(西湖)半导体集成电路技术研讨会"2 次国际会议。

【举办信电学院 60 周年庆典系列活动】 5 月 20 日,来自海内外近 1500 位校友参加了庆典系列活动。系列活动由庆典大会、校友

附表　2017 年度信息与电子工程学院基本情况

项目	数据	项目	数据
教职工总数/人	186	获国家级科技奖项目数/项	0
教授数/人	55	获国家级教学成果奖数/项	0
副教授数/人	67	授权发明专业数/项	94
具有博士学位的教师比例/%	99	SCI 入选论文数/篇	216
两院院士/人	1	EI 入选论文数/篇	241
国家"千人计划"入选数/人	3	MEDLINE 入选论文数/篇	0
"国家特支计划"入选数/人	0	出版专著/部	1
"长江学者"数/人	3	在校本科生数/人	911
省部级高等学校教学名师奖获得者/人	0	在学硕士研究生数/人	569
"973 计划"首席科学家数*/人	0	其中:专业学位研究生数/人	237
国家"百千万人才工程"入选数/人	0	在读博士研究生数/人	254
国家杰出青年基金获得者/人	2	其中:专业学位研究生数/人	1
教育部新(跨)世纪优秀人才培养计划入选数/人	9	在校攻读学位的外国留学生数/人	22
浙江省特级专家/人	0	应届本科毕业生一次就业率/%	97.81
浙江省"千人计划"入选者/人	3	应届本科毕业生考研录取(出国)率/%	60.58
浙江大学求是特聘教授数/人	3	应届毕业研究生一次就业率/%	100
一、二级学科国家重点学科数/个	1	科研总经费/万元	10562
国家重点(专业)实验室/个	0	其中:国家自然基金比重/%	14.24
国家工程(技术)研究中心/个	0	纵向经费比重/%	44.59
国家人才培养基地(含教学、教育基地)/个	7	教师出国交流/人次	88
国家精品资源共享课、视频公开课/门	0	学生出国交流/人次	206
社会捐赠经费总数/万元	380	举办国际学术会议数/次	2

注:* 含重大科学研究计划、ITER 计划、青年科学家专题等。

创新创业论坛、学术前沿论坛和故地寻访等组成,期间还举行了浙江大学"信电甲莘奖助学基金"和"求是缘半导体联盟奖学金"的启动仪式,出版了《甲子峥嵘弦歌而行——浙江大学信息与工程学院 60 周年院史文集》,在之江校区举办了"信电学院之江校区陈列展"等。信电学院院庆系列活动回顾了学院六十年的蓬勃发展历史,展示了信电学院特有的创新精神、育人特色和感恩文化,提高了信电学院的知名度和影响力。

【队伍建设成效显著】 信电学院遵循"着眼一流,合理布局,积极引进,强化培养"的方针,对原有师资队伍进行调整,全方位实施人才引进战略,提升学院整体师资队伍的核心竞争力和国际影响力。2017 年,张朝阳教授荣获国家杰出青年基金项目资助,赵民建教授荣获国防科技首届卓越青年人才基金项目资助。陈红胜教授、李春光教授入选 2016 年度中国高被引学者榜。依托信电学院申报并且成功入选国家"千人计划"青年项目 5 人。

【学科评估进步】 12 月 28 日,教育部学位与研究生教育发展中心公布全国第四轮学科评估结果。学院"电子科学与技术"学科评估为"A−","信息与通信工程"学科评估为"B+"。

(王　震撰稿　钟蓉戎审稿)

控制科学与工程学院

【概况】 控制科学与工程学院(简称控制学院),下设工业控制、智能系统与控制、自动化仪表 3 个研究所以及分析仪器研究中心和自动化实验教学中心,拥有工业控制技术国家重点实验室、工业自动化国家工程研究中心、工业控制系统安全技术国家工程实验室和流程生产质量优化与控制国际联合研究中心 4 个国家级平台,建有教育部"信息与控制学科创新引智基地",是"工业过程的控制理论与总线技术及其应用研究"等多个国家基金创新群体的依托单位。

控制科学与工程为一级学科国家重点学科、"双一流"学科。

学院拥有控制科学与工程、网络空间安全(与兄弟学院共建)一级学科博士、硕士学位授予权,控制工程专业硕士学位授予权,设自动化 1 个本科专业。

现有教职工 131 人。其中,中国工程院院士 1 人,正高级职称人员 46 人(2017 年新增 1 人)、副高级职称人员 33 人(2017 年新增 1 人),博士研究生指导教师 52 人、硕士研究生指导教师 21 人。2017 年,引进国家"青年千人"(浙江大学"百人计划")1 人,获"全国五一巾帼奖章"1 人,入选浙江省 151

人才第三层次 2 人、宝钢优秀教师奖 1 人、浙江大学唐立新教学名师奖 1 人、浙江大学优质教学一等奖 1 人、浙江大学青年教师教学竞赛三等奖 1 人。

2017 年,学院招收博士研究生 43 人、硕士研究生 151 人(其中专业学位 80 人),2016 级本科生 135 人、2017 级本科生 134 人确认主修控制学院自动化专业;毕业博士研究生 33 人、硕士研究生 116 人、本科生 127 人。学院以"知行合一、学养兼修"为人才培养主旨,抓好本科生源质量工程,继续推进"课程—实践—竞赛"三元协同的机器人教学平台建设,构建能力培养核心主线,并总结教学经验,凝练教学成果,推进学校本科毕业设计改革试点工作。研究生教学方面,普博招生实行申请考核制,有效提升生源质量;启动学院资助 3 个月以上国际学术交流项目和高水平国际会议项目,研究生培养更加国际化;冬季起,博士学位论文全部由国家平台分配盲审,学院不再组织"预审",提高规范性和论文质量评价真实性,博士学位质量要求更高。本年度,浙江大学—菲尼克斯智能制造实验室落成并投入实验教学,被工信部授予 2017 年"中德智能制造教育合作示范项目"。控制学子获第 45 届瑞士日内瓦国际发明展特别嘉许金奖、第十五届"挑战杯"全国大学生课外学术科技作品竞赛特等奖、第三届浙江省"互联网+"大学生创新创业大赛金奖;在国际机器人设计大赛、美国大学生数学建模竞赛、国际空中机器人大赛、机器人世界杯比赛(RoboCup)中均获一等奖;获 2017 年度中国自动化学会(CAA)优秀博士学位论文奖和论文提名奖各 1 篇。

科研经费到款 8673 万元,军工经费比上年增加近 50%。新增科研项目 70 余项。

获批国家重大项目课题 1 项、国家优秀青年科学基金项目 1 项、国家联合基金项目 1 项，负责国家重点研发计划项目（课题）4 项、国防科技创新特区项目 1 项（首个千万级国防项目），1 项专利实施许可 80 万元。获教育部自然科学一等奖 1 项。入选 2017 年、2016 年中国高被引科学家榜单各 3 人，国家"万人计划"科技创新领军人才 1 人，浙江省"万人计划"科技创新领军人才 1 人，信息学部 2017 年度青年创新人才 2 人，2016 年度中国百篇最具影响国际学术论文 1 篇。

2017 年，学院师生出国出境交流共 272 人次，共有 97 位境外专家、学者来访开展学术交流，开展浙江大学"海外一流学科伙伴提升计划"、浙江大学"顶尖大学战略合作计划（剑桥）"，建立了良好的国际交流氛围和合作关系。举办浙江大学"海外名师大讲堂" 2 场、浙江大学"学术大师大讲堂" 2 场、国际著名学者浙江大学名誉教授聘任仪式 1 次。下半年启动的"控制学院科技创新论坛"共举办讲座 46 场。举办浙江大学控制学院校友大会暨"甲子风云 化自从容"主题论坛/"控制科学与工程"学科创建六十周年（1956—2016）庆典。

【"控制科学与工程"入选国家"双一流"学科】 9 月，该学科入选教育部、财政部、国家发展改革委印发的《关于公布世界一流大学和一流学科建设高校及建设学科名单的通知》（简称"双一流"名单），浙江大学共 18 个学科入选。12 月 28 日，该学科在教育部学位与研究生教育发展中心公布的全国第四轮学科评估结果中，与清华大学、哈尔滨工业大学并列获评"A＋"。全国参评的 162 所高校中，获评"A＋"的仅此 3 所。

该学科于 1988 年被确定为国家重点学科，2007 年被批准为一级学科国家重点学科，包含控制理论与控制工程、模式识别与智能系统、系统工程、检测技术与自动化装置、导航制导与控制 5 个二级学科，孙优贤院士为学术带头人。该学科以"创新科学思想、研发前沿技术、服务国家战略"为发展理念，以"人才引领、创新驱动、结构优化、协同发展、国际开放"为学科建设的基本策略，始终面向国民经济主战场、瞄准国际学术和技术前沿，坚持前沿基础研究与大规模工业应用相结合、理论发现与技术发明相结合、算法软件与装备硬件相结合、科学研究与人才培养相结合的学科建设模式，在工业控制领域积累了大量研究和技术成果，解决了一系列重大工程中关键科学技术问题，在自主可控的高端工业控制装备和系统及其产业化、高安全工业控制技术体系的研发与服务、国际国内标准的制定与发布等方面具有独特的优势，形成了"应用理论、技术方法、平台装备、国际标准"四大完整的科学研究体系。该学科形成了"基础研究—技术研发—工程应用—产业化"链条式学科发展模式，加强理论研究的同时重视技术创新，注重工程应用和产业化辐射，支撑和推动我国工业转型升级，服务社会经济发展，为我国控制领域的人才培养、技术创新和大规模辐射应用做出了重大贡献，形成了"顶天·立地"协同发展的学科特色。近 10 年获国家科技进步一等奖 1 项、二等奖 3 项、省部级一等奖 9 项。

【首次举办国际机器人设计大赛（IDC ROBOCON 2017）】 8 月 6 日至 19 日，学院举办第 28 届国际机器人设计大赛（IDC ROBOCON 2017），教授熊蓉任主席，副教授王酉和讲师朱秋国任执行主席，主题为"一带一路"。来自美国、日本、中国、新加坡、泰国等 8 国 12 所大学的 56 名学生交叉分组，

附表　2017 年度控制科学与工程学院基本情况

项目	数据	项目	数据
教职工总数/人	131	获国家级科技奖项目数/项	0
教授数/人	37	获国家级教学成果奖数/项	0
副教授数/人	25	授权发明专业数/项	82
具有博士学位的教师比例/%	87.5	SCI 入选论文数/篇	268
两院院士/人	1	EI 入选论文数/篇	238
国家"千人计划"入选数/人	3	MEDLINE 入选论文数/篇	0
"国家特支计划"入选数/人	1	出版专著/部	1
"长江学者"数/人	2	在校本科生数/人	390
省部级高等学校教学名师奖获得者/人	0	在学硕士研究生数/人	431
"973 计划"首席科学家数*/人	0	其中:专业学位研究生数/人	193
国家"百千万人才工程"入选数/人	5	在读博士研究生数/人	227
国家杰出青年基金获得者/人	2	在校攻读学位的外国留学生数/人	12
教育部新(跨)世纪优秀人才培养计划入选数/人	6	应届本科毕业生一次就业率/%	99.2
浙江省特级专家/人	2	应届本科毕业生考研录取(出国)率/%	87.2
浙江省"千人计划"入选者/人	2	应届毕业研究生一次就业率/%	99.3
浙江大学求是特聘教授数/人	2	科研总经费/万元	8673
一、二级学科国家重点学科数/个	1	其中:国家自然基金比重/%	16.3
国家重点(专业)实验室/个	1	纵向经费比重/%	62.9
国家工程(技术)研究中心/个	1	教师出国交流/人次	125
国家人才培养基地(含教学、教育基地)/个	0	学生出国交流/人次	145
国家精品资源共享课、视频公开课/门	0	举办国际学术会议数/次	4
社会捐赠经费总数/万元	83.3		

注:* 含重大科学研究计划、ITER 计划、青年科学家专题等。

两周内完成特定功能机器人的设计与制作。该大赛诞生于 1990 年,2011 年起浙江大学受邀参赛,2017 年首次由浙江大学举办(第二次在中国举办)。

【智能泄漏检测定位球获日内瓦发明展特别嘉许金奖及全国"挑战杯"特等奖】 3 月 29 日,由水质预警实验室教授侯迪波和研究生屠德展、朱乃富、王可心、王艺林、朱强组成的团队共同研发的"管道医生——智能泄漏检测定位球"项目获第 45 届日内瓦国际发明展特别嘉许金奖和发明金奖。11 月 22 日,该作品又获第十五届"挑战杯"全国大学生课外学术科技作品竞赛特等奖(大赛最高奖)。

该项目可实现对城市供水管网内部进行三维地图构建,并对漏损点进行准确检测与定位。系统融合声信号、压力信息、振动加速度等多传感器信息判断管内泄漏状况;采用惯导和 RFID 组合定位方式,进一步提高泄漏点定位的精确度;结合地理信息系统

(GIS)技术、数据库技术和三维建模技术，直观显示地下管线的空间层次和位置，形象展现地下管线的埋深、形状及走向。系统为解决城市管网漏损问题提供了新手段。

日内瓦国际发明展创办于1973年，由世界知识产权组织、瑞士联邦政府等共同举办，是世界上历史最悠久、规模最大的发明展之一。

（王　婧撰稿　丁立仲审稿）

计算机科学与技术学院

【概况】 计算机科学与技术学院（简称计算机学院）由计算机科学与工程学系、数字媒体与网络技术系、工业设计系、软件工程系（与软件学院共建）、信息安全系5个系组成。设有人工智能、计算机软件、计算机系统结构与网络安全、现代工业设计4个研究所和计算机基础教学和继续教育、计算机应用工程2个中心，拥有计算机辅助设计与图形学（CAD&CG）国家重点实验室、国家列车智能化工程技术研究中心2个国家重点实验室/工程技术研究中心，以及视觉感知教育部－微软重点实验室、计算机辅助产品创新设计教育部工程研究中心等6个省部级重点实验室、工程技术研究中心。

计算机应用技术是国家重点学科，计算机软件与理论是国家重点（培育）学科，计算机科学与技术、软件工程、设计学3个学科是浙江省一流学科。计算机科学与技术、软件工程、网络空间安全一级学科拥有博士点和博士后流动站。

2017年，学院招收博士生81人、硕士生347人，另在工程师学院计算机技术领域招收硕士研究生46人，2016级本科生368人、2017级本科生356人确认主修专业到学院学习。毕业博士研究生67人、硕士研究生296人、本科生405人（含留学生9人）。

学院现有教职工223人，其中具有正高职称人员70人，副高职称人员93人，博士生指导教师88人（含兼职博导5人），硕士生指导教师161人。2017年学院新增中国科学院院士1人、国家"万人计划"科技创新领军人才2人、长江特聘教授1人、国家千人计划入选者4人（创新人才长期项目1人、青年千人计划3人）、浙大"百人计划"入选者2人。学院在站博士后研究人员共有37人，其中学科博士后23人。

2017年，学院科研经费到款共计18097.25万元，其中横向项目经费8643.31万元、纵向项目经费7314.04万元、军工项目经费2139.9万元。新增千万级项目10项。国家自然科学基金批准项目19项，其中国家基金重点项目2项、国际联合项目1项、面上项目13项、青年科学基金项目3项。获授权发明专利148项。高水平论文质量提升明显，影响因子在2.0以上且浙大是第一作者的高水平论文达73篇，高水平会议论文30余篇，尹建伟教授团队的科研论文在ICSOC（国际服务计算大会）2017上发表，并获唯一最佳论文奖。翁恺老师的"程序设计入门——C语言"和陈越、何钦铭老师的"数据结构"2门课程在爱课程（中国大学MOOC）平台上被认定为2017年国家精品在线开放课程。

2017年，学院"计算机科学与技术"和"软件工程"双双入选国家"双一流"建设学科名单。在教育部学位与研究生教育发展中心公布的第四轮学科评估中，计算机学院

附表　2017 年度计算机科学与技术学院基本情况

项目	数据	项目	数据
教职工总数/人	223	获国家级科技奖项目数/项	0
教授数/人	60	获国家级教学成果奖数/项	0
副教授数/人	75	授权发明专业数/项	140
具有博士学位的教师比例/%	77.22	SCI 入选论文数/篇	148
两院院士/人	4	EI 入选论文数/篇	238
国家"千人计划"入选数/人	10	MEDLINE 入选论文数/篇	0
"国家特支计划"入选数/人	7	出版专著/部	1
"长江学者"数/人	5	在校本科生数/人	1221
省部级高等学校教学名师奖获得者/人	0	在学硕士研究生数/人	987
"973 计划"首席科学家数[*]/人	3	其中:专业学位研究生数/人	418
国家"百千万人才工程"入选数/人	3	在读博士研究生数/人	460
国家杰出青年基金获得者/人	6	其中:专业学位研究生数/人	6
教育部新(跨)世纪优秀人才培养计划入选数/人	13	在校攻读学位的外国留学生数/人	19
浙江省特级专家/人	3	应届本科毕业生一次就业率/%	99.19
浙江省"千人计划"入选者/人	6	应届本科毕业生考研录取(出国)率/%	57.03
浙江大学求是特聘教授数/人	3	应届毕业研究生一次就业率/%	100
一、二级学科国家重点学科数/个	1	科研总经费/万元	18097
国家重点(专业)实验室/个	1	其中:国家自然基金比重/%	7.1
国家工程(技术)研究中心/个	1	纵向经费比重/%	51
国家人才培养基地(含教学、教育基地)/个	2	教师出国交流/人次	149
国家精品资源共享课、视频公开课/门	6	学生出国交流/人次	185
社会捐赠经费总数/万元	2534	举办国际学术会议数/次	0

注:[*]含重大科学研究计划、ITER 计划、青年科学家专题等。

3 个参评学科的评估获得佳绩,分别是计算机科学与技术 A+、软件工程 A+、设计学 A-。据《基本科学指标》数据库(ESI)2017 年 11 月数据统计,本学科 ESI 学科排名进入世界前 1‰,列全球第 30 位,位居全国高校第 3。

2017 年,学院开设了 23 个学生国际交流项目,派出 61 名本科生(不含校级交流生)和 23 名求是科学班学生赴国外参加顶级学术会议、课程学习和科研训练。"2+2"

本科双学位项目招收中方学生 19 人和加方学生 7 人,毕业学生 20 人。招收外国留学生 8 人攻读博士学位,4 人攻读硕士学位。开设了 12 门全英文专业课程,8 门课程入选"海外教师主导原味课程建设项目"。新聘任 2 位名誉教授,分别为美国工程院院士、美国德州大学奥斯汀分校 Yale Patt 教授和美国工程院院士、微软全球执行副总裁沈向洋先生。共举办 9 场大型国际学术交流活动,包括 2 场"与图灵奖得主面对面",3

场"学术大师大讲堂"和 4 场"对话世界名企领袖"。

【获 ICSOC 2017 国际会议最佳论文奖】
2017 年 11 月 16 日,尹建伟教授团队论文 Revenue-Driven Service Provisioning for Resource Sharing in Mobile Cloud Computing(移动云服务计算中的收益驱动的服务调度与资源共享)在 ICSOC(国际服务计算大会)2017 上发表,并获唯一最佳论文奖。ICSOC 是服务计算领域国际顶级会议。这是中国大陆学者首次以第一作者身份获得该会议的最佳论文奖。该论文针对在服务请求数量过多、移动设备不能满足所有服务请求时的服务请求选择问题,提出了一种面向移动设备收益驱动的服务请求选择与调度方法。

【两名外籍院士受聘浙江大学名誉教授】
美国德州大学奥斯汀分校 Yale Patt 院士和微软全球执行副总裁沈向洋院士分别于 2017 年 5 月 22 日和 2017 年 12 月 5 日受聘浙江大学名誉教授。Yale Patt 教授是美国工程院院士、美国电气电子工程协会会士(IEEE Fellow)和国际计算机协会会士(ACM Fellow),现任德州大学奥斯汀分校电子与计算机工程学院教授,被称为美国计算机界的卓越泰斗,在美国乃至世界计算机体系结构领域有着广泛的影响力。沈向洋博士是计算机视觉和图形学研究世界级专家、美国工程院院士、美国电气电子工程协会会士(IEEE Fellow)和国际计算机协会会士(ACM Fellow),毕业于美国卡内基梅隆大学计算机学院机器人专业,师从图灵奖获得者 Raj Reddy 教授,现任微软全球执行副总裁,曾任微软亚洲研究院院长兼首席科学家,是微软亚洲研究院的创始人之一。

（胡高权撰稿　彭列平审稿）

软件学院

【概况】 软件学院软件工程硕士专业下设移动互联网与软件开发技术、物联网开发技术、金融信息技术、信息产品设计、大数据技术、软件项目管理等专业方向。2017 年招收软件工程专业学位研究生 349 人,其中全日制研究生 237 人、非全日制研究生 112 人;在校研究生 1060 人(全日制 480 人,非全日制 112 人,单证 468 人);毕业研究生 409 人,其中双证 205 人、单证 204 人;研究生就业率为 100%,其中进入世界 500 强和重点单位就业的毕业生比例达 71.29%,赴西部就业 5 人。

学院联合深圳达飞金融控股有限公司、宁波柯力传感科技股份有限公司、北京百分点信息科技有限公司共建"浙江大学软件学院—达飞技术中心""宁波市工业物联网软件产业园""工业大数据及应用联合实验室"。这些研发中心、产业园和实验室的成立,将充分发挥学院的学科、技术、人才及企业行业优势,促进合作方在互联网金融风控、工业物联网软件、工业大数据及智能制造等领域开展深入合作,推动宁波传统制造业向智能制造转型升级,助推宁波市"中国制造 2025"示范城市建设。

【IBM 创新训练营开营】 9 月 23—24 日,IBM 创新训练营开营第一站在软件学院举行。本次创新训练营,吸引了 100 名研究生参加。在本次活动中,同学们学习了敏捷开发方法、IBM BlueMix 云平台及服务、IBM 设计思维等课程,并在 IBM 工程师的指导下通过构建用户画像,确定需求陈述,绘画现状图,找到用户的痛点,再使用故事板方式来讲述以用户为中心的故事,使团队明确真正要做什么样的产品,从而学习体验产品开发全过程。

【承办宁波"五位一体"校区(筹)首届研究生运动会并在学校运动会上取得佳绩】 11月8日,学院承办的宁波"五位一体"校区(筹)(简称校区)首届研究生运动会在软件学院田径场成功举行,运动会旨在加强校区各学院研究生之间的沟通与交流,推动研究生发展命运共同体的构建,促进校区文化建设。本届运动会吸引来自软件学院代表队、工程师学院宁波分院代表队、浙江大学宁波理工学院联合培养代表队共13支运动员队伍参赛,全面展现出校区各学院研究生师生蓬勃向上的精神面貌,对于培养新生的集体意识、团结协作能力、营造良好的文化体育氛围、丰富师生们的课余文化生活等方面起到了积极的推动作用,增进了校区各学院、研究生间的学习和交流。在本届运动会上选拔出来的孟德佳同学,作为学院参赛代表之一参加了学校2017年运动会,获研究生组男子200米、男子400米冠军,为学院摘下了两块金牌,充分展现了软件学院学子风采。

【获CSC-IBM中国优秀教师奖教金】 11月,2017年度CSC-IBM(国家留学基金管理委员会—国际商用机器公司)中国优秀教师奖教金评审结果揭晓,软件学院对外交流与合作办公室主任柳栋桢获此殊荣。2009年以来,柳栋桢参与浙江大学与IBM合作项目,在双方产学研合作中做了大量的组织协调工作,做出了重要贡献。柳老师全程参与了学院与IBM(中国)开发中心合作共建"软件与服务工程系"的全过程,并担任首届"软件与服务工程"研究方向的德育导师,还参

与组织安排IBM大师讲坛、IBM OPEN DAY和"IBM浙大日"等活动,让学生亲身感受IBM公司的前沿技术和企业文化;并参与组织学院师生团队与IBM(宁波)开发中心团队合作承担大数据前沿课题项目"基于社交网络的采购欺诈检测系统"。经过多年努力,学院与IBM(中国)开发中心的合作办学项目已经成为产学研合作的典范,并为IBM公司落户宁波提供了人才保障。

该奖教金是国家留学基金管理委员会(简称CSC)与国际商用机器公司(简称IBM)联合实施的高校合作项目,每年评选一次,旨在奖励在课程建设、认证培训、研究开发、学术出版、参与活动等方面有突出成绩的教师。2017年全国仅有8位高校教师获得该项荣誉。

(方红光撰稿 许亚洲审稿)

生物医学工程与仪器科学学院

【概况】 生物医学工程与仪器科学学院(简称生仪学院)设生物医学工程学系和仪器科学与工程学系,生物医学工程研究所、数字技术及仪器研究所、医疗健康信息工程技术研究所;建有浙江大学生物传感器技术国家专业实验室、浙江大学生物医学工程教育部重点实验室、浙江省心脑血管检测技术与药效评价重点实验室、浙江大学浙江省网络多媒体技术研究重点实验室、浙江大学嵌入式系统教育部工程研究中心、浙江大学生物医学工程技术评估研究中心、浙江大学临床医学工程研究中心;联合建立的实验机构有浙

项目	数据	项目	数据
教职工总数/人	93	获国家级科技奖项目数/项	1
教授数/人	18	获国家级教学成果奖数/项	0
副教授数/人	20	授权发明专业数/项	26
具有博士学位的教师比例/%	97.67	SCI 入选论文数/篇	64
两院院士/人	0	EI 入选论文数/篇	38
国家"千人计划"入选数/人	3	SSCI 入选论文数/篇	8
"国家特支计划"入选数/人	0	MEDLINE 入选论文数/篇	0
"长江学者"数/人	0	出版专著/部	0
省部级高等学校教学名师奖获得者/人	0	在校本科生数/人	435
"973 计划"首席科学家数*/人	0	在学硕士研究生数/人	291
国家"百千万人才工程"入选数/人	0	其中:专业学位研究生数/人	101
国家杰出青年基金获得者/人	1	在读博士研究生数/人	207
教育部新(跨)世纪优秀人才培养计划入选数/人	2	其中:专业学位研究生数/人	2
浙江省特级专家/人	1	在校攻读学位的外国留学生数/人	11
浙江省"千人计划"入选者/人	1	应届本科毕业生一次就业率/%	95.79
浙江大学求是特聘教授数/人	2	应届本科毕业生考研录取(出国)率/%	47.37
一、二级学科国家重点学科数/个	1	应届毕业研究生一次就业率/%	100
国家重点(专业)实验室/个	1	科研总经费/万元	8878.10
国家工程(技术)研究中心/个	2	其中:国家自然基金比重/%	7.8
国家人才培养基地(含教学、教育基地)/个	0	纵向经费比重/%	26.5
国家精品资源共享课、视频公开课/门	0	教师出国交流/人次	42
社会捐赠经费总数/万元	270	学生出国交流/人次	63
		举办国际学术会议数/次	0

注:*含重大科学研究计划、ITER 计划、青年科学家专题等。

江大学泰克公司高速系统测试联合实验室、浙江大学美国 TILERA 公司高性能嵌入式计算联合研发中心、浙江大学华为 3COM 网络多媒体系统联合实验室、浙江大学 ANALOG DEVICES 公司 DSP 联合实验室、浙江大学美国德州仪器模拟器件应用研究中心。

学院拥有生物医学工程一级学科国家重点学科,建有生物医学工程博士后流动站和仪器科学与技术博士后流动站,设有生物医学工程一级学科博士学位授权点和硕士学位授权点、自主设置电子信息技术及仪器二级学科硕士学位授权点。

2017 年,招收博士研究生 45 人、硕士研究生 103 人,2016 级本科生 116 人、2017 级本科生 131 人确认进入学院主修专业继续学习,毕业博士研究生 22 人、毕业硕士研究生 87 人、毕业本科生 127 人。2017 届毕业研究生一次就业率为 100%,本科生一次就业率为 95.49%,本科生深造率为

47.37%。1名研究生获浙江大学"求是之星"荣誉称号、1名研究生获第八届浙江大学十佳大学生荣誉称号、1名研究生获竺可桢奖学金。

现有教职工 93 人。其中，正高级职称人员 22 人、副高级职称人员 25 人、博士研究生指导教师 28 人、硕士研究生指导教师 45 人。学院博士后流动站博士后在站人员 26 人（其中委培 6 人、企业博士后 4 人）。

科研总经费 8878.10 万元，新增千万级科研项目 3 项，立项各类基金项目 11 项（包括国家自然科学基金 8 项、国家社科基金、浙江省自然科学基金等），其他纵向科研项目 25 项，军工项目 31 项。2017 年，被 SCI、EI 等国际三大检索系统收录论文 73 篇，授权各类专利等知识产权 26 项，获国家技术发明二等奖 2 项。

学院重视国际交流与合作，2017 年学院教师出境交流访问人次为 42，研究生本科生出境学习交流 63 人次，接待来访国外及港澳台学者约 30 人次。关于与新加坡国立大学（NUS）合作的本科生交流项目，2017 年暑期继续以双方本科生互访的形式进行，并开展了《生物医学工程实践》课程教学；关于与澳大利亚西澳大学（UWA）合作的学生交流计划，2017 年暑期西澳大学派出 3 位教师（非亚裔）来浙江大学为本科生进行了为期一周的 SRTP 指导，随后学院 15 名学生赴西澳大学进行了为期三周的科研实践训练。

【获国家技术发明二等奖】 陈耀武教授团队领衔研究的超高速喷印技术获 2017 年度国家技术发明二等奖，该项目针对长期困扰超高速数码喷印的技术瓶颈，在国家 863 项目和国家科技支撑计划项目的支持下，发明了基于众核处理器的超大流量喷印数据实时并行处理引擎等若干核心关键技术，开发了具有自主知识产权的超高速数码印花机。

【新设学生奖学金】 2017 年 7 月，新海科技集团有限公司董事长捐赠 160 万元人民币，用于设立"生仪学院新海教育发展基金"，资助学院优秀大学生创新创业项目。2017 年 11 月 15 日，上海金欧莱企业管理有限公司捐赠 75 万元人民币，用于鼓励优秀的学生。

【全国大学生电子设计竞赛一等奖】 2017 年 8 月，全国大学生电子设计竞赛在陕西西安举行，由沈义民、马永昌老师指导，陈乾豪、刘培东、邹卓阳等学生组队参赛的"基于可见光的室内定位装置"项目获得全国本科组一等奖。该装置通过检测三个固定位置的可见光源实现空间位置定位。

（钱鸣奇撰稿　王春波审稿）

医学院

【概况】 医学院下设基础医学系、公共卫生系、临床医学一系、临床医学二系、临床医学三系、口腔医学系、护理学系 7 个系和附属第一医院、第二医院、邵逸夫医院、妇产科医院、儿童医院、口腔医院、第四医院 7 家附属医院。浙江大学医学中心（筹）、浙江大学转化医学研究院和浙江大学遗传学研究所归口医学院管理，浙江大学实验动物中心、浙江大学冷冻电镜中心依托医学院运行管理。杭州市第七人民医院为医学院精神卫生中心，参照附属医院进行管理。医学院是中国医学科学院浙江分院所在地。

学院建有国家感染性疾病诊治协同创新中心、传染病诊治国家重点实验室，拥有恶性肿瘤预警与干预教育部重点实验室、生殖遗传教育部重点实验室、卫计委传染病学重点实验室、卫计委多器官联合移植研究重点实验室、卫计委医学神经生物学重点实验室、国家药品监督管理局药品评价中心浙江呼吸药物研究重点实验室等；拥有浙江省呼吸疾病诊治及研究重点实验室（2017 年新增）、生殖障碍诊治研究重点实验室（2017 年新增）等 24 家浙江省重点实验室，微生物制药浙江省工程实验室、医学人工智能浙江省工程实验室（2017 年新增）、干细胞与细胞免疫治疗浙江省工程实验室（2017 年新增）、3 家浙江省工程实验室；建有科技部国际科技合作基地 2 个（2017 年新增出生缺陷诊治国际科技合作基地）、教育部工程研究中心 1 个、高等学校学科创新引智基地 1 个、浙江省国际科技合作基地 3 个、浙江省工程技术研究中心 1 个；建有传染病、肿瘤等 28 个校级研究所；拥有国家理科基础科学研究和教学人才培养基地、国家级虚拟仿真实验教学中心。

拥有内科学（传染病）、外科学（普外）、肿瘤学、儿科学 4 个二级学科国家重点学科，病理学与病理生理学、眼科学、妇产科学 3 个国家重点（培育）学科；基础医学为国家"双一流"建设学科，以及临床医学、基础医学、口腔医学 3 个浙江省一流学科。

建有基础医学、临床医学、口腔医学、公共卫生与预防医学 4 个博士后流动站。拥有基础医学、临床医学、口腔医学、公共卫生与预防医学、护理学 5 个一级学科博士学位授予权，和兄弟学院共建生物学、药学、公共管理 3 个一级学科博士学位授权点，建有人体解剖与组织胚胎学、内科学等 44 个二级学科博士学位授权点。设有临床医学专业（8 年制、"5＋3"一体化培养、7 年制、5 年制）、口腔医学专业（"5＋3"一体化培养、7 年制）、预防医学专业（5 年制）、生物医学专业（"3＋1"培养、4 年制）、本科临床医学（留学生）MBBS 项目（6 年制）。

2017 年，招收本科生 510 人，其中临床医学 8 年制（本博连读）57 人、"5＋3"一体化培养 229 人、浙江大学—爱丁堡大学联合学院（ZJU-UoE）65 人。招收临床医学（留学生）MBBS 94 人。2017 级本科生 394 人确认主修医学类专业。录取研究生 989 人，其中博士研究生 345 人、硕士研究生 644 人。毕业博士研究生 297 人、硕士研究生 463 人、本科生 279 人。

现有教职工 720 人，另有附属医院职工 16424 人。其中，中国科学院院士 1 人，工程院院士 3 人，具有正高级职称人员 290 人，副高级职称人员 138 人，博士研究生导师 447 人（2017 年新增 31 人）、硕士研究生导师 556 人（2017 年新增 56 人）。2017 年新增国家"千人计划"创新人才项目入选者 1 人、青年千人计划入选者 13 人。

到位科研总经费为 4.5079 亿元，较 2016 年增长 2.5％，在研国家级科研项目 786 项，经费 3.1233 亿元，较 2016 年增长 1.26％。获批国家自然科学基金项目 299 项，其中重大项目首席 1 项、重大项目课题 3 项、重点项目 3 项、重大研究计划战略研究项目 1 项、重大研究计划重点支持项目 1 项、重点国际（地区）合作研究项目 1 项、组织间国际（地区）合作研究项目 3 项、创新研究群体项目 1 项、杰出青年基金 1 项、优秀青年科学基金项目 5 项，批准直接经费 1.5751 亿元，批准项目数和经费数继续保持全校第一。获批国家科技重大专项 6 项，国家重点研发计划项目 6 项；获批浙江省重点研发计划项目 20 项，浙江省基础公益研究计划项目 232 项。获 2017 年度国家科学技术进步奖特等奖 1 项，高等学校科学研究优秀成果奖一等奖 1 项、二等奖 1 项；获浙江省自然科学奖一等奖 2 项，浙江省科学技术进步奖一等奖 3 项；2016 年度，授权发明专利 45 项，被 SCI 收录论文 1671 篇。

全院师生出国出境交流共 1425 人次，接待国外访问团组 110 批 218 人次；聘请名誉及客座教授 6 人，聘请短期外国专家 36 人；举办国际会议 5 场，举办海外名师大讲堂 4 场。与美国加州大学洛杉矶分校、加拿大多伦多大学等 10 多所世界一流高校医学院开展全方位、多层次的合作，与美国耶鲁大学签订合作意向书，与美国匹兹堡大学续签校际合作协议，与澳大利亚西澳大学签订医学双学士学位项目协议书。

12 月，浙江大学医学中心（筹）所属的医学研究中心一期工程和医疗中心（浙江大学医学院附属第一医院余杭院区）完成主体结构结顶。

7 家附属医院共有开放床位 12000 张，2017 年门诊、急诊人数达 1755.10 万人次，住院治疗人数 62.81 万人次，医院业务总收入 182 亿元，比 2016 年增长 16.32％。2017 年度浙江大学医德医风奖评选揭晓，附属邵逸夫医院姚玉峰获"浙江大学好医生特别奖"；附属第二医院刘进、附属妇产科医院吴明远、附属第一医院沈岩、附属口腔医院陈晖、附属第四医院夏淑东获"浙江大学好医生奖"；附属妇产科医院冯素文、附属邵逸夫医院朱陈萍、附属第二医院汪四花、附属第一医院金爱云、附属儿童医院徐红贞获"浙江大学好护士奖"。

全面贯彻落实中共浙江省委、省政府"双下沉、两提升"工作部署，以 7 家附属医院之合力，共同构建浙大特色的"双下沉"模式，切实推动优质医疗资源辐射共享。4 月 20 日，浙江大学与衢州市签署工作框架协议，共建高水平医疗联合体，构建"五纵、五横"医联体模式。6 月 30 日，浙江大学与舟山市人民政府签订医学合作协议，舟山医院挂牌"浙江大学舟山医院"，成为第七家市校合作医院。9 月 5 日，浙江大学与义乌市人民政府签署协议，共建浙江大学医学院附属第四医院医疗联合体。

【获 2017 年度国家科学技术进步奖特等奖】由浙江大学传染病诊治国家重点实验室、感染性疾病诊治协同创新中心李兰娟院士领衔，联合中国疾病预防控制中心、汕头大学、香港大学、复旦大学等 11 家单位共同完成的"以防控人感染 H7N9 禽流感为代表的新发传染病防治体系重大创新和技术突破"项目获得该奖。此项目取得 6 项重大创新和技术突破，创建了新发突发传染病防治的"中国方案"和"中国技术"，成功控制了人感染 H7N9 禽流感，避免了类似 SARS 的悲剧重演，有效阻击了 MERS、寨卡等传染病的输入传播，成功援助非洲控制埃博拉疫情。该奖是自奖项设立以来，我国医药卫生行业和高等教育领域的"零的突破"。

【学科建设成绩斐然】 9 月 20 日，教育部、财政部、国家发展和改革委员会《关于公布世界一流大学和一流学科建设高校及建设学科名单的通知》（教研函〔2017〕2 号），基础医学纳入国家"双一流"建设学科，成为浙江大学入选"双一流"建设的 18 个学科之一。12 月 28 日，教育部学位与研究生教育发展中心公布全国第四轮学科评估结果，在一级学科中，临床医学评为 A＋，基础医学评为 A－，分别成为浙江大学 11 个 A＋学科、17 个 A－学科之一。

浙江大学年鉴

附表　2017 年度医学院基本情况

项目	数据	项目	数据
教职工总数/人★	720	获国家级科技奖项目数/项	1
教授数/人	191	获国家级教学成果奖数/项	0
副教授数/人	90	授权发明专业数/项	45
具有博士学位的教师比例/%	96.9	SCI 入选论文数/篇	1671
两院院士/人	4	EI 入选论文数/篇	132
国家"千人计划"入选数/人	44	MEDLINE 入选论文数/篇	未统计
"国家特支计划"入选数/人	9	出版专著/部	4
"长江学者"数/人	17	在校本科生数/人	2288
省部级高等学校教学名师奖获得者/人	4	在学硕士研究生数/人	1723
"973 计划"首席科学家数*/人	9	其中:专业学位研究生数/人	810
国家"百千万人才工程"入选数/人	5	在读博士研究生数/人	1515
国家杰出青年基金获得者/人	13	其中:专业学位研究生数/人	393
教育部新(跨)世纪优秀人才培养计划入选数/人	0	在校攻读学位的外国留学生数/人	607
浙江省特级专家/人	6	应届本科毕业生一次就业率/%	90.29
浙江省"千人计划"入选者/人	41	应届本科毕业生考研录取(出国)率/%	71.48
浙江大学求是特聘教授数/人	48	应届毕业研究生一次就业率/%	96.29
一、二级学科国家重点学科数/个	4	科研总经费/万元	45079
国家重点(专业)实验室/个	1	其中:国家自然基金比重/%	32.90
国家工程(技术)研究中心/个	0	纵向经费比重/%	85.16
国家人才培养基地(含教学、教育基地)/个	1	教师出国交流/人次	1069
国家精品资源共享课、视频公开课/门	6	学生出国交流/人次	356
社会捐赠经费总数/万元	48627	举办国际学术会议数/次	5

注:★不含附属医院职工数。

　*含重大科学研究计划、ITER 计划、青年科学家专题等。

【姚玉峰获白求恩奖章】 8 月 17 日,医学院教授、博士生导师、附属邵逸夫医院眼科主任姚玉峰获得该奖。姚玉峰于 20 多年前学成后毅然归国,投身眼科角膜病诊治技术的创新性研究,先后开发多项角膜病诊治新技术。尤其是由其独创的被国际眼科界命名的"姚氏法角膜移植术",解决了被称为"世纪难题"的排斥反应,美国眼科科学院快讯称之"该领域治疗方法的一个突破",并被编入美国医学教科书。他无偿出让该技术专利,大范围在国内应用,并推广至美国、日本、印度、欧洲等地。姚玉峰先后诊治约 30 万例眼科患者,近 3 万人术后重见光明。他积极开展角膜移植技术培训与推广,推动学科发展,率先建立与国际接轨的眼库,惠及更多患者。姚玉峰先后获白求恩奖章、全国道德模范、白求恩式好医生、浙江省道德模范等多项荣誉。

6月3日，《光明日报》发表人物通讯《攀登世界角膜移植高峰——记浙大邵逸夫医院眼科主任姚玉峰》；6月3日—4日，中央电视台新闻联播连续以"家国栋梁"为主题报道姚玉峰的先进事迹。姚玉峰身上体现出当代知识分子的忠诚与担当、拼搏与奉献，医者仁心与家国情怀，具有时代意义，引发学习热潮。

【免疫学领域新成果在《细胞》(Cell)发表】
7月27日（美国东部时间），国际顶尖期刊《细胞》(Cell)在线发表了曹雪涛院士团队免疫学领域新成果——"甲基转移酶SETD2介导的STAT1甲基化促进了干扰素抗病毒效果"。研究组通过高通量RNA干扰筛选，发现甲基转移酶SETD2分子能够直接放大干扰素的"信号"，它直接催化干扰素下游信号蛋白分子STAT1的甲基化，调动更多的细胞参与抗病毒反应，促进机体的抗病毒免疫功能。该发现为机体抗病毒免疫的效应机制提出了新观点，也为有效防治病毒感染性疾病提供了新思路和潜在药物研发靶标。该论著第一作者为医学院博士生陈坤。

【获国家自然科学杰出青年基金】 10月12日，田梅教授的"分子影像与核医学"项目获该项资助。田梅长期从事重大疾病的医学影像精准诊治工作，围绕脑功能与认知相关脑疾病分子水平在体时空动态可视化的关键科学问题，建立了脑功能与认知相关脑疾病的核医学分子影像新方法，揭示了脑疾病与脑功能的相关时空动态变化规律，拓展了在癫痫、认知障碍、神经疾病表观遗传、脑机融合等前沿领域创新应用，并创新研发了新型分子影像探针，形成了独具特色的研究体系。

（施杭珏撰稿　李晓明审稿）

药学院

【概况】 药学院由药学系、中药科学与工程学系组成，设有药学实验教学中心、药物安全评价研究中心和药物发现与设计研究所、药物代谢和药物分析研究所等6个研究所；建有药物制剂技术国家地方联合工程实验室、中—印尼生物技术国家联合实验室、浙江省抗肿瘤药物临床前研究重点实验室、浙江省药物制剂工程实验室、全军特种损伤防治药物重点实验室、食品药品安全浙江省国际科技合作基地以及浙江省小分子药物研发关键技术科技创新团队。

药学入选"双一流"建设学科和浙江省一流学科，药物分析学为国家重点（培育）学科，中药分析学、生药学（协建）为国家中医药重点学科。学院拥有"药物分析学"1门国家精品课程和"药物分析学"1门网络教育国家精品课程、"药物分析学""药理学"2门浙江省精品课程，以及药学浙江省教学示范实验中心。

学院设有药学一级学科博士后科研流动站、药学一级学科博士学位授予权和硕士学位授予权、中药学一级学科硕士学位授予权、药学专业硕士学位授予权，以及药学、药物制剂、中药学3个本科专业。

招收硕士研究生101人、博士研究生51人、博士留学生7人、本科生138人；本科生毕业82人、结业4人、延长学制14人；毕业硕士研究生57人、博士研究生33人。

现有教职工189人，其中正高级职称人员37人、副高级职称人员38人；有博士研究生指导教师46人、硕士研究生指导教师

浙江大学年鉴

项目	数据	项目	数据
教职工总数/人	189	获国家级科技奖项目数/项	0
教授数/人	28	获国家级教学成果奖数/项	0
副教授数/人	32	授权发明专利数/项	22
具有博士学位的教师比例/%	95	SCI 入选论文数/篇	137
两院院士/人	0	EI 入选论文数/篇	25
国家"千人计划"入选数/人	3	MEDLINE 入选论文数/篇	—
"国家特支计划"入选数/人	0	出版专著/部	0
"长江学者"数/人	1	在校本科生数/人	464
省部级高等学校教学名师奖获得者/人	0	在学硕士研究生数/人	234
"973 计划"首席科学家数*/人	0	其中:学业学位研究生数/人	107
国家"百千万人才工程"入选数/人	2	在读博士研究生数/人	213
国家杰出青年基金获得者/人	3	其中:学业学位研究生数/人	0
教育部新(跨)世纪优秀人才培养计划入选数/人	5	在校攻读学位的外国留学生数/人	26
浙江省特级专家/人	0	应届本科毕业生一次就业率/%	100
浙江省"千人计划"入选者/人	2	应届本科毕业生考研录取(出国)率/%	62.3
浙江大学求是特聘教授数/人	5	应届毕业研究生一次就业率/%	100
一、二级学科国家重点学科数/个	0	科研总经费/万元	11971
国家重点(专业)实验室/个	2	其中:国家自然基金比重/%	16.8
国家工程(技术)研究中心/个	0	纵向经费比重/%	40.9
国家人才培养基地(含教学、教育基地)/个	0	教师出国交流/人次	58
国家精品资源共享课、视频公开课/门	2	学生出国交流/人次	87
社会捐赠经费总数/万元	290	举办国际学术会议数/次	2

注:* 含重大科学研究计划、ITER 计划、青年科学家专题等。

68 人。引进国家青年千人 2 人,入选国家百千万人才工程 1 人、国家优青 1 人、浙江省千人长期项目 1 人。

全院教师发表教改论文 2 篇,主参编教材 3 部;获浙江省第五届师德先进个人 1 人、浙江大学优质教学二等奖 2 人、浙江大学青年教师教学竞赛二、三等奖各 1 人;获批 3 项校级教改项目、1 项教育部产学合作项目子课题。

到位科研经费总额 11971 万元,其中纵向 4896 万元,占 41%;获国家自然科学基金 30 项,包括重点项目 2 项和优青 1 项,平均批准率 37.5%,资助总额 2010.9 万元;获国家重点研发计划重点专项 1 项,政府间国际科技合作专项 1 项、国家重大专项"重大新药创制"单项 400 万元以上子课题 4 项。

获得捐赠王长根基金 100 万元、光华科技基金 30 万元、方瑞英基金 130 万元、120 周年校庆基金 30 万元。

全年,共有英国伦敦国王学院、美国南卡罗来纳大学、法国格勒诺布尔大学、澳大利亚西澳大学、新西兰奥克兰大学、新加坡国立大学、印度尼西亚科技评估与应用局(BPPT)和日本的岐阜药科大学、大阪大学、静冈县立大学等10余个代表团来访；接收澳大利亚西澳大学、法国格勒诺布尔大学、日本大阪大学等院校来院实习学生19人；学院组团访问了岐阜药科大学、大阪大学和澳大利亚悉尼大学；本科生海外交流比例达69.5%，共有57人参加了7个国际交流项目，其中赴美国南卡大学毕业实习项目受到国家留学基金委好评："药学院项目学生的实习记录翔实可信，值得推广"。

【学科排名继续进阶】 9月，药学入选国家"双一流"建设学科；11月发布的基本科学指标数据库(ESI)排名中，药理毒理学科总引用数列第77位，比上年再升2位，为国内高校第三；12月，药学在全国第四轮学科评估中被评为"A"级学科，并列国内高校第三位，比上轮的第七位明显提升。

【通过本科药学专业认证】 10月25—27日，由教育部高等学校药学类专业教学指导委员会和中国药学会共同组成的认证专家组对药学院药学专业本科教学情况进行了现场考察，考察从专业培养目标与要求、课程体系、师资队伍建设、学生发展、支撑条件、质量保证与改进六大方面进行。专家组对药学专业建设成效给予了高度评价，学院以6个"A"的优异成绩在985高校中率先通过了药学专业认证。

【获批国家级重点实验室】 11月27日，学院牵头与印尼技术评估与应用署(BPPT)共建国家级"中—印尼生物技术国家联合实验室"，成为学院第二个国家级重点实验室，这是学院积极对接国家"一带一路"倡议所取得的重大成果。

（刘　伟撰稿　胡富强审稿）

生命科学学院

【概况】 生命科学学院(简称生科学院)现有生物科学、生物技术、生物信息和生态学4个系，植物生物学、微生物、生物化学、细胞与发育生物学、生态、遗传与再生生物学6个校级研究所；建有植物生理学与生物化学国家重点实验室(浙江大学)、国家濒危野生动植物种质基因保护中心、教育部濒危动植物保护生物学重点实验室、浙江省细胞与基因工程重点实验室等国家与省部级重点实验室。

学院拥有生态学、植物学、生物物理学3个二级学科国家重点学科，遗传学、微生物学2个浙江省一流学科。

学院建有生物学、生态学博士后流动站；拥有生物学、生态学2个一级学科博士学位授予权，涵盖12个二级博士学位授予权和13个二级硕士学位授予权；设有生物科学、生物技术、生物信息学和生态学4个本科专业。

2017年，招收硕士研究生109人、博士研究生90人，共有2016级本科生106人、2017级本科生104人确认主修专业进入学院学习，毕业本科生76人、硕士研究生68人、博士研究生56人。

现有教职工118人，其中正高级职称人员44人(2017年新晋升2人)、副高级职称人员39人，博士研究生指导教师38人、硕士研究生指导教师67人；在站博士后工作人员32人。2017年，学院新引进国家杰出青年基金获得者1人，受聘植物学求是特聘教授。入选第3批国家"万人计划"科技创新领军人才1人。

浙江大学年鉴

附表　2017 年度生命科学学院基本情况

项目	数据	项目	数据
教职工总数/人	118	获国家级科技奖项目数/项	0
教授数/人	44	获国家级教学成果奖数/项	0
副教授数/人	26	授权发明专业数/项	0
具有博士学位的教师比例/%	85	SCI 入选论文数/篇	165
两院院士/人	0	EI 入选论文数/篇	26
国家"千人计划"入选数/人	2	MEDLINE 入选论文数/篇	0
"国家特支计划"入选数/人	3	出版专著/部	0
"长江学者"数/人	3	在校本科生数/人	319
省部级高等学校教学名师奖获得者/人	2	在学硕士研究生数/人	288
"973 计划"首席科学家数*/人	0	在读博士研究生数/人	347
国家"百千万人才工程"入选数/人	2	在校攻读学位的外国留学生数/人	13
国家杰出青年基金获得者/人	7	应届本科毕业生一次就业率/%	97
教育部新(跨)世纪优秀人才培养计划入选数/人	8	应届本科毕业生考研录取(出国)率/%	79
浙江省特级专家/人	0	应届毕业研究生一次就业率/%	99
浙江省"千人计划"入选者/人	8	科研总经费/万元	6070
浙江大学求是特聘教授数/人	11	其中:国家自然基金比重/%	29
一、二级学科国家重点学科数/个	3	纵向经费比重/%	82
国家重点(专业)实验室/个	1	教师出国交流/人次	50
国家工程(技术)研究中心/个	0	学生出国交流/人次	54
国家人才培养基地(含教学、教育基地)/个	2		
国家精品资源共享课、视频公开课/门	3		
社会捐赠经费总数/万元	108	举办国际学术会议数/次	1

注:* 含重大科学研究计划、ITER 计划、青年科学家专题等。

建有国家生物学理科基础科学研究和教学人才培养基地、国家生命科学与技术人才培养基地和国家级生物学实验教学示范中心;拥有植物生理学、生命科学导论、植物学、微生物学 4 门国家精品课程,植物生理学、生命科学导论、植物学 3 门国家级精品资源共享课程,生物化学、分子生物学、植物生理学 3 门国家"双语"示范教学课程和基因工程实验浙江省精品课程;有教育部高等学校教学名师和浙江省高等学校教学名师

各 1 名,植物学与系统进化浙江省教学团队 1 个;生物科学专业列入国家一类特色专业建设和国家"基础学科拔尖人才培养计划"。2017 年度"三位一体"招收学生 30 名,国家"基础学科拔尖学生培养计划"招收求是科学班(生物学)学生 20 名。

全年到位科研经费 6070 万元,其中纵向科研经费 4959 万元,横向科研经费 1111 万元;新增国家重点研发计划课题 2 项,其中千万级项目 1 项;新增国家自然科学基金

各类项目 20 项,其中重点项目 2 项、重大研究计划培育项目 3 项、面上项目 13 项、青年科学基金项目 2 项;获资助直接经费 1788 万元,资助率 47%;发表 SCI 论文 165 篇,其中影响因子 10 以上论文 10 篇、5 以上论文 68 篇,平均影响因子 4.4。2017 年 4 月 16 日,举办了浙江大学生态学世界一流学科建设高峰论坛,邀请专家学者共同把脉生态学世界一流学科建设。

2017 年,学院教师出国进修、访问、参加会议 50 人次,共有 30 位境外专家来访开展学术交流;学生参加各类境外交流项目 54 人次,其中本科生 41 人次,多为参加麻省理工学院、加州大学、多伦多大学等 18 个境外高校和研究机构的交流项目。中美"植物学与生态学野外实习"联合课程已进入第 10 个年头,成为浙江大学院级国际合作的品牌课程之一。以生科学院本科生为主的浙江大学代表队第八次组队参加美国麻省理工学院国际基因工程机械大赛(iGEM),第五次获得金牌。

【学科建设取得优异成绩】 2017 年生态学、生物学学科均被教育部纳入国家"双一流"建设学科,成为浙大入选"双一流"建设的 18 个学科之二。为实现"双一流"目标,生物学和生态学 2 个一级学科分别制定 2014—2020 年学科与人才建设规划方案,在教育部学位与研究生教育发展中心 12 月 28 日公布的全国第四轮学科评估结果中,生态学被评为 A+、生物学被评为 A−,分别成为全校 11 个 A+学科、17 个 A−学科之一。

【浙江大学与耶鲁大学联合学位项目启动】 经原浙江大学生物科学与技术系 1987 级祝勇校友的牵线,在前期积极联络的基础上,2017 年 5 月 31 日,浙江大学生命科学学院与耶鲁大学公共卫生与医学院联合学位项目启动仪式在紫金港校区举行。该项目将面向全校选拔 4—5 名生命科学领域的本科生。学生在完成浙江大学三年本科学业以及耶鲁大学公共卫生学院两年硕士研究生学业后,可同时获得浙江大学学士学位和耶鲁大学公共卫生硕士学位。并以此项目为起点,进一步寻求浙江大学与耶鲁大学多方面的实质性战略合作机会。

【"勤学励志"学生成长基金成立】 2017 年 5 月 21 日,浙江大学双甲子校庆,学院共有 413 位校友从四面八方回到母校,共庆母校生日。在前期积极联络的基础上,原浙江大学生物科学与技术系 1989 级校友张二翼当日向学院捐赠 1000 万元设立"勤学励志"学生成长基金。

(吕 琴撰稿 郑 胜审稿)

生物系统工程与食品科学学院

【概况】 生物系统工程与食品科学学院(简称生工食品学院)设有生物系统工程、食品科学与营养 2 个系和 1 个实验中心,建有农业生物环境工程、智能农业装备、农业信息技术、食品加工工程和食品生物科学技术 5 个研究所,拥有智能食品加工技术与装备国家地方联合工程实验室、农业部农业环境工程与智能化设备重点开放实验室、农业部农产品产后处理重点实验室、农业部农产品产地处理装备重点实验室、农业部光谱检测重点实验室、农业部农产品贮藏保鲜质量安全风险评估实验室、浙江省农产品加工技术研究重点实验室和浙江省食品加工技术与装备工程实验室。

农业机械化工程学科为二级学科国家重点学科,农业工程学科为浙江省一流建设学科(A类),食品科学与工程学科为浙江省一流建设学科(B类)。

学院建有农业工程、食品科学与工程2个博士后流动站,拥有农业工程、食品科学与工程2个一级学科博士学位授权点,机械设计及理论等11个二级学科硕士学位授权点以及农业工程、食品科学与工程2个本科专业。

2017年,招收全日制硕士生91人(其中科学学位硕士生48人、专业学位硕士生43人)、博士研究生51人,2016级本科生114人、2017级本科生102人确认进入学院继续学习,毕业本科生128人、硕士研究生75人(其中科学硕士31人、专业硕士35人、在职硕士9人)、博士研究生33人。

现有教职工158人。其中,教学科研并重岗71人,具有教授职称人员35人(2017年新增3人)、副教授职称人员25人(2017年新增1人)、研究员8人("百人计划"入选者)、博士研究生导师51人(2017年新增1人)、硕士研究生导师17人。学院拥有国务院学位委员会学科评议组成员1人、国家863现代农业主题专家1人、农业部农业科研杰出人才2人。2017年,学院新增"百人计划"入选者3人。

2017年,新增主持国家自然科学基金15项、国家重点研发计划课题9项、浙江省重点研发计划3项、公益性科研项目2项、浙江省自然科学基金3项,签订横向科技合作合同50余项(其中单个合同经费100万元以上的有6项),到校科研经费7300余万元。全年发表SCI收录论文200余篇、EI收录论文30余篇,其中近20篇SCI论文的五年平均影响因子在5以上;授权发明专利近100件;以第一完成单位获教育部自然科学奖一等奖1项、科技进步奖二等奖1项,1项科研成果获第十届大北农科技奖智慧农业奖,1项专利成果荣获第十九届中国专利优秀奖。

全年接待20个国家的专家来访110余人次,教师、学生出国出境交流分别为44人次、115人次;主办了活性肽国际研讨会,并联合伙伴院校普渡大学、伊利诺伊大学香槟分校(UIUC)举办了中美农业生物环境与信息技术研讨会等。

【举办60周年院庆活动】 2017年5月20日,生工食品学院在紫金港校区临水报告厅举行建院60周年庆典暨第三次校友代表大会。700余名各界嘉宾、校友及师生代表齐聚一堂,见证学院成长历程,共叙师生深情厚谊。会议选举产生了学院校友分会第三届理事会。院庆期间,学院还举办了校友分会新一届理事会会长、秘书长扩大会议暨校友与发展联络工作恳谈会,教育基金捐赠签约仪式,"校友回家话情长"师生恳谈会,馥莉食品研究院学术周活动等。

【加快学科内涵发展】 学院凝练学科发展重点方向领域,加强学术团队和平台建设。大力支持农业工程学科实施好学校高峰学科建设计划,大力支持食品科学与工程学科积极争取列入学校特色学科建设计划,学科建设发展保持良好势头。学院两个一级学科在全国第四轮学科评估中再创佳绩,农业工程学科位居A+序列,食品科学与工程学科位居A-序列。

【获教育部高等学校研究成果奖2项】 12月1日,由刘东红教授主持的"基于声化效应提取及改性食源性功效银子的机制研究"获教育部2017年高等学校自然科学奖一等

附表　2017 年度生物系统工程与食品科学学院基本情况

项目	数据	项目	数据
教职工总数/人	158	获国家级科技奖项目数/项	0
教授数/人	35	获国家级教学成果奖数/项	0
副教授数/人	25	授权发明专业数/项	100
具有博士学位的教师比例/%	96.05	SCI 入选论文数/篇	205
两院院士/人	0	EI 入选论文数/篇	36
国家"千人计划"入选数/人	4	MEDLINE 入选论文数/篇	0
"国家特支计划"入选数/人	2	出版专著/部	1
"长江学者"数/人	1	在校本科生数/人	370
省部级高等学校教学名师奖获得者/人	2	在学硕士研究生数/人	252
"973 计划"首席科学家数*/人	0	其中:专业学位研究生数/人	109
国家"百千万人才工程"入选数/人	2	在读博士研究生数/人	203
国家杰出青年基金获得者/人	1	其中:专业学位研究生数/人	0
教育部新(跨)世纪优秀人才培养计划入选数/人	7	在校攻读学位的外国留学生数/人	26
浙江省特级专家/人	1	应届本科毕业生一次就业率/%	98.43
浙江省"千人计划"入选者/人	1	应届本科毕业生考研录取(出国)率/%	65.51
浙江大学求是特聘教授数/人	4	应届毕业研究生一次就业率/%	100
一、二级学科国家重点学科数/个	1	科研总经费/万元	7320
国家重点(专业)实验室/个	0	其中:国家自然基金比重/%	11.8
国家工程(技术)研究中心/个	0	纵向经费比重/%	83.9
国家人才培养基地(含教学、教育基地)/个	0	教师出国交流/人次	44
国家精品资源共享课、视频公开课/门	2	学生出国交流/人次	115
社会捐赠经费总数/万元	170	举办国际学术会议数/次	2

注：*含重大科学研究计划、ITER 计划、青年科学家专题等。

奖,该项目系统研究了超声对不同动植物资源中功效因子的提取和改性作用机制,为超声稳定控制、降解改性功效因子、在食品功效因子提取等提供理论依据。由何勇教授主持的"茶叶生产全过程品质安全管控及加工关键技术和设备"获教育部 2017 年高等学校科技进步奖二等奖,该项目在茶园精准化栽培管理、茶叶连续机械化加工和品质安全溯源等方面取得了创新性成果。

（陈幸祎撰稿　王晓燕审稿）

环境与资源学院

【概况】　环境与资源学院(简称环资学院)由环境科学系、环境工程系和资源科学系组成,设有环境健康、环境过程等 8 个研究所,以及 1 个实验教学中心和 1 个环境影响评价研究室,拥有污染环境修复与生态健康教育部重点实验室、浙江省农业资源与环境重点实验室、浙江省农业遥感与信息技术重点实验室、浙江省水体污染控制与环境安全技术重点实验室、浙江省有机污染过程与控制重点实验室、农业信息科学与技术中心。

环境科学与工程一级学科入选《世界一流大学和一流学科建设名单》,农业资源与环境为一级学科国家重点学科,两学科在全国第四轮学科评估中评估结果分别为A和A+;环境工程为二级学科国家重点学科。

学院建有环境科学与工程、农业资源与环境2个博士后流动站,拥有环境科学与工程、农业资源与环境2个一级学科博士学位授予权和6个硕士学位授予权以及环境科学、环境工程、资源环境科学、农业资源与环境4个本科专业,其中农业资源与环境列为国家第二类特色专业,环境工程和环境科学列为国家第一类特色专业。学院具有博士、硕士、本科和继续教育的完整教学体系。

现有在职在编教职工129人。其中,院士1人,正高级职称人员53人(2017年新增3人),副高级职称人员46人(2017年新增2人);博士生指导教师67人(2017年新增5人),硕士生指导教师38人(2017年新增1人)。另有在站博士后39人。2017年,新增国家级百千万人才工程入选者1人、国家青年千人计划入选者1人、国家万人计划科技创新领军人才1人、浙江大学"百人计划"入选者5人。

2017年,招收硕士研究生166人、博士研究生61人;招收博士留学生8人。2016级本科生121人、2017级本科生126人确认进入环资学院主修专业(含2017级"三位一体"学生26人);毕业博士研究生50人、硕士研究生130人、本科生108人。学院坚持育人为本,创新培养模式,推进内涵建设,全面提升人才培养质量。1名硕士生获2016—2017学年竺可桢奖学金;1名硕士生带领团队获第三届中国"互联网+"大学生创新创业大赛铜奖、第三届浙江省"互联网+"大学生创新创业大赛金奖;浙江大学获2017年全国大学生千乡万村环保科普行优秀组织奖,1支团队获优秀小分队,1个社团获优秀社团,1名本科生获优秀志愿者;1名本科生获得2017年美国大学生数学建模竞赛一等奖,1名本科生获得二等奖;1名本科生获浙江省大学生物理创新(理论)竞赛二等奖,2名本科生获得三等奖。

到校科研经费1.4115亿元,其中纵向经费8845.3万元,横向经费5270.18万元。2017年新增国家重点研发计划项目1项,合同经费2839万元。2017年获批国家自然科学基金23项,其中包括国家创新群体1项,优秀青年基金1项,批准直接经费2226万元。朱利中教授获首届全国创新争先奖状,其"室内空气中典型有机物的污染特征、源解析及控制"项目获浙江省自然科学二等奖。吴忠标教授"非电燃煤锅炉烟气污染物深度处理技术及应用"项目获浙江省科技进步一等奖。浙江大学环境/生态学科连续十一年进入ESI世界十年引文次数前1%机构,排名140位。被SCI收录论文250篇。

学院非常重视国际交流与合作,与美国加州大学、伊利诺伊大学、新泽西州立大学等一些国际著名大学及研究机构保持长期稳定的合作关系。因公短期出国(境)人次共计131人次;非会议短期外国专家来访10余人次,举办公开大小论坛、讲座20余

附表　2017 年度环境与资源学院基本情况

项目	数据	项目	数据
教职工总数/人	129	获国家级科技奖项目数/项	0
教授数/人	53	获国家级教学成果奖数/项	0
副教授数/人	46	授权发明专业数/项	52
具有博士学位的教师比例/%	96.94	SCI 入选论文数/篇	250
两院院士/人	1	EI 入选论文数/篇	88
国家"千人计划"入选数/人	8	SSCI 入选论文数/篇	0
"国家特支计划"入选数/人	2	MEDLINE 入选论文数/篇	0
"长江学者"数/人	6	出版专著/部	7
省部级高等学校教学名师奖获得者/人	1	在校本科生数/人	373
"973 计划"首席科学家数*/人	1	在学硕士研究生数/人	461
国家"百千万人才工程"入选数/人	4	其中:专业学位研究生数/人	197
国家杰出青年基金获得者/人	6	在读博士研究生数/人	248
教育部新(跨)世纪优秀人才培养计划入选数/人	8	在校攻读学位的外国留学生数/人	27
浙江省特级专家/人	2	应届本科毕业生一次就业率/%	100
浙江省"千人计划"入选者/人	3	应届本科毕业生考研录取(出国)率/%	64.81
浙江大学求是特聘教授数/人	8	应届毕业研究生一次就业率/%	95.05
一、二级学科国家重点学科数/个	2	科研总经费/万元	14115
国家重点(专业)实验室/个	0	其中:国家自然基金比重/%	18.13
国家工程(技术)研究中心/个	0	纵向经费比重/%	62.64
国家人才培养基地(含教学、教育基地)/个	1	教师出国交流/人次	38
国家精品资源共享课、视频公开课/门	2	学生出国交流/人次	93
社会捐赠经费总数/万元	100	举办国际学术会议数/次	0

注:* 含重大科学研究计划、ITER 计划、青年科学家专题等。

次;招收外国博士后 2 人,在读留学生 12 人。获学校"海外一流学科伙伴提升计划"资助 40 万元。

【获批国家基金创新群体】 2017 年 8 月 17 日,徐建明教授负责的"土壤污染过程与修复原理"项目获批国家基金创新群体。该群体依托浙大农业资源与环境国家一级重点学科自然形成,围绕土壤安全领域重大基础与应用基础科学问题,在农田土壤多介质、多界面、多要素耦合的土壤污染过程与修复原理方面取得了系列创新成果。系统揭示了土壤典型污染物迁移转化过程与分子调控机理,阐明了根际效应的有机污染物降解特异性,发现了我国原生重金属超积累植物新种质并探明了其解毒机理,发展了污染土壤生物修复及其强化调控原理,丰富了土壤污染阻控理论。该群体拥有国家杰出青年和优秀青年科学基金获得者 5 名及国家外专千人计划 1 名,其中长江学者 3 名、青年拔尖人才 1 名。近 5 年在 The ISME Journal

《国际微生物生态学会会刊》）、*Soil Biology and Biochemistry*（《土壤生物化学》）、*Environ Sci Technol*（《环境科学与技术》）、*Nanotoxicology*（《纳米毒理学》）等 SCI 期刊上发表论文 237 篇，被 SCI 他引累计 5584 次。

【承办第九届全国环境化学大会】 2017 年 10 月 19 日—22 日，该大会在浙江大学紫金港校区召开。本次会议主题是环境科学的创新与跨越发展，将充分体现"创新、合作、跨越、发展"的会议宗旨。大会设置了 41 个分会和多种议题，通过著名科学家大会报告、国家自然科学基金宣讲、海外华裔学者专题、ACS Publications Forum（美国化学会期刊论坛）、研究生与青年专家论坛、墙报展示、与著名杂志主编面对面交流以及热点研究方向点评等形式推动国内外环境科学领域学术交流。全国环境化学大会已成为中国环境科学研究领域重要的学术交流平台。

【朱利中当选中国工程院院士】 2017 年 11 月 27 日，环境与资源学院教授朱利中当选中国工程院院士。朱利中为国家杰出青年科学基金获得者、浙江省特级专家、973 计划项目首席科学家、英国皇家化学会会士。1982 年 6 月毕业于杭州大学化学专业获学士学位，1985 年 6 月毕业于杭州大学分析化学专业获硕士学位，后留校任教。朱利中教授长期致力于污染物界面行为调控及其土壤—水有机污染控制技术和工程应用。在揭示有机污染物非线性界面行为分子机制的基础上，突破了准确预测、调控有机污染物非线性界面行为的科学难题；攻克了有机污染农田/场地土壤协同修复、有机膨润土规模化废水处理工程应用的若干关键技术难题，在土壤—水有机污染防治工程应用方面取得了系统成果。

（王　燕撰稿　姚　信审稿）

农业与生物技术学院

【概况】 农业与生物技术学院（简称农学院）由农学系、园艺系、植物保护系、茶学系和应用生物科学系 5 个系组成，设有原子核农业科学研究所、生物技术研究所等 9 个研究所。

学院与中国水稻研究所共建水稻生物学国家重点实验室，建有园艺产品冷链物流工艺与装备国家地方联合工程实验室，园艺植物生长发育与品质调控、核农学、作物病虫分子生物学 3 个农业部重点开放实验室，核农学、作物种质资源、园艺植物整合生物学研究与应用 3 个浙江省重点实验室，园艺产品冷链物流工艺与装备浙江省工程实验室，园艺产品品质调控技术研创与应用浙江国际合作基地以及浙江大学—IBM 生物计算实验室、浙江大学中美分子良种联合实验室和国际原子能机构—浙江大学植物诱变种质创新与研发合作中心。

园艺学、植物保护为一级学科国家重点学科，作物遗传育种、生物物理学为二级学科国家重点学科；农业昆虫与害虫防治、植物病理学为农业部重点学科；作物学、园艺学、植物保护为"十三五"浙江省一流学科（A 类）。

学院建有作物学、园艺学、植物保护学、生物学（生物化学与分子生物学、生物物理学）4 个博士后流动站。拥有作物学、园艺学、植物保护学、生物学（共建）4 个一级学科博士学位授予权，生物化学与分子生物学、生物物理学等 13 个二级学科博士学位授予权，园林植物与观赏园艺等 14 个二级学科硕士学位授予权,以及农业和风景园林硕士专业学位的授予权。设有农学、园艺、植物保护、茶学、应用生物科学、园林6个本科专业。

现有教职工220人。其中,正高级职称人员97人(2017年新增5人)、副高级职称人员74人(2017年新增6人),博士研究生导师104人,硕士研究生导师55人。另有在站博士后工作人员69人,兼职博士研究生导师6人。2017年,教师中新增中国工程院外籍院士1人、国家杰出青年基金获得者1人(引进)、国家"万人计划"1人、教育部"长江学者"奖励计划青年学者1人、国家优秀青年基金获得者1人、浙大"百人计划"1人。现有国家自然科学基金委员会创新研究群体1个,教育部"创新团队发展计划"创新团队3个,科技部重点领域创新团队1个(2017年新增),农业部"农业科研杰出人才及其创新团队"5个,浙江省重点创新团队5个,浙江省2011协同创新中心1个。

2017年,招收博士生108人(其中外国留学生17人)、硕士生230人(其中外国留学生14人)、非全日制专业学位研究生29人;2016级本科生221人、2017级本科生239人确认主修本学院各专业。毕业博士生47人、硕士生164人、非全日制专业学位研究生33人、本科生206人。本科生获全国植物生产类大学生实践创新论坛优秀成果一等奖1项,研究生获浙江省优秀博士学位论文2篇、优秀硕士学位论文1篇。2本教材获评浙江省普通高校"十二五"优秀教材,14本教材入选农业部"十三五"规划教材。促成竺可桢学院应用生物科学(农学试验班)即"神农班"正式开班,并获得大北农教育基金3000万元专项支持。

实到科研经费1.54亿元,新增3项千万元级重大项目。37项国家基金项目获得资助,其中优青1项、中德合作基金1项、重大研究计划培育项目1项;新上浙江省重点研发计划项目3项、省基础公益研究项目13项,其中省杰青1项、重点4项。全年,以第一完成单位获得教育部自然科学一等奖1项,浙江省科学技术奖一等奖1项、二等奖1项,参与获得省部级奖6项。发表SCI收录论文295篇。获授权发明专利数53项,省级非主要农作物品种登记1个。全院共有14名国家现代农业产业技术体系岗位科学家(2017年新增1名)和14名浙江省科技特派员活跃在农业生产和科技推广第一线。

2017年,全院教师出访139人次,本科生出境交流108人次,研究生出境交流85人次;国外学者来访合作、学术交流等72人次;申报学校短期外专项目8项;举办外国专家学术报告50场、国际会议及国际研讨会2次。

【第四轮学科评估取得优异成绩】 2017年12月28日,教育部学位与研究生教育发展中心公布全国第四轮学科评估结果,农学院3个一级学科参评,园艺学A+、植物保护A+,均并列全国第一层次;作物学A-,并列全国第二层次。此外,在2017年,园艺学、植物保护入选国家"双一流"建设认定学科,园艺与作物(含园艺学、作物学)、植物保护入选浙江大学"双一流"拟建设学科。

【组建学校首个A类海外学术大师工作室】2017年4月20日,英国皇家科学院院士Donald Grierson,美国科学院院士Michael Thomashow、Harry Klee,新西兰皇家科学院院士Ian Ferguson,欧洲科学院院士Mondher Bouzayen 5位国际著名学者受聘加盟浙江大学,组建"果实品质生物学海外

附表　2017 年度农业与生物技术学院基本情况

项目	数据	项目	数据
教职工总数/人	220	获国家级科技奖项目数/项	0
教授数/人	84	获国家级教学成果奖数/项	0
副教授数/人	59	授权发明专业数/项	53
具有博士学位的教师比例/%	93.9	SCI 入选论文数/篇	295
两院院士/人	2	EI 入选论文数/篇	8
国家"千人计划"入选数/人	3	MEDLINE 入选论文数/篇	0
"国家特支计划"入选数/人	5	出版专著/部	1
"长江学者"数/人	10	在校本科生数/人	847
省部级高等学校教学名师奖获得者/人	1	在学硕士研究生数/人	1045
"973 计划"首席科学家数*/人	5	其中:专业学位研究生数/人	686
国家"百千万人才工程"入选数/人	5	在读博士研究生数/人	460
国家杰出青年基金获得者/人	9	在校攻读学位的外国留学生数/人	108
教育部新(跨)世纪优秀人才培养计划入选数/人	22	应届本科毕业生一次就业率/%	96.5
浙江省特级专家/人	3	应届本科毕业生考研录取(出国)率/%	54.5
浙江省"千人计划"入选者/人	3	应届毕业研究生一次就业率/%	96.6
浙江大学求是特聘教授数/人	16	科研总经费/万元	15385
一、二级学科国家重点学科数/个	4	其中:国家自然基金比重/%	17.5
国家重点(专业)实验室/个	1	纵向经费比重/%	85.0
国家工程(技术)研究中心/个	1	教师出国交流/人次	139
国家人才培养基地(含教学、教育基地)/个	0	学生出国交流/人次	193
国家精品资源共享课、视频公开课/门	6	举办国际学术会议数/次	2
社会捐赠经费总数/万元	88.9		

注:* 含重大科学研究计划、ITER 计划、青年科学家专题等。

学术大师联合工作室",旨在进一步推动浙江大学果实品质生物学研究的发展,建设世界一流学科。5 位院士在果实生物学研究、基因工程研究、园艺产品采后研究等领域拥有丰富的研究经验和强劲的学术实力,在国际上享有盛誉,其中英国皇家科学院院士 Donald Grierson 为全职加盟。2017 年 5 月 12 日,正在浙江大学工作的 Donald Grierson 教授受到中共中央政治局委员、国务院副总理刘延东的亲切接见;2017 年 11 月,Donald Grierson 教授当选中国工程院外籍院士。

【引进国家杰出青年基金获得者】 2017 年 9 月,农学院引进的国家杰出青年基金获得者、973 项目首席科学家张天真教授正式入职。张天真教授主要从事棉花育种目标性状的基因与基因组学研究、种质资源遗传基础与创新及作物育种新方法和新品种选育等科学研究工作,在棉花遗传学及分子育种研究领域整体居国内领先、国际先进水平;

致力于将棉花基因组研究的理论与技术用于新材料创制和新品种培育与利用研究,已育成推广棉花新品种 12 个,研究成果获国家奖 2 项,省部级一、二等奖 8 项、授权专利 7 项。他曾获 Cotton Biotechnology Award(国际棉花生物技术奖)、全国模范教师、中国青年科技奖等荣誉。

(林良夫撰稿 赵建明审稿)

动物科学学院

【概况】 动物科学学院(简称动科学院)由动物科技系、动物医学系、特种经济动物科学系 3 个系组成;设有饲料科学研究所、动物预防医学研究所、奶业科学研究所等 7 个研究所。学院建有生物饲料安全与污染防控国家工程实验室,动物分子营养学教育部重点实验室、农业部华东动物营养与饲料重点实验室、农业部动物病毒学重点开放实验室、浙江省饲料与动物营养重点实验室、浙江省动物预防医学重点实验室、浙江省饲料产业科技创新服务平台、杭州蜂业科技创新服务平台等。学院现为农业部中国蚕业信息网的挂靠单位。

拥有畜牧学、兽医学 2 个一级学科。畜牧学列入浙江省一流学科建设名单。畜牧学中,特种经济动物饲养(含:蚕、蜂等)为二级学科国家重点学科;动物营养与饲料科学为二级学科国家重点(培育)学科和农业部重点学科。

拥有畜牧学、兽医学 2 个一级学科博士学位授予权,涵盖了 6 个二级博士学位授予权和 6 个硕士学位授予权,另有共建 2 个硕士学位授予权;设有 2 个本科专业:动物科学、动物医学。

2017 年,招收硕士研究生 115 人、博士研究生 41 人,2016 级本科生 119 人、2017 级本科生 121 人确认进入学院继续学习。毕业本科生 94 人、硕士研究生 78 人、博士研究生 39 人。

现有教职工 114 人。其中,外聘院士 1 人,正高级职称人员 35 人、百人计划研究员 7 人、副高级职称人数 41 人(2017 年新增 2 人),博士研究生指导教师 46 人(2017 年新增 4 人),硕士研究生指导教师人数 37 人(2017 年新增 2 人)。2017 年新增"万人计划"领军人才 2 人、国家青年千人 1 人、国家优秀青年基金获得者 1 人、现代农业产业技术体系岗位科学家 1 人。

本科专业核心课程"动物营养学"为教育部第一批国家级精品资源共享课。开设海外教师主导的本科生全英文课 2 门,启动国家在线开放课程建设培育项目;建有 41 个本科生专业实习基地(2017 年新增 2 个)。"动物分子细胞生物学实验技术"入选首批浙江大学研究生素质与能力培养型课程建设项目,开设全英文课程 6 门,核心课程 3 门、示范课程 4 门。

学院现承担各级各类科研课题 280 多项,其中国家自然科学基金 52 项(重点 3 项,优秀青年基金 2 项);863 计划、973 计划、国家科技支撑计划、国家重点研发计划等来源的课题 21 项,省部级各类项目 70 余项,重大横向科研项目 15 项;实到科研经费 5980 余万元。本年度科研新增项目 97 项,立项总经费 6325 万元(比上年增加 26.3%)。

2017 年,共有美国、加拿大等国家的专家学者 40 人次来访,举行座谈会 66 次、学术报告 31 场;教师短期出访、学术交流、参加国际会议等 41 人次;本科生国际交流 51

项目	数据	项目	数据
教职工总数/人	113	获国家级科技奖项目数/项	2
教授数/人	29	获国家级教学成果奖数/项	0
副教授数/人	24	授权发明专业数/项	22
具有博士学位的教师比例/%	92.86	SCI 入选论文数/篇	154
两院院士/人	0	EI 入选论文数/篇	0
国家"千人计划"入选数/人	1	MEDLINE 入选论文数/篇	0
"国家特支计划"入选数/人	0	出版专著/部	3
"长江学者"数/人	2	在校本科生数/人	395
省部级高等学校教学名师奖获得者/人	0	在学硕士研究生数/人	297
"973 计划"首席科学家数*/人	1	其中:专业学位研究生数/人	143
国家"百千万人才工程"入选数/人	2	在读博士研究生数/人	163
国家杰出青年基金获得者/人	4	在校攻读学位的外国留学生数/人	21
教育部新(跨)世纪优秀人才培养计划入选数/人	8	应届本科毕业生一次就业率/%	96.20
浙江省特级专家/人	0	应届本科毕业生考研录取(出国)率/%	46.84
浙江省"千人计划"入选者/人	0	应届毕业研究生一次就业率/%	98.20
浙江大学求是特聘教授数/人	4	科研总经费/万元	5970.5
一、二级学科国家重点学科数/个	1	其中:国家自然基金比重/%	16.5
国家重点(专业)实验室/个	1	纵向经费比重/%	66.7
国家工程(技术)研究中心/个	0		
国家人才培养基地(含教学、教育基地)/个	1	教师出国交流/人次	41
国家精品资源共享课、视频公开课/门	1	学生出国交流/人次	95
社会捐赠经费总数/万元	1025	举办国际学术会议数/次	1

注:* 含重大科学研究计划、ITER 计划、青年科学家专题等。

人次(为 2016 年 2 倍),研究生出国交流访问 44 人次,6 名研究生入选 2017 年度"国家公派研究生项目"计划。

【全国畜牧学科高峰论坛暨动科学院院长(所长)联席会议】 该会议于 11 月 2 至 4 日在浙江大学紫金港校区举行。会议由全国畜牧学科高峰论坛组委会主办,浙江大学动物科学学院承办。会议主题为"凝心聚力、共创一流、引领绿色发展",共有来自全国 69 所高校、科研院所的 7 位国务院畜牧学科评议组专家、16 位农业专业学位研究生教育指导委员会畜牧领域分委员会委员、11 位校级领导、37 位动科学院院长(所长)、书记以及学科带头人和有关专家等百余人参会,共同讨论一流畜牧学科建设、人才培养和国际化发展等问题。

【牛冬在 *Science* 上发表论文】 2017 年 9 月 22 日,牛冬副教授关于异种器官移植研究的重大成果 Inactivation of porcine endogenous retrovirus in pigs using

CRISPR-Cas9（采用 CRISPR-Cas9 技术灭活猪内源逆转录病毒的研究）作为封面文章发表于 Science。该成果针对在异种器官移植中需要灭活内源逆转录病毒（PERVs）的必要性，通过基因编辑及细胞系核移植得到的 PERVs 灭活猪是世界上首次报道的可用于异种器官移植的安全供体猪，在该猪的基础上可进行免疫相关的基因编辑，最终提供可用于人类移植的异种器官。该研究由美国 eGenesis 公司主导，浙江大学、云南农业大学、哈佛大学及其他科研机构共同参与，牛冬是该论文的第一作者。该成果入选"浙江大学 2017 年度十大学术进展"。

【获 2017 年神农中华农业科技一等奖】
2017 年 11 月 17 日由汪以真主持的"畜禽饲用抗生素减量的饲料营养关键技术及应用"项目获 2017 年农业部、中国农学会颁发的神农中华农业科技一等奖。该项目针对畜禽饲料中添加饲用抗生素带来的耐药性菌株产生、肉蛋奶中残留和生态污染等问题，围绕畜禽饲用抗生素减量，研发了保护畜禽肠道屏障的新型丁酸梭菌和地衣芽孢杆菌、改善畜禽肠道营养与损伤修复功能的微囊包膜丁酸（钠盐）、提高畜禽抗应激力的新型富硒多糖，形成了以乳铁蛋白、多糖、短链脂肪酸和新型微量元素为核心的促进畜禽内源抗菌肽高效表达的营养调控技术。相关产品已在全国近 30 个省市 300 余家中大型规模饲料厂和畜禽养殖场得到推广应用，具有显著的经济、社会和生态效益。

（周钗美撰稿　楼建悦审稿）

浙江大学工程师学院

【概况】　浙江大学工程师学院又称"浙江工程师学院"，于 2016 年 9 月 12 日揭牌成立，校园建在浙大城市学院校址，内设综合事务部、教学事务部、总务部 3 个管理部门和 3 个硕士教育中心。另设有互联网金融分院、宁波分院等办学机构。现有教职工 54 人，其中，全职事业编制人员 34 人、工程教育创新岗专任教师 13 人，正高级职称人员 7 人、副高级职称人员 12 人。共有国家"千人计划"入选者 2 人（兼任教授），教育部新（跨）世纪优秀人才培养计划入选者 2 人，浙江省"千人计划"入选者 1 人（兼任教授）。

2017 年，在 10 个工程硕士领域以及工程管理硕士类别中招生 824 人。其中，全日制 271 人；非全日制非定向 156 人；非全日制定向 397 人。非全日制非定向中宁波分院 4 个领域共招生 28 人。学院现有在校研究生共 1096 人，行政班级 16 个。

学院着力推进专业学位研究生培养模式改革，设立学部级工程师学院专业学位评定委员会，推动光学工程、动力工程、电子信息工程、工程管理专业领域设立学科级专业学位评定委员会，明确专业学位研究生培养规格和出口标准；重点建设 27 门实践教学品牌课程；与吉利集团开设联合教学班，部分教学环节安排在企业授课。明确与专业学院共管共育协同管理的研究生思政工作体系。国际合作方面，首批中法创新创业联合培养项目 10 名学员完成赴法国一学期的学习实践，第二批 12 名学员遴选完毕；正式启动荷兰埃因霍温理工大学—飞利浦中国研究院奖学金留学项目。

2017年5月10日，工程师学院与浙江省经济和信息化委员会、华为技术有限公司分别签署合作培养产业人才备忘录、校企合作框架协议。校党委书记金德水出席签约仪式并讲话。浙江省经信委和华为技术有限公司分别向工程师学院授予"浙江省重点产业高层次工程技术与工程管理人才培训基地"和"创新人才中心"铭牌。根据协议，工程师学院与浙江省经信委定期沟通、紧密合作，建立我省重点工程领域高层次人才联合培养机制，并与华为技术在建立实训基地、开展高端培训服务等方面开展合作。

启动工程类高端培训，全年共举办高级工程技术和工程管理培训班36期，培训学员1872人次。

基本完成二期实训平台建设，改造场地约11000平方米，利用浙江省专项经费投入约2亿元购置设备，调整提升原有电气技术与装备、机器人与智能制造、信息与微电子工程、高效清洁低碳能源4个公共实训平台，新建汽车前沿技术、建工与土木、智慧物联与安全防御3个公共实训平台。

工程师学院校园一期建设（浙江大学城市学院改扩建项目）于2017年9月初正式破土动工，计划于2019年年底竣工。项目中的改造工程基本完工，新建工程中学生宿舍和食堂主体工程2017年年底结顶，于2018年8月底交付使用。

（李　婷撰稿　吴　健审稿）

财务与资产管理

财务工作

【概况】 浙江大学 2017 年总收入为 1,119,652 万元,总支出为 1,030,233 万元。

收入情况　2017 年,浙江大学总收入比上年减少 114,571 万元,下降 9.28%。其中:财政补助收入占总收入的 31.09%,事业收入占总收入的 52.43%,附属单位缴款及其他收入占总收入的 16.48%(详见表 1)。

表 1　浙江大学 2016—2017 年收入变动分析　　　（单位:万元）

项目	2017 年收入数	增减额 （与 2016 年比）	增长率/% （与 2016 年比）
一、财政补助收入	348,077	11,309	3.36%
1.教育补助收入	321,356	20,990	6.99%
2.科研补助收入	15,599	−10,404	−40.01%
3.其他补助收入	11,123	724	6.96%
二、事业收入	586,975	123,464	26.64%
1.教育事业收入	200,841	63,130	45.84%
2.科研事业收入	386,134	60,334	18.52%
2.1非同级财政拨款	275,987	50,915	22.62%
2.2其他科研事业收入	110,147	9,419	9.35%
三、上级补助收入	0	0	0.00%
四、附属单位缴款	2,829	528	22.95%
五、其他收入	181,771	−249,872	−57.89%
合　　计	1,119,652	−114,571	−9.28%

支出情况　2017 年,浙江大学总支出比上年增加 130,474 万元,增长 14.50％。其中,工资福利支出占总支出的 24.27％;商品和服务支出占总支出的 46.43％;对个人和家庭补助支出占总支出的 12.37％;基本建设和其他资本性支出占总支出的 16.93％(详见表 2)。

表 2　浙江大学 2016—2017 年支出变动分析　　　　（单位:万元）

项目	2017 年支出数	增减额 （与 2016 年比）	增长率/％ （与 2016 年比）
一、工资福利支出	250,000	44,642	21.74％
二、商品和服务支出	478,300	67,442	16.41％
三、对个人和家庭的补助	127,393	−36,583	−22.31％
四、基本建设支出	2,001	−930	−31.73％
五、其他资本性支出	172,539	55,903	47.93％
合　　计	1,030,233	130,474	14.50％

资产情况　截至 2017 年年末,学校资产总值 4,167,922 万元,比上年增加 372,265 万元,增长 9.81％。各类资产的构成如图 1。

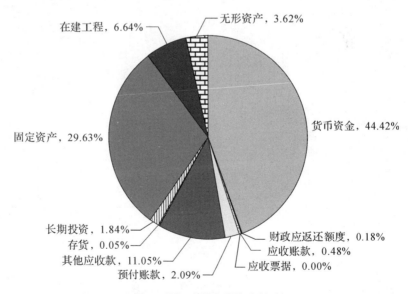

图 1　浙江大学各类资产构成

负债情况　截至 2017 年年末,浙江大学负债总额为 541,599 万元,比上年增加 37,803 万元,增长 7.50％。各类负债的构成如图 2。

净资产情况　2017 年年末,浙江大学净资产总额 3,626,324 万元,比上年增加 334,463

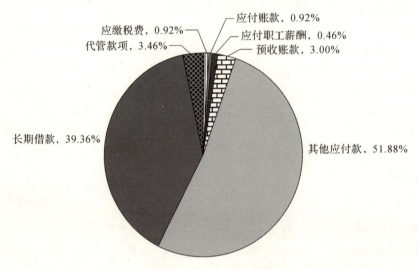

应缴税费，0.92%

代管款项，3.46%

应付账款，0.92%

应付职工薪酬，0.46%

预收账款，3.00%

长期借款，39.36%

其他应付款，51.88%

图 2　浙江大学各类负债构成

万元,增长 10.16％。2017 年年末净资产变动情况见表 3。

表 3　浙江大学 2016—2017 年年末净资产变动情况分析　　（单位:万元）

项目	2017 年年末	增减额 （与 2016 年年末比）	增长率/％ （与 2016 年年末比）
一、事业基金	1,201,917	40,772	3.51％
二、非流动资产基金	1,739,334	175,438	11.22％
1.长期投资	76,578	8,282	12.13％
2.固定资产	1,234,889	113,829	10.15％
3.在建工程	276,922	−93,803	−25.30％
4.无形资产	150,945	147,130	3856.62％
三、专用基金	25,554	2,996	13.28％
1.职工福利基金	8,598	1,936	29.06％
2.住房基金	7,676	527	7.37％
3.其他专用基金	9,280	533	6.09％
四、财政补助结转结余	27,554	7,925	40.37％
五、非财政补助结转结余	631,965	107,332	20.46％
合　计	3,626,324	334,463	10.16％

以党的十九大精神为统领，深入贯彻"简政放权、放管结合、优化服务"指导思想，坚持以人为本、锐意改革，统筹兼顾规范管理与科研活力，不断创新科研管理模式，优化财务服务举措，完善科研设备采购、版面费报销、关联方交易业务以及文科纵向科研项目间接费用管理等内部管理制度。深化三级协同管理联动机制运行，细化政策、强化宣传；有的放矢、狠抓执行，激发科研人员积极性的同时，提高科研人员诚信和责任意识，促进科研事业持续健康发展。

推进预算体制改革，增强院系财务自主权。减少或取消管理部门对院系经费的二次分配，加大学校直接下拨比例；扩大院系可统筹经费的范围，将教学业务、教学实验、教学设备、学工、研工等经常性经费全部纳入统筹范围。本科生教学经费试行零基预算管理，年末结余全部收回，转压力为动力，促进院系开展本科教学活动，调动院系预算管理积极性和主动性。通过院系预算改革，保障院系财权完整和独立，增强统筹权和自主权。

（董琦琦撰稿　胡素英审稿）

审计工作

【概况】 2017年，浙江大学组织实施各类审计共2441项，审计总金额为141.23亿元，查出有问题资金8871.37万元，其中违纪违规金额8269.82万元。通过审计，直接节约资金10267.37万元，纠正违纪违规金额7858.32万元，挽回损失金额62.5万元。

巡视专项整改。对创新技术研究院财务管理情况进行了专项审计，重点审计了公司理财产品、业务招待费、车辆运行费、出国（境）经费的管理等情况，针对审计发现的问题，向学校和中央巡视组专门进行了汇报，督促审计整改；对"浙江省审计厅关于浙江大学医学院附属6家省级公立医院运行管理情况专项审计调查的报告"中指出违纪违规金额2.13亿元的整改情况进行了一次"回头看"，出具了整改报告，有效促进了医院长效管理机制的建立，审计整改取得阶段性成果；对公共管理学院等16个继续教育办学单位酬金发放问题开展了进一步核查和整改工作；对学校2014、2015年公务接待问题整改情况及2016—2017年公务接待情况进行了检查，并向中央巡视组作了书面回复；对2013年以来学校部分单位和部门购买同力商贸公司商业预付卡情况进行了清理核查，共退款143.66万元；做好科研经费巡视整改工作。

经济责任审计。组织实施了外国语言文化与国际交流学院、圆正控股集团、后勤集团、动物科学学院、儿童医院、图书与信息中心、本科生院、妇产科医院、就业指导中心、医学院、人文学院等单位负责人离任经济责任审计，重点揭示了有关单位在重大经济决策、内控制度建设、工程项目管理、专项资金管理、"三公"经费管理、捐赠经费管理、设备采购管理和固定资产管理等方面存在的问题。提出整改措施，协调落实整改。通过审计，增强了领导干部的责任意识、风险意识和自我约束意识，促进领导干部勤政廉政和全面履行工作职责，推动"三重一大"决策制度在各单位得到有效贯彻落实。

科研经费审计。加强对科研经费的协同管理和过程监督，持续开展科研经费使用和管理情况自查自纠，对134个科研项目进行了重点审计检查，经费总额4.98亿元。

审计中注重项目审计的过程管理、组织协调和质量控制,会同各相关部门讨论梳理审计检查中发现的主要问题和疑点,并针对疑点组织对相关项目负责人进行约谈,核实情况,督促整改,规范了科研经费使用和管理,提高了科研经费使用效益。

企业年报审计。圆正控股集团负责组织审计学校全资、控股和实际控制的107家企业2016年度财务会计报告,审计处及时关注管理建议书中提到的问题与改进措施,认真履行监督职责,防范经济风险,确保国有资产保值增值。

建设工程审计。对理工农组团等紫金港西区17个标段建设工程项目进行全过程审计;完成农业试验站长兴基地综合大楼等项目竣工财务决算审计3项;完成紫金港校区体育馆主体工程等项目竣工结算审计22项;复审专项资金和外地修缮工程项目竣工结算34项;审计20万元以上修缮工程项目竣工结算84项;抽样审计20万元以下零修工程项目竣工结算1284项并出具审计报告。

审计成果利用。通过召开经济责任审计联席会议和审计后续整改会议等专题会议,完善审计约谈、组织"回头看"、专项检查等方法手段,交流工作情况,通报审计结果,分析存在问题,提出审计意见和建议,推动审计整改。共组织对部门、院系、企业、科研项目等100多个审计项目的审计意见和建议落实情况进行了后续跟踪,督促落实整改,促进成果利用,有效发挥内部审计建设性作用。

参加了教育部直属高校审计第一协作组工作研讨会。安排审计人员到浙江省审计厅、北京大学等单位工作、交流和学习。

审计制度建设。根据国家有关法规、教育部《关于加强直属高校建设工程管理审计的意见》(教财〔2016〕11号)和《浙江大学内部审计工作规定》,制定了《浙江大学建设工程投资评审实施办法》(浙大发审〔2017〕2号),修订了《浙江大学建设工程管理审计实施办法》(浙大发审〔2017〕3号),内部审计制度建设得到进一步完善;按照《浙江大学内部审计工作规定》要求,持续推动各附属医院建立健全独立的内部审计机构,校经营性资产公司(圆正控股集团)依据审计整改要求,相应完善了岗位职责分工,附属医院、校属企业内部审计工作走上了制度化、规范化的轨道。

(高莫愁撰稿　周　坚审稿)

国有资产管理

【概况】 截至2017年12月31日,按浙江大学2017年度部门决算口径,国有资产总额为416.79亿元,比上年增长9.81%,详见附录1;国有资产净额为362.63亿元,比上年增长10.16%,详见附录2。按资产财务隶属关系,浙江大学2017年度部门决算新增汇总所属事业法人单位的财务资产。

截至2017年12月31日,浙江大学所属校办企业资产总额34.94亿元,所有者权益总额24.62亿元,归属于学校所有者权益合计21.57元。2017年营业收入总额19.79亿元,净利润1.81亿元,其中归属于学校股东的净利润1.80亿元,净资产收益率7.35%,详见附录3。

2017年,浙江大学紧紧围绕学校工作重心,聚焦"双一流"建设,围绕学校"十三五"规划和学校综合改革的战略重点和关键环节,贯彻落实国有资产管理改革要求,积极协调和努力推进学校国有资产管理工作。

继续规范事业资产处置行为,认真履行审批报备程序,全年共计向教育部报批报备仪器设备资产处置 28 批次,涉及 11666 台件、账面原值 13997.43 万元。履行监督职责,共参与设备处和房地产处资产报废处置公开招标监督 41 批次,残值总收入 81.39 万元。

加强所属企业国有资产监管,推动所属企业依法依规、健康、有序发展。加强企业党建工作,落实党对国有企业的领导,启动学校直管企业将党建工作写入公司章程;进一步完善企业法人治理机制,深化科技产业和后勤服务产业改革;编辑印发了汇集 416 项法规的《教育部直属高校国有资产管理法规汇编》;起草出台了《浙江大学企业国有资产管理办法(试行)》和《浙江大学所属企业资产减值准备财务核销管理暂行办法》。

积极配合中央巡视组的巡视工作,按要求完成巡视整改。在巡视期间,协调、指导各相关部门积极配合巡视,及时准确上报专项报告和相关资料。同时,对浙江大学创新技术研究院有限公司和浙江大学科技创业投资有限公司进行专项检查。根据巡视反馈意见,制定针对性的整改措施并加以落实,基本完成了整改任务,以及对后勤集团有关事项的核查工作。

2017 年度浙江大学上交财政部国有资本收益 1,124.72 万元,申报 2018 年度国有资本经营预算支出 1,000 万元。

【新一轮资产评估机构招标】 为进一步有序开展涉及学校科技成果转化、房屋出租等方面的资产评估业务服务,对 2018—2021 年学校资产评估业务进行了新一轮的资产评估机构招标入围工作,最终天源资产评估有限公司、中铭国际资产评估(北京)有限责任公司、浙江正大资产评估有限公司、浙江浩华资产评估有限公司、浙江中远资产评估有限公司、浙江方舟资产评估有限公司、浙江新华资产评估有限公司 7 家资产评估机构入围。

【企业改制和股权管理工作】 完成了浙江大学能源工程设计研究院有限公司和浙江大学锦江环保能源开发有限公司 2 家企业的股权划转工作;稳步推进浙江《全科医学临床与教育》杂志社和浙江大学《空间结构》杂志编辑部 2 家全民所有制企业的改制工作。为防范国有资产"高买低卖"风险,对资产评估报告严格审核把关,将报告中存在的问题及时反馈企业,对明显存在低估转让股权价值情形的,一律要求整改。2017 年共审核资产评估报告 18 份,向教育部报备 17 项。

【所属企业清理规范工作】 结合教育部国资检查整改工作及学校清理"小股权"工作要求,对学校所属企业进行了全面的摸底和排查,根据企业的不同情况,分类制定清理规范方案。对浙江大学电工厂、浙江大学三伊电气电子工程公司、杭州浙大圆正机械有限公司和浙江浙大长三角科技发展有限公司 4 家企业,要求企业依法依规予以关停,并指导 4 家企业规范开展清产核资、资产评估工作。

【附录】

附录 1　2017 年浙江大学国有资产总额构成情况　　　（单位：万元）

项目	金额	备注
一、流动资产	2,428,587.56	
二、长期投资	76,578.07	
三、固定资产	1,234,888.92	
固定资产原价	1,239,797.55	
减：累计折旧	4,908.63	
1.房屋及建筑物（原值）	454,834.28	校舍面积 261.37 万平方米
2.专用设备（原值）	692,561.98	
3.通用设备（原值）	10,468.53	
4.文物和陈列品	0	实有可移动文物藏品 19293 件/套
5.图书（原值）	41,272.33	截至 2017 年年末，学校实有纸质图书 6312576 册、电子图书 3252363 册；2017 年新增纸质图书 154398 册、电子图书 34144 册
6.家具、用具、装具及动植物（原值）	40,660.43	
四、在建工程	276,922.41	
五、无形资产	150,945.02	
无形资产原价	151,008.34	
减：累计摊销	633,180.54	
1.土地	150,489.93	学校占地面积 574 万平方米
2.浙大校名商标	0	四个浙大商标进行保护性注册
3.专利技术	0.25	截至 2017 年年末，学校实有授权专利数为 11324 件；2017 年新增专利授权数 2404 件
资产总额	4,167,921.99	

注：表中有关资产数据由各资产归口管理部门提供。

项目	金额
一、事业基金	1,201,916.90
二、非流动资产基金	1,739,334.43
1.长期投资	76,578.07
2.固定资产	1,234,888.92
3.在建工程	276,922.41
4.无形资产	150,945.02
三、专用基金	25,553.60
四、财政补助结转	25,067.35
五、财政补助结余	2,486.33
六、非财政补助结转	631,964.81
资产净额	3,626,323.42

注:表内数据摘自浙江大学年度决算报表中的资产负债表。

附录 3　2017 年浙江大学校办企业财务状况　　　（单位:万元）

序号	项目	金额
1	资产总额	349,434.45
2	所有者权益总额	246,215.76
3	归属于学校所有者权益合计	215,713.67
4	营业收入	197,858.66
5	利润总额	20,897.62
6	净利润总额	18,148.54
7	归属于学校股东净利润	17,968.17
8	净资产收益率	7.35%

注:表内数据摘自浙江大学 2017 年度企业财务会计决算报表。

（杜京莲　徐柯庆　葛颂撰稿　胡　放　娄　青审稿）

校园文化建设

校园文化

【概况】 浙江大学充分发挥校园文化的育人功能,以120周年校庆多项重点工作为契机扎实推动校园文化繁荣兴盛,全年邀请高水平演出团体开展"高雅艺术进校园"文艺演出3场,举办了第三届和第四届学生节,指导学生组织举办新青年论坛、梦想汇、校园主持人大赛、第二十四届DMB(登攀)节、第十九届研究生体育文化节、新年狂欢夜、"求是杯"辩论赛、校园歌手大赛等传统品牌活动50余场。大力支持学生进行原创文学创作,指导学生制作出版《花 YOUNG 年华》《悦读》等文化杂志,深入推进29家悦空间·青年读书角基地建设,传播浙大人共同价值观和浙大精神,凝聚文化认同。积极组织学生团队参加各类文化活动,获浙江省首届大学生税收法制辩论赛冠军、浙江省第三届大学生青春礼仪大赛一等奖、浙江省大学生艺术节戏剧类一等奖、浙江省大学生诚信主题演讲比赛一等奖等荣誉。

(叶盛珺 王璐莎撰稿 沈黎勇 陈凯旋审稿)

为丰富校园文化生活,2017年引进了7场高水平的校外演出、讲座、工作坊等,包括上海友人室内乐团音乐会,沈致隆教授《科学与艺术的交融》讲座,中国艺术研究院舞蹈研究所所长欧建平、世界遗产专家委员会秘书长赵学勇讲座,德国青年小提琴家陈瑞玲专场音乐会,指挥泰斗郑小瑛互动教学课,"翰墨求是"创作培训会等。

文琴艺术团举办第五届艺术季,共举办交响乐、民乐等大型演出34场,中国画扇面展、摄影文献展等展览、沙龙7场,戏剧讲座、钢琴公开课等讲座、工作坊12场,《唐诗逸舞》等艺术小旅行4场,受众约35000人次。先后赴澳大利亚、美国进行访问演出。文琴交响乐团、民乐团积极参加高雅艺术进校园演出,先后赴嘉兴市第五中学、天台中学、杭州万向职业技术学院等举行"高雅艺术进校园"专场音乐会等。文琴艺术团在浙江省大学生艺术节中共获得15个一等奖、1个二等奖,在浙江省小提琴比赛中获成人非专业组唯一的一等奖、3个二等奖等奖项。学生摄影协会作品连续三年入选平遥国际影展院校展单元。

(叶茵茵撰稿 吴叶海审稿)

教职工也同样活跃在校园文化建设的各项活动中,邮协组织设计发行浙江大学建校 120 周年纪念邮票,献礼浙江大学"双甲子"华诞;组织参加在厦门举行的"浙大制造·科技新生活"展览会;举行"求是飞舞——浙江大学艺术摄影作品展"。女工委开展"家书寄亲情"征集活动;组织"海宁之约——感受'双一流'建设背景下的国际化进程""优秀女性成长之故事会(女教授篇)"等活动。青工委组织"西迁记——求是爱情的长征"旅程、"谋一份幸福,寻一个家"等主题活动。邀请童心锁艺术剧社为教职工带来"小邋遢奇遇记"音乐剧,举办"让孩子真正享受音乐——'弦'外之音音乐沙龙系列讲座"和"与孩子共同成长"系列讲座,全力打造职工亲子文化建设。在各校区开展登山等健身活动和油画等素质提升活动。

(雷振伟撰稿　林俐审稿)

【DMB(登攀)节获"全国大学素质教育优秀品牌活动"银牌】　3 月 10 日,浙江大学DMB(登攀)节获得该奖项。DMB(登攀)节创办于 1993 年,每年举办一届,至 2017 年已举办二十四届,活动时长一般为 2 个月,内容涵盖科技人文、艺术体育、交流分享、校园生活等不同板块活动,每年的参与人数近万人次。二十多年来,DMB(登攀)节积极构筑"自主、互动、交叉、开放"的学术生活圈,极大提升了大学生的思想道德素质、身心素质、人文素质及专业素质,并取得了良好的社会反响。

(王璐莎撰稿　陈凯旋审稿)

【获第三届浙江省大学生青春礼仪大赛一等奖】　3 月 26 日,浙江大学代表队在第三届浙江省大学生青春礼仪大赛决赛上获一等奖。在"礼·秀""礼·韵""礼·遇"三个展示环节中,浙江大学代表队分别展示了礼仪风采、啦啦操表演、茶艺表演、志愿者风采等。本届大赛由浙江省大中学生文化节组委会主办,共青团浙江传媒学院委员会承办,共青团桐乡市委员会协办,旨在继承和发扬中国传统礼仪文化,展示当代大学生的热情与活力,弘扬青春梦想,传递青春正能量。

(叶盛珺撰稿　沈黎勇审稿)

【开展"求是之星"先进典范系列评选活动】2017 年 5 月 16 日,为进一步培育时代高才,挖掘典型、树立榜样、激励朋辈,发挥研究生先进典范的榜样引领作用,浙江大学决定开展"求是之星"先进典范系列评选活动,通过专家通讯评审与师生代表现场投票等评审环节,遴选出 10 名综合能力强、全面发展,在学术、服务、实践、文体和创业等方面有突出成绩的优秀研究生。6 月 10 日,教育学院硕士生王地、外国语言文化与国际交流学院博士生薛倩、人文学院博士生韩宇瑄、机械工程学院博士生邵惠峰、生物医学工程与仪器科学学院博士生苏凯麒、数学科学学院博士生谭晓宇、医学院博士生蒋姝函、能源工程学院博士生朱子钦、医学院硕士生陈鹏飞、生物医学工程与仪器科学学院博士生王兆祥 10 人获 2017 年度浙江大学研究生"求是之星"荣誉称号。

(王璐莎撰稿　陈凯旋审稿)

【《浙江大学建校 120 周年纪念邮票》发行】5 月 21 日,浙江大学在紫金港校区举行了该枚邮票的首发式。首发现场吸引了近千人的参与,网络互动参与量达到了 10 万余人次,形成了线上线下的良好互动。光明网、新浪网、浙江卫视、大浙网、今日头条、杭州日报、都市快报、青年时报、每日商报等数十家中央及地方媒体对此进行了报道,浙江教育科技频道现场直播了首发式,深度解读了该校邮票的设计思路和历史渊源,让受众能更加清晰地了解浙江大学的历史和文化。

（雷振伟撰稿　林　俐审稿）

【举办博士生国际学术研讨会】 5月22至5月25日,党委研究生工作部、校博士生会主办"全球技术革命带来的新机遇与新挑战"博士生国际学术研讨会在浙江大学紫金港校区召开。该研讨会邀请了来自英国、美国、德国、日本等17个国家,牛津大学、剑桥大学、东京大学等63所高校的120名博士生,围绕"技术革新、信息科技、现代农业、医疗健康、创新发展"五大学科领域,共同就人类文明演进和社会发展过程中面临的问题开展学术交流。研讨会为期4天,涉及工学、农学、医学以及管理学、经济学等众多学科领域,通过开幕式主旨演讲、分研讨会学术讨论、企业参访、学术沙龙、会议总结和闭幕式文艺晚会6个环节展开,兼具内容综合性和学科交叉性,为广大博士研究生搭建了学术与文化的交流平台。

（王璐莎撰稿　陈凯旋审稿）

【黑白剧社《求是魂》赴重庆会演】 5月30日至6月1日,黑白剧社竺可桢戏剧组携原创校史大戏《求是魂》赴重庆理工大学参加"共和国的脊梁——科学大师名校宣传工程"会演活动。《求是魂》共分四幕八场,以我国著名气象学家、教育家、浙大老校长竺可桢为原型,话剧截取了竺可桢一生中的典型片段,以散点式结构方式,反映了竺可桢对中国科技、教育事业作出的突出贡献,展示了他追求真理、培养英才、守护文明、爱国奉献的光辉一生,寄托了当代浙大人对竺可桢校长高尚人格、崇高品质的真诚敬意。今年是开展共和国的脊梁——科学大师名校宣传工程的第5个年头,《求是魂》在重庆连

演三场,为当地的师生讲述浙江大学和竺可桢老校长的求是精神。

（叶茵茵撰稿　吴叶海审稿）

【浙大辩论队获浙江省大学生税收法治辩论赛冠军】 11月4日,浙江省大学生税收法治辩论赛决赛在浙江省电视台举行。浙江大学辩论队和浙江传媒学院辩论队围绕"优化服务和严格执法哪个更能促进纳税遵从"这一辩题,在决赛中进行了激烈的角逐,浙大辩论队以出色的发挥摘得桂冠。本次浙江省大学生税收法治辩论赛由浙江省国家税务局、浙江省地方税务局、浙江省教育厅、浙江省司法厅、共青团浙江省委和浙江省普法办联合举办。

（叶盛珺撰稿　沈黎勇审稿）

【获2017年浙江省大学生艺术节15个一等奖】 11月7日至10日,该艺术节在杭州举行。浙江大学文琴艺术团的舞蹈《光·启真》、合唱《羊角开花》与《Vamuvamba》、表演唱《Pink panther》、交响乐合奏《波罗维茨舞曲》、民乐合奏《丝绸之路》、西洋乐小合奏《春》、话剧《雪霁西迁路》、朗诵《大二的家书》9项表演分别获得各个组别的一等奖,苏宁以一曲《星光灿烂》获得校园十佳歌手和最佳男歌手奖;绘画《绿水青山忆故乡》《好时节》、书画篆刻《一带一路成员国篆刻》《习总书记谈中国梦》《习近平用典印选》《中国梦——吴娱印稿》6个作品分别获得一等奖。

该艺术节每年举办1次。本届艺术节由浙江省教育厅、浙江省文化厅、浙江省财政厅、共青团浙江省委、浙江广电集团共同主办,以"民族魂·中国梦"为主题,旨在弘扬社会主义核心价值观,培养大学生高度文化自觉和文化自信,共有来自全省高校的3000多名师生以声乐(器乐)、舞蹈(戏剧)、

朗诵等丰富多彩的艺术形式参赛。

（叶茵茵撰稿 吴叶海审稿）

体育活动

【概况】 2017 年,浙江大学积极构建体育工作新格局,深化校园群众体育活动内涵式发展。全年共举办"三好杯"系列竞赛本科生组比赛 20 项,研究生组 11 项,教职工组 8 项,在足球、乒乓球、篮球、跆拳道、网球、太极拳、水上运动等项目基础上,新增攀岩、橄榄球项目,参与人数 14241 人,其中本科生参赛人数达 11077 人,占全校本科生人数的 46.15%。此外,学生体育社团主办新生杯篮球赛、CC98 杯足球赛、仲夏杯乒乓球赛等体育活动 304 场次,参与人数达 28930 人次,院系(学园)主办"地矿杯"足球赛、"棋王牌圣"争霸赛等体育活动 482 场次,205162 人次参与;全校师生 24072 人次参与春季特色运动会、秋季阳光健身长跑、冬季水陆体育嘉年华以及国际校园马拉松等品牌体育活动。全年开设攀岩、舞龙舞狮、形体 NTC、炫舞、荧光夜跑、皮划艇、乒乓球草根王、游泳、网球、太极拳 10 个健身辅导站,全校本科生 20000 人次参与。培养国家二级、三级学生裁判员 622 人。此外,"学霸龙舟"创新传统文化育人载体——浙江大学龙舟文化传承实践活动被教育部评为第三届中国优秀传统文化特色展示项目。2017 年浙江大学被国家体育总局授予 2013—2016 年度群体体育突出单位。

2017 年,全校本科学生共 22369 人参加学生体质健康测试,其中优秀率 2.83%,良好率 28.81%,合格率 95.43%。在 2017 年浙江省教育厅组织的学生体质健康抽测中,浙江大学抽测成绩位列第二。

浙江大学 24 支体育代表队在省级以上大赛中共获得奖牌 203 枚,其中金牌 109 枚,4 个团体冠军。在第十三届全国运动会中,浙江大学自主培养的田径运动员陈丹妮同学获跑跳二项全能的金牌,并与其教练员金熙佳一起被浙江省人民政府授予二等功荣誉。此外,武术队 6 月赴美国参加第十二届洛杉矶国际武术比赛,获得 5 金 3 银;8 月赴香港参加第 12 届香港国际武术比赛,获得 18 枚金牌。皮划艇队于 5 月赴荷兰参加国际皮艇球公开赛获得季军。围棋队于 7 月赴泰国参加第四届世界大学生围棋锦标赛,获得 B 组冠军。篮球队 11 月赴塞尔维亚贝尔格莱德大学交流,网球队于 8 月赴西班牙集训。

在教职工中开展全民健身活动,举办一年一度的"舒鸿杯"环紫金港师生接力赛(43 支队伍 500 余人参加,其中院系组 31 支,综合组 12 支)、教职工乒乓球团体赛(37 支队伍 480 余人参加,16 支队伍参加甲级赛,21 支队伍参加乙级赛)、教职工篮球赛(14 支队伍 200 余人参加)、"教授杯"篮球赛(12 支队伍 180 余人参加)、教职工羽毛球赛(35 支队伍 400 余人参加)和教职工网球个人赛(50 余人参加),并在多项浙江省"钟声杯"职工体育竞赛中为学校赢得荣誉,增强了教职工的团体精神和集体凝聚力。各校区因地制宜开展登山、健步走、拔河、瑜伽、太极、网球、禅舞、排舞、拉丁等健身活动,满足教职工的多样化需求。院级工会健身俱乐部发展迅速,全民健身蔚然成风。

（叶茵茵 雷振伟撰稿
吴叶海 林 俐审稿）

【获中华人民共和国第十三届学生运动会"校长杯"】 该运动会于 9 月 2 日至 16 日在杭州举行。本届运动会是首次将大学生、中学生合并举行,共设大学组 10 个项目、中学组 8 个项目,来自全国各地的 31 支代表队逾万人参赛。浙江省大学代表团共报名参赛 10 个项目,浙江大学师生参与其中 9 个项目,106 人,占据三分之一。经过积极地备战和奋力地拼搏,浙江大学共获得 19 枚金牌,金牌数占浙江省代表团的 66%,以总分第一的成绩(90.22 分)获得最高荣誉奖"校长杯"。此外,浙江大学承办了本届比赛的大学男子篮球、大学男子网球项目的比赛,并承办运动会闭幕式活动。

【获第十九届 CUBA 中国大学生篮球联赛全国四强】 本届 CUBA 东南赛区比赛于 4 月 6 日至 15 日在汕头大学举行,浙江大学高水平男子篮球队参赛,三战三捷以小组第一名的成绩跻身东南赛区 4 强,取得全国总决赛的入场券。5 月,在全国二十四强赛中,以五战全胜的好成绩成为第一支提前锁定全国四强席位的队伍。浙江大学男子篮球队时隔四年重返全国四强。

【获 2017—2018 中国大学生排球联赛南方赛区冠军】 该联赛于 10 月 27 日至 11 月 6 日在秦皇岛国家训练基地举行,共有 21 支队伍参赛。浙江大学高水平女子排球队以小组第一的成绩晋级交叉赛,以 3:0 的比分战胜华东师范大学挺进前八,继而以 3:0 的比分战胜四川大学进入四强,又以 3:1 的比分战胜南京农业大学,最终与南京大学进行决赛,以 3:2 的比分取胜,获得南区冠军。

【获第十七届全国大学生田径锦标赛 6 金】 该锦标赛于 7 月 15 日至 20 日在内蒙古鄂尔多斯体育中心举行,浙江大学田径队 18 名运动员参赛,获得 6 枚金牌、2 枚银牌、3 枚铜牌,以男女团体总分 124 分的好成绩,在甲 A 组中排名第五,女子团体排名第四,取得 17 年来的最佳战绩。全国大学生田径锦标赛是目前国内规模最大、级别最高的大学生田径赛事,本届锦标赛共有 229 所高校的 2116 名运动员参赛。

【获第 22 届中国大学生网球锦标赛 4 金】 该赛事于 7 月 24 日至 8 月 1 日在云南昆明理工大学举行,共有来自全国八大赛区的 110 所高校参赛。浙江大学网球队获 4 金 4 银。其中在男子单打、女子单打项目中,浙江大学队员发挥出色,双双拿下单打冠亚军。在男子高水平组的团体赛中,队员以全胜战绩进入决赛,并以 6 比 4 战胜中国人民大学队,摘得冠军。

【获 2017 年中国大学生武术锦标赛 25 金】 该锦标赛于 10 月 2 日至 8 日在湖南娄底举行,共有来自复旦大学、同济大学、北京体育大学等 88 支武术队的 672 名运动员参赛。浙江大学武术健儿获得 25 金 9 银 13 铜的好成绩。其中,8 名普通本科生参加了丙组比赛,屠炎彬夺下男子孙氏太极拳冠军、武式太极拳冠军,朱晓天夺得男子软器械冠军,并以 3 金 2 银 2 铜领跑丙组金牌榜;在甲、乙组的比赛中,体育学系民族传统体育专业学生王地、戴丹丹、查苏生、王静申在各自的项目上独揽 3 枚金牌。浙江大学最终以金牌总数第一、男子乙组团体冠军、女子乙组团体冠军、男子丙组团体季军的优异成绩圆满收官。

【获第四届全国大学生阳光排球联赛女子组冠军】 该联赛于 5 月 11 日至 17 日在福建漳州体育训练基地举行,共有来自全国 13 所高校的 25 支男女大学生排球队近 400 名非专业运动员参赛。浙江大学普通生女排在小组赛中分别战胜三亚学院、华中师范大

浙江大学年鉴

学、中山大学、西北农林大学、内蒙古科技大学，以五战全胜的战绩进入决赛，并以3：1的比分取得冠军。

【获第二届全国大学生皮划艇锦标赛团体冠军】 该赛事于11月4日至5日在丽水举行，共有来自北京大学、厦门大学、中山大学等20支高校代表队近300名运动员参赛。浙江大学水上俱乐部33个来自各院系的运动员参赛，经过两天精彩的比赛，获得团体一等奖、优秀参赛组织奖等多个奖项。其中，陈佳丽获得女子专业组WK1 500米第一名和1万米第一名，蔡彬彬获得女子阳光组WK1 1万米第三名，龙世家获得男子桨板500米绕标第三名。

【获首届全国学生无线电测向锦标赛阳光体育无线测向团体总分第二】 该锦标赛于7月26日在河南省新密市举行。此次比赛设测向机制作、短距离2米波段、快速发报2米波段、短距离80米波段、快速发报80米波段、全天军事团队80米波段测向外场等比赛项目。来自全国13个省的16所大学、9所高中、16所初中的41支代表队293名运动员参加激烈角逐。浙江大学组队参赛获无线电测向先进单位、阳光体育无线电测向团体总成绩第二名，短距离80米波段单项男子团体第一名，短距离80米波段单项男子团体第三名，短距离80米波段快速测向女子团体第一名，短距离80米波段快速测向混合团体第三名。

【获2017年全国大学生象棋锦标赛1金】 该锦标赛于12月8日至10日在上海棋院举行，共有来自全国35所高校的102名大学生参赛，浙江大学首次组队参赛并获团体金牌，其中女子组唐思楠（公管学院）获得第二名、吴可欣（公管学院）获得第三名。

（叶茵茵撰稿　吴叶海审稿）

学生社团

【概况】 2017年，全校共有校级注册学生社团150家，开展活动近1000场，受众超过50000人次。根据团中央、教育部、全国学联《高校学生社团管理暂行办法》相关要求，加强分类分层指导，建立社团长期发展规划，以青苗计划、星火计划和恒星计划为依托，加大学生社团建设力度，探索构建开环整合的社团管理培育体系。持续打造社团建设月、社团文化节、社团开放日等文化品牌，建设学生社团精品课程平台，培训时长超1000课时，覆盖约4670名学生。通过开展社团拟任负责人培训班、高校社团骨干群英汇等举措，强化学生社团骨干培养。

（叶盛珺撰稿　沈黎勇审稿）

加强研究生社团的指导与培育，鼓励支持理论学习型、创新创业型、文艺特长型和工作辅助型研究生社团发展，针对社团的不同定位和多元需求，引导其明确方向、差异发展、协同互动。2017年成立研究生理论宣讲团，在研究生中推进马克思主义自主学习行动计划；成立以研究生为主体的校园媒体工作平台——盐梅工作室，并成功入驻学生文化长廊；依托研究生创新创业中心和未来企业家俱乐部举办第五届研究生创业文化节，举行创业能力培养讲座和创新制造比赛；发挥研究生艺术团在弘扬传统艺术文化和倡导高雅艺术文化中的重要作用，支持其原创文艺精品创作。

（王璐莎撰稿　陈凯旋审稿）

【举办第十九届学生社团文化节】 该文化节于10月至12月开展。其间，通过联合26

家社团开展文化节系列活动,打造"红色之翼"急救训练营、"紫金论剑"时事评论大赛等品牌社团活动;通过举办文化节开幕式与闭幕式、学生社团摄影视频大赛、文化节风采展等活动,丰富社团文化节的内涵,加强社团文化的推广。本届文化节还举行了第七届高校社团骨干群英汇,邀请16所全国知名高校的近百名社团骨干探讨社团发展,同时促成十五项跨校合作的社团活动,为学生社团的发展提供更大的平台。

(叶盛珺撰稿　沈黎勇审稿)

【举办学生社团体验日】 该体验日于12月31日在紫金港校区文化广场举行。社团体验日活动由社团互动点、社联互动点、游园集章、社团路演、社团夜灯节五大部分组成。社团互动点进驻近40家社团,轮滑协会、击悦非洲鼓社、跆拳道协会、DFM街舞社等学生社团参与路演环节。

(叶盛珺撰稿　沈黎勇审稿)

【成立盐梅工作室】 党委研究生工作部指导研究生新闻媒体中心,依托学校学生文化长廊空间,成立了以"影音媒体"为主题的研究生媒体工作室——盐梅工作室。"盐梅"出自《尚书》"若作和羹,尔惟盐梅"一语,原文以古时调味所必需的盐和梅子比喻贤臣对国家的重要性,后人以此喻指国家栋梁;取与"研媒"谐音,喻指新闻媒体人才在当今社会发展和国家战略中的重要性。该工作室位于紫金港校区学生文化长廊11号空间,于2017年5月19日正式启用并对外开放,设有正装照相馆、录音工作室、虚拟演播室、盐梅沙龙等公益性服务和教育项目,为全校师生提供优质的图像、音频、视频拍摄录制服务和场地设备以及和新闻媒体相关的培训,搭建学习、交流、沟通与合作平台,打造集文化展示、互动体验、公益服务、对外

分享等功能于一体的媒体文化空间和学生媒介素养提升平台。

(王璐莎撰稿　陈凯旋审稿)

青年志愿者服务活动

【概况】 2017年,浙江大学出色完成全国第十三届学生运动会、学校120周年校庆、第四届世界互联网大会·乌镇峰会、第二届金砖国家青年科学家会议等大型活动志愿服务。深入推进"青春五丝带"志愿服务平台建设,以"弘扬志愿精神,喜迎百廿校庆"为主题,开展志愿服务品牌活动。开展"志愿中国·志愿汇"平台和志愿服务团支部试点工作,探索实现志愿服务工作网络化、数据化,提高志愿服务的效率和质量。选派18名学生参与研究生支教团工作,赴西部贫困地区开展"三支一扶"工作。"青春五丝带"志愿服务主题教育活动获大学素质教育优秀品牌活动金奖。

【浙江大学研究生支教团在湄潭支教十周年】 8月8日,浙江大学研究生支教团赴湄潭支教十周年总结座谈会在贵州湄潭召开,校长吴朝晖、党委副书记郑强、湄潭县县长李勰等领导,浙江大学研究生支教团代表、赴湄潭社会实践同学代表等60余人参加会议。浙江大学研究生支教团成员介绍了10年来支教团在湄潭支教扶贫的事迹和成果。吴朝晖鼓励支教团树立以天下为己任的胸怀和责任担当,为服务于民族复兴、国家富强和人民幸福的中国梦贡献浙大人的智慧和力量。

【"青春五丝带"项目获评2016年"大学素质教育优秀品牌活动"金奖】 3月,中国高等

教育学会大学素质教育研究分会公布 2016 年"大学素质教育优秀品牌活动"评选结果，获评金奖的"青春五丝带"志愿服务主题教育活动包含"青春银丝带、黄丝带、红丝带、青丝带、绿丝带"五版块，旨在推动敬老助老、支西扶贫、关爱儿童、智力服务、节能环保等志愿服务科学化、长效化、内涵式发展。

（叶盛珺撰稿　沈黎勇审稿）

社会实践活动

【概况】 2017 年，浙江大学紧扣国家重大发展战略和社会发展需求，组织开展以"求是情·中国梦"为主题的大学生社会实践活动，全校 700 余支实践小分队、8000 余名大学生利用寒暑假分赴全国各地开展主题突出、内容丰富的社会实践活动。深入推进"双百双进"，引导青年学生到基层、到农村、到企业开展实践活动。举办"青春公益·美丽中国"大型公益实践服务活动巡礼，充分发挥大学生公益联盟的积极作用。推进大学生社会实践共同体建设，落实社会实践工作校地合作机制，建立校院两级示范实践基地 225 个。全校师生共获社会实践活动全国性荣誉 7 项，浙大团委被评为"全国大中专学生志愿者暑期'三下乡'社会实践活动优秀单位"。

（叶盛珺撰稿　沈黎勇审稿）

研究生社会实践突出实践育人工作理念，加强实践工作顶层设计，丰富实践活动育人内涵，围绕"基地型社会实践"和"主题型社会实践"两大工作主轴，构建校地合力育人模式，将课程环节管理和"两学一做"学习教育贯穿于实践全过程，共选派 858 名研究生（其中博士生 719 名，占比 84％），前往广西、广东、贵州、湖北、四川、山西、江苏、浙江等 19 个省、市、自治区的 38 个校级和 99 个院级实践基地开展为期 4～6 周的社会实践活动，组建 30 个学生临时党支部；支持 11 支校级主题型社会实践团队，赴新疆、内蒙古、宁夏、甘肃等"一带一路"沿线省份开展主题调研；此外还有 399 名研究生参与了符合必修环节要求的其他形式实践。共完成调研报告 490 篇、专题报告 115 场、技术改进 44 项、开发产品 39 项、成功介绍合作项目 16 项、其他形式地方服务 70 项。

（王璐莎撰稿　陈凯旋审稿）

【举办"一带一路"公益实践服务活动巡礼】 5 月 18 日，"青春公益·美丽中国"——一带一路"公益实践服务活动巡礼在紫金港校区文化广场举办，44 支团队现场展示社会实践的成果。来自浙江大学、清华大学、贵州大学的学生代表宣读倡议书，传递火炬，倡议青年学生到西部、基层建功立业。"一带一路"大学生公益联盟由浙江大学联合青海、新疆等省级团委和清华大学、上海交通大学、西安交通大学等 15 所高校共同发起成立，形成一批主题鲜明、活动扎实、成绩突出、影响广泛的实践项目。

（叶盛珺撰稿　沈黎勇审稿）

【浙大师生重走西迁路】 8 月 3 日至 9 日，学生代表在校长吴朝晖、校党委副书记郑强、副校长罗建红等老师的带领下途径江西泰和、广西宜州、贵州贵阳和湄潭，重走 2600 公里的西迁路。沿途看望了在江西泰和螺溪中心小学支教的浙大爱心社同学、在广西宜州开展"三下乡"公益活动的社会实践团队以及在贵州湄潭社会实践的同学。8 月 8 日，吴朝晖、郑强在湄潭参加浙江大学研究生支教团赴湄潭支教十周年总结座谈会,听取支教团同学的总结汇报。

(叶盛珺撰稿　沈黎勇审稿)

【"红色寻访"入选团中央"三下乡"社会实践20周年典型工作案例】　12月25日,2017年全国大学生"三下乡"社会实践活动总结暨工作研讨会在清华大学召开。浙江大学党委副书记郑强在会上作为全国高校党委代表作题为《推动"大思政"工作格局下的实践育人工作取得新突破》的主题发言。《用党的光辉历史和优良传统强化青年大学生理想信念教育——浙江大学"红色寻访"主题教育实践活动概况》入选团中央"三下乡"社会实践20周年典型工作案例。浙江大学高度重视实践育人工作,将实践育人作为"知识、能力、素质、人格"四位一体人才培养体系中的重要组成部分加以推进。截至2017年12月,浙江大学累计组织1万余支团队近20万余名大学生参与实践活动,累计获得新华社、《新闻联播》等诸多社会媒体报道15000余次。

(叶盛珺撰稿　沈黎勇审稿)

【研究生干部践行"弘毅计划"】　2017年研究生干部讲习所选派32名学员分赴国家"精准扶贫"主战场——宁夏西吉、云南景东、甘肃临洮三地开展"弘毅计划"社会实践,学生一方面深入基层,与当地农民同吃同住同劳动,了解国情社情民情,开展多维度社会调查;另一方面在实践中受教育、长才干,锤炼意志品格,发挥专业特长,服务地方发展大局。实践期间,3支团队先后走访3个县的7个政府机关单位,36家农村企业及合作社,调研了13个乡镇的22个行政村,161户建档立卡户,累计开展党课19次,获宁夏日报(纸版)、中国青年网、中国甘肃网、宁夏共青团网、普洱景东网、西吉电视台等多家媒体共17次宣传报道。

(王璐莎撰稿　陈凯旋审稿)

【博士生报告团"一带一路"社会实践】　2017年,博士生报告团主动服务国家创新驱动发展战略和"一带一路"建设,赴浙江新昌、舟山、衢州、余姚,新疆乌鲁木齐、阿拉山口,内蒙古满洲里以及山西太原市8个市县开展社会实践。聚焦国家战略和地方发展前沿,报告团调研政府机关、事业单位30余家,企业50余家,完成调研报告21篇,获得地方媒体报道近20次。来自30多个院系的60余位研究生参与此次社会实践,将社会服务与专业知识相结合,推动博士生科研成果转化为生产力,服务国家倡议落地和地方经济社会发展。

(王璐莎撰稿　陈凯旋审稿)

创新创业活动

【概况】　浙江大学响应国家"大众创业、万众创新"号召,始终坚持"开源、开环、开放"的"三开"理念,充分发挥学科综合优势和区域创新创业资源优势,依托工业转化研究院、国家大学科技园、紫金众创小镇以及工程师学院,以创新创业学院建设为统筹载体,服务国家战略布局及区域经济发展,以基于创新的创业为特色,构建一流高校创新创业全链条教育体系,体现创新、创业、专业教育的紧密融合,显现了以"强创新、广覆盖、重投入、高产出"为标志的建设成果,逐渐形成了创新创业的"浙大模式"。2017年1月,被教育部认定为"全国首批深化创新创业教育改革示范高校";2017年6月,入选国家"第二批双创示范基地"。

浙江大学于 4 月成立了创新创业学院，建立了本科生院教务处、研究生院培养处、党委学工部、党委研工部、团委、就业指导中心与各专业院系有效联动的机制；11 月成立了双创示范基地建设工作领导小组，由校长吴朝晖任组长，分管学生工作的校党委副书记和分管科研、人事与教学的副校长任副组长；并于 12 月发文成立浙江大学创新创业教育专家委员会和浙江大学创新创业教育教学工作委员会，形成"学校—院系—研究所"三级有机联动的创新创业教育工作格局，以充分发挥院系主体作用及促进教学科研活动与成果转化活动的有效对接。

相继完善、出台《浙江大学关于研究生在学期间停学创业的暂行规定》《浙江大学支持教师从事科技成果转化工作暂行办法（征求意见稿）》《浙江大学本科学生研究与创新奖学金实施办法》《浙江大学本科学生学籍管理办法》《浙江大学研究生学籍管理实施办法》《浙江大学本科生第二、三、四课堂学分管理办法》《浙江大学本科学生评价实施办法》等一系列政策，通过学分转换、保研激励、休学创业、资金与空间扶持、知识产权管理、组织架构等政策保障，支撑服务师生双创，进一步激发全校师生创新创业热情。

通过课内外结合的灵活培养方式，建立集基础性、层次性和开放性为一体的全方位卓越人才培养体系。首先完善第一课堂教学，丰富第二课堂实践，拓展第三、第四课堂内容，将创业教育 3.5 学分（其中 2 学分为全校必修课程，1.5 学分为限选课程）纳入 2017 级本科专业培养方案；其次，通过组织大学生科研训练计划、各级各类大学生学科竞赛和探究性实验等活动，提高学生自主创新能力和综合素质；第三，通过研究生素养

与能力培养型课程建设项目，对创新创业类课程进行立项资助，并在教学促进津贴中对创新创业类课程进行奖励；第四，设立学科交叉人才培养建设基金，资助支持各"中心"人才培养体系建设。2017 年，在拓展原有创客空间功能的基础上，新建成 6 家校院共建双创实验室。

建立健全创新创业指导服务专门机构，做到"机构、人员、场地、经费"四到位，对自主创业的师生及其团队实行持续帮扶、全程指导、一站式服务；打造创新创业支撑平台，通过强化国家大学科技园、紫金众创小镇等机构的服务功能，引进中介服务机构，逐步建立由"一个基础服务平台""五个增值服务平台"组成的创新创业指导服务体系。同时，建立创业学生社群，以及联合浙江省人才发展研究院开展对浙大创业校友的深度访谈和问卷调查，内容涉及在校创业教育的参与情况、创业的意向和需求，以及个体情况、社会环境、创业过程等各项因素在创业中的作用发挥，为进一步优化学校创新创业教育提供参考。

加强和促进校内合作，形成品牌鲜明、优势互补、协同作战、系统化、一体化的产学研体制机制。对接杭州城西科创大走廊建设，打造紫金众创小镇，发挥学校科技与人才优势，助推政产学研协同发展。在全国 20 个省份建立了 98 家浙江大学技术转移中心分支机构和 9 个工业技术研究院。开展国际化技术转移合作，深入参与共建中国—葡萄牙先进材料联合创新中心，组建浙江大学嘉兴（海宁）国际技术转移中心，与海外 40 余家高校、科研院所、科技服务机构建立了合作关系。2017 年，浙江大学教师成果成功转化创业项目总计 70 余项，金额 7000 余万元。与首批国家双创示范基地——中

国电信浙江分公司共建创业教育实践基地，之江实验室正式揭牌落户杭州，与阿里巴巴在人才培养和智能校园建设方面展开合作，与阿里巴巴和浙江日报合作推进"浙江大学—浙报—阿里极客计划"，与百度、腾讯云、联想等知名企业合作签署校企战略合作框架协议，更好地推进浙江大学科研技术成果的快速聚集扩展和实体经济的转型升级，促使浙江大学核心技术成果更快地通过学校走向市场。

打造校友—母校发展共同体，充分整合校友资源，浙大校友总会继2016年成立上市公司企业家校友联谊会后，于2017年成立了金融投资界校友联谊会，进一步凝聚企业界和金融投资界校友力量，助力校友、师生科研项目转化，并策划了第三届浙大校友创业大赛；成立浙江大学校友总部经济园，整合政府部门、创业园区的资源，通过创业辅导、投融资对接等服务校友创业；充分运用"浙大系"在创新创业领域的资源优势，形成校内外的良性互动，并通过对优秀校友典型事迹的宣传，日益形成品牌效应，凸显创新创业资源优势。

为营造双创文化氛围，成立了浙江大学创业教育发展中心及辅导员创业教育工作室，指导建立未来企业家俱乐部、创业联盟等双创类学生社团20余个，开展创享紫金大讲堂、创在浙大系列讲座、"互联网＋"创新大讲堂等文化活动，组织创业训练营、极客小圆桌、助创计划、ON THE ROAD创业学堂教育培训等，共计举办各类创新创业活动100余场次；在浙江大学120周年校庆期间举办"浙大人的创新展"和"浙大人的创业展"，在校第十四次党代会期间举办"聚焦一流 跨越发展——浙江大学创新创业教育成果展"，集中展示了浙大人的创新创业成果和创新创业文化；在第四届学生节期间举办以"青春新行动 启智创未来"为主题的学生科技文化展，展示浙大各类具有学生原创性、科技前沿性和实践应用性特色的优秀科技文化作品与创新创业项目。

开展丰富多彩的创业实践活动，以提高学生的创业能力。创新创业学院主办了"中国有AI·联想高校AI精英挑战赛"第七站暨江浙赛区晋级赛；主办了全国创新创业高端论坛暨资本对接会，为进一步加强中—东—西部的创业教育理念共享及创业资源流动打下坚实基础。党委研工部组织研究生参与2017年"中国研究生创新实践系列大赛"，包括智慧城市技术与创意设计大赛、移动终端应用设计创新大赛、未来飞行器创新大赛、中国石油工程设计大赛、数学建模竞赛、电子设计竞赛、石油装备创新设计大赛等子比赛。校团委组织了第十五届"挑战杯"大学生课外学术科技作品竞赛、第三届"互联网＋"大学生创新创业大赛等活动。各院系分别开展了"凯泰资本杯"创业大赛、"捷昌驱动杯"创新创业大赛、同仁创客大赛等相关赛事，为校园创新创业氛围的营造提供了有力保障。国家大学科技园和工业技术转化研究院举办了涉及企业管理、人力资源、投融资、项目与资本对接、科技创新、市场营销等主题的创业教育活动、创业俱乐部活动、专题创业沙龙、投融资对接会、系列宣讲培训和座谈会等共计70余场。浙江大学第十三期唐大威优秀生赴港项目在2017年寒假为46名浙大学生提供了为期9天的实习培训，涵盖创业金融保险、财富管理、资产并购、投资银行等专业课程和参观文化长廊、香港大学等文化体验项目；组织21名创业学生在暑期赴美国深入学习美国顶尖高校的创业教育。

浙江大学年鉴

组织参加各类高水平大赛,促进创新创业教育活动,并取得丰硕的成果。浙江大学获浙江省第十五届"挑战杯"大学生课外学术科技作品竞赛杰出贡献奖,第十五届"挑战杯"全国大学生课外学术科技作品竞赛特等奖1项、一等奖3项、二等奖2项和优秀组织奖;中国研究生创新实践系列大赛一等奖6项、二等奖6项和三等奖7项;第三届中国"互联网+"大学生创新创业大赛全国总冠军、先进集体奖,金奖总数第一(3项)、集体总分第一;第十六届全国大学生机器人大赛机器人创业赛优秀组织奖;第三届"创青春"中国青年互联网创业大赛总冠军;第五届中国杭州大学生创业大赛特别贡献组织奖;第四十五届日内瓦国际发明展特别嘉许金奖1项、金奖1项、银奖1项;国际大学生数学建模竞赛特等奖之最高奖2次和第三届全球重大挑战峰会学生日活动科技墙报展冠军等。

举办"国际大学创新力评价"专家咨询会、2017中美创新创业论坛、2017世界青年创业论坛、"创业教育生态系统建设"国际研讨会暨联合国教科文组织中国创业教育联盟2017年会(由联合国教科文组织中国创业教育联盟和浙江大学共同主办,创新创业学院和教育学院共同承办)、2017华人创业教育学者高端论坛暨亚洲创业教育联盟(AEEA)年会(由浙江大学管理学院联合浙江大学创新创业学院以及亚洲创业教育联盟共同主办)等一系列高端国际会议,总结、探讨、分享、创业经验,拓展创新创业新思路、新方法和新视野,促进创新创业健康发展。

【浙江大学创新创业学院成立】 浙江大学于2017年4月7日发文成立该学院,由校党委副书记郑强任院长。该学院旨在统筹和集聚校内外创新创业教育资源,系统构建以创业意识激发、创业技能提升、创业项目优化、创业融资对接、创业公司落地等环节为核心的"全链条式"创新创业教育体系,激发全校师生的创新创业热情,逐步将浙江大学独特的创新创业教育模式辐射全国。该学院倡导"顶层设计与双一流建设相结合、围绕核心与学科专业建设相结合、服务产业与整体布局相结合"的理念,以创新驱动为引领,以服务学生成长为根本,以科技创新为动力,以学科发展为支撑,聚焦师生校友创业及成长、合作企业转型升级,推动科技创新转化与大众创业、万众创新有机结合,形成以创新为引领和支撑的战略发展模式。该学院统筹协调全校创新创业教育,发挥创新创业本科辅修、微辅修计划的典型示范作用,提供创新创业实践平台,并促进创新创业研究与推广,加快科研成果转化,完善师生创新创业的配套政策。

【浙江大学创新创业研究院成立】 2017年6月,为深入贯彻落实中央关于深化高校创新创业教育改革的部署,主动服务国家创新驱动发展战略和地方经济社会发展,加快浙江大学率先建成中国特色世界一流大学进程,浙江大学创新创业研究院成立。其旨在发挥浙江大学学科、人才和科技优势,整合校友资源,创新体制机制,积极推动和促进科技成果转化、产业化,为广大师生和校友着力打造一流的创新创业平台,构建母校和校友的发展共同体。由浙江大学发展委员会主席金德水担任研究院理事长。

该研究院以浙江大学校友企业总部经济园(以下简称"总部经济园")为发展初期的重点项目和主要驱动引擎。总部经济园是浙江大学与杭州市余杭区战略合作的重点项目,得到浙江省、杭州市和余杭区三级政府的政策支持,2017 年 11 月 29 日,浙江省人民政府正式授牌成立浙江大学校友企业总部经济园。根据建设方案,总部经济园由总部经济园区、国际科技金融园区和国际高技术产业园区构成,分步推进各功能区建设。总部经济园区预计 2018 年下半年动工,2021 年建设投入使用。总部经济园着力打造涵盖科技成果转化、产业化的全链式创新创业服务体系,积极吸引校友企业和以校友企业为纽带的泛浙大校友企业入驻园区,构建全球性、全国性或区域性企业总部集聚区,形成以企业总部集群为特征的经济园区和新兴经济业态。

截至 2017 年年底,该研究院已先后赴美国、新加坡和中国香港、上海、北京、广东、安徽、江苏、河南、重庆、陕西等地举办了 40 余场路演宣讲会,与各地浙大校友和浙商朋友深入座谈交流,引起了巨大反响和热切关注。已完成涵盖英国、美国、法国、俄罗斯、澳大利亚、新西兰等多个国家的近 140 个项目洽谈,20 余家企业已经在总部经济园过渡办公空间注册落地。

【在全球重大挑战峰会学生日科技墙报竞赛中夺冠】 美国当地时间 2017 年 7 月 20 日下午 4 点,第三届全球重大挑战峰会闭幕式在华盛顿举行,浙江大学"Ultra Clean"学生团队在学生日科技墙报竞赛中夺冠。美国国家工程院院长 C. D. Mote, Jr. 教授为学生团队颁奖,中国工程院院长周济教授亲切看望浙大参赛学生。这是继浙江大学学生团队在 2015 年第二届全球重大挑战峰会学生日竞赛获得第一名后,再获佳绩。

【获第三届中国"互联网＋"大学生创新创业大赛总冠军】 9 月 15 日至 18 日,该大赛在西安电子科技大学举行。浙江大学 6 支参赛团队斩获了 3 金 1 银 2 铜的好成绩,集体总分和金奖总数均位列全国第一,浙江大学获得先进集体奖。管理学院博士生白云峰团队的"杭州光珀智能科技"项目以 740 分的全场最高分摘得桂冠。中共中央政治局委员、国务院副总理刘延东参观创新创业成果展,亲切接见获金奖团队师生代表。

【获第十五届"挑战杯"全国大学生课外学术科技作品竞赛"优胜杯"】 11 月 14 至 18 日,该竞赛终审决赛在上海大学举行,浙江大学控制学院屠德展等同学的"管道医生——智能泄漏检测定位球"作品获得特等奖,另有 3 项作品获得一等奖、2 项作品获得二等奖。浙江大学最终以总分 390 分的优异成绩捧得大赛"优胜杯",并获"优秀组织奖"。

【浙江大学"青春新行动,启智创未来"学生科技文化展举行】 12 月 31 日,该文化展在紫金港校区月牙楼和玉泉校区永谦广场同时举行,分"创业挑战,梦想青春""科技创新,智启未来""社科万象,人文风采"3 个区域,通过图文视频、互动演示、模型展板等形式,集中展示了浙大学生在创新、创业、创意等方面取得的优秀成果。本届展览包括获得第三届中国"互联网＋"大学生创新创业大赛全国总冠军的"光珀智能科技"、获得第十五届"挑战杯"全国大学生课外学术科技作品竞赛特等奖的"管道医生"在内的 76 项最前沿创新创业优秀成果,吸引 3000 余人次参观。

【"浙大人的创新创业展"】 该展览在浙江大学 120 周年校庆期间开展。其中,"浙大人的创新展"集中展示了浙江大学 120 年发展历程中,一代又一代求是学子把追求真理的目标和国家使命紧密结合,通过汇聚高水平师资,培养拔尖人才的创新举措,行走在高等教育发展的前列;呈现浙大师生在国家战略、学术前沿、区域经济发展的交织地带，创造新方法、新知识，开辟新领域，发展新思想，构筑新格局，为解决全人类面临的共同难题、推动改善人民生活水平作出的令世界瞩目的贡献，并设有多项科技互动装置。"浙大人的创业展"以创业教育为主线、历史进程为主轴、创业文化为铺垫、创业成果为亮点，分别选取了从1997年到2017年的重要事件，以师生共同创业、校友联合创业、基于学科的创业和公益创业等为主题的创业故事，和浙大创业人代表们的创业感悟和寄语，直观展示浙大创业教育的实践和成果。

【Idea Bank 创客空间入选 2017 年度国家备案众创空间】 2017年12月，该空间被科技部确定为2017年度国家备案众创空间。Idea Bank 创客空间投入运营一年以来不断丰富内涵建设，探索推进创意激发、创造能力训练、创新思维培养、创业项目优化和落地等环节贯通的功能开发，进一步完善汇聚资源机制，集聚社会、政府、企业、学校创新创业教育资源。2017年，Idea Bank 创客空间先后入驻创业项目40个，孵化成功项目12个，在孵项目21个，开展大型路演活动3场，小型交流沙龙10余场，与10余家风投公司建立合作关系，聘请18位校内外创业导师。

【赴以色列开展创新创业交流】 2017年11月19日，受以色列希伯来大学和海法大学的邀请，浙江大学师生交流团共14人赴以色列高校和企业开展了为期一周的访问与交流。两所高校围绕以色列的创业成就、创新创业生态系统构建、创新文化形成、创业人才培养，以及高校在创新成果转化中发挥的作用等方面，为交流团安排了专家讲座、创业者面对面交流、科技实验室参观等活动。交流团有侧重地选择了以色列的孵化器、科技企业和风投公司进行参观和调研，了解了以色列在扶持科技类创业和开展跨国产业价值链整合方面已有的做法，感受了以色列灵活孵化、合作共赢的协同创新生态。

（袁　璐　王璐莎撰稿
尹金荣　陈凯旋审稿）

办学支撑体系建设

图书情报工作

【概况】 浙江大学图书馆共 8 座馆舍,总建筑面积 10.5 万平方米。截至 2017 年 12 月 31 日,全馆实体馆藏总量 772.05 万册。全馆借还书总量 89 万册,预约图书 4.7 万册,进馆人数约 235 万人次;基础分馆信息共享空间总使用量 1.5 万人次;移动图书馆月平均访问点击量 462.5 万次,读者登录月平均 24.5 万次。举办面向本科生、研究生的各类文化讲座、展览共计 110 次。接收科技查新项目 230 项,提供原文文献 6.6 万篇,论文收录 6.7 万篇。

围绕学校学科建设重点,加强特色文献资源建设。以“基伯斯藏书”为基础,继续探索不同学科典籍资源建设的方法与渠道,完成 1 万余种艺术与考古类以及“基伯斯藏书”的验收工作。数字资源全学科覆盖,学术性外文期刊保障率较高。JCR 期刊保障率、ESI 期刊的保障率均超过 86%;其中 JCR Q1 的保障率高达 94%;SNIP 排名前 1000 的期刊保障率达到 93%;学校 ZJU100 以及 TOP850 的保障率也达到了 97% 以上及 96% 以上。

进一步完善学科服务、情报分析工作机制。为学校职能部门提供《浙江大学 SCI 十年回顾与展望》《浙江大学与四所国际对标高校跨学科研究分析报告》等报告。定期跟踪 ESI 平台数据和大学排行榜榜单,部分跟踪报告在人民日报、光明日报等权威媒体上转载。

深化研究与保护,推进古籍碑拓中心工作。在国家古籍保护中心成立十周年座谈会上应邀首次公开发布自建数据库“中国历代墓志数据库”。

推进浙江大学数字图书馆建设。整合 CADAL 资源,释放纸本书资源,数字图书馆资源管理与揭示平台实现一站式揭示本馆特藏资源库(墓志数据库、大型文献库、浙大文库)。

深入谋划紫金港西区主图书馆和古籍特藏馆建设。完善主图书馆设计方案,完善古籍特藏资源馆内部布局及功能规划。

为纪念建校 120 周年,精心组织系列活动。布展藏书印摄影 LOGO 专板、校歌背景墙、校史图片展、文化拍摄点,推出《书香百年——书与图书馆故事》主题展览,举办"浙江大学历史系七七级学长"代表向母校捐赠《四库全书》仪式、多语种《习近平谈治国理政》图书捐赠仪式,编辑出版《书香百年:书与图书馆的故事》《浙江大学国家珍贵古籍名录图录》《变革与发展:大学图书馆的探索和实践》等图书,召开"基于 CADAL 平台的资源共享与应用国际研讨会"等会议。

【获第二届全国高校图书馆阅读推广案例大赛二等奖】 11 月 16 日,浙大图书馆凭借"悦空间——青年读书角"阅读推广活动获得该奖。"悦空间"是图书馆与校团委、各院系、出版社等共同推出的校园阅读推广品牌。今年首次与浙大出版社合作推出了"云图 M-LAB",打造云端"悦空间",开展"用手机读书,与名人共度假期"等活动,开启了线上线下交互阅读模式。

【承办第二十届环太平洋研究图书馆联盟(PRRLA)国际会议】 10 月 18 日至 19 日,图书馆承办该国际会议,会议以"挑战和机遇:PRRLA 图书馆为科学研究发挥战略优势"为主题,邀请环太平洋地区高校图书馆界代表 60 余人参会,探讨数字人文、数字学术服务、特藏资源开发利用等问题。

【附录】

附录 1　浙江大学 2017 年图书经费情况

图书类型	经费金额/万元
中文图书	651.97
外文图书	635.54
港台图书	86.52
中文报刊	166.67
外文期刊	754.35
数据库	2680.25
购置业务费	125.03
其　他	9.95
总　计	5411.03

附录 2　浙江大学 2017 年图书馆藏及流通情况

文献种类		数量
图书	中文	421.76 万册
	外文	88.65 万册
	包括:古籍	18.70 万册
期刊	中文	60.53 万册
	外文	46.11 万册
报纸		7.35 万份
缩微、音像资料		6.83 万件

文献种类	数量
海宁、之江舟山校区	28.76 万册
院系资料室(含医学院附属医院)	108.22 万册
其他(含悦空间、IA 赠书架)	3.82 万册
电子数据库	400 余个
馆藏总量	631.25 万册
图书流通量	84.00 万册

(聂四维撰稿 吴 晨审稿)

实验室建设与设备管理

【概况】 截至 2017 年 12 月 31 日,全校仪器设备资产总台件数达 286961 台件,总额 696407.89 万元。其中,10 万元以上 8693 台套,金额 410213.01 万元;50 万元及以上 1829 台套,金额 247807.73 万元;200 万元及以上 245 台套,金额 105670.06 万元。2017 年,全校新增仪器设备共计 29728 台套,总值为 92915.58 万元;减少 10365 台套,原值 12997.8 万元;全年处置报废仪器设备竞标 22 批次,残值收入 67.90 万元。

积极推进学校公共技术服务平台的建设与管理,重点推进冷冻电镜中心、微纳加工中心和 3T/7T 磁共振成像平台等建设。积极探索大型仪器开放共享机制,全校共有 5495 台仪器纳入大型仪器网络共享平台,1258 台大型仪器开展有偿服务。全年投入大型仪器维修补贴基金 126.22 万元,仪器设备得以继续发挥效益。397 台大型仪器加入浙江省科技云平台并提供社会服务,浙江大学被浙江省科技厅评为"2017 年度大型科学仪器设备开放共享优秀单位",2 台仪器被评为优秀机组。设立了 19 项实验技术研究项目,鼓励实验技术人员开展研究;"硫碘热化学循环水制氢系统"等 5 项自制仪器设备获校自研自制仪器设备成果认定。

全年投入 787.8 万元教学设备费和 135.87 万元维修费用于教学设备的更新和维护;8 个教育部中央高校改善基本办学条件专项执行经费共计 2984 万元,改善了实验教学示范中心的仪器设备条件。2018 年 14 个教学设备购置项目(共计 4936 万元)已通过教育部专家评审。

积极开展实验室安全管理工作。举办 2 次实验室安全专项培训班,800 多名师生参加。面向新生和新教工,发放《实验室安全手册》19000 册,英文版 1200 册。2017 年 1 月 1 日起,浙江大学化学品全程管理平台正式运行,所有危险化学品、《浙江大学定点供应商实验气体供应名录》内的实验气体实行在平台上采购,其余化学品须在平台登记备案,并在 2017 年 4 月 26 日紫金港、玉泉、华家池三个校区的废弃物中转站投入试运行后,实施废弃物处置网络申报,逐步推进化学品全程化管理。2017 年 8 月 22 日,快速反应、妥善处理世贸丽晶城居民向中央环保督查组的环境投诉事宜。2017 年 9 月，启动"危险化学品专项治理活动"，计划 2018 年结束。

【附录】

2017 年浙江大学教学科研仪器设备情况

单位名称	合计		其中：10 万元以上		其中：200 万元以上	
	台件	金额/万元	台件	金额/万元	台件	金额/万元
人文学院	2234	1837.31	5	147.31	0	0
外国语言文化与国际交流学院	2853	1670.8	13	274.42	0	0
传媒与国际文化学院	946	1535.52	23	615.21	0	0
经济学院	893	756.81	4	102.49	0	0
光华法学院	822	540.79	2	42.5	0	0
教育学院	1438	1597.92	26	640.61	0	0
管理学院	2146	3047.49	35	935.25	0	0
公共管理学院	2057	1792.98	11	184.14	0	0
马克思主义学院	180	99.4	0	0	0	0
数学科学学院	1251	1066.76	2	25.3	0	0
物理学系	7188	18891.52	196	11013.74	15	4671.32
化学系	9288	23271.8	307	15642.05	14	5350.34
地球科学学院	2649	5648.56	69	3038.67	2	677.61
心理与行为科学系	1188	2388.42	37	1530.23	0	0
机械工程学院	8159	27501.51	371	17189.77	8	2090.39
材料科学与工程学院	5442	34088.33	319	27806.28	25	13832.51
能源工程学院	8574	34153.56	456	23266.28	16	5200.01
电气工程学院	9657	19326.94	334	10443.4	5	1503.28
建筑工程学院	8398	22645.17	212	13468.09	13	6617.67
化学工程与生物工程学院	7871	20087.53	328	12045.23	2	531.96
海洋学院	5944	22353.18	235	15359.58	11	7358.28
航空航天学院	4763	17474.3	197	10720.45	8	2945.71

（院系）

续表

单位名称		合计		其中:10万元以上		其中:200万元以上	
		台件	金额/万元	台件	金额/万元	台件	金额/万元
院系	高分子科学与工程学系	3444	9262.1	133	5859.24	1	236.95
	光电信息工程学院	7032	34516.19	450	24797.02	17	7182.43
	信息与电子工程学系	8533	14924.32	191	6731.17	2	580.18
	控制科学与工程学院	7022	21772.43	303	12769.57	3	671.05
	计算机科学与技术学院	11095	20101.01	158	7291.25	5	2062.43
	软件学院	5	3.35	0	0	0	0
	生物医学工程与仪器科学学院	3556	11455.96	193	7315.42	1	1747.2
	生命科学学院	9636	18009.51	235	8643.45	5	1777.81
	生物系统工程与食品科学学院	4745	10237.73	148	4391.36	0	0
	环境与资源学院	8023	17245.65	268	9115.51	4	1034.16
	农业与生物技术学院	14970	28789.16	383	12091.84	4	1205.69
	动物科学学院	6385	12326.1	180	5374.17	1	278.71
	基础医学系	10574	21552.75	282	9447.49	1	334.54
	公共卫生系	2239	2954.49	37	815.35	0	0
	药学院	4713	12423.17	238	7545.26	2	720.33
直属单位	建筑设计研究院	33	29.14	0	0	0	0
	海宁国际校区	790	1014.56	15	290.2	0	0
	工程师学院	2273	20017.21	297	17742.56	12	4150.15
	竺可桢学院	30	38.13	0	0	0	0
	继续教育学院	3305	3291.42	31	1361.02	0	0
	国际教育学院	329	420.3	5	144.5	0	0
	图书馆	1577	6230.25	62	4009.12	4	1092.44
	信息技术中心	9359	14819.08	243	7404.09	0	0
	公共体育与艺术部	2477	2707.47	25	1053.77	1	335.09
	工业技术转化研究院	1579	5569.1	46	3274.3	2	669.88

单位名称		合计		其中:10万元以上		其中:200万元以上	
		台件	金额/万元	台件	金额/万元	台件	金额/万元
校设科研机构及公共平台	中国西部发展研究院	392	505.51	8	237.6	0	0
	浙江加州国际纳米技术研究院	976	4750.08	48	3782.83	5	2043.81
	求是高等研究院	1116	10766.31	54	8857.39	3	6591.82
	生命科学研究院	3533	10075.81	90	6134.14	8	2741.53
	数学科学研究中心	275	241.13	2	69.12	0	0
	社会科学研究基础平台	376	689.45	7	441.3	0	0
	水环境研究院	318	1020.5	21	705.59	0	0
	转化医学研究院	970	2318.29	28	916.52	0	0
	农生环测试中心	336	3067.74	46	2803.52	2	585.26
	医学院公共平台	521	4934.25	55	4322.25	7	2104.16
	实验动物中心	935	1974.25	21	726.28	1	161.18
附属医院	附属第一医院	5973	17911.26	158	9353.79	7	3058.16
	附属第二医院	2138	8267.24	69	5672.35	5	3110.55
	附属邵逸夫医院	884	1111.1	11	305.2	0	0
	附属妇产科医院	340	1083.57	19	531.16	0	0
	附属儿童医院	576	1535.07	17	928.25	0	0
	附属口腔医院	23	19.92	0	0	0	0
其 他		6859	22907.14	337	14481.72	9	3247.36
合 计		244206	644665.8	8096	382227.67	231	98501.95

（阮　俊撰稿　冯建跃审稿）

校园信息化建设

【概况】 2017年,浙江大学校园网连接7个校区、7个附属医院,杭州城区共80余公里双环形大网光缆。校园网出口总带宽34G。VPN(Virtual Private Network)上网认证账号数量约7万个,有线联网计算机超过8万台,全网支撑移动终端无线上网超过9万台,校园卡持卡用户35.1万人,活动用户 20.3 万人，全年换发卡量 7 万张，视频交互平台共支撑教育部及学校 112 场视频会议。

制定新一代校园网络建设规划。积极与运营商开展合作共赢，初步达成合作意向，规划将实现校园出口带宽跨越式升级，提升用户访问体验与学校网络国际形象。

优化提升网络信息化服务平台。新一代邮件系统上线运行，界面、综合性能、可靠性、可扩充性均大幅提升；推出统一身份认证系统 2.0、推出浙大云盘；深化流程平台应用，推进主数据库建设；购买 MATLAB 正版化服务并正式向师生推出使用；完成 E 校园电子地图开发；升级"我的浙大"手机端移动应用，推出"我的浙大"和"后勤综合平台"微信企业号服务；推进"学在浙里"平台的建设和推广应用，完成平台新版本升级、二次开发、实施、推广、培训，平台在线课程超过 1100 门，活跃课程超过 900 门，最高每日页面浏览量超过 15 万次。

信息安全工作深度推进。强化安全防护体系，部署安全硬件设备和防护措施；健全管理体制机制，发布《浙江大学网络与信息安全管理办法》《浙江大学网络与信息安全类突发公共事件应急预案》，完成 2 个三级等级保护系统、2 个二级等级保护系统的信息安全等级保护测评及省公安厅备案工作。

加强宣传与对外交流。接待上海交通大学、中山大学、哈尔滨工程大学来访交流；主办"中国教育和科研计算机网浙江省主节点第十七次学术年会""浙江省高教学会教育技术专业委员会 2017 年年会"等会议。

【成立信息技术中心】 2009 年 1 月，信息中心和图书馆合并成立图书与信息中心，8 年后，为了适应学校长远发展，2017 年 1 月 26 日，信息中心与现代教育技术中心合并，成立信息技术中心，承担原图书与信息中心的信息中心和教育学院现代教育技术中心的职责，主要负责学校网络信息化、教学信息化支持等任务，为学校直属单位。

【"网上浙大"项目】 于 2017 年 4 月 19 日正式启动。"网上浙大"信息化建设项目是学校"十三五"发展规划支撑保障体系的重要组成部分，是学校"十三五"期间十大重点建设项目之一。通过构建信息发布、在线教育、学术资源、网上办事和个人信息五大虚拟空间，拓展学校新式办学空间。建成高速泛在的校园网络、标准共享的公共平台、立体联动的信息发布、便捷易用的个人信息管理、高效协同的网上办事和开放互动的在线教育等预期标志性成果。

（陈蓉蓉撰稿　陈文智审稿）

出版工作

【概况】 浙江大学出版社（以下简称出版社）现有用房建筑面积约 6600 平方米，固定资产 1166 万元，流动资产 29126 万元，另有北京启真馆文化传播有限责任公司、杭州飞阅图书有限公司 2 家控股公司，以及 1 家全资子公司——杭州一源数字文化传媒有限责任公司。出版社全年出版新书 1094 种，重印图书 1457 种次，图书总生产码洋 5.08 亿元，同比增长 12.88%，发货码洋 2.79 亿元（不含资助书、合作书），总体经营收入超过 2.6 亿元，利润超过 4120 万元，较上一年增长 7.8%。

重点项目申报立项稳中有升。其中，4 项入选国家新闻出版广电总局"十三五"国

浙江大学年鉴

家重点出版物出版规划增补项目,3项入选年度国家出版基金资助项目,2项入选年度国家新闻出版广电总局国家古籍整理出版资助项目,2项入选年度国家社科基金项目国家社科基金后期资助项目,5项入选年度中华人民共和国科学技术部国家科技出版基金项目,3项入选浙江省新闻出版广电局浙江省优秀重点(主题)出版物项目,1项入选2017年"原动力"中国原创动漫出版计划,7项入选2017年国家社科基金中华学术外译推荐选题目录,7项入选国家新闻出版广电总局"丝路书香"工程重点翻译资助项目,2项入选国家"丝路书香"工程,1项入选国家"丝路书香"工程"外国人写作中国计划"第一期项目,1项入选国家新闻出版广电总局经典中国国际出版工程。

2017年,出版社获得第四届中国出版政府奖多项正式奖和提名奖,《丝绸之路:一部全新的世界史》等2种出版物获得第十二届文津图书奖,《中国牙形刺》等3种出版物获得第25届浙江树人出版奖,12种出版物获得浙江优秀出版物(图书)编辑奖,1种出版物获得2016年度中国十大数字阅读作品奖。1人入选全国新闻出版行业领军人才,1人入选总局数字出版千人培养计划,1人当选全球学术与专业出版者协会理事会委员,1人获第六届"韬奋杯"全国出版社青年编校大赛编辑个人二等奖。

出版社第五次蝉联国家及浙江省"2017—2018年度文化出口重点企业",获得"2016年度中国图书海外馆藏影响力出版100强"和"连续三年中国图书海外馆藏影响力出版30强"荣誉称号,在"中国图书对外推广计划"(CBI)工作小组年度综合排名中上升至单体社第五位。浙江大学"一带一路"国际出版示范平台项目入选国家及浙江省"2017—2018年度浙江省文化出口重点项目"。

2017年,读者口碑继续提升,88种重点图书入选近194项榜单,《腾讯传》《傅申书画鉴定与艺术史十二讲》《毕加索传(卷一)》入选《中华读书报》好书榜,《托克维尔传》《音乐与情感》《趣商业》等入选《中国出版传媒商报》·影响力好书榜,《腾讯传》《好奇心经济学》入选《中国新闻出版广电报》优秀畅销书榜,《革命与霓裳》入选中国图书评论学会·2016中国好书榜年榜候选图书,《丝绸之路:一部全新的世界史》入选《光明日报》5月光明书榜等。

围绕学校"双一流"建设目标,进一步加大对学科办刊的支持力度,浙江大学又新增*Food Quality and Safety*,*Visual Informatics* 2种英文国际化刊物;出版社启动实施浙江大学精品学术期刊集群建设,集群期刊规模达到24种,被推荐为浙江省唯一一家国家新闻出版广电总局集群化试点单位。《浙江大学学报》(英文版)3刊影响因子稳中有升(英文版A辑进入IF影响因子Q2分区),《浙江大学学报》(人文社会科学版)学术影响力继续位列高校综合类学术期刊前茅并承担国家社科基金项目。《浙江大学学报》(英文版)、《浙江大学学报》(工学版)、《浙江大学学报》(医学版)合计被SCI收录330条、EI收录514条、MEDLINE收录222条。《浙江大学学报》(英文版)获国际卓越奖学术出版者奖项提名,《浙江大学学报》(英文版)A/B辑、《管理工程学报》《国际肝胆胰》《世界儿科杂志》被评为"2017中国最具国际影响力学术期刊"(Top 5%),《浙江大学学报》(工学版)和《信息与电子工程前沿(英文)》被评为"2017中国国际影响力优秀期刊"(Top 10%)。

【出版社获第四届中国出版政府奖多项正式奖及提名奖提名】 6月,国家新闻出版广电总局公布了"第四届中国出版政府奖入选获奖名单",出版社获多项大奖,是在历次中国出版政府奖评奖中收获最多的一次。其中,《感染微生态学：理论与实践》(*Infectious Microecology：Theory and Applications*)入选图书奖正式奖,出版社入选先进出版单位,《浙江大学学报(人文社会科学版)》编辑部徐枫入选优秀出版人物,《浙江大学学报(英文版)A辑》入选期刊奖提名奖,《阿里壁画》入选印刷复制奖提名奖,与浙江人民美术出版社等联合出版项目《潘天寿全集》《陈从周全集》分别入选装帧设计奖提名奖和图书奖提名奖。中国出版政府奖是中国新闻出版领域的最高奖,每三年评选一次,旨在表彰和奖励国内新闻出版业优秀出版物、出版单位和个人。

【《元画全集》作为礼物赠予德国柏林自由大学】 7月5日,由国务院新闻办公室、中国驻德国大使馆主办的"感知中国·德国行"系列文化活动在柏林拉开帷幕。在开幕式上,中共中央宣传部常务副部长黄坤明代表中方向柏林自由大学赠送了由浙江大学出版社出版的"中国历代绘画大系"之《元画全集》。

《元画全集》于2014年11月出版,总主编张曦,全书分5卷16册出版,分故宫卷、上博卷、欧美卷、日本卷和国内散目卷5卷,汇集了全球最全的元画资源,吸收了最新的国内外研究成果,集元画研究之大成。

编纂工作始于2010年,对涉及欧美、日本、中国110余家收藏单位约670件元代绘画进行高质量的整理收集,是对元代绘画一次整体性、全球性的整理发掘和汇编出版。

(黄培槐撰稿 袁亚春审稿)

档案工作

【概况】 截至2017年12月31日,校档案馆接收各类常规和特种类档案4746卷、34573件;上架入库常规类和特种类档案5403卷、56798件。提供常规档案利用25224卷(件),3680人次,复制馆藏档案73586页(件);提供声像档案利用9000余件;干部人事档案利用3844卷。持续做好档案"八防",确保档案馆环境安全和档案实体安全;加强档案法制建设和安全保密建设,做好国防军工保密资格审查工作及数字资源的密级核查与分类工作。

持续开展馆藏存量和增量档案数字化。截至2017年年底,馆藏档案计算机案卷级目录196778条、文件级目录3672159条、电子文件1476086个;全面开展干部人事档案数字化工作,完善组织人事档案服务支撑体系。优化档案馆门户网站系统,推出奖状、专利证书、历届校友名录、毕业合影照片以及沈德绪档案等开放档案资源的网上查询服务;实现70T档案数字资源在学校信息中心的备份存储。

继续实施"珍贵史料传承典藏计划",征集特色档案。征集著名书法家马世晓书法作品110幅、"精神世界的拾荒者"韦思浩校友史料178件以及束星北、孙逢吉、唐孝威、毛汉礼、徐承恩等名人史料入馆;英国科学家李约瑟与竺可桢校长来往信件、李约瑟西南旅行考察报告、照片等电子资料,1937年物理学家波尔访浙大视频等校史资料,浙大师生各时期的学习记录入藏。

依托人文学院公众史学研究中心力量

开展口述历史采访，对黄书孟、郑小明、程家安、郑树、夏越炯、韩祯祥 6 位老领导进行视频采访，形成部分回忆录书稿，逐步建立真实生动的口述历史档案。

扩充可移动文物网站管理系统中藏品管理功能；编辑、出版《求是聚真——浙江大学可移动文物精选》；做好全校可移动文物国有资产清单核定审计和教育部直属高校文物收藏情况统计上报工作。学校被授予"浙江省第一次全国可移动文物普查先进集体"荣誉称号。

持续开展档案编研工作，出版、分发《浙江大学馆藏档案》（2016 年）1500 册；推出"浙江大学档案馆"微信公众号；编纂《宜山画报——浙江大学办学记录》；编辑《抗日战争时期浙江大学协助浙江省立图书馆转移文澜阁本〈四库全书〉史料汇编》；120 周年校庆特展"红军长征与文军西征"主题展览、"求是学子展——浙大化工系 45、46、47、48 级校友事迹展"，于 5 月 20 日分别在紫金港、玉泉校区开幕。配合举办"翰墨求是——浙江大学书画精品展""浙江大学120 年办学历程回顾与展现"展览。

继续开办《浙江大学学报》校史研究专栏，续办《浙江大学校史研究》刊物；设立2017 年校史研究立项课题 11 项；组织开展"1998 年并校以来浙江大学办学史研究"、"浙大老校友在台湾"课题研究；举办"浙江大学校史大讲堂"2 期。校史馆全年共计接待 95000 余人次，国务院副总理刘延东等重要领导参观了校史馆。

【校庆图书编纂出版】 档案馆组织校史专家，编纂《浙江大学图史》及其英文版 *A Pictorial History of Zhejiang University*，图文并茂地展现浙江大学百廿年历史文化底蕴；编纂《抗战文军——抗日战争时期的国立浙江大学》，以丰富的史料再现西迁浙大流亡办学的光辉历程；编纂《浙大史料》（选编，1897—1949），汇集早期办学记录。5 月 20 日，以上图书作为"浙江大学建校 120 周年系列图书"，在紫金港校区首发。

【举办《竺可桢日记》手稿捐赠仪式暨"大学历史与大学精神"座谈会】 120 周年校庆期间，竺可桢老校长亲属向学校捐赠《竺可桢日记》手稿 56 册。竺可桢在工作极其繁重的情况下，坚持了每天写日记的习惯。从1936 年至他去世的 1974 年间，共有 56 本日记基本完好地保存下来，被史学界公认为"20 世纪最具影响力的名人日记之一"。5月 21 日，《竺可桢日记》手稿捐赠仪式暨"大学历史与大学精神"座谈会在紫金港校区举行，竺可桢儿子竺安代表所有亲属向浙江大学进行捐赠，常务副校长任少波代表学校接受捐赠并颁发捐赠证书。副校长罗卫东主持了仪式。在随后举行的座谈会上，与会领导与来宾结合竺校长日记，围绕"大学历史与大学精神"进行了热烈的讨论。

【《浙江大学史》编撰与研究项目启动】 11月 10 日，浙江大学校史研究中心成立，《浙江大学史》编撰与研究项目同时启动。《浙江大学史》将对浙江大学 120 周年的办学历史和发展历程进行系统梳理与科学总结，项目周期为 4 年，包括总课题项目及 7 个子课题项目。校长吴朝晖向《浙江大学史》编撰与研究总课题负责人、文科资深教授田正平及子课题各负责人颁发聘书，副校长罗卫东代表学校与田正平签订项目委托协议。

附录1　浙江大学2017年档案进馆情况

类目	数量	类目	数量
党政	10838件	设备	921件、155卷
教学	9509件、1117卷	外事	8030件
科技	7322件、2161卷	财会	1282件
出版	155件	涉密档案	400件、31卷
基建	126件、566卷	声像	109卷
产品	108件	人物	661卷
资料	3574件	实物	1151件
合　计	43416件，5154卷		

附录2　浙江大学2017年馆藏档案情况

全宗	类别	卷	件
浙江大学全宗	党群（DQ）	665	44482
	行政（XZ）	9543	92648
	教学（JX）	56538	110175
	科研（KY）	24829	93025
	产品（CP）	116	2049
	基建（JJ）	9739	36404
	设备（SB）	2766	5805
	出版（CB）	2581	2501
	外事（WS）	1470	72734
	财会（CK）	24346	76516
	声像（SX）	2888	81822
	人物（RW）	4934	2408
	实物（SW）	3383	118
	资料（ZL）	3043	40383
	保密档案	1313	10952
	沈德绪个人档案	1940	
	其他	1309	

全宗	类别	卷	件
杭州大学全宗	各类	19522	5622
浙江农业大学	各类	18606	4496
浙江医科大学	各类	14396	4849
之江大学	各类	12	
国立英士大学	各类	65	
杭州工学院	各类	1941	
浙江省农干院	各类	754	
合　计	206699卷,686989件(卷件不重复)		

（金灿灿撰稿　蓝　蕾审稿）

采购工作

【概况】　2017年,浙江大学通过加强采购管理,发挥集中采购优势,共完成货物、服务和工程（基建工程除外）采购预算134986.64万元,成交金额为125707.26万元,为学校节约经费9279.38万元。其中:货物、服务采购方面,全年共完成预算为112349.64万元,成交金额为105900.26万元,节约经费6449.38万元(不含赠送附件耗材)。维修工程方面,全年落实实施维修工程项目总预算金额22637万元,成交金额为19807万元,节约经费2830万元。

【附录】

2017年浙江大学采购情况　　（单位:万元）

采购执行单位	货物		服务		工程		节约总额	招标次数/次
	预算金额	成交金额	预算金额	成交金额	预算金额	成交金额		
采购中心	63283.88	60174.49	7922.28	7664.85	0	0	3366.82	583
技术物资服务中心	5774.93	5749.77	0	0	0	0	25.16	0
后勤管理处	0	0	0	0	22637	19807	2830	56
各招标代理公司等	34832.55	31864.9	536	446.25	0	0	3057.4	643

续表

采购执行单位	货物		服务		工程		节约总额	招标次数/次
	预算金额	成交金额	预算金额	成交金额	预算金额	成交金额		
合计	103891.36	97789.16	8458.28	8111.1	22637	19807	9279.38	1282

　　合理利用国家对科教仪器的免税政策，进口免税设备6841.91万美元，共计免税金额1378.8万美元。

（钟旭伟撰稿　包晓岚审稿）

后勤服务与管理

基本建设

【概况】 2017年，浙江大学新开工项目建筑面积10.1238万平方米，在建项目建筑面积达76.1261万平方米，竣工建筑面积18115平方米，全年共计完成投资6.47亿元。

紫金港校区西区求是书院文化元素建筑群、求是书院铜门楼、实验田及农科教用房、紫金港校区东区育英路（藕舫路—护校河）道路工程、农生组团尾气处理工程5个项目已竣工。

稳步推进紫金港校区建设工作。西区在建项目中，文科类组团一期（学生保障中心）、文科类组团（二期）一标段人文社科大楼、文科类组团（二期）二标段管理学院大楼完成主体结构验收，进入室内装修、设备安装阶段；理工农组团（一期）机械与教学大楼、理工农组团（二期）理科大楼、理工农组团（三期）材化大楼、动物中心完成桩基、地

下室工程，进入主体工程阶段；学生生活区组团1♯、2♯楼于12月复工，3-7♯楼主体基本结顶，已进行重新招标；艺术与考古博物馆完成幕墙、精装修施工，进入室外工程施工阶段；博士后宿舍完成主体结构验收，进入室内装修、设备安装阶段；生物物理科研用房完成主体结构，进入收尾阶段；主干道路及校门建设工程完成校门工程、校区主干道（一期）施工。东区在建项目中，游泳馆完成主体工程，进入室内安装、幕墙施工。

有序开展市政配套项目建设。完成中心湖（一期）工程开挖，六号路（一期）道路、桥梁、相应管线施工；完成实验田及农科教用房、求是书院文化元素建筑群、生物物理科研用房的临时用水、用电接入；主干环路二期（含道路、景观、给排水、弱电工程、综合管线）已开工建设。

2017年，合计送审项目为50项（含历年送审工程），造价为26545万元；其中33个项目已结算审核，送审造价为22391万元，审核后造价为19256万元，核减额3135万元。

附录1　浙江大学2017年在建工程进展情况

名称	面积/平方米	进展状态	计划竣工时间
紫金港校区西区文科类组团一期(学生保障中心)	106668.40	完成主体结构验收,进入室内装修、设备安装阶段。	2018.9
紫金港校区西区文科类组团二期(人文社科大楼和管理学院大楼)	171490.44		2018.10
紫金港校区西区理工农组团一期(机械与教学大楼)	100879.00	完成桩基、地下室工程,进入主体工程阶段。	2019.4
紫金港校区西区理工农组团二期(理科大楼)	101238.00		2019.6
紫金港校区西区理工农组团三期(材化大楼、动物中心)	106771.00		2019.6
紫金港校区西区学生生活区组团	101601.41	1♯、2♯楼于12月复工;3-7♯楼主体基本结顶,已进行重新招标。	2019.4
紫金港校区西区艺术与考古博物馆	25189.00	完成幕墙、精装修施工,进入室外工程施工阶段。	2018.1
紫金港校区西区博士后宿舍	18958.00	完成主体结构验收,进入室内装修、设备安装阶段。	2018.6
紫金港校区西区生物物理科研用房	6000.00	完成主体结构,进入收尾阶段。	2018.5
紫金港校区西区主干道路和校门工程		完成校门工程、校区主干道(一期)施工。	2019.12
紫金港校区东区游泳馆	12458.00	完成主体工程,进入室内安装、幕墙施工阶段。	2018.5

附录2　浙江大学拟建工程进展情况

名称	面积/平方米	进展状态
紫金港校区西区图书馆	61150	完成水保、环评、可研报批,完成方案设计修改、初步设计文本。
紫金港校区学生生活区组团(北)	163200	完成项目建议书立项审批、土地预审,完成方案设计修改工作,进入水保和可研方案编制阶段。

（黄禾青撰稿　李凤旺审稿）

房地产管理

【概况】　2017年,浙江大学继续加强房地产管理制度建设,出台《浙江大学房屋资产管理实施细则》《浙江大学土地资产管理实施细则》《浙江大学单位借用住房管理办法(试行)》《浙江大学后勤员工宿舍管理办法》《房地产管理处住房维修工作程序》等文件,并严格执行;修订《浙江大学住房修缮管理工作办法》,明确工作职责,推动二级管理的落实。

根据学校空间布局规划,进一步整合院系用房、优化公用房资源配置,加强对"双一流"建设的空间支撑保障,重点保障高层次引进人才(研究团队)以及重大专项、国家重点研究基地等用房需求。结合紫金港校区西区新建大楼的建设,启动西溪校区、玉泉校区、华家池校区和紫金港校区东区的主要公用房空间安排和调整规划,共调整各类公用房建筑面积合计12066.46平方米,其中高层次引进人才科研用房及办公用房3059.63平方米,学院用房4592.89平方米,单位办公用房4413.94平方米。进一步

推动公用房有偿使用收费工作,收取院系超额用房、发展用房、周转用房、营业用房和后勤产业用房等各类公用房资源使用费约7551.7万元。同时,全面清理、规范校设研究机构和继续教育用房的使用,保障了校园正常教学科研的稳定有序运转。

建立与人才发展战略相匹配的多层次教师公寓保障供应体系,已进行了教师公寓房源数据分析以及房源与引进人才计划的匹配度测算,重新细化了各类公寓的准入条件、预订规则等。开放预订求是村、翠苑一区、华家池等区块140余套经过改造后的公寓及20套浙大新村简易型公寓,缓解教师公寓房源紧张态势。全年共办理教师公寓租赁手续3000人次,收取教师公寓房租3100余万元。进一步挖掘腾空房利用潜力,出借腾空房共383套,收取房租近700万元。加强教师公寓的安全宣传工作,排查安全隐患,开展公共区域改造和各类专项治理工作。

2017年度,浙江大学调整了全校8399位教职工的住房公积金,并进行了年度验审。全年为教职工缴交公积金计2.98亿元;共有454人支取住房公积金计6800万元;完成一次性住房补贴和住房公积金补贴申报和发放工作,共有146人领取一次性补

贴和住房公积金补贴,金额403万元。

结算港湾家园、杭大新村、体育场路、景芳等区块房款29余户,收取房款762.29万元。出售专用房车库(位)921个,收取车库(位)款1.08亿元。

全年增置土地1处(紫金港校区西区),面积为147.43公顷(约2211亩),资产金额1466751734.83元;增置房屋1处(紫金港东区留学生公寓一期工程),房屋面积37760.71平方米,资产金额129087688.28元。增置家具1.71万件,资产金额2301.41万元;处置家具0.35万件,金额109.45万元。

完成之江校区和玉泉校区等相关历史保护建筑的修缮方案报批工作;获批西溪校区北园5号楼历史保护建筑专项补助资金40.98万元。玉泉校区共10幢建筑和华家池校区共8幢建筑于2017年年初公布列入浙江省第七批省级文物保护单位,配合杭州市园林文物局划定玉泉校区和华家池校区文物保护范围和建设控制地带。

【"1250安居工程"建设取得阶段性成果】

至2017年12月21日,西湖区块人才房建设完成27幢住宅楼的室内外装修、电梯、市政景观工程,小区建设全面竣工并通过电梯、交警、五方责任等13项验收。全年共核拨建设资金5.16亿元,支出贷款利息1804.52万元。

至2017年12月31日,余杭区块商品房建设完成标准地名使用证申报工作,地下室结构及12幢楼宇主体结构封顶,并通过中间结构验收和人防中间结构验收。全年共核拨建设资金1.49亿元,支出贷款利息2459.45万元。

2017年12月26日启动西湖区块人才房第一、二批购房人员交付工作,共1304位老师办理入住手续。完成西湖区块人才房地下车位使用权首次销售工作,共售车位1421个,共回笼资金2.07亿元。与浙江省公积金中心和贷款银行沟通对接,累计发放第一、二批人才房住房贷款9.87亿元,其中公积金贷款5.51亿元,商业贷款4.36亿元,加快学校回笼建设资金,减轻人才房项目贷款压力和财务成本。

【附录】

附录1　2017年浙江大学土地资源情况　　　　(单位:亩)

校区	教育用地(有证)	教育用地(未办证)	总土地面积
玉　泉	1235.85	0.00	1235.85
西　溪	500.23	0.00	500.23
华家池	968.37	30.04	998.41
之　江	653.82		653.82
紫金港	2.16	5160.84	5163.00
其　他	6.38	52.23	58.61
总　计	3366.81	5243.11	8609.92

附录2　2017年浙江大学校舍情况　　　　　　　　（单位：平方米）

校舍用途	学校产权建筑面积				在建施工面积	非学校产权建筑面积		
	总面积	危房	当年新增	被外单位借用		计	独立使用	共同使用
一、教学科研及辅助用房	952280				606377			
教室	143466				43263			
图书馆	86572				5000			
实验室、实习场所	420636				261084			
专用科研用房	232794				254535			
体育馆	41187				28734			
会堂	27625				13761			
二、行政办公用房	138394				46516			
三、生活用房	845495				209865			
学生宿舍（公寓）	582773				137820			
学生食堂	60149				17273			
教工宿舍（公寓）	78364				15656			
教工食堂	4810							
生活福利及附属用房	119399				39116			
四、教工住宅	575199							
五、其他用房	64615				179706			
总　　计	2575983				1042464			

（姜雄晖编撰　吴红瑛审稿）

学生公寓建设与管理

【概况】　浙大学生公寓管理服务坚持以人为本，夯实基础管理，完善制度流程，推进寝室文明建设工作，加强安全管控，各项工作取得整体进步。

加强安全管控，针对公共区域、学生寝室、设施设备等5个消防重点区域，安排工程部、校区、楼长及助理等6类人员交叉检查。实行学生公寓管理服务中心—校区—宿舍楼三级检查，各校区全部启用巡更棒巡视，值班员每天至少对楼道巡查4次以上，寒暑假期间加大检查力度。

保质保量地做好新生住宿接待、毕业生离校及暑期跨校区搬迁工作，以及军训、全国学生运动会、建校120周年纪念活动等重大活动的后勤服务保障任务。

积极推进寝室文明建设，继续开展学生宿舍文明纪实考评及文明寝室、示范寝室评比活动。加强行为养成教育，开展安全教育、中华民族优秀传统文化、励志、创业之星、宿舍文明行为等方面的宣传教育，举办中秋节手工制作月饼、海宁皮影戏、民族音乐会、爱心物品收集等活动。爱心自行车活动获浙江大学2016年度学生节能减排系列宣传活动一等奖。

大力整治学生宿舍环境，探索宿舍楼内垃圾处理新形式，2017年尝试在紫金港宿舍区新建了14个室外垃圾房，并引导学生自提寝室垃圾出楼，按垃圾分类的要求丢弃。新的垃圾房干净整洁，不仅有利于培养学生垃圾分类意识和习惯的养成，而且在一定程度上改善了学生宿舍的整体卫生环境。

继续建设具备学生交流功能的学生厨房毕至居，截至2017年年底已累计建设完成17个。尝试将更多便利服务引入宿舍，配备多种自助饮品设备，安放在各校区的多个宿舍楼门厅内，为学生提供生活便利。2017年共新增牛奶机24台、咖啡机15台、食品机34台。新增开水器58台、改造75台。新增自助打印机46台。海宁校区开辟多功能活动区域，使各种爱好的学生都有学习、娱乐的场所。

改善宿舍硬件设施，提升住宿生活质量。对玉泉校区15舍、华家池校区9舍、西溪校区12舍实施整体改造；对浙大新村、求是村公寓、华家池校区红5楼进行局部改造；对玉泉校区7、30舍，之江校区9、12、13舍部分漏水屋面进行翻修，对玉泉校区10舍公共卫生间进行专项改造，更换玉泉、紫金港两校区部分宿舍楼阳台栏杆；对部分老宿舍门厅及活动室进行改造；开展专修项目共146项。

对西溪校区10、20舍进行了淋浴热水系统升级改造，对玉泉校区11舍东侧公共浴室的空气源热泵系统新增扩容，对华家池校区9舍热水系统进行了改造，选用先进节能的机组设备，既安全可靠又降低了能耗。

对玉泉、西溪、华家池、之江四个校区的47幢宿舍楼6399间学生寝室进行了消防系统改造，在每间寝室安装了烟感探测器。一旦烟感探测器探测到火警时，立即联动消防广播，进行广播疏散，第一时间通知本楼人员，对初起火灾起到了早报警、早控制的作用。

【创建自助服务室】 2017年5月，紫金港校区蓝田6舍自助服务室正式启用。至2017年年底，共建设完成8个自助服务室，其中紫金港蓝田6个，玉泉校区24舍1个，华家池校区5舍1个，今后还将继续创建。自助服务室充分体现了自助的特点，集食品饮料机、洗衣烘干机、打印机、拍照机、开水器、微波炉、冰箱等多种自助服务设备于一体，基本可以满足学生住宿生活中的各种需求，深受学生欢迎，已成为国内高校同行考察交流的样板。

（潘晓燕撰稿 徐 瀛审稿）

后勤管理

【概况】 2017年，浙大后勤管理处与后勤集团签订第十七个全成本核算工作协议，继续实行契约式管理。全年经常性开展饮食安全、在建工程及基础设施等安全隐患排查。继续推进后勤服务综合督导员队伍工作，拓宽师生参与后勤监督的渠道。继续推进校园快递菜鸟驿站建设管理工作。启动老校区混合使用的大楼以及存在安全隐患的大楼实施物业化管理。做好学校重大活动、会议、接待等相关后勤保障的方案设计、布置和落实。

获批并落实 2017 年教育部中央高校改善基本办学条件专项项目共 21 大项，资金10584.03 万元；编制并落实"浙江大学 2017 年修缮工程计划"，争取学校下拨的维修经费共 4508 万元。实施日常零修、专项维修、体育基础设施、教师公寓、学生公寓、设备维保、之江校区历保建筑修缮、重点学科、"双一流"经费等项目约 1435 项，投入经费约2.26 亿元。公开招投标共 76 项，投资额达13302 万元。全年基本完成结算审核约1440 项，送审金额达 23812 万元。

在玉泉校区计算机大楼周边、西溪校区北门花园、之江校区钟楼前、华家池校区中心大楼等区域进行精品建设（根据区域环境和功能，重点打造的设计小巧、造型精致的绿化景观小品）；完成各校区约 23008 万平方米的绿化补植，对紫金港校区、玉泉校区原有导视系统进行更新设计。防控登革热，落实病媒生物防治，清除各类蚊虫孳生地。规范化学废弃物处置，完成化学废弃物中转站改造建设，全年清运处置废弃物约 240 吨，加强卫生间设施设备改造，提升卫生间公共环境。

全年用水量 428 万吨，实际用能总量为6.45 万吨标准煤（等价），2.72 万吨标准煤（当量）。其中，全校用电总量 2.01 亿千瓦时，紫金港校区供暖锅炉天然气用量161.21 万立方米，食堂天然气用量 107.51万立方米，全年能耗费支出总费用 13370万元。

【服务 120 周年校庆】 于 2017 年 5 月 14日前全部完成"美丽校园"工程建设，共计54 项。排查并实施公用房、道路、基础设施及电梯维修工作，重点制定对体育馆、风雨大操场、动力中心三个主场馆的供电及空调预案。完善水电基础设施，实施校庆亮灯工程。有序开展校园环境与卫生整治工作，提升公共环境。布置校庆花卉，在各校区主路口及主干道附近，以"浙江大学""120 周年校庆""求是鹰""同心携手，共创一流"等元素摆放大型模纹花坛，共计摆放十几万盆花卉。开展"求是餐"研发，细致入微引导就餐，实行食品安全专项检查，实施错时用餐、分流用餐，分解就餐高峰。布置宿舍楼，组织开展丰富的活动。制定周密的设计方案，落实交通组人员、校庆车辆、运行路线以及志愿者，校庆期间做好了值守，圆满落实交通保障。加强校庆活动的网络通信保障和网络安全工作，部署校庆直播，共享庆典盛况。

【服务第十三届全国学生运动会】 保障赛事场馆，完成紫云气膜网球馆及附属用房、安中灯光网球场（备用）、体育馆监控系统等招标工程及相应配电、空调设备设施、供水、消防、绿化、步道改造及煤气管道检查维护等工作。实施环境综合治理，落实赛事病媒生物防治。改造宿舍，提供完善的配套服务。制定详细的供餐计划，落实人员岗位培训，严格按照学运会供餐方案执行。加强食品安全监督，进行专项检查，确保食品安全。制定交通保障方案，积极调度车辆。

【后勤综合服务平台建设】 该平台于 1 月份启动建设，整合了大后勤部门的各类服务应用，包含网上报修、失物招领、网络故障报修等共 20 余项，为师生提供了一站式后勤信息化服务。平台于 2017 年年底上线，包含 APP、微信及 PC 3 种版本。

（蓝　倩撰稿　李友杭审稿）

医疗保健工作

【概况】 浙江大学校医院是按照国家二级甲等医院标准建设和管理的综合性医疗机构,是浙江省、杭州市医保定点医疗机构,是中国高教学会保健医学分会副理事长单位、浙江省高校保健医学学会理事长单位。

校医院本部设在玉泉校区,下设紫金港校区、西溪校区、华家池校区3个分院及求是社区医务室、紫金文苑医务室、之江校区医务室、舟山校区医务室、海宁国际校区医务室。在岗职工数318人,其中卫生专业技术人员278人,高、中、初级职称比例分别为19.1%、53.2%、25.9%,护理人员88人。2017年,校医院新增1台数字化胃肠机,1台口腔头颅CT,1台全自动血凝分析仪,更新1台血球仪和2台尿液分析仪等设备。进一步完善全院的信息化联网系统,实现四校区统一建立健康档案,师生自由选择体检地点。

根据传染病流行情况及上级部门要求,落实各项措施,认真做好肺结核、肠道、呼吸道等常见传染病的管理,做到早发现、早诊断、早治疗,使传染病全年处于低水平散发状态,未出现聚集暴发疫情,无群体性食物中毒事件发生。2017年8月起"登革热"疫情在杭州市流行,校医院在西湖区疾控中心的指导下,开展专业培训,与校爱委会一起做好防蚊灭蚊工作,对散发进行隔离并对疑似病人进行血液检测,有效控制了疫情的扩散。积极关注师生健康需求,通过校园网、校报、院报、宣传册、展板、宣传窗、LED显示屏、通识课等多种渠道开展健康教育宣传,利用3.24结核病防治日、12.1"世界艾滋病日"等各个节点宣传,不断提升师生的防病意识和能力。

坚持科技兴院,以项目合作共建充分带动医院发展,医德医风和医疗质量有提高,服务流程进一步优化。校医院与浙一医院肛肠科、泌尿科和心血管内科建立了紧密型医疗合作关系,充分发挥外请专家的传、帮、带作用;与百年老字号乾宁斋国医馆合作,引入省、市级名老中医,满足了师生员工对中医保健服务的需求。圆满完成学校各项医疗保健任务,2017年校医院成功抢救2例心跳呼吸骤停病例,得到学校和社会群众的广泛好评与肯定。2017年8月1日医院实行药品零差价,医院发展总体平稳,稳中有进,财务运行状况良好,全年无职务犯罪或违纪事件发生,无重大医疗事故和医疗纠纷发生。2017年,门急诊61.11万人次,体检18.83万人次;入院1212人次,出院1313人次;业务收入1.66亿元,实现了社会效益和经济效益双丰收。

校医保办坚持管理与服务两手抓,认真做好全校师生、离退休人员、子女统筹等10大类7万人的医保管理工作,重新修订了《浙江大学职工医疗保险工作暂行规定》,使校内医保管理有章可循,并以医疗补助代管的方式,实现基本型医疗补助实时补助,极大地方便了教职工。校计生办面对高校计生工作的新形势、新特点,从管理模式转为服务模式,以人为本,做好服务,邀请西湖区卫计局邵建松副局长作计生新政策的解读,请杭州市妇产科医院党委书记何茶妹作有关妇科常见病防治的讲座,提高了计生工作的能力和水平。积极传承"人道、博爱、奉献"的红十字精神,开展献血车进校园、急救训练营、青春健康教育、防艾团辅、志愿者服务工作、基金援助等活动,得到了师生的一致认可。

【"骄子情怀热血青春"爱心献血活动启动】
3月18日,该活动由浙江省卫计委、省教育厅、共青团省委、省学联共同举办,其启动仪式在浙江大学紫金港校区举行。浙江大学每年开展无偿献血等各种社会公益活动,自2014年至2016年,我校大学生献血人次分别为1936人次、1750人次、2018人次,献血数量为60.4万cc、52.6万cc和56.7万cc,居全省高校首位,多次受到省血液中心的表彰。

【中国高教学会保健医学分会副理事长会议在浙大召开】 该会议于5月4—7日在玉泉校区召开,来自清华大学、北京大学及哈尔滨工业大学等11所院校的副理事长们参加会议。会议研究讨论第七届中国高等教育学会保健医学分会换届选举相关工作;商议各省常务理事名额分配;总结第七届保健医学分会工作,讨论第八届理事会在当前新医改下高校医院办院新思路、新举措,为下一步全国高校保健医学的发展出谋划策。

【浙江省高校保健医学会八届一次理事会在浙大召开】 11月9日,该理事会在紫金港校区召开,来自全省各高校医疗机构50余名负责人参加了会议。会议通过选举产生了新一届的理事会,浙江大学常务副校长任少波为第八届理事会理事长,浙江大学校医院院长张仁炳为常务副理事长,浙江师范大学校医院院长吴东红、浙江工业大学校医院院长陈蓓和浙江工商大学校医院院长舒丹为副理事长。

【附录】

2017年浙江大学校医院概况

建筑面积/平方米	固定资产/万元	职工总数/人	核定床位/张	门诊量/万人次	急诊/万人次	健康检查/万人次
20000	5825	316	130	61.11	4.806	18.83

(唐　云撰稿　张仁炳审稿)

校友与浙江大学教育基金会

校友工作

【概况】 全球各地校友会同庆母校 120 周年华诞于 2017 年 1 月 1 日在新年音乐会正式启动,2 月在香港举行了首场海外庆祝活动,之后在意大利米兰、新西兰奥克兰、美国波士顿分别举行了欧洲、亚太、北美片区的庆祝活动,在贵州湄潭、北京、广东深圳、上海分别举行了西部、北部、南部和华东的片区庆祝活动。全球 140 多个校友会组织发来贺信、贺电或祝福视频,开展了上百场校友活动,在欧洲的法国、西班牙、比利时、德国、瑞士、意大利、荷兰等国家的 30 多个城市举行校旗传递活动,美国纽约、澳大利亚、上海、广州、江西、宁波等地校友会在当地标志性建筑为母校亮灯祝福,美国时代广场播放浙大专题宣传片。

"聚沙成塔"于 2016 年 5 月 21 日校庆倒计时一周年之际启动,截至 2017 年年底,聚沙成塔平台共有近 2.3 万人次参与,筹得了 2380 余万元。5 月 19 日在腾讯公益平台上线微信捐步活动,12 小时即有 43.2 万人参与了 RUN FOR ZJU 的捐步活动,共同完成了 521000 万步的挑战,获得校友企业配捐 52.1 万元。各地校友会向学校捐赠紫金港校区南大门、林启像、创新鼎、泰山石、青田玉雕等贺品贺礼 50 多件。

新成立金融投资界校友联谊会、茶友联谊会,指导北美伊利诺伊香槟校友会、北美波特兰校友会、北美亚利桑那校友会、北美密苏里校友会、大理校友会成立,西班牙、辽宁、海南、杭州、厦门、海宁等地方校友会和外国语言文化与国际交流学院、传媒与国际文化学院、心理与行为科学系、机械工程学院、建筑工程学院、信息与电子工程学院等学院(系)校友分会换届。

积极推动值年校友返校计划,返校登记在册的校友(不包括校庆日当天)近 5000 人次,其中发放毕业(入学)50 周年荣誉证书近 2300 本,深受校友欢迎。

校友总会微信公众号关注量新增 1 万。38 个学院(系)建立了班级联络员微信群。继续办好一年四期的《浙大校友》刊物,发行量每期 2 万册。

继续办好"缘定浙大"校友集体婚礼、

"大学之声"新年音乐会、地方校友会"送新迎新系列活动"（欢送新生和迎接新校友）、校友桥牌赛、校友书画展、校友体育嘉年华、浙大学子走访校友行、班级联络员聘任等特色品牌活动，组织或参加各类重要活动10余项（详见附录）。

作为中国高教学会校友工作研究分会会长单位，发展24家高校校友工作单位入会，会员总数达359家。组织召开两次常务理事会，举行2期全国高校校友工作干部培训班，承办全国高校校友工作第24次研讨会。推进高校校友工作专项课题立项、《中国大学校友创新创业采风》丛书采编等工作。

【浙江大学校友总会第四届理事会第三次会议】 于5月22日在紫金港校区召开。来自海外19个国家以及国内32个省（市、自治区、特别行政区）的近400名校友参会。会议审议通过了理事会组织机构人员调整建议方案，回顾了海外和地方校友会共同庆祝母校120周岁生日的盛况。校领导金德水、吴朝晖、任少波、郑强、周谷平、严建华出席会议，副校长罗卫东主持会议。

【附录】

2017 年浙江大学校友工作重要活动

序号	时间	活动主题	地点
1	1月1日	"大学之声"浙江大学第十届新年音乐会暨全球同庆启动仪式	浙江杭州
2	1月6日	宁波浙江大学校友会庆祝母校120周年华诞大会暨2017年新春团拜会	浙江宁波
3	1月8日	大连浙江大学校友会庆祝母校120周年校庆暨大连校友会会员代表大会	辽宁大连
4	2月21日	浙大120周年校庆香港站庆祝活动暨答谢会	香港
5	3月11日	大理浙江大学校友会庆祝母校120周年校庆暨大理校友会成立大会	云南大理
6	3月18日	"我和浙大的故事"——江苏省浙江大学校友会庆祝浙大120周年校庆主题演讲报告会	江苏南京
7	3月26日	浙江大学建校120周年欧洲庆祝活动	意大利米兰
8	4月8日	辽宁浙江大学校友会庆祝母校120周年华诞暨辽宁校友会会员代表大会	辽宁沈阳
9	4月9日	"缘定浙大"2017浙大校友集体婚礼	浙江杭州
10	4月15日	西部地区浙江大学校友会联谊会第九届年会	贵州湄潭
11	4月23日	北京浙江大学校友会祝母校120华诞活动暨北部地区校友会联谊会换届大会	北京

续表

序号	时间	活动主题	地点
12	5 月 6 日	天津浙江大学校友会庆祝母校 120 周年华诞暨 2017 天津校友会年会	天津
13	5 月 7 日	浙江大学 120 周年校庆南部地区庆典	广东深圳
14	5 月 14 日	浙江大学校友总会金融投资界校友联谊会成立仪式	上海
15	5 月 14 日	上海浙大校友庆祝母校 120 周年华诞大会暨华东地区校友会联谊会年会	上海
16	5 月 19 日	《浙里的法兰西》首映式暨法国浙江大学校友会向母校 120 周年华诞献礼仪式	浙江杭州
17	5 月 20 日	浙江大学校友总会上市公司企业家校友联谊会理事会会议	浙江杭州
18	5 月 20 日	浙江大学校友总会茶友联谊会成立	浙江杭州
19	5 月 22 日	浙江大学校友总会第四届理事会第三次会议	浙江杭州
20	8 月 19 日	亚太浙江大学校友会联谊会第三届年会	新西兰奥克兰
21	9 月 16 日	杭州浙江大学校友会会员代表大会暨理事会换届会议	浙江杭州
22	10 月 14 日	北美浙江大学校友会第 41 届年会	美国波士顿
23	10 月 28 日	浙江大学校友总会校友工作促进委员会会议	浙江杭州
24	11 月 12 日	"缘定浙大"2017 校友集体婚礼	浙江杭州
25	11 月 18 日	浙江大学第五届校友桥牌邀请赛	湖南张家界
26	11 月 25 日	浙江大学校友书画社第五届笔会	湖南张家界
27	12 月 16 日	2017 上海院士校友座谈会	上海
28	12 月 19 日	全国高校校友工作第二十四次研讨会	浙江杭州

（贺徐蜜撰稿　楼华梁审稿）

浙江大学年鉴

浙江大学教育基金会

【概况】 浙江大学教育基金会(以下简称基金会)作为中国高等教育非公募基金会,秉承"汇八方涓流,襄教育伟业"的宗旨,凝聚各方面力量,在积极推进筹资拓展工作的同时着眼于项目管理与思路创新,全力以赴推进浙江大学教育事业发展。2017 年,基金会被民政部认定为慈善组织,获"教育基金工作先进单位"荣誉称号。

截至 2017 年 12 月 31 日,基金会资金规模达 27.99 亿元人民币,比上年增长 37.34%。2017 年,基金会接受社会捐赠 505 项,签约捐赠额折合人民币约 55.8 亿元,实际到款折合人民币约 10.13 亿元,获中央捐赠配比 1.95 亿元。基金会接受捐赠项目创历史高峰:浙江马云公益基金会、阿里巴巴 17 位创始人及合伙人、阿里巴巴(中国)有限公司、云锋基金捐赠 5.6 亿元,支持医学教育、人才培养和科研事业;邵根伙校友捐赠 4 亿元,支持人才培养和基础设施建设;通策集团和吕建明校友捐赠 2 亿元支持学科建设,捐赠价值 5900 万元的古树名木在求是园落户;微医集团捐赠 1 亿元支持建设睿医人工智能研究中心;敦和基金会捐赠 1 亿元建设马一浮书院;汉鼎宇佑教育科技发展有限公司捐赠 1 亿元设立发展基金;史玉柱校友捐赠 5000 万元建设数学科学学院新大楼建设等。

2017 年,基金会执行项目支出人民币逾 3.8 亿元,主要用于支持学校基础设施建设、学科发展、人才培养、教学科研及奖助学金、奖教金、国际交流等各项事业的开展。

其中资助基础设施建设约 16245 万元,学科建设与院系发展约 15886 万元;颁发校级奖助学金 1578 余万元,受益人数 3000 余人;资助学生对外交流基金约 837 余万元,近 80 个交流项目、涵盖 30 余个院(系)、部门;发放永平留学贷学金约 1228 万元,资助支持 52 位同学赴哈佛大学、耶鲁大学、哥伦比亚大学、芝加哥大学、约翰霍普金斯大学、爱丁堡大学、伦敦大学学院、苏黎世联邦理工学院等知名学府深造。

【浙江大学教育基金会被认定为慈善组织】
3 月 8 日,民政部认定浙江大学教育基金会为慈善组织。按照《中华人民共和国慈善法》,"慈善组织符合税收法律法规规定条件的,依照税法规定享受税收优惠。"浙江大学教育基金会前身为 1994 年成立的"浙江大学竺可桢教育基金会",2004 年,根据国务院颁布实施的《基金会管理条例》,更名为"浙江大学教育发展基金会",2006 年,经教育部批准,在国家民政部重新进行登记注册,更名为"浙江大学教育基金会",2015 年被民政部授予"中国社会组织评估等级 5A"。截至 2017 年 12 月 31 日,基金会资金规模(净资产)达 27.99 亿元。

【浙江大学企业家校友设立 Z20 基金】 5 月 12 日,浙江大学 120 周年华诞之际,近 20 位浙大企业家校友共同出资设立浙江大学校友 Z20 基金,首期规模 10 亿元。该基金创新校友支持教育的模式,构建开放的格局和结构,积极开拓教育的广度与深度;发挥校友网络的引资功能,创新校友资源汇聚的模式,促进社会资本和高校资本的互通互联,联接全球资源,联动世界发展。

【恒逸集团捐赠 1 亿元支持浙大"双一流"建设】 12 月 28 日,浙江恒逸集团有限公司向浙江大学教育基金会捐赠人民币 1 亿元,支持浙江大学"双一流"建设。该笔捐赠是在原有项目优质执行基础上,得到捐赠方的充分认可后,恒逸集团给予浙江大学的第四笔大额捐赠,是优秀的项目管理成功获得复捐的典范之一。

【附录】

2017 年浙江大学教育基金会接收社会各界捐赠实际到款情况(人民币 100 万元及以上)

序号	捐赠单位/个人	捐赠项目(用途)	金额(元)
1	JANE AND TOM TANG FOUNDATION FOR ED(汤氏教育基金会)(美元 USD 700000.00)	汤永谦化工大楼	4,657,765.00
2	THE SHAW FOUNDATION HK LTD(邵逸夫基金)(港币 HKD 20000000.00)	邵逸夫基金	17,706,000.00
3	阿里巴巴(中国)有限公司	浙江大学教育基金会医学院附属第一医院发展基金	70,000,000.00
4	安斯泰来制药(中国)有限公司	树森兰娟院士人才基金	1,000,000.00
5	奥克斯集团有限公司	医学专项基金	7,500,000.00
6	长沙华能自控集团有限公司	信电系新大楼	1,000,000.00
7	常州时创能源科技有限公司	浙江大学阙端麟奖学金	1,000,000.00
8	陈 军	基本建设处校门工程捐赠项目等	1,200,000.00
9	陈君实(港币 HKD 10000000)	光电学院陈君实教育基金	8,841,000.00
10	陈小英	医学院陈小英医学教育教学奖励基金	2,000,000.00
11	陈云娇	计算机学院陈天洲基金	2,010,000.00
12	程厚博	基本建设处校门工程捐赠项目等	1,200,000.00
13	戴 珊	浙江大学教育基金会医学院附属第一医院发展基金	10,000,000.00
14	广东步步高电子工业有限公司工会委员会	浙江大学永平自立贷学金、浙江大学永平留学贷学金等	7,394,800.00

序号	捐赠单位/个人	捐赠项目(用途)	金额(元)
15	广西北海国家(海洋)农业科技园区管理委员会(北海海洋产业科技园区管理委员会)	纳米院北海海洋工程材料创新发展基金	2,000,000.00
16	海南鲁海医药有限公司	浙江大学临床医学创新研究中心	2,000,000.00
17	韩敏(美元 USD 349997.00)	浙江大学教育基金会医学院附属第一医院发展基金	2,319,115.12
18	杭州成尚科技有限公司	浙江大学新圆基金	6,000,000.00
19	杭州德城置业有限公司	浙江大学紫金港校区西区建设专项基金	2,400,000.00
20	杭州东骅康复医院有限公司	浙江大学教育基金会医学院东骅康复基金	1,000,000.00
21	杭州华旦丹阳投资管理有限公司	管理学院春晓基金	1,100,000.00
22	杭州立元创业投资股份有限公司	管理学院春晓基金	3,350,000.00
23	杭州求之投资管理咨询有限公司	经济学院融资租赁研究教育基金	1,040,000.00
24	杭州雅喵文化传播有限公司	工研院浙大教育基金会雅喵创新创业基金	1,000,000.00
25	杭州野风欣代房地产开发有限公司	浙江大学紫金港校区西区建设专项基金	1,200,000.00
26	杭州浙大同力会展业管理有限公司	环资学院平安基金	1,000,000.00
27	杭州中美华东制药有限公司	浙江大学临床医学创新研究中心等	4,000,000.00
28	杭州竺院资产管理有限公司	经济学院竺院资产管理研究教育基金	1,000,000.00
29	杭州筑家易网络科技股份有限公司	经济学院人居产业基金	1,000,000.00
30	黑龙江省阳光健康公益基金会捐赠气膜结构体育馆	公体部气膜结构体育馆实物捐赠	3,500,000.00

续表

序号	捐赠单位/个人	捐赠项目(用途)	金额(元)
31	胡晓明	浙江大学教育基金会医学院附属第一医院发展基金	2,000,000.00
32	湖州市中小企业服务中心	医学专项基金	2,000,000.00
33	黄廷方慈善基金有限公司	浙江大学——新加坡科技设计大学创新、设计与创业联盟	8,000,000.00
34	蒋 芳	浙江大学教育基金会医学院附属第一医院发展基金	3,000,000.00
35	金成房地产集团有限公司	建筑学院金成城乡规划学科发展专项基金	2,000,000.00
36	金建杭	浙江大学教育基金会医学院附属第一医院发展基金	5,500,000.00
37	金维明(港币 HKD 2345000.00)	金维明专项基金等	2,061,199.00
38	金媛影	浙江大学教育基金会医学院附属第一医院发展基金	5,000,000.00
39	井贤栋	浙江大学教育基金会医学院附属第一医院发展基金	5,000,000.00
40	巨人慈善基金会	数学科学学院新大楼建设项目	10,000,000.00
41	坤和建设集团股份有限公司	土木建筑规划教育动本基金	1,400,000.00
42	刘胤宏	基本建设处校门工程捐赠项目	1,000,000.00
43	吕建生	浙江大学教育基金会西迁感恩基金等	3,200,000.00
44	绿城房地产集团有限公司	绿城大学生助学金	1,100,000.00
45	南京爱德程医药科技有限公司	药学院肿瘤药理学科发展基金	1,300,000.00
46	宁波海饶投资有限公司	医学院肿瘤学科建设专项基金	70,000,000.00
47	宁波银行股份有限公司杭州分行	浙江大学紫金港校区西区建设专项基金等	3,160,000.00
48	彭 蕾	浙江大学教育基金会医学院附属第一医院发展基金	4,500,000.00

浙江大学年鉴

序号	捐赠单位/个人	捐赠项目(用途)	金额(元)
49	彭翼捷	浙江大学教育基金会医学院附属第一医院发展基金	2,000,000.00
50	齐鲁制药有限公司	树森兰娟院士人才基金	1,000,000.00
51	衢州市人民医院	医学专项基金	2,000,000.00
52	赛伯乐投资集团有限公司	浙江大学国际创新研究院专项基金等	34,422,500.00
53	上海淳大投资管理有限公司	浙江大学淳真国际交流奖学金	4,000,000.00
54	上海丰瑞投资集团有限公司	中文系发展基金等	3,000,000.00
55	上海云锋新创投资管理有限公司	浙江大学教育基金会医学院附属第一医院发展基金	25,000,000.00
56	邵根伙	浙江大学大北农学科发展和人才培养基金等	20,000,000.00
57	邵晓锋	浙江大学教育基金会医学院附属第一医院发展基金	5,000,000.00
58	唐仲英基金会(美国)江苏办事处	仲英青年学者基金等	3,310,688.00
59	童文红	浙江大学教育基金会医学院附属第一医院发展基金	5,000,000.00
60	万里扬集团有限公司	经济学院万里扬丝绸之路基金等	6,000,000.00
61	王 栋	计算机学院何志均教育基金等	3,000,000.00
62	王鹤鸣	单玲玲大楼(管理学院)	7,320,000.00
63	王 坚	浙江大学教育基金会医学院附属第一医院发展基金	3,500,000.00
64	王宽诚教育基金会(港币HKD 8000000.00)	浙江大学王宽诚教育基金	6,992,000.00
65	王 帅	浙江大学教育基金会医学院附属第一医院发展基金	2,000,000.00
66	王轶磊	单玲玲大楼(管理学院)	10,180,000.00

续表

序号	捐赠单位/个人	捐赠项目（用途）	金额（元）
67	微医（杭州）集团有限公司	计算机学院浙大睿医人工智能研究中心	20,000,000.00
68	温州市慈善总会	浙江大学王振滔助学金	1,500,000.00
69	吴敏芝	浙江大学教育基金会医学院附属第一医院发展基金	2,000,000.00
70	吴泳铭（美元 USD 500000.00）	浙江大学教育基金会医学院附属第一医院发展基金	3,293,500.00
71	厦门金都海湾置业有限公司	经济学院金都缘桥基金	1,000,000.00
72	新和成控股集团有限公司	化学系新和成专项基金	20,000,000.00
73	信兴教育及慈善基金（港币 HKD 5940000.00）	理学部信兴教育及慈善基金	4,961,088.00
74	旭华（上海）生物研发中心有限公司	创新创业研究院江芷生物科技基金	6,616,200.00
75	余姚市财政局	人文学院沈善洪基金	1,200,000.00
76	於崇光	医学院医工信学科交叉医学创新平台等	20,000,000.00
77	云集共享科技有限公司	管理学院云集社交零售基金	1,000,000.00
78	张二翼	生命科学学院教育基金"勤学励志"学生成长基金等	1,000,000.00
79	张建锋	浙江大学教育基金会医学院附属第一医院发展基金	2,000,000.00
80	张 宇	浙江大学教育基金会医学院附属第一医院发展基金	2,000,000.00
81	浙江大学建筑设计研究院有限公司	建筑学院建筑与规划学科发展基金等	9,520,000.00
82	浙江大学圆正控股集团有限公司文化用品分公司捐赠校庆纪念品	圆正控股校庆纪念品实物捐赠	1,028,868.00
83	浙江敦和慈善基金会	人文学院"复性书院"基金	40,000,000.00

浙江大学年鉴

序号	捐赠单位/个人	捐赠项目(用途)	金额(元)
84	浙江馥莉慈善基金会	馥莉食品研究院教育基金	1,840,600.00
85	浙江汉鼎宇佑教育科技发展有限公司	浙江大学汉鼎宇佑发展基金等	1,000,000.00
86	浙江恒逸集团有限公司	浙江大学恒逸卓越发展基金等	65,000,000.00
87	浙江集乘网络科技有限公司	管理学院中国高端制造与品牌发展研究基金	2,000,000.00
88	浙江捷昌线性驱动科技股份有限公司	捷昌驱动大学生创业创新专项基金	2,000,000.00
89	浙江马云公益基金会	浙江大学教育基金会医学院附属第一医院发展基金	200,000,000.00
90	浙江明铸置业有限公司	邹安妮医学教育留本基金	2,000,000.00
91	浙江上药新欣医药有限公司	树森兰娟院士人才基金	1,000,000.00
92	浙江省慈善总会	浙农信国际交流奖学金等	1,750,000.00
93	浙江省能源集团有限公司	公共管理学院能源与环境政策研究基金	1,000,000.00
94	浙江舜宇光学有限公司	光电学院舜宇发展基金	10,000,000.00
95	浙江通策控股集团有限公司	浙江大学国际合作与交流(斯坦福)专项基金等	20,000,000.00
96	浙江卫健科技有限公司	医学院公共卫生系健康领域专项基金	1,000,000.00
97	浙江文澜信息发展有限公司	中国西部发展研究院两山建设与发展研究中心发展基金	1,000,000.00
98	浙江震元股份有限公司	医学专项基金	3,000,000.00
99	浙江中烟工业有限责任公司	软件学院面向区域经济的智能制造软件人才培养和学科建设	2,000,000.00
100	浙商创投股份有限公司	人文学院沈善洪基金等	4,000,000.00
101	郑树生	信息学院信电平安基金	1,000,000.00
102	郑州新尚置业有限公司	唐立新教育发展基金	3,357,000.00

续表

序号	捐赠单位/个人	捐赠项目(用途)	金额(元)
103	中商惠民(北京)电子商务有限公司	捐赠 120 万瓶西藏 5100 冰川矿泉水(实物捐赠)	5,040,000.00
104	重庆泰然天合股权投资基金管理有限公司	经济学院泰然互联网金融教育基金	5,000,000.00
105	重庆新世纪游轮股份有限公司	数学科学学院新大楼建设项目	10,000,000.00
106	舟山天环建设投资有限公司	海洋学院教育基金天环建设专项基金	2,000,000.00
107	舟山医院	医学专项基金	2,000,000.00
108	朱跃龙	基本建设处校门工程捐赠项目等	1,200,521.00
合　计			928,672,844.12

（张灿燕撰稿　胡　炜审稿）

浙江大学校董

姓名	单位职务	聘任时间	校董/名誉校董
唐仲英	美国唐氏工业集团董事长,美国唐氏工业集团创始人,唐仲英基金会董事长	2009 年	名誉校董
查刘璧如	查济民夫人,求是科技基金会理事、桑麻基金会高级顾问、刘国钧教育基金会理事长、香港仁济医院董事会永远顾问、香港妇协名誉会长	2010 年	名誉校董
郭婉仪	新鸿基地产郭氏基金会执行董事	2010 年	名誉校董
陈香梅	世界著名华人华侨领袖、社会活动家、美国国际合作委员会主席	2011 年	名誉校董
曹其镛	香港永新企业有限公司副董事长、中国侨商投资企业协会副会长	2014 年	名誉校董

姓名	单位职务	聘任时间	校董/名誉校董
李达三	声宝——乐声（香港）有限公司董事会顾问、香港宁波同乡会永远名誉会长（创会会长）、香港浙江省同乡会联合会永远名誉会长（创会会长）、世界中华宁波总商会创会名誉会长、原浙江省政协常委、浙江省"爱乡楷模"	2015 年	校董
潘方仁	台湾潘氏企业集团、东方高尔夫国际集团董事长	2016 年	校董
唐立新	新尚集团创始人，现任新尚集团董事长兼总裁	2016 年	校董
叶庆均	浙江敦和投资有限公司董事长、浙江敦和慈善基金会名誉理事长	2017 年	校董
邵根伙	北京大北农科技集团股份有限公司董事长	2017 年	校董
吕建明	浙江通策控股集团有限公司董事局主席	2017 年	校董

附属医院

附属第一医院

【概况】 附属第一医院(又名浙江省第一医院)由浙江大学老校长竺可桢创建于1947年,医院系三级甲等医院,是国家级医疗、教学、科研指导中心之一,于2017年成为全球首家顺利通过JCI(国际医疗卫生机构认证联合委员会)第六版医学中心评审医院。

2017年医院年门急诊总量421.8万人次,住院病人达16.9万人次,平均住院日为7.72日,医院总收入55.43亿元。医院占地面积170余亩,核定床位2500张,开放床位3221张;有庆春、城站、大学路三个院区和下沙后勤服务基地;在建的余杭院区占地202亩,建设床位1200张;之江院区占地198亩,建设床位1000张。

医院现有中国工程院院士2人,2017年新增国家"千人计划"1人、浙江省特级专家2人、国家"万人计划"科技创新领军人才1人、求是特聘教授1人、求是特聘医师1

人、国家优青1人、浙江省杰青1人、浙江省"万人计划"科技创新领军人才1人、浙江省"万人计划"青年拔尖人才1人。

医院有国家临床重点专科22个,2011感染病诊治国家协同创新中心1个,国家重点学科2个,国家重点实验室1个,省部级重点实验室13个,国家级国际科技合作基地1个,省级国际科技合作基地2个等。承担国家科技重大专项、国家重点研发计划、973计划、863计划等重大科研课题,作为首席科学家单位主持国家973计划项目5项,国家自然科学基金创新研究群体项目1项(获连续支持)。2017年,医院新增浙江省工程实验室2个、临床医学研究中心5家。

截至2017年12月31日,医院到位科研经费约2.33亿元,获批国家自然科学基金项目81项;省科技厅重点研发计划项目9项;省基础公益类项目67项;省医药卫生科技计划项目94项;省中医药科技计划项目21项;省教育厅项目30项,签署横向课题合同85项。收录SCI论文542篇(Article,Review),在全国医疗机构中排名第8,连续14年进入全国医疗机构前十。

授权专利 19 项,其中发明专利 5 项,出版各类著作 17 本。

2017 年医院获得国家科学技术进步奖特等奖 1 项,是全国高校系统、卫生系统、浙江省和浙江大学首次获此殊荣;浙江省科学技术奖 7 项,其中一等奖 2 项;教育部高等学校科学研究优秀成果奖 1 项,其中技术发明二等奖 1 项;中华医学科技奖三等奖 1 项;浙江省医药卫生科技奖 5 项。

医院持续推动全球范围内的交流合作。2017 年,医院与美国斯坦福大学医学中心等 10 余家欧美顶尖高校及医疗机构联合推进了多领域合作,与匈牙利等多个沿线国家展开了多层次交流,与港澳台地区加强了多院校合作。同时,医院积极邀请国(境)外专家学者来访交流讲学,共接待来访团 35 批次、119 人次;接收来自美国加州大学洛杉矶分校等多位国外院校医学生来院交流学习。还积极组织开展各类临床进修和管理人员培训项目,派出 50 余名医护和管理人员前往交流访问和学习深造。

医院积极探索高水平医联体建设,托管的六家分院在 2016 年度"双下沉、两提升"工作考核中考核等级均为"优秀"。2017 年医院新托管 2 家县级医院,现已与省内 8 家县、区级人民医院建立托管关系,与省内外 83 家市、县级医院建立多种医疗协作关系,与 206 家县市级医院远程联网。截至 2017 年,医院 27 个专家在 223 个医院挂牌 74 个名医工作站,跨区域牵头组建专科联盟 10 个,充分实现了优质医疗资源下沉,形成具有"浙一"特色的医疗联合体。

【获 2017 年度国家科学技术进步奖特等奖】

"以防控人感染 H7N9 禽流感为代表的新发传染病防治体系重大创新和技术突破"项目获得该奖,这是该奖项设立以来,我国医药卫生行业和高等教育领域的"零的突破",也是该奖首次花落浙江。浙江大学传染病诊治国家重点实验室、感染性疾病诊治协同创新中心主任李兰娟院士领衔,联合中国疾病预防控制中心、汕头大学、香港大学、复旦大学等 11 家单位组成的该项目组,取得了 6 项重大创新和技术突破,创建了新发突发传染病防治的"中国方案"和"中国技术",成功控制了人感染 H7N9 禽流感,避免了类似 SARS 的悲剧重演,有效阻击了 MERS、寨卡等传染病的输入传播,成功援助非洲控制埃博拉疫情。

【举行医院建院 70 周年系列活动】 该系列活动于 2017 年 1 月启动,围绕"严谨求实·争创一流"的主题举行了专家义诊、院友座谈、"浙一健跑"、"青春快闪"、"最美浙一人"颁奖晚会等一系列精彩文化活动,营造出昂扬向上、热烈喜庆的浓厚氛围。这是对建院以来发展征程中丰硕成果的一次大展示,是"浙一人"团结拼搏、共创一流精神风貌的集中体现,进一步增强了全院员工的文化认同感、归属感、凝聚力和向心力。2017 年 11 月 15 日,医院在杭州国际博览中心举办"未来医院建设与发展论坛暨浙江大学医学院附属第一医院建院 70 周年学术活动",来自全国各大医学院校、国内外兄弟医院的各位领导和 1500 余位嘉宾出席参加会议,共同庆祝医院 70 华诞,有力提升了学校和医院的社会影响力。

【在多项医院排行榜中继续保持全省第一】

医院在香港艾力彼医院管理研究中心与中国社会科学院社科文献出版社于 2018 年 3 月 24 日共同发布的《中国医院竞争力排行榜》中跻身全国前十,此前,医院连续 3 年位列第 11 名,始终是浙江第一,这一历史性突破,是医院在浙江大学"双一流"建设中取得

项目	数量	项目	数量
建筑面积/平方米	243988.5	国家重点实验室数/个	1
固定资产/万元	252833.16	卫生部重点实验室数/个	2
床位数/张	2500	省部级重点实验室数/个	12
在编职工数/人	5024	国家药监局临床药理研究基地数/个	24
主任医师数/人	207	卫生部专科、住院医师培训基地数/个	52
副主任医师数/人	295	业务总收入/亿元	53.21
具有博士学位的医师比例/%	38.70	药品占总收入比例/%	35.66
两院院士/人	2	门急诊人次/万	421.8
国家"千人计划"入选者/人	8	住院人次/万	16.89
国家"百千万人才工程"入选者/人	1	出院人次/万	16.89
国家杰出青年科学基金获得者/人	3	手术台数/万	9.3
"973 计划"首席科学家/人	3	平均床位周转率/%	52.58
"长江学者"数/人	5	实际床位利用率/%	111.04
浙江省特级专家数/人	1	SCI 入选论文数/篇	903
浙江省"千人计划"入选者/人	7	MEDLINE 入选论文数/篇	910
浙江大学求是特聘教授/人	9	出版学术专著/部	117
教学总面积/平方米	3893	科研总经费/万元	23300
教学投入资金/万元	6731.15	其中:国家自然科学基金比重/%	27.9
一、二级学科国家重点学科数/个	0	纵向经费比重/%	87.6
国家精品资源共享课、视频公开课/门	3	出国交流/人次	342
获国家级科技奖项目数/个	1	举办国际学术会议数/次	15
获国家级教学成果奖数/个	0	社会捐赠经费总额/万元	56100

的阶段性目标。在中国医学科学院 2017 年 12 月 19 日发布的《中国医院科技影响力排行榜》中,医院综合排名连续 4 年进入全国前十、浙江第一,其中传染病学蝉联全国第一,普通外科学、消化病学、血液病学、急诊医学、呼吸病学、变态反应学、结核病学、肾脏病学、精神病学、泌尿外科学等 11 大专科进入全国前二十。在 2017 年复旦大学医院管理研究所推出的排行榜中,医院传染病学、血液病学、普通外科学、肾脏病学、泌尿外科、临床药学(举例)6 大专科进入全国排名前十名,综合排名保持浙江第一。

（吴李鸣撰稿　王伟林审稿）

附属第二医院

【概况】　附属第二医院创建于 1869 年,是浙江省临床学科的发源地,是国内首家三级甲等综合性医院,全球首家 JCI 学术医学中心,是 2017 年度全国"优质服务示范医院"。

医院现有解放路和滨江两个院区,床位 3200 张;拥有数十个国家临床重点专科、重点学科及省部级重点实验室,尤以经导管心血管介入治疗、复杂白内障诊治、大肠肿瘤多学科诊治以及急诊创伤救治在全国领先，产学研一体化有着深远的影响力；新增国家卫生计生委疑难病症诊治能力提升工程项目、浙江省首批重大疾病诊治技术研究中心以及临床技术研究中心；拥有国内首家最大的国际远程医学中心，以及国际认可的联合专科医师培训基地。

2017年，医院总门急诊量468万人次，出入院15万余人次，手术量近13万台，平均住院日7.13天。手术总量位居全国第三、省内第一，工作量、三类以上手术总量、CMI(Case Mix Index，病例组合系数)均为省内第一。医院继续推进医院精细化、品质化管理，不遗余力地建设患者最放心的医院；完善全方位智慧医疗体系，推出网络医学中心的首款互联网产品——"浙二好医生"，实现可移动的远程医疗服务；全面推进日间手术的开展，完成1.8万台次手术，最大限度地缩短住院时间、降低院内感染风险和患者费用，作为浙江省日间手术技术指导中心挂靠单位，牵头制定浙江省日间手术标准，指导全省工作的开展；滨江院区发展迅速，开设创面诊疗中心，成立eICU(急诊重症监护)中心、发展分子医学中心，生殖医学中心通过IVF评审并顺利诞生首例试管婴儿，逐步实现"优势学科更强、薄弱学科做精、学科门类齐全"的目标，服务能力和发展态势获得了广泛的美誉。

国家基金项目总数和经费总数连续七年蝉联浙江省医院榜首；国家重点研发计划牵头项目新增2项；"十三五"以来国家自然基金重大项目8项，国家重点研发计划牵头项目5项，均位居全省第一；发表SCI论文412篇，SCI学科影响因子前1/10的期刊论文33篇，全国医疗机构排名第3名；获浙江省医药卫生进步奖一等奖1项，浙江省自然科学奖一等奖2项。

与UCLA正式签约联合心脏中心和人才培养合作项目，与MD Anderson癌症中心、德克萨斯州大学医学中心、加州大学戴维斯分校医学中心等十几家机构的国际合作已逐步扩展到项目共研、学科共建、联合培训、人才共享等多方面；已签约万欣和、招商信诺等23家国际医疗保险机构；国际医学中心2月已正式投入运营，致力于建设全球化优质医疗服务的开放性平台，除了"请进来"，还积极开展常态化或按需开展的离线和在线远程会诊、国际转诊等"有特色、可定制、全家式"的医疗服务；青山湖院区(浙江大学肿瘤医院)项目正式奠基；眼科中心(浙江大学眼科医院)项目正式签约。

同时，在中共浙江省委、省政府和省卫生计生委的领导和部署下，在浙江大学的支持下，医院在资源下沉以及医联体建设工作方面进行了丰富的探索，先后与省内外10余家基层医院缔结帮扶关系，通过输血与造血并举、线上与线下联动、常驻与定期互补、医疗与管理并进，开展了"专病中心""重点托管""全面托管""独立办院"以及"省地县乡一体化医联体"等多元化的合作模式，为基层百姓带去了实实在在的就医获得感。

【建立省内空中急救网络常态化运作机制】附属二院作为国内率先探索开展直升机医疗救援的医疗机构，加快建设浙江省直升机应急医疗救援体系，促进直升机应急医疗救援工作常态化、规范化，取得了显著的成效。2017年解放路院区起降点获批继续使用，滨江院区新设立医疗救护临时起降点，该两处起降点是目前浙江省仅有的经空军批准备案的医疗机构内直升机起降点；附属二院也成为国内唯一一家两院区同时具备合法直升机起降点并配备驻点医疗救援直升机的医院。院内常驻医疗救援直升机，机组机务、飞行医护人员24小时待命，可随时根据指令实现快速高效的医疗救援工作。医院建立了省内一小时空中急救网络，并与浙江省边防总队合作，开展直升机野外救援应急演练，探索开展一类救援任务。累计直升机救援飞行50次，其中包括带呼吸机转运的重症患者17例、全国首例直升机—民航无缝对接跨省远程器官转运等，救援次数、救援难度及飞行范围为全国第一，浙江省省内空中急救网络常态化运作机制初步形成。

医院发起成立了"中国空中急救医院联盟"，截至2017年年底，浙江省所有急救中心以及省内外503家医院加盟；并挂牌"中国空中急救医院联盟会员单位""浙江省空中急救网络医院会员单位"；举办第二届空中急救联盟学术论坛及飞行医护人员培训大会，累计培训全省330余名飞行医护人员。

【"双下沉"创新"长兴模式"】 附属二院和长兴县人民医院，通过对"双下沉、两提升"的再谋划、再深化，创新提出医联体建设的"长兴模式"，真正实现省县乡纵向的联动，打通医疗服务链，成为全国综合医改的典范，长兴县因此被授予"国务院综合改革显著县"。2015年11月，长兴县人民医院挂牌浙医二院长兴分院，每周有不少于30名浙医二院专家下沉坐诊，"周周有名医、天天有专家"在长兴分院已经成为常态，不到两年时间当地百姓在医疗服务和质量方面的获得感显著提高，长兴县人民医院在整个浙北地区龙头地位也日渐凸显。一方面配合长兴县卫计局建立了"临床检验、影像诊断

和心电诊断"三大中心，通过实时、高效的信息互通，为百姓提供精准、便利的服务；另一方面，按照"县乡一体化、下沉再下沉"的思路，先后与水口、小浦、林城等乡镇卫生院签订分院合作协议，并与城市社区中心、煤山等6家乡镇卫生院建立了协作关系，形成了一个贯通省、县、乡及社区的上下联动、分级诊疗、合作共赢的模式。2017年8月30日，浙医二院长兴分院正式挂牌为"浙医二院长兴院区"，一字之差的改变，标志着附属二院与长兴县人民医院的合作从下沉帮扶走向更为紧密的合作。双方将积极探索人权、财权、物权等方面的逐步统一，从患者角度出发布局上下级医院之间的医疗资源分布，建立公立医院体系纵向有机整合的"医联体"组织架构，让"长兴模式"经久长兴。

【王建安获"浙江省杰出创新人才奖"】 2017年9月20日，首次"浙江省杰出创新人才奖"表彰仪式在浙江省人民大会堂举行，中共浙江省委书记、省人大常委会主任车俊，中共浙江省委副书记、省长袁家军等为附属第二医院院长、全国著名心血管病专家王建安教授颁奖。此项殊荣，是对他及其团队在我国经导管心脏瓣膜病介入治疗、干细胞治疗心力衰竭和冠心病介入治疗等领域所做出的创新性成就和突出贡献的充分肯定。

王建安教授长期从事心血管疾病的临床治疗和科学研究，他将临床中发现的问题与科学研究密切结合，针对人类的重大疾病——心力衰竭开展综合性研究。他特别专注于导致老年人心力衰竭、引起高死亡率的重要病因——心脏瓣膜病，针对中国人的瓣膜病变的特点，研究经导管介入治疗方法并研发新的装置，在临床上救治了大量危重病人。同时，他还通过干细胞优化移植抑制

项目	数量	项目	数量
建筑面积/平方米	386818.29	国家重点实验室数/个	0
固定资产/万元	281746.47	卫生部重点实验室数/个	0
床位数/张	3200	省部级重点实验室数/个	7
在编职工数/人	5090	国家药监局临床药理研究基地数/个	1
主任医师数/人	215	卫生部专科、住院医师培训基地数/个	25
副主任医师数/人	310	业务总收入/亿元	54.02
具有博士学位的医师比例/%	707	药品占总收入比例/%	32.73
两院院士/人	0	门急诊人次/万	468
国家"千人计划"入选者/人	1	住院人次/万	15
国家"百千万人才工程"入选者/人	2	出院人次/万	15
国家杰出青年科学基金获得者/人	6	手术台数/万	13
"973 计划"首席科学家/人	1	平均床位周转率/%	49.63
"长江学者"数/人	6	实际床位利用率/%	96.52
浙江省特级专家数/人	3	SCI 入选论文数/篇	412
浙江省"千人计划"入选者/人	5	MEDLINE 入选论文数/篇	426
浙江大学求是特聘教授/人	14	出版学术专著/部	8
教学总面积/平方米	5974	科研总经费/万元	12437.17
教学投入资金/万元	3265	其中:国家自然科学基金比重/%	32
一、二级学科国家重点学科数/个	2	纵向经费比重/%	78
国家精品资源共享课、视频公开课/门	0	出国交流/人次	267
获国家级科技奖项目数/个	0	举办国际学术会议数/次	13
获国家级教学成果奖数/个	0	社会捐赠经费总额/万元	10

心衰的发展和促进功能重建,将基础研究和临床问题紧密结合,取得了系统性的重要创新成果。他被邀担任欧洲 CSI(心脏结构与瓣膜介入学会)共同主席,担任国家重大基础科学研究计划(973 计划)干细胞治疗心力衰竭方向首席科学家、国家长学制统编教材《内科学》共同主编、中华医学会心血管病分会副主任委员。他以通讯作者身份发表 SCI 论文 82 篇,他引 1839 次。相关论文获得 2016 年度美国心脏大会(AHA)循环研究最佳论文奖。另外,他还主编专著 14 部。以第一完成人获国家科技进步二等奖 1

项、省部级科技进步一等奖 2 项、国家发明专利 20 项。

（胡卫林撰稿　王建安审稿）

附属邵逸夫医院

【概况】　附属邵逸夫医院建院于 1994 年,经过 23 年的快速发展,已经成长为浙江省内颇具实力的医疗综合体。

医院分设庆春和下沙两个院区,总占地

235亩,建筑面积299284平方米,核定床位2400张。职工4500余人。全年总收入达41.17亿元,比上年增长23.8%;全年门急诊量达到2854781人次,比上年增长16.32%;出院人数131937人次,比上年增长16.99%;手术量103805例次,比上年增长15.3%;药品占业务收入比例、抗生素占药比,分别为29.5%和10.87%,平均住院日6.52天,继续保持浙江省内三甲医院最低。

2017年9月7日,医院加入梅奥医疗联盟(Mayo Clinic Care Net,MCCN),成为中国首家加入该联盟的医疗机构;8月28日,医院两院区通过HIMSS EMRAM(信息化认证)最高级7级认证,为浙江省内首例;6月10日,远程医疗协作平台植入新疆。2017年胸痛中心通过了国家认证。医疗安全、医疗质量和技术创新不断提升,全年完成质量改进项目51项,开展新技术新项目36项;日间手术术种达65种。完成了18项核心制度重新修订,实现病历电子化。

2017年获批国家自然科学基金42项,增幅30%以上。全年到位科研经费4088.77万元;发表SCI论文232篇,其中影响因子5分以上论文35篇,10分以上论文2篇。首批浙江省临床医学研究中心——浙江省腹腔脏器微创诊治临床医学研究中心落户邵逸夫医院,蔡秀军任中心主任;新增浙江省重点实验室1个(浙江省生殖障碍诊治研究重点实验室);分子病理诊断中心获国家卫计委病理质控评价中心颁发的全国示范实验室。

全年接收浙江大学医学院见习生83人,实习生93人,留学生24人,海外实习生20人,外校医学实习生200余人,研究生141人,规范化培训住院医生229人,培训省级住培高级师资170人。

2017年新增医院客座教授3人,浙江大学客座教授1人。检验科主任谢鑫友任新一届中国医师协会检验医师分会副会长。章锐锋、胡志军、张迪亚入选浙江省医坛新秀,林辉入选151人才工程第三层次培养人员。

国际合作实现深度广度双提升,继续保持与美国罗马琳达大学的长期、稳固的合作关系。以项目为抓手,分别与宾夕法尼亚大学医院、英国剑桥大学、皇家外科学院、澳大利亚皇家外科学院、Alfred医院、Cabrini医疗集团、日本静冈综合病医院等世界顶尖医疗机构开展了交流与合作。拓展了与英国皇家全科协会(RCGP)、澳洲外科学院更为深度的合作,建立了与英国伦敦圣·乔治医院合作关系,全年接待外宾275人。

【中国首家加入梅奥医疗联盟的医疗机构】
2017年9月7日,浙江大学医学院附属邵逸夫医院和美国梅奥诊所(Mayo Clinic)共同宣布邵逸夫医院加入梅奥医疗联盟,二者将共同致力于提高医疗质量、服务等在内的国际化医疗水准。加入该联盟医院会对接到大量一流的国际医疗资源,拥有更多优质专家资源的支持及丰富医学资源平台的共享。如通过专家咨询、远程电子会议、医疗保健咨询等方式,与美国梅奥诊所跨学科专家小组以及医疗联盟的其他成员交流,共同探讨疑难病例的管理,进一步改进和提升邵逸夫医院的诊疗流程和服务水平,经过近4个月的运作,邵逸夫医院已完成向梅奥医疗联盟申请病例82例。梅奥医疗联盟项目的开展,让医生和患者受益其中。

美国梅奥诊所是世界上第一家综合性

附表　2017年度附属邵逸夫医院基本情况

项目	数量	项目	数量
建筑面积/平方米	299284	国家重点实验室数/个	0
固定资产/万元	65878.79	卫生部重点实验室数/个	0
床位数/张	2400	省部级重点实验室数/个	4.5
在编职工数/人	3135	国家药监局临床药理研究基地数/个	11
主任医师数/人	133	卫生部专科、住院医师培训基地数/个	22
副主任医师数/人	205	业务总收入/亿元	39.88
具有博士学位的医师比例/%	32.50	药品占总收入比例/%	29.46
两院院士/人	0	门急诊人次/万	285.48
国家"千人计划"入选者/人	2	住院人次/万	13.22
国家"百千万人才工程"入选者/人	1	出院人次/万	13.19
国家杰出青年科学基金获得者/人	0	手术台数/万	10.38
"973计划"首席科学家/人	0	平均床位周转率/%	53.29
"长江学者"数/人	1	实际床位利用率/%	95.72
浙江省特级专家数/人	1	SCI入选论文数/篇	232
浙江省"千人计划"入选者/人	3	MEDLINE入选论文数/篇	0
浙江大学求是特聘教授/人	7	出版学术专著/部	5
教学总面积/平方米	3600	科研总经费/万元	4088.77
教学投入资金/万元	600	其中:国家自然科学基金比重/%	33.65
一、二级学科国家重点学科数/个	3	纵向经费比重/%	79.54
国家精品资源共享课、视频公开课/门	0	出国交流/人次	178
获国家级科技奖项目数/个	0	举办国际学术会议数/次	10
获国家级教学成果奖数/个	0	社会捐赠经费总额/万元	0

多专业联合医疗实践组织,距今已有150多年的历史。是世界上最大的非营利医疗组织,平均每年为130万名患者提供服务,在《美国新闻与世界报道》2016至2017年度最佳医院排名中,该组织位居榜首,同时有8个专科水准名列全美第一。MCCN在全球拥有46家合作机构,遍布美国、墨西哥、菲律宾、新加坡等国家。

【姚玉峰获白求恩奖章】　(见本书"医学院"一节269页同名条目。)

(陆红玲撰稿　王家铃审稿)

附属妇产科医院

【概况】　附属妇产科医院是浙江省妇产科医疗、教学、科研及计划生育、妇女保健工作的指导中心,浙江省"三甲"妇女保健院(妇产科医院)。

钱江院区(一期)建设项目完成土地预审和规划预审,妇女保健大楼项目于2017年9月开工建设。

国家临床重点专科（妇科、产科）和浙江省医学重点学科顺利通过中期检查。"子宫恶性肿瘤诊治技术研究中心"获批成立，医院成为浙江省第一批重大疾病诊治技术研究中心的三家建设单位之一。入选首批全国妇幼保健中医中西医结合培训基地；被授予全国出生缺陷干预救助示范基地。生殖医学中心通过第6次国家辅助生殖技术校验。

参编教材3部，1人任国家本科规划教材《妇产科学》（第9版）主编；"Obstetrics & Gynecology"入选"第二期来华留学英语授课品牌课程"；主编的《妇产科学》（第8版）被评为浙江省普通高校"十二五"优秀教材。3个教学研究项目获得立项，其中1项获"中国标准化病人"实践教学指导委员会"年度十大优秀课题"。1项成果获2017年高等学校科学研究优秀成果奖，3项成果获全国妇幼健康科技成果奖。1人获评第八届国家卫生计生委突出贡献中青年专家称号，1人入选2017年度浙江省151人才工程第三层次培养对象，3人入选第三期浙江省医坛新秀培养对象，1人入选2017—2019年度浙江省科协育才工程。双聘引进国家青年"千人计划"人才1人，签约浙大讲座教授1人。

继续推进浙江省"百万妇女生殖健康技术成果转化工程"项目的实施，完成余杭、温岭、衢州、宁波、绍兴、湖州、金华、舟山、丽水、瑞安10个示范基地的集训工作，集训辐射浙江省140余家医疗机构。

组织人员对全省孕产妇死亡和围产儿死亡进行评审，搞好产前筛查和诊断工作、母婴健康工程、产科质量检查、助产机构从业规范制定和监督检查等；全面开展艾滋病、梅毒和乙肝母婴阻断工作，并试点开展消除母婴传播项目；开展国家梅毒感染母亲所生儿童的随访工作项目及孕期甲状腺功能筛查项目。

继续深入开展"双下沉"工作。全面托管宁海县妇幼保健院、金华市妇幼保健院、海宁市妇幼保健院，重点托管常山县人民医院妇产科，通过"希望之光"项目援助岱山县第一人民医院妇产科。启动"浙江大学—衢州妇幼医联体"的建设；与海宁市人民政府签订了《海宁市妇幼保健院托管合作协议书》，对海宁市妇幼保健院进行全面托管。积极支援浙江大学医学院附属第四医院建设。执行对口支援舟山市妇幼保健院开展重点学科建设任务。担任中国首个省会城市三级妇幼保健院（妇产科医院）联盟常任理事单位。圆满完成浙江省援非、援疆、援琼等任务，在新疆兵团第一师医院，建立了"宫颈疾病南疆诊治中心"，开通新疆远程医疗会诊系统。

【子宫恶性肿瘤诊治技术研究中心成立】该中心于2017年10月31日成立，由妇科肿瘤领域专家吕卫国教授担任主任，是浙江省第一批重大疾病诊治技术研究中心的三家建设单位之一。该中心将充分整合浙江省优势资源，针对子宫恶性肿瘤诊治面临的重点、难点问题，开展大规模、多中心、前瞻性临床研究，建立、推广、普及新的诊疗技术和方案，确立分子分型与预警系统，建立健全临床诊治规范，制定符合中国国情的临床诊疗指南；加快创新成果临床转化和推广应用，研发一批自主创新新药与诊断试剂；构建人才队伍建设、基地建设、学科建设、项目研究四位一体的卫生技术体系。

【周坚红获评"敬佑生命·2017荣耀医者科普影响力奖"】 12月6日，"敬佑生命·2017荣耀医者公益评选活动"颁奖典礼在

附表　2017 年度附属妇产科医院基本情况

项目	数量	项目	数量
建筑面积/平方米	96530	国家重点实验室数/个	0
固定资产/万元	86557.95	卫生部重点实验室数/个	0
床位数/张	1125	省部级重点实验室数/个	2
在编职工数/人	1111	国家药监局临床药理研究基地数/个	1
主任医师数/人	57	卫生部专科、住院医师培训基地数/个	6
副主任医师数/人	80	业务总收入/亿元	11.47
具有博士学位的医师比例/%	30.93	药品占总收入比例/%	20.96
两院院士/人	0	门急诊人次/万	153.36
国家"千人计划"入选者/人	3	住院人次/万	7.75
国家"百千万人才工程"入选者/人	0	出院人次/万	7.75
国家杰出青年科学基金获得者/人	0	手术台数/万	5.82
"973 计划"首席科学家/人	0	平均床位周转率/%	68.99
"长江学者"数/人	0	实际床位利用率/%	97.25
浙江省特级专家数/人	0	SCI 入选论文数/篇	72
浙江省"千人计划"入选者/人	1	MEDLINE 入选论文数/篇	230
浙江大学求是特聘教授/人	2	出版学术专著/部	0
教学总面积/平方米	1550	科研总经费/万元	1975.5
教学投入资金/万元	127.55	其中:国家自然科学基金比重/%	26.9
一、二级学科国家重点学科数/个	1	纵向经费比重/%	87.2
国家精品资源共享课、视频公开课/门	2	出国交流/人次	46
获国家级科技奖项目数/个	4	举办国际学术会议数/次	1
获国家级教学成果奖数/个	0	社会捐赠经费总额/万元	16.5

人民日报社举行。107 个医生及团队分别被授予"生命之尊""年度荣耀医者""金牌团队奖""科普影响力奖""美丽天使奖""人文情怀奖""中华医药贡献奖""金柳叶刀奖""基层好医生奖""专科精英奖"10 类奖项。浙江大学医学院附属妇产科医院妇三科主任周坚红主任医师获得"科普影响力奖"。本届评选历时 3 个多月,共收到全国 17 个省、直辖市、自治区的 70 多家各级医疗机构,500 多名医务人员的报名信息。由 18 位两院院士和国医大师、23 位三甲医院院长、9 位中华医学会分会主任委员组成的专家评审团,以及由 9 位主流健康媒体负责人组成的媒体评审团,对评选结果进行终审,确定了最终获奖名单。

(孙美燕撰稿　吴弘萍审稿)

附属儿童医院

【概况】　附属儿童医院建院于 1951 年,是浙江省最大的三级甲等综合性儿童医院,是儿科学国家重点学科单位,有儿科重症专业、新生儿专业、小儿消化专业、小儿呼吸专业4个国家临床重点专科,有新生儿专业、心胸外科专业、儿童保健专业、小儿围手术期医学、青春期医学、儿童肾脏病学、小儿心血管病学、小儿麻醉学、血液肿瘤专业9个浙江省医学重点学科。医院是国家出生缺陷诊治国际科技合作基地、国家干细胞临床研究备案机构、国家首批儿童早期发展示范基地、国家药物临床试验机构。同时,拥有生殖遗传教育部重点实验室、浙江省新生儿疾病防治重点实验室和国内首个遗传性出生缺陷疾病国际联合实验室。

医院现设有滨江和湖滨2个院区,目前开放床位1300张。正式职工总人数2220人(不含返聘留用和劳务派遣),其中,正高级职称人员93人,副高级职称人员159人。2017年,年门急诊量约309.7万人次,住院量约7.5万人次,开展手术3.4万余台,开展新生儿疾病筛查63.5万人,筛查率100.24%。

医院学科发展特色显著,临床业务能力、服务水平及综合实力在全国儿童医院中名列前茅。医院形成了新生儿、小儿消化、小儿血液肿瘤、小儿心血管、儿童保健、儿科重症、小儿呼吸、小儿内分泌、小儿神经等学科群,医院专家在国内外儿科学术机构中担任重要职务,包括中华医学会儿科学分会主任委员、中华医学会儿科学分会常委、中华医学会小儿外科学分会常委、中华预防医学会儿童保健分会候任主任委员、中国医师协会毕业后医学教育儿科专业委员会主任委员和副主任委员、中华医学会儿科学分会儿童早期发展委员会主任委员、中华儿科杂志副主编、亚太儿科内分泌学会秘书长等。

2017年,医院共获得科研项目91项,总科研经费1920.53万元。其中国家重点研发计划课题1项,经费675万元。全年共发表SCI论文91篇,最高影响因子为13.204(医院论著类历史最高纪录)。由医院主办的 *World Journal of Pediatrics*(《世界儿科杂志》)再次获"2017中国最具国际影响力学术期刊"称号,影响力继续保持亚洲同类期刊第一。筹办国内首本小儿外科国际期刊 *World Journal of Pediatric Surgery*(《世界小儿外科杂志》)。

医院承担着浙江大学医学部及留学生的儿科学教学、研究生培养、专科医师培训、ICU专科护士培训和继续教育等儿科教学工作。

【杜立中当选 *The Journal of Pediatrics* 编委】 2017年1月,附属儿童医院教授杜立中当选国际著名儿科期刊 *The Journal of Pediatrics*(《儿科学杂志》)编委。该杂志创刊于1932年,曾为美国儿科学会(AAP)第一个官方出版刊物。目前该期刊是儿科TOP期刊,近5年平均影响因子4.122,期刊共有美国编委31人,美国以外编委6人。杜立中教授是该期刊创刊以来唯一的中国编委,他的当选对提升我国和浙江大学浙江大学儿科学国际影响力具有积极的促进作用。

【"十三五"国家重点研发计划项目启动】 2017年2月,由医院牵头承担的"十三五"国家重点研发计划重大慢性非传染性疾病防控研究专项"儿童青少年糖尿病患病与营养及影响因素研究"正式启动,项目经费576万元,项目实施时间为5年。该项目联合18家儿童医疗中心,通过对全国48万3~18岁儿童青少年开展DM(糖尿病)患病及营养状况流行病学调查,建立DM危险评估和早期诊断预测模型,搭建并完善高效制备人胰岛β细胞的新技术平台,发现3~5

附表　2017 年度附属儿童医院基本情况

项目	数量	项目	数量
建筑面积/平方米	171501	国家重点实验室数/个	0
固定资产/万元	126152.86	卫生部重点实验室数/个	1
床位数/张	1300	省部级重点实验室数/个	1
在编职工数/人	2220	国家药监局临床药理研究基地数/个	10
主任医师数/人	74	卫生部专科、住院医师培训基地数/个	6
副主任医师数/人	102	业务总收入/亿元	15.59
两院院士/人	0	药品占总收入比例/%	26.17
国家"千人计划"入选者/人	2	门急诊人次/万	309.7
国家"百千万人才工程"入选者/人	0	住院人次/万	7.5
国家杰出青年科学基金获得者/人	0	出院人次/万	7.55
"973 计划"首席科学家/人	0	手术台数/万	3.4
"长江学者"数/人	0	平均床位周转率/%	57.20
浙江省特级专家数/人	0	实际床位利用率/%	101.05
浙江省"千人计划"入选者/人	1	SCI 入选论文数/篇	93
浙江大学求是特聘教授/人	2	MEDLINE 入选论文数/篇	62
教学总面积/平方米	2460	出版学术专著/部	3
教学投入资金/万元	7545.84	科研总经费/万元	1920.53
一、二级学科国家重点学科数/个	1	其中:国家自然科学基金比重/%	20.6
国家精品资源共享课、视频公开课/门	0	纵向经费比重/%	90.2
获国家级科技奖项目数/个	0	出国交流/人次	32
获国家级教学成果奖数/个	0	举办国际学术会议数/次	3
		社会捐赠经费总额/万元	1674.95

个能够调控人胰岛 β 细胞营养感受和功能修复的小分子药物应用儿童青少年 DM 智能人工管理云平台,构建 DM 患儿线上、线下及医院到家庭(H2H)的管理与教育系统,设置儿童青少年 DM 防控示范基地,提高示范区域儿童青少年 DM 早期诊断率与早期治疗率,血糖控制达标率,最终降低患病率。

【舒强获 2016 年浙江省科学技术进步奖一等奖】 4 月 19 日,舒强教授牵头完成的"出生缺陷干预资源创新整合研究及推广应用"成果获浙江省科学技术进步奖一等奖。

我国是出生缺陷高发国家,出生缺陷是我国面临的严重公共卫生问题和社会问题,该项目制定了《出生缺陷综合预防规范》,为国内出生缺陷领域第一个省地方标准技术。被省长课题《以标准化促进基本公共服务均等化》采纳,纳入浙江省"标准化+"行动计划,被国家、省标准行业标准服务信息网、健康报等重要机构收录转发,被国务院妇儿工委等 8 部门采纳。项目发表论文 40 余篇,出版专著 3 套,决策循证报告 5 篇,推动我国出生缺陷防治标准化、精准化。

(方思齐撰稿　林　平审稿)

附属口腔医院

【概况】 附属口腔医院(又名浙江省口腔医院)是浙江省唯一一家三级甲等(参照)口腔专科医院,是浙江省口腔医疗、科研、教学、预防指导中心,浙江省口腔医学会、浙江省口腔质量控制中心、浙江省口腔卫生指导中心、浙江省口腔正畸中心、浙江省口腔种植技术指导中心所在单位,也是国家住院医生规范化培训基地和国家执业医师考试基地。

医院建筑面积约 6493 平方米,核定床位 50 张,开放床位 20 张,现有牙科综合治疗椅 149 台(含城西分院、华家池口腔诊疗中心)。在院职工 414 人,副高以上职称 40 人,博士生导师 7 人,硕士生导师 13 人。

2017 年门诊量达到 49.24 万人次,比上年增长 10.31%;出院人次 1193 人,比上年增长 20.38%;医院总收入 29559.75 万元,比上年增长 15.47%,其中医疗收入为 27408.96 万元,比上年增长 16.04%;医院总资产 58770.87 万元,比上年增长 32.35%。

2017 年,全院共获批科研项目 26 项,科研经费 428 万元,其中国家自然科学基金 4 项,省部级课题 7 项,厅局级课题 11 项,横向课题 4 项。共发表 SCI 文章 37 篇,总影响因子 130.8,平均影响因子 3.5。获浙江省医药卫生科技奖二等奖 1 项,浙江省科学技术进步奖三等奖 1 项,获国家级发明专利 2 项。学科竞赛创新绩,获全国青年教师技能操作一等奖 1 项;获华东地区第九届口腔医学学术会议青年教师授课比赛一等奖、三等奖各 1 项,病例展示一等奖 1 项;获"华南杯"全国口腔医学生临床生临床技能邀请

赛二等奖 1 项;获 2017 年浙江大学本科教育教学建设项目 2 项、浙江大学优质教学奖二等奖 1 项,牙体牙髓科陈晖主任获评 2017 年浙江大学好医生。浙大口腔学科在全国第四轮学科评估中继续保持全国前十行列。

注重人才队伍建设,启动并落实了医院人才培养"新秀计划";加强人事管理,进一步规范出国境管理;启动了事业单位岗位设置聘用工作。

医院与加拿大多伦多大学牙学院签订了合作协议,与新加坡国立大学牙学院进行了合作续签。组织参加了全球 IADR 大会、美国骨整合年会、欧洲骨整合年会、PPIS 口腔种植年会等国际学术会议并做报告。

深化"双下沉 两提升",全面推进口腔医联体建设。武义分院新院全面启用,浙中口腔医疗中心依托于武义分院运行,其优质的口腔医疗服务在浙中地区树立了口碑;正式与衢州市人民医院签订"浙江大学衢州口腔医联体"协议和共建衢州市口腔诊疗中心合作协议,浙江大学·衢州高水平医联体口腔医学培训基地、衢州市口腔诊疗中心正式挂牌;新增技术协作单位 1 家(海盐县口腔医院)。组织了浙江省第 29 个"9·20"爱牙日义诊活动,继续做好全省适龄儿童窝沟封闭项目工作。此外,医院首次参与了组团式援疆,"以院包科"工作成效显著。

医院信息化建设进入全面自主研发阶段,包括牙周检查表系统、PACS 查询系统、高值耗材库存管理系统等等在内的管理系统,正式上线浙大口腔 APP,实现预约挂号、查询费用、查询化验单、排队叫号、智能导诊等功能,进一步方便患者就医。

【全面推进口腔医联体建设】 响应浙江大学建设高水平医联体工作要求,5 月,医院

附表　2017 年度附属口腔医院基本情况

项目	数量	项目	数量
建筑面积/平方米	6493	国家重点实验室数/个	0
固定资产/万元	9192.78	卫生部重点实验室数/个	0
床位数/张	20	省部级重点实验室数/个	1
在编职工数/人	414	国家药监局临床药理研究基地数/个	0
主任医师数/人	11	卫生部专科、住院医师培训基地数/个	2
副主任医师数/人	19	业务总收入/亿元	2.86
具有博士学位的医师比例/%	32.08	药品占总收入比例/%	1.02
两院院士/人	0	门急诊人次/万	49.80
国家"千人计划"入选者/人	0	住院人次/万	0.1190
国家"百千万人才工程"入选者/人	0	出院人次/万	0.1193
国家杰出青年科学基金获得者/人	0	手术台数/万	0.1135
"973 计划"首席科学家/人	0	平均床位周转率/%	59.65
"长江学者"数/人	0	实际床位利用率/%	73.10
浙江省特级专家数/人	0	SCI 入选论文数/篇	37
浙江省"千人计划"入选者/人	1	MEDLINE 入选论文数/篇	37
浙江大学求是特聘教授/人	1	出版学术专著/部	0
教学总面积/平方米	883	科研总经费/万元	428
教学投入资金/万元	400	其中:国家自然科学基金比重/%	34.1
一、二级学科国家重点学科数/个	0	纵向经费比重/%	93.5
国家精品资源共享课、视频公开课/门	0	出国交流/人次	6
获国家级科技奖项目数/个	0	举办国际学术会议数/次	0
获国家级教学成果奖数/个	0	社会捐赠经费总额/万元	0

与衢州市人民医院签署了"浙江大学衢州口腔医联体"协议,标志着浙江大学衢州口腔医联体正式成立,成为浙江大学与衢州市政府合作试点的五个新型纵向医联体之一;11月,医院与衢州市人民医院再次签署衢州市口腔诊疗中心合作协议,并正式挂牌了"浙江大学·衢州高水平医联体口腔医学培训基地""衢州市口腔诊疗中心",医院定期派出多学科、高年资临床专家常驻衢州市口腔诊疗中心坐诊指导;12月,浙江大学衢州高水平医联体口腔医学培训基地举办了国家级继续教育项目"数字化技术在种植和修复

中的应用"学习班,同期还召开了口腔医联体建设座谈会。

【首次参与组团式援疆工作】　本年度医院派出首位援疆医生进驻新疆生产建设兵团第一师医院,正式开启了医院"组团式"援疆医疗工作。援疆医生充分利用专业特长,带领第一师医院口腔医护团队开展新技术、新项目十余项,完成了疆内公立医疗机构首例下颌半口即刻负重种植技术。8月,中共浙江省委书记车俊赴第一师医院慰问援疆医生,肯定了医疗援疆工作成果。同月,医院组织专家赴新疆建设兵团第一师医院开展

学术交流与指导活动，并举办了口腔微创美学新进展学习班。10月，医院与第一师医院签署了技术协作协议、"以院包科"协议，明确了合作期间第一师医院将增挂"浙江大学医学院附属口腔医院医疗技术协作医院"牌子，还成立了"浙江大学医学院附属口腔医院南疆种植中心"。

（董燕菲撰稿 黄 昕审稿）

附属第四医院

【概况】 附属第四医院（以下简称浙医四院）是浙江大学首家在异地建设并全面管理的综合性附属医院，由义乌市人民政府全额投资。医院按照综合三甲标准设计建设，经浙江省卫计委批复参照省级医院管理。

医院占地面积 189.3 亩，建筑面积 12.33 平方米，床位 920 张；医院目前共有员工 1376 人，其中医生 359 人（在杭规培 118 人），医技 136 人，护理 578 人，高级职称专家 78 人，其中正高级职称人员 24 人，博士 35 人，硕士 291 人，医师队伍硕士及以上学历学位人员占 81%。

2017年，门急诊总量 67.5 万人次，比上年增加 51%；出院 1.88 万人次；手术 1.1 万余台（其中住院手术 8312 台、门诊手术 3125 台）；体检 0.86 万人次。全年医疗收入 4.96 亿元，比上年增加 53.09%；医疗质量管理指标进一步改善，药占比 37.35%，百元耗材 24.27 元，病床利用率 84.2%，平均住院日 7.77 天。

2017年，承担国家级、省部级和其他各类科研项目 36 项，其中国家自然科学基金 2 项，国家重点研发计划子课题 1 项，浙江省基础公益项目 5 项。年轻员工承接了 2/3 的科研项目，基础类科学研究项目占 1/3。共发表 SCI、IM、一级期刊和核心期刊 29 篇，其中 SCI 收录论文 19 篇。获得浙江省医药卫生科技奖二等奖 2 项。

进一步加快构建临床医学教学体系，组建 8 个教研室，培养核心师资 114 人，加强师资队伍和课程体系建设，内科学、外科学等 8 个临床教学课程体系不断完善，开展规范化教学查房、小讲课和临床技能竞赛等教学活动，临床教学水平持续提升；新增 3 家医学院校，承担了浙江大学等 10 所高校 6 个专业 330 余人次临床教学工作。申报并实施国家、省市级继续医学教育项目 13 项，培训 1400 余人次。增加硕士研究生导师 3 人，新招收研究生 3 人；以浙医四院的浙江大学硕士学位点为依托，招收本院及金华、义乌等医院的青年骨干医师 25 人进行研究生培养。临床技能培训中心建设完成，以临床胜任力为导向的基本技能训练、综合性模拟训练和 OSCE 考试逐步投入使用。

【跨省异地住院结算工作受到国务院督查组领导肯定】 7 月 25 日国家卫计委医政医管局、国家人力社保部信息中心等国务院督查组领导一行参观浙医四院，考察并充分肯定了浙医四院跨省异地医保结算工作。浙医四院作为浙江省首家联网结算的医院，自 2017 年 2 月底接入全国跨省就医结算平台起，与吉林省、江苏宿迁、盐城等省市完成了 11 笔跨省联网结算业务。

【助力义乌打造"浙中医疗高地"】 9 月 5 日上午，浙江大学和义乌市人民政府在浙江大学紫金港校区签署合作共建高水平医疗联合体框架协议。双方将进一步深化合作，形成资源共享、分工协作的管理模式，共建

附表　2017 年度附属第四医院基本情况

项目	数量	项目	数量
建筑面积/平方米	1233226	国家重点实验室数/个	0
固定资产/万元	94507.93	卫生部重点实验室/个	0
床位数/张	920	省部级重点实验室/个	0
在编职工数/人	823	国家药监局临床药理研究基地数/个	0
主任医师数/人	15	卫生部专科、住院医师培训基地数/个	0
副主任医师数/人	35	业务总收入/亿元	4.96
具有博士学位的医师比例/%	8.9	药品占总收入比例/%	37.35
两院院士/人	0	门急诊人次/万	67.52
国家"千人计划"入选者/人	0	住院人次/万	1.91
国家"百千万人才工程"入选者/人	0	出院人次/万	1.88
国家杰出青年科学基金获得者/人	0	手术台数/万	1.14
"973 计划"首席科学家/人	0	平均床位周转率/%	3.18
"长江学者"数/人	0	实际床位利用率/%	84.20
浙江省特级专家数/人	0	SCI 入选论文数/篇	19
浙江省"千人计划"入选者/人	0	MEDLINE 入选论文数/篇	19
浙江大学求是特聘教授/人	0	出版学术专著/部	0
教学总面积/平方米	1880	科研总经费/万元	112
教学投入资金/万元	1000	其中:国家自然科学基金比重/%	31.25
一、二级学科国家重点学科数/个	0	纵向经费比重/%	100
国家精品资源共享课、视频公开课/门	0	出国交流/人次	38
获国家级科技奖项目数/个	0	举办国际学术会议数/次	1
获国家级教学成果奖数/个	0	社会捐赠经费总额/万元	35

五个医联体横向支撑平台,建设集"预防、治疗、康复、健康管理与促进"等功能于一体的高水平浙医四院医联体,提升浙中百姓的健康获得感和满意度。

【建设高水平临床技能培训中心】 至 2017年年底,浙医四院临床技能培训中心已根据各专科目标建成了面积达 800 平方米,设施设备齐全、课程体系完备的现代化临床技能培训中心。其中模拟手术室和急救培训等作为义乌市教育培训基地向全市开放,共培训近 1500 人次,同时承担义乌市全科医学培训工作,积极开展高质量继续教育项目。

（王俊超撰稿　王　芳审稿）

机构与干部

学校党政领导班子 *(2017 年 12 月 31 日在任)*

党 委 书 记　邹晓东

校　　　长　吴朝晖

常 务 副 校 长　宋永华　　任少波（兼秘书长）

副 书 记　吴朝晖　郑　强（正厅级）　朱世强　胡旭阳　叶　民

副 校 长　罗卫东　严建华　罗建红　张宏建

中共浙江大学委员会委员 *(2017 年 12 月 31 日在任，以姓氏笔画为序)*

万春根　马春波　王立忠　王建安　石毅铭　叶　民　叶桂方　包迪鸿　朱世强

朱晓芸　任少波　邬小撑　刘继荣　严建华　吴朝晖　何莲珍　邹晓东　应　飚

沈黎勇　张光新　张宏建　张荣祥　陈云敏　周天华　郑　强　赵文波　胡旭阳

姚玉峰　夏文莉　徐小洲　楼成礼

中共浙江大学常务委员会委员 *(2017 年 12 月 31 日在任)*

邹晓东　吴朝晖　任少波　郑　强　严建华　张宏建　朱世强　胡旭阳　叶　民

赵文波　应　飚　包迪鸿　王立忠

中共浙江大学纪律检查委员会委员

(2017 年 12 月 31 日在任，以姓氏笔画为序)

委　员 马春波　王志强　叶　民　叶晓萍　朱　慧　张永华　陈　伟
　　　　陈君芳　罗泳江　徐国斌　郭文刚

书　记 叶　民

副书记 马春波　叶晓萍

总会计师、校长助理 (2017 年 12 月 31 日在任)

总会计师　石毅铭

校长助理　陈　鹰　陈昆松　李凤旺　傅　强　胡　炜　胡征宇

党委办公室、校长办公室负责人

(2017 年 12 月 31 日在任)

部　门	职　务	姓　名
党委办公室 校长办公室 （保密办公室、信访办公室、 法律事务办公室）	主　任	叶桂方
	副主任	王志强（保密办公室主任） 李　磊 汤海旸（兼信访办公室主任） 江雪梅（兼法律事务办公室主任） 陈　浩 褚如辉 曹　磊 傅方正（挂职海盐县人民政府副县长）

党委部门负责人 *(2017 年 12 月 31 日在任)*

部 门	职 务	姓 名
纪委办公室	主 任	马春波(兼)
	副主任	叶晓萍(兼) 张士良
组织部	部 长	赵文波
	副部长	罗长贤(兼) 朱 慧 徐国斌 朱佐想
宣传部、 (含网络信息办公室)	部 长	应 飚
	副部长	卢军霞 章 旻
	网络信息办公室 主任	应 飚(兼)
统战部	部 长	包迪鸿
	副部长	姚 青
教师工作部	部 长	朱晓芸
	副部长	陈海荣
学生工作部	部 长	邬小撑
	副部长	尹金荣 潘 健 吴子贵 蔡 荃
研究生工作部	部 长	张荣祥
	副部长	王 珏 陈凯旋
安全保卫部 (与安全保卫处合署)	部 长	陈 伟(兼)
	副部长	胡 凯(兼) 王高合(兼) 赵增泽(兼)
人民武装部 (与学生工作部合署)	部 长	邬小撑(兼)
	副部长	吴子贵(兼)
机关党委	党委书记	罗长贤
	党委副书记	陈 飞(兼) 胡义镰
	纪委书记	胡义镰
离休党工委 (与离退休工作处合署)	常务副书记	朱 征
	副书记	王剑忠(兼) 韩东晖(兼) 李 民(兼) 成光林(兼)

浙江大学年鉴

行政部门负责人 (2017 年 12 月 31 日在任)

部　门	职　务		姓　名
发展规划处	处　长		周天华
	副处长		楼建晴　徐贤春
政策研究室	主　任		李铭霞
	副主任		徐宝敏
人事处	处　长		刘继荣
	副处长		朱晓芸(兼)　陈素珊　吕黎江　钟鸣文
人才工作办公室 （与党委教师工作部、 人事处合署）	主　任		朱晓芸
	副主任		阮　慧　陈海荣(兼)
外事处 （含港澳台事务办公室）	处　长		李　敏
	副处长		沈　杰(兼)　薛　飞　徐　莹 陈伟英　房　刚(兼)
	港澳台事务 办公室	主　任	李　敏(兼)
		副主任	房　刚
本科生院	院　长		张光新
	副院长		邬小撑(兼)　徐　骁(兼)
	教务处	处　长	胡吉明
		副处长	金娟琴　刘有恃　张　良
	学生工作处 （与党委学生 工作部合署）	处　长	邬小撑(兼)
		副处长	尹金荣(兼)　潘　健(兼) 吴子贵(兼)　蔡　荃(兼)
	本科生招 生处	处　长	王　东
		副处长	孙　健
	教学研究处	处　长	李恒威
		副处长	谢桂红
	求是学院	院　长	邱利民
		书　记	邬小撑(兼)
		副书记	邱利民　郑丹文　谭　芸　黄任群
		纪委书记	谭　芸
		丹阳青溪学 园主任	郑丹文(兼)
		紫云碧峰学 园主任	谭　芸(兼)
		蓝田学园 主任	黄任群(兼)

续表

部　门	职　务		姓　名
研究生院	院　长		王立忠
	副院长		叶恭银
	研究生招生处	处　长	周文文
		副处长	王　征
	研究生培养处	处　长	江全元
		副处长	王晓莹
	研究生管理处(与党委研究生工作部合署)	处　长	张荣祥(兼)
		副处长	王　珏(兼)　陈凯旋(兼)
	学科建设处	处　长	叶恭银
		副处长	蒋笑莉
	学位评定委员会办公室(与学科建设处合署)	主　任	叶恭银(兼)
		副主任	蒋笑莉(兼)
科学技术研究院	常务副院长		夏文莉
	副院长		史红兵(兼)　柯越海(兼)
	科技项目过程管理中心副主任		项品辉
	高新技术部部长		蒋　啸
	农业与社会发展部部长		程术希
	基础研究与海外项目部部长		陈　良
	军工科研部部长		史红兵(兼)
	科技成果与技术转移部部长		翁　宇
超重力离心模拟与实验装置项目建设(推进)指挥部办公室	主　任		杜尧舜
	副主任		楼笑笑　林伟岸
社会科学研究院	院　长		徐小洲
	副院长		袁　清　李铭霞　胡　铭
	重点成果推广部部长		方志伟

部　门	职　务		姓　名
继续教育管理处	处　长		楼锡锦
	副处长		陈　军
地方合作处	处　长		夏标泉
	副处长		章丽萍　彭玉生
医院管理办公室	主　任		朱　慧
	副主任		李　伟
计划财务处 （含经营性资产管理办公室、国有资产管理办公室、采购管理办公室）	处　长		胡素英
	副处长		丁海忠　朱明丰　杨　柳　杨学洁　包晓岚(兼)
	经营性资产管理办公室	主　任	张宏建(兼)
		副主任	娄　青
	国有资产管理办公室	主　任	石毅铭(兼)
		副主任	胡　放
	采购管理办公室	主　任	包晓岚
审计处	副处长		罗泳江(主持工作)　周　坚　胡敏芳
监察处 （与纪委办公室合署）	处　长		马春波(兼)
	副处长		叶晓萍(兼)　方炎生
实验室与设备管理处 （含采购中心）	处　长		冯建跃
	副处长		雷群芳　俞欢军(兼)　孙益
	采购中心主任		俞欢军
房地产管理处 （含"1250安居工程"办公室）	处　长	吴红瑛	
	副处长	刘峥嵘(兼)　朱宇恒　胡志富	
	"1250安居工程"办公室	主　任	吴红瑛(兼)
		常务副主任	刘峥嵘
基本建设处	紫金港校区西区基本建设指挥部	常务副总指挥	李凤旺(兼)
		副总指挥	林忠元(兼)
	处　长	李凤旺	
	副处长	林忠元　温晓贵　匡亚萍　梅祥院　李剑峰	

续表

部　门	职　务	姓　名
安全保卫处	处　长	陈　伟
	副处长	胡　凯　王高合　赵增泽
后勤管理处	处　长	李友杭
	副处长	刘辉文　傅加林
离退休工作处	副处长	朱　征（兼）　王剑忠　韩东晖 李　民　成光林
新闻办公室 （与党委宣传部合署）	主　任	应　飚（兼）

学术机构负责人 (2017年12月31日在任)

部　门	职　务	姓　名
校学术委员会秘书处	秘书长	李浩然
	副秘书长	朱敏洁
人文学部	主　任	黄华新
	副主任	王　永
社会科学学部	主　任	余逊达
	副主任	夏立安
理学部	主　任	麻生明
	常务副主任	李浩然
	副主任	陈汉林
工学部	主　任	陈云敏
	副主任	郑　耀
信息学部	主　任	鲍虎军
	副主任	李尔平
农业生命环境学部	主　任	朱利中
	副主任	刘建新　喻景权
医药学部	主　任	段树民
	副主任	陈　忠　管敏鑫

学院(系)负责人 (2017 年 12 月 31 日在任)

学部、学院(系)	职 务	姓 名
人文学院	院 长 副院长	楼含松 苏宏斌　冯国栋　张颖岚
	党委书记 党委副书记 纪委书记	楼含松 沈 玉　楼 艳 楼 艳
外国语言文化与 国际交流学院	院 长 副院长	程 工 褚超孚(兼)　方 凡　李 媛　程 乐
	党委书记 党委副书记 纪委书记	褚超孚 程 工　沈 燎 沈 燎
传媒与国际文化学院	院 长 副院长	韦 路 王庆文(兼)　王建刚　范志忠
	党委书记 党委副书记 纪委书记	王庆文 韦 路　金芳芳 金芳芳
经济学院	院 长 副院长	黄先海 张子法(兼)　潘士远　王义中　方红生
	党委书记 党委副书记 纪委书记	张子法 黄先海　卢飞霞 卢飞霞
光华法学院	名誉院长 常务副院长 副院长	张文显 周江洪 张永华(兼)　赵 骏　郑春燕
	党委书记 党委副书记 纪委书记	张永华 周江洪　吴卫华 吴卫华
教育学院	院 长 副院长	顾建民 吴巨慧(兼)　阚 阅　周丽君
	党委书记 党委副书记 纪委书记	吴巨慧 包 松 包 松

学部、学院(系)	职　务	姓　名
管理学院	院　长 副院长	魏　江 朱　原(兼)　周伟华　汪　蕾　谢小云
	党委书记 党委副书记 纪委书记	朱　原 魏　江　吴为进　刘玉玲 吴为进
公共管理学院	院　长 副院长	郁建兴 杨国富(兼)　毛　丹　郭继强　钱文荣 张蔚文
	党委书记 党委副书记 纪委书记	杨国富 郁建兴　阮俊华 阮俊华
	社会学系　系主任 党总支书记	赵鼎新 毛　丹
马克思主义学院	院　长 副院长	刘同舫 李小东(兼)　张　彦
	党委书记 党委副书记 纪委书记	李小东 徐晓霞 徐晓霞
数学科学学院	院　长 副院长	包　刚 闻继威(兼)　盛为民　郜传厚
	党委书记 党委副书记 纪委书记	闻继威 姚　晨 姚　晨
物理系	常务副系主任 副系主任	王业伍 颜　鹏　赵道木　王　凯
	党委书记 党委副书记 纪委书记	颜　鹏(兼) 方　磊 方　磊
化学系	常务副系主任 副系主任	王　鹏 应伟清(兼)　史炳锋　王　敏
	党委书记 党委副书记 纪委书记	应伟清 潘贤林 潘贤林

学部、学院（系）	职　务	姓　名
地球科学学院	常务副院长 副院长	夏群科 王　苑（兼）　程晓敢　曹　龙
	党委书记 党委副书记 纪委书记	王　苑 陈宁华 陈宁华
心理与行为科学系	副系主任	林伟连（兼）　何贵兵　高在峰
	党委书记 党委副书记 纪委书记	林伟连 何　洁 何　洁
机械工程学院	院　长 副院长	杨华勇 梅德庆（兼）　居冰峰　刘振宇
	党委书记 党委副书记 纪委书记	梅德庆 项淑芳 项淑芳
材料科学与工程学院	院　长 副院长	韩高荣 刘艳辉（兼）　陈立新　吴勇军
	党委书记 党委副书记 纪委书记	刘艳辉 韩高荣　皮孝东 陈立新
能源工程学院	院　长 副院长	高　翔 金　滔（兼）　郑津洋　俞自涛　薄　拯
	党委书记 党委副书记 纪委书记	金　滔 高　翔　赵传贤 赵传贤
电气工程学院	常务副院长 副院长	盛　况 王瑞飞（兼）　沈建新　齐冬莲
	党委书记 党委副书记 纪委书记	王瑞飞 郭创新　张晓洁 郭创新
建筑工程学院	院　长 副院长	罗尧治 郭文刚（兼）　董丹申（兼）　吕朝锋 朱　斌　吴　越
	党委书记 党委副书记 纪委书记	郭文刚 罗尧治　傅慧俊　张　威 傅慧俊

续表

学部、学院(系)	职 务	姓 名
化学工程与 生物工程学院	院 长 副院长	王靖岱 沈文华(兼) 张 林 邢华斌
	党委书记 党委副书记 纪委书记	沈文华 王靖岱 沈律明 沈律明
海洋学院	院 长 副院长	王立忠 阮 啸(兼) 韩喜球(海洋二所) 徐 文 王晓萍 陶向阳
	党委书记 党委副书记 纪委书记	陈 鹰 阮 啸 阮 啸
	党政办公室主任	陈 庆
	组织人事部部长	吴 锋
	学生思政工作部 部长	王万成
	教学管理部部长	马忠俊
	科研管理部部长	吴嘉平
	图书信息中心主任	吴颖骏
	总务部部长	周亦斌
	财务资产部部长	袁路明
航空航天学院	院 长 常务副院长 副院长	沈荣骏 邵雪明 毕建权(兼) 金仲和 曲绍兴
	党委书记 党委副书记 纪委书记	毕建权 邵雪明 戴志潜 戴志潜
高分子科学与 材料工程学系	系主任 副系主任	高长有 楼仁功(兼) 李寒莹 邱利焱
	党委书记 党委副书记 纪委书记	楼仁功 王 齐 王 齐

学部、学院(系)	职 务	姓 名
光电科学与工程学院	院 长 副院长	刘向东 陈 炯(兼)　郑臻荣　戴道锌
	党委书记 党委副书记 纪委书记	陈 炯 刘向东 翁 亮
信息与电子工程学院	常务副院长 副院长	杨建义 钟蓉戎(兼)　赵民建　陈红胜
	党委书记 党委副书记 纪委书记	钟戎蓉 杨建义　赵颂平 赵颂平
微电子学院	名誉院长 院 长 副院长	严晓浪 章献民(兼) 何乐年　程志渊
控制科学与工程学院	院 长 副院长	邵之江 叶 松(兼)　侯迪波
	党委书记 党委副书记 纪委书记	叶 松 邵之江　丁立仲 丁立仲
计算机科学与 技术学院	院 长 副院长	陈 刚 彭列平(兼)　吴 飞　陈 为　尹建伟
软件学院	常务副院长 副院长	卜佳俊 陈 丽　蔡 亮
计算机科学与技术学院 和软件学院党委	党委书记 党委副书记 纪委书记	彭列平 陈 刚　胡昱东　单珏慧　许亚洲 胡昱东
生物医学工程与 仪器科学学院	院 长 副院长	李劲松 王春波(兼)　周 泓　刘清君
	党委书记 党委副书记 纪委书记	王春波 孟 礁 孟 礁
生命科学学院	院 长 副院长	彭金荣 郑 胜(兼)　程 磊　余路阳
	党委书记 党委副书记 纪委书记	郑 胜 孙 棋 孙 棋

学部、学院（系）	职　务	姓　名
生物系统工程与食品科学学院	院　长 副院长	何　勇 王晓燕（兼）　刘东红　徐惠荣
	党委书记 党委副书记 纪委书记	王晓燕 何　勇　费兰兰 费兰兰
环境与资源学院	院　长 副院长	陈宝梁 姚　信（兼）　史　舟　胡宝兰
	党委书记 党委副书记 纪委书记	姚　信 陈宝梁　包永平 包永平
农业与生物技术学院	院　长 副院长	陈学新 赵建明（兼）　祝水金　孙崇德　马忠华
	党委书记 党委副书记 纪委书记	赵建明 陈学新　金　敏 金　敏
动物科学学院	院　长 副院长	汪以真 楼建悦（兼）　杨明英　李肖梁
	党委书记 党委副书记 纪委书记	楼建悦 汪以真　叶　艇 叶　艇
医学院	名誉院长 院　长 常务副院长 副院长	巴德年 刘志红 李晓明 黄　河（兼）　许正平（兼）　欧阳宏伟 方向明　柯越海　徐　骁　王伟林（兼） 王建安（兼）　蔡秀军（兼）
	党委书记 党委副书记 纪委书记	黄　河 朱　慧（兼）　陈国忠　陈周闻 陈国忠
	科研办公室主任	易　平
	教学办公室主任	徐凌霄
	基础医学系　系主任 副系主任	王青青 邵吉民（兼）　杨　巍
	基础医学系　系党总支书记 系党总支副书记	邵吉民 王青青

学部、学院(系)	职 务		姓 名
医学院	公共卫生系	系主任 副系主任	许正平(兼) 李金林(兼) 夏大静 陈光弟
		系党总支书记 系党总支副书记	李金林 许正平
药学院	院 长 副院长		杨 波 胡富强(兼) 高建青 范骁辉
	党委书记 党委副书记 纪委书记		胡富强 杨 波 王 芳 王 芳

医学院附属医院负责人 *(2017 年 12 月 31 日在任)*

医 院	职 务	姓 名
医学院附属第一医院	院 长 副院长	王伟林 顾国煜(兼) 裘云庆 沈 晔 许国强 陈作兵 郑 敏
	党委书记 党委副书记 纪委书记	顾国煜 王伟林 陈君芳 邵浙新 陈君芳
医学院附属第二医院	院 长 副院长	王建安 陈正英(兼) 梁廷波 黄 建 王志康 丁克峰 吴志英
	党委书记 党委副书记 纪委书记	陈正英 王建安 王 凯 项美香 项美香
医学院附属邵逸夫医院	院 长 副院长	蔡秀军 刘利民(兼) 俞云松 谢鑫友 潘宏铭 张松英
	党委书记 党委副书记 纪委书记	刘利民 李 强 丁国庆 丁国庆

续表

医　院	职　务	姓　名
医学院附属妇产科医院	院　长 副院长	吕卫国 吴弘萍（兼）　徐　健　王新宇　程晓东 陈新忠　张　丹
	党委书记 党委副书记 纪委书记	吴弘萍 吕卫国　吴瑞瑾 吴瑞瑾
医学院附属儿童医院	院　长 副院长	舒　强 章伟芳（兼）　龚方戚　傅君芬　毛建华
	党委书记 党委副书记 纪委书记	章伟芳 舒　强（兼）　邹朝春 邹朝春
医学院附属口腔医院	院　长 副院长	王慧明 黄　昕（兼）　谢志坚　傅柏平　姚碧文
	党委书记 党委副书记 纪委书记	黄　昕 王慧明 姚碧文
医学院附属第四医院	院　长 副院长	陈亚岗 张新跃（兼）　徐　健　徐志豪　周庆利 戴慧芬
	党委书记	张新跃

独立学院负责人 (2017 年 12 月 31 日在任)

独立学院	职　务	姓　名
浙江大学城市学院	院　长 常务副院长 副院长	韦　巍 斯荣喜 朱永平
	党委书记 党委副书记	吴　健 韦　巍　赵　阳
浙江大学宁波理工学院	院　长 副院长	金伟良 俞春鸣　杨建刚　毛才盛　梅乐和
	党委书记 党委副书记 纪委书记	费英勤 陈小兰　黄光杰 陈小兰

校区党工委、管委会负责人 *(2017年12月31日在任)*

校　区	部　门	职　务	姓　名
紫金港校区 （与机关党委合署）	党工委	书　记	罗长贤（兼）
		副书记	陈　飞　胡义镰（兼）
	管委会	主　任	罗长贤（兼）
		副主任	陈　飞（兼）　胡义镰（兼）
玉泉校区	党工委	书　记	马银亮
		副书记	周小萍
	管委会	主　任	马银亮（兼）
		副主任	周小萍（兼）
西溪校区	党工委	书　记	吕国华
	管委会	主　任	吕国华（兼）
		副主任	毛一平
华家池校区	党工委	副书记	许　翯　潘　新
	管委会	副主任	许　翯（兼）　潘　新（兼）
之江校区	党工委	书　记	张永华
		副书记	柴　红
	管委会	主　任	张永华（兼）
		副主任	柴　红（兼）

群众团体负责人 *(2017年12月31日在任)*

部　门	职　务	姓　名
工　会	主　席	胡旭阳（兼）
	常务副主席	楼成礼
	副主席	程荣霞　林　俐
团　委	书　记	沈黎勇
	副书记	吴维东（正科职）　卓亨逵（正科职） 梁　艳（正科职）

直属单位负责人 *(2017 年 12 月 31 日在任)*

直属单位	职　务	姓　名
发展联络办公室（含发展委员会办公室、校友总会秘书处、教育基金会秘书处）	主　任	胡　炜
	副主任	顾玉林　党　颖　楼华梁
就业指导与服务中心	主　任	董世洪
	副主任	谢红梅
图书馆	图书馆馆长	罗卫东（兼）
	图书馆副馆长	黄　晨　田　稷
	党委副书记	吴　晨
信息技术中心	主　任	陈文智
	副主任	程艳旗　郭　晔　董　榕
档案馆	馆　长	马景娣
	副馆长	蓝　蕾
艺术与考古博物馆	副馆长	楼可程
竺可桢学院	院　长	吴朝晖（兼）
	常务副院长	葛　坚
	副院长	张光新（兼）　张　帆
	党委书记	葛　坚
	党委副书记	李文腾
继续教育学院、成人教育学院、远程教育学院（合署）	书　记	童晓明
	副院长	童晓明（兼）　王正栋　周兆农（兼）
	纪委书记	周兆农（兼）
全国干部教育培训浙江大学基地（办事机构与继续教育学院合署）	主　任	邹晓东（兼）
	常务副主任	童晓明（兼）
	副主任	周兆农　朱佐想（兼）
国际教育学院	副院长	沈　杰（主持工作）　唐晓武　卢正中　孙方娇

直属单位	职　务	姓　名
公共体育与艺术部	主　任	吴叶海
	副主任	刘玉勇（兼）　周　聪
	直属党总支书记	刘玉勇
	直属党总支副书记	吴叶海　傅旭波
中国科教战略研究院 （办事机构与政策研究室合署）	副院长	魏　江（兼）　顾建民（兼） 叶桂方（兼）　李铭霞（兼） 周天华（兼）
	办公室主任	徐宝敏（兼）
工业技术转化研究院	院　长	赵荣祥
	副院长	张丽娜　邵明国　柳景青　钱秀红 赵朝霞（兼）　翁　宇（兼）
	技术转化与创新党工委副书记	赵朝霞
先进技术研究院	院　长	史红兵
	副院长	金　钢　翁沈军（兼）　王国雄
	总工程师	郑　耀
	舟山海洋分院　院　长	翁沈军
新农村发展研究院 （含农业技术推广中心）	院　长	陈昆松
	常务副院长	王　珂
	副院长	林福呈（兼）　叶兴乾（兼） 钱文荣（兼）　程术希（兼）
	农业技术推广中心　主　任	叶兴乾
	农业技术推广中心　副主任	宋文坚
校医院	院　长	张仁炳
	副院长	缪　锋（兼）　刘　剑　陈立峰
	党委书记	缪　锋
	党委副书记	张仁炳　王　为
	纪委书记	王　为
出版社	社　长	鲁东明
	总编辑	袁亚春
	副社长	金达胜（兼）　黄宝忠　金更达
	党委书记	金达胜
	党委副书记	鲁东明
	纪委书记	黄宝忠

机构与干部

直属单位	职 务	姓 名
建筑设计研究院	建筑设计研究院有限公司董事长	董丹申
	院 长	杨 毅
	副院长	吕淼华（兼） 黎 冰
	党委书记	吕淼华
	党委副书记	杨 毅 周家伟
	纪委书记	周家伟
国家大学科技园管理委员会（与科学园发展有限公司、工业技术转化研究院合署）	主 任	赵荣祥（兼）
	副主任	张丽娜（兼） 邵明国
农业科技园管理委员会、农业试验站（合署）	站 长	林福呈
	副站长	潘炳龙（兼） 林咸永
	农业科技园管理委员会主任	林福呈（兼）
	直属党总支书记	潘炳龙
	直属党总支副书记	林福呈
医学中心（筹）（归口医学院管理）	主 任	段树民（兼）
	常务副主任	许正平
	副主任	田 梅
国际联合学院（海宁国际校区）	院 长	何莲珍
	副院长	傅 强（兼） 丁冠中 欧阳宏伟
	党工委书记	傅 强
	党工委副书记	诸葛洋
	纪工委书记	诸葛洋
	院长助理	周金其 屈利娟
	综合办公室主任	诸葛洋（兼）
	人力资源部部长	徐晓忠
	学生事务部部长	王玉芬
	教务部部长	周金其
	计划财务部部长	邱 萍
	总务部部长	屈利娟
	图书信息中心主任	江肖强
	科研与技术转化部部长	许亚丹
	文理学院（筹）副院长	瞿海东

续表

<table>
<tr><th>直属单位</th><th colspan="2">职　务</th><th>姓　名</th></tr>
<tr><td rowspan="3">浙江大学爱丁堡联合学院</td><td colspan="2">院　长</td><td>欧阳宏伟(兼)</td></tr>
<tr><td colspan="2">执行院长</td><td>Sue Welburn</td></tr>
<tr><td colspan="2">副院长</td><td>鲁林荣　陈　晔</td></tr>
<tr><td rowspan="3">浙江大学伊利诺伊大学厄巴纳香槟校区联合学院</td><td colspan="2">院　长</td><td>李尔平</td></tr>
<tr><td colspan="2">执行院长</td><td>Philip Krei</td></tr>
<tr><td colspan="2">副院长</td><td>马　皓</td></tr>
<tr><td rowspan="6">工程师学院</td><td colspan="2">常务副院长</td><td>韦　巍</td></tr>
<tr><td colspan="2">副院长</td><td>吴　健　章献民
叶健松　周文文(兼)　斯荣喜</td></tr>
<tr><td colspan="2">党工委常务副书记</td><td>吴　健</td></tr>
<tr><td colspan="2">党工委副书记</td><td>赵　阳</td></tr>
<tr><td rowspan="2">综合事务部</td><td>综合办公室主任</td><td>沈　哲</td></tr>
<tr><td>组织人事办公室主任</td><td>刘　翔</td></tr>
<tr><td rowspan="8">工程师学院</td><td rowspan="3">教学事务部</td><td>部　长</td><td>章献民(兼)</td></tr>
<tr><td>教学办公室主任</td><td>赵张耀</td></tr>
<tr><td>培训办公室主任</td><td>俞伟东</td></tr>
<tr><td rowspan="5">总务部</td><td>部　长</td><td>吴　健(兼)</td></tr>
<tr><td>副部长</td><td>斯荣喜(兼)</td></tr>
<tr><td>基本建设办公室主任</td><td>吴小红</td></tr>
<tr><td>后勤服务办公室主任</td><td>陆卫平(兼)</td></tr>
<tr><td>安全保卫办公室主任</td><td>张　樑(兼)</td></tr>
<tr><td rowspan="2">创新创业研究院</td><td colspan="2">技术转化与创新党工委书记</td><td>王玲玲</td></tr>
<tr><td colspan="2">副院长</td><td>陈肖峰</td></tr>
</table>

产业与后勤系统中层领导干部（2017 年 12 月 31 日在任）

单　位	职　务		姓　名
圆正控股集团有限公司	总　裁 副总裁		徐金强 楼润正
	党委书记 党委副书记 纪委书记		郑爱平（兼） 盛亚东（兼） 楼润正
	创新技术 研究院	副院长	赵　成　舒旭云
产业与后勤党工委	书　记		郑爱平
	副书记		盛亚东
后勤集团	总经理 副总经理		林旭昌 万春根（兼）
	党委书记 党委副书记 纪委书记		万春根 林旭昌　姜群瑛 姜群瑛

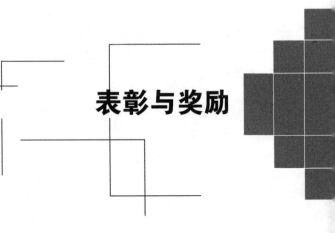

表彰与奖励

2017 年部分获奖（表彰）集体

教育部授予
　　首批全国高校黄大年式教师团　　　　　　　　　医学院附属第二医院眼科教师团队
浙江省总工会授予
　　浙江省工人先锋号　　　　　　　　　　　　　浙医二院杭州 G20 峰会医疗保障团队
共青团浙江省委授予
　　2016 年度浙江省优秀学生组织　　　　　　　　　　　　　　　　浙江大学学生会
共青团浙江省委授予
　　2016 年度浙江省优秀志愿服务集体　　　　　　　　浙江大学青年志愿者服务总队
共青团浙江省委授予
　　2016—2017 年度浙江青年创新创业奖　　　　　　　　　　　　　浙江大学团委

2017 年部分获奖（表彰）集体

中华全国总工会授予
　　全国五一巾帼奖章　　　　　　　　　　　　　熊　蓉　控制科学与工程学院
共青团中央授予
　　2016 年度"全国优秀共青团干部"　　　　　　　　　　　沈黎勇　校团委

浙江省人民政府授予

浙江省劳动模范 　　　　　　　　　　　　　　郑春燕　光华法学院

浙江省职工职业道德建设指导协调小组授予

浙江省第十二届职工职业道德建设标兵个人 　　　汪自强　农业与生物技术学院

浙江省总工会授予

浙江省三八红旗手 　　　　　　　　　　　　熊　蓉　控制科学与工程学院

浙江省教育工会授予

浙江省第五届师德标兵 　　　　　　　　　　　　朱柏铭　经济学院

浙江省第五届师德先进个人 　　　张向荣　方文军　杜丕一　高　翔

　　　　　　　　　　　　　　　　周　聪　高建青　倪一鸣　陈学新　冯华君

　　　　　　　　　　　　　　　　吕有志

共青团浙江省委授予

2017 年度浙江优秀青年 　　　　　　　　　　郑春燕　光华法学院

第十一届浙江青年五四奖章 　　　　　　　　　李寒莹　高分子系

共青团浙江省委、省志工委办公室、省志愿者协会授予

2016 年度浙江省志愿服务先进工作者 　　　徐　钦　医学院附属第一医院

2016 年度浙江省优秀志愿者 　　　　　　　　应泽春　经济学院

2017 年浙江大学"竺可桢奖"获得者

倪明江　能源工程学院

2017 年浙江大学第六届"永平奖教金"获得者

永平教学贡献奖 　　　　　　　　陶　然　人文学院

　　　　　　　　　　　　　　　　包　松　公共管理学院

　　　　　　　　　　　　　　　　方明虎　物理学系

　　　　　　　　　　　　　　　　李兰娟　医学院附属第一医院

永平教学贡献提名奖 　　　　　　韩洪灵　管理学院

　　　　　　　　　　　　　　　　李伯耿　化学工程与生物工程学院

　　　　　　　　　　　　　　　　冯华君　光电科学与工程学院

　　　　　　　　　　　　　　　　郑　平　环境与资源学院

浙江大学 2017 年度校级先进工作者

人文学院	刘国柱	杨大春	
外国语言文化与国际交流学院	陈新宇	蒋景阳	
传媒与国际文化学院	邵志择		
经济学院	杨柳勇	邵飞君*	
光华法学院	林劲松		
教育学院	司 琦		
管理学院	窦军生	缪依茹*	
公共管理学院	苏 超*	张 翔	
马克思主义学院	刘召峰		
数学科学学院	蔡天新		
物理学系	王浩华		
化学系	张培敏	董 彦	
地球科学学院	何 丁		
机械工程学院	曹衍龙	童水光	
材料科学与工程学院	王艳华	刘小强	
能源工程学院	郑水英		
电气工程学院	卢琴芬	李武华	
建筑工程学院	李文驹	陈喜群	赵羽习
化学工程与生物工程学院	钱 超	鲍宗必	
海洋学院	徐 敬		
航空航天学院	杨建群		
高分子科学与工程学系	黄小军		
光电科学与工程学院	徐之海		
信息与电子工程学院	钟财军	蔡 超	
控制科学与工程学院	朱秋国		
计算机科学与技术学院	庄越挺	纪守领	
生物医学工程与仪器科学学院	许迎科		
生命科学学院	丁 鸣		
生物系统工程与食品科学学院	唐月明		
动物科学学院	杜爱芳	陈 卫	
环境与资源学院	朱利中		

农业与生物技术学院	殷学仁	唐 璞			
医学院	王兆品	王黎芳	叶文莹*		
	叶怀庄	周 民	周以侹		
医学院附属第一医院	于吉人	干彩琴	卫建华	王 莺	王 颖
	王 蕊	王招娣	王国彬	王浩如	方 琏
	方 强	印 琴	冯靖祎	任春云	许利军
	许攀峰	严 盛	李 娟	李兰娟	杨仕贵
	吴李鸣	吴国琳	沈 岩	陈 军	陈 洁
	陈 博	陈水芳	范 剑	季 峰	金爱云
	周建英	郑树森	孟春婵	赵雪红	赵彩莲
	胡云珍	钱 玮	倪一鸣	徐子奇	高春华
	黄 悦	盛勤松	章凌红	蒋天安	蒋国平
	程可佳	程海虹	薛 亮	魏国庆	
医学院附属第二医院	王 屹	王丽竹	石 恒	叶 俊	田 梅
	师令娴	任 英	许东航	孙静琴	杜淑玲
	杨 颖	吴美蓉	吴雪花	辛曾峰	沈 俐
	张伟江	张华辉	张裕方	陈 斐	陈巧君
	陈树大	陈益定	邵小玲	林 敏	金胜航
	周 峰	须 欣	施迪科	姚 克	姚 我
	袁 媛	徐 琴	徐其渊	高顺良	唐彩虹
	黄育文	黄晓霞	梁 赞	蒋 峻	傅 涛
	楼 敏	潘敏强			
医学院附属邵逸夫医院	丁献军	马 力	马 珂	马 亮	王小芽
	王程灵	毛金丽	吕江红	朱陈萍	朱洪波
	李 贞	李 霖	张文斌	陈文军	陈 炜
	陈香萍	金琳娜	周明光	赵冬冬	赵 晋
	段秋梅	洪优优	姚玉峰	高新亚	黄爱华
	董莲莲	蒋汉梁	童晓嵋	管青华	管 燕
医学院附属妇产科医院	王军梅	方 鹏	石 芸	许小萍	阮恒超
	肖 莹	张峰彬	张 喜	赵柏惠	胡东晓
	俞 丽	姚文杰	唐郁文	黄佳敏	暴忠坤
	潘永苗				
医学院附属儿童医院	王亚飞	王颖硕	朱卫华	阮文华	杨兴惠
	罗飞翔	郑 焜	项伟菊	赵杭燕	钭金法
	俞 君	俞 劲	俞建根	姜爱珍	钱云忠
	徐 军	徐 辉	黄玉芬	章毅英	楼 佳

浙江大学年鉴

	魏　健				
医学院附属口腔医院	陈　晖	赵　鹃	徐群丽		
医学院附属第四医院	孙苗苗	李　宁	李　斌		
	杨晓晖	肖文波	沈秀兰	张　兰	陈　星
	周慧江	赵国华	姚建根	崔绍梅	
药学院	胡永洲				
党委办公室、校长办公室	王小燕				
人事处	赵雪珍				
外事处	刘郑一				
科学技术研究院	王芳展				
计划财务处	张益杭				
房地产管理处	董纪春				
基本建设处	单红妹				
安全保卫处	赵　栋				
发展联络办公室	鲁小双				
国际教育学院	何旭东				
中国西部发展研究院	陈　健				
玉泉校区管委会	张幼铭				
农生环学部	陈国潮				
图书馆	王益兵	郑江平			
继续教育学院	王栩晨*	张　倩*	韩楚楚*		
公共体育与艺术部	刘　剑				
工业技术转化研究院	童　嘉				
先进技术研究院	唐　丽				
农业技术推广中心	龚淑英				
校医院	王　红*	李　莉			
出版社	樊晓燕				
建筑设计研究院	张众伟				
农业试验站	吴正辉				
圆正控股集团	王福定	林小菊			
后勤集团	朱　虹	汤雪琴	陈炎焱	单新元	徐少华
国际联合学院（海宁国际校区）	张燕青				
城市学院	陆卫平				
生命科学研究院	徐平龙				

注：*者为单位自筹经费聘用人员。

浙江大学 2016—2017 学年优秀班主任

人文学院	郑 瑾	王 轶	
外语语言文化与国际交流学院	阿莉塔	薛莉娅	邵 勇
传媒与国际文化学院	赵 瑜		
经济学院	骆兴国	徐 志	
光华法学院	何怀文		
教育学院	赵 康	司 琦	
管理学院	章 魏	韩洪灵	
公共管理学院	陈丽君	王素芳	
数学科学学院	赵敏智		
物理学系	王宙洋		
化学系	汤谷平		
地球科学学院	王 琛		
心理与行为科学系	符德江		
机械工程学院	汪延成	从飞云	
材料科学与工程学院	程继鹏		
能源工程学院	李 蔚	宣海军	
电气工程学院	郑太英	胡斯登	
建筑工程学院	叶肖伟	刘 翠	包志仁
化学工程与生物工程学院	郑 娜		
海洋学院	李 莉	章春芳	
高分子科学与工程学系	凌 君		
光电科学与工程学院	刘 东		
信息与电子工程学院	徐新民	王梁昊	
控制科学与工程学院	王保良		
计算机科学与技术学院	吴鸿智	李 莹	叶 艇
生物医学工程与仪器科学学院	田 翔		
生命科学学院	李 霁		
生物系统工程与食品科学学院	丁 甜		
环境与资源学院	刘 璟		
农业与生物技术学院	赵 烨		
动物科学学院	单体中		

表彰与奖励

医学院	石 卓	张 丹	樊立洁	丁佩惠
	韩卫东	谢万灼		
药学院	蔡 圣			
竺可桢学院	斯 科	徐芳英	陈才勇	沈 逸
	卓 巍	高志华	杨万喜	
求是学院丹阳青溪学园	林 玮	俞 彬	王慧敏	曹发和
	吴世华	王礼平	莫申江	马 光
	任 强	马玉婷	杨 蓉	徐林荣
求是学院紫云碧峰学园	金 毅	余官定	尹巍巍	周文文
	常 乐	郑 俊	陈志坚	周洪亮
	刘海风	万华根	罗丽健	蒋建群
求是学院蓝田学园	赵 骞	潘丽萍	赵 朋	姚栋伟
	周 展	徐承富	王宗荣	钱 超
	何 衍	宋 伟	谢芳芳	张翔南
	潘 驰			

2017 年浙江大学优秀辅导员

人文学院	郑英蓓
传媒与国际文化学院	刘 岩
机械工程学院	闫小龙
材料科学与工程学院	杨 倩
电气工程学院	李 涛
海洋学院	车森洁
计算机科学与技术学院	章方铭
农业与生物技术学院	邱 慧
求是学院云峰学园	周钰珊
心理健康教育与咨询中心	李 娟

浙江大学 2016—2017 学年优秀研究生德育导师

人文学院	罗天华	郑淑梅	何善蒙

传媒与国际文化学院	郑西帆
经济学院	何樟勇　叶建亮　俞洁芳
光华法学院	韩家勇　林劲松
教育学院	王　进
管理学院	张起元　王丽丽　邵　帅
公共管理学院	龚斌磊　谷保静　林　融
马克思主义学院	代玉启
数学科学学院	梁克维
物理学系	赵道木
化学系	林旭锋
地球科学学院	田荣湘
心理与行为科学系	聂爱情
机械工程学院	顾大强　贺　永　纪杨建　杨辰龙　赵　亮
材料科学与工程学院	王　欢
能源工程学院	程乐鸣　方梦祥　李晓东　孙大明　王树荣 郑梦莲　周文华
电气工程学院	陈　敏　林　峰　杨家强
建筑工程学院	包　胜　蒋建群　祁巍锋　徐荣桥　郑飞飞
化学工程与生物工程学院	王晓钟
海洋学院	樊　炜　邓争志　章春芳　何小波
航空航天学院	邓茂林
高分子科学与工程学系	王幽香
光电科学与工程学院	黄腾超　李　奇
信息与电子工程学院	夏永祥
控制科学与工程学院	牟　颖　王保良
计算机科学与技术学院	卜　凯　罗　悦　李　玺　鲁伟明　沈　琦 高　艺
软件学院	方红光　胡高权　柳栋桢
生物医学工程与仪器科学学院	宁钢民
生命科学学院	邱英雄　吕镇梅　杨万喜
生物系统工程与食品科学学院	胡亚芹　冯　雷
环境与资源学院	李　勇　梁新强　翁小乐
农业与生物技术学院	郭逸蓉　杨景华　张　波
动物科学学院	杜华华　郭晓令　刘红云　谭　勋
医学院	胡晓晟　宋朋红　徐承富　周　炯　张一栋 赵凤东　孙雅逊　胡济安　虞燕琴　姜　薇

浙江大学年鉴

药学院	王银儿 王 本 杜 悦
	朱丹雁

浙江大学 2016—2017 学年竺可桢奖学金获得者

倪 好	教育学院博士生
陈凯宏	化学系博士生
朱子钦	能源工程学院博士生
黄博滔	建筑工程学院博士生
韩海杰	高分子科学与工程学系博士生
苏凯麒	生物医学工程与仪器科学学院博士生
张 倩	生命科学学院博士生
黄春峰	医学院博士生
宋 超	物理学系硕士生
刘亚芝	材料科学与工程学院硕士生
姜 鑫	信息与电子工程学院硕士生
孙 悦	环境与资源学院硕士生
董星辰	人文学院本科生
何 苗	教育学院本科生
王方锦华	机械工程学院本科生
郭栗橙	电气工程学院本科生
刘教坤	建筑工程学院本科生
杨吉祥	化学工程与生物工程学院本科生
朱冬贺	海洋学院本科生
李梦圆	信息与电子工程学院本科生
周君沛	计算机科学与技术学院本科生
沈宇恬	生物系统工程与食品科学学院本科生
徐 凡	医学院本科生
陆旷野	竺可桢学院本科生

2017 年浙江大学第八届"十佳大学生"获得者

王可心	控制科学与工程学院研究生
王　煌	经济学院研究生
叶　新	电气工程学院研究生
史明明	生物系统工程与食品科学学院研究生
苏凯麒	生物医学工程与仪器科学学院研究生
李梦圆	信息与电子工程学院本科生
何　苗	教育学院本科生
展祥皓	竺可桢学院本科生
康祺祯	建筑工程学院本科生
谭晓宇	数学科学学院研究生

浙江大学 2016—2017 学年国家奖学金获得者

人文学院

黄　雪　卢　涵　章　军　陈鑫颖　董星辰　李泽栋　李子洋　陆海燕　马鑫宇

外国语言文化与国际交流学院

孙　元　汪　湛　张　颖　陈紫璇　沈昀潞　徐梦琛　许梦颖　杨诗怡　羊靖乐

传媒与国际文化学院

李　璇　田　雯　王　方　翟亚娟　姚敏侣

经济学院

刘　悦　吴　宵　陈意妮　管玉琳　李腾霄　钱高琳　孙璐佳　姚沁雪

法学院

钟　怡　傅金莎　李文超　余佩樨　钟佳妮

教育学院

何子薇　胡思昀　卢季鋆　马依群　唐佳颖　巫诺雅

管理学院

李　涵　钱　弘　吴敬华　章凯磊　郑旭超　朱逗逗

公共管理学院

蒋理慧　刘旋凯　苏金超　唐誉颖　项予倩　赵子琪　周诗语

数学科学学院

陈嘉烨　陈桢栋　洪钰璐　黄漪桉　宋怡文　袁纬捷

物理学系

关　鑫　王　彤　金锦涛

化学系

纪　越　毛建明

地球科学学院

顾沁雪　徐遥辰

心理与行为科学系

魏艳萍　朱静茵

机械工程学院

王　钒　陈力源　冯统帅　刘宇轩　沈国尧　卫佳辰　张世东

材料科学与工程学院

林　晨　范清源　关玲玲　关慰勉

能源工程学院

母　娟　石　昊　王　均　余　慨　张　凌　邓光钰　洪佳楠　黄元凯　李晓阳　赵锴杰

电气工程学院

陈彬彬　陈伟建　杜诗嘉　冯星月　郭栗橙　黎经元　李静航　李良浩　秦雪飞　唐滢淇
王文婷　朱嘉俊　滕国龙

建筑工程学院

秦　格　孙　源　杨　斌　范予昕　胡晓南　季陈懿　赖皓欣　林钢健　刘国星　王俊彦
吴炎阳　赵俞成

化学工程与生物工程学院

胡　楠　黄　勇　陈旭敏　杜乔昆　杨吉祥

海洋学院

王　豪　曹杭挺　陈灵乐　方泽宇　王紫荆　朱冬贺

航空航天学院

王　金　杨　瑶

高分子科学与工程学系

马培元　王书婷　张鸿杰

光电科学与工程学院

曾　望　冯傲松　沈依青　项凯特

信息与电子工程学院

桂　麟　王　泰　陈书豪　丁光耀　李梦圆　孙怡琳　余铁铮　章致好　张鼎懿　郑子辉

控制科学与工程学院

任　彤　官孝清　林永良　孙依然

计算机科学与技术学院

马　丁　肖　潼　关心杨　江志锋　康自蓉　李钧涛　刘思远　徐凯炎　余南龙　张若霏
张伟锋　郑驭聪

生物医学工程与仪器科学学院

陈仙乐　雷晨阳　沈佳栖　王溯恺　杨雯琦

生命科学学院

金　康　孔令根

生物系统工程与食品科学学院

厉倚豪　沈宇恬　尤诗莹　裘方盈

环境与资源学院

盛　琪　陈俊文　董白羽　傅雨杰

农业与生物技术学院

钟　雅　周　辉　李晗婧　邵思遥　吴格非　俞文婕　朱筱涵

动物科学学院

丁圣森　王亦欢　杨动听

医学院

童　雨　徐　凡　喻　鑫　赵　帆　陈一瑜　洪娅娅　胡诗余　李墨白　林冰汝　林诚怡
乔克雄　汪存艺　王茹玥　王琦琦　杨国民　叶冠琛　张冬燕　张俊磊　张严烨　侯田
志超

药学院

王　霞　林慈爱　余芳英

求是学院丹青学园

方　缘　黄　味　刘　娴　王　璇　谢　可　包悦蕾　蔡小瑛　曹秦浩　陈天宁　顾佳艳
华斯婧　金典卓　金雨宸　厉澄澄　凌昭廷　陆理宁　马泽中　聂雨彤　陶淳涛　陶静巧
王嘉清　王艺瑾　王卓凡　吴烨琳　谢欣怡　徐昳潇　叶宣含　应琥犇　张玮逸　赵水江
赵子璐　邬馨远

求是学院云峰学园

陈　畅　梁　超　刘　韧　马　麟　杨　赟　陈亦新　戴清阳　方可馨　高惠国　顾涵雪
黄逸琳　姜昱辰　江嘉昊　蒋含啸　雷嘉晖　李煜博　廖人玉　吕梦琪　孟宏丽　涂剑凯
王子豪　许筱婉　杨秀莉　张嘉宁　张寅琪　张智为　赵宇轩　周家宁　邹诗环

求是学院蓝田学园

程　远　段　鸿　沈　婷　郑　颖　周　琦　包慧创　曹哲锋　陈东来　陈佳伟　陈思源
翟瑞锟　董瑞临　傅伊甸　顾思芸　何培豪　林羽真　柳张清　罗华昱　彭官妍　任宇凡
阮杨峻　孙金池　王亚静　徐一帆　许露杭　严相杰　姚森怡　叶璐安　应鸿刚　张东博
张润辉　周敬鑫　朱世煜

竺可桢学院

冯 苗　侯 冰　贾 甲　李 博　王 宁　赵 阳　陈炳天　陈栩淦　戴天祥　丁李桑
付常铸　黄璐哲　林新迪　陆旷野　倪娇娇　施莹璐　田尤知　王书琪　谢哲栋　张竞文
张乐宜　张习远　张晓源

国际联合学院(海宁国际校区)

徐 超

浙江大学 2016—2017 学年优秀学生奖学金获得者

优秀学生一等奖学金

人文学院

陈 玥　黄 雪　刘 韬　卢 涵　王 众　章 军　钟 荧　周 靖　陈静怡
陈鑫颖　董心悦　董星辰　郭育辰　李传通　李泽栋　李子洋　陆海燕　马鑫宇
倪琪琪　吴世平　薛理平　俞佳璇　俞清瑶

外国语言文化与国际交流学院

孙 元　汪 湛　张 颖　陈紫璇　郭佳佳　黄含笑　黄佳倩　李思颖　励梦婷
刘美君　倪雪琪　沈德瑶　沈昀潞　吴知晋　谢子晗　徐寒珂　徐梦琛　许梦颖
杨诗怡　杨玠璐　羊靖乐　钟晨露

传媒与国际文化学院

韩 薇　李 璇　田 雯　王 方　王 昕　翟亚娟　顾天舒　毛天婵　盛百慧
吴红燕　姚敏侣

经济学院

黄 博　林 津　刘 悦　吴 宵　卜诗乐　陈冠群　陈意妮　傅子懿　管玉琳
黄铿华　李腾霄　钱高琳　孙潜昶　孙璐佳　王瀚迪　姚沁雪　张文蓓　郑宇婕

光华法学院

胡 敏　钟 怡　傅金莎　胡相宜　李文超　吕碧心　吴倩孜　游晓薇　余佩榉
张萌萌　赵宸可　钟佳妮

教育学院

戴丹丹　何子薇　胡思昀　李玉琪　卢季銎　马依群　马紫晨　彭馨谊　孙良红
唐佳颖　王子卉　巫诺雅　徐玲玲　徐文辉　郑小倩

管理学院

李 涵　钱 弘　张 跃　陈佳栋　程珊珊　胡庆伟　王会娟　王群雅　吴敬华
章凯磊　张忻如　张馨伊　郑旭超　朱逗逗

公共管理学院

| 曹 宇 | 蒋理慧 | 刘君毅 | 刘旋凯 | 苏金超 | 孙雨乐 | 谭清安 | 唐誉颖 | 吴铭谦 |
| 吴洲瑶 | 项予倩 | 邢舒瑜 | 严许梦 | 章佳民 | 张津铭 | 赵子琪 | 周诗语 | 朱好然 |

数学科学学院

| 吴 翔 | 严 键 | 周 驰 | 陈嘉烨 | 陈桢栋 | 龚学平 | 郭相楷 | 洪钰璐 | 黄漪桉 |
| 罗杰榕 | 宋怡文 | 王立言 | 袁纬捷 | 赵鑫安 | | | | |

物理学系

| 关 鑫 | 王 彤 | 张 鑫 | 崔浩楠 | 黄隽奕 | 蒋文杰 | 金锦涛 | | |

化学系

| 纪 越 | 赵 昶 | 毛建明 | 翁国荣 | 周雪涵 | | | | |

地球科学学院

| 顾沁雪 | 金英东 | 金映含 | 王睿飏 | 徐遥辰 | | | | |

心理与行为科学系

| 李 蔚 | 刘嘉耀 | 魏艳萍 | 张旭晖 | 朱静茵 | | | | |

机械工程学院

楼 嵩	王 钒	王 鹏	吴 枫	鲍润颖	陈甫文	陈力源	邓镇龙	冯统帅
黄俊业	刘宇轩	刘昊柏	鲁泽地	沈国尧	王增豪	卫佳辰	夏晨杰	张世东
周璐瑜	王方锦华							

材料科学与工程学院

| 胡 益 | 姜 枫 | 林 晨 | 范清源 | 关玲玲 | 关慰勉 | 李培培 | 罗舶桑 | 许言君 |

能源工程学院

陈 聪	陈 芝	季 园	李 俊	母 娟	石 昊	王 均	余 慨	张 凌
赵 畅	邓光钰	邓万涛	洪佳楠	胡建侃	黄元凯	李晓阳	石珊珊	史继鑫
汪琳琳	王亚彬	王玉玮	温茂林	杨德松	赵锴杰	庄立约		

电气工程学院

马 力	王 凯	余 鹏	郑 聪	陈彬彬	陈伟建	杜诗嘉	冯星月	郭栗橙
何子涵	胡金迪	江子轩	黎经元	李静航	李良浩	骆中宝	马晟杰	毛佳庚
穆亚楠	秦雪飞	宋志豪	唐滢淇	王文婷	吴佳良	杨昊林	叶余桦	叶昊亮
于丰源	章夏荷	赵裕昊	朱嘉俊	邬舒益	滕国龙			

建筑工程学院

蔡 元	刘 鑫	秦 格	孙 源	杨 斌	董冠森	范予昕	胡浩强	胡晓南
季陈懿	赖皓欣	林钢健	刘国星	刘教坤	潘海龙	沈晨莹	孙义舟	陶一帆
王俊彦	王宇奇	吴炎阳	吴蕴芃	姚富根	殷雨阳	尤书剑	詹文轩	张柯炜
张克越	张殷楠	赵俞成	郑诗吟					

化学工程与生物工程学院

| 董 轩 | 傅 豪 | 胡 楠 | 黄 勇 | 刘 畅 | 蔡一婷 | 陈旭敏 | 杜乔昆 | 杜叶蓉 |

浙江大学年鉴

倪楚君　曲冰儿　杨吉祥　张媛媛

海洋学院

邱　良　王　豪　郑　榕　曹杭挺　陈灵乐　方泽宇　侯锦睿　黄中原　姜慧强
刘希丹　王钱浩　王紫荆　辛若雪　杨铭哲　杨毅锋　赵方舟　朱冬贺

航空航天学院

王　金　杨　瑶　傅珂杰　王云鹤　许欣林　俞天纬

高分子科学与工程学系

康　婷　郭变变　马培元　潘晓宇　王书婷　颜永沅　张鸿杰　蒿兴鹏

光电科学与工程学院

潘　甜　曾　望　冯傲松　何珂晶　李竞曦　梁名姝　片思杰　沈依青　项凯特
周科洋

信息与电子工程学院

桂　麟　胡　牧　金　涛　王　泰　姚　罡　张　凡　陈敏珍　陈书豪　陈宇飞
丁光耀　杜闻涛　何映晖　胡耀龙　李梦圆　刘汉元　刘子涵　孙怡琳　陶拓旻
王倩倩　熊远昊　严哲雨　杨嘉豪　余铁铮　章致好　张鼎懿　郑子辉
欧阳胜雄

控制科学与工程学院

任　彤　张　浩　常树超　陈子薏　戴智文　董建耕　官孝清　林永良　龙霄潇
孙依然　许泽昊

计算机科学与技术学院

黄　睿　马　丁　沈　栋　宋　鼎　肖　潼　叶　露　冯首博　关心杨　胡一夫
黄凯杰　江志锋　康自蓉　黎金洪　李钧涛　李青灿　林俊浩　林世鹏　刘思远
刘栩威　王歆怡　徐凯炎　徐梦迪　杨伟民　杨璐敏　余南龙　张若霏　张伟锋
郑驭聪　周君沛　朱思源　朱雨真

生物医学工程与仪器科学学院

王　友　陈朋飞　陈仙乐　楚杰彬　高思敏　金丹宜　雷晨阳　吕可伟　沈佳栖
孙凡原　万皓琛　王溯恺　吴怡德　杨雯琦

生命科学学院

丁　锋　金　康　辛　敏　孔令根　任旻蕙

生物系统工程与食品科学学院

昌　玥　胡晓镕　厉倚豪　沈宇恬　吴驰域　杨逸豪　姚靖东　尤诗莹　张一鞠
裘方盈

环境与资源学院

倪　好　盛　琪　陈俊文　陈子谷　董白羽　傅雨杰　贾洋洋　姜舒扬　杨泓蕊
叶佳园　郑力玮

农业与生物技术学院

程　宇　刘　悦　钟　雅　周　辉　丁菁雯　高丽斌　何俊寰　李婷婷　李晗婧
饶素萍　邵思遥　吴格非　谢亨通　俞文婕　袁雯馨　周芳园　朱筱涵

动物科学学院

金　娜　卢君　彭　蕾　丁圣森　王亦欢　杨动听　朱梦霏

医学院

贺　迪　黄　玥　黄　睿　李　鑫　沈　思　田　昊　童　雨　徐　凡　喻　鑫
赵　帆　郑　冉　曹乃方　陈清清　陈新宇　陈一瑜　丁雨薇　董思远　高金峰
洪娅娅　胡诗余　黄雁舟　姜燊种　李墨白　林冰汝　林诚怡　刘柏强　刘小青
孟潇妍　钱桑妮　乔克雄　任梦婷　邵央婕　石珂昕　宋常君　汪存艺　王佩珊
王茹玥　王为恺　王琦琦　谢思远　许杨波　杨国民　叶冠琛　叶莹莹　章卓琳
张冬燕　张锦娜　张俊磊　张宁宁　张严烨　赵李潞　周碧婷　侯田志超

药学院

王　霞　林慈爱　罗震宇　王莹鋬　余芳英

求是学院丹青学园

方　缘　胡　寅　黄　眜　刘　娴　陆　涛　孙　阳　王　洁　王　可　王　璇
谢　可　张　旻　包悦蕾　蔡小瑛　曹秦浩　陈毛婷　陈牧秦　陈天宁　陈珍妮
戴之依　顾佳艳　贺湉汐　胡雨虹　华斯婧　黄诗澜　金典卓　金微之　金雨宸
李依莎　厉澄澄　凌昭廷　陆晨超　陆程涛　陆理宁　马泽中　聂雨彤　陶淳涛
陶静巧　屠安楠　王嘉清　王艺瑾　王卓凡　吴晨笑　吴怡莎　吴烨琳　夏乐怡
谢欣怡　忻嘉辉　徐眹潇　徐金焱　徐紫怡　杨嘉南　叶宣含　应琥犇　曾东圣
张齐心　张馨宇　张玮逸　赵水江　赵子璐　甄丹蕾　周尚砚　朱尔璞　朱佳欢
邬馨远

求是学院云峰学园

陈　畅　黄　迪　梁　超　林　畅　刘　韧　马　麟　彭　帷　王　帅　杨　赟
陈逸洁　陈亦新　陈琦凯　戴清阳　方可馨　高惠国　宫梦洁　顾涵雪　黄逸琳
姜昱辰　江嘉昊　江智慧　蒋含啸　金家宇　孔婧怡　雷嘉晖　李吟涛　李煜博
廖人玉　陆怡文　吕梦琪　孟宏丽　秦少翔　邱奕臻　石晓宇　汤明远　涂剑凯
王子豪　王缤慧　魏鹏锦　吴立荣　徐碧玉　许筱婉　杨秦怡　杨秀莉　应佳成
袁浩生　曾治华　张嘉宁　张寓琪　张智为　赵竟霖　赵宇轩　周家宁　邹可欣
邹诗环

求是学院蓝田学园

常　磊　陈　昊　程　远　段　鸿　樊　潇　高　淦　简　萌　庞　淇　沈　婷
姚　悦　张　帆　郑　颖　周　琦　包慧创　蔡浩清　曹哲锋　陈东来　陈鸿鑫
陈佳伟　陈思源　翟瑞锟　董瑞临　冯乐耘　冯艺漩　傅伊甸　高孝国　顾思芸
顾以辰　顾钰峰　何培豪　黄一帆　江邦睿　李家桥　李开霖　林立宁　林羽真

浙江大学年鉴

刘治洋	柳张清	鲁昊骅	罗华昱	彭官妍	任宇凡	茹震男	阮杨峻	孙金池
田鸿君	王楚璇	王礼旭	王梦宁	王声傲	王无印	王亚静	王元鸿	翁婉莹
夏燕妮	肖铭澍	谢鹏尧	谢任翔	徐一帆	许露杭	严相杰	杨德馨	姚森怡
叶璐安	应鸿刚	郁林子	袁朔阳	张东博	张润辉	张栩清	赵吕方	郑睿瑞
周敬鑫	周麟铭	朱世煜	祝瀚林	左鸣皓				

竺可桢学院

查 玥	费 越	冯 苗	顾 锴	何 源	侯 冰	贾 甲	金 倩	郎 伟
李 博	李 想	陆 寰	任 意	苏 雅	唐 甜	田 苗	万 涵	万 园
汪 洁	王 宁	王 宁	夏 天	徐 熠	张 辉	赵 阳	包纯净	柴鹏鑫
陈炳天	陈飞宇	陈润健	陈栩淦	陈昊伟	戴天祥	丁李桑	傅赵晖	付常铸
高安杰	高艺洋	谷松韵	何柯琪	黄书涵	黄文腾	黄璐哲	江云飞	荆泽宇
李嘉琪	李依琳	李易非	李兆林	李子昂	李妍君	梁伟欣	梁绮珊	梁烨华
林蒙驰	林宁宁	林融融	林新迪	林一峰	林昕艺	刘纯一	刘迪一	刘豪雄
刘远见	隆晋威	卢梓育	陆旷野	毛雨晴	倪飞达	倪娇娇	庞格致	戚晨洋
沈皓天	施莹璐	孙伟杰	田尤知	王乐博	王书琪	王雨健	谢哲栋	许思萱
杨宇萌	杨子瑾	叶筱航	于博雅	余睿伟	俞心见	岳奕阳	展祥皓	张洪申
张晋松	张竞文	张乐宜	张启正	张习远	张晓源	张芷吟	赵梦雨	赵颖馨
郑宇洁	郑忠铭	周军彬	朱江超	岑雪聪	栾玮珉			

国际联合学院(海宁国际校区)

| 徐 超 | 蒋恩奕 | 周祝能 |

优秀学生二等奖学金(1237 人,名单略)

优秀学生三等奖学金(2128 人,名单略)

浙江大学 2016—2017 学年本科生外设奖学金及获奖情况

(单位:人)

序号	外设奖学金名称	奖励人数	序号	外设奖学金名称	奖励人数
1	中国港湾一等奖学金	2	5	亿利达刘永龄奖学金	10
	中国港湾二等奖学金	2	6	姚禹肃、贺建芸奖学金	20
2	郑志刚奖学金	2	7	杨咏曼奖学金	12
3	浙江大学不动产基金奖学金	50	8	协鑫奖学金	12
4	永平奖学金	50	9	希望森兰奖学金	5

序号	外设奖学金名称	奖励人数	序号	外设奖学金名称	奖励人数
10	博世奖学金	5	31	康而达一等奖学金	3
11	王老吉奖学金	40		康而达二等奖学金	19
12	万华奖学金	6	32	建德一等奖学金	12
13	天府汽车英才奖学金	10		建德二等奖学金	24
14	唐立新优秀学生干部奖学金	7	33	黄宏、邬小蓓奖学金	8
15	唐立新优秀学生标兵奖学金	10	34	华陆科技奖学金	6
16	唐立新奖学金	62	35	宏信奖学金	10
17	宋都一等奖学金	1	36	恒逸奖学金	20
	宋都二等奖学金	3	37	海亮奖学金一等奖	2
18	世茂学业优秀奖学金	5		海亮奖学金二等奖	5
19	世茂创新创业奖学金	5		海亮奖学金三等奖	10
20	士兰微电子奖学金	8	38	海航奖学金	15
21	三星奖学金	15	39	光华奖学金	50
22	三井物产奖学金	8	40	葛克全奖学金	15
23	润禾奖学金	12	41	大北农奖学金	100
24	阙端麟奖学金	5	42	岑可法一等奖学金	11
25	潘家铮水电奖学金	2		岑可法二等奖学金	7
26	"浙报—阿里"新媒体奖学金	62	43	策维一等奖学金	4
27	宝钢奖学金	5		策维二等奖学金	8
28	南都一等奖学金	7		策维三等奖学金	24
	南都二等奖学金	18	44	CASC 一等奖学金	1
	南都三等奖学金	33	45	CASC 二等奖学金	2
29	南都创新奖学金	10	46	CASC 三等奖学金	4
30	纳思奖学金	20		总　计	884

浙江大学年鉴

浙江大学 2017 届浙江省优秀本科毕业生

人文学院

刘 雪　郑 姣　丁书颖　何苏丹　金文超　刘芳燕　娄佳清　毛一铭　秦琪琪
屠亦真　张梦依

外国语言文化与国际交流学院

彭 畅　王 璐　傅婷娜　郭尤子　杨仲舒　周忆瑜　朱毓秀

传媒与国际文化学院

亓 力　龚涵雨　官予欣　林诗旖　赵天娜　周梦竹

经济学院

方 可　李 柳　熊 晔　陈晓琦　胡可可　李圣洁　刘菁菁　陆嘉怡　倪永红
倪张汀　吴亚慧　徐嘉伟　徐晓倩

光华法学院

蔡 倩　费茜茜　刘梦圆　秦晓砺　孙钰钢　邢文升

教育学院

李 娜　高熠雯　叶莉萍　褚欣维

管理学院

施艳皎　吴宏丽　杨润波　虞梦雪

公共管理学院

任 杰　朱惠　蔡晴茵　邓丝雨　黄张迪　焦润橦　卢圣华　于晨炜　张琦琦
卓何佳

数学科学学院

陈金泽　葛慧敏　贾宏达　金卓宸　向婷妍　谢月歌

物理学系

韩玺月　徐晨妮

化学系

丁 昊　邱 静　陈彬彬　孙佳玲

地球科学学院

陈星渝　范小雨　傅颖颖　褚华凯

心理与行为科学系

方天米　翁文其

机械工程学院

金 涛　干雨霏　蒋雪松　金健安　王凯征　叶张昱

材料科学与工程学院

李　诗　陈鑫铠　王敏雅　郑雪绒　邬栋京

能源工程学院

陈　柳　王　晴　肖　丹　陈增朝　方鑫宸　付佳慧　黄志远　李泽嵩　李婷婷
唐海荣　魏庭玉　魏琰超　张宇鸿

电气工程学院

韩　婷　严　铭　张　硕　蔡华翔　高晖胜　廖伟涵　林鸿基　刘亚男　王惠如
王钊文　吴泽正　徐彬涵　詹焕友　张朱浩伯

建筑工程学院

李　丹　潘　数　徐　沛　陈泽建　高佳妮　焦昕宇　庞佳燕　强烨佳　施凯辉
杨颂清　詹兴斌　张天航　周凌霄　周轶凡

化学工程与生物工程学院

田　丹　钮曹萍　王捷睿　余鼎一　周容帆

海洋学院

郑　淑　吴超鹏　应王敏　缪天磊　申屠溢醇

航空航天学院

令狐昌鸿

高分子科学与工程学系

耿可煜　马梦琪　伍瑞菡　赵梦娜

光电科学与工程学院

胡　静　宋　浩　顾琪琳　吴婉洁　郑纯琪　朱炳昭

信息与电子工程学院

陈　蓓　韦　逸　许　睿　崔白云　高小丁　麻泽阳　马涵之　任金科　沈正坤
田小波　王欣悦　温家宝　杨敏霞　詹士杰

控制科学与工程学院

毛　欣　祁　元　李宣毅　刘向国　唐卓栋　甄佳楠

计算机科学与技术学院

黄　茵　李　婷　刘　錞　杨　凯　杨　威　邓一好　付春李　李博涵　李哲宇
林炳辉　林莹莹　丘颖悦　田黄石　吴星瑶　谢慈晖　叶季钶　叶俊利　余佩芸

生物医学工程与仪器科学学院

陈佳辉　陈锦生　刘京龙　刘妲妮　阮华明　王雨虹　吴文琪　余梦珂

生命科学学院

陈鹏祥　蒋刘一琦

生物系统工程与食品科学学院

黄　皓　项丽蓉　姚舒婷　张伟阳　赵京城

环境与资源学院

吴 静 袁 平 沈佳贤 许少怡 邹利俊

农业与生物技术学院

高 嵩 青 巧 徐 颖 陈宇豪 李梦婷 潘嘉城 宋楚君 王海霞 杨蕴琪

动物科学学院

彭兴 蔡丽君 金舒文 毛锶超

医学院

洪 澜 李 莎 崔露允 葛起伟 黄灵洁 李田田 陆诗媛 邵喆婳 寿艳红
涂米雪 谢娇娇 徐燕萍 张国林

药学院

陈颖倩 樊丽诗 张雨恬 张昕瑶

竺可桢学院

陈 冉 丁 宁 范 磊 赖 笠 李 丹 张 豪 张 淼 陈龙龙 郭陆英
江紫嫣 劳观铭 李屹成 卢翰清 孟宪令 牛启鑫 唐坤杰 吴越乔 吴卓峰
伍音璇 徐林霄 严晨毓 俞露霜

浙江大学 2016—2017 学年研究生国家奖学金获得者

人文学院

博士生 叶颖秀 董 达 张传睿 陈夕朦 罗慕君 汪潇晨 黄鹏程 王传播
　　　　赵大旺
硕士生 侯 倩 唐娟红 吴志刚 安琪儿 张 婷 王心怡 杨 霞

外国语言文化与国际交流学院

博士生 陈大建 金慧媛 陈海容
硕士生 沈忠良 张美云 戴雪婷 王艺臻 王佳楠

传媒与国际文化学院

博士生 周 颖 龙 强
硕士生 李增韬 王赛男 李戈辉 陈露丹

经济学院

博士生 诸竹君 朱芳菲 柴宇曦 王 煌 王 蕾
硕士生 徐 怡 张家琪 叶子楠 项辛怡 徐喆韡 张云箫 方 晟 陈奥杰

光华法学院

博士生 谭清值 宋善铭 张 蕾

硕士生　张　勤　肖　洒　祁　拓　柯　达　干燕嫣　王　玘　朱敏艳　马路瑶

教育学院

博士生　潘文莺　朱　丽

硕士生　张俊杰　陆　琦　周钰嫣

管理学院

博士生　裴冠雄　李　文　曾亿武　邵金安　陈雪如　才　正　左　颖　王　丁
　　　　董照樱子

硕士生　杜星亿　潘　蕾　赵叶宇　汤兆玮　杨婉莹　宋一凡

公共管理学院

博士生　张玉婷　陈科霖　翁默斯　杨　帆　单立萍　王　薇　凌卯亮

硕士生　金娟霞　施　榕　杨雨莲　莫锦江　张晓鑫　赵　越　吴艳芳

马克思主义学院

博士生　顾青青

硕士生　沈　丹

数学科学学院

博士生　胡佩君　夏　羽　卜凯峰　方　洲　陈仁栋

硕士生　包媛媛　焦惠芸　吴娇娇　朱梦婷　李　令　刘璐瑶

物理学系

博士生　胡仑辉　沈炳林　周健阳　王志成　郭春煜　方轶圣　朱腾峰

硕士生　翁泽平　卢川艺　郎佳伟　丁　毅

化学系

博士生　张袁斌　王海燕　陈　旭　鄢胜壹　周玉娟　郭　军　廖　港　程　彪
　　　　鲍晓冰　陈春红　上官莉卿

硕士生　陈晨辉　陈盼盼　吕宁宁　姚启钧　张　敏　张志华　虞景露

地球科学学院

博士生　王　鑫　曹雯婷　徐慧燕　覃梦娇

硕士生　徐媛媛　程亚莉　何晓萍　黄堰林

心理与行为科学系

博士生　薛　将　李鹏超

硕士生　吴伟泱　程少哲　施彦玮

机械工程学院

博士生　栾丛丛　赵　丹　邓　双　王　旦　丁　弘　张　涛　赵鹏宇　张志峰
　　　　张雷鸣　潮　群　张依东　林方烨

硕士生　王　博　饶成晨　舒　展　施嘉察　王　超　王培磊　陈晓杰　胡　芬
　　　　刘　宇　栾　宇　陈李果　詹　斌　鲍静涵　刘代峰　黄梓亮　黄林新

材料科学与工程学院

博士生　傅译可　杨亚雄　汪东煌　刘银土　张　玲　夏体锋　颜聿聪
　　　　张子皎　李　静

硕士生　苟峻铭　孙小磊　詹继晔　尹朋岸　刘亚芝　杨铮睿　叶羽婷　邓盛珏

能源工程学院

博士生　丁灵侃　梁导伦　赵中华　陈晓强　李亦健　杨化超　周明熙　刘竞婷
　　　　林法伟　闻　旭　李佳琦　许辰宇　戴贡鑫　陈富强

硕士生　段良平　赵　亮　陈　栩　钟安昊　华　超　沈之旸　袁　牧　沈佳莉
　　　　张佳贝　邢江宽　马华庆　李晓康

电气工程学院

博士生　朱泽翔　姚艺华　周桂煜　肖晃庆　陈玉香　夏杨红　秦　伟　梁梓鹏
　　　　陈佳佳　王霄鹤

硕士生　陆韶琦　苏均攀　沈燚明　马瑜涵　孙　明　齐　峰　赵　杨　商小宝
　　　　江明明　蒋　乐　马学冬　章　禹　李龙奇　胡佳威

建筑工程学院

博士生　高　柳　付美礼　潘　坤　项星玮　顾益斌　臧俊超　周昕彦　肖　月
　　　　夏长青　马淇蔚　许雨心　张潇文

硕士生　陈　捷　楼煌杰　李至远　奚培森　张帅超　徐　威　潘海静　沈莉潇
　　　　刘振宇　李　奖　马　迪　陈笑微　卜斯禹　韩培华　郑宏煜　刘亚冰

化学工程与生物工程学院

博士生　黄丽媚　洪小东　锁　显　姜静娴　袁俊杰　刘　伟　郑　宁　王砾莹

硕士生　陆　璟　赵妮芳　诸俊杰　邓　昕　方子正　李　琪　王晓祥　李启晨
　　　　韩冬旭　李煜惠　夏明春

海洋学院

博士生　郭乙陆　赵　亮　葛柳钦　孔美巍　谭亚南

硕士生　楼昭涵　陈　江　周佑洲　陈　勇　姜　勇　陈一菲　张秀芳　南立文
　　　　孙　斌　冷　杰

航空航天学院

博士生　王彦正　朱凤博　孙　政　陈英杰　张培杰

硕士生　石以诺　陆淑婷　蔡　硕　罗　鹏

高分子科学与工程学系

博士生　杜　勇　章中强　陈婷斑　吕　嫣　张　超　史　杨

硕士生　赵慧杰　王　博　滕文卓　姚伟泉

光电科学与工程学院

博士生　杜凯凯　姜　玮　吴　昊　卢乾波　朱大钏　章夫正　陈　阳

硕士生　邱建榕　伍文双　郑　程　程瑞琦　岳永恒　章科建　许弘楠　陈咨尧

信息与电子工程学院

博士生　朱之京　周成伟　彭希亮　易　达　王根成　黄思羽　梁　晗　孔垂丽

硕士生　邵哲平　朱安杰　王　春　丁伟英　王　健　张　玲　张　清　孙煜程
　　　　王　红　张　美　陆阳华　徐　桦　张子涵

控制科学与工程学院

博士生　赵成成　徐赵文　谢　翔　方梦园　姚　乐　欧阳权　张　萌

硕士生　黄俊超　何世明　王蒙蒙　王可心　孙喜洋　吴　俊　王　玥　朱　均
　　　　蒋　昊

计算机科学与技术学院

博士生　祝　宇　宋　骏　赵靖文　薛弘扬　储文青　曹春晓　沈泽邦　周海峰
　　　　彭梁英　兰　吉　王叙萌　杨克宇

硕士生　张曹炜　劳天溢　高　奔　杨启凡　叶　豪　胡　虎　陈元瀛　傅凯博
　　　　楼　麟　李明攀　安　芳　陈　珍　李　昊　张家玄　胡焕行　毛晨炀
　　　　曹红阳　静永程　解玉琳　郑璐洁　朱林炯　李　星

软件学院

硕士生　王　磊　彭青蓝　段明江　张依依　王里奥　李　帅　陈　军　李潇颖
　　　　陈艳蕾

生物医学工程与仪器科学学院

博士生　黄余格　罗　威　王宝霖　张春晨　董　浩　金璐红

硕士生　张　文　刘　磊　万梓健　姚志成　王　力　胡雷斌　马　逊

生命科学学院

博士生　张乃方　张　幸　李金英　曾国红　杨　帆　徐亚茹　孟宪文　惠　彩
　　　　陈莎莎　卢瑞森

硕士生　陈　瑶　陈候鸣　董子阳　丁　莎　陈　妤　魏　俊　刘　佳

生物系统工程与食品科学学院

博士生　彭继宇　徐文道　阎芙洁　郭晓飞　蓝玲怡　李　栋

硕士生　张峰铭　殷文鑫　钱文娟　李玉婷　周万怡　卢梦青

环境与资源学院

博士生　叶小青　王昊书　马庆旭　张康宇　杨凯杰　温丽莲　胡敏鹏

硕士生　高玉娟　王　佳　孙　悦　董晶晶　郑　吉　刘子闻　刘晓瑞　陈彬卉
　　　　周慧芳　朱　珺　石凌栋

农业与生物技术学院

博士生　沈一飞　沈秋芳　蔡淑钰　李清声　卓继冲　杨亚天　吕务云　陈　光
　　　　王苗苗　马海杰　何亚洲　叶昕海

硕士生　郝鹏飞　安建宇　张星辰　唐丹丹　崔　洁　张　云　傅秋月　王　琪
　　　　徐孙德　雷　晨　钱　圆　张　娇　吴穹宇　徐　乐

动物科学学院

博士生　王　阳　张晓昀　关　然　代文婷　施　巍

硕士生　李思思　胡栾莎　黄孝志　董　娟　屠丹丹　顾文彬　程远之

医学院

博士生　周佳欢　黎　思　沈竹静　陈海燕　沈佳颖　徐俊杰　顾淑燕　刘盛铎
　　　　王清静　吴学标　刘伟伟　凌孙彬　梅　柳　柳丰萍　丁永锋　黄康茂
　　　　李　亚　徐金明　张睿婷　张　斌　梁利国　刘阳阳　张越飞　苏圣桉
　　　　王　菁　袁林清　周　颖　罗　骁　童一凡　李江枫　庄润周　胡珉豪
　　　　王　吉　郭　静　李建儒　徐航哲　冉季升　徐　力　叶　丁　吕　俊
　　　　许　云　全晶晶　史利根　孙　苗　沈婵婵　陆　玮　邵世怡　周飞飞
　　　　葛起伟

硕士生　李茭茭　闫　霄　江　萍　叶璐茜　汪　松　杨振杰　杨　泵　范林峰
　　　　许徐晨　金荣华　俞　巍　肖　楠　许康立　方远坚　曾巧铃　陈鸣宇
　　　　陈彬睿　杨丽贤　孙雪武　张旭阳　白炳君　胡婷婷　杨燚灿　李　琨
　　　　季学猛　杨　粟　王秋婷　廖红卫　蒲玉洁　李敏超　张　祺　贺川江
　　　　周雨晴　林锦雯　王若然　张圆圆　游东奇　曹　静　姚易含
　　　　阿孜古丽·依马尔

药学院

博士生　付　俊　黄　波　程　娟　白梦如　郑艳榕　李　维　王成坤

硕士生　亓雨青　吴姗姗　陈菲菲　潘红烨　班孟涛

2016—2017 学年浙江大学研究生专项奖学金及获奖情况

（单位：人）

序号	奖学金名称	奖励人数	序号	奖学金名称	奖励人数
1	光华奖学金	200	7	黄子源奖学金	10
2	宝钢奖学金	2	8	南都奖学金	58
3	CASC 奖学金	11	9	岑可法奖学金	19
4	庄氏奖学金	40	10	葛克全奖学金	9
5	温持祥奖学金	20	11	宋都奖学金	2
6	金都奖学金	18	12	杨咏曼奖学金	12

序号	奖学金名称	奖励人数	序号	奖学金名称	奖励人数
13	潘家铮水电奖学金	1	26	华陆科技奖学金	14
14	王惕悟奖学金	13	27	中国港湾奖学金	4
15	希望森兰奖学金	7	28	万华奖学金	10
16	宏信奖学金	6	29	润禾奖学金	8
17	旭化成株式会社（中国）人才培养奖学金	3	30	新和成奖学金	40
18	康而达奖学金	19	31	海亮奖学金	18
19	三星奖学金	7	32	阙端麟奖学金	5
20	国睿奖学金	19	33	唐立新优秀学生干部奖学金	3
21	博世奖学金	5	34	唐立新奖学金	50
22	华为奖学金	34	35	大北农奖学金	100
23	郑志刚奖学金	2	36	世茂学业优秀奖学金	10
24	士兰微电子奖学金	6	37	世茂创新创业奖学金	10
25	天府汽车英才奖学金	30			

2017届浙江大学浙江省优秀毕业研究生

人文学院

博士生　邬　桑　姜淑珍　朱若溪　姚逸超

硕士生　金　晶　孙正亚　刘吉颖　张　维

外国语言文化与国际交流学院

博士生　李蓓蕾

硕士生　杨皎皎　王亚强

传媒与国际文化学院

博士生　赵　璐

硕士生　王玉曦　杨皖玲　杨一凡

经济学院

博士生　李旭超　潘家栋

硕士生　洪圆双　杨亚静　孟佳丽　朱伟铭　朱智勇　曹　丹　孙　晴

光华法学院

博士生　自正法　冯　姣　蒋成旭

硕士生　陈　对　万　晓　孙　康　俞姗姗　应家赟

教育学院

硕士生　刘凯琳　崔俊萍　姜　倩　宋　凯

管理学院

博士生　耿瑞彬　张志坚

硕士生　陈　潇　褚　丹　杨　波　朱张杰

公共管理学院

博士生　翁默斯　宋程成

硕士生　梁　敏　崔　晋　邵怀中　苏　腾　丁　莹　潘卓愉

马克思主义学院

博士生　孙　帅

数学科学学院

博士生　万仁辉

物理学系

博士生　杨小军

化学系

博士生　刘悦进　王　静　揭克诚

硕士生　黄　晓　徐　凡

地球科学学院

博士生　赵海锋

硕士生　辛　进　姚玲玲

心理与行为科学系

硕士生　史梦瑶　陈　陈

机械工程学院

博士生　梁　丹　高　庆　邵惠锋　刘建彬

硕士生　贾　甜　赵天菲　陈旭斌　魏　栋　吴　燕　王一翔　唐明扬　颉　俊　
　　　　朱志华

材料科学与工程学院

博士生　袁文涛　郭强兵　李　敏　陈珊珊　屠芳芳　葛　翔

硕士生　刘　恒　朱逢亮

能源工程学院

博士生　张井志　杨宗波　詹明秀　刘瑞骏　杜　洋

硕士生　杨　光　李　荣　张　朔　刘晓伟　黄博林

电气工程学院

博士生　李永杰　印　欣　刘高任

硕士生　高玉青　黄新星　胡少迪　李济沅　万　青　胡森军　周　洋　赵成冬
　　　　许文媛

建筑工程学院

博士生　王城泉　章丽莎　阮　方　付凤杰　朱　仟

硕士生　张宏志　罗　璋　刘建超　熊满初　金楚豪　马一腾　孟利清　孙恺祺

化学工程与生物工程学院

博士生　刘　韬　张红秀　吴亦建　訾　灿　金文彬

硕士生　杨　苗　许阳阳　杨程程

海洋学院

硕士生　刘　慧　孙　科　余翔宇　程　都　沈　晔

航空航天学院

博士生　徐秀琴

硕士生　谢雨涵　毛建敏　汪泠澜

高分子科学与工程学系

博士生　杨皓程　刘文清　聂景怡

光电科学与工程学院

博士生　朱剑飞　文一章　成中涛　虞绍良　赵宇翔

硕士生　刘　勇　马诗宁

信息与电子工程学院

博士生　陈琪美　轩伟鹏　祝艳宏

硕士生　黄　凯　曹　雨　郭凌子　蓝瑞宁　康　佳

控制科学与工程学院

博士生　隋天举

硕士生　郭　进　贾驰千　李　萍　张　弛　吴　锐　周天一

计算机科学与技术学院

硕士生　刘致奇　赵文婧　任水林　于博文　叶　凤　高俊颖　任伟超　吴　琛
　　　　吴晓杰　裴玉龙　杨　莎　陶建容　吴　晨　王鸿阳　李艳蓉　许洋洋
　　　　董浩灵　朱剑峰

软件学院

硕士生　徐博文　王　哲　王宇凡　李志伟　许有甜　李克西　姚运来　朱　茗
　　　　高方圆　胡淑婷

生物医学工程与仪器科学学院

博士生　卢妍利

硕士生　袁佳希　林　东　方佳如　郭芙蓉

生命科学学院

博士生　佘振宇　李　骞　玛　青

硕士生　付军亮　李　梦　骆红豆

生物系统工程与食品科学学院

博士生　陆　畅　杨业丰

硕士生　王峰磊　傅　达

环境与资源学院

博士生　沈　意　赖春宇　戴中民　费徐峰

硕士生　王　斯　陈尊委　裴冬冬　谢丽红

农业与生物技术学院

博士生　姚停停　刘尊勇　王　峰　黄海剑　杨　素　沈淑铃　刘　畅

硕士生　高　琪　李　康　傅　泓　范林林

动物科学学院

博士生　帅亚俊

硕士生　甘振顺　辛永萍　程晓雨　夏天婵

医学院

博士生　王启闻　宋立江　付国通　李　昂　钱　云　刘　安　张　炜　尹厚发
　　　　李晓芬　朱琼彬　代晓明　郭传生　彭晓荣　林丙义　俞　燕　张　璨
　　　　李　檬

硕士生　严幸群　马　玺　王盛东　张　婷　鲁逸樵　蔡奕波　金佳敏　陈鹏飞
　　　　夏　晨　虞天明　张　萍　周旷世　龚佳幸　王玉红　卢　翀　刘玉洁
　　　　陈恩更　樊彦品　姜舒莹　陆佳彤　陈　玉　黄春兰

药学院

博士生　郑小丽　郭晓萌　杨子钊　邵雪晶

人 物

在校两院院士（*为双聘院士）

中国科学院院士（按院士当选年份、姓氏笔画排列）

唐孝威　沈家骢*　陈子元　曹楚南　路甬祥　沈之荃　韩祯祥　张　泽

朱位秋　杨　卫　贾承造*　杨文采　麻生明*　段树民　翟明国*　朱诗尧

杨树锋　陈云敏　罗民兴　杨德仁　吴朝晖

中国工程院院士（按院士当选年份、姓氏笔画排列）

巴德年*　汪槱生　路甬祥　孙优贤　岑可法　董石麟　潘云鹤　欧阳平凯*

郑树森　宫先仪*　邬江兴*　王　浩*　李兰娟　许庆瑞　谭建荣　侯立安*

龚晓南　杨华勇　陈　纯　朱利中　Donald Grierson（唐纳德·格里尔逊，外籍）

浙江大学文科资深教授

序号	姓名	所在院（系）	所在学科	聘任时间
1	王重鸣	管理学院	企业管理	2012 年 12 月

序号	姓名	所在院(系)	所在学科	聘任时间
2	田正平	教育学院	教育史	2014 年 1 月
3	张涌泉	人文学院	中国古典文献学	2014 年 1 月
4	张文显	光华法学院	法学理论	2015 年 1 月
5	徐 岱	传媒与国际文化学院	文艺学与美学	2015 年 1 月
6	史晋川	经济学院	西方经济学	2015 年 1 月
7	姚先国	公共管理学院	劳动经济学	2015 年 1 月
8	王贵国	光华法学院	国际法学	2015 年 9 月
9	许 钧	外国语言文化与国际交流学院	外国语言文学	2016 年 10 月

在校中共中央候补委员、中共浙江省委委员

中国共产党第十九届中央委员会候补委员　吴朝晖
中国共产党浙江省第十四届委员会委员　　吴朝晖

在校全国和省市三级人大代表(以姓氏笔画为序)

全国人民代表大会　常委会委员　杨　卫(校级保留)　姒健敏(校级保留)
　　　　　　　　　代　　表　　林建华(校级保留)
浙江省人民代表大会　副　主　任　姒健敏(校级保留)
　　　　　　　　　常委会委员　朱新力(调出)　陈亚岗　罗卫东　罗建红
　　　　　　　　　代　　表　　马景娣　金德水　裘云庆
杭州市人民代表大会　代　　表　　方　洁　任少波　刘利民　陈正英　胡征宇
　　　　　　　　　　　　　　　舒　强

在校全国和省市三级政协委员

中国人民政治协商会议第十二届全国委员会
        常　委　姚　克
        委　员　樊建人　段树民　蔡秀军　李兰娟
中国人民政治协商会议第十一届浙江省委员会
        副主席　姚　克　蔡秀军
        常　委　王　珂　李有泉　李继承　郑树森　赵小英　鲍虎军
                魏贤超
        委　员　方向明　王　勤　王庆丰　王建安　冯　雁　田　梅
                刘伟文　刘艳辉　刘维屏　朱　岩　朱晓芸　许祝安
                吴　兰　吴　飞　吴良欢　吴南屏　应义斌　张　英
                张　宏　张明方　时连根　李浩然　来茂德(校级保留)
                杨　波　邹晓东　陈　忠　陈俊华　陈艳虹　陈莉丽
                范柏乃　段会龙　段树民　赵文波　唐睿康　喻景权
                曾群力(调出)　蒋建中　谢志坚　雷群芳　蔡天新
                谭建荣　颜钢锋
中国人民政治协商会议浙江省杭州市第十一届委员会
        常　委　蒋吉清
        委　员　韦　巍　叶　民　邵浙新　林　平　林　进　曾玲晖

在校各民主党派委员

中国国民党革命委员会
    中央委员会　委　员　朱新力(调出)
    浙江省委员会　副主委　朱新力(调出)　段会龙
                常　委　金洪传　周坚红
                委　员　吕秀阳　陈芝清　徐三中　高海春　戴连奎
    浙江大学委员会　主　委　段会龙
                副主委　金洪传　周坚红　唐吉平　曾群力(调出)
                        戴连奎

中国民主同盟
　　中央委员会　　　　委　员　罗卫东　雷群芳
　　浙江省委员会　　　副主委　罗卫东　唐睿康　谢志坚
　　　　　　　　　　　常　委　时连根　罗　坤　郎友兴
　　　　　　　　　　　委　员　肖龙海　严森祥　金传洪　袁　清　夏群科　滕元文
　　浙江大学委员会　　主　委　唐睿康
　　　　　　　　　　　副主委　袁　清（常务）　　肖龙海　时连根　罗　坤　谢志坚
中国民主建国会
　　中央委员会　　　　委　员　钱弘道
　　浙江省委员会　　　常　委　张　英
　　　　　　　　　　　委　员　邬义杰　盛　况
　　浙江大学委员会　　主　委　张　英
　　　　　　　　　　　副主委　华中生　邬义杰　吴建华　陈昆福　胡税根　钱弘道
中国民主促进会
　　中央委员会　　　　常　委　蔡秀军
　　　　　　　　　　　委　员　鲍虎军　陈　忠　陈亚岗
　　浙江省委员会　　　主　委　蔡秀军
　　　　　　　　　　　副主委　鲍虎军　陈　忠
　　　　　　　　　　　常　委　许国强　喻景权
　　　　　　　　　　　委　员　于吉人　王青青　邹　煜　陈　洁　黄　英　傅柏平
　　　　　　　　　　　　　　　童裳伦　魏启春
　　浙江大学委员会　　主　委　喻景权
　　　　　　　　　　　副主委　汤谷平（常务）　　于吉人　王青青　李建华　金小刚
　　　　　　　　　　　　　　　周建光
中国农工民主党
　　中央委员会　　　　常　委　罗建红
　　浙江省委员会　　　主　委　罗建红
　　　　　　　　　　　副主委　徐志康
　　　　　　　　　　　常　委　严　敏　吴良欢　欧阳宏伟
　　　　　　　　　　　委　员　叶庆富　许祝安　苏宏斌　吴　芳　张　茂　张　林
　　　　　　　　　　　　　　　张信美　陈定伟　钱文斌
　　浙江大学委员会　　主　委　徐志康
　　　　　　　　　　　副主委　吴良欢（常务）　　许祝安　严　敏　张信美　钱文斌
　　　　　　　　　　　　　　　欧阳宏伟
中国致公党
　　浙江省委员会　　　副主委　裘云庆

	常　委	李劲松
	委　员	马景娣　白　剑　佟红艳　范　杰　茅林春
浙江大学委员会	主　委	裘云庆
	副主委	茅林春（常务）　白　剑　陈秋晓

九三学社

中央委员会	常　委	姒健敏（校级保留）
	委　员	方向明　李有泉　范柏乃
浙江省委员会	主　委	姒健敏（校级保留）
	副主委	方向明　范柏乃
	常　委	王庆丰　王良静　蒋焕煜
	委　员	王　健　冯建跃　郑绍建　高建青　黄建荣
浙江大学委员会	主　委	谭建荣
	副主委	冯建跃（常务）　王　健　王良静　方向明　范柏乃 郑绍建

台湾民主自治同盟

浙江省委员会	委　员	陈艳虹
浙江大学支部	主　委	陈艳虹
	副主委	林　平

"国家特支计划"入选者

序号	姓名	单位	获得时间
科技创新领军人才			
1	盛　况	电气工程学院	2013
2	高　翔	能源工程学院	2013
3	鲍虎军	计算机科学与技术学院	2013
4	周继勇	动物科学学院	2013
5	孙崇德	农业与生物技术学院	2014
6	李晓明	医学院	2014
7	杨灿军	机械工程学院	2014
8	吴朝晖	计算机科学与技术学院	2014
9	邱利民	能源工程学院	2014

序号	姓名	单位	获得时间
10	金勇丰	生命科学学院	2014
11	马忠华	农业与生物技术学院	2016
12	王 鹏	化学系	2016
13	王福俤	医学院	2016
14	计 剑	高分子科学与工程学系	2016
15	叶 娟	附属第二医院	2016
16	刘东红	生物系统工程与食品科学学院	2016
17	苏宏业	控制科学与工程学院	2016
18	杨德仁	材料科学与工程学院	2016
19	张 宏	附属第二医院	2016
20	陈 瑜	附属第一医院	2016
21	陈仁朋	建筑工程学院	2016
22	周天华	医学院	2016
23	周艳虹	农业与生物技术学院	2016
24	徐昌杰	农业与生物技术学院	2016
25	徐 骁	附属第一医院	2016
26	高 超	高分子科学与工程学系	2016
27	黄飞鹤	化学系	2016
28	程 军	能源工程学院	2016
29	鲁林荣	医学院	2016
30	童利民	光电科学与工程学院	2016
31	蔡秀军	附属邵逸夫医院	2016
32	潘洪革	材料科学与工程学院	2016
百千万工程领军人才			
1	李有泉	物理学系	2014
哲学社会科学领军人才			
1	史晋川	经济学院	2014
2	吴晓波	管理学院	2016
3	郁建兴	公共管理学院	2016

续表

序号	姓名	单位	获得时间
教学名师			
1	何莲珍	外国语言文化与国际交流学院	2014
青年拔尖人才			
1	黄 俊	生命科学研究院	2013
2	罗 坤	能源工程学院	2013
3	王宏涛	航空航天学院	2013
4	何晓飞	计算机科学与技术学院	2013
5	陈积明	控制科学与工程学院	2013
6	周燕国	建筑工程学院	2013
7	周 昆	计算机科学与技术学院	2013
8	王浩华	物理学系	2013
9	陈红胜	信息与电子工程学院	2013
10	张 挺	数学科学学院	2013
11	李春光	信息与电子工程学院	2013
12	周江洪	光华法学院	2013
13	王成波	数学科学学院	2015
14	王 勇	化学系	2015
15	王智化	机械工程学院	2015
16	刘永锋	材料科学与工程学院	2015
17	邢华斌	化学工程与生物工程学院	2015
18	何 艳	环境与资源学院	2015
19	张 辉	材料科学与工程学院	2015
20	李武华	电气工程学院	2015
21	范骁辉	药学院	2015
22	章 宇	生物系统工程与食品科学学院	2015
23	蔡 登	计算机科学与技术学院	2015
24	何欢欢	人文学院	2015
25	胡 铭	光华法学院	2015
26	胡慧珠	先进技术研究院	2015

国家"千人计划"入选情况

创新人才项目共 85 人,名单略。

外专千人计划共 5 人,名单略。

青年千人计划共 175 人,详见下表。

序号	姓名	院系	年度	批次	备注
1	徐正富	数学科学学院	2011	第六批	退出
2	钱 劲	航空航天学院	2011	第六批	
3	李寒莹	高分子科学与工程学系	2011	第六批	
4	曹 龙	地球科学学院	2011	第六批	
5	金传洪	材料科学与工程学院	2011	第六批	
6	劳长石	材料科学与工程学院	2011	第六批	转出
7	杨贞军	建筑工程学院	2011	第六批	
8	田 梅	医学院	2011	第六批	
9	阮智超	物理学系	2012	第七批	
10	肖 湧	物理学系	2012	第七批	
11	徐文渊	电气工程学院	2012	第七批	
12	方卫国	生命科学学院	2012	第七批	
13	周煜东	医学院	2012	第七批	
14	刘鹏渊	医学院	2012	第七批	
15	赵 斌	生命科学研究院	2012	第七批	
16	屠大启	医学院	2012	第七批	退出
17	王 勇	材料科学与工程学院	2012	第七批	
18	赵 毅	信息与电子工程学院	2012	第七批	
19	尹 艺	物理学系	2012	第八批	
20	武慧春	物理学系	2012	第八批	
21	陈 剑	控制科学与工程学院	2012	第八批	
22	谢 金	机械工程学院	2012	第八批	

序号	姓名	院系	年度	批次	备注
23	汪方炜	生命科学研究院	2012	第八批	
24	李 峰	农业与生物技术学院	2012	第八批	转出
25	刘海江	海洋学院	2013	第九批	
26	曲行达	机械工程学院	2013	第九批	转出
27	陆 展	化学系	2013	第九批	
28	易 文	生命科学学院	2013	第九批	
29	刘 旸	信息与电子工程学院	2013	第九批	
30	倪 东	控制科学与工程学院	2013	第九批	
31	宋吉舟	航空航天学院	2014	第十批	
32	刘 涛	机械工程学院	2014	第十批	
33	吴 禹	航空航天学院	2014	第十批	
34	徐 倩	材料科学与工程学院	2014	第十批	
35	林 展	化学工程与生物工程学院	2014	第十批	离职
36	陈 伟	医学院	2014	第十批	
37	Simon Duttwyler	化学系	2014	第十批	
38	程 磊	生命科学学院	2014	第十批	
39	王立铭	生命科学研究院	2014	第十批	
40	贾俊岭	生命科学研究院	2014	第十批	
41	应颂敏	医学院	2014	第十批	
42	董辰方	医学院	2014	第十批	
43	陈才勇	生命科学学院	2014	第十批	
44	陈仲华	农业与生物技术学院	2014	第十批	
45	冯友军	医学院	2014	第十批	
46	徐 翔	数学科学学院	2014	第十批	
47	斯 科	光电科学与工程学院	2014	第十批	
48	李 玺	计算机科学与技术学院	2014	第十批	
49	徐 晗	医学院	2014	第十批	
50	丁 一	电气工程学院	2014	第十批	

序号	姓名	院系	年度	批次	备注
51	尹 俊	机械工程学院	2014	第十批	
52	朱 峰	药学院	2014	第十批	
53	张庆海	数学科学学院	2015	第十一批	
54	刘东文	数学科学学院	2015	第十一批	
55	郑 毅	物理学系	2015	第十一批	
56	颜 波	物理学系	2015	第十一批	
57	刘 洋	物理学系	2015	第十一批	
58	孔学谦	化学系	2015	第十一批	
59	李 昊	化学系	2015	第十一批	
60	田 鹤	材料科学与工程学院	2015	第十一批	
61	杨士宽	材料科学与工程学院	2015	第十一批	
62	和庆钢	化学工程与生物工程学院	2015	第十一批	
63	柏 浩	化学工程与生物工程学院	2015	第十一批	
64	陆盈盈	化学工程与生物工程学院	2015	第十一批	
65	乐成峰	海洋学院	2015	第十一批	
66	马钢峰	海洋学院	2015	第十一批	退出
67	刘建钊	高分子科学与工程系	2015	第十一批	
68	李昌治	高分子科学与工程系	2015	第十一批	
69	张其胜	高分子科学与工程系	2015	第十一批	
70	吴子良	高分子科学与工程系	2015	第十一批	
71	余显斌	信息与电子工程学院	2015	第十一批	
72	杨 易	计算机科学与技术学院	2015	第十一批	退出
73	贺诗波	控制科学与工程学院	2015	第十一批	
74	梁 岩	农业与生物技术学院	2015	第十一批	
75	夏 烨	农业与生物技术学院	2015	第十一批	退出
76	岑海燕	生物系统工程与食品科学学院	2015	第十一批	
77	黄耀伟	动物科学学院	2015	第十一批	
78	徐贞仲	医学院	2015	第十一批	

序号	姓名	院系	年度	批次	备注
79	谷 岩	医学院	2015	第十一批	
80	江健森	医学院	2015	第十一批	转出
81	马 欢	医学院	2015	第十一批	
82	郭国骥	医学院	2015	第十一批	
83	Dante Neculai	医学院	2015	第十一批	
84	孟卓贤	医学院	2015	第十一批	
85	凌代舜	药学院	2015	第十一批	
86	陆 燕	转化医学研究院	2015	第十一批	
87	梁 平	转化医学研究院	2015	第十一批	
88	李 晔	求是高等研究院	2015	第十一批	
89	宋 海	生命科学研究院	2015	第十一批	
90	徐平龙	生命科学研究院	2015	第十一批	
91	张 龙	生命科学研究院	2015	第十一批	
92	周 琦	生命科学研究院	2015	第十一批	
93	靳 津	生命科学研究院	2015	第十一批	
94	沈 立	生命科学研究院	2015	第十一批	
95	徐素宏	医学院	2015	第十一批	
96	刘 冲	医学院	2015	第十一批	
97	谢燕武	物理学系	2015	第十一批	
98	王江伟	材料科学与工程学院	2016	第十二批	
99	邓人仁	材料科学与工程学院	2016	第十二批	
100	秦发祥	材料科学与工程学院	2016	第十二批	
101	殷盼超	材料科学与工程学院	2016	第十二批	转出
102	吴立建	电气工程学院	2016	第十二批	
103	杨 树	电气工程学院	2016	第十二批	
104	单体中	动物科学学院	2016	第十二批	
105	赖溥祥	光电科学与工程学院	2016	第十二批	退出
106	杨 旸	光电科学与工程学院	2016	第十二批	

序号	姓名	院系	年度	批次	备注
107	库晓珂	航空航天学院	2016	第十二批	
108	陈 东	化学工程与生物工程学院	2016	第十二批	
109	朱海明	化学系	2016	第十二批	
110	王林军	化学系	2016	第十二批	
111	洪 鑫	化学系	2016	第十二批	
112	张 森	环境与资源学院	2016	第十二批	
113	巫英才	计算机科学与技术学院	2016	第十二批	
114	江大伟	计算机科学与技术学院	2016	第十二批	
115	郑飞飞	建筑工程学院	2016	第十二批	
116	黄健华	农业与生物技术学院	2016	第十二批	
117	林 涛	生物系统工程与食品科学学院	2016	第十二批	
118	刘德钊	生物系统工程与食品科学学院	2016	第十二批	
119	林爱福	生命科学学院	2016	第十二批	
120	祝赛勇	生命科学研究院	2016	第十二批	
121	任艾明	生命科学研究院	2016	第十二批	
122	姬峻芳	生命科学研究院	2016	第十二批	
123	叶和溪	数学科学学院	2016	第十二批	
124	赖 俊	数学科学学院	2016	第十二批	
125	仲杏慧	数学科学学院	2016	第十二批	
126	渡边元太郎	物理学系	2016	第十二批	
127	卓 成	信息与电子工程学院	2016	第十二批	
128	王志萍	医学院	2016	第十二批	
129	曾 浔	医学院	2016	第十二批	
130	周 民	转化医学研究院	2016	第十二批	
131	杨 赓	机械工程学院	2016	第十二批	
132	孙 洁	医学院	2016	第十二批	
133	金潮渊	信息与电子工程学院	2016	第十二批	
134	郑友怡	计算机科学与技术学院	2016	第十二批	

序号	姓名	院系	年度	批次	备注
135	曹彬睿	材料科学与工程学院	2017	第十三批	
136	李　斌	材料科学与工程学院	2017	第十三批	
137	吴浩斌	材料科学与工程学院	2017	第十三批	
138	孙　珂	材料科学与工程学院	2017	第十三批	
139	乐　敏	动物科学学院	2017	第十三批	
140	李林军	光电科学与工程学院	2017	第十三批	
141	周晓巍	光电科学与工程学院	2017	第十三批	
142	郭　宇	航空航天学院	2017	第十三批	
143	贾　铮	航空航天学院	2017	第十三批	
144	曹长勇	航空航天学院	2017	第十三批	
145	王　娟	环境与资源学院	2017	第十三批	
146	逯慧杰	环境与资源学院	2017	第十三批	
147	杨　武	环境与资源学院	2017	第十三批	
148	童哲铭	机械工程学院	2017	第十三批	
149	巴　特	建筑工程学院	2017	第十三批	
150	罗　雪	建筑工程学院	2017	第十三批	
151	郭　宁	建筑工程学院	2017	第十三批	
152	吴均峰	控制科学与工程学院	2017	第十三批	
153	周　青	生命科学研究院	2017	第十三批	
154	张兴林	生物系统工程与食品科学学院	2017	第十三批	
155	丁　萧	生物医学工程与仪器科学学院	2017	第十三批	
156	张　祎	生物医学工程与仪器科学学院	2017	第十三批	
157	鲁汪涛	数学科学学院	2017	第十三批	
158	沈烨锋	数学科学学院	2017	第十三批	
159	徐　浩	数学中心	2017	第十三批	
160	朱华星	物理学系	2017	第十三批	
161	沙　威	信息与电子工程学院	2017	第十三批	
162	余　浩	信息与电子工程学院	2017	第十三批	

序号	姓名	院系	年度	批次	备注
163	赵松睿	信息与电子工程学院	2017	第十三批	
164	杜艺岭	药学院	2017	第十三批	
165	平 渊	药学院	2017	第十三批	
166	潘冬立	医学院	2017	第十三批	
167	陈家东	医学院	2017	第十三批	
168	冯 钰	医学院	2017	第十三批	
169	杨 帆	医学院	2017	第十三批	
170	白 戈	医学院	2017	第十三批	
171	李照玉	医学院	2017	第十三批	
172	陈宝惠	医学院	2017	第十三批	
173	唐忠辉	医学部	2017	第十三批	
174	张 进	医学院	2017	第十三批	
175	徐鹏飞	医学院	2017	第十三批	

教育部"长江学者"奖励计划入选者

序号	姓名	院系	批准年度	批次	备注
1	何赛灵	光电科学与工程学院	1999	1	特聘教授
2	骆仲泱	能源工程学院	2000	2	特聘教授
3	林芳华	数学科学学院	2000	2	讲座教授
4	励建书	数学科学学院	2000	2	讲座教授
5	彭方正	电气工程学院	2000	2	特聘教授（调出）
6	杨德仁	材料科学与工程学院	2000	3	特聘教授
7	樊建人	能源工程学院	2000	3	特聘教授
8	赵 昱	药学院	2000	3	特聘教授（调出）

序号	姓名	院系	批准年度	批次	备注
9	徐世烺	建筑工程学院	2000	3	特聘教授
10	李伯耿	化学工程与生物工程学院	2001	4	特聘教授
11	郑 耀	航空航天学院	2001	4	特聘教授
12	冯明光	生物医学工程与仪器科学学院	2001	4	特聘教授
13	李有泉	物理学系	2001	4	特聘教授
14	郑 波	物理学系	2001	4	特聘
15	胡 汛	医学院	2001	4	特聘
16	周向宇	数学科学学院	2001	4	特聘（调出）
17	曹一家	电气工程学院	2001	4	特聘（调出）
18	叶修梓	计算机科学与技术学院	2001	4	特聘（调出）
19	包 刚	数学科学学院	2001	4	特聘
20	宋永华	电气工程学院	2001	4	特聘
21	陈湘明	材料科学与工程学院	2002	5	特聘
22	麻生明	化学工程与生物工程学院	2002	5	特聘
23	杨肖娥	环境与资源学院	2002	5	特聘
24	严建华	能源工程学院	2002	5	特聘
25	戴伟民	化学工程与生物工程学院	2002	5	特聘（调出）
26	于晓方	附属第二医院	2002	5	特聘
27	王明海	附属第一医院	2002	5	特聘（调出）
28	郑 强	高分子科学与工程学系	2004	6	特聘
29	鲍虎军	计算机科学与技术学院	2004	6	特聘
30	华跃进	农业与生物技术学院	2004	6	特聘
31	许祝安	物理学系	2004	6	特聘

浙江大学年鉴

序号	姓名	院系	批准年度	批次	备注
32	罗 锋	数学科学学院	2004	6	讲座
33	朱世平	化学工程与生物工程学院	2004	6	讲座
34	吴息凤	医学院	2004	6	讲座
35	何建军	光电科学与工程学院	2005	7	特聘
36	唐睿康	化学工程与生物工程学院	2005	7	特聘
37	杨华勇	机械工程学院	2005	7	特聘
38	陈云敏	建筑工程学院	2005	7	特聘
39	王荣福	附属第二医院	2005	7	特聘（调出）
40	周雪平	农业与生物技术学院	2005	7	特聘（调出）
41	张涌泉	人文学院	2006	7	特聘
42	蒋建中	材料科学与工程学院	2006	8	特聘
43	喻景权	农业与生物技术学院	2006	8	特聘
44	罗民兴	物理学系	2006	8	特聘
45	梁永超	环境与资源学院	2006	8	特聘
46	刘 荧	物理学系	2006	8	讲座
47	李正祥	地球科学学院	2006	8	讲座
48	彭金荣	动物科学学院	2007	9	特聘
49	高长有	高分子科学与工程学系	2007	9	特聘
50	徐建明	环境与资源学院	2007	9	特聘
51	周 昆	计算机科学与技术学院	2007	9	特聘
52	袁辉球	物理学系	2007	9	特聘
53	王汝渠	经济学院	2007	9	讲座
54	严玉山	化学工程与生物工程学院	2007	9	讲座
55	甘剑英	农业与生物技术学院	2007	9	讲座
56	盛 况	电气工程学院	2008	10	特聘

序号	姓名	院系	批准年度	批次	备注
57	刘 旭	光电科学与工程学院	2008	10	特聘
58	庄越挺	计算机科学与技术学院	2008	10	特聘
59	沈华浩	附属第二医院	2008	10	特聘
60	成少安	能源工程学院	2008	10	特聘
61	应义斌	生物系统工程与食品科学学院	2008	10	特聘
62	陈启瑾	物理学系	2008	10	特聘
63	郑铭豪	附属第一医院	2008	10	讲座
64	宋顺锋	经济学院	2008	10	讲座
65	左 康	数学科学学院	2008	10	讲座
66	刘俊杰	信息与电子工程学院	2008	10	讲座
67	沈炳辉	农业与生物技术学院	2008	10	讲座
68	周继勇	动物科学学院	2009	11	特聘
69	吴忠标	环境与资源学院	2009	11	特聘
70	高 翔	能源工程学院	2009	11	特聘
71	陈学新	农业与生物技术学院	2009	11	特聘
72	郑绍建	生物医学工程与仪器科学学院	2009	11	特聘
73	葛根年	数学科学学院	2009	11	特聘（调出）
74	施 旭	外国语言文化与国际交流学院	2009	11	特聘（调出）
75	蔡秀军	附属邵逸夫医院	2009	11	特聘
76	方向明	附属第一医院	2009	11	特聘
77	陈勇民	经济学院	2009	11	讲座
78	莫家豪	教育学院	2009	11	讲座
79	斯其苗	物理学系	2009	11	讲座
80	姚 斌	机械工程学院	2009	11	讲座
81	俞 滨	信息与电子工程学院	2009	11	讲座

浙江大学年鉴

序号	姓名	院系	批准年度	批次	备注
82	L T Biegler	控制科学与工程学院	2009	11	讲座
83	周武元	控制科学与工程学院	2009	11	讲座
84	陈志祥	农业与生物技术学院	2009	11	讲座
85	戴一凡	附属第一医院	2009	11	讲座
86	钱国栋	材料科学与工程学院	2011	12	特聘
87	郑津洋	化学工程与生物工程学院	2011	12	特聘
88	梁廷波	附属第二医院	2011	12	特聘
89	邱利民	能源工程学院	2011	12	特聘
90	华中生	管理学院	2011	12	特聘
91	许 钧	外国语言文化与国际交流学院	2011	12	特聘
92	康景轩	生物系统工程与食品科学学院	2011	12	讲座
93	刘坚能	信息与电子工程学院	2011	12	讲座
94	Steven H. Low	控制科学与工程学院	2011	12	讲座
95	陈 忠	药学院	2012	13	特聘
96	沈模卫	心理与行为科学系	2012	13	特聘
97	苏宏业	控制科学与工程学院	2012	13	特聘
98	童利民	光电科学与工程学院	2012	13	特聘
99	郁建兴	公共管理学院	2012	13	特聘
100	黄铭钧	计算机科学与技术学院	2012	13	讲座
101	陈红胜	信息与电子工程学院	2014	14	特聘
102	黄先海	经济学院	2014	14	特聘
103	李晓明	医学院	2014	14	特聘
104	潘洪革	材料科学与工程学院	2014	14	特聘
105	申有青	化学工程与生物工程学院	2014	14	特聘
106	田 梅	附属第二医院	2014	14	特聘
107	王云路	人文学院	2014	14	特聘
108	吴晓波	管理学院	2014	14	特聘
109	徐 骁	附属第一医院	2014	14	特聘

浙江大学年鉴

续表

序号	姓名	院系	批准年度	批次	备注
110	H. HOLLY WANG	管理学院	2014	14	讲座
111	Junshan Zhang	控制科学与工程学院	2014	14	讲座
112	Peter ten Dijke	生命科学研究院	2014	14	讲座
113	甘苏生	农业与生物技术学院	2014	14	讲座
114	魏文毅	医学院	2014	14	讲座
115	王杰	传媒与国际文化学院	2014	14	特聘
116	陈积明	控制科学与工程学院	2015	15	特聘
117	陈伟球	航空航天学院	2015	15	特聘
118	胡海岚	求是高等研究院	2015	15	特聘
119	计 剑	高分子科学与工程学系	2015	15	特聘
120	居冰峰	机械工程学院	2015	15	特聘
121	王立忠	建筑工程学院	2015	15	特聘
122	陈宝梁	环境与资源学院	2016	16	特聘
123	徐 兵	机械工程学院	2016	16	特聘
124	徐小洲	教育学院	2016	16	特聘
青年长江					
1	边学成	建筑工程学院	2015	1	
2	何 艳	环境与资源学院	2015	1	
3	黄厚明	人文学院	2015	1	
4	刘永锋	材料科学与工程学院	2015	1	
5	魏 江	管理学院	2015	1	
6	徐海君	农业与生物技术学院	2015	1	
7	冯国栋	人文学院	2016	2	
8	高在峰	心理与行为科学系	2016	2	
9	郝田虎	外国语言文化与国际交流学院	2016	2	
10	胡 铭	光华法学院	2016	2	
11	胡新央	医学院	2016	2	

序号	姓名	院系	批准年度	批次	备注
12	罗　坤	能源工程学院	2016	2	
13	佟　超	生命科学研究院	2016	2	
14	汪　浩	医学院	2016	2	
15	邢华斌	化学工程与生物工程学院	2016	2	
16	杨建立	生命科学学院	2016	2	
17	周江洪	光华法学院	2016	2	
18	朱　斌	建筑工程学院	2016	2	
19	朱永群	生命科学研究院	2016	2	
20	邹　俊	机械工程学院	2016	2	

教育部高等学校教学名师奖获得者

序号	所属单位	姓名	获得年度	备注
1	人文学院	吴秀明	2003	第一届
2	数学学院	林正炎	2003	第一届
3	机械学院	陆国栋	2006	第二届
4	数学学院	杨启帆	2006	第二届
5	外语学院	何莲珍	2006	第二届
6	生工食品学院	应义斌	2008	第四届
7	生科学院	吴　敏	2008	第四届
8	生工食品学院	何　勇	2009	第五届
9	光电学院	刘　旭	2011	第六届
10	农学院	朱　军	2011	第六届

国家杰出青年科学基金项目获得者

序号	姓名	所属单位	获得年度	备注
1	樊建人	能源工程学院	1994	
2	谭建荣	机械工程学院	1994	
3	冯明光	生命科学学院	1995	
4	杨 卫	航空航天学院	1995	
5	马利庄	计算机科学与技术学院	1996	调出
6	林建华	化学系	1997	调出
7	吴 平	生命科学学院	1997	
8	肖丰收	化学系	1998	
9	林建忠	航空航天学院	1999	
10	杨肖娥	环境与资源学院	1999	
11	鲍虎军	计算机科学与技术学院	1999	
12	陈湘明	材料科学与工程学院	2000	
13	何振立	环境与资源学院	2000	调出
14	骆仲泱	能源工程学院	2000	
15	苏宏业	控制科学与工程学院	2000	
16	邱建荣	材料科学与工程学院	2001	
17	李伯耿	化学工程与生物工程学院	2001	
18	郑 强	高分子科学与工程学系	2001	
19	朱利中	环境与资源学院	2001	
20	周雪平	农业与生物技术学院	2001	调出
21	杨德仁	材料科学与工程学院	2002	
22	陈红征	高分子科学与工程学系	2002	
23	曹一家	电气工程学院	2002	调出
24	陈 劲	公共管理学院	2002	调出
25	郑 耀	航空航天学院	2002	

浙江大学年鉴

序号	姓名	所属单位	获得年度	备注
26	刘维屏	环境与资源学院	2002	
27	李有泉	物理学系	2002	
28	许祝安	物理学系	2002	
29	杨卫军	生命科学学院	2002	
30	曾 苏	药学院	2002	
31	刘建新	动物科学学院	2003	
32	郑 波	物理学系	2003	
33	喻景权	农业与生物技术学院	2003	
34	方盛国	生命科学学院	2003	
35	蒋建中	材料科学与工程学院	2004	
36	高长有	高分子科学与工程学系	2004	
37	徐建明	环境与资源学院	2004	
38	杨华勇	机械工程学院	2004	
39	陈云敏	建筑工程学院	2004	
40	罗民兴	物理学系	2004	
41	沈志成	农业与生物技术学院	2004	
42	华跃进	农业与生物技术学院	2004	
43	童利民	光电科学与工程学院	2004	
44	于晓方	附属第二医院	2004	
45	宋金宝	海洋学院	2004	
46	叶旭东	电气工程学院	2005	
47	周俊虎	能源工程学院	2005	
48	庄越挺	计算机科学与技术学院	2005	
49	许宜铭	化学系	2005	
50	吴朝晖	计算机科学与技术学院	2005	
51	章晓波	生命科学学院	2005	
52	徐志康	高分子科学与工程学系	2006	
53	钱国栋	材料科学与工程学院	2006	
54	周继勇	动物科学学院	2006	

序号	姓名	所属单位	获得年度	备注
55	陈学新	农业与生物技术学院	2006	
56	郑绍建	生命科学学院	2006	
57	何赛灵	光电科学与工程学院	2006	
58	陈伟球	航空航天学院	2007	
59	王 平	生物医学工程与仪器科学学院	2007	
60	何建军	光电科学与工程学院	2007	
61	陈 忠	药学院	2007	
62	华中生	管理学院	2007	
63	申有青	化学工程与生物工程学院	2008	
64	彭金荣	动物科学学院	2008	
65	邱利民	能源工程学院	2008	
66	周 昆	计算机科学与技术学院	2008	
67	葛根年	数学科学学院	2008	调出
68	方 群	数学科学学院	2008	
69	应义斌	生物系统工程与食品科学学院	2008	
70	沈华浩	附属第二医院	2008	
71	方向明	附属第一医院	2008	
72	林 强	物理学系	2009	调出
73	林福呈	农业与生物技术学院	2009	
74	梁廷波	附属第二医院	2009	
75	黄志龙	航空航天学院	2010	
76	王晓光	物理学系	2010	
77	潘远江	化学系	2010	
78	汪以真	动物科学学院	2010	
79	叶恭银	农业与生物技术学院	2010	
80	潘洪革	材料科学与工程学院	2010	
81	计 剑	高分子科学与工程学系	2010	
82	罗尧治	建筑工程学院	2010	
83	季葆华	航空航天学院	2010	

续表

序号	姓名	所属单位	获得年度	备注
84	肖 磊	动物科学学院	2010	调出
85	冯 波	物理学系	2011	
86	黄飞鹤	化学系	2011	
87	罗英武	化学工程与生物工程学院	2011	
88	金勇丰	生命科学学院	2011	
89	周天华	医学院	2011	
90	高 翔	能源工程学院	2011	
91	何晓飞	计算机科学与技术学院	2011	
92	欧阳宏伟	医学院	2011	
93	吴志英	附属第二医院	2011	
94	王 鹏	化学系	2011	
95	张立新	数学科学学院	2012	
96	盛 况	电气工程学院	2012	
97	陈仁朋	建筑工程学院	2012	
98	李晓明	医学院	2012	
99	王福俤	医学院	2012	
100	胡有洪	药学院	2012	调出
101	胡海岚	求是高等研究院	2012	
102	夏群科	地球科学学院	2012	
103	高 超	高分子科学与工程学系	2013	
104	鲁林荣	医学院	2013	
105	黄 俊	生命科学研究院	2013	
106	王立忠	建筑工程学院	2013	
107	陈宝梁	环境与资源学院	2014	
108	居冰峰	机械工程学院	2014	
109	仇 旻	光电科学与工程学院	2014	
110	张 宏	附属第二医院	2014	
111	霍宝锋	管理学院	2015	
112	刘华锋	光电科学与工程学院	2015	

人 物

续表

序号	姓名	所属单位	获得年度	备注
113	曲绍兴	航空航天学院	2015	
114	金仲和	航空航天学院	2015	
115	王靖岱	化学工程与生物工程学院	2015	
116	吴传德	化学系	2015	
117	林道辉	环境与资源学院	2015	
118	马忠华	农业与生物技术学院	2015	
119	叶 升	生命科学研究院	2015	
120	谢 涛	化学工程与生物工程学院	2016	
121	唐睿康	化学系	2016	
122	李寒莹	高分子科学与工程学系	2016	
123	詹良通	建筑工程学院	2016	
124	陈红胜	信息与电子工程学院	2016	
125	吴 飞	计算机科学与技术学院	2016	
126	沈 颖	医学院	2016	
127	杨 波	药学院	2016	
128	徐 骁	附属第一医院	2016	
129	杨小平	地科科学学院	2016	
130	刘建祥	生命科学学院	2016	
131	王宏涛	航空航天学院	2017	
132	王浩华	物理学系	2017	
133	邢华斌	化学工程与生物工程学院	2017	
134	徐平龙	生命科学研究院	2017	
135	朱铁军	材料科学与工程学院	2017	
136	王树荣	能源工程学院	2017	
137	张朝阳	信息与电子工程学院	2017	
138	戴道锌	光电科学与工程学院	2017	
139	田 梅	附属第二医院	2017	

中国青年科技奖获得者

序号	姓名	所属单位	获得时间	备注
1	倪明江	能源工程学院	1988	第一届
2	益小苏	高分子科学与工程学院	1988	第一届（调出）
3	杨 卫	航空航天学院	1988	第一届
4	刘树生	农业与生物技术学院	1990	第二届
5	陈启瑭	生命科学学院	1990	第二届（调出）
6	陈 纯	计算机科学与技术学院	1992	第三届
7	陈杰诚	数学科学学院	1992	第三届（调出）
8	戴连奎	控制科学与工程学院	1992	第三届
9	曹雪涛	医学院	1992	第三届（调出）
10	骆仲泱	能源工程学院	1994	第四届
11	陈龙珠	建筑工程学院	1996	第五届（调出）
12	陈云敏	建筑工程学院	1998	第六届
13	马利庄	计算机科学与技术学院	1998	第六届（调出）
14	刘国华	建筑工程学院	2000	第七届
15	刘 旭	光电科学与工程学院	2004	第八届
16	李有泉	物理学系	2004	第八届
17	杨德仁	材料科学与工程学院	2006	第九届
18	童利民	光电科学与工程学院	2006	第九届
19	曹一家	电气工程学院	2008	第十届（调出）
20	葛根年	数学科学学院	2009	第十一届（调出）
21	唐睿康	化学系	2011	第十二届
22	顾临怡	机械工程学院	2011	第十二届
23	陈仁朋	建筑工程学院	2011	第十二届
24	周 昆	计算机科学与技术学院	2011	第十二届
25	胡海岚	求是高等研究院	2016	第十四届
26	田 梅	附属第二医院	2016	第十四届

教育部"新世纪优秀人才支持计划"入选者

序号	姓名	所属单位	入选年度
1	马向阳	材料科学与工程学院	2004
2	甘德强	电气工程学院	2004
3	汪以真	动物科学学院	2004
4	徐君庭	高分子科学与工程学系	2004
5	吴晓波	管理学院	2004
6	丁志华	光电信息工程学院	2004
7	孙笑侠	光华法学院	2004（调出）
8	郑津洋	化学工程与生物工程学院	2004
9	罗英武	化学工程与生物工程学院	2004
10	吴忠标	环境与资源学院	2004
11	郑绍建	环境与资源学院	2004
12	陶国良	机械工程学院	2004
13	王宣银	机械工程学院	2004
14	鲁东明	计算机科学与技术学院	2004
15	吴朝晖	计算机科学与技术学院	2004
16	张土乔	建筑工程学院	2004
17	商丽浩	教育学院	2004
18	吴　俊	控制科学与工程学院	2004
19	李　方	数学科学学院	2004
20	陈庆虎	物理学系	2004
21	李　冲	数学科学学院	2004
22	刘建忠	能源工程学院	2004
23	陈学新	农业与生物技术学院	2004
24	娄永根	农业与生物技术学院	2004
25	宋凤鸣	农业与生物技术学院	2004

浙江大学年鉴

序号	姓名	所属单位	入选年度
26	虞云龙	农业与生物技术学院	2004
27	黄华新	人文学院	2004
28	应义斌	生物系统工程与食品科学学院	2004
29	王　俊	生物系统工程与食品科学学院	2004
30	金勇丰	生命科学学院	2004
31	寿惠霞	生命科学学院	2004
32	夏　灵	生物医学工程与仪器科学学院	2004
33	施　旭	外国语言文化与国际交流学院	2004
34	俞云松	医学院	2004
35	严　密	材料科学与工程学院	2005
36	张才乔	动物科学学院	2005
37	计　剑	高分子科学与工程学系	2005
38	刘　南	管理学院	2005
39	卫龙宝	管理学院	2005
40	陈　凌	管理学院	2005
41	沈永行	光电信息工程学院	2005
42	黄志龙	航空航天学院	2005
43	陈伟球	航空航天学院	2005
44	单国荣	化学工程与生物工程学院	2005
45	陈宝梁	环境与资源学院	2005
46	魏建华	机械工程学院	2005
47	金小刚	计算机科学与技术学院	2005
48	徐小洲	教育学院	2005
49	方　群	化学系	2005
50	李晓东	能源工程学院	2005
51	叶恭银	农业与生物技术学院	2005
52	樊龙江	农业与生物技术学院	2005
53	汪俏梅	农业与生物技术学院	2005
54	何莲珍	外国语言文化与国际交流学院	2005

序号	姓名	所属单位	入选年度
55	章献民	信息与电子工程学院	2005
56	俞永平	药学院	2005
57	杨 军	医学院	2005（调出）
58	许正平	医学院	2005
59	方向明	医学院	2005
60	潘洪革	材料科学与工程学院	2006
61	陈国柱	电气工程学院	2006
62	吴小锋	动物科学学院	2006
63	王 齐	高分子科学与工程学系	2006
64	郁建兴	公共管理学院	2006
65	钱文荣	管理学院	2006
66	钱弘道	光华法学院	2006
67	徐新华	环境与资源学院	2006
68	周 华	机械工程学院	2006
69	刘新国	计算机科学与技术学院	2006
70	罗尧治	建筑工程学院	2006
71	汪 炜	经济学院	2006
72	潘远江	化学系	2006
73	王晓光	物理学系	2006
74	高 翔	能源工程学院	2006
75	邱利民	能源工程学院	2006
76	马忠华	农业与生物技术学院	2006
77	张明方	农业与生物技术学院	2006
78	杨大春	人文学院	2006
79	严庆丰	生命科学学院	2006
80	叶学松	生物医学工程与仪器科学学院	2006
81	金仲和	信息与电子工程学院	2006
82	陈 忠	药学院	2006
83	瞿海斌	药学院	2006

浙江大学年鉴

人 物

序号	姓名	所属单位	入选年度
84	周天华	医学院	2006
85	陈立新	材料科学与工程学院	2007
86	郭创新	电气工程学院	2007
87	占秀安	动物科学学院	2007
88	毛 丹	公共管理学院	2007
89	贾生华	管理学院	2007
90	林来梵	光华法学院	2007（调出）
91	包永忠	化学工程与生物工程学院	2007
92	吴伟祥	环境与资源学院	2007
93	杨灿军	机械工程学院	2007
94	陈 刚	计算机科学与技术学院	2007
95	耿卫东	计算机科学与技术学院	2007
96	赵 阳	建筑工程学院	2007
97	顾建民	教育学院	2007
98	黄先海	经济学院	2007
99	葛根年	数学科学学院	2007（调出）
100	赵道木	物理学系	2007
101	周 昊	能源工程学院	2007
102	吴殿星	农业与生物技术学院	2007
103	徐昌杰	农业与生物技术学院	2007
104	吴 坚	生物系统工程与食品科学学院	2007
105	陈 铭	生命科学学院	2007
106	冉立新	信息与电子工程学院	2007
107	虞 露	信息与电子工程学院	2007
108	沈 颖	医学院	2007
109	江全元	电气工程学院	2008
110	蔡 宁	公共管理学院	2008
111	韩洪云	管理学院	2008
112	梁上上	光华法学院	2008（调出）

续表

序号	姓名	所属单位	入选年度
113	曲绍兴	航空航天学院	2008
114	林东强	化学工程与生物工程学院	2008
115	杨 坤	环境与资源学院	2008
116	何 闻	机械工程学院	2008
117	陈仁朋	建筑工程学院	2008
118	沈满洪	经济学院	2008
119	孙永革	地球科学学院	2008
120	吴 韬	化学系	2008
121	张立新	数学科学学院	2008
122	周劲松	能源工程学院	2008
123	包劲松	农业与生物技术学院	2008
124	蔡新忠	农业与生物技术学院	2008
125	王德华	人文学院	2008
126	欧阳宏伟	医学院	2008
127	王青青	医学院	2008
128	王兴祥	医学院	2008
129	彭新生	材料科学与工程学院	2009
130	刘妹琴	电气工程学院	2009
131	廖 敏	动物科学学院	2009
132	朱新力	光华法学院	2009
133	王宏涛	航空航天学院	2009
134	黄飞鹤	化学系	2009
135	史 舟 *	环境与资源学院	2009
136	徐 兵	机械工程学院	2009
137	卜佳俊	计算机科学与技术学院	2009
138	黄 英	经济学院	2009
139	王勤辉	能源工程学院	2009
140	周艳虹	农业与生物技术学院	2009
141	蒋焕煜	生物系统工程与食品科学学院	2009

浙江大学年鉴

序号	姓名	所属单位	入选年度
142	吴建平	生物系统工程与食品科学学院	2009
143	张 宏	物理学系	2009
144	张朝阳	信息与电子工程学院	2009
145	魏兴昌	信息与电子工程学院	2009
146	杨 波	药学院	2009
147	刁宏燕	医学院	2009
148	金洪传	医学院	2009
149	冯 杰	动物科学学院	2010
150	宋义虎	高分子科学与工程学系	2010
151	范柏乃	公共管理学院	2010
152	魏 江	管理学院	2010
153	邵雪明	航空航天学院	2010
154	王靖岱	化学工程与生物工程学院	2010
155	范 杰	化学系	2010
156	马 成	化学系	2010
157	林道辉	环境与资源学院	2010
158	冯结青	计算机科学与技术学院	2010
159	詹良通	建筑工程学院	2010
160	邵之江	控制科学与工程学院	2010
161	王树荣	能源工程学院	2010
162	蒋明星	农业与生物技术学院	2010
163	田 兵	农业与生物技术学院	2010
164	苏宏斌	人文学院	2010
165	罗自生	生物系统工程与食品科学学院	2010
166	陈 新	生命科学学院	2010
167	叶 升	生命科学研究院	2010
168	董 浙	数学科学学院	2010
169	王业伍	物理学系	2010
170	池 灏	信息与电子工程学院	2010

续表

序号	姓名	所属单位	入选年度
171	何俏军	药学院	2010
172	鲁林荣	医学院	2010
173	吴希美	医学院	2010
174	夏总平	生命科学研究院	2011
175	项 基	电气工程学院	2011
176	居冰峰	机械工程学院	2011
177	程 军	能源工程学院	2011
178	胡吉明	化学系	2011
179	张 挺	数学科学学院	2011
180	王浩华	物理学系	2011
181	施积炎	环境与资源学院	2011
182	毛传澡	生命科学学院	2011
183	章雪富	人文学院	2011
184	肖忠华	外国语言文化与国际交流学院	2011
185	刘正伟	教育学院	2011
186	潘士远	经济学院	2011
187	马云贵	光电科学与工程学院	2011
188	吴 飞	计算机科学与技术学院	2011
189	陈积明	控制科学与工程学院	2011
190	邱利焱	药学院	2011
191	李晓明	医学院	2011
192	叶 娟	医学院	2011
193	陈启和	生物系统工程与食品科学学院	2012
194	王晓伟	农业与生物技术学院	2012
195	陈红胜	信息与电子工程学院	2012
196	尹建伟	计算机科学与技术学院	2012
197	柯越海	医学院	2012
198	徐 峰	医学院	2012
199	徐 骁	医学院	2012

人 物

浙江大学年鉴

序号	姓名	所属单位	入选年度
200	范骁辉	药学院	2012
201	黄 俊	生命科学研究院	2012
202	苏 彬	化学系	2012
203	朱国怀	物理学系	2012
204	朱铁军	材料科学与工程学院	2012
205	赵羽习	建筑工程学院	2012
206	徐明生	高分子科学与工程学系	2012
207	郁发新	航空航天学院	2012
208	赵春晖	控制科学与工程学院	2012
209	马述忠	经济学院	2012
210	周江洪	光华法学院	2012
211	韦 路	传媒与国际文化学院	2012
212	陈林林	光华法学院	2013
213	陈树林	心理与行为科学系	2013
214	陈 曦	控制科学与工程学院	2013
215	胡 虎	医学院	2013
216	金 滔	能源工程学院	2013
217	李 鲜	农业与生物技术学院	2013
218	梅德庆	机械工程学院	2013
219	米玉玲	动物科学学院	2013
220	宁凡龙	物理学系	2013
221	潘 纲	计算机科学与技术学院	2013
222	齐冬莲	电气工程学院	2013
223	汪 洌	医学院	2013
224	邢华斌	化学工程与生物工程学院	2013
225	虞朝辉	医学院	2013
226	周伟华	管理学院	2013

国家自然科学基金创新研究群体

序号	批准年度	项目名称	负责人	学院（系）
1	2000、2003	网络视觉计算的基础理论和算法研究	鲍虎军	计算机科学与技术学院
2	2004、2007	工业过程的控制理论与总线技术及其应用研究	褚　健	控制科学与工程学院
3	2010、2013	农业害虫生物防治的基础研究	刘树生	农业与生物技术学院
4	2011、2014、2017	人工肝与肝移植治疗终末期肝病的基础应用研究	郑树森	医学院
5	2012、2015	突触和神经环路调控的分子机制及其在神经精神疾病中的作用	段树民	医学院
6	2012、2015	机电液系统基础研究	谭建荣	机械工程学院
7	2013、2016	智能材料和结构的力学与控制	陈伟球	航空航天学院
8	2016	有机污染物环境界面行为与调控技术原理	陈宝梁	环境与资源学院
9	2016	复杂石化过程建模和优化控制理论、技术及应用	苏宏业	控制科学与工程学院
10	2016	复杂组分固体燃料热转化机理及清洁利用	严建华	能源工程学院
11	2016	偏微分方程反问题的理论、计算与应用	包　刚	数学科学学院
12	2017	半导体光电材料的微纳结构和器件	杨德仁	材料学院
13	2017	土壤污染过程与修复原理	徐建明	环资学院

浙江大学年鉴

优秀青年科学基金项目获得者

序号	姓名	所属单位	获得年度	备注
1	曲绍兴	航空航天学院	2012	
2	王浩华	物理学系	2012	
3	范 杰	化学系	2012	
4	秦安军	高分子科学与工程学系	2012	调出
5	苏 彬	化学系	2012	
6	邢华斌	化学工程与生物工程学院	2012	
7	李正和	农业与生物技术学院	2012	
8	汪 洌	医学院	2012	
9	杨建立	生命科学学院	2012	
10	刘永锋	材料科学与工程学院	2012	
11	金传洪	材料科学与工程学院	2012	
12	李寒莹	高分子科学与工程学系	2012	
13	邹 俊	机械工程学院	2012	
14	罗 坤	能源工程学院	2012	
15	李武华	电气工程学院	2012	
16	边学成	建筑工程学院	2012	
17	吴建营	建筑工程学院	2012	调出
18	蔡 登	计算机科学与技术学院	2012	
19	陈积明	控制科学与工程学院	2012	
20	刘妹琴	电气工程学院	2012	
21	皮孝东	材料科学与工程学院	2012	
22	邱利焱	药学院	2012	
23	刘建祥	生命科学学院	2012	
24	吕朝锋	建筑工程学院	2013	
25	王宏涛	航空航天学院	2013	

续表

序号	姓名	所属单位	获得年度	备注
26	杜滨阳	高分子科学与工程学系	2013	
27	王从敏	化学系	2013	
28	杨坤	环境与资源学院	2013	
29	易文	生命科学学院	2013	
30	汪方炜	生命科学研究院	2013	
31	何艳	环境与资源学院	2013	
32	马列	高分子科学与工程学系	2013	
33	冯毅雄	机械工程学院	2013	
34	杨仲轩	建筑工程学院	2013	
35	陈红胜	信息与电子工程学院	2013	
36	朱永群	生命科学研究院	2013	
37	陈玮琳	医学院	2013	
38	周欣悦	管理学院	2013	
39	冯涛	数学科学学院	2014	
40	王凯	物理学系	2014	
41	孟祥举	化学系	2014	
42	史炳锋	化学系	2014	
43	潘鹏举	化学工程与生物工程学院	2014	
44	吕镇梅	生命科学学院	2014	
45	程磊	生命科学学院	2014	
46	赵斌	生命科学研究院	2014	
47	施积炎	环境与资源学院	2014	
48	曹龙	地球科学学院	2014	
49	王智化	能源工程学院	2014	
50	陈为	计算机科学与技术学院	2014	
51	赵春晖	控制科学与工程学院	2014	
52	余学功	材料科学与工程学院	2014	
53	戴道锌	光电科学与工程学院	2014	
54	余路阳	生命科学学院	2014	

序号	姓名	所属单位	获得年度	备注
55	应颂敏	医学院	2014	
56	许威威	计算机学院	2014	
57	周 舟	医学院	2014	
58	张兴旺	化学工程与生物工程学院	2015	
59	王 迪	医学院	2015	
60	陈 伟	医学院	2015	
61	王立铭	生命科学研究院	2015	
60	徐海君	农业与生物技术学院	2015	
61	梁新强	环境与资源学院	2015	
62	张 辉	材料科学与工程学院	2015	
63	金一政	化学系	2015	
64	唐建斌	化学工程与生物工程学院	2015	
65	万灵书	高分子系科学与工程学系	2015	
66	吴新科	电气工程学院	2015	
67	段元锋	建筑工程学院	2015	
68	闫东明	建筑工程学院	2015	
69	高云君	计算机科学与技术学院	2015	
70	黄 劲	计算机科学与技术学院	2015	
71	杨 翼	管理学院	2015	
74	龚渭华	医学院	2015	
75	陈 晓	医学院	2015	
76	王 勇	化学系	2016	
77	王晓光	数学科学学院	2016	
78	王佳堃	动物科学学院	2016	
79	汪 浩	医学院	2016	
80	佟 超	生命科学研究院	2016	
81	宋吉舟	航空航天学院	2016	
82	年 珩	电气工程学院	2016	
83	马天宇	材料科学与工程学院	2016	调出

序号	姓名	所属单位	获得年度	备注
84	楼 敏	医学院	2016	
85	梁 岩	农业与生物技术学院	2016	
86	李庆华	建筑工程学院	2016	
87	金崇伟	环境与资源学院	2016	
88	黄健华	农业与生物技术学院	2016	
89	胡新央	医学院	2016	
90	贺 永	机械工程学院	2016	
91	丁寒锋	化学系	2016	
92	程党国	化学工程与生物工程学院	2016	
93	李卫军	地球科学学院	2016	
94	李敬源	物理学系	2017	
95	贾晓静	地球科学学院	2017	
96	姜银珠	材料科学与工程学院	2017	
97	李昌治	高分子科学与工程学系	2017	
98	瞿逢重	海洋科学与工程学院	2017	
99	鲍宗必	化学工程与生物工程学院	2017	
100	柏 浩	化学工程与生物工程学院	2017	
101	薄 拯	能源工程学院	2017	
102	葛志强	控制科学与工程学院	2017	
103	单体中	动物科学学院	2017	
104	殷学仁	农业与生物技术学院	2017	
105	刘杏梅	环境与资源学院	2017	
106	张海涛	药学院	2017	
107	孟卓贤	医学院	2017	
108	马 欢	医学院	2017	
109	胡薇薇	医学院	2017	
110	郭国骥	医学院	2017	
111	徐承富	附属第一医院	2017	
112	周 琦	生命科学研究院	2017	

教育部创新团队

序号	负责人	所属学院(系)	研究方向	批准年度
1	骆仲泱	能源工程学院	清洁燃烧中的重大基础问题研究	2004
2	冯明光	农业与生物技术学院	农业害虫生物防治	2005
3	杨肖娥	环境与资源学院	污染环境修复与生态系统健康	2005
4	杨德仁	材料科学与工程学院	信息功能材料	2006
5	庄越挺	计算机科学与技术学院	网络多媒体智能信息处理技术	2006
6	郑树森	医学院	终末期肝病综合治疗研究	2007
7	许祝安	物理学系	非常规超导电性和强关联电子体系	2007
8	杨华勇	机械工程学院	全断面大型掘进装备关键技术研究	2008
9	李伯耿	化学工程与生物工程学院	聚合物产品工程	2009
10	周雪平(调出)	农业与生物技术学院	水稻重要病害的成灾机理和持续控制	2009
11	段树民	医学院	神经精神疾病的基础研究	2010
12	刘 旭	光电科学与工程学院	新一代微纳光子信息技术与工程应用	2010
13	彭金荣	动物科学学院	动物消化系统发育与功能研究	2010
14	陈云敏	建筑工程学院	软弱土与环境土工	2011
15	黄荷凤	医学院	生殖安全转化医学研究	2011
16	郑绍建	生命科学学院	植物营养生理与分子改良	2011
17	喻景权	农业与生物技术学院	园艺作物生长发育与品质调控	2012
18	张泽	材料科学与工程学院	功能材料微结构调控及能源应用	2013

"973 计划"首席科学家

序　号	批准年度	项目类型	负责人	所属单位	备注
1	2002、2008	973 计划	鲍虎军	计算机科学与技术学院	
2	2003、2008	973 计划	郑树森	附属第一医院	
3	2004	973 计划	何赛灵	光电科学与工程学院	
4	2005	973 计划	吴　平	生命科学学院	
5	2007	973 计划	骆仲泱	能源工程学院	
6	2007、2012	973 计划	项春生	附属第一医院	
7	2007、2012	973 计划	杨德仁	材料科学与工程学院	
8	2007、2012	973 计划	杨华勇	机械工程学院	
9	2008	973 计划	喻景权	农业与生物技术学院	
10	2009	973 计划	娄永根	农业与生物技术学院	
11	2009	重大科学研究计划	罗建红	医学院	
12	2010	973 计划	张　泽	材料科学与工程学院	
13	2010	973 计划	段树民	医学院	
14	2010	973 计划	李伯耿	化学工程与生物工程学院	
15	2010	973 计划	谭建荣	机械工程学院	
16	2010	973 计划	严建华	能源工程学院	
17	2010	973 计划	杨立荣	化学工程与生物工程学院	
18	2011	973 计划	陈云敏	建筑工程学院	
19	2011	973 计划	蒋建中	材料科学与工程学院	
20	2011	973 计划	庄越挺	计算机科学与技术学院	

浙江大学年鉴

国家"百千万人才工程"入选者

序号	姓名	所属单位	获得时间
1	何振立	环境与资源学院	1996（辞职）
2	陈杰诚	数学科学学院	1996（调出）
3	王 坚	心理与行为科学系	1996（调出）
4	刘树生	农业与生物技术学院	1996
5	杨 卫	航空航天学院	1996
6	马利庄	计算机科学与技术学院	1996（调出）
7	张小山	医学院	1996（调出）
8	郝志勇	能源工程学院	1996
9	叶志镇	材料科学与工程学院	1997
10	胡建淼	光华法学院	1997
11	林建忠	航空航天学院	1997
12	杨肖娥	环境与资源学院	1997
13	朱利中	环境与资源学院	1997
14	樊建人	能源工程学院	1997
15	骆仲泱	能源工程学院	1997
16	陈云敏	建筑工程学院	1997
17	潘兴斌	数学科学学院	1997（调出）
18	张涌泉	人文学院	1997
19	冯明光	生命科学学院	1997
20	吴 平	生命科学学院	1997
21	李伯耿	化学工程与生物工程学院	1999
22	文福拴	电气工程学院	1999
23	项保华	管理学院	1999（调出）
24	谭建荣	机械工程学院	1999
25	杨华勇	机械工程学院	1999

续表

序号	姓名	所属单位	获得时间
26	严建华	能源工程学院	1999
27	史晋川	经济学院	1999
28	刘康生	数学科学学院	1999
29	陈学新	农业与生物技术学院	1999
30	何 勇	生物系统工程与食品科学学院	1999
31	张耀洲	生命科学学院	1999（调出）
32	曾 苏	药学院	1999
33	陈江华	附属第二医院	1999
34	王玉新	机械工程学院	1999（调出）
35	郑 强	高分子科学与工程学系	2004
36	徐建明	环境与资源学院	2004
37	陈 鹰	海洋学院	2004
38	周俊虎	能源工程学院	2004
39	鲍虎军	计算机科学与技术学院	2004
40	许祝安	物理学系	2004
41	周雪平	农业与生物技术学院	2004
42	喻景权	农业与生物技术学院	2004
43	廖可斌	人文学院	2004（调出）
44	应义斌	生物系统工程与食品科学学院	2004
45	王 平	生物医学工程与仪器科学学院	2004
46	来茂德	医学院	2004
47	宋金宝	海洋学院	2004
48	王殿海	建筑工程学院	2004
49	叶旭东	电气工程学院	2006
50	柯映林	机械工程学院	2006
51	庄越挺	计算机科学与技术学院	2006
52	李有泉	物理学系	2006
53	章晓波	生命科学学院	2006
54	杨德仁	材料科学与工程学院	2007

人 物

序号	姓名	所属单位	获得时间
55	曹一家	电气工程学院	2007（调出）
56	孙笑侠	光华法学院	2007（调出）
57	周　昊	能源工程学院	2007
58	蔡袁强	建筑工程学院	2007
59	徐小洲	教育学院	2007
60	朱祝军	农业与生物技术学院	2007（调出）
61	何莲珍	外国语言文化与国际交流学院	2007
62	金建祥	控制科学与工程学院	2007
63	蔡秀军	附属邵逸夫医院	2007
64	陈　劲	公共管理学院	2009（调出）
65	郁建兴	公共管理学院	2009
66	葛根年	数学科学学院	2009（调出）
67	高　翔	能源工程学院	2009
68	吴朝晖	计算机科学与技术学院	2009
69	冯冬芹	控制科学与工程学院	2009
70	沈志成	农业与生物技术学院	2009
71	华中生	管理学院	2009
72	李浩然	化学系	2013
73	汪以真	动物科学学院	2013
74	蒋建中	材料科学与工程学院	2014
75	黄先海	经济学院	2014
76	梁廷波	附属第二医院	2014
77	邱利民	能源工程学院	2015
78	苏宏业	控制科学与工程学院	2015
79	王文海	控制科学与工程学院	2015
80	王福俤	医学院	2015
81	陈宝梁	环境与资源学院	2017
82	杨　波	药学院	2017

浙江大学年鉴

人物

浙江省"千人计划"入选者

序号	姓名	所属单位	年度	批次
1	何建军	光电科学与工程学院	2009	第一批
2	申有青	化学工程与生物工程学院	2009	第一批
3	李延斌	生物系统工程与食品科学学院	2009	第一批(转讲座教授)
4	范伟民	医学院	2009	第一批
5	白 勇	建筑工程学院	2009	第一批
6	蒋建中	材料科学与工程学院	2009	第一批
7	杨小杭	生命科学学院	2009	第一批
8	张仲非	信息与电子工程学院	2009	第一批
9	朱善宽	医学院	2010	第二批
10	闫克平	化学工程与生物工程学院	2010	第二批
11	杜一平	生物医学工程与仪器科学学院	2010	第二批(调出)
12	沈志成	农业与生物技术学院	2010	第二批
13	项春生	医学院	2010	第二批
14	韩 彤	浙江大学科技园发展有限公司	2010	第二批(创业)
15	唐睿康	化学系	2010	第三批
16	朱豫才	控制科学与工程学院	2010	第三批
17	徐 文	信息与电子工程学院	2010	第三批
18	盛 况	电气工程学院	2010	第三批
19	成少安	能源工程学院	2010	第三批
20	朱 俊	医学院	2010	第三批(放弃)
21	黄飞鹤	化学系	2010	第三批
22	袁辉球	物理学系	2010	第三批
23	董恒进	医学院	2010	第三批
24	田 梅	医学院	2010	第三批
25	骆 严	医学院	2010	第三批

浙江大学年鉴

人 物

序号	姓名	所属单位	年度	批次
26	管敏鑫	生命科学学院	2010	第三批(转入)
27	刘海江	海洋学院	2011	第四批
28	王林翔	海洋学院	2011	第四批
29	王文俊	化学工程与生物工程学院	2011	第四批
30	金传洪	材料科学与工程学院	2011	第四批
31	朱松明	生物系统工程与食品科学学院	2011	第四批
32	叶升	生命科学研究院	2011	第四批
33	杨晓明	医学院	2011	第四批(转讲座教授)
34	金洪传	医学院	2011	第四批
35	余红	医学院	2011	第四批
36	仓勇	生命科学研究院	2011	第四批
37	周煜东	医学院	2011	第四批
38	陈望平	海洋学院	2011	第四批(聘期结束)
39	梁金友	化学工程与生物工程学院	2011	第四批(调出)
40	陈启瑾	物理学系	2011	第四批
41	林舟	地球科学学院	2011	第四批
42	王浩华	物理学系	2011	第四批
43	陈焰	计算机科学与技术学院	2011	第四批(海鸥计划)
44	黄勇	机械工程学院	2011	第四批(海鸥计划)
45	张晓晶	机械工程学院	2011	第四批(海鸥计划)
46	毛星原	材料科学与工程学院	2011	第四批(海鸥计划)
47	杨亦农	生命科学学院	2011	第四批(海鸥计划)
48	石贤权	生物系统工程与食品科学学院	2011	第四批(海鸥计划)
49	孙仁	医学院	2011	第四批(海鸥计划)
50	王朔	医学院	2011	第四批(海鸥计划)
51	黄永刚	航空航天学院	2011	第四批(海鸥计划)
52	王能	经济学院	2011	第四批(海鸥计划)
53	朱晨	地球科学学院	2011	第四批(海鸥计划)

续表

序号	姓名	所属单位	年度	批次
54	周 毅	物理学系	2012	第五批
55	李铁强	生物医学工程与仪器科学学院	2012	第五批（辞职）
56	蔡庆军	航空航天学院	2012	第五批（放弃）
57	彭新生	材料科学与工程学院	2012	第五批
58	王亦兵	建筑工程学院	2012	第五批
59	黄 俊	生命科学研究院	2012	第五批
60	黄力全	生命科学研究院	2012	第五批
61	李学坤	生命科学研究院	2012	第五批
62	李正和	农业与生物技术学院	2012	第五批
63	周宏庚	管理学院	2012	第五批
64	黄 英	经济学院	2012	第五批
65	约翰·弗顿豪威尔	能源工程学院	2012	第五批（海鸥计划）
66	陈根达	建筑工程学院	2012	第五批（海鸥计划）
67	姚宇峰	航空航天学院	2012	第五批（海鸥计划）
68	陈 平	生命科学学院	2012	第五批（海鸥计划）
69	黄文栋	生命科学学院	2012	第五批（海鸥计划）
70	康毅滨	医学院	2012	第五批（海鸥计划）
71	詹姆士·麦克·维兰	生命科学学院	2012	第五批（海鸥计划）
72	徐明生	高分子科学与工程学系	2014	第六批
73	余路阳	生命科学学院	2014	第六批
74	王福俤	医学院	2014	第六批
75	俞绍才	环境与资源学院	2014	第六批
76	宋旭滨	能源工程学院	2014	第六批（放弃）
77	王立铭	生命科学研究院	2014	第六批
78	钟 清	生命科学研究院	2014	第六批（放弃）
79	何向伟	生命科学研究院	2014	第六批

浙江大学年鉴

序号	姓名	所属单位	年度	批次
80	赖蔥茵	医学院	2014	第六批
81	郭苏建	公共管理学院	2014	第六批
82	熊秉元	光华法学院	2014	第六批
83	邹益民	医学院	2014	第六批（海鸥计划）
84	李龙承	医学院	2014	第六批（海鸥计划）
85	陈绍琛	机械工程学院	2014	第六批（海鸥计划）
86	项 阳	计算机科学与技术学院	2014	第六批（海鸥计划）
87	陈延伟	计算机科学与技术学院	2014	第六批（海鸥计划）
88	朱 冠	生命科学学院	2014	第六批（海鸥计划）
89	Stefan Kirchner	物理学系	2014	第六批（外专千人）
90	Douglas B. Fuller	管理学院	2014	第六批（外专千人）
91	李小凡	地球科学学院	2014	第七批
92	路 欣	物理学系	2014	第七批
93	陈荣辉	控制科学与工程学院	2014	第七批（放弃）
94	黎 鑫	机械工程学院	2014	第七批
95	闵军霞	转化医学研究院	2014	第七批
96	谢安勇	转化医学研究院	2014	第七批
97	唐 亮	公共管理学院	2014	第七批
98	Peter ten Dijke	生命科学研究院	2014	第七批（海鸥计划）
99	俞益洲	计算机科学与技术学院	2014	第七批（海鸥计划）
100	俞 皓	生命科学学院	2014	第七批（海鸥计划）
101	张绳百	材料科学与工程学院	2014	第七批（海鸥计划）
102	巫英才	计算机科学与技术学院	2015	第八批
103	李超勇	电气工程学院	2015	第八批
104	秦发祥	材料科学与工程学院	2015	第八批

续表

序号	姓名	所属单位	年度	批次
105	张 兴	医学院	2015	第八批
106	Stijn van der Veen	医学院	2015	第八批
107	姬峻芳	生命科学研究院	2015	第八批
108	李相尧	医学院	2015	第八批
109	金松青	管理学院	2015	第八批
110	周好民	数学科学学院	2015	第八批（海鸥计划）
111	Atul Jain	地球科学学院	2015	第八批（海鸥计划）
112	张 春	机械工程学院	2015	第八批（海鸥计划）
113	吴伟明	海洋学院	2015	第八批（海鸥计划）
114	甘苏生	农业与生物技术学院	2015	第八批（海鸥计划）
115	冷 晓	附属第一医院	2015	第八批（海鸥计划）
116	黄涛生	医学院	2015	第八批（海鸥计划）
117	夏新辉	材料科学与工程学院	2016	第九批
118	毕 磊	地科科学学院	2016	第九批
119	纪守领	计算机科学与技术学院	2016	第九批
120	陈喜群	建筑工程学院	2016	第九批
121	胡海岚	求是高等研究院	2016	第九批
122	余雄杰	求是高等研究院	2016	第九批
123	郭 行	生命科学研究院	2016	第九批
124	李敬源	物理学系	2016	第九批
125	夏宏光	医学院	2016	第九批
126	沈 啸	医学院	2016	第九批
127	王晓东	医学院	2016	第九批
128	赵经纬	医学院	2016	第九批
129	玄泽焕	药学院	2016	第九批（海鸥计划）
130	约瑟夫 P. 赫尔曼斯	材料科学与工程学院	2016	第九批（海鸥计划）

人 物

序号	姓名	所属单位	年度	批次
131	玛丽安·霍尔默	海洋科学与工程学院	2016	第九批(海鸥计划)
132	Yakov Kuzyakov	环境与资源学院	2016	第九批(海鸥计划)
133	丁淦	附属口腔医院	2016	第九批(海鸥计划)
134	高畑亨	求是高等研究院	2016	第九批(外专千人)
135	Therese Hesketh	医学院	2016	第九批(外专千人)
136	刘起贵	管理学院	2017	第十批
137	肖维文	物理学系	2017	第十批
138	鲍学伟	地球科学学院	2017	第十批
139	侯阳	化学工程与生物工程学院	2017	第十批
140	黄岳峰	生命科学研究院	2017	第十批
141	张海涛	药学院	2017	第十批
142	徐清波	医学院	2017	第十批
143	周春	医学院	2017	第十批
144	Nicholas P Harberd	生命科学学院	2017	第十批(海鸥计划)
145	李培军	数学科学学院	2017	第十批(海鸥计划)
146	钱书兵	医学院	2017	第十批(海鸥计划)
147	唐才贤	环境与资源学院	2017	第十批(海鸥计划)
148	杨瑞青	光电科学与工程学院	2017	第十批(海鸥计划)
149	张建一	医学院	2017	第十批(海鸥计划)

浙江省特级专家入选者

序号	姓名	所属单位	批准年度
1	杨肖娥	环境与资源学院	2005
2	樊建人	能源工程学院	2005
3	陈 纯	计算机科学与技术学院	2005
4	陈云敏	建筑工程学院	2005
5	田正平	教育学院	2005
6	李有泉	物理学系	2005
7	林正炎	数学科学学院	2005
8	郑小明	化学系	2005
9	朱 军	农业与生物技术学院	2005
10	崔富章	人文学院	2005
11	张涌泉	人文学院	2005
12	吴 平	生命科学学院	2005
13	刘 旭	光电科学与工程学院	2005
14	蔡秀军	医学院附属邵逸夫医院	2005
15	叶志镇	材料科学与工程学院	2008
16	杨树锋	地球科学学院	2008
17	刘祥官	数学科学学院	2008
18	杨华勇	机械工程学院	2008
19	刘树生	农业与生物技术学院	2008
20	朱利中	环境与资源学院	2008
21	姚 克	医学院附属第二医院	2008
22	王重鸣	管理学院	2008
23	束景南	人文学院	2008
24	金建祥	控制科学与工程学院	2008
25	林建忠	航空航天学院	2008
26	陈 鹰	海洋学院	2011

人 物

浙江大学年鉴

序号	姓名	所属单位	批准年度
27	来茂德	医学院	2011
28	骆仲泱	能源工程学院	2011
29	王建安	附属第二医院	2011
30	吴朝晖	计算机科学与技术学院	2011
31	杨德仁	材料科学与工程学院	2011
32	杨　辉	材料科学与工程学院	2011
33	喻景权	农业与生物技术学院	2011
34	庄越挺	计算机科学与技术学院	2014
35	严建华	能源工程学院	2014
36	杨立荣	化学工程与生物工程学院	2014
37	应义斌	生物系统工程与食品科学学院	2014
38	沈华浩	附属第二医院	2014
39	张土乔	建筑工程学院	2014
40	陈江华	附属第一医院	2014
41	陈耀武	生物医学工程与仪器科学学院	2014
42	柯映林	机械工程学院	2014
43	高　翔	能源工程学院	2014

浙江大学 2017 年新增光彪讲座教授

聘请院(系)	受聘人姓名	受聘人任职单位及职务
航空航天学院	姜汉卿	美国亚利桑那州立大学教授
控制科学与工程学院	何　田	美国明尼苏达大学教授
医学院	谢贤进	美国德州大学西南医学中心教授
生物系统工程与食品学院	叶克强	美国 Emory 大学教授

2017 年新增浙江大学求是特聘教授

序号	所在院(系)	姓 名	批准年度
求是特聘教授			
1	高分子科学与工程学系	李寒莹	2016
2	地球科学学院	杨小平	2016
3	人文学院	胡可先	2017
4	公共管理学院	钱文荣	2017
5	数学科学学院	李 松	2017
6	材料科学与工程学院	涂江平	2017
7	电气工程学院	方攸同	2017
8	化学工程与生物工程学院	阳永荣	2017
9	航空航天学院	林建忠	2017
10	超重力研究中心	凌道盛	2017
11	超重力研究中心	韦 华	2017
求是特聘实验岗			
1	信息与电子工程学院	孙一军	2017
2	超重力研究中心	蒋建群	2017
求是特聘医师岗			
1	附属第一医院	滕理送	2017
2	附属第二医院	陈 高	2017
3	附属邵逸夫医院	傅国胜	2017

浙江大学年鉴

2017 年浙江大学在职正高职名单

人文学院

Wang Xiaosong（王小松）　王云路　王志成　王　俊　王　勇　王海燕　王德华
方一新　孔令宏　叶　晔　丛杭青　乐启良　包伟民　包利民　冯国栋　冯培红
吕一民　朱仁民　刘进宝　关长龙　池昌海　许志强　许建平　孙竞昊　孙敏强
严建强　苏宏斌　李咏吟　李恒威　杨大春　杨雨蕾　肖如平　吴小平　吴秀明
吴艳红　吴　笛　何善蒙　邹广胜　汪维辉　汪超红　沈　坚　张　杨　张秉坚
张涌泉　张颖岚　陆敏珍　陈红民　陈　新　金　立　金晓明　周少华　周启超
周明初　庞学铨　胡小军　胡可先　祖　慧　姚晓雷　贾海生　徐永明　徐向东
徐　亮　陶　然　黄华新　黄河清　黄厚明　黄　健　黄　擎　曹锦炎　盛晓明
盘　剑　章雪富　梁敬明　彭利贞　彭国翔　董小燕　董　萍　谢继胜　楼含松
廖备水　潘立勇

外国语言文化与国际交流学院

Benno Hubert Wagner　　马博森　王小潞　王　永　方　凡　刘海涛　刘慧梅
许　钧　李　媛　吴义诚　何莲珍　何辉斌　沈　弘　沈国琴　范捷平　周　星
郝田虎　聂珍钊　高　奋　郭国良　盛跃东　梁君英　蒋景阳　程　工　程　乐
褚超孚　瞿云华

传媒与国际文化学院

王　杰　王建刚　韦　路　李　杰　李　岩　吴　飞　张节末　陈　强　邵培仁
范志忠　赵　瑜　胡志毅　徐　岱　潘一禾

经济学院

Wang Ruqu（王汝渠）　　马良华　马述忠　王义中　王志凯　王维安　方红生
史晋川　朱希伟　朱柏铭　严建苗　李建琴　杨柳勇　汪　炜　汪淼军　宋华盛
陆　菁　陈菲琼　罗卫东　罗德明　金祥荣　金雪军　郑备军　赵　伟　顾国达
翁国民　黄先海　葛　赢　蒋岳祥　熊秉元　潘士远　戴志敏

光华法学院

王为农　王贵国　王冠玺　王敏远　方立新　叶良芳　巩　固　朱庆育　李永明
李有星　何怀文　余　军　张文显　张　谷　陈信勇　金伟峰　金彭年　周江洪
周　翠　郑春燕　赵　骏　胡　铭　胡敏洁　夏立安　钱弘道　翁晓斌　章剑生
葛洪义　焦宝乾

教育学院

于可红　王　进　王　健　方展画　叶映华　田正平　丛湖平　刘正伟　李　艳

肖龙海　肖　朗　吴雪萍　汪利兵　张剑平　张　辉　林小美　周丽君　周谷平
郑　芳　祝怀新　顾建民　徐小洲　徐琴美　诸葛伟民　　　　盛群力　商丽浩
蓝劲松　阚　阅　魏贤超

管理学院

Douglas Brain Fuller　　　　王求真　王明征　王重鸣　王婉飞　王端旭　邢以群
朱　原　华中生　邬爱其　刘　南　刘　渊　许庆瑞　寿涌毅　吴晓波　汪　蕾
张大亮　张　钢　陈明亮　陈　俊　陈　凌　陈　熹　周　帆　周伟华　周宏庚
周欣悦　周玲强　宝贡敏　贲圣林　姚　铮　贾生华　徐晓燕　郭　斌　黄　灿
黄　英　韩洪灵　谢小云　熊　伟　霍宝锋　魏　江

公共管理学院

丁关良　卫龙宝　王诗宗　王景新　毛　丹　叶艳妹　冯　钢　刘卫东　刘国柱
米　红　阮云星　阮建青　李金珊　杨万江　吴次芳　吴宇哲　吴结兵　何文炯
余逊达　余潇枫　汪　晖　张国清　张忠根　张跃华　张蔚文　陆文聪　陈大柔
陈丽君　陈国权　陈建军　苗　青　范柏乃　林　卡　郁建兴　岳文泽　金少胜
金松青　周洁红　周　萍　郎友兴　胡税根　姚先国　钱文荣　钱雪亚　徐　林
郭红东　郭夏娟　郭继强　黄祖辉　曹正汉　韩洪云　傅荣校　靳相木　蔡　宁
谭　荣　戴文标

马克思主义学院

马建青　王东莉　成　龙　吕有志　刘同舫　张应杭　张　彦　段治文　黄　铭
程早霞　潘恩荣

中国西部发展研究院

杜立民　邹大挺　周丽萍　董雪兵

数学科学学院

王成波　王　伟　王　梦　方道元　尹永成　孔德兴　卢兴江　卢涤明　包　刚
刘康生　许洪伟　阮火军　孙方裕　孙利民　苏中根　苏德矿　李　方　李　冲
李　松　李胜宏　杨海涛　吴庆标　吴志祥　张立新　张庆海　张泽银　张　挺
张荣茂　张　奕　张振跃　陈志国　陈叔平　武俊德　林　智　胡　峻　郤传厚
谈之奕　黄正达　盛为民　董　浙　程晓良　蔡天新　蔺宏伟　翟　健

物理学系

Fu Guoyong（傅国勇）　　　　Kirchner Stefan　　　Ma Zhiwei（马志为）　　　万　歆
王业伍　王立刚　王　凯　王晓光　王浩华　王　淼　方明虎　尹　艺　叶高翔
冯　波　冯春木　宁凡龙　朱国怀　朱诗尧　许祝安　许晶波　阮智超　李有泉
李宏年　李海洋　李敬源　肖　湧　吴建澜　吴惠桢　何丕模　应和平　沙　健
张　宏　张俊香　张剑波　陆璇辉　陈一新　陈庆虎　陈启瑾　武慧春　罗民兴
罗孟波　金洪英　周　毅　郑大昉　郑　波　赵学安　赵道木　袁辉球　唐孝威
曹光旱　盛正卯　章林溪　景　俊　鲁定辉　路　欣　谭明秋　潘佰良

化学系

丁寒锋	马 成	王从敏	王建明	王彦广	王 勇	王 敏	王 琦	王 鹏
方文军	方 群	史炳锋	吕 萍	朱龙观	朱 岩	邬建敏	汤谷平	许宜铭
苏 彬	李浩然	肖丰收	吴天星	吴传德	吴庆银	吴 军	吴 韬	何巧红
张子张	张玉红	张 昭	陈万芝	陈卫祥	陈林深	范 杰	林贤福	周仁贤
孟祥举	赵华绒	胡吉明	胡秀荣	侯昭胤	费金华	唐睿康	黄飞鹤	黄志真
黄建国	曹楚南	商志才	阎卫东	彭笑刚	傅春玲	曾秀琼	楼 辉	滕启文
潘远江								

地球科学学院

Jia Xiaojing(贾晓静)　　　Li Xiaofan(李小凡)　　　Xia Jianghai（夏江海）

王勤燕	田 钢	刘仁义	孙永革	杨小平	杨文采	杨树锋	肖安成	邹乐君
汪 新	沈忠悦	沈晓华	陈生昌	陈汉林	陈宁华	林 舟	金平斌	胥 颐
夏群科	徐义贤	黄克玲	黄智才	曹 龙	章孝灿	程晓敢	翟国庆	

心理与行为科学系

马剑虹　何贵兵　沈模卫　张智君　张 锦　陈树林　钟建安　钱秀莹　高在峰

理学部办公室

葛列众

机械工程学院

王庆丰	王 青	王林翔	王宣银	甘春标	付 新	冯毅雄	朱世强	邬义杰
刘振宇	刘 涛	阮晓东	纪杨建	李 伟	李江雄	李德骏	杨世锡	杨华勇
杨克己	杨灿军	杨将新	何 闻	余忠华	邹 俊	汪久根	宋小文	张树有
陆国栋	陈子辰	陈章位	林勇刚	欧阳小平		金 波	周 华	周晓军
居冰峰	柯映林	费少梅	贺 永	顾临怡	顾新建	徐 兵	唐任仲	陶国良
梅德庆	曹衍龙	龚国芳	葛耀峥	傅建中	童水光	谢 金	谢海波	雷 勇
谭建荣	魏建华	魏燕定						

能源工程学院

马增益	王 飞	王树荣	王 涛	王智化	王 勤	王勤辉	方梦祥	甘智华
叶笃毅	成少安	刘建忠	池 涌	许忠斌	严建华	李晓东	李 蔚	杨卫娟
肖 刚	吴大转	吴学成	吴 锋	岑可法	邱利民	邱坤赞	何文华	余春江
谷月玲	张小斌	张学军	张彦威	陆胜勇	陈光明	陈志平	陈玲红	罗 坤
金志江	金余其	金 涛	金 滔	周志军	周劲松	周 昊	周俊虎	郑水英
郑传祥	郑津洋	赵 虹	郝志勇	俞小莉	俞自涛	洪伟荣	骆仲泱	顾超华
倪明江	高 翔	唐黎明	黄群星	盛德仁	蒋旭光	韩晓红	程乐鸣	程 军
曾 胜	樊建人	薄 拯						

材料科学与工程学院

Han Weiqiang(韩伟强)　　　马向阳　王小祥　王 勇　王智宇　王新华　毛传斌

叶志镇　皮孝东　朱丽萍　朱铁军　刘永锋　刘　芙　刘宾虹　严　密　杜丕一
李东升　李吉学　杨杭生　杨　辉　杨德仁　吴进明　吴勇军　余学功　汪建勋
宋晨路　张　泽　张　辉　张溪文　陈立新　陈胡星　陈湘明　罗　伟　金传洪
赵高凌　赵新兵　姜银珠　洪樟连　钱国栋　徐　刚　翁文剑　凌国平　高明霞
涂江平　黄靖云　崔元靖　彭华新　彭新生　蒋建中　韩高荣　程　逵　曾跃武
樊先平　潘洪革

化学工程与生物工程学院

Shen Youqing（申有青）　　Wang Wenjun（王文俊）　　　于洪巍　王正宝　王　立
王靖岱　申屠宝卿　　　　包永忠　冯连芳　邢华斌　吕秀阳　任其龙　闫克平
关怡新　阳永荣　李　伟　李伯耿　李洲鹏　杨双华　杨立荣　杨亦文　杨　健
吴坚平　吴林波　吴素芳　何潮洪　张庆华　张兴旺　张安运　张　林　张治国
陈丰秋　陈圣福　陈纪忠　陈志荣　陈英奇　陈新志　范　宏　林东强　林建平
罗英武　单国荣　孟　琴　施　耀　姚善泾　姚　臻　夏黎明　徐志南　唐建斌
曹　堃　梁成都　程党国　温月芳　谢　涛　雷乐成　詹晓力　潘鹏举　戴立言

高分子科学与工程学系

万灵书　上官勇刚　　　马　列　王　齐　王利群　计　剑　朱宝库　江黎明
孙维林　孙景志　杜滨阳　李寒莹　邱利焱　沈之荃　宋义虎　张兴宏　陈红征
范志强　郑　强　胡巧玲　施敏敏　徐志康　徐君庭　凌　君　高长有　高　超

电气工程学院

丁　一　马　皓　韦　巍　文福拴　方攸同　邓　焰　甘德强　石健将　卢琴芬
卢慧芬　吕征宇　年　珩　刘妹琴　齐冬莲　江全元　江道灼　许　力　孙　丹
李武华　杨仕友　吴建华　吴新科　何奔腾　何湘宁　辛焕海　汪槱生　汪　震
沈建新　宋永华　张军明　张森林　陈国柱　陈隆道　陈辉明　周　浩　项　基
赵荣祥　祝长生　姚缨英　徐文渊　徐　政　徐德鸿　郭创新　黄　进　黄晓艳
盛　况　彭勇刚　韩祯祥　颜文俊　颜钢锋

建筑工程学院

Bai Yong（白勇）　　Yun ChungBang（尹桢邦）　　王立忠　王　竹　王亦兵　王柏生
王奎华　王　洁　王振宇　王　晖　王海龙　王殿海　韦　华　韦娟芳　毛义华
方火浪　邓　华　叶贵如　冉启华　边学成　吕　庆　吕朝锋　朱　斌　华　晨
刘国华　刘海江　闫东明　许月萍　李王鸣　李庆华　李育超　杨贞军　杨仲轩
吴　越　余世策　余　健　张土乔　张仪萍　张永强　张　宏　张　燕　陈云敏
陈水福　陈仁朋　陈　驹　尚岳全　罗尧治　金伟良　金贤玉　金南国　周　建
项贻强　赵　阳　赵羽习　柯　瀚　柳景青　段元锋　姚　谏　贺　勇　袁行飞
夏唐代　钱晓倩　徐日庆　徐世烺　徐荣桥　徐　雷　凌道盛　高博青　高裕江
黄志义　黄铭枫　龚顺风　龚晓南　葛　坚　董石麟　蒋建群　韩昊英　童根树
谢　旭　谢海建　谢霁明　楼文娟　詹良通　詹树林

航空航天学院

马慧莲	王宏涛	王 杰	王惠明	叶 敏	曲绍兴	朱位秋	李永东	杨 卫
吴丹青	吴 禹	余钊圣	应祖光	沈新荣	宋广华	宋开臣	宋吉舟	陆哲明
陈伟芳	陈伟球	陈建军	陈 彬	邵雪明	林建忠	郁发新	金仲和	郑 耀
孟 华	钱 劲	陶伟明	黄志龙	崔 涛				

海洋学院

George Christakos　　Qi Jiaguo(齐家国)　　Zhang Zhizhen(张治针)

马忠俊	王伟辉	王赤忠	王英民	王 岩	王晓萍	厉子龙	叶 瑛	孙红月
孙志林	李 明	李春峰	杨子江	吴 斌	吴嘉平	冷建兴	宋金宝	张维睿
张朝晖	陈 鹰	赵西增	洪振发	贺治国	夏枚生	徐志伟	郭真祥	楼章华
瞿逢重								

光电科学与工程学院

He Jianjun(何建军)　　He Sailing(何赛灵)　　Luo Ming(罗明)

Qiu Min(仇旻)	丁志华	马云贵	车双良	叶 辉	白 剑	冯华君	匡翠方
刘 东	刘华锋	刘向东	刘 旭	刘 承	牟同升	严惠民	李晓彤	李海峰
李 强	杨 青	时尧成	吴 兰	吴兴坤	邱建荣	余飞鸿	沈永行	沈伟东
沈亦兵	张冬仙	林 斌	郑晓东	郑臻荣	姚 军	钱 骏	徐之海	徐海松
高士明	黄腾超	章海军	斯 科	舒晓武	童利民	戴道锌		

信息与电子工程学院

Li Erping(李尔平)　　Tan Nianxiong(谭年熊)　　Zhang Zhongfei(张仲非)

于慧敏	王 匡	车录锋	尹文言	史治国	冉立新	刘 旸	江晓清	池 灏
孙一军	杜 阳	李 凯	李建龙	李春光	杨冬晓	杨建义	何乐年	余官定
沈会良	沈海斌	沈继忠	张宏纲	张 明	张朝阳	陈红胜	陈惠芳	金心宇
金晓峰	金 韬	周柯江	郑史烈	项志宇	赵民建	赵航芳	赵 毅	徐 文
徐 杨	徐明生	章献民	董树荣	韩 雁	程志渊	储 涛	虞小鹏	虞 露
魏兴昌								

控制科学与工程学院

Zhu Yucai（朱豫才）　　王文海　　王 宁　　王保良　　王 慧　　毛维杰　　卢建刚

冯冬芹	刘兴高	刘 勇	孙优贤	牟 颖	苏宏业	李 平	李 光	杨春节
杨秦敏	吴 俊	宋执环	宋春跃	张光新	张宏建	张泉灵	陈 剑	陈积明
陈 曦	邵之江	金建祥	金晓明	周建光	赵春晖	荣 冈	胡协和	侯迪波
黄文君	黄志尧	梁 军	葛志强	程 鹏	谢 磊	熊 蓉	戴连奎	

生物医学工程和仪器科学学院

Pan Jie(潘杰)　　王 平　　叶学松　　田景奎　　宁钢民　　吕旭东　　刘济全　　刘清君

李劲松	余 锋	张 琳	陈 杭	陈祥献	陈耀武	周 泓	封洲燕	段会龙
夏 灵	黄 海							

计算机科学与技术学院

Chen Yan(陈焰)	Uehara Kazuhiro	卜佳俊	于金辉	王跃宣	王　锐	尹建伟
邓水光	史　烈	冯结青	庄越挺	刘玉生	刘新国	许端清	孙守迁	孙建伶
孙凌云	寿黎但	李　玺	李善平	杨小虎	肖　俊	吴　飞	吴春明	吴　健
吴朝晖	何钦铭	何晓飞	应放天	应　晶	宋宏伟	宋明黎	张三元	张东亮
张国川	陈文智	陈　为	陈　刚	陈华钧	陈　纯	陈　越	林兰芬	林　海
罗仕鉴	金小刚	周　昆	周　波	郑扣根	耿卫东	钱沄涛	钱　徽	高云君
高曙明	唐　敏	黄　劲	章国锋	董　玮	鲁东明	童若锋	鲍虎军	蔡　登
潘云鹤	潘　纲	魏宝刚						

生命科学学院

丁　平	于明坚	王金福	王根轩	毛传澡	方卫国	方盛国	卢建平	冯明光
吕镇梅	朱旭芬	朱睦元	刘建祥	齐艳华	寿惠霞	严庆丰	杨万喜	杨卫军
杨建立	吴　敏	邱英雄	余路阳	应盛华	陈才勇	陈　军	陈　欣	陈　铭
邵建忠	易　文	罗　琛	金勇丰	周耐明	郑绍建	赵宇华	莫肖蓉	高海春
常　杰	章晓波	葛　滢	蒋德安	程　磊	傅承新			

生物系统工程与食品科学学院

Li Duo(李铎)	Wu Jianping（吴建平）	Zhu Songming（朱松明）	王　俊
王剑平	叶兴乾	冯凤琴	成　芳	刘　飞	刘东红	李建平	吴　坚	何国庆
何　勇	应义斌	应铁进	沈立荣	张　英	陆柏益	陈启和	陈健初	茅林春
罗自生	郑晓冬	泮进明	胡亚芹	饶秀勤	徐惠荣	郭宗楼	盛奎川	章　宇
蒋焕煜	谢丽娟	裘正军						

环境与资源学院

Brookes Philip Charles	Yu Shaocai(俞绍才)	王　珂	方　萍	卢升高
田光明	史　舟	史惠祥	吕　军	朱利中	刘维屏	刘　越	李廷强	杨肖娥
杨　坤	杨京平	吴伟祥	吴良欢	吴忠标	何　艳	汪海珍	沈学优	张丽萍
张清宇	陈丁江	陈　红	陈宝梁	陈雪明	林道辉	金崇伟	郑　平	官宝红
赵和平	胡宝兰	施积炎	倪吾钟	徐向阳	徐建明	徐新华	黄敬峰	章永松
章明奎	梁永超	梁新强	童裳伦					

农业与生物技术学院

Donald Grierson	马忠华	王岳飞	王学德	王政逸	王校常	王晓伟	甘银波
石春海	卢　钢	叶庆富	叶恭银	田　兵	包劲松	师　恺	朱　军	华跃进
邬飞波	刘树生	孙崇德	李　飞	李　方	李正和	李红叶	李　斌	李　鲜
杨景华	肖建富	吴建祥	吴殿星	何普明	余小林	汪俏梅	沈志成	宋凤鸣
张天真	张传溪	张国平	张明方	张　波	陈子元	陈仲华	陈利萍	陈昆松
陈学新	林咸永	林福呈	周伟军	周艳虹	郑经武	赵　烨	胡　晋	涂巨民
施祖华	娄永根	祝水金	祝增荣	莫建初	夏宜平	柴明良	徐昌杰	徐建红

人　物

徐海君　徐海明　殷学仁　高中山　郭得平　黄　佳　曹家树　章初龙　梁月荣
屠幼英　蒋立希　蒋明星　喻景权　程方民　舒庆尧　虞云龙　鲍艳原　蔡新忠
樊龙江　滕元文　戴　飞

动物科学学院

王佳堃　王敏奇　方维焕　占秀安　冯　杰　朱良均　刘广绪　刘建新　孙红祥
杜爱芳　李卫芬　杨明英　时连根　吴小锋　吴跃明　邹晓庭　汪以真　张才乔
陈玉银　邵庆均　周继勇　胡松华　胡彩虹　胡福良　钟伯雄　徐宁迎　黄耀伟
彭金荣　傅　衍　缪云根

农业技术推广中心

王人民　毛碧增　叶均安　刘永立　严力蛟　杜永均　李肖梁　余东游　汪自强
汪志平　汪炳良　汪海峰　沈建福　罗安程　胡东维　贾惠娟　龚淑英　崔海瑞
梁建设　鲁兴萌　楼兵干　廖　敏

农生环学部办公室

洪　健　高其康

医学院

Chen Gongxiang(陈功祥)　Dante Neculai　Li Mingding（李明定）
Luo Yan(骆严)　Stijn van der Veen　Sun Yi(孙毅)　Tang Xiuwen(唐修文)
Wang Xiujun(王秀君)　Xiang Chunsheng(项春生)　Xu Fujie(徐福洁)
Yan Weiqi（严伟琪）　Yang Xiaohang(杨小杭)　Yu Hong（余红）　丁克峰
丁美萍　刁宏燕　于晓方　马　骏　王　伟　王伟林　王兴祥　王红妹　王良静
王青青　王英杰　王　迪　王　凯　王凯军　王炜琴　王建安　王建莉　王选锭
王晓健　王　爽　王雪芬　王福俤　王慧明　牛田野　毛旭明　毛建华　方马荣
方向明　方　红　邓甬川　厉有名　平飞云　叶　娟　田　炯　田　梅　白雪莉
包爱民　包家立　冯友军　吕卫国　吕中法　吕时铭　朱心强　朱建华　朱益民
朱海红　朱婉儿　朱善宽　任跃忠　刘　伟　刘　丽　刘迪文　刘鹏渊　江米足
汤永民　祁　鸣　许正平　那仁满都拉　　孙文均　孙秉贵　孙　洁　纪俊峰
严世贵　严　杰　严　盛　严　敏　杜立中　李兰娟　李永泉　李江涛　李　君
李学坤　李晓东　李晓明　李继承　李惠春　李　雯　杨亚波　杨廷忠　杨蓓蓓
杨　巍　肖永红　吴志英　吴希美　吴　明　吴育连　吴南屏　吴　健　吴继敏
吴瑞瑾　邱　爽　佟红艳　邹　键　应可净　应颂敏　闵军霞　汪　洌　汪　浩
沈华浩　沈岳良　沈　朋　沈　颖　张　力　张　丹　张　兴　张苏展　张　宏
张　茂　张松英　张宝荣　张建民　张咸宁　张晓明　张敏鸣　张鸿坤　陆林宇
陆　燕　陈　力　陈丹青　陈亚岗　陈光弟　陈　伟　陈　伟　陈江华　陈志敏
陈丽荣　陈　坤　陈学群　陈　晖　陈　高　陈益定　陈　智　陈　鹏　陈　新
邵吉民　范伟民　范顺武　林　俊　欧阳宏伟　　罗本燕　罗建红　罗　巍
金永堂　金　帆　金　洁　金洪传　周天华　周以佹　周　韧　周志慧　周建英

周煜东	周嘉强	郑 伟	郑树森	郑 敏	郑 敏	项美香	赵小英	赵正言
赵伟平	赵经纬	胡小君	胡申江	胡 汛	胡兴越	胡红杰	胡 坚	胡 虎
胡济安	胡振华	胡海岚	胡新央	胡薇薇	柯越海	段树民	俞云松	俞惠民
施育平	祝向东	祝胜美	姚玉峰	姚 克	袁 瑛	晋秀明	夏大静	夏 强
钱文斌	徐立红	徐志豪	徐荣臻	徐 骁	徐 耕	徐 晗	徐 雯	凌树才
郭国骥	黄丽丽	黄 河	黄 建	曹 江	曹利平	曹 倩	曹越兰	龚方威
龚哲峰	盛建中	梁 平	梁廷波	梁 霄	梁 黎	董辰方	董 研	董恒进
蒋萍萍	韩春茂	程 浩	傅国胜	舒 强	鲁林荣	温小红	谢万灼	谢立平
谢 幸	谢鑫友	楼 敏	赖蕙茵	虞燕琴	詹仁雅	詹金彪	蔡秀军	蔡建庭
蔡 真	管文军	管敏鑫	滕理送	潘冬立	戴一扬	戴 宁		

药学院

王龙虎	王 毅	刘龙孝	刘雪松	孙翠荣	杜永忠	杨 波	连晓媛	吴永江
何俏军	余露山	应美丹	应晓英	陈枢青	陈 忠	陈建忠	陈 勇	范骁辉
胡富强	侯廷军	俞永平	袁 弘	高建青	戚建华	崔孙良	蒋惠娣	韩 峰
程翼宇	曾 苏	游 剑	楼宜嘉	瞿海斌				

直属单位

马景娣	毛一国	方 强	厉小润	叶健松	史红兵	刘震涛	杨 捷	杨建华
吴 健	吴叶海	何 超	沈 杰	张彩妮	陈志强	陈益君	赵 军	赵美娣
胡慧珠	宣海军	钱佳平	钱铁群	唐晓武	黄 晨	董晓虹	董辉跃	蒋君侠
傅 强	蒙 涛	虞力宏	潘雯雯					

校机关

Bai Qianshen(白谦慎)		马银亮	王 勤	王志坚	叶 民	包迪鸿	冯建跃
朱 慧	朱天飚	朱晓芸	任少波	邬小撑	刘继荣	邹晓东	应 飚	张幼铭
陈 伟	金蒙伟	赵文波	胡旭阳	夏文莉	蒋笑莉	楼成礼	楼锡锦	雷群芳
缪 哲	薛龙春							

其他单位

Anna Wang Roe(王菁)		Feng Xinhua(冯新华)			Toru Takahata		干 钢
王立铭	王跃明	王靖华	方征平	叶 升	吕森华	朱 凌	朱永平	朱永群
任艾明	刘培东	孙文瑶	李 宁	杨 捷	杨 毅	杨建刚	杨建军	杨晓鸣
肖志斌	吴 杰	吴开成	何 超	佟 超	余祖国	余雄杰	汪方炜	沈 立
沈 金	张 炜	张月红	张立煌	陆 激	陈 侃	陈 波	陈卫东	陈晓冬
范衡宇	林世贤	金更达	周 青	周 琦	郑爱平	赵 斌	赵继海	胡征宇
胡慧峰	祝赛勇	费英勤	秦从律	袁亚春	夏顺仁	徐 枫	徐 瀛	徐平龙
徐旭荣	徐金强	殷 农	高利霞	郭 行	郭宏峰	姬峻芳	黄 俊	黄争舸
梅乐和	葛朝阳	董 宏	董丹申	谢新宇	靳 津	樊晓燕	黎 冰	

人 物

附属第一医院

于吉人	万　曙	马文江	马跃辉	马　量	王仁定	王　平	王春林	王临润
王悦虹	王　敏	王逸民	王照明	王慧萍	王　薇	方丹波	方雪玲	方　强
孔海莹	卢安卫	卢晓阳	叶琇锦	叶　锋	申屠建中		冯立民	冯智英
冯　强	冯靖祎	吕国才	朱海斌	朱　彪	朱慧勇	伍峻松	任国平	任菁菁
邬一军	邬志勇	刘小丽	刘凡隆	刘　忠	刘建华	刘　剑	刘　犇	汤灵玲
许国强	许　毅	阮　冰	阮凌翔	阮黎明	孙嫦娥	牟　芸	麦文渊	严　卉
严森祥	苏　群	杜持新	李成江	李任远	李　谷	李　君	李夏玉	李雪芬
李　霞	杨小锋	杨云梅	杨仕贵	杨　芊	杨　青	杨益大	来江涛	肖文波
吴仲文	吴国琳	吴建永	吴福生	吴慧玲	何剑琴	何静松	余国友	余国伟
邹晓晖	汪国华	汪晓宇	汪　朔	汪超军	沈月洪	沈向前	沈丽萍	沈　岩
沈建国	沈柏华	沈　晔	沈毅弘	宋朋红	张文瑾	张冰凌	张芙荣	张幸国
张　珉	张　哲	张　萍	张　勤	张　微	张　磊	陆远强	陈卫星	陈文斌
陈　军	陈李华	陈作兵	陈春晓	陈　俭	陈　峰	陈海红	陈　瑜	陈毅鹏
邵荣雅	范　骏	林　山	林文琴	林向进	林　军	林　进	林建江	林胜璋
罗　依	季　峰	金百冶	金晓东	周水洪	周东辉	周建娅	周新惠	周燕丰
郑旭宁	郑秀珏	郑良荣	郑杰胜	郑　临	郑哲岚	郑祥义	孟海涛	项　尊
赵青威	赵雪红	赵　葵	胡晓晟	钟紫凤	俞文娟	俞　军	施邵华	施继敏
姜玲玲	姜　海	姚　华	姚航平	姚雪艳	姚　磊	夏　丹	夏淑东	夏雅仙
顾新华	钱建华	倪一鸣	徐三中	徐小微	徐亚萍	徐　农	徐建红	徐盈盈
徐靖宏	凌志恒	高丹忱	高　原	郭晓纲	谈伟强	陶谦民	黄红光	黄丽华
黄明珠	黄建荣	黄洪锋	黄素琴	黄　健	黄满丽	曹红翠	盛吉芳	崔红光
章　宏	章梅云	章渭方	梁伟峰	梁　辉	屠政良	彭志毅	董凤芹	蒋天安
蒋智军	韩　飞	韩　伟	韩　阳	韩威力	傅佩芬	童剑萍	童　鹰	谢小军
谢旭东	谢　珏	谢海洋	楼定华	楼险峰	裘云庆	虞朝辉	谭付清	滕晓东
潘志杰	潘　昊	潘剑威	魏国庆	瞿婷婷				

附属第二医院

Yan Weiqi(严伟琪)			丁礼仁	马岳峰	马　骥	王　平	王华芬	王华林
王志康	王连聪	王　坚	王利权	王　良	王国凤	王祥华	王跃东	王彩花
毛建山	毛善英	方肖云	方河清	占宏伟	叶招明	申屠形超		冯　刚
冯建华	兰美娟	朱永坚	朱永良	朱君明	朱　莹	邬伟东	刘凤强	刘　进
刘雁鸣	刘微波	江　波	汤业磊	许凤芝	许东航	许晓华	许　璟	孙立峰
孙伟莲	孙建忠	孙　勇	孙　梅	孙朝晖	严君烈	劳力民	苏兆安	杜传军
杜　勤	杜新华	李天瑯	李方财	李立斌	李伟栩	李志宇	李　杭	李　星
杨旭燕	肖家全	吴　丹	吴立东	吴华香	吴琼华	吴勤动	吴　群	吴燕岷
别晓东	邱福铭	何荣新	余日胜	谷　卫	应淑琴	汪四花	汪慧英	沈肖曹

沈 宏	沈 钢	沈惠云	宋水江	宋永茂	宋震亚	张片红	张召才	张仲苗
张晓红	张 嵘	张 赛	陆志熊	陆新良	陈正英	陈芝清	陈 军	陈志华
陈 兵	陈其昕	陈国贤	陈 鸣	陈佳兮	陈学军	陈 钢	陈莉丽	陈 健
陈继民	陈维善	陈 焰	邵哲人	苗旭东	范国康	茅晓红	林志宏	林季建
林 铮	岳 岚	金晓滢	金静芬	周 权	周建维	周 峰	郑 强	郑毅雄
赵百亲	赵学群	赵晓刚	赵锐祎	胡未伟	胡学庆	胡 颖	胡颖红	施小燕
秦光明	柴 莹	晁 明	徐小红	徐 旸	徐 侃	徐根波	徐 峰	徐雷鸣
高顺良	高 峰	陶志华	陶惠民	黄建瑾	黄品同	黄 曼	崔 巍	麻亚茜
章燕珍	董爱强	董 颖	蒋正言	蒋国平	蒋定尧	蒋 峻	韩跃华	傅伟明
谢小洁	满孝勇	蔡思宇	蔡绥勍	颜小锋	潘小宏	潘文胜	潘志军	薛 静
戴平丰	戴海斌	戴雪松	魏启春					

附属邵逸夫医院

丁国庆	万双林	马 珂	马 亮	王义荣	王 平	王 达	王先法	王观宇
王青青	王林波	王建国	王 娴	王敏珍	王 谨	毛伟芳	方力争	方向前
方 青	方 勇	邓丽萍	叶志弘	叶 俊	冯金娥	吕 文	吕芳芳	朱一平
朱可建	朱先理	朱 江	朱玲华	朱洪波	朱 涛	庄一渝	汤建国	许 斌
孙晓南	孙继红	孙蕾民	芮雪芳	严春燕	苏关关	李立波	李 达	李 华
李 华	李 红	李建华	李恭会	李毓敏	杨 进	杨丽黎	杨 明	杨建华
杨树旭	肖 芒	吴加国	吴晓虹	吴海洋	吴 皓	何正富	何 红	何启才
何非方	余大敏	汪 勇	张 钧	张 剑	张 舸	张 蓓	张 楠	张 雷
陈文军	陈丽英	陈肖燕	陈 炜	陈定伟	陈 钢	陈恩国	陈毅力	林小娜
林 伟	金 梅	周大春	周 伟	周 畔	周海燕	周斌全	周 强	郑伟良
郑芬萍	项伟岚	赵凤东	赵文和	赵林芳	赵博文	赵 蕊	胡吉波	胡伟玲
胡孙宏	胡建斌	郦志军	钟泰迪	施培华	闻胜兰	洪玉才	洪德飞	夏肖萍
钱希明	钱浩然	徐玉兰	徐秋萍	翁少翔	高 力	高 敏	郭 丰	黄金文
黄学锋	黄 悦	盛列平	盛洁华	梁峰冰	董雪红	蒋 红	蒋晨阳	谢俊然
谢 磊	楼伟建	楼 岑	楼海舟	裘文亚	虞和君	虞 洪	虞海燕	蔡柳新
潘孔寒	潘红英	潘宏铭						

附属妇产科医院

丁志明	万小云	上官雪军		王正平	王军梅	王建华	王桂娣	王新宇
毛愉燕	方 勤	叶英辉	白晓霞	冯素文	邢兰凤	朱小明	朱宇宁	朱依敏
庄亚玲	江秀秀	孙 革	杨小福	吴明远	邱丽倩	何晓红	何赛男	余晓燕
邹 煜	应伟雯	张 珂	张信美	张晓飞	张 慧	陆秀娥	陈凤英	陈亚侠
陈晓端	陈新忠	林开清	金杭美	周庆利	周坚红	郑彩虹	郑 斐	赵小环
胡东晓	胡燕军	贺 晶	钱洪浪	徐开红	徐 键	徐鑫芬	翁炳焕	高惠娟
黄秀峰	黄夏娣	梁朝霞	董旻岳	韩秀君	程晓东	程 蓓	傅云峰	鲁 红

人 物

鲁惠顺　谢臻蔚　缪敏芳　潘永苗　潘芝梅

附属儿童医院

马晓路　王　珏　王继跃　石淑文　卢美萍　叶菁菁　付　勇　朱卫华　华春珍
刘爱民　江克文　江佩芳　汤宏峰　阮文华　李建华　李　荣　李海峰　李　筠
杨世隆　杨茹莱　吴　芳　吴秀静　吴　蔚　余钟声　邹朝春　汪天林　汪　伟
沈红强　沈辉君　宋　华　张泽伟　张洪波　张晨美　陈小友　陈飞波　陈　安
毛姗姗　陈英虎　陈学军　陈　洁　陈朔晖　陈理华　邵　洁　林　茹　尚世强
罗社声　竺智伟　王　翔　周雪莲　周雪娟　郑季彦　胡智勇　钭金法　俞建根
施丽萍　祝国红　袁天明　袁哲锋　夏永辉　夏哲智　徐卫群　徐亚萍　徐红贞
徐　珊　徐美春　高　峰　唐兰芳　唐达星　诸纪华　谈林华　黄晓磊　黄新文
章毅英　董关萍　蒋优君　蒋国平　傅君芬　傅海东　童美琴　楼金吐　楼晓芳
赖　灿　解春红　熊启星　戴宇文　魏　健　倪韶青　郑　焜　童　凡　王财富
楼金玕　赵水爱　杨子浩　黄　轲

附属口腔医院

邓淑丽　刘　蔚　李志勇　何　虹　何福明　张　凯　胡　军　俞雪芬　施洁珺
黄　昕　程志鹏　傅柏平　谢志坚　樊立洁

大事记

一月

1 月 1 日 浙江大学举办校友新年论坛。

1 月 6 日 浙江大学社会科学研究院举行浙江大学"大数据＋人文社会科学"创新团队签约仪式,向首批受资助的 6 个团队负责人授牌。

1 月 9 日 浙江大学作为第一完成单位获 2016 年国家科学技术进步奖(创新团队)1 项,自然科学奖二等奖 2 项,技术发明奖二等奖 3 项,科学技术进步奖二等奖 3 项;作为参与单位共获 4 项国家科学技术奖。

1 月 12 日 浙江大学启动"医工信结合平台"。

1 月 17—20 日 浙江大学首次受邀赴瑞士达沃斯参加第 47 届世界经济论坛(WEF)年会,副校长严建华代表浙江大学在科学馆分会场作报告。

1 月 20 日 上市公司企业家校友联谊会庆祝浙江大学 120 周年华诞暨 2017 新年论坛在北京举行。

二月

2 月 26—27 日 复旦大学校长许宁生率团来浙江大学调研座谈。

2 月 27 日 控制学院教授熊蓉获由全国总工会授予的"全国五一巾帼奖章"。

三月

3 月 9 日 浙江大学举行"浙大欢迎您"仪式,欢迎我国著名地球物理学家杨文采院士加盟。

3 月 10 日 浙江大学马克思主义学院入选第二批全国重点马克思主义学院。

3 月 11 日 垃圾焚烧技术与装备国家

工程实验室在浙江大学揭牌成立。

3月12日 浙江大学举办"大数据与厚数据发展前瞻"高端研讨会。

3月23日 "'两弹一星'精神永放光芒"主题宣讲教育报告团走进浙大。

3月23日 中国"探索一号"科考船回港,取得多项世界级重大突破。其中,浙大研制的国际首例万米深渊保压气密取样器上获得2800毫升保压气密水样,实现了世界在万米深度获取保压气密水样零的突破。

3月25日 浙大睿医人工智能研究中心在紫金港校区揭牌。

3月28日 三亚华信实业发展有限公司董事长、1994届校友钱文奇向浙江大学教育基金会签约捐赠人民币300万元,设立文奇奖学金。

3月28—29日 由浙江大学海洋学院和中国科学院南海海洋研究所共同承办的以"全球变革时代的跨太平洋合作"为主题的第25届太平洋海洋科学技术大会在舟山校区举行。这是该会议在时隔24年后第二次进入中国内地举办。

四月

4月2日 第45届瑞士日内瓦国际发明展结束,浙江大学推荐参展的3个项目分别获得评审团特别嘉许金奖、金奖和银奖。

4月9日 浙江大学文化遗产学科发展联盟揭牌成立。

4月19日 浙江大学"网上浙大"项目在紫金港校区启动。

4月20日 浙江大学与衢州市签署工作框架协议,共建高水平医疗联合体。

同 日 浙江大学在紫金港校区举行"浙大欢迎您"——海外学术大师聘任仪式,欢迎英国皇家科学院院士Donald Grierson、美国科学院院士Michael Thomashow、Harry Klee、Jim Giovannoni、新西兰皇家科学院院士Ian Ferguson、欧洲科学院院士Mondher Bouzayen加盟果实品质生物学海外学术大师联合工作室。

4月21日 浙江大学学术委员会换届大会在紫金港校区召开。张泽当选为主任,郑树森、谭建荣、姚先国、陈纯和刘树生当选为副主任,李浩然当选为秘书长。会议审议并表决通过了《浙江大学学术委员会章程(修订)》。

4月24日 浙江大学与余姚市人民政府在紫金港校区共同签署框架协议,共建浙江大学机器人研究院。余姚市向浙江大学捐赠120万元,用于阳明学研究及其相关学科建设。

4月25日 浙江大学与中国电机工程学会在紫金港校区签署战略合作协议。

4月27—28日 2017中国新型城镇化高峰论坛暨浙江大学中国新型城镇化研究院成立仪式在浙江大学紫金港校区举行。中国新型城镇化研究院还与中国建筑第八工程局、华润置地有限公司等4家企业分别签署了战略合作协议,还签署了中国特色小镇论坛战略合作框架协议。

4月29日 浙江大学农经系建系90周年纪念大会举行。

同 日 由浙江大学与Plug and Play(一个为创业公司、大型企业和投资人打造的全球性创新平台,被硅谷商业周刊评为全球第一投资机构)联合主办的2017中美创新创业论坛在浙江大学举行,来自中美两国的孵化器创始人、创业者、投资者参会。

五月

5月2日　浙江大学、浙江大学医学院附属第二医院、浙江通策控股集团有限公司签署协议,浙江大学眼科医院(浙医二院眼科中心)项目正式启动。

同　日　浙江大学共青团纪念建团95周年大会在紫金港校区举行。

5月3日　上海遂真投资管理有限公司捐赠设立"浙江大学教育基金会遂真教育发展基金",将持续捐赠10年共计11亿元,助推浙江大学建设世界一流大学。

同　日　浙江大学与华融证券股份有限公司签署战略合作协议,全面开启战略合作伙伴关系。

5月7日　马世晓书法作品捐赠展在浙江大学西溪美术馆开幕。

同　日　中共中央办公厅、国务院办公厅印发《国家"十三五"时期文化发展改革规划纲要》,将《中国历代绘画大系》列入"国家重大出版工程"。

5月9日　浙江大学与杭州市余杭区人民政府在浙大紫金港校区签署战略合作框架协议。

同　日　由浙商创投管理有限公司、深圳市紫金港资本管理有限公司、浙江浙大友创投资管理有限公司3家浙江大学校友投资机构联合杭州银行发起的浙大校友紫金港未来创新母基金正式成立。

5月10日　工程师学院与浙江省经济和信息化委员会、华为技术有限公司分别签署合作培养产业人才备忘录、校企合作框架协议。

同　日　浙江大学统一战线服务西迁办学点"三送"活动启动仪式在附属第一医院举行。

5月12日　中共中央政治局委员、国务院副总理刘延东来到浙江大学调研,看望慰问师生,并考察了浙江大学校史馆、创新设计成果展、机器人与智能装备科技联盟、园艺学科有关实验室。

同　日　中国航天科技集团公司与浙江大学在浙大紫金港校区签署了战略合作协议书。

同　日　近20位浙大企业家校友共同出资设立浙江大学校友 Z20 基金,首期规模为 10 亿元。

5月12—21日　浙江大学第三届学生节围绕"求是百廿庆,青春献礼季"主题展开,吸引了 13 余万校友、师生的参与。

5月13日　由教育部关心下一代工作委员会、中国工程院院科学道德建设委员会联合举办的"院士回母校"活动,走进浙江大学。

5月16日　浙江大学—新昌县合作推进会暨浙江大学教育基金会五洲新春创新创业专项基金签约仪式在紫金港校区举行。浙江五洲新春集团股份有限公司捐赠 1000 万元支持学生创新创业。

同　日　浙江通策控股集团有限公司与浙江大学教育基金会签订协议,从 2017 年起,连续十年共计捐赠 2 亿元,支持学校学科建设和发展。浙江通策控股集团有限公司董事局主席吕建明个人向母校捐赠一批珍贵的古树名木,重点支持浙江大学紫金港校区西区建设。

同　日　浙江大学与江西宜春市人民政府签署战略合作框架协议。

5月17日　浙江大学创新创业学院揭

牌仪式在紫金港校区新落成的求是大讲堂举行。

5月18日 浙江大学数据科学研究中心成立仪式在紫金港校区举行。

同 日 浙江大学化学前瞻技术研究中心成立。新和成控股集团有限公司向浙江大学基金会捐赠7000万元支持化学前瞻技术研究中心的建设和发展。

5月20日 巨人集团向浙江大学教育基金会捐资人民币5000万元,支持浙江大学数学科学学院的新大楼建设。

同 日 浙江敦和慈善基金会向浙江大学教育基金会捐赠1亿元,支持复性书院的建设与发展。

同 日 浙江汉鼎宇佑教育科技发展有限公司向浙江大学教育基金会捐赠设立"浙江大学教育基金会汉鼎宇佑发展基金",连续10年捐赠1亿元用于支持浙江大学的建设与发展。

同 日 浙江大学在紫金港校区举行西迁办学80周年纪念会。同时,浙大与遵义市联合举办的"红军长征与文军西征"主题展览在紫金港校区开幕。

同 日 浙江大学农业与生物技术学院召开纪念茶学泰斗张堂恒先生100周年诞辰暨2017全球茶业创新创业论坛。

同 日 浙江大学建校120周年系列图书在紫金港校区首发。本次首发《百廿求是》丛书,《求是创新——浙江大学建校120周年画册》,《浙江大学图史》中、英文版和《抗战文军》共12本。

同 日 全球高等教育峰会在浙江大学求是大讲堂举行。

同 日 浙江大学全球创新创业论坛在紫金港校区举行。

同 日 艺术与考古图书馆(方闻图书馆)挂牌成立,这是我国第一家艺术与考古专业图书馆。

5月21日 浙江大学建校120周年纪念大会在紫金港校区举行。中共浙江省委书记车俊,教育部副部长朱之文出席纪念大会并讲话。第十一届全国人大常委会副委员长、中国科学院原院长路甬祥,中共浙江省委书记车俊,中共浙江省委副书记、代省长袁家军出席纪念大会。大会全程通过"互联网+"向全球直播,60余万校友线上线下互动,共同祝福母校。

同 日 "一流大学建设系列研讨会—2017"暨中国大学校长联谊会在浙江大学求是大讲堂举行,内地、香港12所顶尖大学的校长共同探讨一流大学发展之路。

同 日 浙江大学建校120周年校庆文艺晚会在紫金港校区体育馆举行,同时向全球现场直播。

同 日 浙江大学控制学院校友大会暨"甲子风云 化自从容"主题论坛,庆祝"控制科学与工程"学科创建六十周年(1956—2016)举行。

同 日 竺可桢老校长的儿子竺安先生代表竺家所有亲属向浙江大学捐赠《竺可桢日记》手稿56册。

5月22日 浙江大学衢州高水平医联体分项目签约仪式暨医联体改革示范区建设领导小组第一次会议在衢州市举行。

同 日 浙江大学一逢甲大学"两岸土地管理学科战略合作伙伴"揭牌仪式在紫金港校区举行。

同 日 《思想与时代——浙江大学百廿文科发展历程回顾》展在紫金港校区开展,全面展示了浙江大学人文社会科学走过的120年艰辛历程和呈现的灿烂辉煌。

5月23日 浙江大学与山东省枣庄市

人民政府在浙大紫金港签约共建浙江大学山东工业技术研究院。

5月25日 "浙江大学西迁80周年"学术研讨会在遵义举行。

5月27日 2004年诺贝尔化学奖共同获得者、以色列理工学院医学教授阿龙·切哈诺沃为浙大师生做了题为《精准医疗的革命——我们将治愈所有的疾病吗？又会以什么为代价？》的讲座。

5月31日 浙江大学—阿里巴巴集团战略合作签约仪式在浙江大学求是大讲堂举行，双方将在以人工智能为代表的前沿技术、医疗健康、大数据、人文社科等领域开展全面的交流合作。

同 日 浙江大学与耶鲁大学在浙大紫金港校区签署战略合作谅解备忘录，两校将率先开展"3＋2"联合学位项目，合作培养生命科学领域的人才。

六月

6月1日 杭州雅喵文化传播有限公司将在十年内向浙江大学教育基金会共捐赠4000万元，成立浙江大学教育基金会雅喵创新创业基金，并设立"浙江大学雅喵创客空间"。

6月7日 中共中央组织部、教育部在浙江大学教师干部大会上宣布了中央的任免决定：邹晓东任浙江大学党委书记，金德水因年龄原因不再担任浙江大学党委书记职务。

同 日 浙江大学区域协调发展研究中心纳入国家高端智库建设培育单位。

6月8日 在第14届QS世界大学排

名榜上，浙江大学人文类学科总排名第162位，在中国高校中排第7位；社科类学科总体排名在全球第116位，在中国高校中排第5位。

6月9日 浙江大学教育基金会理事长金德水代表学校接受浙江马云公益基金会、阿里巴巴17位创始人及合伙人、阿里巴巴（中国）有限公司、云峰基金捐赠5.6亿元，成立浙江大学教育基金会医学院附属第一医院发展基金。

6月10日 《中国农村家庭发展报告》发布会暨中国家庭大数据项目学术研讨会在浙江大学求是大讲堂举行。

6月18日 浙江大学第三十二次学生代表大会于紫金港剧场召开。

6月19日 浙江大学召开中层领导班子换届工作动员大会。

6月21日 国务院办公厅发布了关于建设第二批大众创业万众创新示范基地的实施意见，浙江大学入选国家双创示范基地。

6月22日 石窟寺文物数字化保护国家文物局重点科研基地在浙大紫金港校区揭牌。

6月23日 浙江大学校友、大北农集团董事长邵根伙再次向浙江大学教育基金会捐赠4亿元人民币，并与浙江大学签署战略合作框架协议。

6月26日 科技部发布《科技部关于发布2016年生物和医学领域国家重点实验室评估结果的通知》（国科发基〔2017〕183号），浙江大学参评的传染病诊治国家重点实验室、水稻生物学国家重点实验室被评估为优秀，植物生理学与生物化学国家重点实验室被评估为良好。

6月29日 世界著名量子物理学家、

2003 年诺贝尔物理学奖得主 Anthony J. Leggett 做客浙江大学"海外名师大讲堂"。

6 月 30 日 浙江大学 2017 届夏季研究生毕业典礼暨学位授予仪式在紫金港校区体育馆举行,本期毕业研究生共 3100 余人(其中硕士研究生 2044 人、博士研究生 940 人、留学生 171 人)。

七月

7 月 1 日 中国残疾人联合会与浙江大学签署协议,双方宣布将就资源共享、科技创新、标准制定、成果转化及人才培养等多领域开展长期持久的战略合作。

7 月 3 日 浙江大学研究生理论宣讲团成立仪式在紫金港校区举行。

7 月 4 日 英国皇家学会院士、美国工程院外籍院士、英国皇家工程院院士、加拿大科学院和工程院院士、加拿大女王大学教授 Ronald Kerry Rowe 受聘为浙江大学名誉教授。

7 月 5 日 浙江大学创新管理与持续竞争力研究中心、中国科教战略研究院、土地与国家发展研究院入选浙江省新型高校智库。

7 月 14 日 《科学》杂志以研究长文(Research article)形式刊登浙江大学求是高等研究院系统神经与认知科学研究所和医学院神经科学研究中心胡海岚团队的研究成果《胜负经历重塑丘脑到前额叶皮层环路以调节社会竞争优势》(History of winning remodels thalamo-PFC circuit to reinforce social dominance),第一次指出大脑中存在一条介导"胜利者效应"的神经环路,它决定着:"先前的胜利经历,会让之后的胜利变得更加容易。"

同 日 来自海峡两岸暨香港、澳门地区的 125 名青年学子齐聚浙江大学,开展以"传承创新·筑梦启杭"为主题的"中华青年民族学习交流营 2017"活动。

同 日 中国侨联党组书记、主席万立骏,中国侨联副主席乔卫等前来浙江大学玉泉校区参观访问。

7 月 18—21 日 由浙江大学、浙江工业大学和化学工程联合国家重点实验室联合主办的第九届全球华人化工学者研讨会在杭州举行。全球化工领域 500 余名专家、学者参会。

7 月 19 日 国务院第八督查组来到浙江大学,先后走访浙大国家大学科技园、Idea Bank 创客空间和元空间,深入调研浙大"双创"工作。

7 月 26 日 以"人才培养与创新创业"为主题的海峡两岸暨港澳地区大学校长论坛在浙江大学紫金港校区举行。

7 月 27 日 《细胞》刊登了浙大医学院免疫学研究所、中国工程院院士曹雪涛研究团队的论文《甲基转移酶 SETD2 介导的 STAT1 甲基化促进了干扰素抗病毒效果》。

7 月 28 日 浙江大学校友企业总部经济园项目签约仪式在余杭举行。项目分三期建设,跨未来科技城和良渚两大主要区块,预计投资总额 100 亿元。

7 月 31 日 "四海一家·浙港同行"——浙港青年庆祝香港回归祖国 20 周年主题交流活动在浙江大学紫金港校区启动,约 2000 名香港青年参加。

八月

8月3日 浙江大学与江西省人民政府签署战略合作框架协议。

8月3—9日 校长吴朝晖带队重走西迁办学之路,在江西泰和、广西宜州、贵州湄潭分别看望在当地社会实践的学生,在湄潭参加浙江大学研究生支教团赴湄潭支教十周年总结座谈会。

8月6—19日 浙江大学首次主办国际机器人设计大赛(IDC-Robocon 2017)。

8月11日 刘同舫教授的《青年马克思政治哲学思想研究》、张国清教授的《实用主义政治哲学》、汪维辉教授的《汉语核心词的历史与现状研究》3项成果入选2017年度《国家哲学社会科学成果文库》,浙江大学入选数量首次位居全国第一。

8月14日 中共浙江省委、浙江省人民政府作出决定,在全省广泛开展向姚玉峰同志学习活动。

8月16日 由中共浙江省委宣传部、省卫生计生委、浙江大学联合举办的姚玉峰同志先进事迹座谈会在省人民大会堂举行。

8月22日 浙江大学与延安大学在延安正式签订合作协议,并成立了浙江大学延安培训学院。

8月27日 浙江大学2017级本科新生开学典礼在紫金港校区体育馆举行,本期新生6000余人。

8月31日 浙江大学城市学院改扩建项目(浙江工程师学院 浙江大学工程师学院)获杭州市建委颁发的建筑工程施工许可证,9月初项目正式动工。

九月

9月5日 中共浙江省委副书记、省长袁家军来到浙大玉泉校区,看望中国科学院院士、浙江大学地球科学学院教授杨树锋。

同 日 浙江大学与义乌市人民政府签署协议,双方将共建浙江大学医学院附属第四医院医疗联合体,打造"浙中医疗高地"。

9月6日 之江实验室成立大会在杭州未来科技城的人工智能小镇召开。之江实验室第一届理事会理事长由浙江省省长袁家军担任。

9月7日 浙江大学与吉林省人民政府在浙大紫金港校区签署战略合作框架协议。

同 日 浙江大学医学院附属邵逸夫医院和美国梅奥医疗签署合作协议,成为中国首家加入该联盟的医疗机构。

9月11日 浙江大学清源学社访问阿联酋大学,并与阿联酋大学人文社会学院签订了战略合作协议。

9月13日 《泰晤士报》高等教育发布2018年世界大学排名榜最新的学科排名,浙江大学艺术人文类学科入榜,位于全球第101～125名,国内排名第三位。

9月16日 美国伊利诺伊州州长布鲁斯·罗纳访问浙大。

同 日 中国第十三届学生运动会闭幕式在浙江大学紫金港体育馆举行。浙江大学承办了大学男子篮球、大学男子网球项目的比赛以及闭幕式等活动。

9月18日 浙江大学在第三届中国

"互联网＋"大学生创新创业大赛中获 3 项金奖,取得全国总冠军、金奖总数第一、集体总分第一的佳绩。

同　日　作家毕飞宇受聘为浙江大学求是讲座教授,正式加盟浙江大学外语学院。

9 月 20 日　2014 年诺贝尔生理学或医学奖获得者 Edvard I. Moser 教授在浙大紫金港校区作题为 " Grid Cells and the Entorhinal Positioning System " 的学术报告。

9 月 21 日　教育部、财政部、国家发改委公布"双一流"建设高校及建设学科名单,浙江大学入选一流大学建设高校名单。

9 月 28 日　人文学院教授杨大春的专著《20 世纪法国哲学的现象学之旅》获第七届吴玉章人文社会科学优秀奖。

9 月 29 日　浙江大学召开"双一流"建设工作推进动员会,研究部署学校"双一流"建设的组织实施工作。

十月

10 月 11—13 日　校长吴朝晖率团访问哈佛大学、耶鲁大学,与哈佛大学校长 Drew Faust、耶鲁大学校长 Peter Salovey 以及两校相关学院、机构展开深入交流,并与哈佛大学地理分析中心签署合作谅解备忘录、与耶鲁大学公共卫生学院签署合作意向书,标志着浙大与哈佛大学、耶鲁大学的合作向纵深推进。

10 月 14—15 日　由中国航天员科研训练中心和浙江大学共同主办,中国航天员科研训练中心人因工程国家级重点实验室和浙江大学心理科学研究中心承办的第二届中国人因工程高峰论坛在良渚梦栖小镇举行。会议讨论通过了《发展人因工程,助推"中国制造 2025"行动倡议书》。

10 月 15 日　浙江大学举行"两弹一星"功勋奖章、国家最高科学技术奖、"八一勋章"获得者程开甲院士先进事迹报告会暨《"八一勋章"英模风采录》赠书仪式。

10 月 18 日　浙大校友、澳大利亚昆士兰大学正教授杨剑被澳大利亚总理授予 2017 年度总理科学奖——弗兰克·纷纳年度生命科学家奖。

10 月 24 日　新华网发布中国共产党第十九届中央委员会候补委员名单,浙江大学校长吴朝晖名列其中。

10 月 25 日　云集共享科技有限公司向浙江大学教育基金会持续 10 年共计捐赠 1000 万元,设立"浙江大学教育基金会管理学院云集社交零售基金",支持浙江大学商学学科建设。

10 月 27 日　浙江大学生命科学研究院朱永群团队发现一种病原菌分泌的毒素会定向"冻"住宿主细胞的信号通路,让细胞动弹不得,甚至"散架"。相关论文 N$^\varepsilon$-Fatty Acylation of Rho GTPases by a MARTX Toxin Effector 在上线的 Science(《科学》)杂志发表。

同　日　浙江大学召开党的十九大精神传达报告会。

同　日　第十四届中国模拟联合国大会在浙江大学开幕。

十一月

11 月 2 日　由浙江大学、浙江省杭州市余杭区人民政府、浙江省支持浙商创业创新服务中心、全美浙江总商会主办的"2017中国·在美浙商回归访华及浙美交流大会"在杭州召开。

同　日　"翰墨求是"——浙江大学百廿书画作品展在浙江美术馆开幕。

11月4日　于子三烈士殉难七十周年纪念活动在浙大农学院举行。浙江大学于子三爱国主义教育基地揭牌成立。

11月6日　2015年诺贝尔化学奖得主之一Tomas Lindahl教授在浙江大学作题为"DNA的稳定性与修复"的讲座。

11月9日　第六届全国道德模范名单揭晓。浙江大学医学院附属邵逸夫医院眼科主任姚玉峰获敬业奉献类全国道德模范。

11月10日　浙江大学中国农村发展研究院、非传统安全与和平发展研究中心、公共政策研究院3家智库入选中国社科院中国智库综合评价AMI"中国核心智库"。

同　日　浙江大学校史研究中心成立，同时正式启动《浙江大学史》编撰与研究项目，对120周年的办学历史和发展历程进行系统梳理与科学总结。

11月11日　由中国法学会指导、浙江大学主办的法治与改革国际高端论坛（2017）在杭州开幕。

同　日　浙江大学西澳大学联合医学双学士学位项目启动仪式在浙江省人民政府外事办公室举行。

11月14—18日　第十五届"挑战杯"全国大学生课外学术科技作品竞赛终审决赛在上海大学举行，化工学院范磊等同学的"关于下一代高能量密度、大功率锂二次电池电极材料的研究"获一等奖。

11月17日　众美集团向浙江大学教育基金会捐赠3000万元，用于支持浙江大

学土地与国家发展研究院的建设与创新发展。

11月19日　中国互联网金融与新金融高峰论坛在浙江大学紫金港校区举行。

11月20日　浙江大学授聘北京大北农科技集团股份有限公司董事长兼总裁邵根伙校友为浙江大学校董。

11月22日　控制学院水质预警实验室团队（侯迪波教授、研究生屠德展、朱乃富、王可心、王艺林、朱强）共同研发的"管道医生——智能泄漏检测定位球"获第十五届"挑战杯"全国大学生课外学术科技作品竞赛特等奖。

11月23日　中共浙江省委书记、省人大常委会主任车俊赴浙江大学宣讲党的十九大精神。

11月27日　环境与资源学院教授朱利中当选中国工程院院士，农业与生物技术学院教授唐纳德·格里尔逊当选中国工程院外籍院士。

11月28日　计算机科学与技术学院教授吴朝晖、材料科学与工程学院教授杨德仁当选中国科学院院士。

11月29日　《中国教育报》公布了当代教育名家名单，教育学院教育史学科文科资深教授、浙江省特级专家田正平入选。

十二月

12月1日　科技部公布了2016年度国家级科技企业孵化器考核评价结果，浙大科技园再次被评为"A类国家级科技企业孵化器"。

12月2日　浙江大学与云南省红河哈

尼族彝族自治州签署科技合作协议。

12月2—3日 浙江大学"艺术与科学"高峰论坛在紫金港校区举办。

12月4日 "世界·从这里出发"——杨元惺先生摄影展在浙江大学展出。

12月7日 浙江大学授聘浙江通策控股集团有限公司董事局主席、杭州浙江大学校友会会长吕建明为浙江大学校董。

12月11日 浙江大学与韩国高等教育财团合作的《高丽画全集》(欧美藏品卷)，以中、英、韩、日四语种全球首发。

12月12日 孙乃超、周若芸夫妇向浙江大学捐赠150万美元，设立浙江大学教育基金会江芷生物科技基金。

12月13日 浙江大学与四川省人民政府在成都签署战略合作协议。

12月14日 建筑工程学院教授边学成牵头的陈云敏院士团队发明的"高速铁路列车运行动力效应试验系统"入选教育部2017年度"中国高等学校十大科技进展"。

12月15日 浙江大学中华译学馆成立。首任馆长为许钧。

12月17日 浙江大学数学高等研究院(筹)成立。

12月17—19日 第三届全国高等院校工程应用技术教师大赛决赛暨创新创业与高等工程教育学术论坛在浙大紫金港校区举行。

12月18日 浙江大学公共卫生系卫健健康研究实验室揭牌。浙江卫健科技有限公司捐赠500万元支持浙江大学公共卫生系健康领域的研究与人才培养。

12月19日(巴黎时间) 中国工程院院士、浙江大学医学院附属第一医院肝胆胰外科主任郑树森教授当选法国国家医学科学院外籍院士(外科学专业)。

12月25日 我国首个按照线下抽样调查数据、互联网大数据和政府政务数据"三位一体"构思布局的数据库——"中国家庭大数据库"，在浙江大学公开发布。

12月26日 浙江大学与海宁市人民政府在海宁签署市校全面战略合作协议。

12月27日 浙江大学"马一浮书院"成立。首任院长为刘梦溪。

12月28日 在全国第四轮学科评估中，浙江大学共有11个一级学科评为A+、11个一级学科评为A、17个一级学科评为A—，A类学科数全国高校第一，优秀率第二，A+学科数第三。

同 日 浙江恒逸集团有限公司向浙江大学教育基金会捐赠人民币1亿元，支持浙江大学"双一流"建设。

12月28—29日 中国共产党浙江大学第十四次代表大会在浙大紫金港校区剧场召开。

12月31日 浙江大学在学校官网向社会公布了《浙江大学一流大学建设高校建设方案》。